Laura Silber
Allan Little

BRUDERKRIEG

Laura Silber
Allan Little

BRUDER KRIEG

Der Kampf um Titos Erbe

Deutsche Bearbeitung

WALTER ERDELITSCH

VERLAG STYRIA

Die Deutsche Bibliothek – CIP-Einheitsaufnahme

Silber Laura:

Bruderkrieg : der Kampf um Titos Erbe /
Laura Silber/Allan Little. [Übers. aus dem Engl. von Walter Erdelitsch]. –
2. Aufl. – Graz ; Wien ; Köln : Verl. Styria, 1995
ISBN 3-222-12361-6
NE: Little, Allan

2. Auflage 1995

Printed in Austria
Gesamtherstellung: Medienhaus Styria, Graz

ISBN 3-222-12361-6

Inhalt

Zweiter Teil: Die Lunte brennt

Dritter Teil: Die Explosion

Vierter Teil: Bosnien

Einleitung

Der Krieg in Jugoslawien ist hausgemacht. Er ist nicht von der internationalen Gemeinschaft „verschuldet“ worden. Der Krieg wurde von Jugoslawen geplant und geführt. Er war nicht „historisch unvermeidlich“. Wer das Unheil, das die südslawischen Völker erfaßte, unaufhaltsamen Kräften zuschreibt, übersieht die zentrale Dynamik dieses Krieges, exkulpiert die Schuldigen und liefert westlichen Politikern eine Rechtfertigung für ihr Scheitern, den Krieg zu beenden.

Dieses Buch wurde geschrieben, um zu zeigen, daß Jugoslawien keinen natürlichen Tod starb, sondern daß es vorsätzlich und systematisch zugrunde gerichtet wurde. Titos wichtigste politische Nachfolger waren Männer, die nichts zu gewinnen, aber viel zu verlieren hatten bei einem friedlichen Übergang von Staatssozialismus und Einparteiensystem zu Marktwirtschaft und Parteiendemokratie. Wir beginnen unsere Untersuchung der Wurzeln des Krieges etwa Mitte der achtziger Jahre mit dem Wiedererwachen des serbischen Nationalismus in Belgrader Intellektuellenkreisen. Das Buch verfolgt, wie der serbische Präsident Slobodan Milošević die nationalistische Rhetorik vor seinen Karren spannte, um an die Macht zu gelangen und seinen Einfluß erst auf Serbien und später auf ganz Jugoslawien auszuweiten. Sein zentralistischer, autoritärer und antidemokratischer Führungsstil, seine berechnende und geschickte Manipulation einer Politik der ethnischen Intoleranz machten es für Jugoslawiens andere Völker im Laufe weniger Jahre unerträglich, noch länger in der jugoslawischen Föderation zu bleiben. Wollte man dieses Buch auf eine einzige Kernthese reduzieren, dann müßte diese lauten: Die wahren Sezessionisten waren vom Beginn des jugoslawischen Auflösungsprozesses an die Serben unter Slobodan Milošević.

Konflikt war der Motor von Milošević. Konflikt hielt ihn an der Macht. Das Buch zeichnet seinen Aufstieg nach: Wie er durch Manipulation der Kosovo-Krise an die Macht kam; wie er durch eine Serie provozierter Konflikte seine Macht in Serbien ausbaute; wie er seine Macht über Serbiens Grenzen hinweg ausdehnte, indem er Konflikte in Kroatien und Bosnien-Herzegowina schürte. Indem er die serbischen Gemeinschaften außerhalb Serbiens bewaffnete, stellte er ein Volk

Jugoslawiens nach dem anderen vor die klare, aber düstere Wahl, entweder zu seinen Bedingungen bei Jugoslawien zu bleiben oder einen Krieg gegen Serbien zu führen. Präsident Milan Kučan von Slowenien und Präsident Franjo Tudjman von Kroatien nahmen seine Herausforderung an.

In der Anlaufphase des Krieges stritten Tudjman und Milošević um die bessere Ausgangsposition in ihrem Kampf um die Beutestücke Jugoslawiens. Es begann mit Gesprächen über die Aufteilung von Bosnien-Herzegowina zwischen Serbien und Kroatien auf Kosten der Moslems. Die Moslems, die auf einen Krieg nicht vorbereitet waren, waren die Hauptopfer.

Als die internationalen Vermittler die jugoslawische Arena betraten, taten sie das in der Überzeugung, daß Kriege sinnlos und kontraproduktiv sind, daß sie die Konfliktparteien lediglich von dieser Binsenwahrheit zu überzeugen brauchten und daß die Kanonen schweigen würden, sobald dies auch die Kampfparteien eingesehen hätten. Sie verstanden nicht (oder wollten nicht verstehen), daß der Krieg von wichtigen jugoslawischen Politikern als Mittel zum Zweck eingesetzt wurde.

Milošević hatte, wie viele andere Führer in der Geschichte, den Nationalismus für seine eigenen Ziele benutzt. Er selbst war nie ein Nationalist. Er hat das Feuer des Nationalismus geschürt, wann immer es in sein Konzept paßte. Er war ein Pragmatiker mit einer simplen Kalkulation. Ungebremster Nationalismus, ja sogar Krieg sollten ihm die unangefochtene Macht einräumen, ein möglichst großes Land zu regieren.

Milošević trägt nicht die Alleinschuld an diesem Konflikt. Die Fußsoldaten auf Jugoslawiens Weg in den Krieg waren Legion und stammten aus allen Völkern des Landes.

Wir haben nachzuzeichnen versucht, was wir für die wichtigsten Stadien der gewaltsamen Auflösung dieses Landes halten. In diesem Zusammenhang – und in dem Versuch, das Buch auf eine überschaubare Länge zu beschränken – mußten viele wichtige Ereignisse ausgelassen werden. Das Schicksal Mazedoniens wird nicht behandelt. Die besonderen Umstände und der größere Bezugsrahmen Mazedoniens erlauben, es von seinen nördlichen Nachbarn zu separieren. Auch auf die Oppositionskräfte in den einzelnen Republiken konnten wir nicht näher eingehen. Die Hauptdrahtzieher des jugoslawischen Unglücks sind die Machthaber.

Der erste jugoslawische Staat wurde nach dem Ersten Weltkrieg auf den schwelenden Trümmern des Osmanischen Reiches und der Habsburgermonarchie errichtet. Zum Zeitpunkt seiner Gründung hieß er Königreich der Serben, Kroaten und Slowenen und wurde erst später in Jugoslawien umgetauft. Unter der Herrschaft der serbischen Dynastie Karadjordjević sollte es den Traum von der Einheit der südslawischen Völker *(južnoslaveni)* erfüllen, der zuerst von kroatischen Intellektuellen geträumt wurde und dem sich später die Serben und Slowenen anschlossen, die von der Fremdherrschaft – der österreichischen und der türkischen – genug hatten. Die junge jugoslawische Monarchie entwickelte sich bald in eine serbische Diktatur. Besonders kroatische Intellektuelle, die das jugoslawische Ideal enthusiastisch gefördert hatten, waren bald desillusioniert und verbittert.

Die Geburtsstunde des kommunistischen Jugoslawien schlug inmitten von Krieg und Revolution am 29. November 1943 in dem mittelbosnischen Städtchen Jajce. Josip Broz, ein Schlosser halb slowenischer, halb kroatischer Herkunft, der als Soldat der österreichisch-ungarischen Armee noch für den Kaiser gekämpft hatte und der in der Zwischenkriegszeit im kommunistischen Untergrund prominent wurde, trat nach dem Zweiten Weltkrieg als Jugoslawiens Parteichef, Armeechef und Staatschef hervor. In Moskau, dem er während des ganzen Krieges loyal geblieben war, kannte man ihn als Genossen Walter. Bei seinen Partisanenkriegern hieß er Tito.

Die Partisanen kämpften sowohl im Widerstand gegen die ausländischen Besatzer als auch im innerjugoslawischen Bürgerkrieg. 1941 waren die Achsenmächte in das geteilte Jugoslawien einmarschiert. In Zagreb setzten sie ein faschistisches Marionettenregime ein, das in Kroatien, Bosnien-Herzegowina und im nördlichen Serbien den Unabhängigen Staat Kroatien (NDH) ausrief; die Deutschen okkupierten Serbien. Titos Feinde waren Deutsche, Italiener, kroatische Faschisten (Ustaschen), serbische Monarchisten (Tschetniks) und andere. 1945 befreite die Rote Armee den größten Teil Osteuropas von deutscher Besatzung und löste sie durch kommunistische Regierungen in Berlin, Warschau, Prag und Budapest ab. Die Jugoslawen hatten sich jedoch größtenteils selbst befreit. Tito war der einzige kommunistische Führer der Nachkriegszeit, der sich seine Position selbst und von der Basis aus geschaffen hatte. Aus Moskaus Sicht war er gefährlich unabhängig. Als er diese Unabhängigkeit offen zeigte und Moskaus Diktate ablehnte, wurde er für seine Impertinenz 1948 aus allen gemeinsamen Institutionen des Ostblocks ausgeschlossen. Titos Glaube an den Kommunismus wurde durch seinen unfreiwilligen Bruch mit Moskau nicht geschmälert. Seine Kommunisten löschten die Elite des ersten, monarchistischen Jugoslawien aus. Von 1945 an regierte er als absoluter Herrscher. Seine politischen Gegner, gleichgültig, ob innerhalb oder außerhalb der Partei, ließ er verhaften oder hinrichten. Hunderttausende Jugoslawen verließen fluchtartig das Land. Er schweißte die verschiedenen Völker unter dem Banner des Kommunismus und dem Slogan „Brüderlichkeit und Einigkeit" zusammen. Jeder Ausdruck nationaler Gefühle wurde erbarmungslos verfolgt.

Nach 1948 steuerte Tito sein Land auf einem Mittelkurs zwischen Osten und Westen. Westeuropa hofierte ihn in der Epoche des kalten Krieges als Anti-Moskau-Kommunisten. Er nutzte die Sonderrolle seines zwischen den Blöcken gelegenen Landes und ließ sich vom Westen bedeutende Finanzhilfe gewähren. Es kam den Westen wesentlich günstiger, Tito zu unterstützen, als Italien zu einer Festung an der Südostflanke der NATO auszubauen.

Während seiner gesamten Regierungszeit kämpfte Tito darum, seinem Jugoslawien das Schicksal des Vorgängerstaates zu ersparen. Er mußte verhindern, daß der Staat unter die Hegemonie eines einzelnen Volkes, der Serben, fällt. Es gibt mehr als doppelt so viele Serben wie Kroaten, die das zweitstärkste Volk bilden. Eine Reihe von Verfassungen sollte das institutionelle Gleichgewicht der Macht zwischen den konstituierenden Republiken austarieren und erhalten. Wegen dieses Systems der „wohltemperierten Unzufriedenheit" im Ausgleich zwischen den Völkern wurde Tito auch „der letzte Habsburger" genannt.

In seinem permanenten Kampf, den Republiken annähernd gleiche Voraussetzungen einzuräumen, veranstaltete Tito, der zum Führer auf Lebenszeit „gewählt" worden war, seine politischen Säuberungen streng nach dem Proporzsystem: Auf politische Prozesse gegen Serben folgten umgehend Prozesse gegen Kroaten und/oder Moslems – und umgekehrt. Nach 1974 war Jugoslawien so stark dezentralisiert wie nie zuvor. Er rief ein kollektives Staatsoberhaupt ins Leben – das achtköpfige Staatspräsidium, das jede der sechs Republiken und die beiden autonomen Provinzen Serbiens mit je einem Vertreter beschickten. Dieses Gremium war auch Oberbefehlshaber der Jugoslawischen Volksarmee.

Jugoslawien wurde ein Land kompliziert verschränkter Institutionen. Neben dem Präsidium gab es ein Bundesparlament, sechs Republiksparlamente und zwei Provinzparlamente. Es gab zehn kommunistische Parteien – eine für jede Republik und die beiden autonomen Provinzen, eine Partei auf Bundesebene sowie die Parteiorganisation der Jugoslawischen Volksarmee (JVA). Doch unter Tito funktionierte Jugoslawien nicht wie ein Bundesstaat. Die föderalen Einheiten hatten keine wirkliche Autonomie. Die „autonomen" Institutionen verschleierten die Realität: eine stark zentralisierte Parteimaschine und ein Staat unter der Führung eines einzelnen Mannes.

Als Titos Gesundheit nachließ, begann gleichzeitig auch der Einfluß der Bundespartei nachzulassen. Jugoslawien wurde zunehmend von den acht Republiks- und Provinzparteien und von der Geheimpolizei regiert. Als Tito im Mai 1980 im Alter von 88 Jahren in einem Krankenhaus in Ljubljana starb, kam es bei allen Völkern Jugoslawiens zu Ausbrüchen echt empfundener, patriotischer Trauer. Ein kommunistischer Funktionär aus dem Kosovo, der Albaner Mahmut Bakalli, sagte später: „Wir haben alle geweint, aber wir ahnten nicht, daß wir Jugoslawien zu Grabe tragen." Milošević war mehr als ein halbes Jahrzehnt später der erste Politiker, der es wagte, die Macht nicht auf dem Marsch durch die Institutionen des Staates zu suchen, die seit Titos Tod in Lähmung erstarrt waren, sondern der eine Massenbewegung mobilisierte, die diese Institutionen hinwegfegte.

* * *

Dieses Buch ist schließlich auch ein Abgesang auf die gescheiterten Verheißungen Jugoslawiens. Als Ende der achtziger Jahre der Kommunismus sukzessive abdankte, schien Jugoslawien – ob als einheitlicher Staat oder als Gruppe von Nachfolgestaaten – im Vergleich zu anderen kommunistischen Ländern in einer ausgezeichneten Startposition für den Übergang zu Mehrparteiensystem und Marktwirtschaft zu sein. Es hätte eine echte Chance gegeben, daß Jugoslawien sich friedlich in eine neue Rolle im Rahmen der damals noch optimistischen Gemeinschaft europäischer Staaten einfügen könnte. Daß diese Chance absichtlich verspielt wurde, wie dieses Buch beschreibt, ist eine Langzeit-Hypothek für Jugoslawien und für Europa und bedeutete auch den Todesstoß für einige der innersten moralischen Gewißheiten unserer Zeit.

Erster Teil: Der Sprengsatz

1. Kapitel

„Dies ist unser Land“

Das Aufheizen des serbischen Nationalismus

Es war der Traum aller Nationalisten in Jugoslawien, ihre Visionen zu Papier zu bringen und sie später einmal zu verwirklichen. Sie wußten, daß ihre Pläne nicht sofort umgesetzt werden konnten, aber sie hatten sich an das Warten gewöhnt. Das Memorandum der Serbischen Akademie der Wissenschaften und Künste war einer dieser Pläne. Obwohl es als Manifest des modernen großserbischen Nationalismus gilt, ist es auch ein Jahrzehnt nach seiner Veröffentlichung noch geheimnisumwittert. War das Memorandum ein Versuch, politische Rechnungen in Serbien zu begleichen? Wie konnte der ehrgeizige Parteichef Slobodan Milošević es vermeiden, öffentlich dazu Stellung zu beziehen? War diese Wiederbelebung des serbischen Nationalismus der erste Schritt zur Zersplitterung Jugoslawiens?

Im Memorandum hatte eine Clique serbischer Akademiker[1] ihre national motivierten Beschwerden aufgelistet. Sie hatten noch nicht die Absicht gehabt, es zu veröffentlichen. Dennoch fand eine unvollendete Version ihren Weg in die Presse. In Anbetracht der Grausamkeiten der folgenden zehn Jahre erscheint das Memorandum heute bedeutungslos und abgedroschen, doch als Auszüge am 24. September 1986 im Massenblatt *Večernje Novosti* erschienen, stellte es sich als politische Bombe heraus. Das ganze Land wurde von Krämpfen erfaßt.

Es stand dort zu lesen, daß die Serben im Jugoslawien der Nachkriegszeit in eine so ungerechte Lage manövriert worden seien, daß ihre Existenz an sich bedroht wäre. Sie seien Opfer wirtschaftlicher und politischer Diskriminierung durch ihre kroatischen und slowenischen Landsleute. Die Serben hätten im Laufe des letzten Jahrhunderts die größten militärischen Beiträge geleistet (und die höchsten Verluste erlitten), und statt dafür belohnt zu werden, würden sie in Friedenszeiten sogar noch bestraft. Die serbischen Nationalisten waren überzeugt, daß es immer schon das Schicksal der Serben gewesen sei, „den Krieg zu gewinnen und den Frieden zu verlieren“. Das Memorandum stellte fest, daß die Situation der Serben im Kosovo und in Kroatien sogar noch schlimmer sei als im von Tito geknebelten Mutterland. In Kosovo und Metohija, wie der traditionelle serbische Name für die südlichste Provinz der Republik lautet, seien die Serben dem totalen Völkermord ausgesetzt. Es hieß, die Serben stünden vor ihrer größten Niederlage, seit der serbische Befreiungskampf mit der Revolte gegen die Türken im Jahr 1804 seinen Anfang nahm. Die Stellung der Serben im Kosovo hatte Serbien schon seit längerem Kopfzerbrechen bereitet, doch das Memorandum ging noch einen Schritt weiter und schürte Unruhe wegen der Situation der Serben in anderen Republiken:

> *Außer während der Zeit des NDH (des Unabhängigen Staats Kroatien, der 1941 von der faschistischen Ustascha ausgerufen wurde) waren die Serben in Kroatien nie so gefährdet wie heute. Die Lösung ihres nationalen Status muß zu einer politischen Frage höchster Priorität werden. Sollte keine Lösung gefunden werden, wird das auf mehreren Ebenen negative Konsequenzen haben, nicht nur für die Beziehungen innerhalb Kroatiens, sondern auch für ganz Jugoslawien.*[2]

Jugoslawien in seiner heutigen Form sei nicht länger eine angemessene Lösung für die Serbische Frage, hieß es. Das Memorandum stellte fest, daß der Staat im Zusammenbruch begriffen sei und daß jene 40 Prozent der Serben, die außerhalb der Grenzen des Mutterlandes leben, sträflich vernachlässigt worden wären. Die Verantwortung dafür, hieß es, sei bei der Komintern zu suchen, ebenso wie bei der verfehlten Nationalitätenpolitik der Kommunistischen Partei Jugoslawiens und ihrer treuen, aber ignoranten serbischen Gefolgschaft. Das 74seitige Pamphlet bezichtigte Kroatien und Slowenien der Verschwörung gegen Serbien. Diese antiserbische Verschwörung sei von Tito persönlich und vom Slowenen Edvard Kardelj initiiert worden. Kardelj war der Architekt der sogenannten Selbstverwaltung. Das war Jugoslawiens eigenständiger Beitrag zum Sozialismus, der die Idee des sozialen Eigentums anstelle des staatlichen Eigentums kultivierte.[3]

Die Serbische Akademie der Wissenschaften hatte beträchtlichen Einfluß. Sie und der Schriftstellerverband standen außerhalb des öffentlichen Rampenlichts und waren daher nicht der totalen Kontrolle durch die Partei unterworfen gewesen. In Kroatien und Slowenien hatten beide Institutionen einen ähnlichen Status genossen. Die serbische Intelligenz konnte traditionell auf ein entspanntes Verhältnis zu den jeweiligen politischen Herrschern zurückblicken. Memoranden waren früher in der serbischen Geschichte immer wieder als Mittel der politischen Kommunikation verwendet worden. Mit ihrem Memorandum von 1986 knüpften die nationalistischen Akademiemitglieder ganz bewußt an eine vorjugoslawische, serbische Tradition an.

Der Schriftsteller Dobrica Ćosić, der als geistiger Vater der modernen serbischen Nation gilt, dementierte seine Teilnahme am Verfassen des Memorandums. Es ist aber ohne Zweifel ein Destillat seiner Ideen, und er verteidigte es auch gegen Kritik.[4] Das Akademiemitglied Ćosić ging sogar so weit, das Memorandum, wenig überzeugend, als nicht „nationalistisch", sondern als „antititoistisch" und „projugoslawisch" zu bezeichnen.

Der grauhaarige Brillenträger Ćosić, der den Dialekt serbischer Bauern spricht, war eine Ikone serbischer Dissidenten. Seine stille Art tat seiner Überzeugung und der Kraft seiner Botschaft keinen Abbruch. Unter Tito hatte er als einflußreicher Kulturideologe verhindert, daß der Sozialistische Realismus, der in den anderen kommunistischen Ländern Osteuropas die offizielle künstlerische Ausdrucksform war, auch in Jugoslawien verordnet wurde. Seinen beinahe mystischen Status erhielt er 1968, als er aus dem Zentralkomitee ausgeschlossen wurde, weil er die Kosovo-Albaner des Separatismus und antiserbischer Umtriebe beschuldigt hatte. In den siebziger Jahren scharte er unzufriedene Intellektuelle um sich. Ćosić veranstaltete monatliche Geheimtreffen, bei denen die Notwendigkeit demokratischer Reformen in Jugoslawien diskutiert wurde. Er stand unter permanenter Polizeiaufsicht, wurde jedoch nie verhaftet. Er bezeichnete dies als „pragmatische Tyrannei". Ihn einzusperren wäre kontraproduktiv gewesen.

* * *

Ivan Stambolić, dem Präsidenten von Serbien, war durch Berichte seiner Geheimpolizei zu Ohren gekommen, daß die Akademie an einem geheimen Projekt arbeitete. Es ginge im wesentlichen um eine sozio-ökonomische Beurteilung der momentanen Lage. Als das Memorandum aber veröffentlicht wurde, schockierte sein Inhalt auch die serbische Führung in Belgrad.

Stambolić und sein Protegé Dragiša Pavlović, der Parteivorsitzende von Belgrad, der traditionellerweise auch für die Medien zuständig war, verurteilten das Dokument rundweg. Stambolić wurde von Slowenen und Kroaten für einen serbischen Nationalisten gehalten, während ihn seine eigenen Falken als zu weich empfanden. Er sah das Memorandum als ominösen Vorboten eines neuen Chauvinismus. Er nannte es ein Requiem für Jugoslawien. Die Akademie hingegen warf dem jugoslawischen Staat vor, die Serben nicht zu vereinen, sondern zu teilen. Für Stambolić war das der beste Weg, aus dem größten Volk Jugoslawiens das gefährlichste zu machen. Das Memorandum warf der serbischen Führung Arroganz und Untätigkeit vor. Stambolić wurde als völlig ineffektiv und reif für den Rücktritt bezeichnet. Das konnte er nicht hinnehmen, darauf mußte er reagieren.

Das Memorandum hat den Nationalismus nicht geschaffen, sondern machte sich Sentiments zunutze, die unter den Serben ohnehin weit verbreitet waren. Der Kommunismus hatte nationalistische Gefühle unterdrückt und dadurch vielleicht sogar noch verstärkt. Was das Memorandum öffentlich ausdrückte, hatte man sich in ganz Serbien immer schon hinter vorgehaltener Hand zugeflüstert.

Die serbische Presse verurteilte das Dokument und die Akademie sogar noch schärfer als die anderen Republiken. Die slowenische Tageszeitung *Dnevnik* war sogar voll des Lobes über die Belgrader Medien und ihren Versuch, den Nationalismus im Zaum zu halten. Kroatische Politiker verurteilten das Dokument aufs schärfste. Liberale, die zwar den Text verurteilten, sprachen sich für die Meinungs- und Redefreiheit aus, die auch für die Akademie gelte. Inmitten dieses politischen Aufruhrs wandten sich aber nur sehr wenige Akademiemitglieder gegen das Memorandum.

Die Kommunisten ganz Jugoslawiens überhäuften das Memorandum mit Schmähungen. Außer einem: Slobodan Milošević. Der entschlossene Vorsitzende der serbischen kommunistischen Partei, der üblicherweise jede Abweichung von der offiziellen Linie zu geißeln wußte, blieb still. Er ließ andere an seiner Statt sprechen. Er mußte nur sicherstellen, daß sie das Dokument verurteilten – das war seine Pflicht. Ihm selbst gelang es, sich jeder öffentlichen Meinungsäußerung zu enthalten.

Dušan Mitević, ein enger Freund von Milošević und seiner Frau Mirjana, bezeichnete das Dokument auf einer Sitzung der Belgrader Partei als gefährlich für Jugoslawien und für die serbische Nation. Die regierungsnahe Belgrader Tageszeitung *Politika* veröffentlichte seine Rede in Form eines Kommentars. Das bedeutete den Segen von Milošević. Milošević sorgte auch dafür, daß diese Rede bei einer Parteitagung verteilt wurde.

Stambolić und Pavlović begannen nun, Mitević auszufragen, warum Milošević selbst schweige. „Milošević antwortete, es werde ohnehin schon zu viel darüber geredet und er wolle die Konfusion nicht noch vergrößern. Milošević ist wie ein Fußballer, der normalerweise im Mittelfeld spielt, dann aber plötzlich auftaucht und die Tore schießt", sagte Mitević, damals Parteifunktionär in Belgrad.

Die Freundschaft zwischen Stambolić und Milošević, die immerhin fünfundzwanzig Jahre gewährt hatte, begann zu bröckeln. Aber Stambolić erkannte das wahre Ausmaß der Gefahr erst auf der Achten Tagung des serbischen Bundes der Kommunisten, als Milošević mit ihm abrechnete. Ivan Stambolić war durch seinen Onkel Petar, einen der mächtigsten serbischen Kommunisten und Ex-Partisanen, in der Politik gefördert worden. Ivan wiederum half Milošević bis auf den Posten des Parteichefs. Milošević war damals ein eher farbloser Direktor eines staatlichen Energiekonzerns namens *Tehnogas*. Proteste, die es innerhalb der Parteiführung gegen den Aufstieg von Milošević gegeben hatte, brachte Stambolić nach Art kommunistischer Herrscher zum Schweigen: Er setzte die Kritiker ab. Stambolić rechtfertigte die Säuberungen als Versuch, die Partei durch frisches Blut wieder zu revitalisieren. Im Alter von 50 Jahren trat Stambolić von der mächtigeren Position des serbischen Parteichefs zurück, um Präsident von Serbien zu werden. Er wollte sich dem Entwurf einer neuen jugoslawischen Verfassung widmen.[5]

Die jugoslawische Verfassung aus dem Jahr 1974 räumte den einzelnen Republiken umfassende Befugnisse ein. Jede hatte ihre eigene Zentralbank, eine eigene Polizeitruppe, ein selbständiges Erziehungs- und Rechtssystem. Dasselbe galt für die beiden autonomen Provinzen innerhalb Serbiens, für Kosovo und Vojvodina. Die Provinzen entsandten ihre Abgeordneten in das serbische Parlament und hatten gleichzeitig ihre eigene Versammlung. Die zwei Provinzen wurden auch konstituierende Mitglieder der jugoslawischen Föderation. Damit waren sie auch im jugoslawischen Staatspräsidium vertreten, das nach Titos Tod im Rotationsverfahren die Macht übernahm. Mehrfach hatten sie, zusammen mit den anderen Republiken, gegen Serbien gestimmt. Dadurch wurde der enorme Größenunterschied zwischen Serbien und den anderen Republiken reduziert. Serbien war dadurch trotz seiner zehn Millionen Einwohner nicht doppelt so stark wie Kroatien, das als zweitgrößte Republik kaum fünf Millionen Einwohner zählte. Indem Belgrad die Kontrolle über Kosovo und Vojvodina entzogen wurde, stutzte die Verfassung Serbien auf die leichter handhabbare Größe von etwa sechs Millionen Einwohnern zusammen. Die Serben klagten häufig, daß ihre nichtserbischen Landsleute den Ausdruck „schwaches Serbien – starkes Jugoslawien“ oft zu wörtlich nahmen. Während die Serben über die Verfassung von 1974 schimpften, war sie für die anderen Republiken ein Garant, nicht vom Großen Bruder dominiert zu werden.

Nach der Verkündung der Verfassung von 1974 befaßte sich eine Reihe politischer Führungsgruppen mit der Stellung Serbiens innerhalb der Föderation.[6] Der Status von Kosovo rückte dabei immer weiter in den Brennpunkt. Obwohl der Kosovo zu 90 Prozent von Albanern bewohnt wird, ist er für die Serben die Wiege und das Jerusalem ihrer Nation. Der Sitz der serbisch-orthodoxen Kirche, das Patriarchat von Peć, liegt dort. Serbische Politiker und Intellektuelle ringen seit mehr als einem Jahrhundert mit dem Kosovo-Problem.[7] Die Machtverteilung in dieser serbischen Südprovinz hatte sich bereits im Jahr 1966 dramatisch verschoben, als Aleksandar Ranković, Titos gefürchteter Innenminister, gestürzt wurde.[8] Während der nächsten zwanzig Jahre, und erst recht ab 1974, waren die Albaner Herren im Hause und besetzten praktisch alle einflußreichen Posten.

Nur ein Jahr nach Titos Tod, im Herbst 1981, gingen die Albaner auf die Straße, verlangten die Unabhängigkeit von Serbien und forderten für Kosovo den Status einer siebenten Republik. Die Jugoslawische Volksarmee und die Bundespolizei schlugen die Demonstrationen blutig nieder. Während die Provinzen in den meisten anderen Belangen ziemlich ähnliche Rechte hatten wie die Republiken, hatten sie nicht das Recht, sich abzuspalten. Ein Jahrzehnt später sollte das Beispiel Kroatiens zeigen, daß das Recht, aus der Föderation auszutreten, nicht viel mehr war als eine juristische Formel und daß eine Sezession in der Praxis ohne Blutvergießen kaum über die Bühne gehen konnte. Damals begann Ćosić, eine Gruppe unzufriedener Serben aus dem Kosovo, die sich organisieren wollten, heimlich zu unterstützen. „Sie waren sehr unzufrieden mit ihrer Situation, und ich gab ihnen den Rat, eine Petition aufzusetzen und ihre Forderungen auszusprechen“, sagte Ćosić. Aber Ćosić war nicht ihre einzige Unterstützung. Sie formierten sich mit dem stillschweigenden Einverständnis der serbischen Regierung. Ein Trio von ortsansässigen Aktivisten, Miroslav Šolević, Kosta Bulatović und Boško Budimirović, reichte bald darauf seine erste Petition herum, für die es aber nicht mehr als 76 Unterschriften keilte. Erst später sollten sie mit einem einfachen, immer wieder vorgetragenen Slogan breiteren Erfolg haben: „Dies ist unser Land. Wenn Kosovo und Metohija nicht serbisch sind, dann haben wir kein Land, das uns gehört.“

Während der nächsten vier Jahre versuchte diese zusammengewürfelte Protestvereinigung, die sich „Komitee der Serben und Montenegriner“ nannte, die Emotionen der Serben anzustacheln. Sie erzählten Schauergeschichten von Zwangsumsiedlungen, Vergewaltigungen und Schikanen.[9] Im Jahr 1986 hatten sie bereits 50.000 Unterschriften von Serben beisammen, die einen politischen Wechsel im Kosovo verlangten.

Die Geheimpolizei hatte die Organisation von Šolević schon früh unterwandert, der Parteiapparat hielt sich aber noch zurück, ihn unter die Fittiche zu nehmen. Am 2. April 1986 wurde Bulatović in Kosovo Polje festgenommen und in den folgenden Monaten regelmäßig von der Polizei verhört. Seine Kumpane fuhren nach Belgrad, um Unterstützung zu suchen. Noch spät am selben Abend trafen sie den dissidenten, nationalistischen Schriftsteller Vuk Drašković im Hotel *Moskva*. Drašković brachte sie im nahegelegenen Hotel *Slavija* mit Ćosić zusammen. Ćosić lud sie ein, später in sein Haus im Belgrader Nobelviertel Dedinje zu kommen, wo Nomenklatura und Diplomaten residierten.

Budimirović fiel auf, daß Ćosić zitterte, als er die Kosovo-Aktivisten an der Eingangstür begrüßte. Es war Mitternacht. Drinnen führte er seine Gäste in den Keller, wo staubige Bücher die Wände füllten. Sie saßen dort bis zwei Uhr früh:

Sie kamen zu mir in den Keller, und wir besprachen, wie sie kämpfen, was sie tun und welche Art des Widerstands sie anwenden sollten. Ich half in allem, was wir, was diese Leute taten. Ich unterstützte ihren illegalen Kampf.

Ćosić telefonierte noch in der Nacht mit Dušan Čkrebić, dem Präsidenten Serbiens. Dieser empfing die Delegation aus dem Kosovo um acht Uhr in der Früh im Parlament. Čkrebić sagte ihnen: „Hier ist euer Platz, nicht dort, wo ihr gestern abend wart.“ Das war der entscheidende Augenblick. Damit war die Bewegung nicht länger in den Untergrund verbannt. Das offizielle Serbien nahm sich dieser wiederentdeckten politischen Kraft an, und damit begann sein unheilvoller Abstieg in den Nationalismus. Die serbische Führung war auf eine reiche Ader der Unzufriedenheit gestoßen, auf jahrzehntelang angestaute Energien, deren primitiver Reiz das stagnierende politische und wirtschaftliche System Serbiens, wie man glaubte, von unten her wiederbeleben würde. Acht Monate, nachdem das Memorandum die politische Landschaft zum Beben gebracht hatte, schlugen seine Grundgedanken bereits tiefe Wurzeln.

2. Kapitel

„Niemand soll es wagen, euch zu schlagen“

Der Aufstieg des Slobodan Milošević
April 1987 - Oktober 1988

Als Slobodan Milošević am 24. April 1987 Kosovo Polje besuchte, deutete zunächst nichts darauf hin, daß der Gang der Geschichte sich deshalb ändern werde. Doch der Vorsitzende der serbischen Kommunisten war an diesem Tag zum ersten Mal in der Rolle eines Beschützers aller Serben aufgetreten. Es war ein großer Tag für den jungen Parteichef. Eigentlich hätte Ivan Stambolić, der Präsident Serbiens, selbst zu Gesprächen mit Lokalpolitikern nach Kosovo Polje kommen sollen. Er hatte den Besuch aber zwanglos an Milošević delegiert. Diese Nachlässigkeit setzte eine Kette von Ereignissen in Bewegung, die ihn seine politische Existenz kosten sollten.

* * *

Mirjana Marković, Professorin für Marxismus an der Universität Belgrad und Ehefrau von Slobodan Milošević, machte sich Sorgen um die Sicherheit ihres Mannes. „Mira hatte begründete Angst um ihn“, erzählte ihr naher Freund Dušan Mitević. „Wenn man den Polizeiberichten glauben konnte, war seine Sicherheit nicht gewährleistet. In einer Zeitung der albanischen Emigranten hatte man ein Kopfgeld auf ihn ausgesetzt. Ich bot an, mit ihm gemeinsam hinunterzufahren, um Mira zu beruhigen, aber Slobodan rief mich am nächsten Morgen an und sagte, das sei nicht nötig.“

Tausende Serben, aufgeregt, daß Belgrad ihnen endlich Aufmerksamkeit schenkte, drängten sich vor dem tristen „Haus der Kultur“ in Kosovo Polje und wollten Slobodan Milošević die Hand schütteln. Demonstranten versuchten seine Aufmerksamkeit zu erregen und riefen, daß die Albaner sie unterdrückten. Als Milošević sich mit den örtlichen Serbenführern unterhielt, benutzte die Polizei aus Angst vor einer Eskalation ihre Schlagstöcke, um die Menge zurückzudrängen. Die Demonstranten riefen: „Mörder!" und: „Wir gehören Tito, Tito gehört uns!"[10]

Plötzlich flogen Pflastersteine durch die Luft – die Demonstranten hatten sie auf einem Lastwagen gefunden, den die Aktivisten praktischerweise ganz in der Nähe geparkt hatten. Die Politiker und Reporter, die im Sitzungssaal beisammen saßen, wollten nachsehen, was los war, aber die Türen waren verschlossen. Miroslav Šolević, einer der Hauptorganisatoren der Proteste, sagte den örtlichen Funktionären, daß die Demonstranten in das Gebäude kommen wollten, um Milošević zu treffen. Azem Vllasi, ein ethnischer Albaner mit strahlend blauen Augen, der zu der Zeit Parteichef im Kosovo war, schlug vor, das Lautsprechersystem zu aktivieren, um die Menge zu beruhigen. Er glaubte immer noch, der Zweck der Reise von Milošević sei es, die immer häufiger stattfindenden Demonstrationen der Serben im Kosovo zu stoppen.

Milošević sagte, er wolle selbst sehen, was draußen los sei. Als er vor die Tür trat, stand ihm zuerst die Unsicherheit ins Gesicht geschrieben, wie er mit dieser johlenden Menge umgehen sollte. Er blieb stehen, nahm seine typische Pose mit starrem Gesichtsausdruck und vorgerecktem Kinn ein und betrachtete kurz, was sich vor seinen Augen abspielte. Dann trat er auf die Demonstranten zu und sprach den vielleicht wichtigsten Satz seiner Laufbahn. „Niemand soll es wagen, euch zu schlagen", rief er in die Menge. Damit hatte er unbewußt auch einen modernen serbischen Schlachtruf geprägt. Plötzlich schlug die Stimmung um, und die Leute begannen: „Slobo, Slobo!" zu skandieren. „Dieser Satz inthronisierte ihn als Zar", sagte Šolević. Und mit einem hämischen Lachen gab er zu, daß an diesem Tag jeder der dort anwesenden Polizisten Prügel bezogen hatte. Doch diese Szenen wurden im serbischen Fernsehen nie gezeigt.

Nach seiner Ansprache ging Milošević wieder in das Gebäude zurück, und Dutzende Demonstranten kamen mit. Ein Redner nach dem anderen verurteilte die Albaner in der Parteiführung, forderte die Verhängung des Ausnahmezustandes, die Abschaffung der Autonomie des Kosovo, sogar die Vertreibung der Albaner. Einige klagten, sie hätten keine Wahl mehr, als dem Druck der Albaner nachzugeben und die Provinz zu verlassen, andere wiederum schworen, bis zum Ende für die serbische Sache im Kosovo kämpfen zu wollen. Zum ersten Mal spürte Milošević die Kraft der Masse.

Ihr solltet hier bleiben. Dies ist euer Land. Dies sind eure Wiesen und eure Gärten, eure Erinnerungen. Ihr werdet euer Land nicht aufgeben, nur weil es hart ist, hier zu leben, weil euch Ungerechtigkeit und Erniedrigung bedrücken. Es war nie ein Charakterzug der Serben und Montenegriner, vor Hindernissen zurückzustecken, zu demobilisieren in Zeiten des Kampfes. Ihr sollt hier bleiben um eurer Vorfahren und eurer Nachkommen willen. Sonst wären eure Vorfahren geschändet und eure Nachkommen enttäuscht. Damit will ich nicht sagen, daß ihr hier bleiben und weiterhin jene Zustände ertragen oder tolerieren sollt, die euch nicht passen. Im Gegenteil. Ihr sollt sie zusammen mit den fortschrittlichen Menschen hier, in Serbien und in Jugoslawien verändern.

Vllasi verlangte noch am selben Tag von Milošević, sich von seiner eifernden Rede wieder zu distanzieren. „Aber er sagte kein Wort." Die stürmische Sitzung dauerte die ganze Nacht. Sollte Milošević damals schon geahnt haben, daß er auf diesem Weg zum mächtigsten Mann in Jugoslawien werden kann, so verriet er sich durch nichts. Auf jeden Fall besaß er seit diesem Tag die Zauberformel, mit der er nationalistische Gefühle wecken und auch lenken konnte.

„Milošević war durch Kosovo verändert, entflammt", erinnerte sich Ivan Stambolić, der Präsident und bis dahin unangefochtene Führer Serbiens. Während der vergangenen fünfundzwanzig Jahre waren die beiden Männer unzertrennlich gewesen. Sie hatten einander als Studenten an der Juridischen Fakultät der Universität Belgrad kennengelernt. Beide stammten aus der serbischen Provinz, beide waren ehrgeizig, fleißig und intelligent. Ivan verschaffte Slobodan seinen ersten Job in der Partei. Während der nächsten zwanzig Jahre schaute er darauf, daß Slobodan in seine Fußstapfen trat. Sie wurden ein beeindruckendes politisches Duo.

Stambolić hatte bereits am 6. April 1986 Kosovo besucht. Damals protestierten 10.000 Serben gegen die Verhaftung ihres Aktivisten Bulatović. Als Milošević ein Jahr später seine Reise antrat, riet ihm Stambolić, der wußte, wie leicht die Situation dort überkochen konnte: „Sei vorsichtig. Behalte einen kühlen Kopf!"

Das war der erste von Stambolićs zahlreichen Fehlern. Die abgewirtschafteten und immer radikaler werdenden Kosovo-Serben vergaben ihm nie, daß er sie nicht ernstgenommen hatte. Als er seinen Freund Milošević hinunterschickte, verwirkte Stambolić sein Vorrecht, von den Kosovo-Serben als ihr Führer akzeptiert zu werden. Es sollte sich bald herausstellen, daß nur der Führer der Kosovo-Serben auch der Führer aller Serben sein konnte. Als Milošević von seinem Besuch zurückkam, standen die Kosovo-Serben im Mittelpunkt der Aufmerksamkeit. Für den begnadeten Propagandisten Dušan Mitević, den stellvertretenden Chef des Fernsehens, war es ein Kinderspiel, das öffentliche Interesse zu wecken. „Wir wiederholten das Versprechen, das Milošević gegeben hatte, immer und immer wieder im Fernsehen. Das war seine Startrampe." Die Botschaft fiel in Serbien auf fruchtbaren Boden.

Die „Bekehrung" zum Nationalismus widerfuhr Milošević nicht zufällig. Er war bereits vier Tage vor diesem legendären Besuch im Kosovo gewesen und hatte kommunistische Funktionäre getroffen. Dieser erste Besuch wurde aber nicht mehr weiter erwähnt, um die Ereignisse des Freitags völlig spontan aussehen zu lassen. Bei seinem ersten Besuch hatten die Aktivisten etwa 2000 Menschen zusammengetrommelt, und viele von ihnen beklagten sich, daß Milošević ihre Anliegen nicht habe hören wollen. „Genosse Vorsitzender, Sie haben einen Monolog gehalten, wir haben Sie aber zu einem Dialog eingeladen", sagte Šolević zu Milošević. „Wir wollen, daß Sie wiederkommen." Milošević hatte zugestimmt und einen neuerlichen Besuch für Freitag um fünf Uhr vereinbart.

Während der nächsten paar Tage liefen die Vorbereitungen für diesen Besuch auf Hochtouren. Milošević schickte einen Lakaien. „Dienstag und Mittwoch kam ein höherer Parteifunktionär nach Kosovo Polje, um die Dinge auf Vordermann zu bringen", sagte Vllasi. „Er kam inoffiziell, nahm keinen Kontakt mit mir auf, sondern redete nur mit Šolević und den anderen." Der albanische Parteichef spürte, daß die Belgrader Führung diesen Besuch sehr wichtig nahm. „Wir wußten Bescheid, weil wir auch unsere Informationen hatten, und vor allem, weil die Medien und das Fernsehen speziell zu diesem Ereignis aus Belgrad anreisten. Üblicherweise berichtete das regionale Fernsehen von derartigen Dingen."[11]

Vor seinem Besuch im April hatte Milošević kein besonderes Interesse am Kosovo gezeigt (und war auch nicht durch besondere Aktivitäten zur Änderung der Verfassung von 1974 aufgefallen). Er erkannte jedoch, daß er zum Führer aller Serben werden könne, wenn er sich dieses Themas annimmt. Den ganzen Sommer über arbeiteten seine Gefolgsleute daran, eine politische Front gegen Ivan Stambolić aufzubauen. „Die Kluft zwischen uns wurde tiefer, nachdem Milošević diese Rede im Kosovo gehalten hatte. Wir hatten es nun mit einer zweiten starken politischen Strömung zu tun", erinnerte sich Stambolić.

* * *

Milošević plante seinen nächsten Schritt. Er ließ eine Sitzung der Jugoslawischen Kommunistischen Partei zum Thema Kosovo einberufen. Am 16. Juni 1987 zeigte er Šolević eine Kopie seiner geplanten Eröffnungsrede und versicherte ihm, er werde hart genug gegen die Albaner auftreten. Šolević befürchtete, die Abgeordneten aus Slowenien, Kroatien und dem Kosovo könnten ihre Initiative blockieren. Um also noch etwas mehr Druck zu machen, demonstrierten 3000 Serben aus dem Kosovo im Park der Pioniere gegenüber dem Staatsparlament im Herzen Belgrads. Öffentliche Demonstrationen in einem kommunistischen Land waren immer eine aufregende Sache, und das politische und militärische Establishment Jugoslawiens saß daher wie auf Nadeln.

In Ermangelung von Freiwilligen wurde Ivica Račan, ein kroatisches Mitglied der jugoslawischen KP, hinausgeschickt, um die Menge zu beruhigen. Der serbischen Führung ging es darum, daß die Kroaten aus erster Hand miterlebten, daß Kosovo nicht ausschließlich ein serbisches Problem war, sondern daß sich die Jugoslawische Partei damit befassen mußte.

Später am selben Abend verhandelten Šolević und Račan im Rathaus von Belgrad. Von draußen drangen die Rufe und Beschimpfungen der Kosovo-Serben herein, die die politische Führung Jugoslawiens als „Diebe" und „Affen" bezeichneten. Sie verlangten die Aufhebung der Autonomie des Kosovo. Für Račan war dies einer der erniedrigendsten Augenblicke seines Lebens, aber auch einer, der ihm die boshafte Seite der Politik von Milošević offenlegte. Nach stundenlangem Hin und Her waren die Kosovo-Serben schließlich bereit, abzuziehen. Aber die Botschaft, die von dieser Menschenmenge ausging, war eindeutig – durch ihre schiere Anzahl konnten sie das öffentliche Leben lahmlegen, wann immer sie wollten.

Milošević verstand, was das bedeutete. Zum ersten Mal hatte er zugesehen, wie eine erzürnte Menschenmenge die Führung Jugoslawiens verunsicherte. Er wandte sich zu Stambolić und sagte: „Das Vaterland ist in Gefahr." Stambolić war verblüfft. Er fragte, was los sei, und sah, daß Milošević zitterte. Das war für Stambolić der entscheidende und enthüllende Moment. „Und so fing alles an. Die Nationalisten rannten in seine Umarmung. Sie klammerten sich an ihn. Er hat das nicht sehr genossen, aber er wußte, daß es politisch äußerst einträglich sein würde.“

Serbische Politiker waren immer der Verführung durch den Nationalismus ausgesetzt. Manchmal hatten sie damit geflirtet, um breitere öffentliche Unterstützung zu erlangen. Stambolić war ein Produkt des alten kommunistischen Regimes und hatte den Nationalismus immer für zu gefährlich gehalten, um damit zu spielen. Milošević wußte aber, daß seine Versprechen von Veränderung wie ein Elixier wirkten. Die Serben hatten die fruchtlosen Kosovo-Debatten satt, bei denen die serbische Führung regelmäßig inkompetent wirkte. Sobald Milošević Taten zusagte, hatte er die Öffentlichkeit hinter sich. Stambolić hingegen hatte öffentliche Zusagen immer gescheut. Dieser Unterschied sollte das Vorzeichen ihrer bevorstehenden, letzten Auseinandersetzung sein.

Die gesamte politische Klasse intrigierte in diesem Sommer – außer Stambolić. Er weigerte sich, den drohenden Konflikt überhaupt wahrzunehmen, sondern vertiefte sich in seine Verfassungsreform, in der irrigen Annahme, daß ihn das retten würde.

* * *

Im September 1987 kam es zu einer raschen Abfolge von Ereignissen, die die politische Landschaft in Serbien völlig umkrempelten: dem sensationellen Mord an vier Armeerekruten, einer Attacke gegen Milošević von bisher nie dagewesener Schärfe, vorgetragen vom Belgrader Parteivorsitzenden Dragiša Pavlović, und der Fernsehübertragung der politischen Hinrichtung von Ivan Stambolić. Innerhalb von drei Wochen war Milošević am Ruder Serbiens.

In den frühen Morgenstunden des 3. September eröffnete der 19jährige albanische Rekrut Aziz Kelmendi in der Kaserne von Paračin in Mittelserbien das Feuer und tötete vier Kameraden, während sie schliefen. Einige Stunden danach wurde Kelmendi etwa einen Kilometer von der Kaserne entfernt tot aufgefunden. Die Armee verlautbarte, er habe Selbstmord begangen. Die Toten waren zwei Moslems, ein Kroate und ein Serbe, aber die hysterischen Belgrader Medien bezeichneten den Amoklauf als einen Akt des albanischen Separatismus gegen Serbien. Zehntausend Menschen kamen zum Begräbnis des serbischen Rekruten. Die Feier wurde gegen den Willen der Eltern des Ermordeten in eine politische Demonstration gegen die Führung der Kosovo-Albaner umfunktioniert. Der trauernde Vater redete mit den Demonstranten und bat sie, den Tod seines Sohnes nicht zu mißbrauchen.[12] Doch die Belgrader Medien verbissen sich tagelang in diese Story. Für Milošević kam dieses Ereignis gerade zur rechten Zeit, denn es verschaffte ihm weitere Munition für den politischen Anschlag, den er gerade plante.

Zwei Wochen danach versuchte Dragiša Pavlović, der Belgrader Parteivorsitzende, die hysterische antialbanische Atmosphäre etwas zu beruhigen. Er versammelte die Belgrader Chefredakteure zu einer Pressekonferenz, um vor einem Wiederaufflammen des serbischen Nationalismus zu warnen. Er wirkte zuversichtlich, doch er ahnte nicht, daß das Gesetz des Handelns längst bei Milošević lag.

Die allgemeine Lage im Kosovo verändert sich nicht mit der nötigen, gewünschten oder leichtfertig versprochenen Geschwindigkeit. Das schafft eine gefährliche Atmosphäre, in der jedes Wort gegen den serbischen Nationalismus wie ein Befürworten des albanischen Nationalismus wirkt. Feurige Worte führen nur zu Explosionen ... die Bandbreite möglicher Lösungen im Kosovo ist nun so schmal geworden, daß der kleinste Fehler, selbst wenn er in bester Absicht begangen wird, nicht nur für die Serben und Montenegriner im Kosovo, sondern auch für die serbische Nation und die Stabilität ganz Jugoslawiens tragisch sein kann.

Ohne dessen Namen zu nennen, stieß Pavlović damit einen Schlachtruf gegen Milošević aus und legte die neuen Fronten in der serbischen Politik fest. Pavlović glaubte, diese Warnung wäre ausreichend, die Medien wieder zu ernüchtern und Milošević und seinen Getreuen klarzumachen, daß sie auf einen Abgrund zusteuerten. Pavlović wußte noch nicht, daß der Tanz am Abgrund Teil von Miloševićs Strategie war.

Milošević saß derweil entspannt zu Hause, die Füße auf dem Tisch, und sah sich die Pressekonferenz von Pavlović im Fernsehen an. Er sagte zu Mitević: „Das erledigen wir am Montag." Dann fuhren er und Mira ins Wochenende in die Villa nach Požarevac, wo die beiden gemeinsam aufgewachsen waren. Mira sah die Pressekonferenz als Versuch, ihren Mann zu verunglimpfen. Sie beschuldigte Pavlović, die „vagen Hoffnungen" wieder zu zerstören, die ihr Mann diesen „armen und unterdrückten Menschen", den Kosovo-Serben, gegeben hatte.

Herr und Frau Milošević stehen einander ungewöhnlich nahe. Seit ihren Schultagen in der Stadt Požarevac in Südostserbien waren die beiden unzertrennlich. Beide hatten einige Schicksalsschläge einzustecken; möglicherweise hat sie das einander so nahegebracht. Beide sind während des Zweiten Weltkriegs aufgewachsen. Slobodans Vater studierte an der Fakultät für Orthodoxe Theologie in Belgrad und wollte Priester werden. Nach dem Krieg kehrte er als Lehrer in seine Heimat Montenegro zurück. Es waren unruhige Zeiten. Seine Frau Stanislava blieb mit den beiden Söhnen in Požarevac. Als treue Parteiaktivistin erzog sie Slobodan und seinen älteren Bruder Bora als gläubige Kommunisten und förderte ihren Ehrgeiz. Die Nachricht vom Selbstmord des Vaters verheimlichte sie ihren beiden Söhnen, bis diese herangewachsen waren.[13] Zehn Jahre später beging auch Stanislava Selbstmord.

Slobodan war viel allein. Er war ein eher plumpes, unbeholfenes Kind und interessierte sich nicht für Sport. Doch er hing sehr an seiner Freundin Mirjana, die als Kind den Partisanennamen ihrer Mutter – Mira – angenommen hatte. Mira wuchs in einem Milieu von Tod und Verrat auf, sie lernte ihre Mutter nie kennen und war auch von ihrem Vater fast immer getrennt.

Ihre Mutter wurde im Jahr 1942, als die Kämpfe in Belgrad auf dem Höhepunkt waren, wegen Verrats an der Partei erschossen. Die Einzelheiten sind unklar, aber während eines Verhörs und unter Folter hatte sie die Namen ihrer Genossen preisgegeben.[14] Mirjanas Vater war Partisanenführer und wurde nach dem Krieg Parteivorsitzender in Serbien. Nach dem Krieg heiratete er eine andere Frau und ließ Mirjana von den Großeltern aufziehen. Mira brachte ihre Sommer auf der Adriainsel Brioni zu, wo eine handverlesene kommunistische Elite die Ferien zu verbringen pflegte.

Mira und Slobodan planten das Wochenende über den Gegenangriff. Milošević sonnte sich in dem Bewußtsein, daß er die Medien bereits unter seiner Kontrolle hatte. Zwei Tage später startete *Politika Ekspress* einen erbitterten Angriff gegen Pavlović. Ein Kommentar bezichtigte ihn, die serbische und jugoslawische Einheit zu untergraben. Er war zwar vom Herausgeber unterfertigt, die Autorin war aber Mira Marković.[15]

Ivan Stambolić, der serbische Präsident, war von der Schärfe der Attacke überrascht. Er wollte Pavlović verteidigen, aber Živorad Minović, der Herausgeber von *Politika*, der einflußreichsten serbischen Tageszeitung, der dem Präsidenten gegenüber immer willfährig gewesen war, ging ihm aus dem Weg. Als Stambolić ihn schließlich stellte, war er kühl und arrogant. Als *Politika* denselben Artikel noch ein zweites Mal abdruckte, war klar, auf wessen Seite der Herausgeber stand.

Pavlović gab sich nicht geschlagen und teilte Stambolić mit, er werde eine Sitzung der Belgrader Parteiführung einberufen. Stambolić, der sich nun Gedanken um seine eigene politische Zukunft machte, hielt das für eine gute Idee. Er verfaßte einen Brief, in dem er seinen Freund Pavlović unterstützte. „Dieser Brief", sagte er, „bedeutete das Ende meines politischen Lebens." Immerhin brachte diese Unterstützungserklärung die Belgrader Parteiführung auf ihre Seite. Die Mehrheit der fünfundvierzig Abgeordneten stellte sich auf die Seite von Pavlović. Doch dieser Sieg war nur von kurzer Dauer. Radmila Andjelković, ein Mitglied des serbischen Parteipräsidiums und eine treue Milošević-Anhängerin, meldete sich zu Wort und verkündete, daß die Angelegenheit damit noch lange nicht bereinigt wäre und daß das serbische Zentralkomitee am nächsten Tag zusammentreten werde, um den Fall Pavlović ebenfalls zu beraten. Milošević hatte Pavlović ausgestochen.

Selbst einige Getreue von Milošević waren überrascht, wie schnell und direkt er Stambolićs Abschuß vorbereitete. „Sobald du in einem kommunistischen Land auf der Tagesordnung stehst", erläuterte Mitević, „bist du zu achtzig Prozent tot."

Als Stambolić von der Sitzung erfuhr, rief er Milošević an. Er sagte, er fühle sich durch die Tagesordnung persönlich angegriffen. „Er sagte mir, ich brauche mir keine Sorgen zu machen – für mich gäbe es da kein Problem."

Trotz aller Warnsignale weigerte sich Stambolić, den Tatsachen ins Auge zu sehen. Er vertraute darauf, ausreichende Unterstützung zu haben. Doch Milošević und seine engsten Parteigänger hatten jedes einzelne Präsidiumsmitglied kontaktiert, um herauszufinden, wer auf wessen Seite stand. Sie glaubten, gewinnen zu können.

* * *

Am 18. September 1987 errang Milošević einen zukunftsweisenden Sieg. Er selbst leitete die Sitzung, die zwei Tage dauerte. Neunundvierzig Abgeordnete hielten Reden, aber nur achtundzwanzig waren stimmberechtigt. Punkt eins der Tagesordnung, der sich mit der

Pressekonferenz von Pavlović befaßte, dominierte die gesamte Sitzung. In der naiven Annahme, daß er noch etwas zu sagen habe, hatte Stambolić gemeint:

Ich mache einen anderen Vorschlag: Laßt uns nicht wütend sein, dazu ist die Sache nicht wichtig genug. Es wäre gut, wenn Slobo und Dragiša sich eine halbe Stunde täglich auf einen Kaffee zusammensetzen. Meinetwegen sollen sie auch Limonade trinken. Aber sie sollen sich regelmäßig treffen, um die Mißverständnisse auszuräumen. Ich habe Menschenkenntnis, und ich kann nicht akzeptieren, daß sie zu keiner zivilisierten Lösung kommen. Das werde ich nicht akzeptieren.

Milošević zeigte kein Erbarmen und unterbrach Stambolić und seinen linkischen Versuch der Versöhnung.

Diese Frage läßt sich nicht auf ein persönliches Mißverständnis reduzieren, wie auf zwei Kinder, die streiten ... Das hat nichts mit persönlicher Ablehnung oder Sympathie zu tun, und es geht hier nicht um Angelegenheiten, die sich auf diese Art vereinfachen lassen.

Aus dieser angespannten Atmosphäre heraus wurde Milošević ans Telefon gerufen. Mira Marković ließ sich von ihrem Mann, der unsicher und nervös klang, über den Fortgang der Sitzung berichten. „Jetzt gibt es kein Zurück mehr", sagte sie. „Du bist schon zu sehr exponiert." Mit diesen Worten im Ohr kehrte Milošević in den Ring zurück.

An diesem Abend kamen Freunde von Milošević, von denen die meisten ebenfalls Präsidiumsmitglieder waren, in Slobos bescheidener Wohnung im Zentrum von Belgrad zusammen. Sie besprachen den Verlauf der Sitzung und ihre nächsten Schritte. „Milošević sagte, es sei sehr schwierig, er sei ziemlich enttäuscht über einige Leute und könne kaum glauben, was einige dahergeredet hätten", sagte Mitević. Er entwarf einen neuen Plan, der so brillant war, daß der Sieg in greifbare Nähe gerückt schien.

Am nächsten Morgen traf Mitević vier Mitglieder des Belgrader Parteikomitees und überredete sie, einen Brief zu unterschreiben, in dem sie bezeugten, daß Stambolić sie bei der Sitzung im Stadtrat wenige Tage zuvor unter Druck gesetzt habe, Pavlović zu unterstützen.

Das serbische Parteipräsidium trat wieder zusammen. Der Auftritt von Milošević zerstörte jede Hoffnung, die Stambolić noch auf einen Weiterbestand ihrer Freundschaft gehegt haben könnte. „Ich dachte, die Russen hätten angegriffen oder der Dritte Weltkrieg sei ausgebrochen", sagte Stambolić, als er den Gesichtsausdruck von Milošević sah. Mit erhobener Stimme unterbrach Milošević plötzlich die Debatte:

Genossen, ich habe die vergangenen ein, zwei Stunden noch gezögert. Wir haben ein Schreiben erhalten. Ich ließ zuerst überprüfen, ob es überhaupt echt ist, daß es sich um keinen Irrtum handelt. Dann war ich mir nicht sicher, ob man einen solchen Brief dem Präsidium überhaupt vorlesen kann. Vielleicht begehe ich jetzt einen Fehler ...

Dann verlas er den Brief. Stambolić fand sich plötzlich mit dem Vorwurf der Verschwörung gegen die Parteihierarchie konfrontiert. Trotz seiner darstellerischen Leistung hatte Milošević natürlich längst von dem Schreiben gewußt. Es war die Idee von Mitević, die die Schlinge um den Hals von Stambolić legte.

Milošević fühlte nun, daß er vorne war, und stellte den Antrag, Pavlović aus der Partei auszuschließen. Elf stimmten dafür, fünf dagegen und vier enthielten sich. Seine Gewinnstrategie hing von den Abgeordneten der Provinzen Vojvodina und Kosovo ab. Sie mochten Stambolić nicht besonders, weil er immerzu von Verfassungsänderungen redete. Er schien ihnen und ihrer Autonomie gefährlicher zu sein als der gesichtslose Milošević mit seinen großen Ohren. Aber Azem Vllasi machte prozedurale Einwände gegen die Weise, in der die Sitzung geführt wurde, und stimmte gegen den Ausschluß von Pavlović.

Diese Sitzung endete mit einem Patt. Milošević fand ein paar Worte des Trostes, die Stambolić das Blut in den Adern gefrieren ließen. „Ich hoffe aufrichtig, ich glaube fest daran, daß Genosse Stambolić manipuliert wurde und unschuldig ist."

* * *

Die Entscheidung über das weitere Schicksal von Pavlović wurde auf die Achte Sitzung des Zentralkomitees der Serbischen KP verschoben. Im Lager von Milošević liefen die Vorbereitungen für diese „Achte Sitzung", wie sie genannt wurde, auf Hochtouren. Borisav Jović zog die Fäden, seine Gefolgsleute beackerten ganz Serbien. Schließlich luden sie sechzehn Präsidenten von Regional- oder Bezirksparteikomitees, die gleichzeitig Mitglieder des Zentralkomitees waren, nach Belgrad ein, um sie für sich zu gewinnen. Auf diese Art knüpften sie ein Netzwerk von regionalen Parteichefs, die auch ihre regionalen ZK-Mitglieder noch beeinflussen konnten. Es war sogar bis ins Detail geplant, wie die Pro-Milošević-Redner sprechen und auftreten sollten. Milošević war dafür zuständig, nicht zwei seiner Gegner unmittelbar hintereinander zu Wort kommen zu lassen. Das war nicht schwer, da er die Sitzung leitete und die Reihenfolge der Wortmeldungen bestimmte.

Stambolić hingegen unternahm wenig, um seine Verteidigung vor der Achten Sitzung vorzubereiten. Am Abend davor saß er mit Freunden beisammen und überlegte, was sie noch tun könnten. Seine Linie war einfach: „Mir war es wichtig, daß wir sagen, was wir uns denken. Für unsere Enkelkinder."

Als die Achte Sitzung eröffnet wurde, setzte sich die kommunistische Parteimaschinerie in Gang. Um die Spannung im Sitzungssaal und in ganz Serbien noch zusätzlich zu steigern, wurde diese Sitzung im Fernsehen übertragen: Zum ersten Mal gewährten die Kommunisten der Öffentlichkeit Einblicke in ihr dunkles, tückisches Reich. Es war ein Schock. Zwei Tage lang saßen die Menschen in Serbien wie angenagelt vor ihren Fernsehapparaten und verfolgten die Kraftprobe. Die Sitzung sollte eigentlich live übertragen werden, doch wegen der Fernsehnachrichten gab es immer wieder Unterbrechungen. Um wieder aufzuholen, begann das Belgrader Fernsehen, die Reden zu schneiden. Mitević favorisierte völlig unverhohlen die Seite von Milošević und schnitt die Reden seiner Gegner zur Bedeutungslosigkeit zusammen.

In Belgrad war die Übertragung ein Straßenfeger. Stambolić schien derweil außerstande, einen Gegenangriff zu organisieren. Es war, als ob er nicht glauben könne, was da geschieht. Ljubinka Trgovčević, Historikerin und damals ZK-Mitglied, beschrieb die Verfassung von Stambolić vor seiner bevorstehenden politischen Hinrichtung:

Er war nicht mehr in der Lage zu denken. Er kommt aus einem patriarchalischen Milieu, in dem man seinen besten Freund nicht schlägt. Und zweitens betrügt man niemals seine Partei.

Stambolić hatte während seiner langen politischen Laufbahn viele Fallen vermieden, die ihm seine Rivalen stellten. Er gab bereitwillig zu, daß es seine eigene Schuld gewesen sei, die Absichten von Milošević nicht rechtzeitig durchschaut zu haben. „Wenn einer fünfundzwanzig Jahre lang immerzu deinen Rücken vor sich sieht, ist es verständlich, daß ihn irgendwann einmal das Verlangen packt, ein Messer hineinzustoßen. Viele Leute haben mich gewarnt, aber ich habe das einfach in den Wind geschlagen."

Der Mann, der alle bisherigen Herausforderungen gemeistert hatte, fiel durch die Hand seines besten Freundes, Milošević. Drei Monate nach der Achten Sitzung vertraute sich Stambolić der Historikerin Trgovčević an, die ihn bis zuletzt unterstützt hatte: „Er erzählte mir, daß er Milošević mehr geliebt hat als seine eigenen Brüder und daß er viel mehr Zeit mit ihm verbracht hat.“

* * *

Die Sitzung begann mit einer Erinnerungsrede anläßlich des fünfzigsten Jahrestages von Tito als Parteichef. Beide Seiten benutzten Tito als Feigenblatt. Milošević pries ihn als kommunistischen Führer, der die Einigkeit in der Partei förderte. „Er deutete an, daß wir nicht mit Tito seien. Das war öffentliche Lynchjustiz“, erzählte Stambolić.

Das anhaltende Sperrfeuer gegen Pavlović und Stambolić wurde jedoch von der nächsten Rednerin unterbrochen. Milošević erteilte das Wort der attraktiven blonden Historikerin Trgovčević im Glauben, daß sie als unerfahrene Politikerin nicht den Mumm haben würde, zu kämpfen. Doch die Fernsehbilder zeigen, wie gequält er ihrer Rede zuhörte: „Ich fürchte, wir kehren zu bestimmten Methoden zurück, die wir schon lange überwunden haben, und ich möchte diese Methoden nicht wieder angewendet sehen.“ Ihre Worte erbosten Jović. „Er wurde wütend und sagte, ich werfe ihnen Stalinismus vor. Ich antwortete, es könnte auch Faschismus sein“, sagte Trgovčević, die bald danach die Politik verließ und wieder als Historikerin arbeitete.

Der Milošević-Flügel hatte zwar von Anfang an die Oberhand, doch es war nicht klar, wer gewinnen würde. Stambolić war immerhin eine Institution. Sein Sturz würde viele andere mitreißen. Es wäre das Ende einer Ära. Trgovčević sah, daß etliche Delegierte vor Nervosität schwitzten.

Die Atmosphäre war grauenhaft. Im Café standen Leute und kauten an ihren Fingernägeln. Die Gesichter wurden immer grauer. Einige hatten zwei verschiedene Reden in der Tasche, je nachdem, wie sich die Dinge entwickeln würden. Sie müssen verstehen, daß die Zukunft von neunzig Prozent der Anwesenden vom Ergebnis dieser Sitzung abhing.

Während der Pausen versuchte das Team von Milošević, weitere Stimmen einzufangen. Wie eine Biene schwirrte Jović im Restaurant umher.

Milošević versuchte Vllasi umzustimmen, der wie der archetypische kommunistische Funktionär mit jeder Stufe auf der Karriereleiter auch ein bißchen fetter geworden war. Als eifriger Chef der kommunistischen Jugend Jugoslawiens war Vllasi früher Titos Liebling gewesen. „Jetzt oder nie. Stimme für mich und sag deiner Delegation, sie sollen auch für mich stimmen. Du wirst sehen, ich werde dir das später zurückzahlen“, sagte Milošević. Vllasi lehnte ab: „Du hast mir früher kaum geholfen, und ich kann dir jetzt nicht helfen.“ Milošević platzte vor Wut. „Er nannte mich eine *pička* (Vagina)“, sagte Vllasi, „und ich sagte ihm, daß er ein Lügner und ein Betrüger ist.“ Zwei Jahre später nahm Milošević Rache an Vllasi und ließ ihn unter der Anklage der Konterrevolution verhaften. Zu diesem Zeitpunkt machte Vllasi eine völlig andere Figur: Er war wieder dünn und entschlossen geworden.

Damit nichts dem Zufall überlassen blieb, begann die kommunistische Parteimaschine „Unterstützungstelegramme“ zu produzieren. Sie wurden während der Sitzung verlesen und schufen ihre eigene Dynamik. Sobald ein Provinzkapo hörte, daß sein Nachbarbezirk ein Telegramm geschickt hatte, erachtete er es als günstig, ebenfalls eines abzuschicken. Besonders die Telegramme der Kosovo-Serben heizten die Emotionen an und stärkten den Rückhalt von Milošević.

Im Verlauf der Sitzung setzten sich die Milošević-Anhänger im Saal immer weiter nach hinten. Zum Schluß saß Stambolić allein vorn. Als es zur Abstimmung kam und Pavlović aus dem Präsidium ausgeschlossen wurde, war klar, daß sich auch Stambolić nicht mehr lange halten würde. Stambolić hatte sich in der letzten Zeit durch starke optische Präsenz in den Medien von den anderen Führungsmitgliedern abgehoben. Als dann Dušan Čkrebić sagte: „Serbien hat vom Führerkult die Nase voll und braucht keine neuen Führer“, war Stambolić erledigt. Die Abstimmung ging mit 120 : 8 gegen ihn aus. Milošević hatte gesiegt.

Die Fernsehübertragung trug reiche Früchte. „Milošević kam gut rüber, weil er sagte: Wir haben genug vom leeren Gerede, von all dem Blabla, das uns hierhergebracht hat“, glaubt Mitević, dessen gekonntes Steuern der Ereignisfolge ihn zum Orson Welles des serbischen TV werden ließ.

* * *

Überraschenderweise begrüßten Politiker in ganz Jugoslawien den Triumph von Milošević. In der Bundesregierung wurde es zwar kaum erwähnt, und Slowenien reagierte überhaupt nicht, aber kroatische Funktionäre griffen ihre eigene Presse an, die Milošević für die Art, in der er Stambolić absetzte, kritisiert hatte. Stipe Šuvar, der kroatische Vertreter im Parteipräsidium, verteidigte seinen zukünftigen Erzfeind zu der Zeit noch:

Stambolić war der meistgefürchtete Politiker in der jugoslawischen Szene. Wir glaubten, den grauen Bürokraten Milošević kontrollieren zu können. Erinnern Sie sich, er war eindeutig kein Nationalist – er machte alles im Namen Jugoslawiens – und sein Argument, daß die Albaner Sezessionisten sind, ist im Kern ja richtig.

Sie ahnten nicht, daß sich Slobodans Aufstieg zur Macht weit über Serbien hinaus auswirken würde. Seine Genossen erkannten nicht, daß sie den ersten wirklich starken Mann seit Tito vor sich hatten.

Nach der Achten Sitzung war Milošević frei, seine Aufmerksamkeit anderen Dingen zu widmen. „Damals", glaubt Stambolić, „erkannte Milošević, daß Kosovo nur die Startrampe ist. Das Ziel war ganz Jugoslawien."

Er setzte seine populistischen Methoden in ganz Jugoslawien ein ... Das war das rote Tuch für die nationalistischen Stiere in den anderen Republiken. Wenn das größte Volk mit dem Fahnenschwingen anfängt, bekommen es die kleinen Völker natürlich mit der Angst zu tun.

Bevor Milošević in die direkte Konfrontation mit Slowenien einstieg, sah er zu, daß das Thema Kosovo weiterhin heiß blieb. Er ließ eine stalinistisch anmutende Säuberung durchführen, die von den Belgrader Medien bis zum Oberkellner in der serbischen Regierungsvilla reichte. Nachdem Stambolić mehrere Monate in der Obskurität umhergeschlichen war, wurde er schließlich am 14. Dezember 1987 offiziell aller Funktionen enthoben.

3. Kapitel

„Kein Weg zurück"

Der Slowenische Frühling
1988

Während Milošević seine Macht konsolidierte, ließ die slowenische Regierung die Zügel locker. In den frühen achtziger Jahren begann in der kleinen nordwestlichen Republik eine Periode des Liberalismus, wie ihn die kommunistische Welt bisher nicht erlebt hatte. Alternative Gruppierungen, die fast den Status politischer Parteien genossen, wurden nicht nur toleriert, sondern gefördert. Ihr Spektrum reichte von Schwulengruppen bis zur Umweltbewegung. Gleichzeitig entwickelte sich eine Bewegung, die als *Neue Slowenische Kunst* bekannt wurde und die das engstirnige, konservative Slowenien provozieren wollte. Die Rockgruppe *Laibach* wurde zum Bannerträger der Avantgarde in Slowenien, und ihre Fangemeinde reichte weit über Jugoslawien hinaus bis in den Westen. Zu Beginn waren die Jugoslawen über die Nazi-Uniformen der Gruppe und über den häufigen Gebrauch der deutschen Sprache verärgert.[16] Sich über den Zweiten Weltkrieg lustig zu machen, war beinahe so schlimm, wie an den Fundamenten Jugoslawiens zu rütteln. Mitte der achtziger Jahre fand die Sozialistische Jugendorganisation Sloweniens aber Gefallen an der Musik und erteilte *Laibach* damit den quasi-offiziellen Segen.

Erstmals wurde Ljubljana zu einem kulturellen Magneten, der den anderen jugoslawischen Republikshauptstädten den Rang ablief. Bis dahin hatte Slowenien als die am höchsten entwickelte, fleißigste und konservativste Republik gegolten. Tatsächlich waren Revolutionen diesem katholischen, zum Großteil bäuerlichen Volk während seiner Geschichte fremd geblieben. Den Bauern ging es gut, die meisten von ihnen besaßen das Land, auf dem sie arbeiteten, und sie waren treue Untertanen der österreichisch-ungarischen Monarchie. Die aufmerksam gepflegten Gärten und die in der Landschaft verstreuten, gemütlich wirkenden Bauernhäuser unterscheiden diese Alpenrepublik vom Rest des Landes.

Der kleingewachsene Milan Kučan, der seit 1986 der Slowenischen

Kommunistischen Partei vorstand, ließ den neuen politischen Trends freien Lauf – von den Radikalen bis zu den Nationalisten. Der erfahrene Politiker erkannte früh, daß seine und Sloweniens Zukunft in der Reform lag.

Mir war klar, daß Slowenien ohne tiefgreifende Reformen keine Chance hatte. Damit begann der Dauerkonflikt zwischen mir und Milošević, besonders nachdem er von Stambolić die Macht übernommen hatte.[17]

Die Slowenische Jugendbewegung war mit dem offiziellen Jugoslawien bereits im Clinch. Am Tag der Jugend, der traditionell an Titos Geburtstag gefeiert wurde, hatte sie bereits einen mittleren Skandal bewirkt, als sie für den Stafettenlauf, den alljährlichen Höhepunkt der Feierlichkeiten, ein Plakat aus Hitlers Jugendbewegung vorschlug. Acht Jahre nach Titos Tod nahmen die jugoslawischen Kommunisten diesen Jahrestag noch immer äußerst ernst. Das Plakat war ein Zeichen der Aufsässigkeit gegen die kommunistische Bundesregierung und die Armee, die Bewahrer des Titoismus. Admiral Branko Mamula, der jugoslawische Verteidigungsminister, lehnte das vorgeschlagene Plakat als Angriff gegen Jugoslawien ab.

Aber nicht nur die Jugend war schlecht angeschrieben, auch die nationalistischen Intellektuellen standen auf der schwarzen Liste der Jugoslawischen Volksarmee (JVA). Im Februar 1987 veröffentlichte das Journal *Nova Revija* ein Slowenisches Nationalprogramm. Das kommunistische Establishment betrachtete es als die slowenische Antwort auf das Memorandum der Serbischen Akademie der Wissenschaften. Das Nationalprogramm forderte stärkeres Nationalbewußtsein und eine Rückkehr zu den christlichen Traditionen Sloweniens. Darüber hinaus wurde in dieser Ausgabe Nr. 57 der *Nova Revija* auch argumentiert, daß es den Slowenen außerhalb Jugoslawiens besser gehen würde.

Wieder verurteilten Parteiorganisationen im ganzen Land das Aufwallen des Nationalismus und die Angriffe gegen Jugoslawiens Sozialismus. Während das offizielle Jugoslawien Gegenmaßnahmen forderte, pflegten die nationalistischen Dissidenten Sloweniens und Serbiens regelmäßige und herzliche Kontakte, obwohl ihre Visionen eines zukünftigen Jugoslawien gar nicht zusammenpaßten. Die Serben verlangten Zentralisierung, die Slowenen wollten das Gegenteil. Dennoch hatten sie eines gemeinsam: mehr als ein Jahrzehnt vor Kriegsausbruch begannen beide Gruppen, jene Glaubensgrundsätze in Frage zu stellen, die Jugoslawien zusammenhielten. Zu dieser Zeit bedrohten die Nationalismen einander nicht, weil die beiden Republiken nicht aneinandergrenzten.[18]

Parteichef Kučan spielte ein intelligentes Spiel. Die slowenischen Kommunisten taten das Nationalprogramm der *Nova Revija* als Aufguß alter Ideen ab. Der einzige originelle Funke, sagte eine Stellungnahme der Partei, ist, daß die Kommunisten an allem und jedem schuld seien. Die Partei, hieß es, werde die „heuchlerische, hochgestochene Argumentation“ der Verfasser ignorieren, die andere Wange hinhalten und eine tolerante, demokratische Debatte fördern. Sie bezichtigte die slowenischen Chauvinisten der „nationalen Intoleranz und der Geschichtsfälschung“.

Die Jugoslawische Volksarmee hingegen weigerte sich, die andere Wange hinzuhalten. Das Dokument in der *Nova Revija* verursachte beträchtliche Aufregung. Admiral Mamula nannte es ein zweites Memorandum und ein Komplott der slowenischen Nationalisten und der bourgeoisen Rechten, mit dem Ziel, das jugoslawische Gemeinwesen zu zerstören. „Sie verneinen die nationale Revolution, die Selbstverwaltung und die Blockfreiheit. Sie wollen sich mit Verrätern verbünden und die katholische Kirche dazu benutzen, an die Macht zu kommen.“ Er sagte, das Programm versuche auch, ein neues Verteidigungskonzept zu lancieren, nach welchem die Armeen der Republiken Vorrang vor der Jugoslawischen Volksarmee haben sollten.[19]

Mamula fragte Kučan, der mit seinen großen, runden, blauen Augen unschuldig wie ein Chorknabe wirkte, ob er eigentlich begreife, was da in Slowenien vor sich gehe. Er drohte Konsequenzen an, falls die slowenische Regierung die Vorgänge weiterhin zu ignorieren gedenke. Zur Enttäuschung des Admirals tat Kučan die neuen politischen Gruppierungen und die Angriffe gegen die Armee als bedeutungslos ab. Mamula versuchte, Kučan zu umschmeicheln, indem er seinen Reformwillen lobte, ihn aber warnte vor „diesen Radikalen, ... Leuten, die sich von Jugoslawien abspalten wollten und den jugoslawischen Staat attackieren“. Die Armee war überzeugt, diesem Treiben ein Ende setzen zu müssen. Die Volksarmee war gegründet worden, um Jugoslawien gegen den kapitalistischen Westen und – nach dem Bruch mit Stalin im Jahr 1948 – auch gegen die kommunistischen Armeen Osteuropas zu verteidigen. Je mehr Feinde das Land von außen bedrohten, desto größer waren auch die Möglichkeiten zum Verrat innerhalb des Landes. Die Armee blieb wachsam.

Die Armeeoffiziere waren im titoistischen Geist erzogen und zu einem gewissen Grad von der Außenwelt abgeschnitten. Sie durften keine Auslandsreisen unternehmen, und innerhalb ihrer eigenen Gesellschaft waren sie durch ihre Privilegien isoliert. Von ihrer Gründung an tat die Volksarmee geheimnisvoller als selbst die sowjetische Rote Armee. Die Offiziere begannen ihre Ausbildung häufig bereits im Alter von vierzehn Jahren. Diese Heranwachsenden kamen meist vom Land und wuchsen in Militärakademien auf – oft weit entfernt vom Elternhaus. Sie bildeten die überwiegende Mehrheit des Offizierskorps. Das war eine recht außergewöhnliche Art des Heranwachsens in einem Land, in dem traditionelle Familienbande wichtig waren und wo die Kinder wegen der beschränkten wirtschaftlichen Möglichkeiten oft auch noch bei den Eltern blieben, wenn sie schon verheiratet waren und Nachwuchs hatten. In dieser abgeschotteten Welt konnte es schon vorkommen, daß Offiziere zu vertraulichen Besprechungen gerufen wurden, bei denen sie über Ereignisse informiert wurden, die bereits seit einem halben Jahr öffentlich bekannt waren. Nach 1980 war sich die Armee bewußt, daß sie zusammen mit dem Bund der Kommunisten Jugoslawiens der Kitt war, der Titos Jugoslawien zusammenhielt. Selbst bei Kriegsausbruch im Jahr 1991 glaubte die Mehrzahl der Offiziere noch ehrlich an die Vielvölkerföderation der sechs sozialistischen Republiken und an „*bratstvo i jedinstvo*“, den offiziellen Slogan von „Brüderlichkeit und Einigkeit“.

Die Volksarmee konnte den Politisierungsprozeß in Slowenien aber trotz aller Entschlossenheit nicht verhindern. Sie verstand jede Äußerung als Attacke gegen den Kommunismus und gegen die Jugoslawische Föderation. *Mladina*, das Wochenmagazin der sozialistischen Jugendorganisation Sloweniens, war eine bemerkenswerte Mischung aus Satire, Frechheit und Sensationsgier. Das Blatt startete eine Kampagne gegen die Volksarmee und bezeichnete sie als „undemokratische Institution, jederzeit zum Putsch bereit“. Die slowenische Justiz zeigte daraufhin auf Betreiben von Belgrad den Chefredakteur Franci Zavrl an, der den Artikel „Mamula, Go Home“ autorisiert hatte; Andrej Novak vom slowenischen Magazin *Teleks* wurde für seinen Artikel „Generäle und Generationen“ verklagt. Ein Jahr danach zog der Bundesstaatsanwalt beide Verfahren an sich und kritisierte, daß sich die slowenischen Gerichte überhaupt nicht um die Fälle gekümmert hätten.

Das erste Angriffsziel von *Mladina* war Mamula selbst. Die Zeitschrift nannte ihn „Händler des Todes“, weil er während einer Hungersnot Waffen an die Regierung von Äthiopien verkauft hatte.[20] Diese Waffen würden gegen die eigene, hungernde Bevölkerung eingesetzt, argumentierte *Mladina*. Das Magazin deckte auf, daß Mamula sich von Armeerekruten eine Traumvilla in Opatija hatte bauen lassen, jenem bekannten Badeort in Istrien, der vor dem Ersten Weltkrieg, als er noch Abbazia hieß, in der Wiener Gesellschaft sehr beliebt war. Der Artikel über Mamulas luxuriösen Lebensstil gab selbst den loyalsten Offizieren zu denken. General Milan Aksentijević, damals Oberst in der Garnison Ljubljana, erinnert sich an den Tag, an dem der Artikel veröffentlicht wurde: „Ich hatte gemischte Gefühle, muß ich sagen. In dem Artikel stand nachzulesen, daß Mamula sich ein Schloß baute, während ich verzweifelt versuchte, das Geld für eine Wohnung zusammenzukratzen."

Im März schlug Mamula zurück:

Ich wollte sie warnen und sie auf ihre Grenzen aufmerksam machen. Direkte Angriffe gegen die Armee sind durch die Verfassung untersagt. Ich war nicht gegen die Demokratisierung und eine Erneuerung entlang europäischer Werte, obwohl ich an das Einparteiensystem glaubte – nicht so sehr persönlich, aber als Vertreter der Armee.

Die frustrierten Armeechefs kamen zu der Überzeugung, daß die slowenische Führung *Mladina* für ihre eigenen Zwecke benutze. Als Antwort auf ihre Beschwerden bekamen sie zu hören, die Armee solle sich wegen einer Bande Jugendlicher nicht so aufregen. Für die Generäle war das eine inhaltliche Billigung der Attacken. „Vergessen Sie nicht, das war noch unter dem Kommunismus", sagte Oberst Aleksandar Vasiljević, der stellvertretende Kommandant der militärischen Spionageabwehr (KOS). „Die Slowenen hätten das von einer Sekunde auf die andere abstellen können, wenn sie gewollt hätten."

Mamula erkannte später, daß er die Opposition ohne sein Wollen noch gestärkt hatte. „Ein Slowene stellte fest, daß ich mit meinen Drohungen gegen die slowenische Opposition mehr als jeder andere für die slowenische Unabhängigkeit getan habe. Aber wofür hätte ich denn sonst eintreten sollen?"

General Veljko Kadijević, der nicht lange nach dem Skandal um Mamulas Villa dessen Funktion als Verteidigungsminister übernommen hatte, wollte an *Mladina* ein Exempel statuieren. Er glaubte, daß die Armee ein Verfahren vor einem Militärgericht anstrengen sollte. Zunächst begann jedoch ein Medienkrieg. Die Zeitschrift der Volksarmee, *Narodna Armija*, beschuldigte *Mladina*, „die feindliche Emigrantenpresse und gewisse ausländische Zeitungen beim Verbreiten von armeefeindlichen Gerüchten" zu unterstützen. Am 20. März stürzte sich auch *Dnevnik*, eine Tageszeitung aus der serbischen Nordprovinz Vojvodina, ins Getümmel. Sie kritisierte *Mladina* und *Nova Revija* und warnte Kučan, daß er erst zu spät bemerkt habe, daß „die Kinder in einen offenen und unerbittlichen Kampf um die Macht eingetreten sind … Gestern haben sie noch eine Demokratisierung der Gesellschaft verlangt, während sie heute schon die führende Rolle des Bundes der Kommunisten streitig machen." Die Zeitung aus der Vojvodina forderte die slowenischen Kommunisten auf, hart durchzugreifen.

Als ersten Schritt berief die Armee den Militärrat ein, ein Expertengremium, das für die nationale Sicherheit zuständig war. Dort wurde besprochen, wie man Slowenien zum Einlenken zwingen könne. Der Militärrat bezeichnete *Mladina* als „konterrevolutionär" und warf der Zeitschrift vor, an einer vom Ausland unterstützten Verschwörung zum Sturz der jugoslawischen Regierung beteiligt zu sein. Dann suchte Svetozar Višnjić, der Garnisonskommandant von Ljubljana, Kučan auf und fragte, wie Slowenien reagieren würde, wenn die Autoren der armeefeindlichen Artikel verhaftet würden. Er wollte wissen, ob Kučan für diesen Fall einen öffentlichen Aufschrei erwarte. Wenn dem nämlich so wäre, müsse die Armee Maßnahmen ergreifen, um Kasernen und Mannschaften vor Gefahr zu schützen. Kučan antwortete: „Jede Maßnahme, die auf die außerordentlich heikle politische Situation in Slowenien keine Rücksicht nimmt, richtet nicht wiedergutzumachenden Schaden an …" Er weigerte sich, weitere politische Angelegenheiten mit einem Armeevertreter abzuhandeln, und verlangte eine Sondersitzung des Jugoslawischen Zentralkomitees, um die Aussagen des Militärrats zu besprechen. „Die antislowenische Kampagne, die in Serbien und anderswo geführt wird, muß ein Ende haben. Als Reaktion auf die antislowenische Stimmung im Rest des Landes nimmt die antijugoslawische Stimmung in Slowenien zu. Es ist absurd, die Redakteure von *Mladina* als Instrumente im Kampf des Weltkapitalismus gegen Jugoslawien zu bezeichnen", sagte Kučan den anderen Mitgliedern der Parteiführung.

Diese Sitzung festigte jedoch seinen Eindruck, daß sich die Koalition gegen Slowenien verhärtete. Slowenien saß auf der Anklagebank, und die Armee war der Oberstaatsanwalt. Kučan war besorgt, daß die Armee zu außergewöhnlichen Maßnahmen greifen könnte. Er drängte das Zentralkomitee, sich die nächsten Schritte sehr sorgfältig zu überlegen. „Dieses Problem könnte das Land zerreißen." Milošević, sein kompromißloser Erzrivale, widersprach. „Die Kommunisten sollten das Volk in seinem Kampf gegen den Antikommunismus unterstützen. Die Frage ist, ob der Militärrat richtig gehandelt hat. Ich glaube, es war richtig, denn es ist unrecht, die Armee in eine Lage zu versetzen, in der sie sich verteidigen muß."

General Kadijević meinte besorgt: „Jugoslawien ist am Rande der Auflösung." Das wurde für die nächsten drei Jahre zu seiner Standardwarnung. Er führte aus:

Die Existenz Jugoslawiens als sozialistischer Staat ist von Konterrevolutionären gefährdet. Es gibt Verbindungen zwischen diesen Kreisen in Jugoslawien und Emigrantenzirkeln ... Sie haben großen Einfluß bei ausländischen Banken und beim IMF, und sie stellen uns auch Bedingungen für ihre Hilfskredite – mehr Freiheit, Menschenrechte und Demokratie.

Die feindlichen Kräfte erhöhen ihre Schlagzahl. Die CIA ist zu dem Schluß gekommen, daß die Redaktion von Mladina eine ähnliche Rolle spielt wie Solidarność in Polen. Laut CIA-Analyse hat der Sturz des Kommunismus in Jugoslawien bereits begonnen. Wir müssen die konterrevolutionären Aktivitäten stoppen.

Kadijević lehnte Kučans Vorschlag ab, daß die Präsidiumsmitglieder nach Slowenien kommen sollten, um sich selbst ein Bild zu machen, wie das Problem am besten zu entschärfen wäre. Er zog weiter über die Slowenen her:

Unsere Schlußfolgerungen brauchen keine weiteren Untersuchungen. Kučan attackiert das Präsidium des Bundes der Kommunisten Jugoslawiens, um seine eigenen Fehler zu verbergen, die das Anwachsen der armeefeindlichen Atmosphäre in Slowenien zugelassen haben. Wir brauchen uns mit der slowenischen Führung überhaupt nicht abzustimmen. In Zukunft wird die Armee das tun, was sie selbst für richtig hält.

Dieser Wortwechsel zeigt, wie gespannt die Atmosphäre bereits innerhalb des Zentralkomitees war. Als Milošević ab Herbst 1988 in den südlichen Republiken Jugoslawiens seine Säuberungen durchsetzte, kam es zu personellen Veränderungen in den verschiedenen Parteiorganen, doch der Kernpunkt der Auseinandersetzung blieb genau derselbe. Die Drohungen von Verteidigungsminister Kadijević konnten die slowenische Parteiführung nicht dazu bewegen, gegen die Dissidenten durchzugreifen. Trotz intensiver antislowenischer Propaganda im Rest von Jugoslawien setzte niemand den ersten Schritt. Es schien, als ob die Gefahr für Sloweniens politische Öffnung gebannt sei. Doch die Armee gab sich nicht so leicht geschlagen.

Weniger als einen Monat danach präsentierte *Mladina* einen Knüller. Das Geheimdokument Nr. 5044-3 des Militärbezirks Ljubljana, datiert mit 8. Januar 1988, gab genaue Anweisungen zur Vorbereitung des Ausnahmezustandes. Franci Zavrl sagte später, daß das Dokument von Ivan Borštner stammte. Borštner war ein slowenischer Unteroffizier, der die Volksarmee verlassen wollte und nach Kontakten im Zivilleben Ausschau hielt.

Die JVA hatte Borštner bereits unter Beobachtung. Geheimagent Vasiljević sagte, er sei in der Armee als extremer slowenischer Nationalist aufgefallen. „Deshalb haben wir ihn von seinem hochsensiblen Posten als Kryptograph abgezogen. Ende 1987 trat er aus der Kommunistischen Partei aus. Später erzählte er herum, daß Slowenen in der Armee degradiert und benachteiligt würden."[21] Von seinem neuen Posten aus kontaktierte Borštner einen Journalisten der *Mladina*.

Zavrl kümmerte sich nicht weiter darum, sondern gab das Papier an den Journalisten Janez Janša weiter, der *Mladinas* Militärexperte war. Das Magazin hatte zahlreiche Kontakte in der Armee und in der politischen Führung. „Das war nichts Besonderes für uns ... Das Dokument selbst war ganz normal und unbedeutend. Die Armee benutzte es nur als Vorwand, um uns vor ein Militärgericht zu zerren." Aber bald darauf erhielt er ein zweites Dokument. Dieses hatte echte Sprengkraft. Janša hatte eine Abschrift der Sitzung des Zentralkomitees vom 25. März in seinen Besitz gebracht. Das war die Sitzung über Slowenien, bei der Kučan schließlich begriffen hatte, daß es der Armee ernst war. Janša behielt das Dokument bei sich, aber bemerkte nicht, daß die Polizei ihn observierte. In derselben Nacht brach die slowenische Polizei in die Räumlichkeiten der Firma *Mikro Ada* ein. Das war eine kleine Computerfirma, die Janša mit einigen Freunden betrieb. Die Polizei fand beide Dokumente. Am nächsten Tag informierte sie die slowenische Führung, die vorerst nichts unternahm.

Am 13. Mai veröffentlichte *Mladina* den Artikel „Die Nacht der langen Messer", eine Story über eine Armeeintervention, in der stand, die Armee habe eine Namensliste jener Personen aufgesetzt, die bei dem Coup verhaftet werden sollten.[22] Die Geschichte bezog sich auf Janšas zweites Geheimdokument, die Abschrift der Sitzung des jugoslawischen Zentralkomitees. Aus Angst vor einer Beschlagnahme dieses Hefts zitierten die Autoren nicht direkt aus dem Dokument. Der Artikel schlug ein wie eine Bombe. In kürzester Zeit war *Mladina* an den Kiosken ausverkauft. Ljubljana brodelte von Gerüchten über eine bevorstehende Militärintervention. Kučan kam unter großen Druck. Rückblickend konnte er sagen, der Mittelweg zwischen den Radikalen im eigenen Land und der konservativen Armee war der beste Weg. Für den Augenblick aber war er nicht sicher, was er tun sollte. Wie sollte er dieses Dokument erklären, wo doch Belgrad überzeugt war, daß er es hatte durchsickern lassen, um breitere Unterstützung gegen die Armee zu bekommen? Er beharrte darauf, daß die Armee ihre Kompetenzen überschreite: das Entscheidende sei nicht die Namensliste der geplanten Verhaftungen, sondern daß sich die Armee in die Politik einmische. In einer Absprache mit der slowenischen Polizei wurde beschlossen, genau zu untersuchen, wie das Dokument zu Janša gelangt sei. Kučan informierte Belgrad über seine Schritte. Seine Polizei mußte pflichtgemäß die Volksarmee über ihren Fund informieren, da in Janšas Computerfirma ja auch ein geheimes Militärdokument gefunden worden war.

Als sich Mamula im Mai 1988 vorzeitig in den Ruhestand zurückzog, lag es an Kadijević, die begonnenen Maßnahmen der Armee gegen Slowenien weiterzuführen. Er schickte Oberst Vasiljević, seinen erfahrensten Geheimagenten, nach Slowenien. Vasiljević hatte sich im elitären militärischen Gegenspionagedienst (KOS) hochgearbeitet. Er leitete die verdeckten JVA-Operationen zur Niederschlagung der Unruhen im Kosovo im Jahr 1981. Jetzt kam er nach Slowenien, um den „Maulwurf" auszugraben, der das geheime Militärdokument *Mladina* zugespielt hatte. Obwohl er ein Spezialist für Geheimoperationen war, informierte Vasiljević die slowenische Geheimpolizei über seine Vorhaben. „Sie wußten alles von mir. Ich traf jeden Abend mit ihrem Chef Ivan Eržen zusammen, und wir besprachen die Ereignisse des Tages. Dessen Chef, Innenminister Tomaž Ertl, war ebenfalls über meine Anwesenheit in Ljubljana unterrichtet." Kučan stritt später ab, etwas von Vasiljević gewußt zu haben. „Das war eine Angelegenheit der Armee und ihrer Geheimdienste. Das slowenische Staatspräsidium wurde von der Armee nicht darüber informiert." Er hat nie zugegeben, mit der JVA zusammengearbeitet zu haben.

Vasiljević und sein Team waren bereit. An einem Sonntagmorgen um 5.30 Uhr wurde Janša von einigen Männern aufgeweckt, die ihm befahlen, mitzukommen. „Sie durchsuchten meine Wohnung und das Büro von *Mikro Ada*, dann sperrten sie mich in eine Zelle ohne Fenster und ohne Bett", erzählte er.

Es kann schon sein, daß sie mich wegen des Militärdokuments verhaftet haben, aber sie fragten mich gar nicht danach. Das einzige, das sie interessierte, war, wie ich in den Besitz der Mitschrift der Zentralkomiteesitzung im März gekommen bin. Sie wollten über meine Kontakte in der Regierung und in der Armee Bescheid wissen.

Die Umstände rund um Janšas Verhaftung bleiben mysteriös. Janša gelangte drei Jahre später im „Zehntagekrieg" als slowenischer Verteidigungsminister zu einiger Prominenz, und er hörte selbst dann nicht auf, Kučan zu beschuldigen, mit der Armee gegen ihn zusammengearbeitet zu haben.

Die Nachricht von Janšas Verhaftung verbreitete sich wie ein Lauffeuer. Igor Bavčar, sein Freund und Geschäftspartner, konnte noch am selben Tag einen kurzen Bericht in der Laibacher Stadtausgabe der Tageszeitung *Delo* unterbringen. Die slowenische Parteiführung war unterdessen in Belgrad bei einer Sitzung des Bundes der Kommunisten Jugoslawiens. Borut Šuklje, der Vorsitzende der slowenischen Jugendorganisation und Mitglied des Zentralkomitees, war auch dabei. Kučan wandte sich an Šuklje und sagte: „Dein Freund Janez Janša ist verhaftet worden." Šuklje war beunruhigt.

Ich bekam Angst. Ich wußte zu diesem Zeitpunkt nicht, ob die angekündigte Verhaftungswelle mit Janša wieder aufhören würde oder ob sie weitergeht. Gleichzeitig wurde mir klar, daß es nun keinen Weg zurück mehr gab. Ich hatte den Eindruck, daß Kučan selbst von dieser Nachricht überrascht war und daß er nicht im vorhinein Bescheid gewußt hat. Ich könnte nicht sagen, ob die slowenische Führung mit Belgrad kollaboriert hat oder nicht.

General Kadijević sagte, die slowenischen Spitzen seien über alle Schritte informiert gewesen. Während einer Sitzungspause auf dieser Parteikonferenz teilte Kadijević einem anderen Parteigenossen mit, daß er in Slowenien mehrere Personen wegen des Diebstahls eines Militärdokuments verhaften lassen werde.

Die slowenische Polizei übergab Janša am nächsten Tag der Volksarmee. Ivan Borštner, der das Dokument weitergegeben hatte (das ihm offensichtlich untergeschoben wurde), wurde ebenso verhaftet wie der *Mladina*-Journalist David Tašić, der es von Borštner erhalten hatte.

Nach jugoslawischem Recht mußte Slowenien die drei Häftlinge der JVA ausliefern, weil es sich um den unerlaubten Besitz eines geheimen militärischen Dokuments handelte.

Das bewirkte eine ungeheure öffentliche Empörung. Igor Bavčar gründete ein Komitee zur Verteidigung der Menschenrechte, *Odbor* genannt, in dem sich Journalisten, Professoren und andere slowenische Intellektuelle versammelten. Zwei Wochen später wurde auch Franci Zavrl festgenommen. Die Verhaftungen wirkten wie ein Katalysator, der die ganze slowenische Opposition vereinte. „Es war interessant, wie damals alle alten Konflikte in den Hintergrund traten", erinnert sich Bavčar. „Wir verstanden rasch, daß dieser Fall die Wasserscheide für Sloweniens Demokratie war."

Im Militärgefängnis wurde Janša von Vasiljević verhört, der seine Methoden in mehr als zwanzig Jahren perfektioniert hatte.

Vasiljević sagte, es gäbe keine Probleme, nicht einmal dann, wenn ganz Slowenien hinter mir stünde, denn wir seien nur eine kleine Gruppe und sie könnten uns alle umbringen, wenn sie wollten. Wirklich. Er war sehr hart. Er sagte: „Wir können dich töten. Wir können dich für fünfzehn Jahre einlochen, wir können deine Familie ruinieren, wir können deine Kinder umbringen. Im Interesse des Staates können wir alles tun."

Eine Petition, die von mehr als 100.000 Menschen unterzeichnet war, forderte die rasche Freilassung der vier *Mladina*-Häftlinge. Das waren mehr Unterschriften, als die slowenische KP an Mitgliedern hatte. In den gewöhnlich ruhigen Gassen Laibachs bildeten sich spontane Demonstrationen, als sich die Menschen anstellten, um ihre Unterschrift zu leisten. Für das bekannt konservative Slowenien, wo man sich gewöhnlich über die wirtschaftliche Ausbeutung durch den Süden, aber nicht über die Menschenrechtslage beklagte, war das eine Sensation. *Laibach* und andere Exponenten von *Neue Slowenische Kunst* mögen ihren Teil zur Förderung des politischen Bewußtseins in Slowenien beigetragen haben, den Hauptbeitrag leistete aber zweifellos die JVA.

Als die JVA weiterbaggerte, kam es auch in der slowenischen Politik zu einem unaufhaltsamen Wechsel. Die Spitzenpolitiker stellten sich auf die Seite der Dissidenten. Janez Stanovnik, der Präsident von Slowenien, setzte einen beispiellosen Schritt und empfing eine Abordnung von Bavčars Menschenrechtskomitee. Das war eine eindeutige Botschaft an Belgrad: die slowenische Führung unterstützt die

Mladina-Häftlinge. Stanovnik gibt allerdings zu, daß diese Zusammenkunft so nicht geplant war. Bavčar, ein Bär von einem Mann, hatte eigentlich einen privaten Gesprächstermin gehabt, war aber mit Reportern und einem Kamerateam im Schlepptau aufgetaucht. Stanovnik, der mit seinem mächtigen Schnauzbart wie ein Relikt aus der Habsburgermonarchie wirkte, sagte auf einer spontan einberufenen Pressekonferenz: „Schaut, Leute, ich sympathisiere mit dem, was ihr macht, und ich verbürge mich, auf der Bundesebene alle dazu notwendigen Schritte zu setzen."

Doch trotz offizieller Einsprüche ging der *Mladina*-Prozeß weiter. Jeden Tag versammelte sich eine Menschenmenge vor dem Gerichtsgebäude. Die öffentlichen Beschimpfungen, die die Armee während des Prozesses einstecken mußte, trafen den JVA-Oberst Aksentijević hart. Er hatte vierzig Jahre seines Militärdienstes in Slowenien verbracht und betrachtete diese Republik längst als seine Heimat. Jetzt wandte sich seine Wahlheimat gegen Jugoslawien, den Staat, dessen Schutz er sein Leben gewidmet hatte.

Der Prozeß fand in meiner Kaserne statt. Wir hatten die ganze Zeit über massive Demonstrationen vor der Tür – und ich hatte die Aufgabe, unsere Verteidigung zu organisieren, falls sie außer Kontrolle geraten. Es war sehr schmerzlich. Ich mußte öfter durch die Menge, und sie pfiffen mich aus und beschimpften mich.

Für Franci Zavrl war es ein Prozeß frei nach Kafka. „Der Richter war nicht sicher, was passierte. Wir konnten die Demonstranten vor dem Gebäude hören. Keine noch so gute Idee der Opposition hätte jemals so viele Leute auf die Straße gebracht wie dieser Prozeß. Es war ein Symbol: der Dissident, der Journalist, der Soldat – alle jung und sympathisch. Wir waren die perfekten Zutaten für den Slowenischen Frühling."

Den Slowenen, die ihren Patriotismus neu entdeckten, stand eine Armee gegenüber, die sich wie ein Elefant im Porzellanladen aufführte. Die Armee beging einen Schnitzer nach dem anderen. Der Prozeß fand unter Ausschluß der Öffentlichkeit statt, die Angeklagten durften sich ihre Verteidiger nicht selbst aussuchen, doch der größte Fehler war, als Verhandlungssprache Serbokroatisch statt Slowenisch anzuordnen. Das hat sicherlich bei vielen Slowenen den letzten Ausschlag gegeben, denn ihre Sprache ist für die meisten von ihnen das wichtigste Element ihrer nationalen Identität.[23]

Die Armee ließ nicht locker. Die slowenische Führung protestierte, aber nicht zu laut. Kučan war noch nicht bereit, eine offene Attacke gegen die Volksarmee zu reiten. Dic *Mladina*-Häftlinge erhielten Gefängnisstrafen zwischen acht Monaten und vier Jahren. Ein Gnadengesuch des slowenischen Republikspräsidenten Stanovnik wurde abgelehnt.

Wenn der Prozeß kafkaesk war, dann hatte die Haftstrafe etwas von Ionesco: „Ich verbüßte meine Strafe in einem offenen Gefängnis, das einen sehr netten Direktor hatte", sagt Zavrl. „Ich verbrachte meine Tage in der Redaktion und gab die Zeitschrift heraus, die Nächte verbrachte ich im Gefängnis. Einmal hatte ich mich am Abend verspätet und mußte über den Zaun ins Gefängnis einsteigen!"

Der Prozeß entfremdete Slowenien um einen weiteren Schritt von Jugoslawien. Er vereinte die winzige Republik gegen die JVA, das Symbol der kommunistischen Föderation. „Im Frühjahr 1989 hätten ich und die meisten anderen sicherlich noch für Jugoslawien optiert", erinnert sich Zavrl. „Doch dann begann Milošević mit seinen Attacken im Kosovo, und es kam zu Übergriffen gegen Slowenen innerhalb der Armee. Dieser ganze irrationale Druck von Serbien und Milošević hat uns viel schneller aus Jugoslawien hinausgetrieben."

4. Kapitel

„Genosse Slobodan, denke gut darüber nach ..."

Miloševićs antibürokratische Revolution

März 1988 - März 1989

Auf den Slowenischen Frühling folgte die Hitze des Serbischen Sommers. Hunderttausende gingen demonstrieren in ganz Serbien, der größten jugoslawischen Republik. Sie strömten zu den „Versammlungen der Wahrheit" über Kosovo, und sie schrien nach Slobodan Milošević. Es war wie eine religiöse Erneuerungsbewegung. Eisern ritt Milošević diese mächtige Welle des Nationalismus, die durch Serbien brandete. Nachdem er sich die absolute Kontrolle über den serbischen Bund der Kommunisten verschafft hatte, wandte er sich erst den zwei serbischen Provinzen zu, widmete sich dann dem kleinen Montenegro, um schließlich den Rest Jugoslawiens in Angriff zu nehmen. Der aufstrebende Nationalismus wurde als Wiedererlangung der Würde gepriesen. Die Serben waren überzeugt, daß Milošević ihnen nach fünfzig Jahren des aufgezwungenen Slogans von „Brüderlichkeit und Einigkeit" ihre nationale Identität wiedergeschenkt hatte und das Recht, mit Stolz zu sagen, ich bin Serbe. Ihr Eifer wurde von der Presse noch geschürt. Die Tageszeitungen verdoppelten und verdreifachten die Zahl der Ergriffenen, die zu den Versammlungen pilgerten. Die Schlagzeilen wurden mit jedem Tag größer, der Ton explosiver. Das säte Angst im Rest des Landes. Niemand schien etwas dagegen tun zu können.

Der politische Kampf um die Vojvodina hatte am 10. Juli begonnen, als Boško Krunić, einer der Parteiführer, die Autonomie der Provinz gegen die lästig werdenden Übergriffe von Milošević zu verteidigen suchte. Krunić hielt eine verzweifelte Rede in einem Dorf in der Region Srem (Syrmien), weil er sich große Sorgen um seine Zukunft und die seiner Provinz machte. Er meinte, er habe nichts gegen die Verfassungsänderungen, die Milošević durchdrücken wollte, wandte aber ein, daß die Verhandlungen darüber „schwierig" seien, und rief Belgrad auf, die „beispiellosen Versuche" einzustellen, seine Regierung zu unterminieren. In Wirklichkeit versuchte die Vojvodina, die Verfassungsänderungen zu blockieren. Krunić wollte nicht Belgrads Zorn wecken, daher schob er die Schuld an den Verhandlungsverzögerungen an Kosovo weiter. Krunić versuchte, Milošević daran zu erinnern, daß Kosovo eine Unruheprovinz ist, während die fruchtbaren Ebenen der Vojvodina friedlich seien:

Wir alle wissen, daß das größte politische Problem heute die Emigration der Serben und Montenegriner aus dem Kosovo ist ... Zur selben Zeit müssen wir grundlose Beschuldigungen über uns ergehen lassen. Wir in der Vojvodina haben nie verlangt, eine Republik zu werden. Warum, wem gegenüber und wie lange müssen wir immer wieder darauf hinweisen?

Sein Appell konnte Belgrads Schmierenkampagne nicht stoppen. Auch die Versuche, innerhalb der gesamtjugoslawischen Parteiorganisation Unterstützung für die Autonomie der Provinz zu finden, scheiterten.

Am 5. Oktober belagerte eine aufgebrachte Menge, mit pyramidenförmigen Milch- und Joghurtkartons bewaffnet, das Gebäude der Parteileitung der Provinz Vojvodina. Das Joghurt hatten die Organisatoren dieser „spontanen" Demonstration als Wegzehrung ausgeteilt. Am Ende der Belagerung, die unter dem Namen „Joghurt-Revolution" bekannt wurde, weil die Demonstranten die Joghurtbecher als Wurfgeschosse einsetzten, reichte die gesamte Parteiführung der Vojvodina ihren Rücktritt ein. Bis dahin hatte sie ein komfortables Leben gehabt und die Provinz regiert, ohne sich viel um Belgrad zu kümmern. Nun erlebten sie den Schlußakt eines Dramas, das drei Monate zuvor begonnen hatte.

Das Schicksal der Spitzenpolitiker in der Vojvodina war in dem Moment besiegelt, als Miroslav Šolević seine reisende Demonstrationstruppe von Berufsserben aus dem Kosovo nach Novi Sad, die Hauptstadt der Provinz, führen wollte. (Ein Jahr zuvor hatte Šolević bei der dramatischen Milošević-Rede in Kosovo Polje Regie geführt.) Belgrad meinte, es sei noch zu früh, um wirklich effektiv gegen die Parteichefs in Novi Sad vorzugehen. Milošević schickte einen Abgesandten, der die Kosovo-Serben davon abbringen sollte, in die serbische Nordprovinz zu fahren, wo die Serben in einem Gemisch vieler verschiedener Volksgruppen mehr als die Hälfte der Bevölkerung ausmachten. Doch Šolević wollte davon nichts hören. Die Leute von Milošević „wollten es so aussehen lassen, als brauchten sie nur auf einen Knopf zu drücken und schon stehen wir parat", sagte er. Die

Demonstranten hatten Schilder mitgebracht, auf denen stand: „Wir glauben an den Bund der Kommunisten Jugoslawiens", „Nieder mit der Verfassung von 1974", „Friede" etc. Einige Slogans waren genial einfach: „Kosovo ist Serbien", „Vojvodina ist Serbien", „Zusammen sind wir stärker". Mit diesen Botschaften setzten sie sich Richtung Novi Sad in Marsch.

Šolević gab zu, alles getan zu haben, um die Parteichefs in Novi Sad zu provozieren. Sie enttäuschten ihn nicht. Die Politiker hatten sich alle Mühe gegeben, die Demonstration zu verhindern. Sie hatten sogar die Strom- und Wasserversorgung abgedreht, doch das war ein Fehler. Es wurde als Angriff interpretiert, den die Führung der Vojvodina gegen die „geschundenen" Kosovo-Serben führte, die von den Belgrader Medien zu Märtyrern des Serbentums hochstilisiert worden waren. Zum Zeichen ihrer Solidarität schlossen sich die Serben aus Novi Sad ihren Brüdern aus dem Kosovo an, als diese die Hauptstraße entlang marschierten. Schluchzende Frauen säumten ihren Weg. Dieser Testfall festigte in Milošević die Überzeugung, daß diese „Proteste" das perfekte Vehikel sind, um die öffentliche Meinung aufzustacheln und regionale Parteichefs zu destabilisieren. Mit Hilfe dieser Massen konnte er seine Leute in die Schlüsselpositionen bringen. Šolević war das Aushängeschild, jener Mann, der der Öffentlichkeit als Organisator der Demonstrationen vorgeführt wurde. Doch hinter den Kulissen war die SDB, die Geheimpolizei, tätig, um die nötige Anzahl von Menschen aus den Fabriken und von den Arbeitsplätzen weg auf die Straßen zu bringen.[24] Es kostete nur wenig Mühe, die Massen aufzuheizen, denen Milošević die nationale Erlösung versprochen hatte.

Verstärkung für Šolević war unterwegs: An diesem selben 5. Oktober führte Mihalj Kertes, ein Angehöriger der ungarischen Volksgruppe und einer von Miloševićs treuesten Kettenhunden, eine Masse von Fabrikarbeitern zu Fuß, per Bus und sogar auf dem Traktor von Bačka Palanka in das vierzig Kilometer entfernte Novi Sad. Der Schwulstredner Kertes hatte diese Demonstranten in den staatlichen Fabriken seiner Heimatstadt Bačka Palanka rekrutiert. Die prominentesten Darsteller in dieser Aufführung waren Kertes selbst, Radovan Pankov und Nedeljko Šipovac. Die beiden Letztgenannten wurden bald darauf die neuen Chefs der Vojvodina. Mehr als 15.000 Menschen[25] johlten vor dem Parteihauptquartier. Sie warfen mit Steinen und Joghurtbechern und skandierten: *„Dole foteljaši"* – „Nieder mit den Fauteuil-Politikern!" Milošević nannte diese Vorgänge, die ihn zum mächtigsten

Mann in Jugoslawien machen sollten, „antibürokratische Revolution". Drinnen im Gebäude brach den Parteiführern mittlerweile der Angstschweiß aus.

Dušan Mitević, der inzwischen zum Chef des Belgrader Fernsehens aufgestiegen war, sah sich die Demonstration gemeinsam mit Milošević auf dem Bildschirm an. Über eine direkte Telefonleitung waren sie mit den bedrängten Funktionären verbunden. Mitević sagte, die eingeschlossenen Männer seien ziemlich verängstigt gewesen und hätten um ihr Leben gefürchtet. Aus Angst vor einem Sturm auf das Parteihauptquartier hatten sie die Armee angefordert. Doch Belgrad verhinderte deren Ausrücken. Wenn die Armee eingeschritten wäre, hätten die kampfbereiten Funktionäre vielleicht doch noch die Unterstützung der gesamtjugoslawischen Parteiorganisation erhalten, deren Vorsitzende die Entwicklungen mit wachsender Sorge verfolgten. Der Mazedonier Lazar Mojsov, damals Mitglied im jugoslawischen Parteipräsidium, gab der Armee grünes Licht. General Nikola Ljubičić befürwortete den Einsatz überraschenderweise ebenfalls, obwohl er einer der wichtigsten Gefolgsmänner von Milošević war. Der Armee-Einsatz wurde durch einen anderen Partisanenhelden aus dem Zweiten Weltkrieg verhindert, durch General Petar Gračanin, der damals Präsident von Serbien war und eindeutig auf Geheiß von Milošević handelte. Für die Armee hatten die Proteste in Novi Sad ohnehin eine andere Qualität als jene, die im Frühjahr in Slowenien stattgefunden hatten. Die Armee sah Milošević als einen Kommunisten, der die jugoslawische Einheit vertrat und daher Unterstützung verdiente; die slowenische Führung betrachteten sie als Reaktionäre, die das Land zu zerstören suchten. Ihre ideologische Überzeugung machte die Generäle blind.

Die Menge schwoll weiter an und johlte in den herbstlichen Abend. Milovan Šogorov, der Parteivorsitzende der Vojvodina, bat Milošević am Telefon verzweifelt um Unterstützung. Milošević sagte kühl: „In Ordnung, ich hole euch da raus, aber es gibt eine Bedingung: Ihr müßt alle euren Rücktritt einreichen. Wenn ihr zurücktretet, dann rette ich euch." Das war alles. Die Provinzregierung fiel auseinander. Milošević hatte die Kontrolle. Die Anführer der Joghurt-Revolution wurden für ihre treuen Dienste belohnt.[26]

Milošević gewann bei seinem Volk einen geradezu heiligmäßigen Status. Niemand hatte geahnt, welche Verehrung ihm zuteil werden sollte. Sein Bild hing in jeder Auslage, in Lastwagen, Büros und Regierungsgebäuden. Das gab in Belgrad auch Stoff für viele Witze.

Einer lautete: Milošević starrt eines der Tausenden Bilder von sich selbst an. Schließlich kann er sich nicht mehr zurückhalten und fragt: „Was wird wohl aus uns werden?“ Und das Bild antwortet: „Eines Tages werden sie mich wieder abnehmen. Aber dich werden sie aufhängen.“ Es war nicht möglich, durch Belgrad zu gehen, ohne permanent auf den selbstbewußt blickenden Milošević zu treffen. Die Titobilder verschwanden langsam. Auf den Protestkundgebungen rief die Menge, Milošević habe Tito abgelöst. Die Serben liebten Milošević, weil er versprochen hatte, sie zu beschützen und Serbien, das durch die Verfassung von 1974 geteilt worden war, wieder zu vereinigen.

* * *

Als nächstes war Montenegro dran. Es war mit nur 604.000 Einwohnern die kleinste Republik Jugoslawiens. So wie alle anderen Republiken hatte Montenegro unter Tito seine eigene Zentralbank, eigene Stahlwerke, ein Aluminiumwerk und eine Akademie der Wissenschaften und Künste bekommen, aber Montenegro war bankrott. Die Arbeiter verlangten höhere Löhne, die Zwergrepublik schien reif für Unruhen. Montenegro wird von fünfunddreißig Sippen beherrscht, und noch heute weiß ein Montenegriner, welcher Sippe er angehört. Sie sehen sich traditionellerweise als Kriegervolk, das die zerklüfteten Gipfel der Dinarischen Berge durch alle Wirrnisse der Geschichte erfolgreich beherrscht hat. Ihre Geschichte, Religion und Identität ist von allen jugoslawischen Völkern am engsten mit den Serben verwoben. Montenegro ist seit langem in zwei politische Lager geteilt: die Grünen sind für die Unabhängigkeit, die Weißen, die sich auch Serben nennen, streben eine Vereinigung mit Serbien an. Milošević wußte, daß seine serbische Erneuerungsbewegung dort auf fruchtbaren Boden fallen mußte: Er stammt selbst aus Montenegro.

Drei Protestkundgebungen im Abstand von einigen Monaten und eine Kombination aus politischen und wirtschaftlichen Forderungen reichten aus, um die bestehende Regierung zu Fall zu bringen. Am 7. Oktober, die Ereignisse in der Vojvodina waren noch in aller Munde, gingen die Menschen in Titograd auf die Straße, nachdem die Polizei Tränengas und Schlagstöcke eingesetzt hatte, um eine Kundgebung der Stahlarbeiter zu verhindern. Statt wirtschaftlicher Verbesserungen forderten diese Demonstranten Veränderungen im Kosovo. Diese Unruhen waren auch die politische Geburtsstunde von Branko Kostić, einem

Vizepräsidenten in der Regierung Montenegros. Der damals fünfzigjährige Kostić erklärte der Menge, er sei nicht gekommen, um sich einen Namen zu machen, sondern um zu sehen, wie er helfen könne. Innerhalb von drei Jahren, in denen er seine blinde Loyalität gegenüber Milošević unter Beweis stellte, schaffte es der proserbische Kostić, Präsident von Rumpfjugoslawien zu werden.

Die Regierung Montenegros konnte sich noch drei Monate an der Macht halten. Währenddessen ritt eine Gruppe junger Kommunisten unter der Führung von Momir Bulatović eine Reihe öffentlicher, schwerer Angriffe gegen die alten Machthaber. Sie wußten, daß sie straffrei ausgehen würden, denn ihr mächtiger Mentor saß in Belgrad. Bulatović wurde im Alter von vierunddreißig Jahren Parteichef von Montenegro. Milošević hatte seinen Einfluß damit erstmals über Serbien hinaus erweitert.

* * *

Wer kam nach Montenegro an die Reihe? Der revolutionäre Wanderzirkus von Milošević hatte die politische Klasse in Jugoslawien gehörig durchgebeutelt. Am 17. Oktober 1988 versuchte der Bund der Kommunisten Jugoslawiens auf der Siebzehnten Sitzung des Zentralkomitees, Milošević zu stoppen. Der Vorsitzende der Bundespartei, Stipe Šuvar aus Kroatien, wollte jedes Mitglied des Politbüros einem Vertrauensvotum unterziehen. Es war klar, daß er es damit auf Milošević abgesehen hatte. Šuvar hatte Milošević gegen Stambolić noch unterstützt, jetzt wollte er die Bundespartei gegen ihn mobilisieren. Milošević protestierte mit dem Argument, daß er dem Politbüro in seiner Funktion als Vorsitzender der serbischen Partei angehöre, daß also die Bundespartei keine Gewalt über ihn habe. Er setzte sich durch. Aufgrund dieser prozeduralen Öse waren die Parteichefs der sechs Republiken und der zwei autonomen Provinzen vom Vertrauensvotum ausgenommen. Es gibt kaum Zweifel, daß Milošević verloren hätte, wenn er sich einer Wiederwahl durch die Bundespartei unterziehen hätte müssen. So war Dušan Čkrebić, einer der engsten Verbündeten von Milošević und Serbiens Vertreter in der Bundespartei, der einzige Kandidat, der nicht wiedergewählt wurde. Die Chefs der gesamtjugoslawischen Partei signalisierten damit ihre Opposition gegen Milošević. Der Wille war zwar vorhanden, doch die Statuten erlaubten es nicht, den serbischen Parteivorsitzenden abzusetzen.[27] Das riskante Spiel des früheren Bankiers war aufgegangen. Die jugoslawische Partei hatte nicht mehr die Macht, Milošević zu stoppen. Er manipulierte die Regeln sogar noch ein weiteres Mal und demonstrierte die Vorherrschaft der serbischen Partei über die jugoslawische Partei am praktischen Beispiel: Auf Betreiben der serbischen Partei wurde Čkrebić wieder in seine Funktion eingesetzt.

Mit diesem Schritt erhellte Milošević seine Strategie gegenüber der Jugoslawischen Föderation: Wann immer es opportun war, berief er sich auf den Primat der Bundesinstitutionen über die Republiken, doch wenn es ihm nicht ins Konzept paßte, verwehrte er sich gegen das Diktat des Bundes über Serbien. Noch während der Sitzung meldete sich der alte Vinko Hafner, ein Partisanenveteran und kommunistischer Hardliner aus Slowenien, zu Wort. In einem emotionalen und ahnungsvollen Auftritt richtete er seinen Zeigefinger über das Rednerpult auf Milošević, fixierte ihn mit scharfem Blick und rief: „Genosse Slobodan, denke gut darüber nach, welchen Weg du gewählt hast!"

* * *

Belgrad führte eine gnadenlos effiziente Säuberungswelle durch, die offiziell „Differenzierung" genannt wurde. Von den Regionalbehörden bis zu den Betriebsdirektoren wurde jeder abgesetzt, der nicht zum Kniefall vor Milošević bereit war. Am 17. November 1988 wurde die Parteiführung im Kosovo aufgelöst. Die Stimmung dort war bereits äußerst angespannt. Die Albaner, die neunzig Prozent der knapp zwei Millionen Einwohner ausmachen, bereiteten sich auf drastische Maßnahmen vor. Während die Serben immer stärker vom Fieber der Demonstrationen erfaßt wurden und Männer in Tschetnikuniformen lautstark die Verhaftung der albanischen Funktionäre im Kosovo verlangten, bereitete Belgrad die Abschaffung der Autonomie der Provinz vor. Gleichzeitig scharten sich die Albaner um ihre abgesetzten Parteivorsitzenden Kaçuša Jashari und Azem Vllasi. Die Bergarbeiter verließen ihre Minen in Trepča und marschierten fünfundfünfzig Kilometer weit bis in die Hauptstadt Priština. Zusammen mit albanischen Studenten kampierten sie bei winterlichen Temperaturen fünf Tage lang vor dem Parteihauptquartier der Provinz, um gegen den Sturz ihrer Parteiführung zu protestieren. Der Unterschied zur Joghurt-Revolution war, daß die Demonstranten hier die regionale Führung gegen Belgrad unterstützten.

Einige Wochen später fragte Milošević Azem Vllasi bei einem Glas

Whisky, ob er die November-Demonstrationen organisiert habe. „Er wollte wissen, wie sich so viele Menschen versammeln können, ohne daß die Polizei rechtzeitig davon erfährt", erinnert sich Vllasi. „Er sagte, die Polizei konnte nicht herausfinden, wer die Demonstrationen organisiert hat." – „Sie sind aus freien Stücken gekommen. Ich hatte sicher nicht das Geld, sie zu bezahlen und mit Bussen dorthin zu transportieren", erwiderte Vllasi zum Ärger von Milošević.

Es waren die letzten unblutigen Demonstrationen der Kosovo-Albaner. Die Polizei hielt sich noch heraus. Belgrad bezeichnete den Protest als „Konterrevolution". Die serbische Propagandamaschinerie lief heiß. Die Presse warnte vor albanischem Separatismus und bezeichnete die Albaner als primitive Nation. Intellektuelle und Politiker taten sich zusammen und warnten vor einer antiserbischen Verschwörung, die von Ljubljana bis Tirana reiche.

Am 19. November und nach mehreren Fehlstarts wurde in Belgrad die sogenannte „Versammlung aller Versammlungen" abgehalten. Wann immer Serbien einen Disput mit einer anderen Republik hatte, drohte die Führung in Belgrad damit, die größte Protestkundgebung aller Zeiten abzuhalten. An diesem grauen Novembertag rief Milošević seinen Landsleuten zu: „Wir fürchten uns nicht. Wir gehen in jeden Kampf mit der festen Absicht, zu siegen." In den Lokalzeitungen war zu lesen, daß mindestens eine Million Menschen erschienen war, um ihren Führer vom Sieg sprechen zu hören, „obwohl Serbiens Feinde im Ausland sich mit seinen Feinden im Land verbündet haben". Milošević blickte über das riesige Menschenmeer und sagte: „Jede Nation hat eine Liebe, die ihr ewig das Herz wärmt. Für die Serben ist es Kosovo. Deshalb wird Kosovo bei Serbien bleiben." Milan Vitezović, ein Dichter und Parteischreiber, erfand für diese Kongregationen und deren politische Auswirkungen die Phrase: „Das Volk hat sich ereignet". Das wurde zum Schlagwort für das teilweise hysterisch anmutende nationale Erwachen.

Damit sich dieses Volk auch wirklich „ereignen" konnte, gründeten Mitarbeiter von Milošević eine Art Firma, die für den Transport der Leute und die Organisation der Versammlungen zuständig war. Staatsbetriebe ordneten ihren Mitarbeitern an, geschlossen zur „Versammlung aller Versammlungen" zu erscheinen. Die Organisatoren des Wanderzirkus holten Zehntausende Arbeiter aus den Fabriken in der Provinz von ihrem Schichtdienst, karrten sie nach Belgrad und gaben ihnen dafür zu essen und zu trinken.

Die Ankündigung von Slobodan Milošević, er werde Serbien wieder vereinigen, klang für Politiker in anderen Republiken wie das Totengeläut für Jugoslawien. Der slowenische Parteichef Milan Kučan verstand natürlich, warum Milošević die serbische Einheit so wichtig war: „Mit der Abschaffung der Autonomie in den Provinzen Vojvodina und Kosovo bekommt Serbien die direkte Kontrolle über drei der acht Stimmen im jugoslawischen Staatspräsidium. Jede andere Republik hat nur eine Stimme. Damit würde Jugoslawien in ein Serboslawien verwandelt werden." Die Loyalität von Montenegro sicherte Milošević dann auch die vierte Stimme. Der serbische Block kontrollierte damit das halbe Staatspräsidium, das keine einzige Entscheidung mehr treffen konnte, die nicht Belgrads Segen hatte.

Milošević kümmerte sich nicht um die heftige Kritik, die seine populistischen Methoden und seine Mißachtung bestehender Institutionen hervorriefen. Seine Verachtung für Amtskollegen aus anderen Republiken wurde auf einem Parteitreffen im Januar deutlich, bei dem er klarmachte, er werde seine Ziele gegen allen Protest weiterverfolgen. „Nur eine Politik, die von der Mehrheit der Menschen in diesem Land getragen wird, führt zu Lösungen ... entweder durch bestehende Institutionen, oder nicht. Auf der Straße oder drinnen – durch populistische oder elitäre Methoden."[28] Damit kündigte er öffentlich an, daß er die Massen benutzen werde, wenn er seinen Willen nicht innerhalb der bestehenden Strukturen durchsetzen kann. Etwas Übung hatte er bereits.

Milošević trieb die Verfassungsänderungen voran, ohne daß ihn die anderen Republiken daran hindern konnten. Als das Bundesparlament am 25. November einige Gesetzesänderungen verabschiedete, die den Weg für eine neue serbische Verfassung frei machten, stand Milošević noch vor einem letzten Hindernis: Das Parlament im Kosovo mußte dazu gebracht werden, sich selbst per Abstimmung abzuschaffen. Dazu mußte Milošević seine Leute an die Spitze der KP im Kosovo bringen. Die offiziellen serbischen Medien unterschieden zwischen „ehrlichen" und „sezessionistischen" Albanern. Milošević hatte sich bereits drei „ehrliche" Albaner für den Parteivorsitz ausgesucht: Rahman Morina, Husamedin Azemi und Ali Shukria.

Vllasi hingegen stand nach den November-Demonstrationen ganz oben auf der schwarzen Liste der „Sezessionisten". „Mir war bewußt, daß irgendeine Vergeltung oder sogar meine Verhaftung vorbereitet wurde. Serbien sprach es ziemlich offen aus: Sie dachten, daß sie ihre

Verfassungsänderungen nicht durchbringen, solange sie mich nicht aus dem Weg geräumt haben.“ Vllasi, der politische Ziehsohn Titos, wurde aus dem Zentralkomitee ausgeschlossen. Die drei „ehrlichen“ Albaner übernahmen die Führung. Damit hatte Milošević die Verfassungsänderungen fast schon in der Tasche.

Dieses Trio war bei seinen eigenen Leuten jedoch so unbeliebt, daß die Bergarbeiter von Trepča am 20. Februar neuerlich in Streik traten. Diesmal wollten sie so lange in ihrer Grube bleiben, bis ihre Forderungen erfüllt waren – die wichtigste war die Absetzung der drei Statthalter von Milošević. Die Bilder der ausgemergelten, zu allem entschlossenen Bergarbeiter, die in den dunklen Bergwerksschächten im Hungerstreik dahinvegetierten, wurden in ganz Jugoslawien ausgestrahlt. Sie drohten, eher sterben als einlenken zu wollen. Draußen warteten ihre Familien voller Sorge über die weiteren Entwicklungen.

Die gesamte Provinz Kosovo kam zum Stillstand. Es kam zu immer mehr Streiks. Milošević wollte, daß das aufhört. Er wollte den Ausnahmezustand verhängen. Burhan Kavaja, der Direktor des Bergwerks, erinnert sich, daß es der serbischen Führung gleichgültig war, ob Menschenleben zu Schaden kamen. „Ich erklärte ihnen, daß 2400 Kilogramm Sprengstoff in der Mine gelagert sind. 1300 Bergarbeiter hatten sich drin verschanzt. Wie leicht hätte das in dieser nervösen Atmosphäre losgehen können. Zu meiner Überraschung war ihnen das völlig egal.“ Nur der jugoslawische Staatspräsident Raif Dizdarević war besorgt. Der serbische General Petar Gračanin zerstreute diese Bedenken und begann über seine Weltkriegserlebnisse im Kosovo zu monologisieren. Dann bluffte der kleine Gračanin die anderen mit der übertriebenen Warnung, daß 50.000 bewaffnete Serben und Montenegriner bereitstünden, im Kosovo einzumarschieren. Serbien war voll von Männern, die damit prahlten, für den Kampf im Kosovo bereit zu sein. Als die Spannung stieg, wuchs auch die Angst vor einer bewaffneten Konfrontation. Innerhalb der jugoslawischen Führung lief eine heftige Debatte, ob das Kriegsrecht verhängt werden sollte oder nicht. Slowenien und Kroatien wurden beschuldigt, die Streikenden mit Geld und Lebensmitteln zu unterstützen. Milošević wollte die Volksarmee zur Niederschlagung der Streiks einsetzen, doch Kučan protestierte dagegen.

Milošević rief Vllasi in Priština an und sagte, er solle die Bergarbeiter dazu bringen, ihren Streik abzubrechen. Vllasi antwortete: „Ich bin im Bergwerk gewesen, und ich glaube, daß sie nicht herauskommen, solange ihre Forderungen nicht erfüllt sind." Milošević wurde wütend und warnte Vllasi, daß „irgend jemand dafür geradestehen" müsse. Vllasi ignorierte die darin enthaltene Drohung und stimmte zu: „Natürlich. Derjenige, der dafür verantwortlich ist. Aber die Bergarbeiter werden erst herauskommen, wenn ihre Forderungen erfüllt sind." Milošević versuchte noch, ihn zu Verhandlungen nach Belgrad zu locken, doch Vllasi lehnte ab. Das war ihr letztes Gespräch.

Die Spannung war auf dem Höhepunkt. Milošević machte dem jugoslawischen Politbüro unmißverständlich klar, daß er nicht daran denke, auf die Verfassungsänderungen zu verzichten. Falls die Partei die Abschaffung der Provinzautonomie nicht akzeptiere, sagte Milošević zu Kučan, „dann wird Serbien tun, was es tun will, und alle dazu nötigen Mittel einsetzen, ob sie mit den Gesetzen übereinstimmen oder nicht". Kučan antwortete: „Das ist dann das Ende von Jugoslawien."

Noch in derselben Nacht unternahm Milošević ein taktisches Manöver, um Zeit zu gewinnen. Seine drei Statthalter reichten wieder ihren Rücktritt ein. Die Bergarbeiter, von denen hundertachtzig schon im Krankenhaus lagen, brachen den Streik ab. Aber es war zu spät. Die Situation war bereits außer Kontrolle geraten.

* * *

In der slowenischen Hauptstadt Ljubljana organisierte das Menschenrechtskomitee von Igor Bavčar am nächsten Tag eine Solidaritätskundgebung für die Kosovo-Albaner. Die gesamte slowenische Führung war in der Veranstaltungshalle im *Cankarjev Dom* (Ljubljanas Haus der Kultur, das nach dem slowenischen Nationaldichter Ivan Cankar benannt ist) erschienen und stellte sich öffentlich auf die Seite der Streikenden. Trotz des Kriegs der Worte waren die Beziehungen zwischen Serbien und Slowenien bisher im allgemeinen ganz gut gewesen. Diesmal war die serbische Öffentlichkeit wirklich schockiert. Die Serben erinnerten immer wieder ziemlich herablassend an die Tatsache, daß sie während des Zweiten Weltkriegs slowenischen Kindern Unterschlupf vor den Nazis gewährt hatten. 8600 Slowenen waren damals nach Serbien geflüchtet, als Heinrich Himmler die „illoyalen Slowenen" verfolgen ließ. Eine weitere Komponente des wiedererwachten serbischen Nationalismus waren die dauernden Vergleiche des serbischen Leidens im Zweiten Weltkrieg mit dem der Juden. Man kann sich leicht vorstellen, wie verärgert die Serben über einen Satz von Jože

Školc, dem damaligen Vorsitzenden der slowenischen Jugendorganisation, gewesen sein müssen, der sagte: „Die Albaner in Jugoslawien sind in einer Position, die sich mit jener der Juden im Zweiten Weltkrieg vergleichen läßt." Das war ein blasphemischer Angriff gegen die serbische Mythologie: Die Märtyrer sind immer die Serben.

Ein Redner nach dem anderen verurteilte an diesem 27. Februar in Ljubljana die serbische Repression im Kosovo. Belgrad war zum Peiniger geworden. „Jugoslawien wird im Bergwerk von Trepča verteidigt", sagte Milan Kučan.

Die Bergarbeiter von Trepča verteidigen das Recht der Bürger und Kommunisten im Kosovo, ihre Führung selbst zu wählen. Wir Slowenen sind keine unbeteiligten Zuschauer in Jugoslawien. Wir haben am Aufbau dieses Landes teilgenommen, und wir fühlen uns für seine Zukunft verantwortlich. Wir protestieren dagegen, daß durch das angedrohte Kriegsrecht eine Psychose geschürt wird und daß vor unseren Augen ein verdeckter Staatsstreich stattfindet, der das Antlitz Jugoslawiens verändern wird.

Dušan Mitević, der Direktor des Belgrader Fernsehens, sah die Kundgebung im *Cankarjev Dom* über Direktleitung aus Slowenien. Dann traf er eine, wie er sagte, „unbeabsichtigt" gefährliche Entscheidung. Er beschloß, die Kundgebung im serbischen Fernsehen zu übertragen. Die Sendung wurde mit serbokroatischen Untertiteln versehen und schlug wenige Stunden später wie ein Blitz in Serbien ein. Der slowenische Protest im *Cankarjev Dom* fand statt, nachdem Serbien bereits ein ganzes Jahr lang seine eigenen nationalistischen Massenorgien gefeiert hatte. Die Serben waren von ihrer eigenen Kampfrhetorik so berauscht, daß sie sofort aggressiv wurden, als jemand dagegen protestierte. Die Reaktion folgte fast unmittelbar.

„Sie kritisierten die Serben ganz fürchterlich im *Cankarjev Dom*. Sie sagten so schlimme Sachen über uns, die ich als Mensch gar nicht verstehen konnte", erinnerte sich General Gračanin später. Er war ebenso erbost darüber wie der Rest von Serbien. Es war kaum anzunehmen, daß der gerissene Mitević nicht bemerkte, welche Schockwirkung diese Übertragung in Serbien auslösen würde. Es ist eher wahrscheinlich, daß ihm diese unverhoffte Munition im Krieg der Worte zwischen Belgrad und Ljubljana ganz gelegen kam. „Sobald ich daheim ankam, begann das Telefon zu läuten", erzählte er.

Freunde berichteten, daß sich die Menschen vor ihren Wohnblocks zu hitzigen Debatten versammelt hatten. Zehn Minuten später teilte mir jemand mit, daß die Studenten ihre Wohnheime verließen. Ich spürte, daß in dieser Nacht etwas geschehen würde, und fuhr in mein Büro zurück, um die Berichterstattung über die Ereignisse in Belgrad zu organisieren ... Um acht Uhr in der Früh hatte sich eine Million Menschen vor dem Bundesparlament versammelt. Sie waren aus keinen klaren politischen Gründen aufgebracht, außer daß sie eine Fernsehübertragung aus Slowenien gesehen hatten, in der sie schwer beschimpft worden waren.

Es wird sich nicht mehr klären lassen, wie viele Menschen damals wirklich spontan auf die Straße gingen, aber die Serben waren aufrichtig schockiert. In den wichtigsten Industriebetrieben rund um Belgrad tauchten Parteifunktionäre auf. Staatspräsident Dizdarević erinnert sich: „An diesem Abend teilte uns der Bundesstaatssicherheitsdienst mit, daß in mehreren Fabriken schon mit dem Organisieren der morgigen Protestkundgebung begonnen wurde, mit der die Serben Druck auf die gesamtjugoslawischen Strukturen ausüben wollten. Die Fabriksdirektoren erhielten ihre Anweisungen direkt von einem Parteimann namens Zoran Todorović, einem Protegé von Miloševićs Ehefrau Mirjana Marković, der allgemein *kundak* (serbokroatisch für Gewehrkolben) genannt wurde."

Hektische Parteifunktionäre telefonierten umher, um Anweisungen zu bekommen, nachdem sich herumgesprochen hatte, daß Tausende Studenten auf das Stadtzentrum zu marschierten. „Ich beschwor Gračanin, er solle das Ganze stoppen", sagte Dizdarević. Gračanin versuchte ihn zu beschwichtigen und versprach, die Studenten vom Stadtzentrum weg woanders hin zu dirigieren. Dizdarević nahm ihn beim Wort. Doch als er aufwachte, mußte er hören, daß Hunderttausende Demonstranten vor dem Bundesparlament mitten in der Stadt versammelt waren.

Das Ehepaar Milošević verbrachte das Wochenende in Vrnjačka Banja, einem Kurort in Mittelserbien. Mira Marković sagte, sie hätten die slowenische Demonstration zwar nicht im Fernsehen verfolgt, sie sei aber schockiert gewesen, als sie davon hörte. Sie beschlossen, früh am nächsten Tag nach Belgrad zurückzukehren.

Milošević hatte überhaupt keine Eile, sich an die Demonstranten zu wenden. Je länger er sie warten ließ, umso mehr kam die Protestkundgebung in Fahrt. Arbeiter, die aus Rakovica, einem Industrievorort von Belgrad, herangeführt wurden, riefen: „Slobo, Slobo!" Sie wollten niemand anderen. „Milošević war ein Heiliger für sie. Nicht wie eine

Ikone, sondern wie ein lebendiger Heiliger. Sie glaubten jedes seiner Worte und gingen nicht eher nach Hause, bis er zu ihnen gesprochen hatte", beschrieb Borisav Jović die Stimmung.

Serbische und jugoslawische Politiker verbrachten den ganzen Tag in Krisensitzungen. Milošević verlangte den Ausnahmezustand im Kosovo. Kučan war strikt dagegen. Er wußte, daß Serbien dieselben Vorwände bald auch gegen Slowenien benutzen könnte.

Es schien, als habe die Führung die Kontrolle über die Ereignisse verloren. Einmal rief Jović euphorisch aus: „Serbien brennt!" Die Menge draußen schrie nach Milošević. Gračanin sagte: „Jemand anderer soll zu ihnen sprechen. Slobo ist psychologisch nicht imstande, vor so großen Menschenmassen aufzutreten." Nachdem Staatspräsident Dizdarević sich stundenlang geziert hatte, erklärte er sich schließlich doch bereit, zur Menge zu sprechen. Als Bosnier, so glaubte er, würde er dem Zorn der Menge entrinnen. Der Kroate Šuvar hatte sich geweigert: „Nein, sie werden uns angreifen." Die Rede von Dizdarević war eine einzige Blamage für ihn. Gračanin hatte ihm geraten, folgendes zu sagen: „Was die Verfassung von 1974 betrifft, so arbeiten wir daran. Was Kosovo betrifft: Kosovo ist ein Teil von Serbien. Was Jugoslawien betrifft: Wir sind für Jugoslawien."

Ein junger Milošević-Anhänger hatte sich hinter ihm aufgebaut und soufflierte so, daß es alle über das Lautsprechersystem hören konnten: „Sagen Sie ihnen, daß Sie alles tun werden, um Jugoslawien zu schützen." Staatspräsident Dizdarević konnte sich nicht mehr gegen die johlende, tobende Menge durchsetzen, ein deutliches Zeichen für den rapide schwindenden Einfluß der Bundesinstitutionen. Menschen hingen in den Bäumen, forderten die Köpfe der albanischen Parteiführung im Kosovo, beschimpften Dizdarević, verlangten die Verhaftung von Vllasi und riefen nach Waffen.

Die Menge ließ sich nicht zerstreuen. Sie harrte bis in die Nacht aus, und am nächsten Morgen war sie noch immer dort. Vierundzwanzig Stunden, nachdem die Kundgebung begonnen hatte, erschien endlich Milošević. In offenem Gegensatz zu den jugoslawischen Politikern wandte er sich direkt an die Massen:

Diese Versammlung beweist, daß niemand das Land ruinieren kann, weil die Menschen das nicht zulassen. Die Menschen sind die beste Garantie. Wir werden alle aufrichtigen Menschen für den Kampf für Frieden und Einheit gewinnen. Nichts kann die serbische Führung von der Durchsetzung ihrer Ziele abhalten.

Gemeinsam werden wir für Einigkeit und Freiheit im Kosovo kämpfen. Wir müssen unsere Verfassung ändern, das ist ein Fortschritt für alle Menschen in Jugoslawien. Einheit der kommunistischen Partei und dem Volke!

Tosender Beifall folgte, dann forderten die Demonstranten die Verhaftung der albanischen Parteiführer. Milošević antwortete: „Ich kann euch nicht gut hören, aber ich verspreche, daß wir die Verantwortlichen und jene, die die Arbeiter benutzt haben, verhaften werden. Das verspreche ich im Namen des sozialistischen Volks von Serbien."

Dušan Mitević sagte, Milošević war in seiner besten Form.

Es war eine Demonstration der Macht – die Massen stundenlang warten zu lassen. Der Staatspräsident tritt auf, und sie gehen nicht. Schließlich erscheint Slobodan. Er redet nur vier Minuten lang. Die Menge brüllt: „Verhaftet Vllasi!" Slobodan verstand nicht richtig und sagte: „Wir werden diejenigen verhaften, die verhaftet werden müssen! Egal, welche Funktion sie haben". – „Und jetzt geht nach Hause!", und sie gingen ... Das war ein klarer Beweis seiner Macht und daß er ihr unangefochtener Führer war.

Vllasi fuhr mit dem Wagen durch Belgrad. Er hatte das Autoradio aufgedreht. Als Milošević versprach, ihn zu verhaften, war er kurz versucht, zur Demonstration zu fahren. Statt dessen brachte er seine Familie an einen unbekannten Ort. Am Tag danach wurde er festgenommen.

Die Menge zerstreute sich. Tagelang wurde diese Kundgebung mit dem 27. März 1941 verglichen, als die Serben gegen einen Pakt mit Hitlerdeutschland protestiert hatten. *„Bolje rat nego pakt"* – „Lieber einen Krieg als diesen Pakt" lautete damals der berühmte Slogan. Die Serben waren stolz darauf, lieber in den Krieg zu ziehen, als sich einem fremden Diktat zu unterwerfen. General Gračanin erinnerte sich gut an den Tag, als „die Menschen spontan auf das Bündnis mit Deutschland reagierten ... ich war damals achtzehn Jahre alt":

In ganz Serbien waren die Menschen auf der Straße. Und ich sagte Slobodan später: „Das ist wie der 27. März", und ich bemerkte zu ihm: „Damals warst du noch gar nicht auf der Welt."

Die neue Verfassung wurde ausgerufen und im Parlament des Kosovo ratifiziert. Die nötigen Stimmen der Albaner zur Abschaffung ihrer Autonomie und zur Unterwerfung unter Belgrads Zentralmacht kamen zusammen, nachdem Armeepanzer und serbische Polizei vor der Abstimmung das Parlamentsgebäude in Priština umstellten. Am

28. März 1989 feierte die Elite Serbiens die Proklamation der neuen Verfassung. Die Titelseite der *Politika* trompetete, daß Serbien wieder eins sei. Belgrad hatte die Kontrolle über seine beiden Provinzen zurückerobert. Während ein Chor weißgewandeter Mädchen die jugoslawische Hymne sang, wurden während der zweitägigen Protestkundgebungen gegen die neue Verfassung zweiundzwanzig Kosovo-Albaner und zwei Polizisten getötet. Belgrad gab keine offizielle Stellungnahme zum Tod der Albaner ab. Dieser Tag wurde in Serbien zum Staatsfeiertag erklärt.

5. Kapitel

Fürst Lazars Entscheidung

März 1989 – Januar 1990

Das allgegenwärtige Lächeln des neuen jugoslawischen Premierministers Ante Marković wurde zum Markenzeichen seines scheinbar grenzenlosen Optimismus. Sein Versuch, Reformen für eine freie Marktwirtschaft durchzuführen, traf auf den Widerstand der Führer Serbiens, Sloweniens und Kroatiens, die die Kontrolle über die Wirtschaft ihrer Republiken behalten wollten. Sein Reformprogramm versprach Hoffnung für das ganze Land, das in einer gefährlichen Spirale des Nationalismus gefangen war, der von Serbien ausging. In kurzer Zeit wurde der grauhaarige, blauäugige Marković der beliebteste Politiker in allen sechs Republiken, obwohl deren Regierungen ihn verächtlich zu machen versuchten. Die Erwähnung seines Namens ruft die Erinnerung an eine Ära des Wohlstands und Optimismus wach.

Aber er blieb auch dafür in Erinnerung, daß er Jugoslawiens qualvollen Abstieg in den Krieg administrierte und nicht die Macht besaß, ihn aufzuhalten. Während seiner Amtszeit wurden in den sechs Republiken die ersten Mehrparteienwahlen seit dem Zweiten Weltkrieg abgehalten. Die nationalistischen Parteien erhielten den größten Stimmenanteil. Marković geriet mit Serbien, Slowenien und Kroatien in Konflikt, doch war er ihnen ausgeliefert. Sein Wirtschaftsprogramm hing von der Zustimmung jeder einzelnen Regierung ab, aber sie mißachteten oder verletzten einzelne Programmpunkte nach Gutdünken. Schließlich rauften die Republiken, die sonst über alles uneinig waren, sich sogar zu einer unerwarteten Koalition zusammen, um Marković zu stürzen. Der Premierminister stand von allen Seiten unter Beschuß. Milošević versuchte, alle Reformen zu blockieren, die sein Machtmonopol schwächen konnten. Um sich von der Bundesregierung zu distanzieren, unternahm Serbien ein taktisches Manöver und forcierte seine separatistischen Kräfte. Serbien ernannte – als erste Republik – sogar einen eigenen Außenminister. Es wurde nun allgemein davon geredet, daß Serbien auch allein überleben könnte.

Aber dies waren nur taktische Manöver. Miloševićs wirkliche Absicht war es, die gesamte jugoslawische Föderation zu übernehmen.

Slowenien weigerte sich, dieselben Regeln anzuerkennen wie die anderen Republiken. Kroatien wollte seine Einnahmen in ausländischer Währung aus dem Tourismus behalten. Marković versuchte trotzig, Jugoslawien zu verteidigen, selbst als es nichts mehr zu verteidigen gab. Vergeblich appellierte er an die Vernunft gegen den wachsenden Nationalismus. Von jedem verraten, kontrollierte er zuletzt nur noch das ausgedehnte, höhlenartige Gebäude der Bundesregierung. Schließlich verlor er auch das: Am 20. Dezember 1991 trat er zurück, vorgeblich aus Protest gegen den Bundeshaushalt, den er einen Kriegshaushalt nannte.

Serbien hatte gehofft, durch die Unterstützung der Kandidatur Markovićs im Jahr 1989 Zugeständnisse von Kroatien und Slowenien bekommen zu können. Der Lohn für Belgrads Unterstützung des Kroaten Marković war, daß Serbien im Kosovo sowie bei Änderungen der Verfassung freie Hand gelassen wurde. Diese Entscheidung stellte für Milošević einen schwierigen Kompromiß dar, besonders weil der zweite Hauptkandidat Borisav Jović war, einer der Mitarbeiter, denen Milošević am meisten vertraute. Marković, ein pragmatischer Technokrat, ernannte eine Regierung, die hauptsächlich aus marktorientierten Politikern bestand. Um Unterstützung für seine Reformen zu bekommen, versuchte Marković, die Republiken zufriedenzustellen. Während seiner Amtszeit wurde die nationale Währung, der Dinar, frei konvertibel gemacht und an die Deutsche Mark gebunden. Marković liberalisierte die Einfuhrbestimmungen und drückte ein Privatisierungsprogramm durch. Er wollte die Wirtschaft in einer gesunden Steuer- und Finanzpolitik verankern und nicht politischen Launen aussetzen, weil er glaubte, die Menschen würden einen Farbfernseher, ein Auto und Auslandsreisen nationalistischen Schlagworten, Krieg und Isolation vorziehen. Doch er täuschte sich.

* * *

Trotz der Versuchung, die von glänzenden, ausländischen Markenprodukten ausging, blieb Serbien geblendet vom strahlenden Licht des Nationalismus. Am 28. Juni 1989 strömte eine Million Serben in den Kosovo, um zu Miloševićs Füßen Andacht zu halten. Es waren die Feierlichkeiten zum sechshundertsten Jahrestag der serbischen Niederlage durch die Türken. Dieses Datum hallt durch die serbische Geschichte. Am selben Tag im Jahr 1914 ermordete der serbische Nationalrevolutionär Gavrilo Princip den österreichischen Erzherzog Franz Ferdinand in Sarajevo und löste damit den Ersten Weltkrieg aus. Aber weit bedeutender für die serbische Nationalpsyche ist der St.-Veits-Tag 1389, als die serbische Armee den Türken an einem Ort im Kosovo unterlag, der unter dem Namen Amselfeld bekannt ist. Kein Volksepos hat größere Verehrung erfahren als die Geschichte von Fürst Lazar, der in einer Schlacht, die mit dem Beginn von 500 Jahren türkischer Herrschaft endete, zu einer der legendären Heldenfiguren Serbiens wurde. Am Beginn der Schlacht stellten die eindringenden Türken Fürst Lazar vor die Entscheidung, bis zum Tod zu kämpfen oder zu kapitulieren. Sie boten ihm sogar eine Belohnung für seine Kapitulation an. Doch er weigerte sich und wählte das himmlische Königreich statt der weltlichen Reichtümer und des Verrates seiner Nation an einen fremden Unterdrücker.

Eine Version der Legende besagt, daß der heilige Elija mit einer Nachricht von der Mutter Gottes erschien:

Welches Königreich soll ich wählen?
Wähl ich das himmlische Königreich?
Wähl ich das irdische Königreich?
Wenn ich das irdische wähle,
ein irdisches Königreich währt nur kurze Zeit,
aber das himmlische Königreich
währt für die Ewigkeit und ihre Jahrhunderte.

Fürst Lazar entschied sich für das himmlische Königreich und gegen die Kapitulation vor dem ausländischen Feind. Und so starb die mittelalterliche serbische Aristokratie gemeinsam in dieser Schlacht.

Alles war heilig, alles war ehrenhaft,
und die Güte Gottes erfüllte sich.

Milošević stellte seine Anhänger vor die gleiche Entscheidung. Die ihm Ergebenen in ganz Jugoslawien sollten geloben, sich eher von Wurzeln zu ernähren, als ihre Nation zu verraten und sich einem fremden Diktat zu unterwerfen. Das war eine Neuauflage von Lazars Entscheidung und bedeutete Feindseligkeit gegenüber den Reformen von Marković, die ein Königreich auf Erden versprachen.

Der Mythos des Kosovo ist das Herzstück der serbischen Tradition. „Außer dem Namen Christi ist kein Name schöner oder heiliger“, hatte der orthodoxe Bischof Emilijan 1939 bei Feierlichkeiten zum Gedenken an die Schlacht gesagt.[33] Ein halbes Jahrhundert später standen Pilger am orthodoxen Kloster Gračanica Schlange, um Lazars Gebeine zu betrachten. Seine Überreste sollten von einem Kloster in Jugoslawien zum nächsten gereicht werden – lauter Orte, die als serbisches Land beansprucht wurden, als 1991 der Krieg ausbrach. Diese Reise – es war das erste Mal, daß Lazars Gebeine in der Öffentlichkeit zu sehen waren – wurde begangen wie ein heiliger, nationaler Ritus. Einige spürten die Gefahr. Ljubinka Trgovčević, eine Gegnerin Miloševićs aus frühen Tagen, warnte die serbische Führung, daß das reisende Ausstellungsstück – genau wie das Wiederauftauchen der Tschetniksymbole, wie zum Beispiel der doppelköpfige, weiße Adler des serbischen Königshauses oder Abbildungen des Tschetnikgenerals Draža Mihajlović – Jugoslawiens wackeliges Gleichgewicht stören könnte. Die Serben, so sagte sie, seien die größte Nation und sollten sich verantwortungsbewußt gegenüber den kleineren, verletzlicheren zeigen. Doch ihr Rat wurde in den donnernden Rufen der Serben ertränkt, die sich gesegnet sahen in der Überzeugung, nun endlich das Schicksal des Landes in ihren Händen zu halten.

In aggressiver, trotziger Stimmung strömten Serben aus aller Welt herbei, um an der zeremoniellen Vereinigung aller Serben unter einem Führer teilzunehmen. Nach Stunden im Verkehrsstau, aber offensichtlich bereit, jede Prüfung über sich ergehen zu lassen, um ihren Führer zu sehen, drängten sie auf das Amselfeld. Von Tagesanbruch an warteten sie, um sich vordere Plätze zu sichern, aber waren dennoch durch ein riesiges Schlammloch von Milošević getrennt. Die Feierlichkeiten in Gazimestan, dem Schlachtfeld, unterschieden sich von den antibürokratischen Demonstrationen, zu denen müde wirkende Arbeiter mit Bussen von den Fabriken gebracht wurden. Dies war ein Anlaß von entscheidender Bedeutung. Die Staatsmaschinerie mochte die Massen im Kosovo abgeliefert haben, aber die Menschen waren stolz, Teil dieses machtvollen Ausdrucks serbischer Einheit zu sein. Gazimestan war der spektakuläre Höhepunkt des Zahlenspiels mit Menschenmassen. Niemand konnte Milošević übertreffen.

In dieser fiebrigen Atmosphäre stieg Milošević per Hubschrauber vom Himmel herab, um der Föderation die bisher deutlichste Abfuhr zu erteilen. Jugoslawiens Spitzenpolitiker standen auf der Bühne und schienen sich äußerst unwohl zu fühlen. Milošević stand im Vordergrund und hatte totale Kontrolle:

Die Serben haben in ihrer Geschichte niemals andere erobert oder ausgebeutet. In zwei Weltkriegen haben sie sich selbst befreit und, wenn sie es konnten, anderen geholfen, sich zu befreien. Die Heldentat des Kosovo verbietet uns, zu vergessen, daß wir einmal mutig und ehrenhaft waren und einige der wenigen, die unbesiegt in die Schlacht gezogen sind. Sechshundert Jahre später befinden wir uns erneut in Kämpfen und Streit. Diesmal sind es keine bewaffneten Kämpfe, aber solche Dinge können noch nicht ausgeschlossen werden.

In Kosovos Hauptstadt Priština, die fast in Hörweite lag, herrschte Stille in den heruntergekommenen Wohnblocks, die sonst von Kindern wimmelten. Serbische Volksmusik lärmte in der Hitze. Die Stadt war wie verlassen. Obwohl die Serben im Kosovo im Verhältnis eins zu zehn in der Minderheit waren, blieben die Albaner an diesem Tag unter sich. Sie fürchteten, Angriffsziel der Horden von Pilgern zu werden, von denen viele eine großzügige Dosis Šljivovica (Pflaumenschnaps) zu sich genommen hatten. Miloševićs Stellvertreter im Kosovo gelobten, Ibrahim Rugova, den neuen Führer der Albaner, zu verhaften.

Nach den Verfassungszusätzen vom März 1989 war Serbien bedeutend mächtiger als die anderen Republiken. Die Übernahme der Kontrolle in den Provinzen gab Serbien nun drei Stimmen im acht Mitglieder umfassenden Bundespräsidium. Slowenien fürchtete sich vor diesem unkontrollierten Einfluß, und daher strebte die nordwestliche Republik eine Umdefinierung Jugoslawiens an, um den Griff des Zentrums zu schwächen.

Serbien war zuversichtlich, daß die Einführung des Systems „eine Stimme pro Wähler" die Zentrifugalkräfte aufhalten würde, die die Föderation auseinanderzureißen drohten. Mehrheitswahlrecht geht normalerweise Hand in Hand mit Demokratie. In diesem Klima, in dem die wahrgenommenen nationalen Interessen die individuellen überschatteten, hätte es zum Beispiel garantiert, daß die zahlreicheren Serben die Slowenen jederzeit überstimmen konnten. Davon waren die Slowenen überzeugt und bestanden auf der Beibehaltung des Grundsatzes „eine Stimme pro Föderationseinheit", wie es in der Verfassung von 1974 festgeschrieben war.

Im September versuchte Slowenien, Serbiens Schritte zur Zentralisierung aufzuhalten. Die nordwestliche Republik schlug ein Paket von Verfassungszusätzen vor, die ihr das Recht einräumten, wenn nötig, die Unabhängigkeit von Jugoslawien zu erlangen. Unabhängigkeit war dabei jedoch nicht das Ziel. Für die Mehrheit der politischen Führer bedeuteten die Zusätze, die das gesamte Spektrum von der Sprache bis zum Militär abdeckten, eine Politik der Absicherung der besonderen Rolle, die Slowenien in Jugoslawien hatte.

Die Zusätze zur Verfassung ließen zu, daß Bundesrecht nicht zwingend einheitlich implementiert werden mußte, und waren daher ein schwerer Schlag für Markovićs Programm. Sie halfen Ljubljana, die von Slowenien angeheizte öffentliche Unzufriedenheit darüber, daß Jugoslawiens reichste Republik ausgebeutet wurde und ihr Wohlstand in den Rest des Landes abfloß, zum Schweigen zu bringen. Sloweniens Bevölkerung machte acht Prozent der jugoslawischen Bevölkerung von 23,5 Millionen aus, produzierte aber fast ein Drittel der Güter, die gegen harte Währung exportiert wurden. Diese trügerische Gleichung vernachlässigte den praktisch monopolistischen Absatzmarkt, den die übrigen 21,5 Millionen Jugoslawen darstellten, sowie den Zugang zu billigen Arbeitskräften und Rohstoffen, den Slowenien anderswo, besonders in Serbien, Bosnien und Mazedonien, hatte. Die neue Verfassung würde Slowenien – und nicht der Bundesregierung – das Recht geben, zu entscheiden, wohin der Reichtum der Republik fließen sollte. Dies stellte ein weiteres Hindernis für Marković dar, und er konnte nur hoffen, daß es nicht sein Reformprogramm unterminieren würde.

Als Belgrad „Wind" von den geplanten Verfassungszusätzen bekam, brach ein Sturm los. Serbien forderte, daß die vorgeschlagenen Änderungen diskutiert würden. Die slowenische Führung antwortete, indem sie darauf hinwies, daß Serbien seine eigene Verfassung geändert hatte, ohne sich darum zu kümmern, was die übrigen Jugoslawen davon hielten, und selbst um den Preis des Lebens von Albanern im Kosovo. Slowenien behauptete, Serbien habe den Präzedenzfall geschaffen: Die jugoslawischen Republiken hätten das Recht, ihre eigene Verfassung zu ändern. Belgrad erwiderte dagegen, daß Slowenien sich in eine ausschließlich interne Angelegenheit eines Bundesstaates einmischte. Wochenlang fochten die beiden Republiken einen Krieg der Worte.

Die serbische Führung war wütend über die Verfassungsänderungen, die Bundesinteressen den Lokalinteressen unterordneten und die Slowenen praktisch zu ihren eigenen Herren machten – ein ausdrückliches Ziel des Regimes. Slowenien wäre damit ebenso stark oder sogar stärker als die Föderation. Es könnte entscheiden, ob die Armee in der Republik zum Einsatz kommen sollte, den Notstand erklären, die

Beziehungen zu den übrigen Einheiten der Föderation neu definieren und sich aussuchen, welche Bundesgesetze es implementieren wollte. Militärvertreter Serbiens und des Bundes berieten, wie sie Slowenien aufhalten konnten. Sie verhandelten untereinander, ob sie die Verhängung des Notstands androhen oder ihn einfach erklären sollten. Jović ging die verschiedenen Möglichkeiten stundenlang mit Milošević und Verteidigungsminister General Kadijević durch. „Milošević und ich glaubten, wenn die Slowenen die Verfassungszusätze durchbrächten, wäre das das Ende Jugoslawiens." Das Trio entschied, es sei besser, die slowenische Führung dazu zu überreden, die Verfassung nicht zu ändern, als die Armee einzusetzen. Für den Augenblick hatte Milošević entschieden, die bloße Androhung von Gewalt sei das effektivste Mittel, eine slowenische Verfassungsänderung zu verhindern.[34]

Jović, der serbische Vertreter im jugoslawischen Präsidium, versprach, die Bundesinstitutionen dazu zu bringen, die slowenischen Verfassungsänderungen zu verurteilen. Das achtköpfige Präsidium entschied gegen die Änderungen mit der Begründung, sie würden Slowenien eine privilegierte Stellung innerhalb Jugoslawiens geben. Nach einem Treffen in dem militärischen Bunker in Dobanovci außerhalb Belgrads erklärte Janez Drnovšek, ein Slowene, der damals den rotierenden Vorsitz des Präsidiums innehatte, daß eine harsche öffentliche Stellungnahme kontraproduktiv sein würde. Zögernd willigte Jović ein, mit den Slowenen Gespräche in Belgrad zu beginnen. Die Zeit der harten Bandagen war noch nicht gekommen.

Die serbischen Führer versuchten die Slowenen zum Nachgeben zu bringen. Eine hochrangige slowenische Delegation erschien in Belgrad und stand der ungewöhnlichen Koalition von Jović, Kadijević und Marković gegenüber. Drnovšek begann die Diskussion, indem er die politische Atmosphäre in Slowenien beschrieb. Die Erwartungen der Öffentlichkeit seien hoch, sagte er, die Führung könne es sich nicht erlauben, sie zu enttäuschen. Jović machte jedoch den Einwand, daß die Verfassungszusätze die Bundesverfassung verletzten. Die Slowenen behaupteten das Gegenteil. Sie gingen noch einen Schritt weiter und erklärten, daß in Wirklichkeit Belgrad die Verfassung verletze, indem es Slowenien unter Druck setze.

Dann warfen die Slowenen den Serben einen Knochen hin und erklärten sich zu einigen Korrekturen der geplanten Änderungen bereit. Tatsächlich waren es jedoch rein kosmetische Veränderungen, die ihre Gegenspieler auf serbischer und Bundesseite kaum besänftigen konnten. Jović erklärte den Slowenen in seiner stur legalistischen und streitbaren Art, was sie bereits wußten: daß das Präsidium entschieden hatte, die Verfassungsänderungen würden die Integrität Jugoslawiens gefährden. Er warnte, daß Belgrad die Schaffung einer „asymmetrischen Föderation" nicht zulassen würde.

Eine Reihe von weiteren Treffen konnte die Beziehungen nicht verbessern. Mit kaum verborgenem Hinweis auf Milošević beschuldigte Kučan „bestimmte Leute", Unheil anzurichten, nur um ihrem eigenen politischen Ehrgeiz zu dienen. Er sagte, es gäbe nur zwei Verfassungszusätze, die möglicherweise als nicht verfassungskonform interpretiert werden könnten: jenen, der ausschließlich dem slowenischen Parlament das Recht einräumte, einen Einmarsch der JVA nach Slowenien zu befehlen, und den anderen, der Slowenien das Recht gab, den Ausnahmezustand zu erklären. Kučan sagte, Serbien hätte Slowenien durch seine Angriffe auf die Führung in Ljubljana in den letzten zwei Jahren destabilisiert. Er fragte, ob Belgrad vorhabe, die slowenischen Kommunisten loszuwerden, und bekräftigte, seine Parteiführung wäre gezwungen, zurückzutreten, wenn die Verfassungszusätze blockiert würden. Jović erwiderte, wenn die Veränderungen durchkämen, würde das das Ende von Jugoslawien bedeuten, was für Kučan ja offensichtlich von geringerer Bedeutung war. Das Präsidium, als Oberbefehlshaber der Armee, würde den Untergang des Landes nicht zulassen – ein Argument, das in den folgenden drei Jahren ständig wiederholt wurde. Jović sagte: „Ich wurde von Kadijević unterstützt, was indirekt bedeutete, daß die Armee alle gesetzlichen Mittel nutzen würde, um diesen Vorgang zu verhindern. Kučan war sichtlich erregt und bestand auf einer Erklärung."

Beide Seiten argumentierten hin und her über die Frage, ob die geplanten Änderungen die so oft kritisierte Verfassung von 1974 verletzten. Im verzweifelten Versuch, die Änderungen aufzuhalten, rief Jović die Vorsitzenden der Bundesinstitutionen am 26. September 1989 in der Früh zu einem Treffen zusammen, einen Tag bevor das slowenische Parlament zusammentreten sollte. Das Bundesverfassungsgericht wurde zusammengerufen, um zu entscheiden, ob die Änderungen die bestehende Verfassung verletzten. Der Gerichtspräsident Ivan Kristan, ein Slowene, erklärte, daß sein Gericht keine hypothetische Gesetzgebung verhandeln könne. Die Mehrzahl der Richter, darunter auch einige Serben, unterstützte sein Argument. Das überraschte sogar Kristan. Der Gerichtspräsident sagte: „Wenn das Gericht entschieden hätte, daß die slowenischen Änderungen die Verfassung von 1974 verletzen, hätte sich alles so entwickelt, wie Jović es wollte." Doch die serbische Führung mußte einen Weg aus einer rechtlichen Verstrickung finden, die sich zum Vorteil der Slowenen hätte entwickeln können. Es wurde deutlich, daß es keine einzige Institution im jugoslawischen Bundesstaat gab, die in der Lage war, die Slowenen von der Annahme der Verfassungsänderungen abzubringen – mit Ausnahme der Armee.

Mit festgefahrenen Positionen auf beiden Seiten hofften die serbischen Führer, daß Kadijević die Sache in die Hand nehmen würde. Sie kamen überein, daß er eine Intervention der Armee vorschlagen sollte. Im letzten Augenblick änderte Kadijević seine Meinung und schlug etwas völlig anderes vor. Seinen Mitverschwörern verschlug es die Sprache, erinnert sich Jović. Kadijevićs plötzliche Kehrtwendung war der Beginn eines Verhaltensmusters, das nicht mit der Aufgabe, die vor ihm lag, zu verbinden war. Mit seinen stahlblauen Augen und dem welligen, grauen Haar war er zwar eine imposante Erscheinung, doch als Verteidigungsminister eines auseinanderbrechenden Landes konnte er sich nicht entscheiden, was zu tun war: Er traf eine Entscheidung, änderte seine Meinung und sagte, es gäbe keine verfassungsgemäße Grundlage für eine bewaffnete Intervention. So sahen die kommenden und letzten drei Jahre seiner Karriere aus. Er betrachtete sich nie als Teil der Kabale serbischer Nationalisten, aber es fehlten ihm der Mut und die Überzeugung, um sich von ihnen loszusagen. An jenem Tag versuchte Kadijević, die politische Temperatur zu senken, und schlug vor, wenn Slowenien so weit ginge, die Verfassungsänderungen anzunehmen, dann sollte das Verfassungsgericht neuerlich über sie urteilen.

Für die serbischen Führer war dies „ein gewaltiger Fehler und ein Wendepunkt", sagte Jović. Er fragte Kadijević später, warum die Armee ihre Meinung geändert habe. Er antwortete: „Nach erneuter Analyse des Problems kamen wir zu dem Schluß, daß einige Leute einwenden könnten, jeder Versuch, die Slowenen aufzuhalten, sei eine ungesetzliche Intervention der Armee." Belgrad war gezwungen, einen anderen Plan zu entwickeln.

Trotz der brutalen Methoden der Serben machten die Slowenen klar, daß sie mit den Verfassungsänderungen Ernst machen würden. Aber die Serben hatten noch eine Karte auszuspielen. Am Tag vor dem Zusammentritt des slowenischen Parlaments und ohne Vorankündigung wurden die slowenischen Kommunisten zu einem Treffen des Zentralkomitees in Belgrad einberufen. Kučan war besorgt. „Es war ein Versuch, Druck auf die slowenischen Kommunisten auszuüben, indem auf das Prinzip des demokratischen Zentralismus zurückgegriffen wurde. Es wurde Druck ausgeübt, damit wir die Verfassungsänderungen nicht annahmen oder die Sitzung des slowenischen Parlaments verschoben."

Kurzfristig berief er ein Treffen der slowenischen Partei ein, wo ihre Position zu den Verfassungszusätzen noch einmal bekräftigt wurde. „Die Slowenen sind nicht bereit, um jeden Preis in Jugoslawien zu leben, und werden sich nicht auf politische Verhandlungen einlassen", hieß es in der Erklärung der Partei. Entschlossen forderten die Slowenen die Bildung einer „asymmetrischen Föderation", die den speziellen wirtschaftlichen und politischen Status der Republik anerkannte. Die Entscheidung, weiterzumachen, egal, was Belgrad tat, nannte ein hochrangiger slowenischer Beamter später „maßgeblich für die Auflösung Jugoslawiens".

Voll Furcht darüber, was sie in Belgrad erwarten würde, hielten die Slowenen ihre Pläne für den Ernstfall besonders gewissenhaft ein. An jenem Tag nahmen die Delegierten aus Angst vor einem Mordanschlag getrennte Flüge nach Belgrad. Selbst in harmonischen Zeiten hielt Slowenien immer Mietwagen für den Fall einer Flucht aus Belgrad reserviert. Diesmal war der Plan, daß die gesamte Delegation die Stadt im Auto verlassen sollte. Ihre Fluchtroute würde sie in die entgegengesetzte Richtung führen als die zu erwartende: nicht nach Zagreb Richtung Ljubljana, sondern in Richtung der bulgarischen Grenze und von dort aus auf verschiedenen Routen nach Slowenien.

Bei einem dramatischen Zusammentreffen in Belgrad verteidigte Kučan die Entscheidung seiner Partei und warnte vor einem direkten Konflikt zwischen den Kräften von Totalitarismus und Aggression auf der einen Seite und Demokratie und Reform auf der anderen. Er erklärte seinen kommunistischen Genossen, daß die Slowenen ganz der Tradition folgten. Schon 1937 hatten die Parteipioniere gesagt: „Zuerst sind wir Slowenen und erst dann Kommunisten." Die Slowenen waren eindeutig in der Minderheit. Doch sie erhielten in jener Nacht im Zentralkomitee der jugoslawischen Partei unerwartete Unterstützung, als die Kroaten sich zum ersten Mal öffentlich mit ihnen gegen die Mehrheit verbündeten. Die Abstimmung ergab 97 Stimmen für eine Verschiebung der Abstimmung über die Verfassungsänderung und 40 dagegen.

Das Abstimmungsverhalten der Kroaten war der Wendepunkt für die zweitgrößte Republik Jugoslawiens, die bis dahin nur versteckt das slowenische Streben nach Dezentralisierung unterstützt hatte. Es beschleunigte die rasche Auflösung des Bundesstaates. Und es war ein logischer Schritt für Kroatien, das in Slowenien die einzige Hoffnung für Widerstand gegen Milošević sah. In jener erhitzten Atmosphäre von Intoleranz und intensivem Druck der JVA hatte Ivica Račan, der Chef der Kroatischen Kommunistischen Partei, keine andere Wahl, als das Schicksal Kroatiens mit dem Sloweniens zu verknüpfen.

Slowenien verlor die Abstimmung, aber die Slowenen sahen, daß Belgrad nicht gegen sie vorgehen würde. Die JVA hatte sich mit der Annahme verschätzt, daß die Slowenen zurückstecken würden. Nun war auch Kroatien auf ihrer Seite. Die slowenischen Kommunisten verließen Belgrad an jenem Tag in bester Stimmung. Ihre speziellen Fluchtwege benutzten sie nicht. Kučan bestellte im Flugzeug für alle Whisky und etwas zu essen. Am Ende der sechzehnstündigen Marathonsitzung erreichten die Kommunisten Slowenien als Nationalhelden, weil sie Belgrad eine Abfuhr erteilt hatten.

Am 27. September 1989 erklärte sich Slowenien als souveräner Staat. Das Parlament wurde von donnerndem Applaus erschüttert, als die Abgeordneten die Verfassungszusätze mit überwältigender Mehrheit bei nur einer Gegenstimme und einer Enthaltung annahmen. Zum Zeichen der Einigkeit nahm die gesamte slowenische Führung an der Parlamentssitzung teil. Janez Drnovšek, damals der Präsident Jugoslawiens, unterbrach seinen Besuch bei der Generalversammlung der Vereinten Nationen in New York. Das zeigte, daß ihm Slowenien wichtiger war als seine Stellung als Oberhaupt des Bundesstaates. „Das slowenische Volk hat in diesem Nervenkrieg bewiesen, daß es in der Lage ist, Herr seines eigenen Schicksals zu sein ... Dies ist ein historischer Moment für Slowenien“, sagte Janez Stanovnik, der Präsident der Republik Slowenien, in einer Parlamentssitzung. Die Stimmung war überschwenglich. Einige der slowenischen Politiker begannen patriotische Lieder zu singen. In der für ihn typischen zurückhaltenden Art ging Milan Kučan, der erfahrene Parteichef, nach Hause, um zu schlafen. Er hatte die höchsten Ränge der Kommunistischen Partei erklommen, hatte potentiell tödliche politische Kämpfe überlebt, und er wußte, daß die schwersten Schlachten noch bevorstanden.

* * *

Im Laufe der kommenden Monate intensivierte sich der Nervenkrieg. Slowenien unternahm einen Schlag gegen Marković, indem die Republik erklärte, sie sei nicht länger in der Lage, aus ihrem eigenen Einkommen zum Bundeshaushalt beizutragen. Die Slowenen behaupteten, Markovićs marktorientierte Reformen zu unterstützen. Doch sie kritisierten die festen Währungskurse, eine der wichtigsten Stützen seines Programms, weil diese den Dinar überbewerteten und die auf Export basierende slowenische Wirtschaft schwächten. Die Lage spitzte sich zu, als angekündigt wurde, daß Miloševićs Wanderzirkus nationalistischer Demonstrationen in Ljubljana eine sogenannte „Versammlung der Wahrheit" abhalten wollte. Mit der traditionellen Reichung von Brot und Salz, einer alten serbischen Geste der Gastfreundschaft, sagten die serbischen Nationalisten, wollten sie nun die Mauern niederreißen, die sie noch von den Slowenen trennten.[35] „Die Wahrheit über Kosovo ist in Ljubljana nicht bekannt", sagte ein jugoslawischer Funktionär der Kommunistischen Partei.

Kučan überlegte, wie mit dieser eindeutigen Provokation Belgrads umzugehen sei. Slowenien verbot die Demonstration mit der Begründung, daß gewalttätige Ausschreitungen zu befürchten seien und daß Krawalle als Grund für eine militärische Intervention benutzt werden könnten. Dieser mutige Schritt half Kučan, dem die bevorstehenden freien Wahlen Sorgen bereiteten, die Slowenien noch vor den anderen Republiken ausgerufen hatte. Er wußte, daß es ihm politisches Ansehen verschaffen würde, sich noch einmal gegen die Serben durchzusetzen. Zagreb leistete ihm Schützenhilfe, indem es die Demonstranten gar nicht erst nach Kroatien einreisen ließ. Die kroatische Führung wußte, daß Slowenien seine Grenze dichtgemacht hatte, und fürchtete, daß die Demonstranten ihren Zorn gegen Zagreb richten würden, wenn sie an der kroatisch-slowenischen Grenze hängengeblieben wären.

In letzter Minute stoppten die serbischen Organisatoren die Demonstration. Sie hatten zuvor behauptet, daß die Slowenen die Versammlung mit Gewalt verhindern würden, und davor gewarnt, daß es Tote geben könnte. Aber Belgrad ließ nicht zu, daß das Thema unter den Tisch fiel. Ganz im Gegenteil. Die Sozialistische Allianz Serbiens, eine Unterorganisation der Kommunistischen Partei, veröffentlichte einen Aufruf „an alle Institutionen und Unternehmen in Serbien, alle Beziehungen zu Slowenien abzubrechen, weil dort sämtliche fundamentalen Menschen- und Freiheitsrechte außer Kraft gesetzt sind". Am 1. Dezember 1989, dem 71. Gedenktag der Gründung des Königreichs der

Serben, Kroaten und Slowenen, schlug Belgrad mit einem harten Diktat zurück – dem Befehl, sämtliche Bande mit der nordwestlichen Republik zu zertrennen:

Wir sagen deutlich, daß kein Bürger Serbiens Slowenien bitten wird, in Jugoslawien zu bleiben, oder sich so weit erniedrigt, denen Brot und Salz anzubieten, die bereit sind, auf ihn zu schießen.

Im Laufe der kommenden Monate brachen mehr als 130 größere serbische Unternehmen ihre Beziehungen zu Slowenien ab. Der geringste Widerstand wurde bestraft. Die serbische Zeitung *Politika* schoß sich auf *Yugoeksport* ein – einen der wichtigsten Bekleidungsexporteure, weil diese Firma Belgrads Gefühle verletzt hatte, indem sie slowenische Kleidung in den Schaufenstern ausstellte. Der Boykott war ein klassischer Ausdruck von *inat* (Boshaftigkeit). Belgrad wollte die Slowenen dort treffen, wo es am meisten schmerzte, egal, wie hoch der Preis für Serbien war.[36] Denn serbische Fabriken hingen ebenfalls von slowenischen Produkten ab. Und das war nur der Anfang. Es war ein Hieb, der beide Seiten verletzte.

Milošević rieb Salz in die Wunden. Er war gerade vom Parlament zum Präsidenten Serbiens ernannt worden. In einer Rede ans Parlament beschuldigte der neugewählte Präsident die Slowenen, den Rest Jugoslawiens der Chance zu berauben, ein normales Leben in einem stabilen Land zu führen. In einem klassischen Beispiel Orwellscher Propagandasprache, die für Milošević charakteristisch ist, sagte er:

Diese slowenische Führung ist ein Hüter des Konservatismus in Jugoslawien und einer der letzten Hüter des Konservatismus in sozialistischen Ländern im allgemeinen. Der Konservatismus in Slowenien hat in der Auseinandersetzung mit den Kräften des Fortschritts in Jugoslawien und besonders mit den fortschrittlichen ökonomischen und politischen Veränderungen in Serbien aggressiv und grausam reagiert. Diese Aggressivität und Grausamkeit charakterisiert grundsätzlich jede Form von Konservatismus.

Die kommunistischen Chefs begannen zu streiten, als sie diese Antrittsrede hörten. Einer von Miloševićs Verbündeten rief: „Ich habe genug von dir." Račan, der Kommunistenführer Kroatiens, wurde blaß. Seine Hände und seine Stimme zitterten: „Sie tun alles, um mich zu zwingen, in einer Auseinandersetzung Stellung zu beziehen, mit der ich nichts zu tun haben will."[37] Eine Erklärung der slowenischen Führung verurteilte Milošević wegen seiner „unbegründeten und absurden Behauptungen".

Protokolle der Parteitreffen enthüllen die Feindschaft, die im Laufe von zwei Jahren bitterer Auseinandersetzung entstanden war. Es machte den Eindruck, daß sie nicht in der Lage waren, sich auch nur auf einen einzigen Punkt zu einigen. Sie stritten sogar darüber, welches Lied auf dem 14. Außerordentlichen Parteikongreß der jugoslawischen Kommunisten gesungen werden sollte: die Internationale, die Nationalhymne *„Hej slaveni"* – „He, Slawen" oder der populäre Schlager „Jugoslawien". An einer Stelle sagte Račan: „Es ist unwichtig, wo wir beginnen, entscheidend ist, daß wir mit Jugoslawien aufhören." Offensichtlich entging ihm die Ironie, bis die anderen in Gelächter ausbrachen.[38]

* * *

Der letzte Showdown zwischen Serbien und Slowenien fand auf dem 14. Außerordentlichen Parteikongreß am 23. Januar 1990 statt. Die gesamte, zum Scheitern verurteilte Sitzung im Belgrader Sava-Zentrum hindurch debattierten die Abgeordneten über das Schicksal der Partei. Sollte sie besser in zwei Gruppierungen, Sozialisten und Kommunisten, aufgeteilt werden als nach Republikzugehörigkeit? Zu jenem Zeitpunkt schien die Kluft zwischen Serbien auf der einen und Slowenien und Kroatien auf der anderen Seite unüberbrückbar geworden zu sein. Tatsächlich hatten die beiden westlichen Republiken bereits freie Wahlen für das Frühjahr ausgerufen. In ganz Osteuropa lag der Kommunismus in den letzten Zügen. In diesen drei Tagen kamen die Parteiführer des Landes einer Lösung für die Zukunft der Organisation nicht näher. Im Gegenteil, alle Hoffnungen auf eine Versöhnung verflogen.

Das Auseinanderfallen der Kommunistischen Partei beunruhigte die bosnische Führung, die zwischen den beiden Seiten gefangen war. Nijaz Duraković, der bosnische Parteichef, versuchte zu retten, was zu retten war. „Mein Mandat gebietet mir, mich vor den Präsidenten Kučan und Milošević auf die Knie zu werfen und sie anzuflehen, doch irgendeinen Kompromiß zu finden", sagte er.

Die Delegierten streiften durch die Flure, Bars und Restaurants und versuchten herauszufinden, was vor sich ging, denn sie waren überzeugt, daß Parteientscheidungen nie in der Öffentlichkeit gefällt würden. Serbien und Slowenien tauschten weiter Polemiken über die Umgestaltung der Partei aus. Es wurden nicht weniger als 458 Änderungsanträge für die Abschlußresolution eingebracht.

Die Abgeordneten warfen einander Beschimpfungen an den Kopf. Milošević warnte vor einer Auflösung der jugoslawischen Partei, denn dann würden die Parteien jeder Republik „nationalistisch“ oder „national-sozialistisch“ werden. Ein slowenischer Abgeordneter sagte, es sei Miloševićs Partei, die „national-sozialistisch“ ist, und unterstellte damit, die serbische Partei sei faschistisch. Dušan Mitević, der Chef des Belgrader Fernsehens, eilte zur Verteidigung Miloševićs herbei und lobte dessen Vision eines Jugoslawien, das „akzeptabel für die Arbeiterklasse Serbiens, das serbische Volk und die Nationen und Nationalitäten Serbiens“ sei.[39] Drei Tage und drei Nächte lang stellte Mitević sicher, daß der Kongreß die Fernsehschirme Jugoslawiens füllte.

Kein Vorschlag Sloweniens – von den Menschenrechten bis hin zur Rolle Jugoslawiens in Europa – erhielt auch nur die Hälfte der insgesamt 1612 für die Annahme nötigen Stimmen. Jede Niederlage wurde mit Applaus aufgenommen. Es wurde klar, daß die serbischen und montenegrinischen Abgeordneten die Anweisung erhalten hatten, alle slowenischen Vorschläge niederzustimmen. „Alle slowenischen Anträge wurden abgewiesen“, sagte Kučan. „Der Inhalt der slowenischen Vorschläge war völlig irrelevant. Alles, was wir vorgeschlagen hätten, wäre zurückgewiesen worden.“ Für die Mehrzahl der slowenischen Abgeordneten stellte sich nicht die Frage, ob, sondern wann sie den Kongreß verlassen sollten.

Währenddessen wollten die Serben sehen, ob die Slowenen doch tatsächlich den Kongreß verlassen würden. Die Slowenen hatten in der Tat bereits einen Plan für ihren Rückzug. Ciril Ribičić sollte ans Rednerpult gehen und sagen: „Diese Richtung kann nicht die Richtung slowenischer Kommunisten sein. Wir verlassen den Kongreß.“

Die Slowenen hatten die Nase voll und verließen die Versammlung. Sonja Lokar, eine bekannte slowenische Parteifunktionärin, weinte, während ihre Delegation schweigend aus dem Saal ging. Viele der zurückgebliebenen Serben applaudierten dem mitternächtlichen Auszug und waren überzeugt, einen Sieg über die Slowenen errungen zu haben.

Es sollte einer von Miloševićs ersten, schweren politischen Fehlern werden, als er ans Rednerpult trat und forderte, der Kongreß sollte fortgesetzt werden. „Laßt die, die gehen wollen, gehen. Wir machen ein neues Quorum (Anzahl der zur Beschlußfähigkeit erforderlichen Anwesenden).“ Aber der Vorschlag wurde ignoriert. Der selbstbewußte Führer, der es gewohnt war, daß man ihm fiebrigen Enthusiasmus entgegenbrachte, wußte nicht weiter. Er hatte sich verkalkuliert. Ivica Račan hatte angekündigt, daß seine Delegation der slowenischen folgen würde, wenn diese den Kongreß verließe. Milošević hatte das ignoriert. Ein Drittel der Mitglieder der kroatischen Delegation waren Serben. Milošević hatte sich darauf verlassen, daß sie die kroatische Delegation im Kongreß halten würden. Doch er hatte sich geirrt. Die kroatische Delegation verließ den Kongreß in Unterstützung der Slowenen.

Der Kongreß löste sich in Streitereien über jeden Aspekt des politischen Lebens auf und endete mit der Desintegration der Kommunistischen Partei Jugoslawiens. Der 14. Kongreß war der letzte, an dem alle sechs Republiken teilnahmen. Der Leim, mit dem der Bundesstaat Jugoslawien zusammengehalten wurde, ging auseinander. Bundespremierminister Ante Marković versuchte angesichts des Auseinanderbrechens den Mut zu bewahren. „Jugoslawien wird weiterbestehen", sagte er grinsend.

Die Armeeführung machte ihre Beunruhigung deutlich. General Kadijević warnte Momir Bulatović aus Montenegro, der der Sitzung vorsaß: „Die Partei verteidigen heißt das Land verteidigen." Aber es wurde kein Kompromiß gefunden. Nachdem die Kroaten sich geweigert hatten, weiter an dem Kongreß teilzunehmen, wußte der junge Bulatović nicht, was er tun sollte. Er rief eine fünfzehnminütige Pause aus, die, wie er später selbst sagte, „durch die Geschichte hindurch andauerte".

6. Kapitel

„Ein kroatisches Gewehr an einer kroatischen Schulter“

Das Erwachen Kroatiens

1989–1990

Schweigend beobachtete Kroatien den Aufstieg von Milošević. Diese westliche Republik, die zweitgrößte Jugoslawiens, war 20 Jahre lang als die Schweigende Republik bekannt gewesen, nachdem Tito 1971 eine nationalistische Bewegung namens MASPOK zerschlagen hatte.[40] Die Bewegung stand unter der Führung einer Fraktion von führenden kroatischen Kommunisten. Die Parteiführer, die der Bewegung vorgestanden hatten, wurden eliminiert. Wer auch nur entfernt Verbindung zu ihr hatte, wurde entlassen oder verhaftet. Die kroatische Kulturorganisation *Matica Hrvatska* wurde aufgelöst, nachdem sie sich zu einem wichtigen Zentrum abweichender Meinungen entwickelt hatte. Sie hatte das Forum geboten, in dem neubelebte wirtschaftliche und historische Klagen gegen die Serben geäußert wurden. Fast zwei Jahrzehnte später tauchten viele der vertriebenen MASPOK-Führer wieder auf, um an den ersten Mehrparteienwahlen des Landes seit dem Zweiten Weltkrieg teilzunehmen. Der Sieger dieser Wahl, die Kroatische Demokratische Union (HDZ), kam mit der Unterstützung einer hochpolitisierten Gemeinschaft von im Ausland lebenden Exilkroaten an die Macht. Viele von ihnen hatten Jugoslawien nach dem Zweiten Weltkrieg verlassen. Mit einer zweiten Welle nach 1971 hatte sich ein harter Kern von Exilkroaten gebildet, die von den Kommunisten bereits seit langem als die Schreckgespenster Jugoslawiens dargestellt und seit zwanzig Jahren des internationalen Terrorismus beschuldigt wurden. Im feindseligen Klima unter Miloševićs Herrschaft war es leicht für die HDZ, die Mehrzahl der Stimmen auf sich zu vereinen, indem sie versprach, den tausendjährigen Traum Kroatiens von einem eigenen Staat zu realisieren.

Die Kroaten hatten ihren Groll über die Zerschlagung von MASPOK nicht vergessen und hofften seit langem auf Veränderungen. Die Agenten der Staatssicherheit und des militärischen Geheimdienstes verhörten jeden, den sie verdächtigten, Kontakte zu Exilkroaten zu unterhalten, die sich angeblich für die Wiederbelebung eines unabhängigen kroatischen Staates einsetzten. Für das kommunistische Jugoslawien war die kroatische Unabhängigkeit ein Tabuthema, gleichbedeutend mit der Rehabilitierung des unabhängigen kroatischen Ustascha-Staates (NDH). Jede Verhaftung diente als Warnung, daß das wachsame Jugoslawien keine Erscheinung von kroatischem Nationalismus dulden würde. Für das Singen nationalistischer Lieder wurden ebenso Gefängnisstrafen verhängt wie für die Zurschaustellung der Šahovnica, des rot-weiß karierten kroatischen Emblems, das 1941 dem nazitreuen NDH-Staat als Wappen gedient hatte. Es ist weiterhin unklar, wie viele dieser Symbole „feindlicher Aktivitäten" von der Polizei unterschoben wurden. Schon der Besitz extremistischen Propagandamaterials konnte zu einer Gefängnisstrafe führen. Ein Ustascha-Flugblatt, das von Deutschland aus geschickt wurde, stellte ausreichende Verdachtsmomente dar, um Anklage gegen den glücklosen Empfänger in Zagreb zu erheben, der möglicherweise nichts davon gewußt hatte.

Angesichts dieser selektiven Form von Unterdrückung entwickelte die kroatische nationale Elite das Gefühl, anders zu sein als der östliche Teil des Landes. In der nationalen Gedankenwelt der Kroaten war Serbien kommunistisch, zurückgeblieben und arm, Kroatien dagegen entwickelt und modern und Teil des zivilisierten Mitteleuropas mit jahrhundertealten Verbindungen des kulturellen Erbes zu Österreich-Ungarn. Während die Schlachtfelder abgesteckt wurden, bestanden die Kroaten darauf, daß sie sich außerhalb der düsteren, byzantinischen Welt des Balkans befänden. Sie murrten, die Serben stünden immer im Mittelpunkt und seien in den Medien und in den Streitkräften überrepräsentiert. Das Interesse an der katholischen Kirche wuchs. Dies war für viele Kroaten eher eine Bestätigung ihrer Identität – zur besseren Unterscheidung von ihren orthodoxen serbischen Landsleuten – als ein Ausdruck ihres Glaubens.

Als der Kommunismus 1989 in Osteuropa in sich zusammenfiel, hallte das betäubende Echo des nun knapp zwanzig Jahre währenden „kroatischen Schweigens"[41] durch diese nordwestliche Republik. Der Aufstieg Miloševićs verlieh denjenigen Glaubwürdigkeit, die forderten, daß Kroatien Jugoslawien verlassen sollte, um der serbischen Unterdrückung zu entkommen. Auch jenen Kroaten, die an Jugoslawien festhalten wollten, wurde deutlich, daß es Zeit für Reformen war.

Noch einige Jahre, nachdem sich der serbische Nationalismus in

Belgrad festgesetzt und Milošević an die Macht gebracht hatte, waren die kroatischen Nationalisten zurückhaltend – ein Beweis, wie wirksam die Unterdrückung des kroatischen Nationalismus gewesen war. Häufig waren die gewaltigen serbischen Prozessionen und Massendemonstrationen im Fernsehen zu beobachten, die von Symbolen Serbiens und seinem Herrschaftsanspruch strotzten. Doch die kroatischen Gegenspieler wirkten noch 1990 schüchtern und verstohlen. Kroatische Intellektuelle jeder politischen Ausrichtung begannen sich in den Cafés zuzuflüstern und in den städtischen Parks herumzutreiben, um dem Ohr des Staates zu entgehen. In verschiedenen Kombinationen debattierten sie, was zu tun sei. Zur einflußreichsten Gruppe gehörte ein ehemaliger General der JVA, der Historiker Franjo Tudjman. Am 28. Februar 1989 hielt die Kroatische Demokratische Union (HDZ) ihre erste öffentliche Versammlung ab.[42] Eine knappe Meldung in den Spätnachrichten genügte, um der HDZ ihre Gefolgschaft zu sichern. Die Partei wurde erst im Dezember 1989 legalisiert, nachdem die kroatischen Kommunisten dem Vorbild Sloweniens gefolgt waren und Mehrparteienwahlen ausgerufen hatten. Den Kommunisten war der Dampf ausgegangen. Die Partei war gelähmt von einer Fehde zwischen konservativen Hardlinern und Reformern. Seit MASPOK war eines der wichtigsten Kriterien für die Aufnahme in die kroatische Führungselite, daß man keine Verbindung zum Nationalismus hatte oder ihm abschwor. Als Milošević auf der Höhe seiner Macht stand, wollte sich ein Teil der Parteiführung öffentlich äußern, während ein anderer dazu riet, zu schweigen. Anfänglich hatte es sogar Unterstützung für Milošević gegeben. Aber Reformer wie Celestin Sardelić sahen in Milošević eine Bedrohung und waren gleichzeitig überzeugt, daß die Rolle der Kommunistischen Partei verändert werden mußte. Doch die interne Fehde verhinderte, daß die Reformer einen überzeugenden Wahlkampf auf die Beine stellen konnten.

Als die Wahlen näherrückten, gab Tudjman den schäumenden Massen, was sie wollten: eine kräftige Dosis Nationalismus als Gegenmittel gegen die leidenschaftliche Propaganda aus dem Osten. Tudjman war, anders als Milošević, ein wirklicher Nationalist. Die Macht beider Führer beruhte auf der Mobilisierung der Massen. Ivica Račan, der Chef der kroatischen Kommunisten, erkannte, welche Rolle Belgrad dabei spielte, Tudjman attraktiv zu machen.

Miloševićs aggressive Politik war die beste Propaganda für Tudjman. Milošević schickte seine Banden nach Kroatien, die tanzten und sangen „Dies ist Serbien", was den Nationalstolz und die nationalistische Reaktion der Kroaten provozierte und freisetzte, die sich Tudjman wirkungsvoll zunutze machte.

Sein Gelöbnis, Kroatien Eigenstaatlichkeit zu verschaffen, war eine Obsession Tudjmans. Er wurde 1922 geboren. Im Alter von 39 Jahren wurde er zum jüngsten General in Titos JVA. Jahre später rechtfertigte er seine Tapferkeit als Partisan als einen jugendlichen Kampf für ein freies Kroatien, nicht Jugoslawien.

Trotz seiner kommunistischen Vergangenheit waren Tudjmans nationalistische Referenzen in bester Ordnung. Er wurde von Tito zum ersten politischen Kommissar gemacht, aber 1967 wegen seiner nationalistischen Gesinnung entlassen. Nie verpaßte Tudjman die Gelegenheit, zu betonen, daß er zur Avantgarde von MASPOK gehört hatte. In den siebziger Jahren, zur Zeit der Hexenjagd auf MASPOK-Anhänger, kam er ins Gefängnis und ein zweites Mal in den achtziger Jahren. Aus Achtung vor seiner Vergangenheit als Partisan wurde Tudjman besser behandelt als die anderen Nationalisten, mit denen er einsaß. Ein Mitgefangener war bestürzt über das Ausmaß von Privilegien und Privatsphäre, das der Exgeneral genoß: Tudjman war im relativ komfortablen Gefängniskrankenhaus untergebracht und erhielt täglich heißes Wasser, um sich zu rasieren. Der reizbare Tudjman war kein gewöhnlicher Dissident. Es ging das Gerücht um, daß der große Schriftsteller Miroslav Krleza, das *enfant terrible* der kroatischen Intellektuellen, bei Tito vorgesprochen hätte, um einen Straferlaß für Tudjman zu erwirken.[43]

Diese bevorzugte Behandlung war außerhalb des Gefängnisses noch wertvoller. Sie sollte Auswirkungen auf die Zukunft Kroatiens haben. Im Gegensatz zu vielen anderen jugoslawischen Dissidenten war es Tudjman erlaubt, einen Paß zu haben. In den achtziger Jahren reiste er ins Ausland und knüpfte Verbindungen zu Exilkroaten, die ihm schließlich helfen sollten, seine Position als Führer der kroatischen Nation zu sichern. Von den Bewerbern aus der Opposition kontrollierte Tudjman den Löwenanteil der Spendengelder der Exilkroaten. Sein Wahlkampf im April 1990 hatte angeblich vier Millionen Dollar gekostet.

Einst ein politisch Verstoßener, wartete Tudjman jahrelang darauf, daß sich das Blatt für ihn wendete. Er hatte nur eine Handvoll von Vertrauten, die es riskierten, ihn in seinem geräumigen Heim in den Hügeln über Zagreb im exklusiven Bezirk Tuškanac zu besuchen.[44]

Trotz seines schiefen Lächelns und verspannten Benehmens verhielt sich Tudjman wie ein Mann, der an die Großartigkeit seines Schicksals glaubte. Teilweise stammte sein Verhalten aus seinem militärischen Hintergrund, aber es entwuchs auch der Kraft seiner persönlichen Überzeugung, daß es ihm bestimmt war, zu herrschen.

Tudjman war wegen der Sünde des Nationalismus in Ungnade gefallen. Seine umstrittenste Überzeugung war, die Kommunisten hätten die Zahl der serbischen Opfer des Zweiten Weltkriegs weit übertrieben. Die Belgrader Militärführung raste vor Wut, als sie von seiner Behauptung erfuhr, die offizielle Zahl von 600.000 Serben, Juden und Zigeunern, die im Ustascha-Konzentrationslager Jasenovac umgekommen waren, sei um das Zehnfache übertrieben. Tudjman bestand darauf, daß die wirkliche Zahl der während des Zweiten Weltkriegs Ermordeten eher bei 60.000 lag. Der Streit über die wirkliche Zahl der serbischen Opfer durch Ustascha-Todesschwadronen und in den Konzentrationslagern des Ustascha-Führers Ante Pavelić ist nie beigelegt worden und wird wahrscheinlich niemals geklärt werden.[45] Mit diesem öffentlichen Disput machte sich Tudjman sogar bei den radikalsten Exilkroaten beliebt. Es war sein *mea culpa* für seine Vergangenheit als Partisan.

Tudjman hatte eine Schwäche für Tito. Tatsächlich machte man sich lustig über seine Versuche als Präsident, den jugoslawischen Diktator nachzuahmen. 1969 hatte Tudjman in seinem Buch *Große Ideen und kleine Nationen* geschrieben, Jugoslawiens friedlicher und unabhängiger Kurs könne Tito als „einem der hervorragendsten Staatsmänner junger Nationen und der gegenwärtigen Welt im allgemeinen“ zugeschrieben werden“.[46]

* * *

Jahrzehntelang wurden die Exilkroaten in den jugoslawischen Medien als die Vertreter des vollendeten, lauernden Bösen dargestellt. Zunächst waren sie verantwortlich für das Abschlachten von Serben im Zweiten Weltkrieg, später auch für das Aussäen der Saat des internationalen Terrorismus.[47] „Alle kroatischen Emigranten wurden von den kommunistischen Machthabern als Faschisten, als Ustaschen dargestellt“, sagte Tudjman, „obwohl sie in demokratischen Staaten wie Amerika, Kanada oder Schweden lebten.“ Das kommunistische Jugoslawien hatte, besessen von der Angst vor der politischen Emigration aus Kroatien und anderswo, sogar eine Spezialeinheit gebildet, um

Emigranten im Ausland kaltzustellen. Einer der Agenten, Željko Ražnjatović, alias Arkan, wurde 1991 im Krieg berühmt-berüchtigt. Tatsächlich aber stammten die Exilkroaten aus dem gesamten politischen Spektrum. Unter anderen waren auch ehemalige Ustaschen unter ihnen, denen nach dem Zweiten Weltkrieg die Flucht gelungen war. Tudjman besaß die Voraussicht, ihre Bedeutung frühzeitig zu erkennen. Er wußte, daß die Exilkroaten der Schlüssel zum Sieg der HDZ waren. Josip Boljkovac, der ehemalige Innenminister Kroatiens und Vizepräsident der HDZ, organisierte über Regierungskontakte jugoslawische Visa für die Emigranten.

Mit der Einladung der Emigranten zum HDZ-Kongreß am 24. Februar 1990 in Zagreb fällte Tudjman, nach eigenen Worten, seine wichtigste politische Entscheidung, selbst im Vergleich zu den Schritten, die er später als Präsident eines neugeborenen Landes, zerrissen vom Krieg, unternahm.

Die Exilanten zu einem großen Treffen in der Heimat einzuladen, war sehr gefährlich. Selbst diejenigen, die später mit mir die Führung übernahmen, warteten bis zum letzten Augenblick, um abzuwarten, ob wir verhaftet würden oder nicht. Deshalb war es ein Wendepunkt meines Lebens in bezug auf das Treffen von Entscheidungen ... Große Taten, im Sinne individueller Kreativität und besonders bei gesellschaftlicher Erneuerung und selbst in militärischer Hinsicht, entstehen auf des Messers Schneide zwischen dem Möglichen und dem Unmöglichen. Daher sind es solche Momente, in denen Urteilskraft erforderlich ist, um das zu erreichen, was den meisten unmöglich erscheint.

Erst als sich alle 2500 Delegierten in die Lisinski-Konzerthalle in Zagreb drängten, wußten die HDZ-Führer sicher, daß man sie nicht verhaften würde. Zu dem Zeitpunkt war die HDZ ein Massenphänomen mit 200.000 Mitgliedern geworden. Tudjman erklärte vor der hochemotionalisierten Menge, daß er für das kroatische Recht auf Selbstbestimmung und Souveränität kämpfen werde.

Unsere Gegner sehen in unserem Programm nichts anderes als die Forderung nach der Wiederherstellung des unabhängigen kroatischen Ustascha-Staates. Diese Leute sehen nicht, daß dieser Staat keine Schöpfung von faschistischen Kriminellen war. Er stand auch für das historische Streben des kroatischen Volkes nach einem unabhängigen Staat. Sie wußten, daß Hitler vorhatte, eine neue europäische Ordnung zu errichten.

Seine Rede wurde sofort von der JVA und den Serben aufgegriffen, besonders von denen, die in den ländlichen Teilen Kroatiens lebten. In einem Kroatien, das die Rückkehr von angeblichen Kriegsverbrechern willkommen hieß und Tudjman zu reden erlaubte, glaubten sie keine sichere Zukunft zu haben. Die HDZ blieb dabei, daß Tudjman nicht die Gewalttaten der Ustascha guthieß, sondern die positiven Seiten gemeint hatte, und die bestanden nun einmal darin, daß Kroatien in Form des NDH einen eigenen Staat hatte. Als Tudjman dann noch die Bemerkung fallen ließ, „Gott sei Dank ist meine Frau keine Jüdin oder Serbin", wuchs die Hysterie.

Neben den erwarteten Angriffen auf den serbischen Nationalismus machte Tudjman seine völlige Nichtachtung für Bosnien-Herzegowina deutlich. Er nannte die zentraljugoslawische Republik einen „Nationalstaat der kroatischen Nation". Die kroatischen Nationalisten betrachteten die bosnischen Moslems als islamisierte Kroaten, ihre serbischen Gegenspieler behaupteten, sie seien ursprünglich orthodoxe Serben. Später, mittlerweile Präsident, explodierte Tudjman während eines Treffens mit dem US-Botschafter Warren Zimmerman und verfiel in Haßtiraden über Izetbegović und die Moslems in Bosnien. Er bezeichnete sie als „gefährliche Fundamentalisten", die von Bosnien aus den Islam in Europa verbreiten wollten. Unfähig, sich unter Kontrolle zu bekommen, und trotz der Bemühungen seiner Berater, den Wutausbruch zu beruhigen, sagte Tudjman, Bosnien-Herzegowina sollte zwischen Serbien und Kroatien aufgeteilt werden.

Die Herzegowina-Lobby, kroatische Emigranten aus Herzegowina und ihre Verwandten im Lande, wurde eine wichtige Säule zur Unterstützung Tudjmans. Er war dieser Gruppe für ihre finanzielle und politische Unterstützung verpflichtet. Sie forderten offen die Besetzung Herzegowinas, des südlichen Teils von Bosnien-Herzegowina. Karten wurden gezeichnet, die die beiden Republiken vereint zeigten. Die Forderung von Extremisten, das kroatische Territorium bis Zemun, einer Stadt nördlich der serbischen Hauptstadt Belgrad, auszudehnen, regte den Humor der Öffentlichkeit an. Ein Witz lautete, daß HDZ *Hrvatska do Zemuna* bedeute: Kroatien bis nach Zemun. Die Herzegowina-Lobby geriet schließlich in Streit mit den Kroaten in Kroatien, die den aggressiven Expansionsdrang ihrer emporgekommenen Volksgenossen nicht goutierten.

Auf dem zweitägigen Kongreß machte ein Sprecher nach dem anderen deutlich, daß Kroatien das Recht zur Sezession und zur freien

Bildung von Allianzen mit anderen Staaten habe. Um die geistige Wiedergeburt Kroatiens zu fördern, gelobte die HDZ, historische Ungleichgewichte auszugleichen. So sollte der zu starken Repräsentation der Serben, die 13 Prozent der kroatischen Bevölkerung von 4,7 Millionen ausmachten, in Polizei und Medien ein Ende bereitet werden. „Es gibt keine Verbesserungen in Kroatien, bis nicht ein kroatisches Gewehr an einer kroatischen Schulter hängt und ein kroatisches Portemonnaie in einer kroatischen Tasche steckt" [48], verkündete Sime Djodan, ein HDZ-Führer, der später für kurze Zeit Verteidigungsminister wurde.

Der Kongreß fand in einer Atmosphäre aufgewühlter nationalistischer Emotionen statt, und die Zuhörer schwangen Fahnen, die mit der Šahovnica bestickt waren. Weder Apathie noch Angst vor Verhaftungen wegen nationalistischer oder antikommunistischer Äußerungen hielten Kroatien noch länger ruhig. Die Bewegung hatte die Schwelle überschritten. Slobodan Praljak, ein Theaterdirektor, der später ein Kommandant der bosnischen Kroatenmiliz wurde, beschrieb, wie die HDZ die Entwicklungsstufen eines verwundbaren Kleinkindalters durchschritt:

Zu dem Zeitpunkt wußte ich, daß wir gewinnen würden. Diese Deklaration ähnelte den Gefühlen eines Theaterdirektors in der Eröffnungsnacht. Da ist Freude, aber auch Trauer darüber, daß etwas vorüber ist. Wir waren nicht länger eine exklusive Gruppe von dreißig oder vierzig. Wir waren nicht länger zur Heimlichtuerei und zu illegalen Treffen verpflichtet.

Das kroatische Schweigen war gebrochen.

* * *

Während Kroatien Richtung freie Wahlen galoppierte, war es für Slowenien ein Spaziergang. In der nordwestlichen Republik wurde ein völlig anderes „Spiel" gespielt. Dort hatte der offizielle fünfmonatige Wahlkampf bereits lange zuvor begonnen. Quasipolitische Interessengruppen bestanden dort seit den frühen achtziger Jahren. Die slowenischen Kommunisten waren vorausschauend genug gewesen, selbst demokratische Reformen zu beginnen und nicht darauf zu warten, daß öffentlicher Druck entstand.

Im September 1989 setzte Milan Kučan, der reformistische Parteipräsident der Kommunisten, Verfassungszusätze durch, die den Weg für Wahlen und die slowenische Souveränität ebneten. Im Dezember änderte der Slowenische Bund der Kommunisten seinen Namen. Sie behielten ihre Initialen als Erinnerung an die Vergangenheit bei, aber betonten gleichzeitig die Wandlung der Partei: ZSK – Partei der Demokratischen Reformen. Ihre Botschaft war „Europa jetzt" und wurde in fröhlichen, kindlich-farbenfrohen Formen zum Ausdruck gebracht. Die reformierten Kommunisten und die Oppositionsparteien teilten, was Kučan die „slowenische Perspektive" nannte. Zwischen ihnen bestanden „keine fundamentalen Unterschiede". Die entscheidende Streitfrage zwischen den politischen Parteien waren die Aussichten auf Reformen innerhalb Jugoslawiens. Trotz der tiefgehenden politischen Differenzen glaubten die Reformkommunisten, daß es möglich wäre, Jugoslawien in einen modernen, demokratischen Staat umzugestalten.

Der Wahlkampf drehte sich um die Rolle Sloweniens in Jugoslawien. Sollte die am höchsten entwickelte, modernste Republik Teil der jugoslawischen Föderation bleiben? DEMOS, eine komplizierte Oppositionskoalition aus sieben Parteien, stellte die Forderung nach einem Referendum über die Unabhängigkeit in den Mittelpunkt ihres Wahlkampfs.

Die Wahlen fanden nach einem komplizierten Verhältniswahlrecht in drei Runden statt, das der Mehrheit der Parteien Einzug ins Parlament ermöglichte. Die Wahlen in Slowenien waren die ersten in den sechs Republiken. Sie zeugten von einer erfolgreichen und positiven demokratischen Umgestaltung. Im zweiten Wahlgang schlug Kučan den DEMOS-Kandidaten Jože Pučnik. Pučnik war in den fünfziger Jahren politischer Häftling und ging schließlich als Gastarbeiter nach Westdeutschland, wo er Universitätsdozent wurde.

Die Belohnung für Kučans trotzige Haltung gegenüber Milošević war, daß er Sloweniens erster Präsident wurde. Schnell gab er seine Parteimitgliedschaft auf, um alle Slowenen repräsentieren zu können. DEMOS erhielt 55 Prozent der Stimmen und die reformierten Kommunisten 17 Prozent. Dieser Wahlsieg ergab ein Durcheinander von politischen Optionen, da DEMOS so unterschiedliche Parteien beinhaltete wie die konservativen Christdemokraten und die Grünen. Die Christdemokraten gingen als die stärkste Partei hervor, obwohl sie tatsächlich weniger Stimmen erhalten hatten als die Kommunisten oder die Liberal-Demokraten (die früheren Sozialisten) oder die Sozialistische Jugend, deren Magazin *Mladina* 1988 den Angriff gegen die JVA geführt hatte.

* * *

Im Vorfeld der Wahlen besuchte der jugoslawische Verteidigungsminister General Kadijević, der halb Kroate und halb Serbe war, mehrmals den Fünften Armeebezirk, der Slowenien und Kroatien umfaßte. Die Besuche heizten die Spekulationen an, daß die Armee zuschlagen würde, wenn der Ausgang der ersten freien Wahlen den Wünschen der Armee zuwiderlaufen sollte. Am 7. April, dem Vorabend der Wahlen in Slowenien, reiste Kadijević nach Ljubljana. Offen drohte er jeder politischen Partei, die die territoriale Integrität Jugoslawiens in Frage stellte, Vergeltungsmaßnahmen an:

Diejenigen, die heute alle Werte und Errungenschaften der bisherigen Entwicklung leugnen und Bruderkrieg, Grenzveränderungen und das Auseinanderreißen des Landes anstreben, müssen begreifen, daß das unterbunden wird. Für unsere Freiheit ist ein hoher Preis bezahlt worden. Sie muß erhalten und weiterentwickelt werden, indem alle patriotischen Kräfte einbezogen werden. Die JVA und die Streitkräfte insgesamt sind weiterhin dem Pfad der Reform der Gesellschaft verpflichtet. Sie wird vollständig ihren Beitrag zur Entwicklung der Demokratie leisten und die Prozesse unterstützen, die jedermanns Leben menschlicher und reicher machen, aber sie wird gemäß ihres Verfassungsauftrags entschlossen jene Kräfte bekämpfen, die die Grundlagen der SFRJ untergraben und ihre Verteidigungs- und Sicherheitskräfte schwächen.[49]

Kučan überlegte, wie ernst die Drohungen der Armee zu nehmen seien:

Ich wußte, wie dieser Papiertiger dachte, welche kraftvollen Mittel er in Händen hielt und wie schnell er „verrückt" spielte in der Euphorie in Armeekreisen, die von Partei und Bundeskörperschaften unterstützt wurden.

Die Drohungen der JVA gegen die von ihr als gefährlich bezeichnete HDZ steigerten Tudjmans Popularität noch weiter. Admiral Branko Mamula, der ehemalige Verteidigungsminister und ein enger Freund von Kadijević, drängte die kroatischen Kommunisten, ihre Mehrheit im Sabor, dem Parlament, zu nutzen und die HDZ zu verbieten. Er sagte, es sei nach dem Wahlrecht möglich, extremistische Parteien zu verbieten.

Mamula sagte Ivica Račan, dem Chef der kroatischen Kommunisten, daß die Serben in Kroatien seit dem HDZ-Kongreß Angst vor einem neuen Völkermord hätten, vor einem Rückfall in den Zweiten Weltkrieg. Er versuchte ihn davon zu überzeugen, daß die Kroaten die Serben an sich binden müßten. Die JVA war äußerst besorgt über die jüngsten Entwicklungen – besonders über die Rückkehr von Emigranten, von denen die Armee einige seit Jahren suchte. Er drängte Račan, die Emigranten aufzuhalten, denen am Flughafen in Zagreb Pässe gegeben worden waren.

Angesichts der Repressalien und Drohungen der Armee antwortete Račan, daß es die Schuld der Militärs sei, weil sie Milošević erlaubt hatten, so weit zu gehen. Račan sagte zu Kadijević:

Nicht wir brechen Jugoslawien auseinander, indem wir den demokratischen Pfad beschreiten, sondern Milošević gemeinsam mit Ihrer Weigerung, ihm Widerstand entgegenzusetzen. Sollten Sie den tragischen Fehler begehen, die Armee in Kroatien intervenieren zu lassen, müssen Sie zunächst mich und meine Freunde liquidieren und dann möglicherweise die Nationalisten in Kroatien.

Die JVA machte aus ihrer Geringschätzung für die Führung der kroatischen Kommunisten kein Hehl, weil sie für die HDZ keine echte Herausforderung darstellte. Nach einem besonders brutalen Versuch, die kroatische Führung einzuschüchtern, tauchte Kadijević in Begleitung von zehn Generälen auf. General Martin Špegelj, ein führender Kroate in der JVA, erinnerte sich später, wie erstaunt er über Kadijevićs Wut war:

Er begann einen harschen, unerfreulichen Vortrag darüber, wie sie die Bildung von Parteien nach nationalen Gesichtspunkten nicht hätten erlauben dürfen, daß sie Separatismus nicht zulassen dürften, und er sagte weiter, daß die Armee stark genug sei, um solchen Tendenzen ein Ende zu bereiten. Er meinte, Wahlen sollten nur im Rahmen der sozialistischen Allianz erlaubt werden. Er griff die Nationalisten in Kroatien an und dann, wie üblich, die CIA, sämtliche westeuropäischen Länder, die in Jugoslawien regieren wollten, und den Vatikan.

* * *

Die Bemühungen des jugoslawischen politischen und militärischen Establishments, die Wähler von der nationalistischen Opposition abzuschrecken, scheiterten in Kroatien ebenso wie in Slowenien. In der zweiten Wahlrunde gewann Tudjmans HDZ 205 der 356 Parlamentssitze. Die reformierten Kommunisten erhielten 73 Sitze, und die verbleibenden Plätze im Sabor, dem kroatischen Parlament, wurden unter der zentristischen Koalition für Nationale Verständigung, der Serbischen Demokratischen Partei (SDS) und sechs kleineren Parteien aufgeteilt.

In Wirklichkeit war der Wahlsieg weniger überwältigend, als er schien. Die HDZ erhielt 1,2 Millionen Stimmen, die reformierten Kommunisten dagegen 994.000. Doch das kroatische Wahlsystem, das wie das britische nach reinem Mehrheitswahlrecht nur einen Abgeordneten pro Wahlkreis ins Parlament schickt, verschaffte Tudjmans Partei eine absolute Mehrheit der Sitze im Sabor, obwohl sie landesweit weniger als die Hälfte der Stimmen erhalten hatte. Die kleinen Parteien fielen unter den Tisch. Das System bevorzugte Massenbewegungen wie die HDZ, die im ganzen Land gut organisiert war. Tudjmans Botschaft *Odlučimo sami o našoj sudbini* (Wir entscheiden selbst über unser Schicksal) traf das Ziel.

Im langweiligen Wahlkampf der Kommunisten schien alles nach hinten loszugehen. Ein katastrophales Plakat zeigte ein riesiges Bild von Račan mit der unglücklichen Botschaft „ne" über seiner Brust. Möglicherweise sollte dies sein trotziges „Nein" an Belgrad zum Ausdruck bringen, es wirkte aber eher wie eine Warnung, nicht für Račan zu stimmen. Die Namensänderung der Partei und die Tatsache, daß Račan, wenn auch zögernd, Kroatien in freie Wahlen geführt hatte, reichten nicht aus, um die Kroaten davon zu überzeugen, daß die reformierten Kommunisten, wenn sie gewählt würden, für die nationalen Interessen kämpfen würden.

Wenige Tage nach dem Sieg der HDZ endete ein Fußballspiel in der kroatischen Hauptstadt zwischen Belgrads „Roter Stern" und Zagrebs „Dinamo" mit 79 verletzten Polizisten und 59 verletzten Zuschauern. Die entsetzte Nation sah im Fernsehen, wie der serbische Fanclub *Delija* den kroatischen Club *Bad Blue Boys* angriff. Die Polizei war schnell übermannt, und rasende Fans rissen die Plastiksitze los und warfen sie durch die Luft. Vergeblich rief der Ansager dazu auf, die Ruhe zu bewahren. Es war der zweite schwere Zusammenstoß, der über die bekannte, harte Fußballrivalität hinausging. Das Chaos und die Zerstörung sandten Wellen der Angst durch Jugoslawien.

Am 30. Mai wurde Tudjman formell und mit erheblichem Pomp zum ersten demokratisch gewählten Präsidenten Kroatiens ernannt. Er trug eine rot-weiß-blaue Schärpe. Die Šahovnica wurde im Hintergrund gezeigt, der kommunistische rote Stern war verschwunden. Noch hatte der kroatische Präsident jedoch nicht erreicht, was er wollte. Sein Traum von einem kroatischen Staat war schon fast in Reichweite. Es gab nur noch ein Hindernis: die Serben. Alle fünf Abgeordneten der SDS boykottierten die Veranstaltung.

Zweiter Teil: Die Lunte brennt

7. Kapitel

„Die Reste eines hingemetzelten Volkes“

Die Rebellion in Knin

August 1990

Milan Babićs politische Erziehung begann unter einem Maulbeerbaum im Garten seines Elternhauses in dem Dorf Vrlika. Dort lernte er als kleiner Junge die Verbindung der Instinkte Mißtrauen und Furcht kennen. Und im Geiste stellte er die unzerbrechliche Verbindung zwischen seinem eigenen Überleben und dem der serbischen Nation her.

Meine engsten Nachbarn gehörten 1990 zu den aktivsten Mitbegründern des HDZ-Ortsverbands in unserem Dorf. Ihr Vater war 1941 der Kopf der Ustascharegierung im Dorf. Im Sommer 1941 kam er mit einer Mörderbande der Ustascha, um meine Familie abzuschlachten. Mein Vater war damals zwölf Jahre alt. Er konnte entkommen, weil die Familie aus ihrem Haus floh. Als dieser Mann kam, um meine Familie zu töten, und niemanden vorfand, nahm er ein Fleischermesser aus unserem Haus und schlug eine große Kerbe in die Borke des Maulbeerbaumes in unserem Garten. Der Baum ist seitdem gewachsen, aber die Narbe ist noch dort. Uns Kindern, die nach dem Krieg geboren sind, wurde der Baum gezeigt – und die Narbe.

Babić ist 1956 geboren, 15 Jahre nachdem die Wunde geschlagen wurde. Ein volles Jahrzehnt, nachdem „Titos siegreiche Partisanen alle jugoslawischen Nationen in Brüderlichkeit und Einigkeit wiedervereinigt“ hatten. So lautete die offizielle Sprachregelung des kommunistischen Nachkriegsregimes. Doch das Weiterreichen der Narbe (in Babićs Fall sowohl im wirklichen wie im metaphorischen Sinne) von Generation zu Generation war typisch für den Atavismus, der die Mentalität des serbischen Nationalismus und später des jugoslawischen Konflikts selbst kennzeichnete: Das absichtliche Heraufbeschwören von Greueltaten, die lange aus der Erinnerung verschwunden waren; das bewußte Pflegen einer paranoiden Furcht, die von Gerüchten und

Mythen mindestens ebenso stark genährt wurde wie von der historischen Wirklichkeit; das Zunutzemachen der Vergangenheit als Waffe des Konflikts und später des Krieges; und vor allem, wie in kommunistischen Gesellschaften überall in der Welt, das Aufgehen der Identität des einzelnen im Kollektiv, in diesem Fall der serbischen Nation.

Als Milan Babić damit begann, sich öffentlich zu Völkermord und Faschismus zu äußern, versuchte er, nicht allein die wirkliche Erfahrung der Menschen anzusprechen, sondern auch ihre folkloristischen Überzeugungen. Denenzufolge ist es das Schicksal der Serben, zu Hause angegriffen und im Ausland verraten zu werden. Sie sehen sich als alleingelassen und als die einzigen Hüter ihres Schicksals.

Doch nicht alle Greueltaten sind aus der Erinnerung der Lebenden verschwunden. Der Sommer 1941 hatte einen tiefen Eindruck in das Bewußtsein der Krajina-Serben gebrannt. Im April des Jahres waren die Achsenmächte in Jugoslawien einmarschiert und hatten das Land aufgeteilt. Die kroatischen Faschisten unter der Führung von Ante Pavelić erklärten Kroatien und Bosnien zum Unabhängigen Staat Kroatien (NDH). Es war ein Marionettenregime der Nazis, regiert von Pavelićs Ustaschabewegung, die in den zwanziger und dreißiger Jahren eine hauptsächlich im Exil lebende Terroristengruppe war. Pavelićs erklärte Absicht war es gewesen, einen rein kroatischen Nationalstaat zu schaffen. In der Sprache der Ustascha waren Serben entweder rassisch minderwertig oder abtrünnige Kroaten, die die Nation an fremde Interessen verraten hatten und zum orthodoxen Glauben übergetreten waren. Pavelićs Ustaschatruppen trugen die schwarzen Uniformen, die in den neunziger Jahren wieder auftauchen sollten.[50] Die Ustascha unternahm Mordstreifzüge, in denen sie serbische Dörfer dem Boden gleichmachte und die Einwohner zusammentrieb und ermordete, manchmal im Dorf, manchmal, nachdem man sie auf Lastwagen in abgelegene Gegenden gebracht hatte. In den berüchtigtsten Fällen wurden ganze Dorfgemeinschaften in die orthodoxe Kirche gesperrt, die dann in Brand gesetzt wurde. Niemand kennt die genaue Zahl der Opfer. Die Angaben sind umstritten. Aber es gibt wenig Zweifel, daß mehrere hunderttausend Serben entweder in Konzentrationslagern oder von Hand der Ustascha-Todesschwadronen ums Leben kamen. Häufig wurden die Opfer in Gruben beerdigt, über die im Interesse des Erhalts von „Brüderlichkeit und Einigkeit" in Titos Jugoslawien nicht gesprochen wurde, jedenfalls nicht öffentlich.

Mit der Wiederbelebung des Nationalismus in den neunziger Jahren wurden einige dieser Massengräber mit großem Zeremoniell und politischer Symbolik geöffnet. Pavelić wollte seinen ethnisch reinen Staat durch die Auslöschung der Serben als Volk schaffen. Er faßte sein Vorhaben in einer Formulierung zusammen, die noch 1990 ein tiefer und dauerhafter Ausdruck des Terrors unter den Serben war: Pavelić wollte „ein Drittel töten, ein Drittel vertreiben, ein Drittel (zum Katholizismus) bekehren". Es war leicht für die nationalistischen Führer, das Grauen von 1941 heraufzubeschwören und in den Serben den Wunsch nach Vergeltung für die Leiden der Vergangenheit wachzurufen. Das letzte Mal, als es einen unabhängigen kroatischen Staat gab, argumentierten sie, konnten sich die Serben nur vor der Auslöschung bewahren, indem sie zu den Waffen griffen. Die Menschen in der Krajina waren die Nachkommen von denen, die überlebten, weil sie zurückgeschlagen hatten. Sie waren die „Reste eines hingemetzelten Volkes".[51] Die Erinnerung an einen kroatischen Staat, der im Osten bis zum Drinafluß reichte, der Grenze zwischen Bosnien und Serbien, gab den Serben, die westlich des Flusses lebten, das Gefühl, die am leichtesten Verwundbaren zu sein. Für sie hatte die Forderung nach einem einzigen Staat für alle Serben besondere Anziehungskraft.

Das Wort Krajina stammt von dem serbokroatischen Wort *kraj*, was Ende oder Rand bedeutet. Der Name der Region, *Vojna Krajna*, bedeutet militärische Grenze. Es ist eine der großen geostrategischen Verwerfungslinien der europäischen Geschichte, über die die rivalisierenden Großmächte Österreich-Ungarn und das Osmanische Reich vor und zurück brandeten. Die Österreicher schufen die Krajina. Sie rekrutierten orthodoxe Christen, die der osmanischen Unterwerfung Serbiens entkommen waren, siedelten sie auf dem Land an und benutzten sie als permanenten Verteidigungspuffer gegen die osmanische Expansion. Die Krajina-Serben erhielten dafür Autonomie. Sie wurden weder von Zagreb noch von Budapest regiert, sondern unterstanden direkt der Reichshauptstadt Wien. Die Krajina verkörperte daher seit ihrer Gründung zwei Charaktereigenschaften, die seit 1990 einen nachhaltigen Eindruck auf dem jugoslawischen Schauplatz hinterließen: grimmiger Stolz auf regionale Unabhängigkeit und enthusiastische Bereitschaft zu bewaffneter Auseinandersetzung.

Anfang 1990 war Milan Babić noch ein junger Zahnarzt in einer staubigen Provinzstadt, die die meisten Jugoslawen nur als Eisenbahnknoten kannten. Knin liegt in einem Trockengebiet in der unfruchtbaren Einöde in den Dinarischen Alpen Kroatiens. Die Krajina bildet das Hinterland zu Kroatiens wohlhabender Adriaküste. Über Jahrhunderte wurde zwischen den Gebieten Handel getrieben, und Ehen wurden geschlossen. Knin und die Krajina im allgemeinen waren ökonomisch ein integraler Teil Südkroatiens. Die Serben in Knin sprachen die westliche Variante des Serbokroatischen und schrieben mehrheitlich in lateinischer Schrift.[52] Kroatien wiederum brauchte Knin, weil es die wichtigste Eisenbahn- und Straßenverbindung von Zagreb zur Südküste war. Die gegenseitige Abhängigkeit zwischen der Krajina und dem Rest Kroatiens war über Generationen offensichtlich gewesen. Eines konnte ohne das andere wirtschaftlich nicht bestehen.

Babićs Erscheinung war ungewöhnlich für einen Kriegsherrn. Sein jungenhaftes, rundes Gesicht, die weiche, blasse Haut und sein Brillendrahtgestell gaben ihm einen fast puttenhaften Ausdruck. Babić war anfänglich eine unwichtige, kaum bemerkenswerte Figur am Rande von Kroatiens regierender Kommunistischer Partei. 1989 hatte er mit der Partei gebrochen und war zunächst entschlossen gewesen, eine neue politische Organisation zu gründen. Sein Ehrgeiz hielt sich in Grenzen. Er stellte sich eine Regionalpartei namens Demokratische Union von Knin vor. Obwohl die Bevölkerung hauptsächlich serbisch war, lebten auch viele Kroaten in Knin. Die Partei, die Babić sich ursprünglich vorstellte, war nicht ausdrücklich national orientiert.

Doch plötzlich eröffnete sich eine völlig neue, nationalistische Alternative. Babić ergriff diese Gelegenheit, beherrschte die Szene bald und formte sie schließlich nach seinen eigenen politischen Vorstellungen.

Noch bevor die Serben ihre eigene Partei gründeten, organisierten sie am 9. Juli 1989, im Nachhall von Miloševićs feurigen Worten in Gazimestan, eine Demonstration. Diese Feier zum sechshundertsten Jahrestag der Schlacht im Kosovo wurde von Kroatiens Kommunisten organisiert. Ihre Botschaft bei dieser Versammlung hatte genau die gegenteilige Aussage. Sie lautete, daß die Zukunft davon abhing, daß alle Gemeinschaften unter dem Dach Jugoslawiens verblieben. Doch das Programm wurde von einer Gruppe von Serben aus der Gegend unter Führung des Angestellten Jovan Opačić unterbrochen. Er erklärte der Menge, daß die Serben endlich den Mythos von Jugoslawien aufgeben sollten. Sie sollten statt dessen ihre Energie darauf lenken, die politische und geistige Identität Serbiens zu stärken.

Opačić wurde verhaftet und kam für drei Monate in Šibenik an der kroatischen Küste ins Gefängnis.

Seine Verfolgung stieß bei serbischen Nationalisten in ganz Jugoslawien auf große Empörung. Dobrica Ćosić sandte ein Unterstützungstelegramm zu Opačić ins Gefängnis. Nach seiner Entlassung trafen sich die beiden im Dezember 1989 in Belgrad. Opačić war noch verstört von der Schande, im Gefängnis gesessen zu haben. Ćosić munterte ihn auf und drängte ihn, Jovan Rašković aufzusuchen, einen Psychiater in der Stadt, in der Opačić eingesessen hatte, und mit dem Ćosić seit den frühen siebziger Jahren in regelmäßigem Kontakt gewesen war.

Rašković stammte aus Knin und hatte sein gesamtes Leben in Kroatien verbracht. Er hatte die höhere Schule in Zagreb besucht und an der dortigen Universität promoviert. Im Januar 1990 wurde er – gesalbt von der Hand seines Freundes Dobrica Ćosić – Führer der kroatischen Serben. Er war ein faszinierender Redner, und sein langer, braun-grauer Bart, das buschige Haar und seine hypnotischen Augen machten ihn überall erkennbar. Unter den Serben war er derjenige, der die Massen anzog, und die Massen liebten ihn. Bei den Kroaten hatte er bald den Ruf eines gefährlichen Feindes. Er blieb jedoch nicht lange an der Spitze. Er wurde bald von Babić übertrumpft, dem Mann, der von Slobodan Miloševićs Hand gesalbt worden war.

Anfang Februar 1990 kamen Rašković und Opačić überein, den serbischen Kulturverein *Zora* in eine politische Partei umzuformen. Rašković wollte jede nationale Orientierung aus dem Parteinamen herauslassen und sie einfach Demokratische Partei nennen. Im Gegensatz zu seinem Ruf als Aufwiegler war dies ein frühes Anzeichen des gemäßigten Nationalismus, der ihn in den Augen der zunehmend radikalisierten serbischen Gemeinschaft diskreditieren sollte. Es war Opačić, der darauf bestand, daß die Partei den Ausdruck serbischer Nationalinteressen transportieren sollte. Am 17. Februar 1990 wurde die Serbische Demokratische Partei (SDS) in Knin gegründet.

Die Gründung der SDS brachte Rašković und Babić zum ersten Mal zusammen. Die Unterschiede zwischen ihnen wurden sofort deutlich. Rašković verwarf jeden Versuch, die kroatischen Serben aus der Republik herauszulösen. Im Juni sprach er zu einer Versammlung von 10.000 Menschen in Petrinja, einer kleinen Stadt südlich von Zagreb, deren Bevölkerung zur Hälfte kroatisch und zur Hälfte serbisch war. Die aufwieglerische Rhetorik seiner Formulierungen täuschte darüber hinweg, daß selbst Radio Belgrad ihn als einen Gemäßigten bezeichnete:

Jovan Rašković sagte, als er sich an die Menge wandte, daß die Serben dem kroatischen Volk das Recht auf ihren eigenen Staat zugestehen, aber sie (die Serben) verlangten, daß die Serben und andere Völker in diesem Staat eine gleichberechtigte Stellung bekämen. Die Serben wollten keinen zweiten Staat innerhalb Kroatiens, aber sie forderten Autonomie ... Den Serben in Kroatien sollte erlaubt werden, ihre eigene Sprache zu sprechen, ihre eigene Schrift zu schreiben, ihre eigenen Schulen zu haben (Beifall), ihre eigenen Erziehungsprogramme zu betreiben, ihre eigenen Verlagshäuser, ihre Zeitungen ...

Trotz Raškovićs großem öffentlichen Profil war die SDS organisatorisch nicht bereit für die Wahlen von 1990 und schnitt schlecht ab. Sie hatte nur eine Handvoll Kandidaten aufgestellt und nur fünf Sitze in der Kroatischen Versammlung bekommen. Alle kamen aus der Gegend von Knin. Die meisten Serben in Kroatien hatten für eine Partei gestimmt, die keine exklusive nationale Orientierung hatte: Die Reformkommunisten, die sich jetzt Partei des Demokratischen Wandels (SDP) nannten, hatten 73 Sitze gewonnen. Trotz des angeblichen „uralten Hasses", der später als charakteristisch galt für die Beziehung zwischen Kroaten und Serben in Kroatien, sprachen die meisten Serben einer Partei das Vertrauen aus, deren Führer ein Kroate war – der aus dem Amt scheidende kommunistische Vorsitzende Ivica Račan.

Tudjmans HDZ war eher eine Bewegung als eine Partei und zog gemäßigte und extreme Nationalisten an. Tudjman überspannte beide Flügel. Nach Tudjmans Wahlsieg erlebte Raškovićs SDS eine Woge der Popularität. Die Serben, besonders in den ländlichen Teilen Kroatiens, von denen viele in ausschließlich serbischen Dörfern und Gemeinschaften lebten, waren wie gelähmt angesichts des Ausmaßes des Sieges und verängstigt vom Unterton seiner darauffolgenden Erklärungen. Trotz des schlechten Abschneidens der SDS bei den Wahlen erkannte Tudjman Rašković als den legitimen Führer dieser kriegerischen und beunruhigten Gemeinschaft an. Daher versuchte er, eine versöhnliche Geste gegenüber Rašković zu finden, aber sie durfte nicht seinen eigenen, antiserbischen Wahlkreis entfremden. Im Mai trafen sich Tudjman und Rašković. Tudjman umwarb den Serbenführer mit Angeboten von Ministerposten in der neuen Koalitions-regierung. Rašković selbst hatte nur wenig oder kein Interesse daran, in Tudjmans Regierung einzutreten. Vor allen Dingen wollte er, daß die Serben als Teilnation im neuen Kroatien anerkannt würden, zusammen mit den

Kroaten und auf gleicher Grundlage. Sie sollten nicht auf den Status einer nationalen Minderheit reduziert werden. Aber das traf das Herz von Tudjmans Selbstverständnis in der Politik überhaupt, nämlich den Kroaten einen Staat für sich selbst zu verschaffen. Raškovićs Tochter Sandra[53] sagte später, die Gespräche mit Tudjman seien ergebnislos verlaufen:

Er (Rašković) sagte, es sei sehr schwer, mit Tudjman zu sprechen, weil er eine Reihe von Sätzen ständig wiederhole: „Kroatien ist ein unabhängiges Land. Ich will, daß Kroatien unabhängig ist. Darauf haben wir neun Jahrhunderte gewartet." Mein Vater sagte, Tudjman werde von einem trügerischen Gedanken gequält, nämlich der Messias des kroatischen Volkes zu sein, der ihm einen freien Staat bringen würde. Mein Vater sagte ihm, dies könnte ein großes Problem schaffen, weil die Serben es nicht wollten. Mein Vater gab ihm den Rat, die neue Verfassung nicht zu übereilen und ein wenig zu warten.

Raškovićs Forderungen waren vage. Er wollte Autonomie für die Serben, aber das hatte keine ausdrückliche territoriale Dimension. Es würde keine spezielle autonome Region geben. Die Serben sollten Nationalrechte als Individuen und kollektiv als Nation bekommen, wo immer sie auch in Kroatien lebten. Dennoch war es unakzeptabel für Tudjmans HDZ, die in serbischer Autonomie, in wie milder Form auch immer, die Negierung ihres Hauptziels, der Schaffung eines kroatischen Nationalstaates, sah. Also wartete Tudjman nicht ab, wie es ihm Rašković geraten hatte. Im Juni, zwei Monate nach ihrem Amtsantritt und mit nur minimaler Beteiligung von Kräften außerhalb der führenden Gruppe, legte seine Regierung einen Verfassungsentwurf vor. Es war katastrophal für Rašković, daß diese Verfassung den kroatischen Staat als den souveränen Staat der kroatischen Nation definierte. Die Serben wurden nicht erwähnt. Unter den Kommunisten waren sie eine Teilnation der Republik Kroatien gewesen. Jetzt waren sie aus der Verfassung herausgefallen. Völkische Exklusivität sollte in das Grundgesetz des Staates geschrieben werden: ein Hammerschlag für Rašković. Das stärkte die serbischen Nationalisten, die viel radikaler waren als er. Sie verlangten territoriale Autonomie und letztlich die Sezession von Kroatien.

Tudjman warf Belgrad vor, den Aufstand der Krajina-Serben initiiert und manipuliert zu haben. Er sah Rašković als den starrsinnigen Befürworter eines Aufstands, der von Milošević sowohl in Gang gesetzt als auch unterstützt wurde. Im August folgte Raškovićs letzte Erniedrigung.

Tudjmans Büro versuchte offensichtlich, Rašković vor seinen eigenen Gefolgsleuten zu diskreditieren, und veröffentlichte in der kroatischen Wochenzeitung *Danas* die Abschrift von einem angeblich privat geführten Gespräch zwischen den beiden, in dem Rašković Tudjman anvertraute, daß die Serben ein „verrücktes Volk" seien, und zugab, nichts mit dem „Kommunisten Milošević" gemein zu haben.

Das veröffentlichte Gespräch ruinierte Raškovićs Ruf bei den Serben. Aber wenn Tudjman glaubte, die Rebellion in der Krajina niederwerfen zu können, indem er Rašković fertigmachte, so war das wohl der krasseste von allen Fehlern, die er beging. Wenn es überhaupt einen Effekt hatte, dann den genau entgegengesetzten. Denn während Rašković und Tudjman in Zagreb verhandelten, legte Milan Babić die Grundlagen für den wahren Aufstand der Serben. Diesmal würde es kein „Aufstand ohne Waffen" sein, wie ihn Rašković gefordert hatte, sondern ein Aufstand, der Waffen, Nachschub und Anweisungen aus Belgrad erhielt. Diesmal ging es auch nicht darum, für die Serben Autonomie innerhalb Kroatiens zu sichern, sondern die Serben und das Land, auf dem sie lebten, sollten völlig aus Kroatien herausgetrennt werden.

Innerhalb der serbischen Führung in Kroatien schoß Babić sich nun auf Rašković ein. Mittlerweile war er die Nummer zwei in der SDS-Hierarchie und Bürgermeister von Knin geworden. Er begann damit, eine alternative Machtbasis aufzubauen. Der Dialog zwischen Rašković und Tudjman ermöglichte es ihm dabei, Zeit zu gewinnen. Im Mai begann er mit dem Aufbau der Vereinigung der serbischen Gemeinden. Babić besuchte ein Gebiet nach dem anderen, in dem die Serben die Mehrheit der Bevölkerung stellten. Mitte des Sommers hatte sich eine Handvoll von Gemeinden um Knin in die Vereinigung aufnehmen lassen: Obrovac, Dvor, Vojnić, Donji Lapac.

Aber bei weitem nicht alle von Serben bewohnten Gebiete unterstützten Babićs Rebellion. Viele waren an Gesprächen mit Zagreb interessiert und waren der neuen Regierung keinesfalls feindlich gesonnen. In diesen Gebieten wandte Babić Gewalt an, um seine Autorität durchzusetzen. In Korenica zum Beispiel bildeten die SDP-Mitglieder die Mehrheit der Regionalversammlung. Sie wollten Babićs Vereinigung nicht beitreten. Statt dessen luden sie Tudjmans Minister für die Regionalverwaltung, Slavko Degoricija, in ihre Region ein. Sie wollten über interne Investitionen und über Pläne, das Tourismuspotential des Plitvice-Nationalparks zu entwickeln, verhandeln. Der Park war eine weite, unberührte, wunderschöne Seenlandschaft, deren spektakuläre Wasserfälle eine der populärsten und erfolgreichsten Touristenattraktionen in Jugoslawien waren. Babić kam dem Treffen zuvor, indem er in der Nacht, bevor Degoricija ankommen sollte, 40 bewaffnete Männer aus Knin in die Stadt schickte. In den folgenden Wochen organisierte die SDS eine Reihe von Demonstrationen in Korenica, bis die SDP-Delegierten aus ihren Ämtern verjagt wurden. Babić gab selbst zu, daß die regionale Führung dreimal verändert werden mußte, bis die SDS sich schließlich die Kontrolle in der Gemeinde gesichert hatte. Als das endlich gelungen war, war wiederum ein Stück eingepaßt in das, was Babić schließlich zur Unabhängigen Republik der Serbischen Krajina machen würde. Die serbische Forderung nach Autonomie wurde jetzt in territorialen Begriffen definiert.[54]

Im Juli beendete Babić die zweite Phase seiner Staatsbildung. Er wollte die Vereinigung der serbischen Gemeinden in eine nationale Organisation umwandeln, indem er eine serbische Versammlung abhielt. „Auf diese Weise", sagte er, „wollten wir die sich selbst regierende Region, die wir durch die Vereinigung der Gemeinden gegründet hatten, in eine autonome Region umformen, die die (serbischen) souveränen Nationalrechte beschützte." Die Versammlung trat am 25. Juli zusammen. Rašković war nominell noch ihr Führer. Dort wurde jenes Ereignis verkündet, das den Ausbruch offener, bewaffneter Feindschaft zwischen Kroatien und den Krajina-Serben markierte: das „Referendum" über die serbische Souveränität im August.

* * *

Die ersten ernstzunehmenden Anzeichen dafür, in welchem Ausmaß Tudjman die Kontrolle über die Auseinandersetzung mit den Krajina-Serben verloren hatte, zeigten sich im Juli. Milan Martić, ein Polizeiinspektor aus Knin, der das Vertrauen Babićs genoß, schrieb an das Bundesinnenministerium in Belgrad (ohne seine Vorgesetzten in Zagreb zu konsultieren), daß er und seine Beamten sich weigerten, die neuen Uniformen der kroatischen Polizei zu tragen. Besonders wehrten sie sich gegen die Schilder mit dem verhaßten Karomuster der Šahovnica, das die Serben mit den Greueltaten der NDH in Verbindung bringen. Babićs SDS hatte den Terror dieser Jahre während des Wahlkampfs und danach wiederholt heraufbeschworen. Die Rückkehr des Symbolismus eines unabhängigen Kroatien war in der SDS-Rhetorik ein sicherer Hinweis auf die Rückkehr des kroatischen Faschismus und damit der Möglichkeit eines erneuten Völkermords an den Serben. Tudjmans Bestehen auf der Šahovnica als Symbol des souveränen Kroatien und seine mangelnde Sensibilität für die berechtigten Ängste der Serben waren Wasser auf die Mühlen von Babićs Partei. Unter Führung Belgrads belebte die SDS bewußt die Erinnerungen an die vierziger Jahre. Tudjman hatte ihnen eines ihrer wirkungsvollsten Propagandamittel geliefert.

Martićs Brief provozierte, was seinerzeit wie ein komisches Zwischenspiel in der steigenden Anspannung erschien. Tudjman sandte am 5. Mai eine dreiköpfige Delegation nach Knin, um die rebellischen Serben zur Ordnung zu rufen: den kroatischen Innenminister Josip Boljkovac, seinen Vertreter Perica Jurić und Ante Bujas, den Polizeichef von Šibenik, unter dessen regionales Kommando die Gemeinde Knin fiel. Die drei sprachen zu einer Versammlung von 90 Mitgliedern der Polizei von Knin in der Polizeiwache der Stadt. Sie wurden von stiller, ausdrucksloser Feindseligkeit empfangen. Überall in der Republik verloren serbische Polizisten ihre Arbeit. Sie wurden entlassen, damit Kroaten ihre Stelle einnehmen konnten. Es war ein plumper Versuch der Regierung Tudjman, das nationale Ungleichgewicht in der Polizei zu beseitigen. Er behauptete, 60 Prozent der Polizeibeamten seien Serben gewesen, tatsächlich waren es aber nicht mehr als 20 Prozent.[55]

Boljkovac sprach als erster. Er war während des Zweiten Weltkriegs Partisan gewesen und hatte eine gewisse Sympathie für die Serben. Er zeigte sich versöhnlich. Er sagte ihnen, er sei bereit, den Bruch der Disziplin, den der Brief darstellte, zu vergeben und im Gespräch eine Lösung zu finden. Die Polizei in Knin wollte aber keine Vergebung, noch war sie der Meinung, daß sie etwas getan hätte, das der Vergebung bedurfte. Sie reagierten nicht. Boljkovac erklärte, bei der Auseinandersetzung um die neuen nationalen Symbole handle es sich um eine Trivialität, es sei von untergeordneter Bedeutung. Er erinnerte sie daran, daß die Anhebung der Polizeigehälter eine der ersten Amtshandlungen der Regierung Tudjman gewesen war. Einige Beamte verdienten zehnmal soviel wie unter den Kommunisten.

Da trat Martić ans Rednerpult. Martić war äußerlich kein beeindruckender Mann. Er war klein und rundlich und trug einen kleinen

Schnauzbart. Gepaart mit seiner aufgeblasenen Arroganz und seinem anmaßenden Gehabe hätte ihn das unter anderen Umständen leicht zu einer Witzfigur gemacht. Er wirkte wie ein hinterwäldlerischer Napoleon in einer kleinen Stadt inmitten von nirgendwo. Martić erklärte, die Äußerungen von Boljkovac hätten ihn beleidigt. Es sei ein Bestechungsversuch, ein Versuch, die Serben dazu zu überreden, ihre nationale Würde für ein höheres Gehalt zu verkaufen. „Meine Herren", sagte er,

> *... etwas haben Sie vergessen. Ja, es ist schön, angenehm zu leben, ein gutes Gehalt zu bekommen, gute Kleidung zu haben und ein gutes Auto. Es gibt jedoch etwas, das für Geld nicht zu bekommen ist. Was sich nicht kaufen läßt, ist unsere serbische Würde. Wir würden eher Hunger leiden, solange wir mit unserem serbischen Volk beisammen sind. Wir werden Schweinefutter (= kroatisch: „ungeschälte Kartoffeln") essen, aber wir werden auf der Seite unseres Volkes stehen. Wir werden menschlich bleiben.*

Als nächster sprach Jurić. Er war aggressiver. Er sagte ihnen, sie hätten eines der schlimmsten Verbrechen gegen die Republik begangen, die ihre Gehälter bezahlte. Dies sei unverzeihlich, und sie würden die Konsequenzen dafür zu tragen haben. Die Versammlung brach auseinander. Jurić berichtete: „Sie fuhren alle in die Höhe wie Springteufel." Boljkovac wurde nervös. Vor der Polizeistation hatte sich eine Menge von 1000 Mann versammelt. Die drei Besucher waren in der Falle. Der Zweck ihres Besuches war vergessen. Jetzt ging es nur noch darum, heil davonzukommen. Boljkovac sprach erneut. „Meine Herren", sagte er. Keine Reaktion. Dann „Freunde". Wieder nichts. Schließlich sprach er sie in seiner Verzweiflung, denn der Ausdruck wurde in der neuen nationalistischen politischen Kultur nicht mehr benutzt, als „Genossen" an. Dann verlor Boljkovac, laut Jurić, die Nerven. „Laßt uns ihnen alles versprechen, sogar ihren eigenen Staat", sagte er, „solange wir nur lebend hier herauskommen. Das sind Tschetniks. Ihr wißt nicht, was das bedeutet. Die hängen uns auf."

Es war ein niederschmetterndes Ende eines Besuchs, der mit dem selbstbewußten Ziel begonnen wurde, die Autorität Zagrebs bei einer Gruppe von Rebellen durchzusetzen, die bis dahin noch nicht ernst genug genommen worden war. Es war ein Sieg für Martić, den Schreiber des trotzigen Briefes und eindeutigen Helden der Stunde. Am Ende des Treffens hatte er die Kontrolle übernommen. Die drei Männer, ihre Sicherheit, selbst ihr Leben befanden sich in seiner Hand. Er wuchs mit der Situation. Herablassend gewährte er ihnen eine Sicherheitseskorte durch die wartende Menge und aus der Stadt hinaus. Es war das letzte Mal, daß eine offizielle Delegation aus Zagreb den Fuß nach Knin gesetzt hatte. Ein Teil des kroatischen Territoriums war der kroatischen Rechtsprechung entzogen worden. Noch viel mehr sollte nachfolgen.

* * *

Die Ereignisse überschlugen sich. Selbst ein extremer Nationalist wie Jovan Opačić erklärte, er sei schockiert von der Richtung, die Babić einschlug. Dabei war es Opačićs Serbischer Kulturverein gewesen, der die gesamte Bewegung in Gang gebracht hatte. Kaum ein Jahr zuvor hatte er noch als ein gefährlicher, radikaler Nationalist für drei Monate im Gefängnis gesessen. Im Mai hatte er einen „sehr dramatischen" Brief an Rašković geschrieben, in dem er ihn anflehte, Babićs Ernennung zum Bürgermeister nicht zuzustimmen. Babić, sagte er, schiene ihm ein Mann zu sein, dessen „Machthunger pathologische Formen angenommen hat".[56] Aber Rašković befand sich bereits im politischen Abstieg.

Milan Babić hatte damit begonnen, Raškovićs wirkungslosen und vagen Begriff von „kultureller Autonomie" zu verwerfen, und sich in Belgrad neue Freunde gesucht. Am 12. August traf er auf Weisung Miloševićs Borisav Jović, Serbiens Mann im jugoslawischen Staatspräsidium und zu der Zeit dessen Präsident.[57] Ebenfalls anwesend war der Bundesinnenminister Petar Gračanin.[58] Babić forderte Garantien: Erstens, daß die kroatische Flagge niemals über Knin wehen würde, „denn unter dieser Fahne wurden unsere Väter, Großväter und unsere Nation ermordet". Zweitens, daß die kroatische Polizei nicht in das Gebiet gelassen würde, und drittens, daß die serbischen Polizisten in Kroatien niemals gezwungen werden sollten, schwarze Uniformen zu tragen.[59]

Am folgenden Tag wies Gračanin Tudjmans Innenminister Boljkovac in einem Telefongespräch hochmütig zurecht. Gračanin warnte ihn davor, die Kontrolle über die Polizeiwache in Knin an sich zu reißen und neue, gegenüber Zagreb loyale Beamte dorthin zu versetzen. Miloševićs Männer hatten in dem Konflikt nun eindeutig Stellung bezogen. Milan Babić kehrte in der Gewißheit nach Knin zurück, daß ihm grünes Licht für den Aufbau eines serbischen Staates in Kroatien gegeben worden war.

Am 17. August, zwei Tage vor dem Referendum über die serbische Autonomie, wimmelte es in Knin von Gerüchten. Kroatien hatte das Referendum als illegal erklärt und machte sich daran, es zu unterbinden.[60] Kroatien versuchte nun, ein für allemal gegen Knin vorzurücken. Es war der erste Versuch einer Gewaltanwendung Kroatiens gegen die Krajina-Serben, und er scheiterte.

An jenem Morgen telegrafierte der Bürgermeister der Nachbarstadt Obrovac wie wild an Babić, um ihn vor dem Vormarsch einer kroatischen Polizeieinheit auf Knin zu warnen. Das kroatische Innenministerium hatte Polizeifahrzeuge aus drei Richtungen auf Knin vorrücken lassen, aus Zadar, Šibenik und Karlovac. So sollte Tudjmans Versprechen, die Rebellion in Knin niederzuschlagen, in die Tat umgesetzt werden. In dem Telegramm wurde davon berichtet, daß die Polizeiwache im benachbarten Benkovac, das wie Knin eine mehrheitlich serbische Bevölkerung hatte, entwaffnet worden war. In Obrovac wurde dasselbe versucht, ist jedoch gescheitert. Die dortige serbische Polizei hatte am Tag zuvor Waffen an die Bevölkerung ausgegeben. Die kroatische Polizei hatte bei der Operation sieben Panzerfahrzeuge eingesetzt. Für die gesamte Republik standen dem Innenministerium nur zehn solcher Fahrzeuge zur Verfügung. Es war die imposanteste Machtdemonstration, die den Kroaten möglich war.

Gleichzeitig machten sich drei Hubschrauber des Innenministeriums voll mit Polizeireservisten auf den Weg nach Knin. Auf direkten Befehl des Stabschefs in Belgrad wurden Düsenflugzeuge der JVA losgeschickt, um die Hubschrauber aufzuhalten. Zunächst flogen sie dicht über den Hubschraubern hinweg. Perica Jurić, der stellvertretende Innenminister, befand sich an Bord des führenden Hubschraubers:

Der Düsenstrahl drückte uns nach unten. Wir konnten uns kaum in der Luft halten. Dann blockierten sie unsere Funkverbindung, und wir konnten nicht einmal mehr miteinander kommunizieren. Wenige Minuten später nahm der MIG-Pilot Verbindung mit uns auf. Seine Anweisung war sehr knapp: Entweder wir kehrten sofort nach Zagreb zurück, oder wir würden abgeschossen. Sie gaben uns eine Minute Zeit.

Der Hubschrauberangriff endete als Farce. Die Bundesbehörden konnten plausibel behaupten, daß sie den Flug allein deshalb abgefangen hätten, weil die Hubschrauber scheinbar bewußt von ihrer vorgegebenen Flugroute abgewichen waren.[61]

In Knin trat Babićs Verteidigungskomitee zusammen. Den Nachmittag über berichtete das serbische Radio Knin fieberhaft über die Ereignisse in Obrovac und Benkovac. Der Bürgermeister von Obrovac bat die JVA, einzugreifen, um den Vormarsch der kroatischen Polizei aufzuhalten. Am frühen Abend erklärte Radio Knin, daß Babić „höchsten Alarmzustand" erklärt hatte. Geschäfte und Arbeitsstätten wurden geschlossen. Radio Belgrad berichtete: „Die Menschen fordern Waffen und erhalten sie." Martić, der Held des Zusammentreffens mit Tudjmans Innenminister im vorigen Monat, hatte sich als Polizeichef etabliert und befehligte den Einsatz seiner Männer.

Ich übernahm buchstäblich die Polizeiwache. Ich erließ den Befehl an alle Polizisten, ihre Gewehre an sich zu nehmen. Wir brachen ein Lagerhaus auf, in dem Waffen der Polizei gelagert waren, und verteilten sie an die Einwohner.

Eine Stunde später berichtete Radio Knin, daß Babić den „Kriegszustand" in der Region erklärt hatte. Es herrschten Chaos und Panik. Die Menschen zogen sich in die Hügel und Wälder außerhalb der Stadt zurück. Sie waren überzeugt, daß sie vor einem unmittelbar bevorstehenden bewaffneten Angriff der Kroaten flohen. Die Glocken der orthodoxen Kirchen läuteten, um die Menschen zu warnen. Fliegeralarmsirenen heulten. In Belgrad berichteten die Medien, daß die JVA in die Straßen von Knin vorgerückt war und die Kontrolle über die öffentlichen Gebäude übernommen hatte, inklusive Bahnhofsgebäude und Postamt. Straßensperren wurden errichtet und Telefonleitungen unterbrochen.

Babić war unauffindbar. Von Zeit zu Zeit meldete er sich in Radio Knin, aber ohne seinen Aufenthaltsort preiszugeben. Er war ebenfalls geflohen. Zwischen den Regierungen in Belgrad und Zagreb liefen die Telefonleitungen heiß. Der kroatische Innenminister Josip Boljkovac rief seinen jugoslawischen Amtskollegen Petar Gračanin an. Die Kroaten warfen den Bundesbehörden vor, die JVA einzusetzen, um die legitimen Polizeikräfte der kroatischen Republik zu behindern. Die Bundesregierung und die Belgrader Medien warfen Kroatien vor, mit dem Angriff einen Völkermord an den Krajina-Serben vorzubereiten. Beide Seiten wußten, daß sie sich einem Bürgerkrieg gefährlich näherten. Und jede Seite benahm sich so, als sei ihr die eigene Rechtfertigung, der Beweis, daß sie die angegriffene Partei sei, wichtiger, als den Abgrund zu vermeiden.

Nachdem die Hubschrauber zur Landung gezwungen worden waren, rückten die kroatischen Polizeieinheiten nicht weiter auf Knin vor. Der kroatische Innenminister behauptete später, sie hätten sich zurückgezogen, um Blutvergießen zu vermeiden. Die serbischen Führer in Knin und Belgrad (die mittlerweile zunehmend dieselbe Melodie sangen) behaupteten dagegen, daß die bewaffneten Einheiten von einer spontanen Erhebung des serbischen Volkes zurückgeworfen worden wären, das Waffen von den Polizeiwachen in Benkovac und Knin an sich gebracht hätte und mit gefällten Bäumen Straßensperren errichtete. Die Kroaten verlachten die Ereignisse dieses 17. August und bezeichneten sie als „Revolution der Baumstämme".

Es war tatsächlich eine Revolution. In dem Moment, in dem Babić das Telex des serbischen Bürgermeisters von Obrovac erhielt und um militärische Unterstützung gebeten wurde, erreichte der diskreditierte SDS-Führer Jovan Rašković das Hauptquartier der Gemeinde Knin. Er forderte Babić auf, sofort mit ihm nach Benkovac zu kommen, um die Menschen aufzufordern, die Ruhe zu bewahren. Er war schockiert von der Geschwindigkeit, mit der sich die Dinge entwickelten, und lehnte Waffengewalt ab. Er schlug vor, sich vor die kroatischen Polizeifahrzeuge zu legen. Babić erwiderte, es gäbe nicht genug Zeit für Versammlungen und friedliche Proteste. Es sei jetzt an der Zeit, daß die Serben sich selbst verteidigten. „Rašković war sprachlos", erzählte Babić:

Er wußte nicht, was er tun sollte. Dann kam Dušan Orlović herein, einer meiner Vertrauten, der in meiner Polizei arbeitete, und teilte mir mit, daß die (kroatischen) Spezialtruppen auf der Lika-Straße näherrückten. Ich sagte zu ihm: „Haltet sie auf!" Er ging. So wurden die ersten Barrikaden errichtet.

Babić bestritt später, daß er den „Kriegszustand" erklärt hatte. Die JVA bestritt, daß ihre Truppen die Straßen besetzt hatten, aber nicht, daß Truppen geschickt worden waren. Der Garnisonskommandant veröffentlichte spät in jener Nacht eine unglaubwürdige und unter den gegebenen Umständen fast lächerliche Stellungnahme:

Ich versichere im vollsten Bewußtsein meiner Verantwortung, daß die Armee die Straßen nicht besetzt hat und daß der diesbezügliche Radiobericht nicht der Wahrheit entspricht.

Die Verwirrung unter den in Knin anwesenden Beobachtern, hieß es weiter in der Stellungnahme,

... könnte durch etwa zweihundert Soldaten entstanden sein, die Dienstschluß hatten. Wegen einer Zugverspätung waren sie gezwungen, im Bahnhofsgebäude und in dessen unmittelbarer Umgebung zu warten.

Es gibt keinen Zweifel daran, daß die Krajina-Serben die moralische Unterstützung und politische Anleitung des Belgrader Regimes hatten. Außerdem macht die schiere Anzahl der Waffen, die sie hatten, als die Auseinandersetzungen begannen, deutlich, daß sie unter der Hand bewaffnet worden waren und einzelne aus der JVA und dem jugoslawischen Innenministerium mit stiller Zustimmung den Waffenschmuggel betrieben. Aber es gibt keine Hinweise darauf, daß die JVA die Rebellen bereits im August 1990 als Armee aktiv unterstützte. Das sollte erst später geschehen. Zum damaligen Zeitpunkt wurde die Armee noch von dem alten, politisierten kommunistischen Offizierskorps befehligt. Babić war in Belgrad warmherzig aufgenommen worden und hatte vage Zusicherungen erhalten. Doch weder er noch Martić trauten der JVA wirklich. Selbst Tudjman brachte bald seine Zufriedenheit mit dem Verhalten der Armee zum Ausdruck. In einer Fernsehansprache an die Republik später in jener Nacht sagte er: „Die Armee ist unbeteiligt und wird unbeteiligt bleiben an der Destabilisierung Kroatiens."

Dennoch hatte eine Revolution stattgefunden. Kroatien wandte zum ersten Mal Gewalt an oder demonstrierte Gewaltbereitschaft, um der rebellischen Region seinen Willen aufzuzwingen. Doch diese Pläne waren durchkreuzt worden. Die Region Knin hatte sich verbarrikadiert. Ein undurchdringlicher Vorhang war quer über Kroatien gefallen. Er trennte die von der SDS gehaltenen Gebiete vom Rest der Republik. Die Krajina-Serben hatten sich unter den Schutz Belgrads begeben und unter die Kontrolle von Slobodan Milošević. Babićs soeben entstehender „Staat im Staate" hatte zum ersten Mal eine klare Grenze bekommen, die sehr bald immer weiter ins kroatische Territorium hinein verschoben wurde. Der Krieg in Kroatien, der sich weit über die Grenzen der Republik hinaus ausdehnen würde, hatte begonnen, ohne daß ein Schuß gefallen war.

8. Kapitel

„Ihr habt den Krieg gewählt"

Die Bewaffnung Sloweniens und Kroatiens
April 1990 - Januar 1991

Die Armee verschenkte keine Zeit. Am selben Tag, an dem die neue Koalitionsregierung in Slowenien an die Macht kam, stürzte sie sich auf ihre Opfer. Ihr erstes Ziel waren die Waffenlager der slowenischen und kroatischen territorialen Verteidigungskräfte (TO). Die TO waren ein zentrales Element der jugoslawischen Verteidigungsstrategie. Ihr lag die Theorie zugrunde, daß sich eine fremde Invasion vom Bestehen einer gewaltigen Volksmiliz abschrecken ließe, die sich zum Guerillakrieg erheben und eine Besetzung kostspielig und letztlich unhaltbar machen würde. Es war ein Milizheer und beruhte auf dem Prinzip, daß alle Bürger in die Landesverteidigung eingebunden werden.

Doch die TO unterstanden nicht der Jugoslawischen Volksarmee, sondern den einzelnen Republiken.[62] Solange das Herrschaftsmonopol bei der Kommunistischen Partei Jugoslawiens gelegen hatte, war das nie ein Problem gewesen. Doch im Vorfeld der Mehrparteienwahlen in Slowenien und Kroatien befürchteten die Oberbefehlshaber der JVA, daß die TO nun den Charakter separater, republikanischer Armeen hatten und potentiell im Dienste sezessionistischer Regierungen standen.

Die JVA war eine kommunistische Armee. Sie ließ sich nicht von der Ideologie loslösen, die ihrer Gründung zugrunde lag. In Titos an politischen Slogans reichem Jugoslawien marschierte die JVA zu dem Ruf *Armija je rodjena u Revoluciji* – „Die Armee kam in der Revolution zur Welt". Und so marschierte sie noch immer. Ihre Generäle waren zuversichtlich, daß der Zusammenbruch des Kommunismus in Osteuropa Jugoslawien nicht erreichen würde. Sie argumentierten, daß ihre Revolution eine eigenständige und dem Volk nicht aufgezwungene gewesen sei. Sie glaubten sogar, daß der Kommunismus in den Ländern des ehemaligen Warschauer Pakts wieder auferstehen werde. Sollte der Kommunismus in ihrem eigenen Land fallen, würde die bisher uneinnehmbare Stellung der Armee in der Gesellschaft gemeinsam mit ihm untergehen, und damit würden auch die enormen Privilegien fallen, die die Armeeoffiziere genossen. Für eine kommunistische Armee stellte politischer Pluralismus mehr als nur eine Bedrohung der eigenen Position dar. Er war auch eine Bedrohung der staatlichen Sicherheit. Am 16. Mai, zwei Tage nach Amtsantritt der neuen Regierung in Slowenien, begann die JVA damit, die slowenische TO zu entwaffnen.

Die neue Regierung der Republik wurde darüber nicht informiert. Schließlich war der neue Verteidigungsminister Janez Janša genau derjenige, den die jugoslawischen Behörden zwei Jahre zuvor wegen des Verrats militärischer Geheimnisse ins Gefängnis gesteckt hatten. Der slowenische Präsident Milan Kučan behauptete, er habe von den Massenkonfiskationen der TO-Waffen nur inoffiziell erfahren.

Der Bürgermeister von Jesenice rief an und sagte, sie hätten ihn aufgefordert, die Waffen auszuhändigen. Ebenso der Bürgermeister von Slovengradec. Ich versuchte unverzüglich, General Hočevar, den Befehlshaber der slowenischen TO, zu finden. Er sagte, es würden lediglich Waffen aus dem Zweiten Weltkrieg durch neue ersetzt. Das stellte mich zufrieden. Ich hatte keinen Grund, ihm nicht zu glauben. Doch am nächsten Morgen kam die Nachricht aus vielen Gemeinden, daß dies überhaupt nicht das war, was geschah. Alle Waffen mußten ausgeliefert werden. Ich rief General Hočevar erneut an. Er sagte mir, er habe den Befehl erhalten, die Waffen aus den TO-Lagern zu entfernen. Außerdem lautete der Befehl aus Belgrad, dies vor der slowenischen Führung geheimzuhalten.

Kučan ordnete an, daß die TO keine weiteren Waffen ausliefern sollte, und stellte die Waffenlager der TO unter erhöhten Polizeischutz. Die Republik hatte jedoch, laut Janša, bereits etwa 70 Prozent ihres Waffenarsenals verloren. Dann wurde das Entwaffnungsprogramm der JVA gestoppt. Die JVA und die Kräfte, die sich kaum ein Jahr später zur slowenischen Nationalarmee entwickelten, waren in eine verfahrene Situation geraten. Der Disput zwischen Slowenien und Jugoslawiens Bundesbehörden hatte eine militärische Dimension bekommen.[63]

Die Krise vergrößerte die Spaltung innerhalb der slowenischen Regierung, die ohnehin eine breite, komplizierte Koalition von Parteien war, die nur ihr gemeinsamer Wunsch nach größerer Autonomie für Slowenien zusammenhielt. Janša wollte die bestehende TO-Struktur als Basis einer Streitmacht nutzen, die von der JVA unabhängig war. Kučan war vorsichtiger. Er schreckte vor dem Gedanken zurück, daß sich Slowenien auf ein geheimes und illegales Programm von Waffenbeschaffung und -schmuggel einlassen sollte. Seit Janša ins Gefängnis gekommen war, hatte sich die Beziehung zwischen ihm und Kučan abgekühlt.[64] Kučan war während der versuchten Niederschlagung des „Slowenischen Frühlings" der Kopf der Kommunistischen Partei Sloweniens gewesen. Jetzt hatte Janša kein Vertrauen mehr zu Kučan. „Die Entwaffnung der TO zeigte uns, daß Kučan zu weich war, daß er alles akzeptieren würde, was er mußte. Er würde abwarten und die Initiative verlieren", sagte er. Janša schätzte, daß die TO – immerhin eine Streitkraft von 70.000 Mann – nur noch 10.000 Waffen hatte. Diese Ausfälle mußten ersetzt werden. In seiner Stellung als Verteidigungsminister initiierte Janša einen Plan, im Ausland Waffen zu kaufen und sie in kleinen Mengen nach Slowenien zu schmuggeln.

Igor Bavčar, Sloweniens neuer Innenminister, nahm an den verdeckten Operationen teil:

Wir hatten bereits vor den Wahlen darüber nachgedacht. Es war uns klar, daß wir nicht wußten, wem wir im Ministerium trauen konnten. Wir mußten eine neue Art von Organisation aufbauen, die völlig unter unserem Kommando stand. In drei Monaten bauten wir eine Armee von 20.000 Mann unter Waffen auf. Und die JVA wußte nichts davon.

Anfangs erwarben die Slowenen nur leichte Waffen und in geringen Mengen. Im September verstärkte die JVA ihre Kampagne gegen die TO. Der jugoslawische Verteidigungsminister Veljko Kadijević erklärte, daß es keine Militäroperationen oder -einheiten der Republiken außerhalb der Kontrolle der Armee geben würde. Daraufhin entließ Slowenien den Kommandanten seiner eigenen TO, der zuvor seine Loyalität zu Belgrad bekundet hatte. Am 4. Oktober übernahm die JVA die Kontrolle über das TO-Hauptquartier in Ljubljana.

Nun erfuhr Kučan von Janšas Plänen und stimmte ihnen zu. Die dramatische Auseinandersetzung mit der JVA einigte Kučans Regierung, die zuvor gezögert hatte, Geld für Janšas Waffenbeschaffungsprogramm bereitzustellen. Nur fünf oder sechs führende Regierungsmitglieder wurden eingeweiht. Im Dezember wurden die ersten Panzerabwehrraketen geliefert. Es handelte sich um von der Schulter gefeuerte Lenkwaffensysteme. Sie wurden in Kasernen in Kočevska Reka gelagert und einer neu entstehenden slowenischen Spezialeinheit zur Verfügung gestellt.

Ende Dezember sollte ein Referendum über die Souveränität

Sloweniens stattfinden. Belgradfeindliche Gefühle wogten hoch. Janša und sein Vertreter Jelko Kacin entschlossen sich, auf Verweigerungstaktik und Machtdemonstration zu setzen. Sie entschieden, die Republik sollte sich als bewaffnet erklären und bereit, jede Einmischung der JVA in ihre junge Demokratie zurückzuschlagen. Kacin flog in einem Polizeihubschrauber nach Kočevska Reka. Ein slowenischer Fernsehkameramann erwartete ihn. Dort feuerten slowenische Soldaten zwei oder drei Lenkwaffen-Geschosse auf einen alten, ausgemusterten Panzer. Zwei Tage später wurde der Film im slowenischen Fernsehen gezeigt. Die Slowenen hatten den Einsatz dramatisch erhöht.

* * *

Es war nicht das letzte Mal, daß Slowenien einen Weg beschritt, den Kroatien nicht so leicht mitvollziehen konnte. Die Entwaffnung der TO in Kroatien wurde schnell und wirkungsvoll durchgeführt. Die neue Regierung hatte nur die Polizei. Laut Stipe Mesić, dem kroatischen Vertreter im Bundespräsidium, besaß Kroatien lediglich 15.000 Gewehre, sie waren in Händen der zivilen Polizei, nur einen Schützenpanzer[65] und keine schweren Waffen jeglicher Art.

Da ihre TO entwaffnet war, entschied Kroatien, die örtliche Polizei in eine Armee zu verwandeln. Diese Aufgabe hatte zwei Seiten: Die Truppe mußte nicht nur mit Waffen ausgestattet werden, sondern außerdem sollten alle Serben aus dem Dienst entlassen werden. Die Serben waren traditionell sowohl im staatlichen Sicherheitsdienst als auch im Offizierskorps der JVA überrepräsentiert. Dies war ein ständiger Beschwerdegrund vieler Kroaten gewesen, die das personelle Ungleichgewicht als serbische Hegemonie betrachteten. Überall in der Republik gab es Serben, deren Karrieren plötzlich beendet waren. Sie wurden übergangen, degradiert oder entlassen. Gleichzeitig versuchte die Regierung in ihrem Bemühen, einen Nationalstaat für und aus Kroaten zu errichten, mehr junge Kroaten zu rekrutieren. Tausende meldeten sich. Viele von ihnen waren ehrgeizige, junge Nationalisten. Sie reagierten auf das, was sie als die größte Herausforderung jener Tage begriffen: Tudjmans bisher unausgesprochenen Ruf zu den Waffen. Sie wurden im Schnellverfahren ausgebildet und in Positionen befördert, für die sie weder das entsprechende Alter noch die Erfahrung besaßen. Belgrad warf Zagreb vor, zusätzlich zu den regulären Polizisten, die in die Armee rekrutiert wurden, noch 50.000 Polizeireservisten zu mobilisieren. Die Rekrutierungswelle schuf eine Atmosphäre nationaler Ausschließlichkeit und Intoleranz innerhalb der Polizei. Dies erklärt zumindest teilweise, warum so viele serbische Polizisten und Zivilisten, die unter anderen Umständen bereit gewesen wären, in einem unabhängigen Jugoslawien zu leben, die Rebellen unterstützten, als der Krieg im folgenden Jahr ernstlich begann.

Die Aufgabe der Bewaffnung der neuen Polizeitruppe oder Kroatischen Nationalgarde, wie der neue Name lautete, wurde Martin Špegelj, dem Verteidigungsminister der Republik, übertragen. Špegelj war ein Bär von einem Mann und ein geeichter Trinker mit einem wettergegerbten Gesicht. Er hatte eine ausgezeichnete militärische Karriere als einer der ranghöchsten kroatischen Offiziere in der JVA hinter sich. Bevor er in den Ruhestand ging, war er der Kommandant des Fünften Armeebezirks gewesen, der ganz Slowenien und den Großteil Kroatiens umfaßte. Darüber hinaus stand seine Unterstützung für ein souveränes Kroatien außer Frage. Er hatte im April die JVA wegen der seiner Meinung nach illegalen Entwaffnung der TO angegriffen. Diese Verbindung von militärischer Erfahrung und einwandfreien nationalen Referenzen machte ihn in Tudjmans Augen zum idealen Kandidaten für den Aufbau der sich noch im Wiegenalter befindlichen kroatischen Streitkräfte.

Špegelj stellte sich als radikaler heraus, als Tudjman vorhersehen konnte. Heimlich reiste er durchs Land und schuf innerhalb jeder Armeekaserne einen Kader zuverlässiger, kroatischer Offiziere. Sie sollten eine alternative Kommandostruktur bilden für den Tag, wenn der Konflikt mit Belgrad begann. Er baute ein Netz von Dorfpatrouillen auf, indem er kroatische Zivilisten bewaffnete und ausbildete, um in jeder Gemeinde eine bewaffnete Truppe zu haben. Außerdem schmuggelte er Waffen in einem Ausmaß, das die entsprechende Operation in Slowenien zwergenhaft erscheinen ließ. Ein Netz von kroatischen Nationalisten im Ausland half dabei, die Waffenlieferungen zu finanzieren und zu organisieren. Der Waffentransport erfolgte per Fähre, Lastwagen und in zahllosen kleinen Lieferungen in Privatwagen – eine Methode, die die Beteiligten „kleine, vierrädrige Ameise“ nannten. Während sich die Kroaten bewaffneten, wurden sie von der Spionageabwehr der jugoslawischen Armee (KOS) beobachtet.

Im Dezember glaubte Špegelj, daß Kroatien ausreichend bewaffnet sei, und machte sich daran, die JVA ein für allemal kleinzukriegen. In einem in Belgrad geführten Interview unternahm derweil General

Kadijević einen erbitterten Angriff auf Kroatien und drohte zum ersten Mal ausdrücklich mit einer gewaltsamen Entwaffnung der kroatischen Polizei.[66] Kadijević hatte Tudjman bereits zu einem früheren Zeitpunkt beschuldigt, die Flamme des Faschismus und Völkermords an den Serben von 1941 wiederaufflammen zu lassen. Die Situation in Jugoslawien „verschlechtere sich dramatisch", sagte er. Der Bürgerkrieg erschien nun als eine realistische Möglichkeit:

Die größte Gefahr für die Integrität und Sicherheit des Landes geht von dem intensiven Bemühen um den Aufbau rein nationaler Armeen aus. Es treibt das Land dichter an den Abgrund des Bruderkrieges. Jugoslawien darf und wird kein zweiter Libanon werden. Alle bewaffneten Formationen außerhalb der Armee werden entwaffnet, und diejenigen, die sie aufgebaut haben, müssen sich vor dem Gesetz verantworten. Da dies nach Gesetz und Verfassung unter die Verantwortung der Armee fällt, wird es keine Verhandlungen oder Kompromisse geben. Wer sich der Armee gewaltsam zu widersetzen versucht, dem wird mit Gewalt ein Strich durch die Rechnung gemacht.

In Zagreb wurden Kadijevićs Bemerkungen als Anzeichen eines bevorstehenden Militärputsches verstanden.

Insgeheim enthüllte General Špegelj vor den ungläubigen und furchtsamen Mitgliedern des kleinen kroatischen Verteidigungsrats seine Pläne. Špegelj erläuterte, die JVA sei zu schwach, um den Krieg zu beginnen, den Kadijević angedroht hatte. Die JVA bestünde aus achtzehn- und neunzehnjährigen Wehrpflichtigen, sagte er, die mehrheitlich nicht serbisch waren und nicht bereit, zu kämpfen. Špegelj schlug vor, die kroatische Polizei sollte die JVA-Kasernen in Kroatien belagern und die Versorgung mit Nahrungsmitteln, Wasser und Strom sowie die Telefonverbindungen unterbrechen. Er sagte, die Garnisonen seien nach JVA-Konvention räumlich getrennt von den Nachschubeinheiten, von denen sie abhingen. Wenn die beiden lange genug voneinander abgeschnitten seien, würden die Garnisonen in sich selbst zusammenfallen. Ihre Mitglieder, Offiziere wie Soldaten, könnten dann *en bloc* oder einzeln aufgefordert werden, ihre Loyalität gegenüber den neuen Streitkräften der kroatischen Republik zu erklären.

Meine Idee war, die JVA an die Wand zu drücken und zu sagen: Wenn ihr uns unsere Waffen wegnehmen wollt, wird es gleich jetzt einen Krieg geben. Hätten wir die JVA entwaffnet, hätten wir 3000 Artilleriegeschosse, 1000 Panzer, Munition für zwei Jahre Krieg und 700.000 leichte Waffen erbeutet. Bei einem derartigen Wandel im Machtgleichgewicht hätte es wahrscheinlich keinen Krieg gegeben.

Tudjman war wie benommen. Die Teilnehmer an diesem Treffen verfielen in ungläubiges Schweigen. Niemand unterstützte Špegeljs Plan. Tudjman verwarf ihn, ohne lange nachzudenken:

Es war mir klar, daß dies den politischen Selbstmord des demokratischen Kroatien bedeutet hätte. Zu dem Zeitpunkt hatten wir keine Möglichkeit, die JVA zu entwaffnen, und keine Möglichkeit, die Aufständischen in Knin niederzuschlagen. Hätten wir den Plan akzeptiert, wären wir weltweit als gesetzlose Separatisten verurteilt worden, die das Verfassungssystem stürzen wollen.

* * *

Špegelj kannte die JVA gut genug, um zu wissen, daß seine Waffenanschaffungen nicht unbemerkt bleiben würden. Ihm war bewußt, daß der Verteidigungsapparat, in dem er arbeitete, voll war von Leuten, die sich der Idee der jugoslawischen Einheit verbunden fühlten und Tudjmans zunehmend sezessionistischer Regierung feindlich gegenüberstanden. Špegelj wußte, daß er von Spionen umringt war, aber er wußte nicht, wer sie waren.

Anfang Oktober 1990 nahm Oberst Vladimir Jagar, ein JVA-Offizier in Virovitica nahe der ungarischen Grenze, Kontakt zur Spionageabwehr der JVA auf. Er berichtete, daß Špegelj versucht habe, ihn für ein geheimes Netz von kroatischen Agenten zu rekrutieren, die Waffen an Kroatiens wachsende Truppe von Polizeireservisten lieferten.

Der JVA-Spionageabwehroffizier Oberst Aleksandar Vasiljević ließ eine Sicherheitsüberprüfung Jagars durchführen. Er war der Sohn eines engen, lebenslangen Freundes von Špegelj. Jagar und Špegelj stammten aus demselben Dorf. Jagars Mutter war gestorben, als er noch ein kleiner Junge war, und er wuchs als Mitglied von Špegeljs eigener Familie auf. Špegelj liebte und vertraute Jagar fast so, als wäre er sein eigener Sohn. Daher war Jagars Verrat um so niederschmetternder für ihn. Innerhalb von zwei Tagen hatte Vasiljević Jagar als Agenten rekrutiert.

Zur gleichen Zeit meldeten JVA-Informanten aus Österreich an Vasiljević, daß zwischen dem 8. und 11. Oktober eine Lieferung von

20.000 Kalaschnikow-Maschinengewehren bei einer Kreuzung in der Nähe von Virovitica über die ungarische Grenze kommen sollte. Vasiljević ließ die Gegend überwachen. Es war eine so heikle Operation, daß er sie selbst kommandierte, doch seine Pläne wurden von den Witterungsverhältnissen durchkreuzt:

Es war eine neblige Nacht, sehr neblig. Wir sahen die beiden Lastwagen über die ungarische Grenze kommen und erkannten die Nummernschilder, die uns angekündigt worden waren. Gleichzeitig brachten sie etwa 30 Spezialpolizisten mit, die die Fahrzeuge mit hohem Sicherheitsaufwand eskortierten. Ein Polizeiwagen fuhr der Kolonne voraus, ein anderer folgte dem zweiten Lkw.

Die Gegend wimmelte von kroatischen Polizisten. Vasiljević schätzte sie auf zwei- bis dreihundert Beamte. Zu seinem Schrecken sah er unter ihnen vier oder fünf der höchstrangigen Sicherheitsbeamten der Republik. Die beiden Lastwagen wurden von den diensthabenden jugoslawischen Grenzbeamten nicht durchsucht.[67] Eskortiert von je einem Polizeiwagen, verschwanden die beiden Laster im Nebel.

Am nächsten Tag befahl Vasiljević Jagar, Špegelj um ein dringendes Treffen zu ersuchen. Jagar rief seinen alten Familienfreund an und sagte, daß er Informationen für ihn habe, über die er nicht am Telefon sprechen könne. Špegelj schlug ihm vor, zu seinem Haus in Zagreb zu kommen. Als Jagar dort ankam, öffnete Špegelj die Tür mit einer Pistole in der Hand. Er bedeutete Jagar, daß das Haus abgehört werde. Josip Boljkovac, der kroatische Innenminister, der die Verantwortung für Kroatiens Polizeitruppe und offiziell auch für das Rekrutierungsprogramm hatte, war ebenfalls anwesend. Wild fuchtelte er mit den Armen, um Jagar anzudeuten, daß er nicht sprechen solle. Jagar fand die beiden Männer in einem Zustand akuter Paranoia vor. Sie schlichen auf Zehenspitzen durchs Haus und verständigten sich schweigend. Schließlich verließen die drei das Haus und begannen erst im Auto von Boljkovac offen zu sprechen. Den beiden anderen war nicht bekannt, daß Jagar ein Abhörgerät bei sich trug. Ihr Gespräch wurde aufgezeichnet.

Vasiljević hatte Jagar befohlen, Špegelj dazu zu bringen, so viel wie möglich über den Waffenschmuggel zu reden und Einzelheiten über das Netz der Waffenverteilung zu enthüllen. Vasiljević wollte wissen, wo die paramilitärischen Truppen stationiert waren, wer sie befehligte und wo ihre Waffen lagerten. Er benötigte eine detaillierte Aufgliederung der Operation, um eine Gegenkampagne der JVA planen zu können.

Jagar hatte eine schwierige und gefährliche Aufgabe. Er mußte die Informationen aus Špegelj herauskitzeln, ohne sein Mißtrauen zu erregen. Er meisterte die Aufgabe brillant. In den kommenden sechs Wochen erhielt Vasiljević über hundert Stunden Tonbandaufnahmen von Jagar. In dem Material schien Špegelj unter anderem geheime „Mordkommandos" zu beschreiben, deren Aufgabe es sein sollte, hochrangige serbische Offiziere zu ermorden und ihre Familien zu entführen.[68] Ob ein solcher Plan wirklich existierte, bleibt der Spekulation überlassen. Für den Augenblick war entscheidend, daß Vasiljević genug Material auf Band hatte, um den überzeugenden und schockierenden Eindruck zu erwecken, daß es den Plan gab.

Vasiljević und Jagar gingen noch weiter. Sie versteckten eine Videokamera in Jagars Haus. Špegelj wurde dort dabei gefilmt, als er versuchte, einen Kollegen Jagars dafür zu gewinnen, dem geheimen Netz von Offizieren beizutreten. Špegelj wußte, daß er überwacht wurde. Er wußte, daß er mit größter Sicherheit abgehört wurde, aber zu keinem Zeitpunkt verdächtigte er seinen jungen Freund der Komplizenschaft mit seinen Gegnern.

Die ganze Zeit über informierte Vasiljević den jugoslawischen Verteidigungsminister. Die ersten Aufnahmen wurden Kadijević Anfang Oktober vorgespielt. Anfang Dezember hatte er einen Bericht für das Staatspräsidium, den Oberbefehlshaber der JVA, fertiggestellt. Eines der Präsidiumsmitglieder war Stipe Mesić, ein Mann, der in Kadijevićs Bericht der direkten Beteiligung am Waffenschmuggel bezichtigt wurde.[69]

Kadijevićs Bericht wurde als „streng geheim" eingestuft. Die Vorwürfe, die darin gegen Kroatien erhoben wurden, zeigten, wie stark die JVA das verdeckte Waffenlieferungsprogramm infiltriert hatte. Kroatien wurde vorgeworfen, Waffen aus Lagerhäusern in Ungarn zu importieren. Dies geschah unter dem Deckmantel einer Import-Export-Firma namens *Astra* in Zagreb.[70] Špegelj, Boljkovac und anderen Mitgliedern von Tudjmans Regierung wurde direkte Beteiligung vorgeworfen, womit die Möglichkeit einer sofortigen Verhaftung und Anklage nach Bundesrecht geschaffen wurde. Der Aufbau der illegalen, paramilitärischen Truppe in Kroatien war detailliert beschrieben. Es war praktisch ein bewaffneter Flügel von Tudjmans Regierungspartei, der HDZ. Die JVA hatte auch Špegeljs Plan entdeckt, die JVA-Kasernen in Kroatien zu umzingeln und abzuwürgen. Es hieß in dem Dokument, obwohl es genug Verdachtsmomente für eine Verhaftung und Anklage der Führer des geplanten Aufstands gäbe, wären die daraus folgenden politischen Konsequenzen zu weitreichend. Statt dessen empfahl Kadijević, das Bundespräsidium sollte den Befehl zur Entwaffnung aller paramilitärischen Verbände geben. Nur so könne ein Bürgerkrieg vermieden werden.

* * *

Die Sitzung des Bundespräsidiums, bei der Mesić mit den Vorwürfen konfrontiert werden sollte, fand mitten im Winter, am 9. Januar, statt. Die Atmosphäre war wie elektrisiert. Sowohl die reguläre kroatische Polizei als auch die JVA standen in Alarmbereitschaft. Beide Seiten steckten in einem explosiven, kaum kontrollierbaren Patt, und beide wußten, daß Kroatien mittlerweile immer mehr Waffen besaß, die aus JVA-Lagerhäusern gestohlen oder über die kroatisch-ungarische Grenze geschmuggelt worden waren. Überall in Zagreb ging das Gerücht von einem bevorstehenden Militärputsch um.

In einer Atmosphäre enormen gegenseitigen Mißtrauens präsentierte Jović die Vorwürfe, die in Kadijevićs Dokument erhoben wurden. Er schlug vor, der JVA freie Hand zu lassen und daß die paramilitärischen Truppen, zur Not mit Gewalt, entwaffnet werden sollten. Zur Überraschung und rasenden Verärgerung Jovićs erhob der bosnische Vertreter Bogić Bogićević Einwände dagegen. Die Resolution erhielt nicht die nach der Verfassung nötigen fünf Stimmen. Es wurde ein Kompromiß gefunden. Die Paramilitärs sollten zehn Tage bekommen, um sich freiwillig zu entwaffnen. Die benötigte Mehrheit kam zustande. Nur Mesić und Sloweniens Drnovšek stimmten dagegen.

Doch es war Mesić gelungen, das Wort „illegal" in die Resolution aufnehmen zu lassen. Dies war das Schlupfloch, durch das Kroatien der Befolgung des Befehls des Bundespräsidiums entging. Mesić kehrte mit dem Wissen nach Zagreb zurück, daß Kroatien nicht im geringsten die Absicht hatte, die Polizei oder die Reservisten, die Špegelj in den vergangenen sechs Monaten rekrutiert und bewaffnet hatte, zu demobilisieren. Kroatien würde sich statt dessen auf ein zehntägiges Spiel mit dem Feuer mit der JVA einlassen und behaupten, die einzigen „illegalen" Paramilitärs in Kroatien seien die aufständischen Serben in der Krajina.

Sieben Tage lang wurden keine Waffen abgegeben. Am 17. Januar traf der US-Botschafter in Jugoslawien, Warren Zimmermann, mit Jović zusammen und erklärte, daß die Vereinigten Staaten keine

Gewaltanwendung hinnehmen würden. Es mußte eine demokratische Lösung auf dem Wege friedlicher Verhandlungen gefunden werden. Die Armee dürfe nicht dazu benutzt werden, die paramilitärischen Truppen zu zerschlagen. Jović kochte vor Wut. Dies war der Beweis, erwiderte er Zimmermann, daß sich die Vereinigten Staaten im Bündnis mit der deutschen Verschwörung befänden, ihren Einfluß nach Süden auszudehnen, um einen Warmwasserhafen zu bekommen und dabei Jugoslawien zu zerstören. Und er wiederholte, was später die wichtigsten Stützen von Miloševićs Argumentation werden sollten: Die Republikgrenzen hätten eine reine Verwaltungsfunktion; sollte Jugoslawien auseinanderbrechen, wären die Grenzen bedeutungslos, und allein die Nationen, aber nicht die Republiken, hätten das Recht zur Sezession von der Föderation. Später gab Jović zu, daß Zimmermanns Warnung ein wichtiger Faktor für die Zurückhaltung der JVA war, Gewalt gegen die kroatische Polizei anzuwenden.

Am nächsten Tag traf sich Jović mit Mesić. Er erklärte ihm, wenn Gewaltanwendung notwendig werden sollte, würde sich jedes Mitglied der kroatischen Regierung unter Anklage der bewaffneten Verschwörung gegen den Staat vor Gericht wiederfinden. Mesić versprach, nach Zagreb zurückzukehren und zu versuchen, einen Kompromiß zu finden. Laut Jović vertraute Milošević den Kroaten nicht und drängte Jović, der Armee augenblicklich den Befehl zu geben, Špegelj und Boljkovac zu verhaften. Aber noch lief das Ultimatum weitere zwei Tage. Jović wußte, daß Kadijević nicht handeln würde, ohne zuvor um weitere politische Befugnisse vom Präsidium ersucht zu haben.

Am 19. Januar, einen Tag vor Ablauf des Ultimatums für die Entwaffnung, zeigte Kadijević Jović die Filmaufnahme von Špegelj. Kadijević war überzeugt, daß die Kroaten nicht bereit waren, sich zu entwaffnen, und daß der Film ausreichendes Beweismaterial für die JVA darstellte, um Špegelj und alle anderen an dem Plan zur Waffenbeschaffung Beteiligten zu verhaften.

Jović rief Mesić an. Mesić sagte, er bräuchte mehr Zeit. Er bat um zwei weitere Tage. Jović war einverstanden.

Die zwei Tage vergingen. Kadijević berichtete Jović, daß die Kroaten keine Waffen ausgehändigt hätten. Mesić rief Jović von Sarajevo aus an, wo er an einer Konferenz teilnahm. Er wiederholte Kroatiens Position: Die einzigen illegalen paramilitärischen Truppen in Kroatien seien die serbischen Rebellen in der Krajina. Jović erwiderte Mesić: „Ihr habt den Krieg gewählt."

Milošević begann Jović zu einer Veränderung der Instruktionen des Bundespräsidiums an die JVA zu drängen. Laut Jović wollte Milošević, daß Serbien Kroatien nicht zurückhielt, wenn es die Unabhängigkeit wollte. Statt dessen sollte Serbien seine Kontrolle über die Bundesinstitutionen, besonders über die Hälfte der Stimmen im Staatspräsidium, dazu nutzen, die Serben in Kroatien zu beschützen. Miloševićs Position war, daß die JVA nicht die Kroaten bekämpfen, sondern aus den Orten mit mehrheitlich kroatischer Bevölkerung in die hauptsächlich von Serben bewohnten Gebiete Kroatiens abgezogen werden sollte.

Gleichzeitig machte Milošević den Slowenen deutlich, daß Serbien nicht versuchen würde, ihre Abspaltung von Jugoslawien zu verhindern. In der Nacht zum 24. Januar, als das Bundespräsidium zum zweiten Mal innerhalb eines Monats zusammentrat, um die Entwaffnung der kroatischen Polizei zu fordern, hielten Milošević und der slowenische Präsident Kučan ein gesondertes Treffen ab. Die beiden kamen schnell zu einer Übereinkunft. Kučan berichtete darüber so:

Es wurde während des Treffens völlig klar, daß die Serben nicht darauf bestehen würden, daß Slowenien innerhalb Jugoslawiens verblieb ... Wir Slowenen sagten, daß wir das Recht auf unseren eigenen Staat wollten. Milošević erwiderte, die Serben forderten die Anerkennung dieses Rechts für sich ebenfalls, daß heißt, alle Serben Jugoslawiens in einem Staat. Meine Antwort war natürlich, daß die Serben auch dieses Recht hätten, aber genau wie die Slowenen, ohne die Rechte anderer Nationen zu verletzen. Milošević antwortete: „Ja, natürlich. Das ist klar", und damit flogen wir zurück nach Ljubljana.

Es gab keine Serben, die in Slowenien lebten, und daher gab es aus Belgrads Sicht keinen Unterschied zwischen der slowenischen Nation und der slowenischen Republik. Das galt jedoch nicht für Kroatien. Die Kroaten rasten vor Wut, als die serbisch-slowenische Übereinkunft öffentlich gemacht wurde. Für sie klang es so, als habe Kučan Milošević freie Hand für die Teilung Kroatiens gegeben.

Der Meistertaktiker Milošević hielt sich wie üblich sämtliche Optionen offen. Noch hatte er sein Ziel, die Erhaltung von Jugoslawiens territorialer Einheit, nicht aufgegeben. Aber er hatte signalisiert, daß er dazu bereit wäre, sollte es notwendig werden. Jović berichtet:

Milošević und ich dachten, es gäbe keinen Grund, Kroatien gewaltsam in Jugoslawien zu halten, und meinten, die Armee sollte sich in die serbischen Gebiete zurückziehen. Die Armee konnte das jedoch nicht verstehen, denn sie glaubte, es sei ihre Aufgabe, Jugoslawien zu verteidigen.

Dies war Anfang 1991 der Hauptunterschied zwischen Milošević und dem kommunistischen Oberkommando der Jugoslawischen Volksarmee. Für Kadijević und die Generäle war die Einheit Jugoslawiens unantastbar, für Milošević war sie verhandelbar in seinem ständigen Bemühen, seine Macht zu stärken. Im Laufe der kommenden Monate brachte Milošević die JVA von ihrem ursprünglichen Zweck, dem Erhalt des jugoslawischen Staates, ab und gab ihr ein völlig anderes Ziel: den Schutz der Serben außerhalb Serbiens und die Schaffung einer neuen territorialen Einheit. Schrittweise entwickelte sich die Armee in ihrer hauptsächlichen militärischen Zielsetzung und letztlich auch in ihrer ethnischen Zusammensetzung und Ideologie zur Armee von Großserbien.

* * *

Am 25. Januar schrieb Jović in sein Tagebuch: „Heute könnte sich der gesamte Kurs Jugoslawiens und der Krise geändert haben.“ Er und Kadijević hatten einen letzten Theatercoup vorbereitet, einen letzten Versuch, die Kroaten in die Ecke zu drängen, so daß sie abrüsten mußten. Die Bühne sah folgendermaßen aus:

Erneut rief Milošević bei Jović an, um ihn als den Oberkommandierenden der jugoslawischen Armee dazu zu drängen, die Serben in Knin zu beschützen. Jović erklärte Milošević, daß sich die Generäle ohne den ausdrücklichen Befehl des Bundespräsidiums nicht rühren würden. Milošević befahl Jović, ein weiteres Präsidiumstreffen einzuberufen, um der Armee die politische Autorität zu verschaffen, die sie brauchte. Jović berief die Sitzung für 14 Uhr ein.

In Zagreb hatte die Spannung den Siedepunkt erreicht. Tudjman sprach vor einer Sondersitzung des Parlaments. Er erklärte, er träfe Vorbereitungen für eine Reise nach Belgrad noch am selben Tag. Die paranoide Stimmung war so extrem, daß ihn einige Abgeordnete warnten, er würde nicht lebend zurückkehren. Tudjman beriet sich mit seinen Ministern. Die meisten von ihnen stimmten zu. Ein Besuch in Belgrad wäre zu gefährlich im Falle eines Militärputsches. Nur Špegelj sagte, daß die Reise ungefährlich sei.

Die kroatischen Befürchtungen waren begründet. Die oberste Heeresleitung hatte detaillierte Vorbereitungen für eine militärische

Übernahme des Landes getroffen. In jener Nacht wurde die Armee in höchste Alarmbereitschaft versetzt. In Kroatien fanden Truppenbewegungen statt, die die Gerüchte von einem bevorstehenden Staatsstreich weiter anheizten. Ein Geheimdokument des Bundesverteidigungsministeriums wurde an jede größere Armeekaserne in Jugoslawien verteilt und den JVA-Kommandanten im ganzen Land vorgelesen. Es trug den Titel: *Ein Bericht über die tatsächliche Lage in der Welt und Jugoslawien und die jetzigen Aufgaben der Jugoslawischen Volksarmee.* Der Bericht begrüßte die jüngsten Entwicklungen in der Sowjetunion, einschließlich der Verlangsamung der Reformbewegung und der wachsenden Stärke der konservativen, sowjetorientierten Gruppierungen in der sowjetischen Politik. Die erhöhte Mobilisierung der sowjetischen Armee wurde ebenfalls begrüßt, weil dies „den Handlungsspielraum des Westens bei der Beeinflussung von Ereignissen in der Welt begrenzte". Das Dokument kritisierte die Unterstützung des Westens für „desintegrierende Kräfte" in der Sowjetunion (und implizit in Jugoslawien) und warf dem Westen vor, den Sturz des Sozialismus in Osteuropa geplant zu haben, um seinen eigenen Einfluß zu vergrößern:

> *Die Unterstützung der Demokratie, die von bestimmten westlichen Zirkeln zum Ausdruck gebracht wird, ist durchsichtige Demagogie, weil für sie Demokratie nur das ist, was mit ihren eigenen Zielen und Interessen übereinstimmt.*

Der Bericht kritisierte jene, die als Agenten des westlichen Imperialismus betrachtet wurden, und bezog sich damit unausgesprochen auf die Regierungen von Slowenien und Kroatien, die größere Autonomie oder Unabhängigkeit anstrebten.

> *Jugoslawien kann nur als ein Staat existieren. Wenn es nicht ein Staat ist, dann ist es nicht Jugoslawien, sondern etwas anderes. Das, was einige in Jugoslawien als Konföderation anbieten, ist faktisch kein Staat und kann auch keiner sein ... Unsere grundsätzliche Aufgabe muß die Schaffung von Bedingungen für das Funktionieren eines Bundesstaates sein. Das bedeutet vor allem die Aufhebung aller Maßnahmen, die gegen die Einheit der Streitkräfte getroffen worden sind. Das bedeutet die Entwaffnung und Auflösung aller paramilitärischen Organisationen in Jugoslawien. Die Durchführung dieser Aufgabe wird der nationalistisch-separatistischen Politik eine schwere Niederlage zufügen ...*

Das war ein Plan für einen Militärputsch – in jeder Hinsicht bis auf eine: Die Armee war nicht bereit, allein zu handeln. Die Armee war bereit, die kürzlich erworbenen Machtbefugnisse der slowenischen TO und der kroatischen Polizei zu übernehmen. Sie war ebenfalls bereit, die slowenische und kroatische Regierung zu verhaften und das Kriegsrecht zu verhängen. Aber die Machtübernahme durch das Militär sollte ausschließlich unter einer Hülle verfassungsmäßiger Gesetzlichkeit stattfinden. Daher ersuchte die Armee um die Autorisierung durch das Staatspräsidium.

Kadijević ergriff in der Präsidiumssitzung das Wort. Er wiederholte, daß er entschlossen sei, die kroatischen Paramilitärs zu entwaffnen. Er ersuchte das Präsidium, eine bewaffnete Intervention der JVA in Kroatien zu autorisieren. Der slowenische Vertreter Janez Drnovšek fürchtete, daß der Vorschlag angenommen werden könnte, provozierte einen wilden Streit mit Jović und stürmte, die Tür hinter sich zuknallend, aus dem Raum. Er erklärte, er fahre zurück nach Ljubljana, um eine Pressekonferenz zu geben.

Als die Sitzung fortgesetzt wurde, wurde Kadijevićs Vorschlag zur Abstimmung gebracht. Es gab keine Mehrheit. In der Frage der bewaffneten Intervention hatten die Serben die Unterstützung von Bogić Bogićević, dem Vertreter Bosniens, verloren. Es gelang ihnen nicht, die fünf Stimmen zu erhalten, die für eine Mehrheit nötig waren. Nur Miloševićs Befehlsempfänger aus Serbien, Kosovo, Vojvodina und Montenegro stimmten dafür. Tupurkovski, der Vertreter Mazedoniens, war nicht anwesend. Drnovšek, der inzwischen wieder hereingekommen war, schlug vor, Tudjman in die Sitzung zu holen. Während die Präsidiumsmitglieder auf die Ankunft Tudjmans warteten, enthüllte Kadijević die Überraschung, die er seit Monaten geplant hatte. Es war der letzte Versuch, den bosnischen Vertreter so unter Druck zu setzen, daß er gegen die Slowenen und Kroaten stimmen würde. Kadijević machte einen scheinbar belanglosen Vorschlag. Die Präsidiumsmitglieder sollten eine Pause machen, um die Abendnachrichten zu sehen.

Die Kroaten saßen in einem separaten Büroraum im Gebäude des Staatspräsidiums. In ungläubigem Schock sahen sie die Nachrichten. Das Belgrader Fernsehen zeigte Vasiljevićs heimlich aufgenommenen Film über die Waffenschmuggelaktivitäten des kroatischen Verteidigungsministers. Außerdem wurde ein nachträglich stark bearbeitetes Tonband abgespielt, auf dem Špegelj Einzelheiten eines Plans, die JVA in Kroatien anzugreifen und funktionsunfähig zu machen, zu enthüllen schien. 45 Minuten lang führte das Belgrader Fernsehen einen körnigen Schwarzweißfilm vor, in dem der kroatische Verteidigungsminister erläuterte, daß Kroatien sich bereits mit der JVA im Krieg befände. Kadijevićs letzter Versuch, das Präsidium auf seine Seite zu bringen, war ein spektakuläres Stück schauspielerischen Talents und raffinierter Manipulation und ein lautstarkes Ende der gesamten Špegelj-Affäre. Der Film war dem Belgrader Fernsehen, das unter Miloševićs Kontrolle stand, bewußt zu dem Zeitpunkt zugespielt worden, so daß die Ausstrahlung während der Sitzung des Präsidiums stattfand, um die Mitglieder zur Zustimmung zu bewegen. Doch das mißlang. Bogićević, der bosnische Delegierte, war nicht beeindruckt und änderte sein Abstimmungsverhalten nicht. Der Plan Kadijevićs war gescheitert. Es sollte keine Zustimmung des Präsidiums zu einem Schlag der JVA gegen die paramilitärischen Verbände in Kroatien geben.

Kadijević verlor die Nerven. Er konnte der JVA keinen Einsatzbefehl geben, dem das Präsidium, ihr oberster Befehlshaber, ausdrücklich die Zustimmung verweigert hatte. Er und Tudjman verließen den Raum. Sie hatten unter sich einen Kompromiß ausgehandelt. Kadijević würde den Alarmzustand der Armee in Kroatien beenden, wenn Tudjman sich verpflichtete, eine Handvoll von Leuten, die an jenem Morgen in Verbindung mit der Waffenschmuggeloperation verhaftet worden waren, vor Gericht zu stellen. Außerdem teilte Kadijević Tudjman mit, daß er vorhabe, Špegelj zu verhaften. Tudjman kehrte nach Zagreb zurück und erklärte, daß seine waghalsige Mission in die Hauptstadt des Feindes, die er unter großem persönlichen Risiko und trotz der Besorgnis seiner Minister um sein Leben unternommen habe, „Kroatien gerettet" hat.

Špegelj tauchte unter. Das kroatische Fernsehen zeigte den Film von seinem Geheimtreffen einen Tag später als Belgrad und bezeichnete ihn als eine empörende Fälschung. Als er davon hörte, vermutete Špegelj zunächst, daß er von dem stellvertretenden Innenminister Perica Jurić verraten worden sei. Špegelj hatte bei der Gelegenheit, als der Film gemacht wurde, Jurićs Wagen benutzt. Die beiden Männer trafen sich heimlich. Špegelj trug bei der Gelegenheit zwei Pistolen im Gürtel. Er sagte zu Jurić, daß es nur zwei Leute gäbe, die diesen Film machen konnten. „Einem von ihnen", sagte er, „vertraue ich blind. Der andere sind Sie." Erst als er den Film sah, erkannte er, daß er von Jagar verraten worden war. Die Kamera war im Fernsehgerät in Jagars Wohnzimmer versteckt gewesen. Im nachhinein erinnerte sich Špegelj nun, daß Jagar an jenem Abend darauf bestanden hatte, daß er sich auf einen bestimmten Sessel setzte, so daß die Kamera ihn von vorn filmen konnte. Die kroatische Polizei sprengte Jagars Haus in dem Dorf, in dem die Täuschung stattgefunden hatte, in die Luft. Špegeljs eigenes Haus, in demselben Dorf, steht nur wenige hundert Meter von den Ruinen entfernt. Jagar, ein Kroate, kehrte nie wieder nach Kroatien zurück. Er betrachtete es ohnehin nicht als seine Heimat, denn das war Jugoslawien. Doch das begann sich unter seinen Füßen aufzulösen.

Jovićs Voraussage, daß der 25. Januar der Tag sei, der den Verlauf der jugoslawischen Geschichte veränderte, war weitblickend gewesen. Er wußte besser als jeder andere (mit Ausnahme von Milošević), was wirklich geschah. Kadijevićs Zögerlichkeit und seine Weigerung, ohne politische Autorität zu handeln, spielten Milošević in die Hände. Jović hatte von Špegeljs Waffenschmuggel und -verteilung bereits seit Mitte Oktober gewußt. Es hatte fast vier Monate gedauert, diesen bedeutungslosen Kompromiß zu finden. Während dieser Zeit hatten die Bundesbehörden an keinem Punkt einen ernsthaften Versuch unternommen, die Bewaffnung der Kroaten zu verhindern und die Grenzen durch Anweisungen an den jugoslawischen Grenzschutz unter Kontrolle zu bringen. Milošević hatte bereits entschieden: Wenn Jugoslawien nicht gerettet und zentralisiert werden konnte, dann konnten die Kroaten, wie die Slowenen, gehen. Aber es würde ihnen nicht erlaubt werden, jene Teile ihrer Republik zu behalten, die Miloševićs Männer als serbisches Territorium betrachteten. Die aufständischen Serben in der Krajina gerieten mehr und mehr unter den Schutz Belgrads und die Kontrolle Slobodan Miloševićs.

9. Kapitel

„Wenn wir schon nicht wissen, wie man arbeitet, so wissen wir doch, wie man kämpft“

Der entscheidende Monat

März 1991

Der März war der entscheidende Monat. Milošević brachte das Land auf Kriegskurs.

* * *

Panzer rollten über den Bulevar Revolucije. Mehrere Feuer brannten in unmittelbarer Umgebung des Bundesparlaments. Der Wind fuhr durch zerbrochene Fensterscheiben. Öfter waren Schreie zu hören, als die Polizei durch Belgrad patrouillierte und immer wieder wahllos Passanten verprügelte oder festnahm. Die Stadt stank nach Tränengas. Branivoj Milinović, ein siebzehnjähriger Student, lag in einer Blutlache. Ein Trupp von fünfzehn Polizisten hatte ihn nur wenige Meter vom Büro von Slobodan Milošević entfernt erschossen. Die Polizisten rächten damit einen ihrer Kollegen, der von aufgebrachten Demonstranten zu Tode gesteinigt worden war.

Es war ein chaotischer, beängstigender Tag, als das Belgrader Regime seinen Zorn in den bisher ruhig gebliebenen Straßen Belgrads ausließ. An jenem Samstag, dem 9. März 1991, wurde erstmals klar, daß Milošević nicht zögerte, zur Machterhaltung auch gewaltsam gegen seine eigene Bevölkerung vorzugehen. Nur vier Jahre, nachdem er den Serben im Kosovo verkündet hatte: „Niemand soll es wagen, euch zu schlagen“, schickte er die Panzer in seine eigene Hauptstadt. Seine eiserne Faust stand in starkem Gegensatz zur Morgenröte der Demokratie, die anderswo in Osteuropa aufschimmerte. In Wahrheit war dieser Gewalteinsatz schon lange vor jener regierungskritischen Demonstration, die ihn angeblich provoziert haben soll, geplant gewesen. Borisav Jović, der damalige Präsident der kollektiven Führung Jugoslawiens, hatte seinen telefonischen Rundruf, mit dem er sich die

Zustimmung der anderen Präsidiumsmitglieder für den Armee-Einsatz holte, lange vor Ausbruch der ersten Gewalttätigkeiten gemacht.

Die Umstände dieses Blutvergießens waren von langer Hand vorbereitet. Das Innenministerium hatte in letzter Minute eine Protestkundgebung gegen die Kontrolle der Medien durch die Regierung untersagt. Hundertschaften der Polizei mit Hunden, Pferden und Panzerfahrzeugen zogen einen Ring um Belgrad, um die Hauptstadt Serbiens abzuriegeln. Das Demonstrationsverbot wurde im sicheren Wissen verhängt, daß sich die meisten Menschen darüber hinwegsetzen würden. Samstag zu Mittag hatten sich etwa 40.000 auf dem *Trg Republike*, dem zentralen Platz der Stadt, versammelt. Die meisten waren Anhänger von Vuk Drašković, dem charismatischen, bärtigen Oppositionsführer und Vorsitzenden der nationalistischen Serbischen Erneuerungsbewegung (SPO). Drašković hatte wegen seiner Fähigkeit, die Massen anzulocken, den Spitznamen *Kral Trgova* (König der Plätze). Darin war er noch besser als Milošević. Er war aber auch das Hauptziel einer ausgefeilten, staatlichen Verleumdungskampagne, die sich gegen jeden richtete, der als Herausforderer von Milošević auftrat. Unter einer Unzahl anderer absurder Vorwürfe beschuldigte das staatliche Belgrader Fernsehen Drašković einer Verschwörung zur Destabilisierung Serbiens in einer unheiligen Allianz mit dem „wiederauferstandenen Ustascharegime" des kroatischen Präsidenten Franjo Tudjman.[71]

Das Belgrader Fernsehen war fest in Miloševićs Hand. Es war für ihn das ideale Werkzeug, Haß gegen die „Feinde des serbischen Volkes" zu schüren – erst gegen die Kosovo-Albaner, dann gegen die Slowenen und schließlich gegen die Opposition in Serbien selbst. Nach seinem überwältigenden Sieg bei den ersten freien Wahlen in Serbien setzte Milošević den Gebrauch des Fernsehens als seine persönliche Propagandamaschine einfach fort und verweigerte der Opposition jegliche Sendezeit. Für die antikommunistischen Demonstranten symbolisierte das Fernsehen Miloševićs absolute Macht in Serbien.

Die Oppositionsführer riefen vom Balkon des Nationaltheaters aus nach Pressefreiheit, als die Polizei anmarschierte. Drašković bot ein eindrucksvolles Bild mit seiner langen, schwarzen Mähne und dem wehenden Bart. Er rief die Bolschewisten auf, radikalen Veränderungen Platz zu machen, er verlangte Pressefreiheit und eine unabhängige Justiz. Die Polizei versuchte, die Menge mit Wasserwerfern und Tränengas zu zerstreuen. Drašković rief seine Anhänger zum Widerstand auf und feuerte sie mit „Angriff! Angriff!“ an, Sekunden nachdem mehrere Polizeikordone in voller Rüstung gegen die Demonstranten losmarschiert waren. Die Demonstranten rissen Zäune nieder und bewaffneten sich mit Eisenstangen. Vergeblich appellierte Drašković an die Sicherheitskräfte, sich mit dem Volk gegen das Regime zu stellen.

Die Polizei trat vorerst den Rückzug an. Die Demonstranten im Stadtzentrum fühlten sich mehrere Stunden lang als die Sieger. Sie schlugen Fenster ein und ließen im Serbischen Präsidium, dem Amtssitz von Milošević, keine einzige Glasscheibe intakt. Aber die Demonstranten wußten nicht, was sie als nächstes tun sollten. Nachdem sie einige Feuerwehrfahrzeuge unter ihre Kontrolle gebracht hatten, versammelten sie sich vor dem serbischen Parlament. Drinnen versuchten die Oppositionsführer, mit Milošević oder irgend jemandem aus seiner Regierung in Kontakt zu treten.

Milošević war in Dobanovci, einer Militäranlage außerhalb von Belgrad. Er wußte, daß nun der Zeitpunkt zum Handeln gekommen war, und rief Jović an, der als Vorsitzender des Staatspräsidiums auch Oberbefehlshaber der Streitkräfte war. Er sagte, Jović solle Panzer in die Stadt schicken. Nervös verfolgte er den weiteren Verlauf der Demonstration.

Auch die JVA-Generäle hatten die Ereignisse genau mitverfolgt. Sie waren gespalten. Verteidigungsminister Kadijević wollte vermeiden, aus der Armee eine weitere Polizeieinheit machen zu lassen. Ein Tonbandmitschnitt des Geheimdienstes belegt andererseits, daß der klobige Stabschef, General Blagoje Adžić, mit den Polizeioberen brüllte und ihnen befahl, die Demonstranten ordentlich zu verprügeln.

Jović benötigte eine Stimmenmehrheit im Staatspräsidium, um die Armee einsetzen zu können. Nacheinander rief er jene Präsidiumsmitglieder an, von denen er sich Unterstützung für Miloševićs Forderung nach einer Militärintervention erwartete.[72] Nach den Vertretern von Kosovo, Vojvodina und Montenegro, die Milošević vertraten, rief er den Mazedonier Vasil Tupurkovski an, um die entscheidende fünfte Stimme zu sichern, und bat: „Vasil, wir müssen die Armee auf die Straßen schicken und Stärke demonstrieren. Was andernfalls in Belgrad passieren könnte, ist äußerst schlecht für die Stabilität und Sicherheit des Landes.“ Der mazedonische Politiker erklärte, daß die Anrufe von Jović bereits am Vormittag eingesetzt hätten, mehrere Stunden, ehe die Demonstration außer Kontrolle geriet. Die Anrufe wurden immer nervöser: „Jović rief jede halbe Stunde an und wollte meine Stimme. Etwa zu Mittag sagte mir Jović: Vasil, ich habe fünf Stimmen. Gib mir deine Stimme, wir wollen handeln", berichtete Tupurkovski später. Nach seinen eigenen Angaben begann Jović „um elf oder zwölf – als sie das Verteidigungsministerium angriffen", mit den Anrufen. Aber sein Gedächtnis läßt ihn in diesem Punkt im Stich: zu Mittag war die Menschenmenge nicht einmal in der Nähe des Ministeriums.

Bogić Bogićević ein projugoslawischer Serbe, der Bosnien im Präsidium vertrat, stimmte ebenfalls für den Einsatz. Aber er beharrte später darauf, daß Jović ihm gegenüber nie das Wort „Panzer" erwähnt, sondern nur von einer Zustimmung des Präsidiums zur Sicherung wichtiger Gebäude geredet habe. Trotz ihrer Stimmabgabe waren der bosnische und der mazedonische Vertreter mißtrauisch gegenüber den Tricks von Jović. Tupurkovski erinnerte sich:

Wir hatten schon ein gutes halbes Jahr Erfahrung mit Jović und seinen zahlreichen Manövern, unseren Status als Präsidiumsmitglieder zu mißbrauchen. Besonders auf Bogićević und mich versuchte er häufig Druck auszuüben. Wir standen seinen Initiativen also sehr vorsichtig gegenüber.

Während die Panzer durch die Straßen rollten, machte die Polizei Razzien in der unabhängigen Radiostation B-92 und im Studio B, dem einzigen Fernsehsender, der nicht in Regierungshand war. Beide berichteten über die Demonstration. „Die serbische Führung hat die Entsendung von Armee-Einheiten gefordert, weil der Großteil der Polizeikräfte im Kosovo engagiert ist", sagte das Staatspräsidium in einer Erklärung, warum die Armee statt der Polizei zum Einsatz gekommen war.

Drašković war im Parlament, als er verhaftet wurde.

Einer der Sicherheitsleute fragte mich, ob ich heute schon etwas gegessen hätte. Er sagte, zum Abendessen sei ich schon zu spät dran und das Frühstück wäre sehr schlecht im Zentralgefängnis. Er bot mir an, ein Sandwich, Joghurt und Zigaretten zu kaufen. Er hieß Naser Orić. (Orić, der als Mitglied der serbischen Sicherheitskräfte auch als Leibwächter von Milošević eingesetzt war, wurde später als Anführer der moslemischen Verteidiger der ostbosnischen Enklave Srebrenica bekannt.)

Dann wurde Drašković abgeführt und ins Gefängnis gebracht.

* * *

Miloševićs brutales Vorgehen schockierte Belgrad. Über Panzer im Kosovo zu lesen war eine Sache, aber sie in den eigenen Straßen im Einsatz zu sehen, war etwas anderes. Die Kompromißlosigkeit von Milošević machte die Sache nur noch schlimmer. Er sah keine Veranlassung, der Opposition Konzessionen zu machen. Diese wiederum versuchte, die öffentliche Entrüstung auszunützen. Seine eisige Fernsehansprache noch am Samstagabend demonstrierte ebenso wie die Panzer seine ungebrochene Entschlossenheit, unangefochtener Führer zu bleiben. Vermutlich war die Rede auch ein geschickter Versuch, die Öffentlichkeit psychologisch auf die Verhängung des Ausnahmezustandes vorzubereiten:

Heute wurde das höchste Gut, das unser Land und unser Volk besitzen, in Gefahr gebracht. Unser Friede war in Gefahr. Der Friede ist die Grundvoraussetzung, ohne die wir keines unserer Probleme lösen können, und wir haben viele Probleme.

Deshalb muß Serbien den Kräften des Chaos und des Wahnsinns mit allen verfassungsmäßigen Mitteln entgegentreten. Ich bitte und verlange von allen Bürgern Serbiens, daß sie ihren Beitrag zum Frieden und zur Aufrechterhaltung der Ordnung leisten, indem sie mit den Behörden zusammenarbeiten.

Er verlangte also, daß sich die Menschen auf die Seite des Staates stellen. Das war sein letzter Strohhalm. Sonntag abend durchbrachen tausend Studenten aus *Studentski Grad*, dem größten Universitätsgelände in Belgrad, die Polizeisperren und marschierten auf das Stadtzentrum zu. Die Polizei mit ihren Helmen, Gasmasken und Schilden schien eher für einen Krieg gerüstet als für die Bändigung unbewaffneter Studenten. In Wolken von Tränengas gehüllt, versuchten sie, die Studenten mit ihren Schlagstöcken auseinanderzutreiben. Aber um etwa Mitternacht kamen weitere Hunderte Studenten aus ihren Heimen in der ganzen Stadt ins Zentrum zum Hotel *Moskva*.

Die Studenten hatten Milošević überrascht. Während dieser ersten kalten Nacht blieb die Polizei in voller Bereitschaft, sich auf die Handvoll Unentwegter zu stürzen, die beim Gründerzeitbrunnen auf den *Terazije* kampierten. Doch aus irgendwelchen Gründen hielten sie sich zurück und blieben stumm, aber bedrohlich in der Nähe. Die Studenten stellten folgende Forderungen: die Freilassung von Vuk Drašković, die Entlassung des Fernsehchefs Dušan Mitević und des Innenministers Radmilo Bogdanović, den die Studenten für die Unruhen des vorangegangenen Tages verantwortlich machten.

Während der nächsten Wochen nahmen Tausende Angehörige der liberalen Belgrader Elite zum letzten Mal öffentlich und gemeinsam Stellung. Mit Liedern wie „Give Peace A Chance" ließen sie ein letztes, flüchtiges Mal noch jene Atmosphäre der Toleranz auferstehen, die früher das Leben in Belgrad bestimmt hatte, die unter dem Regime von Milošević jedoch abhanden gekommen war. Die Stadt schien noch einmal wie verwandelt. Wildfremde Menschen brachten den Studenten, die frierend auf den *Terazije* demonstrierten, Decken und Lebensmittel vorbei. Jeden Abend kamen Professoren, Schriftsteller und Schauspieler und sprachen von dem Podium, das auf dem Brunnen aufgebaut worden war, zu der versammelten Menge von Neugierigen und Passanten.

Dieses *Terazije*-Forum war ein Stachel im Fleisch von Milošević. Prominente nationalistische Intellektuelle, wie Matija Bećković, der Vorsitzende des Schriftstellerverbandes, wandten sich gegen ihn. Unterstützungstelegramme aus anderen serbischen Städten, in denen ebenfalls Protestkundgebungen stattfanden, wurden verlesen. Eine Solidaritätsbotschaft aus Zagreb wurde mit lautem Enthusiasmus begrüßt.

Patriarch Pavle von der Serbisch-Orthodoxen Kirche erntete hingegen Schmähungen, als er die Studenten zur Aufgabe ihres Protestes bewegen wollte. Milošević hatte den gebrechlichen, siebzig Jahre alten Priester davon überzeugen können, daß es unweigerlich zu Zusammenstößen kommen würde. Er hatte Pavle eingeredet, daß eine Gegendemonstration die Studenten wegprügeln würde.[73] Doch die Demonstranten, die in gewohnter Manier per Bus herbeigekarrt wurden und sich in dem Park, wo die Save in die Donau mündet – *Ušće* genannt –, versammelten, waren zu alt, zu müde und zu wenige, um den Kampf gegen die Studenten aufzunehmen. Pavle kehrte wieder zur Studentendemonstration zurück, bat um Vergebung und sagte, er wäre getäuscht worden. *„Kinder auf den Terazije, Eltern im Ušće"*, lautete am nächsten Tag die Schlagzeile der unabhängigen Belgrader Tageszeitung *Borba*.

Zehntausende Menschen pilgerten zu den *Terazije*. Alle waren sie überzeugt, daß Jugoslawien vom Rand des Abgrunds weggezogen werden müßte. Nur wenige begriffen, wie rasch das Land auf seinen gewaltsamen Zusammenbruch zuraste. Am 11. März zeigte Milošević erste Anzeichen von Schwäche. Er beschuldigte die Demonstranten bei einer Krisensitzung des serbischen Parlaments, eine Revolution im rumänischen Stil zu machen:

Sie versuchen, Serbien zur Preisgabe von Jugoslawien zu zwingen und sich dem Diktat des Nordwestens zu unterwerfen, Jugoslawien in so viele Staaten aufzuteilen, wie es Republiken gibt. Serbien würde damit jenes politische Ideal aufgeben, mit dem es in die Schaffung von Jugoslawien eingewilligt hat.

Die sozialistischen Abgeordneten (Exkommunisten), die 194 der 250 Sitze einnahmen, applaudierten frenetisch.

Durch die Demonstrationen entnervt, versuchte es Milošević zunächst mit Schadensbegrenzung. Das Regime befürchtete, die Studenten könnten mit ihrer Stimmung ganz Serbien anstecken. Der serbische Präsident beschloß, die wichtigsten Studentenvertreter und Oppositionsführer zu empfangen. Žarko Jokanović, ein sechsundzwanzigjähriger Student, war mit dabei, als diese Gruppe am 11. März in einen großen Saal gebeten wurde, in dessen Mitte nur ein riesiger Tisch stand: „Das war luxuriös und einem Zaren angemessen."

Durch die enorme Ausdehnung der Tischplatte von seinen Besuchern getrennt, schien Milošević sie vorerst gar nicht wahrzunehmen. Dann warnte er die Studenten unvermittelt, daß sie den Ustaschen und den albanischen Separatisten in die Hände arbeiteten. „Die Leute sollten die Dinge nicht destabilisieren in Zeiten, in denen wir versuchen, die wiederauferstehenden faschistischen Kräfte der Ustascha, der albanischen Sezessionisten und aller anderen Kräfte der antiserbischen Koalition, die die Freiheit und die Rechte unseres Volkes einschränken wollen, zu bekämpfen."

Die Studenten stellten ihre Forderungen. Milošević wiederholte mehrmals, daß es nicht in seiner Macht stehe, diese Forderungen durchzusetzen – ein Satz, der zu seinem Markenzeichen werden sollte. Jokanović blickte ihn an, so hart er konnte, und fragte: „Sind Sie gegenwärtig überhaupt für irgend etwas in diesem Land verantwortlich? Sie benehmen sich wie die Königin von England, wo Sie doch die Macht eines russischen Zaren haben."

Der serbische Präsident saß regungslos da. Dann fragte ihn der stachelhaarige Jokanović, ob er gestern abend die Fernsehnachrichten gesehen habe: „Das hätte einen Bürgerkrieg auslösen können." Die Atmosphäre war angespannt. Milošević verbarg seine Angreifbarkeit. Dann bat Tihomir Arsić, ein junger Schauspieler, der durch seine Tito-Darstellungen berühmt geworden war, um Erlaubnis, das Fenster zu öffnen. Plötzlich füllte sich der Saal mit den Sprechchören der Demonstranten, die „Slobo, Saddam" riefen und ihn mit dem irakischen

Diktator verglichen, der die ganze Welt herausgefordert und sein Land in die Isolation getrieben hatte. Milošević gab vor, nicht zu hören. Jokanović zeigte ihm ein Bild von Milinović, der während der Demonstration getötet worden war. „Ist in Ihnen noch irgend etwas Menschliches übriggeblieben?" Der serbische Präsident wurde hochrot, sagte aber nichts.

Ein paar Straßenzüge weiter versuchten Belgrads Techniker der Macht zur selben Zeit, den Ausnahmezustand für ganz Jugoslawien durchzudrücken. Jović berief für den 12. März eine Krisensitzung des Bundespräsidiums ein, aber nicht, um über die Demonstrationen zu sprechen, sondern darüber, warum der Befehl zur Entwaffnung der slowenischen und kroatischen Paramilitärs, den das Präsidium am 25. Januar gegeben hatte, nicht ausgeführt worden war. Er trat spätabends im Fernsehen auf und berief das Präsidium erstmals in der Geschichte in Form eines öffentlichen Aufrufs ein. Das war eine beabsichtigte Maßnahme, durch zusätzliche Dramatik die Unruhe in der Bevölkerung zu schüren, indem er ominös andeutete, daß er nunmehr in seiner Rolle als Oberbefehlshaber der Streitkräfte fungiere. Die politische Temperatur stieg beträchtlich. Auf den *Terazije* verbreiteten sich die Gerüchte über einen Staatsstreich. Sie waren wohlfundiert. Jović plante eine Wiederholung dessen, was ihm im Januar nicht gelungen war: Das Staatspräsidium sollte einer Machtübernahme durch das Militär zustimmen. „Nach allem, was am vergangenen Wochenende geschehen ist", sagte Jović, „war das unsere letzte Chance."

Janez Drnovšek, der Vertreter Sloweniens im Staatspräsidium, erschien nicht zu der Sitzung, weil er befürchtete, festgenommen zu werden. Dem Vertreter Kroatiens, Stipe Mesić, gefiel es gar nicht, daß ihn eine Gruppe von JVA-Offizieren erwartete, als er beim Präsidiumsgebäude, dem üblichen Tagungsort, einlangte. Sie sagten ihm, er solle sich in einen Militärbus setzen, der im Hof bereitstand. Mesić interpretierte das als eine Verhaftung. Er kletterte hinein und setzte sich ganz hinten in den Bus, in dem auch schon andere Mitglieder des höchsten staatlichen Organs Platz genommen hatten. Die ganze Fahrt über kauerte er, in seinen Mantel gehüllt, mit gesenktem Kopf in seinem Sitz. Er kämpfte gegen die Angst. Die Politikergruppe wurde nach Topčider gebracht, wo das Staatspräsidium im Kriegsfall zusammentreten sollte. Als sie dort ankamen, fragte Mesić den Verteidigungsminister General Kadijević, der sie erwartete, laut von ganz hinten durch den Bus: „Stehen wir unter Arrest?"

Der General war irritiert und antwortete, daß die Armee nie gegen die Verfassung handeln würde. Mesić, der immer noch nervös war, versuchte einen Scherz: „Nimm's dir nicht zu Herzen, Veljko. Ich wollte es nur von dir hören."

Dann folgte eine makabre Sitzung, die gefilmt und später als JVA-Produktion unter dem Titel *„Wer verriet Jugoslawien?"* im serbischen Fernsehen gezeigt wurde. Die Führer des Landes saßen bei Temperaturen nahe dem Gefrierpunkt im Kommandobunker der Armee um einen nackten Tisch herum und diskutierten, ob sie über ganz Jugoslawien den Ausnahmezustand verhängen sollten. Einige hatten sich Militärmäntel umgehängt, andere zitterten vor Kälte. Der mazedonische Abgesandte Vasil Tupurkovski zweifelte keine Sekunde daran, warum die Sitzung an diesen ungewöhnlichen Ort verlegt worden war. „Das Staatspräsidium wurde nach Topčider gebracht, um eingeschüchtert zu werden", sagte er, und „um vor den Militärs zu zittern."

„Es war saukalt und ein bißchen unheimlich", erinnerte sich Mesić später. „Das zeigte klar, daß sie uns in die Knie zwingen wollten." In den JVA-Kasernen am Stadtrand von Belgrad begannen die Panzerfahrer bereits mit dem Aufwärmen der Motoren – sie warteten nur noch auf den Marschbefehl.

Jović hoffte, daß er sein Ziel durch die Abwesenheit von Drnovšek leichter erreichen würde: er brauchte eine Stimmenmehrheit, um den Ausnahmezustand auszurufen. Damit wäre Milošević politisch gerettet, und die kroatischen Polizeikräfte könnten entwaffnet werden. Er wußte, daß er auf seine Verbündeten, Nenad Bućin aus Montenegro und Jugoslav Kostić aus der Vojvodina, voll zählen konnte. Er brauchte insgesamt fünf, also nur noch zwei zusätzliche Stimmen: jene von Riza Sapunxhiu aus dem Kosovo, der gerade aus dem Spital entlassen worden war, und die von Bogić Bogićević, einem serbischen Volksgenossen, der für Bosnien-Herzegowina im Präsidium saß. Doch er wußte, daß sie nicht leicht umzustimmen sein würden.

Kadijević erfüllte seinen Part, indem er alptraumhafte Bilder aus dem Zweiten Weltkrieg beschwor. „Alle möglichen Feinde des Sozialismus und eines vereinigten Jugoslawien sind wieder aufgetaucht. Wir haben es mit Kräften der Ustascha, der Tschetniks, Albaner und Weißgardisten zu tun. Wir kämpfen gegen denselben Feind wie im Jahr 1941."[74]

Die beiden ersten Stimmabgaben waren keine Überraschung. Mesić und Tupurkovski sagten sofort, es gebe keinen Grund, den Ausnahmezustand zu erklären. Jović war verärgert über den Seitenhieb von Mesić, der gemeint hatte, damit wolle die serbische Führung nach den Demonstrationen lediglich wieder ihre Macht festigen. Tupurkovski durchschaute diesen Versuch von Jović, einen Beschluß durchzudrücken, der einem legalen Staatsstreich gleichkam:

Das war ein Antrag auf einen legalen Militärcoup. Legal, weil er vom Staatspräsidium, das die Befugnis dazu hatte, beschlossen war. Ein Coup, weil die Armee der Hauptakteur, der entscheidende Faktor sein sollte.

Tupurkovski war nicht nur in seiner Heimatrepublik Mazedonien, sondern in ganz Jugoslawien ein äußerst beliebter Politiker. Wegen seiner Vorliebe für zwanglose Kleidung wurde er *Džemperovski* (Pullovermann) genannt. Er war dick und leutselig und ein Politiker zum Anfassen. Trotz seines Status benutzte er aus Gewohnheit die öffentlichen Verkehrsmittel statt der schwarzen deutschen Limousinen, die Jugoslawiens politische Führung bevorzugte. Er stimmte gegen den Vorschlag von Jović und meldete sich dann zu Wort, um warme Kleidung für jene zu verlangen, die unvorbereitet zu einer Sitzung unter solchen Temperaturbedingungen erschienen waren.

Sapunxhiu, der Delegierte aus dem Kosovo, war als nächster dran. Er war krank und verängstigt und stimmte mit Ja. Nun hatte Jović vier Stimmen. Es fehlte ihm nur noch eine, um den Ausnahmezustand zu verhängen. Die ganze Entscheidung hing jetzt von Bogić Bogićević ab.

Bogićević blieb stumm. Augenblicke lang schien er wie gelähmt, nicht fähig, sich zu entscheiden. Der cholerische Jović herrschte ihn an, sich zu beeilen und seine Stimme abzugeben. Der Mann aus Sarajevo überlegte lange.

Wie sein Kollege aus Serbien versuchte auch er, eine legale Handlungsgrundlage, die mit der Verfassung konform war, zu finden. Er sträubte sich dagegen, ein Verfahren abzusegnen, das die rechtmäßig gewählten Präsidenten der sechs Republiken überging. Jović bestand darauf, daß das Präsidium das Recht habe, den Ausnahmezustand auch ohne die Regierungen der Republiken zu verhängen. Er argumentierte, daß jede Regelung, die dem widerspreche, lediglich internen Charakter habe und daher auch vom Präsidium geändert werden könne. Bogić gab aber nicht nach. Er weigerte sich, seine Stimme abzugeben. Nach ausführlichem Schweigen sagte er: „Ich kann nicht abstimmen."

Nun wurde Kadijević zornig und sagte, die JVA werde zu den Waffen greifen, egal, was die Politiker entscheiden. „Die JVA hat beschlossen, unbeschadet der hier getroffenen Entscheidungen die Macht zu übernehmen, um den Bürgerkrieg zu beenden. Wir nehmen unsere Aufgabe wahr."

„Kadijević, deine persönliche Armee wird uns in den Bürgerkrieg führen", gab Mesić zurück.

„Ich mache euren Zirkus nicht mehr mit", bellte Kadijević und stürzte aus dem Raum.

Die Debatte ging im Kreis. Nach einer halben Stunde kam Kadijević wieder herein und warnte vor einem bevorstehenden Krieg. Die Serben, sagte er, würden ohnehin während der nächsten zwei Wochen ihre eigene Armee aufstellen.

Jović drohte den halsstarrigen Präsidiumsmitgliedern mit seinem Rücktritt – er weigere sich, „Entscheidungen, die zur Auflösung des Staates führen, mitzutragen".

Es war offensichtlich, daß sie sich über nichts mehr einigen konnten – am allerwenigsten über die Zukunft Jugoslawiens. Die serbische Führung war jedenfalls fest entschlossen, ihre Pläne durchzusetzen.

Noch am selben Abend entsandte Jović in seiner Funktion als Oberkommandierender der Streitkräfte Kadijević nach Moskau, um den dortigen Verteidigungsminister Jasow zu treffen. Diese Reise wurde vor den anderen Präsidiumsmitgliedern geheimgehalten.

* * *

Drei Monate zuvor war Admiral Branko Mamula nach London, General Blagoje Adžić nach Paris und Admiral Stane Brovet nach Moskau gefahren. Sie hatten Unterredungen geführt, um abzuschätzen, wie die internationale Gemeinschaft auf einen Militärcoup in Jugoslawien reagieren würde. „Nach genauer Abwägung kam die Armee zu dem Schluß, daß Großbritannien und Frankreich keine Einwände hätten", erzählte Mamula. Rußland war mit dem Plan einverstanden, betonte aber, daß es keine öffentliche Unterstützung geben würde.

„Wir wollten ihre Einschätzung hören, ob der Westen intervenieren würde oder nicht, falls wir die kroatischen Paramilitärs gewaltsam entwaffnen. Es war gar keine Frage – der Westen würde nicht eingreifen", erzählte Mamula. Premierminister Marković sollte erst Monate später herausfinden, daß sein Verteidigungsminister in Moskau Geheimgespräche geführt hatte. Kadijević kehrte zwei Tage später zurück und war zur Auffassung gelangt, daß sich Präsident Gorbatschow nicht mehr lange halten würde. Wenn Jugoslawien nur noch ein bißchen länger durchhalten könnte, würde es mit dem Kommunismus in der Sowjetunion wieder aufwärtsgehen.

Am nächsten Tag, dem 13. März, gaben sich die Studenten kurz der Illusion hin, sie hätten gesiegt. Drašković wurde freigelassen. Vor der riesigen Menschenmenge auf den *Terazije* forderte er „Freiheit für Serbien". Doch Drašković sollte bald erkennen, daß er im Gefängnis mächtiger gewesen war als außerhalb. Um die Studenten von den Straßen wegzubekommen, entließ Milošević den Fernsehdirektor Dušan Mitević und vier Chefredakteure des Belgrader Fernsehens. Innenminister Bogdanović, der noch vor zwei Tagen gesagt hatte, er denke nicht daran, zurückzutreten, reichte seine Demission ein. Milošević sagte zu, einen parlamentarischen Untersuchungsausschuß einzusetzen, der die Polizeiaktionen vom 9. März untersuchen solle.

Während der nächsten drei Jahre blieb Milošević von Massenunruhen verschont. Der brutale Polizeieinsatz schien darauf hinzuweisen, daß Milošević keine politische Opposition neben sich duldete, obwohl er freie Wahlen zugelassen hatte. Das eigentliche Ziel der Polizeiübergriffe blieb der Öffentlichkeit jedoch verborgen. Die *Terazije*-Demonstration verwandelte sich in eine gigantische Mittelschüler-Party.

Am 14. März trat das Staatspräsidium erneut zusammen. Mesić, der diesmal Schützenhilfe vom Slowenen Drnovšek erhielt, trieb seine Auseinandersetzungen mit Jović weiter. Die Vertreter der beiden nordwestlichen Republiken insistierten, daß jedes Vorgehen der Armee das Land in blutige Kämpfe stürzen würde. Das Präsidium verweigerte neuerlich die Zustimmung zu Jovićs Plänen. Jović und seine Verbündeten waren fuchsteufelswild. Doch Jović hatte für diesen Fall noch einen letzten Ausweg geplant: Wenn das Präsidium ihn nicht unterstützte, dann würde er es eben auflösen. Eine Stunde später tauchte Jović auf den Fernsehschirmen auf und setzte seinen Plan in die Tat um. Er trat als Staatschef zurück, weil „wesentliche Kräfte im Jugoslawischen Staatspräsidium sich nicht um die Souveränität, die Unabhängigkeit und die territoriale Integrität des Staates scheren", und er erklärte, er sei „nicht gewillt, an Entscheidungen teilzunehmen, die zur Zerstörung des Staates beitragen". Bućin und Kostić taten, wie befohlen, das gleiche und traten noch am selben Abend – mit etwas weniger Pomp als Jović – von ihren Funktionen zurück.

Die Verstümmelung des Präsidiums schuf ein Machtvakuum, und die serbische Führung hoffte und erwartete, daß die Armee dieses

Vakuum füllen würde. Jović trat exakt deshalb zurück, damit die einzige Körperschaft, die einen Armeeputsch verhindern konnte, nicht länger funktionierte. Am Abend des 15. März hieß es in einer Erklärung des Oberkommandos: „Die Armee behält sich weitere Maßnahmen vor, nachdem ihre Vorschläge zur Verhinderung bewaffneter ethnischer Konflikte und eines Bürgerkriegs vom Staatspräsidium mehrheitlich abgelehnt wurden."

* * *

Am nächsten Tag erklärte Milošević: „Jugoslawien ist vorbei", und er kündigte an, daß Serbien sich den Bundesorganen nicht länger verpflichtet fühle. Das kam einer Deklaration der Sezession Serbiens gleich. In einer Rede an die Nation sagte er: (Ich habe)

... die Mobilisierung der Reservisten von Spezialeinheiten und die dringliche Bildung zusätzlicher serbischer Milizen befohlen. Jugoslawien ist in das letzte Stadium seiner Agonie eingetreten ... Die Republik Serbien wird keine einzige Entscheidung mehr anerkennen, die das Staatspräsidium unter den augenblicklichen Voraussetzungen trifft, weil das illegal wäre.

Milošević warf auch der Bundesarmee den Fehdehandschuh hin, indem er die Gründung seiner eigenen Spezialeinheiten ankündigte und bei seinen weiteren Entscheidungen die Bundesinstitutionen umgehen wollte. Kurz gesagt, er war dabei, genau dasselbe zu tun, was er seinen Widersachern in den nordwestlichen Republiken vorwarf. Er vollzog die Abschlußarbeiten an seinem Plan, das Land in Aufruhr zu stürzen. Die aufständischen Anführer der Krajina-Serben in Knin erklärten sich von Kroatien unabhängig mit der Begründung, der Rücktritt von Jović sei der Beweis dafür, daß Zagreb und Ljubljana Jugoslawien zugrunde richten wollten. Milošević konnte nur darauf hoffen, daß Tudjman seine Spezialeinheiten dorthin schicken würde, um der Armee den Grund für eine Intervention und die Ausrufung des Kriegsrechts zu liefern.

Das gehorsame serbische Parlament, in dem Miloševićs Sozialisten eine bequeme Zweidrittelmehrheit besaßen, wählte den unbotmäßigen Sapunxhiu aus seiner Funktion als Vertreter des Kosovo im Staatspräsidium ab. Doch das Präsidium, das nunmehr aus Mesić, Drnovšek, Tupurkovski und Bogićević bestand, nahm Sapunxhius Rücktritt nicht an. Die vier argumentierten, das serbische Parlament habe kein Recht, ihn zu entfernen. Milošević setzte sich aber schließlich doch noch durch. Statt Sapunxhiu, einem ehemaligen Beamten der Weltbank, wurde der loyale Sejdo Bajramović ernannt, der Vorsitzende des Veteranenverbandes im Kosovo, der in seiner Freizeit eine Spielhalle leitete.[75]

Während die Öffentlichkeit noch den Schock zu verdauen hatte, wurden Serbiens Gemeindevorsteher zu einer wichtigen Versammlung einberufen. Noch ehe der Tag graute, vollzogen serbische Ortspolizisten eine ungewöhnliche Aufgabe. Sie riefen alle 200 serbischen Bürgermeister an und informierten sie, daß sie an diesem Tag eine wichtige Nachricht zu erwarten hätten. Bald danach wurde jedem von ihnen ein Telegramm überbracht, das sie für 18 Uhr in das serbische Parlament bestellte. Slobodan Djukić, der Bürgermeister von Valjevo, der als einziger der Opposition angehörte, beschrieb den Auflauf, den die 200 schwarzen Limousinen vor dem Parlament verursachten. Doch die Verwirrung im Inneren des Gebäudes stellte das noch bei weitem in den Schatten.

Jeder glaubte, das Geheimtreffen sei wegen Jovićs Rücktritt und den damit notwendig gewordenen weiteren Maßnahmen einberufen worden. Djukić stellte den ganzen Tag Spekulationen an. Als er sich am Vormittag von seiner Familie verabschiedete, keimte in ihm sogar der Verdacht auf, daß man ihn in Belgrad verhaften würde. Doch Bora Petrović, der stellvertretende Parlamentsvorsitzende, versuchte nach ihrer Ankunft sofort, alle Spekulationen über einen bevorstehenden Ausnahmezustand zu zerstreuen.

„Es hatte den Anschein, als ob jene Politiker, die die Sitzung einberiefen, keine Ahnung hätten, worum es eigentlich gehen sollte“, erzählte Djukić über die Zusammenkunft. Er erinnerte sich, daß die ersten Redner irgendwelchen Nonsens über die Wirtschaft von sich gaben. Die Bürgermeister brachen in Protestgejohle aus. „Ihr, Genossen“, sagte Jovan Cvetković aus Svetozarevo, „habt uns Hunderte Kilometer weit hergeholt, um uns dieselben Dinge zu erzählen, die wir auch in der Zeitung lesen können?“ Sie waren wütend, daß Milošević nicht da war, um sie zu treffen.

Die verärgerten Bürgermeister begannen die Versammlung wieder zu verlassen. Cvetković führte die Revolte.

Ich fragte den Vorsitzenden, was das alles sollte – Jugoslawien war in Auflösung begriffen, und wir sollten wichtige Informationen erhalten, aber aus den Exekutivorganen war niemand erschienen. „Wo ist Herr Milošević, wo ist der Premierminister?“

Schließlich sagte Slobodan Unković, der Parlamentssprecher, er werde ein Treffen mit Milošević urgieren. Die Sitzung wurde für eine Stunde aufgeschoben. Auf der dann folgenden Geheimsitzung machte Milošević klar, daß er beabsichtige, die Kroaten und Slowenen loszuwerden. „Nach der Sitzung verstand ich, daß er ein Jugoslawien ohne die Katholiken bilden wollte", erzählte Djukić. An diesem Abend und während der nächsten Woche enthüllte Milošević seine Vision für das Ende von Jugoslawien:

Es geht um das Auseinanderbrechen von Jugoslawien. Es ist richtig, daß sich die Slowenen abspalten wollen. Es stimmt auch, daß sich die Kroaten abspalten wollen. Aber ich glaube, daß die Moslems keinen Grund haben, sich von Jugoslawien zu trennen. Einige von ihnen sind zwar indoktriniert, aber die meisten Moslems wünschen sich gute, tolerante, kultivierte Beziehungen mit den Serben und den anderen Nationalitäten Jugoslawiens. Schließlich leben sie über mehrere Republiken verteilt. Sie haben keinen Grund, Jugoslawien zu zerschlagen.

Milošević erläuterte die Schritte, die die Armee setzen könnte. Als Cvetković ihn fragte, was Serbiens Strategie sei, antwortete Milošević, die Strategie werde nicht über das Radio verlautbart. Doch seine nächsten Sätze hallten wie ein mächtiges Echo durch Jugoslawien:

Wenn wir dazu gezwungen sind, werden wir kämpfen. Ich hoffe, sie werden nicht so verrückt sein, gegen uns anzutreten. Denn wenn wir schon nicht wissen, wie man arbeitet und Geschäfte macht, so wissen wir doch, wie man kämpft.

Die Armee ist durch die Verfassung autorisiert und verpflichtet, die jugoslawische Verfassung aufrechtzuerhalten. Ich habe keine Zweifel, daß die Armee ihrer verfassungsmäßigen Ermächtigung nachkommen wird, weil das Präsidium aufgehört hat, zu funktionieren. Das ist kein Staatsstreich – denn die Armee wird im Rahmen der Verfassung handeln, wenn sie die HDZ morgen entwaffnet.[76]

Milošević hatte sein wahres Gesicht gezeigt. Die neue Regierungslinie war damit klar. Doch seine Gegner im Rumpfpräsidium waren nicht bereit, aufzugeben. Mesić übernahm Jovićs Rolle als Oberkommandierender. Er appellierte an „vernünftige Individuen innerhalb der Armee", keine Gewalt einzusetzen, weil dies das Land in einen Bürgerkrieg stürzen würde. „Aber mein Einfluß auf die jugoslawische Armee (als deren Oberkommandierender) war ebenso groß wie mein Einfluß auf die finnische Armee", lachte Mesić später.

Am 18. März waren die Vertreter der vier jugoslawischen Republiken fast völlig allein im riesigen Palast der Föderation. Praktisch die gesamte Bürokratie war verschwunden. Kein einziger Bürobediensteter war zu finden, also tippten die vier übriggebliebenen Mitglieder des Staatspräsidiums ihre Presseaussendungen selbst. Vor dem Gebäude liefen Diplomaten und Reporter durcheinander. Tupurkovski hoffte, irgendwie aus der Sackgasse mit der Armee herauszukommen, die das Staatspräsidium ebenso boykottierte wie die Bevollmächtigten von Milošević. „Die Armee hat sich immer an die Verfassung gehalten, und ich nehme an, sie wird das weiterhin so halten", sagte er zweifelnd. Am Montag boykottierte Kadijević eine Sitzung der Bundesregierung von Ante Marković. Dieser hatte sich hinter das Rumpfpräsidium gestellt, weil er genau wußte, daß sein Schicksal untrennbar mit dem der anderen Bundesinstitutionen verknüpft war, die sich Milošević unterstellen wollte.[77]

Am nächsten Tag hatte der serbische Präsident offensichtlich keine andere Wahl, als den Rückzug anzutreten. Die Proteststürme waren abgeebbt, doch Milošević war angeschlagen. Noch nie war er beschimpft und angebrüllt worden. Er hatte immer nur die Bewunderung der Massen erfahren. Die protestierenden Studenten, deren Vorgänger nach den Massendemonstrationen von 1968 wieder ihren Frieden mit Tito geschlossen hatten, blieben hartnäckig gegen Milošević eingestellt. Sie haßten ihn. Die Intellektuellen, die bei seiner Transformation vom schlappohrigen kommunistischen Apparatschik in eine serbische nationale Ikone mitgeholfen hatten, wandten sich von ihm ab. Auch Nationalisten verbündeten sich bei der *Terazije*-Demonstration mit den liberalen Intellektuellen gegen den Kommunismus. Die Nationalisten hatten herausgefunden, daß Milošević sie für seine persönliche Macht benutzt hatte, ohne ihre Überzeugungen zu teilen.

Es schien, als würde ein Betonkorsett um ihn herum errichtet. Er fühlte sich schwach. Milošević versuchte, die politische Temperatur etwas abzukühlen, indem er in ein Hearing vor 200 Studenten und Professoren an der Universität Belgrad einwilligte. Er wand sich vor Unbehagen, als die Studenten, die seine erbittertsten Gegner geworden waren, den Diskussionsverlauf in die Hand nahmen. Sie wollten wissen, was seine Pläne für Jugoslawien waren.

Er wiederholte fast wortwörtlich, was er auf der Versammlung der Bürgermeister gesagt hatte. Die Zuhörer begriffen schließlich, daß Jugoslawien, so wie sie es kannten, vorbei war:

Wir haben das Recht der kroatischen Nation, sich von Jugoslawien abzuspalten, nicht in Frage gestellt, wenn diese Nation sich aus freiem Willen per Referendum dazu entscheidet ... aber ich möchte absolut klarstellen, daß niemand auf die Idee kommen soll, daß wir es zulassen werden, daß Teile der serbischen Nation mit ihnen gehen. Denn die Geschichte der serbischen Volksgruppe im Unabhängigen Staat Kroatien war zu tragisch, um ein solches Schicksal erneut zu riskieren.[78]

Während er alle Hoffnungen auf eine Lösung des Konflikts mit Kroatien zerstreute, verurteilte er gleichzeitig „jeden Nationalismus als Diskriminierung und jede Aufteilung entlang solcher Ideen als mittelalterlich".[79] Er schien zu vergessen, wie er selbst an die Macht gelangt war. Vergeblich appellierten die Studenten an ihn, doch zu begreifen, daß die Zukunft Serbiens auf der Umwandlung in eine Demokratie beruhte. Der Student Nebojša Milikić sagte Milošević frech, daß sein Rücktritt zum Sturz seines nationalistischen Gegenspielers in Kroatien und in die Demokratie führen würde:

Sie müssen verstehen, daß es nur ein nationales Interesse gibt: daß Serbien und Jugoslawien demokratisch werden ... Aus einem solchen Staat werden weder Völker noch Führer davonlaufen. Wenn Sie morgen zurücktreten, wird Franjo Tudjman innerhalb von 15 Tagen jegliche Unterstützung verlieren. Sein Mythos ist auf Ihnen aufgebaut.[80]

Bebend mußte Milošević hinnehmen, daß sein Versuch, durch das Manipulieren der Studentendemonstration und des Staatspräsidiums den Ausnahmezustand über ganz Jugoslawien zu verhängen, gescheitert war. Innerhalb des Systems kam er nicht durch. Er beschloß, den Boykott des Staatspräsidiums wieder aufzuheben, und ordnete seinem Parlament an, den Rücktritt von Jović nicht anzunehmen.

* * *

Milošević gewann seine politische Balance erst wieder, nachdem er mit Franjo Tudjman in Karadjordjevo in einer Villa zusammengetroffen war, die Tito früher gerne für Jagden und Verhandlungen aufgesucht hatte.[81] Bald tauchten die ersten Gerüchte auf, daß die beiden Präsidenten einen Pakt geschlossen hätten, während sie in der stillen Landschaft von Karadjordjevo spazierengingen. Milošević hat sich nie im Detail über die Gespräche geäußert, während Tudjman damit prahlte, wie er die Größe Kroatiens verdoppelt habe. Bei diesem Treffen, das einen Krieg abwenden sollte, faßten die beiden Männer einen Plan, der Krieg bedeutete.

Sie diskutierten den serbischen Wunsch, Premierminister Ante Marković loszuwerden. Im Gegenzug verlangte der kroatische Präsident volle Verfügungsgewalt bei der Lösung des Status seiner serbischen Minderheit, die eine Woche vorher die Unabhängigkeit von Zagreb erklärt hatte.

Die beiden Führer diskutierten auch die Aufteilung Bosnien-Herzegowinas. Tudjman sagte, er könne sich entweder eine Konföderation oder eine Teilung Bosniens vorstellen.

... diese Aufteilung war mit dem kroatisch-serbischen Abkommen von 1939 begonnen worden, als Vertreter des kroatischen und des serbischen Volkes die Schaffung der Banovina Hrvatska beschlossen,

sagte er in bezug auf das *Sporazum* (Abkommen) zwischen Vlatko Maček aus Kroatien und seinem serbischen Amtskollegen Dragiša Cvetković.

Milošević war an allem interessiert, was seine Macht vergrößerte. Tudjman gab sich der Illusion hin, daß sein Traum von einem unabhängigen – und vergrößerten – Kroatien in greifbare Nähe gerückt sei und daß ein Krieg verhindert werden könnte. Als er wieder in Zagreb war, konnte er sich nicht zurückhalten und brüstete sich vor einer erlesenen Schar von Getreuen damit, daß Kroatien „sogar noch größer als unter dem Maček-Cvetković-Abkommen" sein würde.

Laut Mesić glaubte Tudjman sogar, daß er zusätzlich zu seinem Anteil an Bosnien auch Teile Syrmiens und der Vojvodina in Nordserbien bekommen könnte. Sein Überschwang klingt glaubhaft.

Tudjman kam in bester Laune zurück, er war hochzufrieden, rot im Gesicht und sagte, alles sei in Ordnung. Die JVA würde nicht angreifen und Kroatien würde größer als je zuvor sein. Milošević habe zugestimmt. Es sei ein Gentlemen's Agreement.

Im Gegensatz dazu dementierte Milošević, daß es je ein solches Übereinkommen gegeben habe. Pragmatisch wie eh und je, ließ er sich nicht in die Karten schauen. Es folgte allerdings eine ganze Serie von Geheimtreffen auf Gesandtenebene, um über Landkarten die Details auszubrüten.

Tudjman sagte mir, er wolle ein unabhängiges Kroatien. Aber wir kamen zu keinem Einverständnis – er wollte alle Bundeseinrich-

tungen einfach demontieren. Dem konnte ich nicht zustimmen. Ich schlug vor, wie ich es schon früher getan hatte, daß wir die Verfassung ändern und das Recht auf Selbstbestimmung einführen sollten. Es wurde spekuliert, daß wir beschlossen, wie Jugoslawien aufzuteilen wäre: Ich kann Ihnen jetzt sagen, wenn wir das dort beschlossen hätten, dann hätten wir das auch sofort in die Tat umsetzen können. Meiner Meinung nach war es für alle die beste Lösung, in einem Land zu leben.

Die Absprache zwischen den beiden Politikern hielt jedoch nicht lange. Nur einen Tag danach übernahmen serbische Aufständische die Kontrolle über den Polizeiposten im Nationalpark von Plitvice, und es gab die ersten Toten in diesem Konflikt. Vier Monate später führte Serbien mit der Unterstützung der Bundesarmee einen richtigen Krieg, um einen neuen, eigenen Staat zu errichten.

10. Kapitel

Dem Krieg entgegen

Kroatien und die Serben

Februar 1991 - Juni 1991

Im Frühling 1991 hatte sich die Rebellion der Krajina-Serben auf andere Teile Kroatiens ausgebreitet. Milan Babić war der politische, Milan Martić der militärische Anführer des Aufstandes, und im Februar legten sie Pakrac in Westslawonien als nächstes Angriffsziel fest. Die loyal zur selbstausgerufenen Autonomen Serbischen Region stehenden Rebellen brachten die dortige Polizeiwache und die daneben gelegene Stadtverwaltung unter ihre Kontrolle. Polizeioffiziere, die sich weigerten, die Autorität der Rebellen anzuerkennen, unter ihnen auch viele Serben, wurden gefangengenommen. Dann erklärten die Aufständischen, daß sie ab sofort Anweisungen nur vom Innenministerium der Autonomen Serbischen Region Krajina entgegennehmen würden. Damit war ein weiterer Teil des kroatischen Territoriums schon vor Kriegsausbruch in Rebellenhände gefallen.

Serben bildeten den größten Bevölkerungsanteil in Pakrac[82], aber die Stadt war - wie auch ihr westslawonisches Hinterland - ein Kaleidoskop der verschiedensten Nationalitäten. Die Stadt war stolz darauf, in ihren Mauern zwanzig nationale Minderheiten zu beherbergen: Tschechen, Polen, Ruthenen, Italiener, Slowaken, Ungarn und andere. Seit Wochen schon war Pakrac das Opfer einer im verborgenen geführten Terrorkampagne: Kroatische Beamte wurden angepöbelt, nachts war Maschinengewehrfeuer zu hören, und es herrschte ein Klima der Bedrohung und Einschüchterung.

Als die Nachricht von der Besetzung der Polizeiwache Zagreb erreicht hatte, zögerte Tudjman nicht. Er wollte kein zweites Knin riskieren. Er gab Anweisungen, den abtrünnigen Polizeiposten mit Gewalt zurückzuerobern.

Der stellvertretende Innenminister Perica Jurić versammelte in der Nachbarstadt Kutina zweihundert Männer mit Erfahrung in Terrorabwehr. Einige sollten sich zu Fuß durch die Wälder dorthin begeben;

andere in zivilen Lastwagen, durch Kugelwesten geschützt und unter Gerümpel verborgen. Die Lastwagen fuhren nicht im Konvoi, denn auf dem Weg lagen mehrere serbische Dörfer. Jurić wollte vermeiden, daß die Rebellen erfuhren, daß eine Abwehrtruppe unterwegs war.

Sie koordinierten ihre Ankunftszeit. Um 4.30 Uhr morgens erreichten sie das Stadtzentrum. Die Rebellen waren auf den Angriff nicht vorbereitet; sie hatten keine Barrikaden errichtet. Die erste, zwanzig Mann starke Kommandoeinheit stürmte die Stadtverwaltung und nahm die dort befindlichen Serben gefangen. Einige schliefen ihren Rausch nach einem längeren Zechgelage aus, berichtete Jurić später. Jurić stellte einen Kommandotrupp zum Sturm auf die benachbarte Polizeiwache auf. Aus der Polizeistation und den angrenzenden Häusern kamen MG-Salven und Gewehrfeuer, doch der Trupp wurde rasch durch bewaffnete Polizeifahrzeuge verstärkt. Die Rebellen leisteten kaum Widerstand, und Jurićs Männer hatten keine Verluste zu beklagen. Einhundertachtzig Männer wurden gefangengenommen, der Rest floh in die Bergwälder, die den Ort säumten.

In der Stadt gab es einigen Sachschaden: zerbrochene Fensterscheiben, Einschußlöcher in Wänden und Dächern. Doch niemand war getötet oder verletzt worden. Es war eine Operation wie aus dem Lehrbuch.

Die Belgrader Presse überschlug sich mit einem Bericht über 20.000 Flüchtlinge auf dem Weg nach Serbien und behauptete, elf Serben seien getötet worden, darunter auch ein orthodoxer Priester. Die in großer Auflage erscheinende Belgrader Tageszeitung *Večernje Novosti* berichtete in einer Sonderausgabe vom Tod des Priesters; auf Seite 2 hieß es, der Priester sei verwundet worden, und auf Seite 3 schließlich war eine Stellungnahme von ihm zu lesen. Jovan Rašković, formal immer noch der SDS-Vorsitzende in Kroatien, aber von schwindendem politischen Einfluß, erklärte bei einer Massenversammlung von Krajina-Serben, daß Kroatien an diesem Tag „der serbischen Nation den Krieg erklärt" habe. In Belgrad stimmte der jugoslawische Staatspräsident Borisav Jović einem Gesuch des Verteidigungsministers Veljko Kadijević nach bewaffneter Intervention zu. Kadijević setzte Panzer in Bewegung. Damit intervenierte die JVA zum ersten Mal in Kroatien.

Jović erklärte öffentlich, die Armee habe in einen Streit „zwischen den beiden nationalen Gruppen" eingegriffen. Belgrad stellte den Streit durchgängig als ethnischen Konflikt dar, den nur die Armee niederhalten könne. Zagreb bestand darauf, daß es sich um einen Konflikt zwischen der rechtmäßig gewählten kroatischen Regierung und illegalen paramilitärischen Einheiten handle. Die Ereignisse folgten einem vertrauten Muster: Krajina-Serben provozierten die kroatische Verwaltung, die Armee griff ein, um „die beiden Seiten zu trennen" und so abtrünnige serbische Gebiete vor den Versuchen der kroatischen Verwaltung zu schützen, sie wieder unter die Gewalt Zagrebs zu bringen. Unter dem Deckmantel der Unparteilichkeit griff die Bundesarmee in einer Weise ein, die sie wieder ein Stück mehr zu einer Armee Großserbiens machte.

Um 16 Uhr hatten die kroatischen Spezialeinheiten die Stadt unter Kontrolle. Die JVA-Panzer rollten am Abend in die Stadt. Es herrschte Chaos, die serbischen Rebellen eröffneten von den Hügeln aus das Feuer auf Pakrac, die kroatische Polizei errichtete Verteidigungspositionen in der Stadt und in der näheren Umgebung, und die JVA, erstmals selbst unter Beschuß, befand sich inmitten der Auseinandersetzung.

Jović entsandte den führenden JVA-Spionageabwehragenten, Oberst Aleksandar Vasiljević, mit dem Auftrag, persönlich die Lage zu klären. Aus Zagreb sandte Tudjman Kroatiens Vertreter im Staatspräsidium, Stipe Mesić. Die beiden trafen sich zufällig später in derselben Nacht auf der Polizeiwache in Pakrac. Vasiljević war Berichten des stellvertretenden kroatischen Vizeinnenministers Degoricija zufolge „dreckig wie ein Schwein, schlammverschmiert". Die Kroaten sahen dies als Beweis dafür an, daß er mit den abtrünnigen Rebellen durch die Wälder gelaufen war, und beschuldigten ihn, der Anstifter und Organisator der Rebellion zu sein.[83] Tudjmans Leute sahen in allem, was die Krajina-Serben in Kroatien in den ersten Monaten ihres Aufstands taten, nur den verlängerten Arm von Slobodan Milošević.

Die kroatische Polizei brachte die Stadt wieder unter ihre Kontrolle, aber das Staatspräsidium befahl beiden Seiten, sich zurückzuziehen und die Konfrontation zu beenden. Die Krise fand ihr Ende, aber die Probleme blieben weiter ungelöst.

Martićs nächste Handlung war, zweihundert italienische Touristen aus dem Bett zu werfen, die auf rüdeste Art feststellen mußten, daß der Krieg in ihren abgeschiedenen Ferienort Einzug gehalten hatte. Die kroatische Küste lockte jährlich zehn Millionen Touristen an, und die Einkünfte aus dem Tourismus machten 20 Prozent der Deviseneinnahmen Jugoslawiens aus.[84] Nur wenige Orte waren für die Tourismusindustrie von größerem Wert als der Nationalpark von Plitvice, ein großes, in Terrassen gebildetes Seengebiet mit türkis funkelnden Wasserfällen, die die einzelnen Seen verbanden. Plitvice liegt nördlich von Knin in der mehrheitlich serbischen Region Lika. Die wichtigste Stadt, Titova Korenica, hatte zunächst der SDS Widerstand geleistet und statt dessen eine örtliche Verwaltung unter Leitung der reformkommunistischen Partei des demokratischen Wandels (SDP) gewählt. Mehrere durch Babićs Leute inszenierte Demonstrationen vertrieben die gemäßigte Stadtregierung aus dem Amt, und sie wurde schließlich durch SDS-Hardliner ersetzt, die loyal zu Knin standen.

Ende Februar inszenierte eine aufgebrachte Menge serbischer Nationalisten eine weitere „Versammlung der Wahrheit", um gegen die Einrichtung einer kroatischen Polizeiwache im Nationalpark zu protestieren.[85] Sie bezichtigten Zagreb des Versuchs, den Park zu „beschlagnahmen", und forderten den Rücktritt der Parkverwaltung. Wenige Tage darauf schickte Milan Martić einen Trupp Milizionäre, meist Zivilisten in Kampfanzügen, um mit Waffengewalt die Oberhoheit über den Park durchzusetzen. Die Parkverwalter wurden ihres Amtes enthoben und durch neue ersetzt, die Knin gegenüber loyal waren. Ein Teil der Belegschaft wurde entlassen.

Am 30. März reagierte die kroatische Regierung. Sie nannte den Aufstand von Plitvice die „extremste Verletzung der Verfassung und Gesetzgebung der Republik Kroatien, [die] die Souveränität der Republik, die Verfassungsordnung und die Rechte der Bürger bedroht".[86] Den Rebellen wurde zu verstehen gegeben, daß ihnen Polizeigewalt drohe, wenn sie die früheren Verwalter und die Belegschaft des Parks nicht wieder einsetzten. Es wurde ihnen das Beispiel des vorherigen Einsatzes der kroatischen Polizei in Pakrac vor Augen geführt.

Der stellvertretende Innenminister Kroatiens, Slavko Degoricija[87], setzte sich mit dem serbischen Bürgermeister von Korenica, Boško Božanić, in Verbindung. Aber Božanić erklärte, er habe keine Kontrolle über Martićs Männer. Sie seien aus Knin gekommen und hätten die Macht an sich gerissen.

Degoricija schickte eine Eingreiftruppe. Diesmal waren die Serben besser vorbereitet und gaben mit gleicher Münze zurück.

Die Spezialeinheiten der kroatischen Polizei kamen während des Osterwochenendes, am 31. März, um 5 Uhr morgens an. Aber Martićs Männer hatten Barrikaden errichtet und lagen im Hinterhalt. Nachdem die Fahrzeugkolonne etwa drei Kilometer weit in den Park vorgedrungen war, wurde sie aus dem Hinterhalt angegriffen. Es folgte ein viertelstündiges Feuergefecht. Eine Granate mit Raketenantrieb wurde auf einen Bus mit kroatischen Polizisten gefeuert, explodierte aber nicht. Die kroatischen Polizeieinheiten waren zahlenmäßig stärker als die Rebellen und besser ausgerüstet. In der Schlacht um die Kontrolle über das Postamt gab es die ersten Toten in diesem Krieg, einen auf jeder Seite: Josip Jović, ein Polizist Anfang dreißig, und Rajko Vukadinović, ein etwa dreißigjähriger einheimischer Metzgermeister aus Korenica, der sich der Miliz angeschlossen hatte. Dieser Kroate und dieser Serbe waren die ersten, die in Jugoslawiens Sezessionskriegen starben.

Während der Rest der Welt noch mit den Nachwirkungen des Golfkriegs befaßt war, in dem eine multinationale Streitmacht irakische Truppen aus Kuwait vertrieben hatte, ging nach diesem ersten Blutvergießen eine Schockwelle durch Jugoslawien und polarisierte die öffentliche Meinung in den zwei wichtigsten Republiken noch stärker. In Belgrad erklärte die extreme nationalistische Serbische Nationale Erneuerungspartei warnend, „die gesamte serbische Nation“ in Jugoslawien und im Ausland stehe hinter den Serben in Kroatien. Zum ersten Mal erkannte die serbische Regierung die Existenz von Babićs selbsterklärter „Serbischer Autonomer Provinz Krajina“ formell an. Die SPS, die unter Milošević in Serbien regierende Partei, sandte eine „dringende Delegation“ nach Knin, um abzuwägen, welche „Form der Hilfe“ Serbien den Serben in Kroatien liefern könne. In Sarajevo verlangte der Vorsitzende der bosnischen Landesgruppe der SDS, Radovan Karadžić, daß in allen von Serben bewohnten Teilen Jugoslawiens bewaffnete Einheiten von Serben aufgestellt werden. Er machte die provozierende Bemerkung, die Bundesverwaltung komme ihrer verfassungsgemäßen Pflicht nicht nach. Die Ereignisse von Plitvice bezeichnete er als „die größte Niederlage für das Staatspräsidium von Jugoslawien, das sich unfähig zeigte, seine eigene Entscheidung durchzusetzen, um die Miliz zu entwaffnen“. Er sagte, die Armee genieße nicht mehr das Vertrauen, das sie sich erworben hatte, als sie Knin vor dem bewaffneten Einmarsch der Kroaten im vorigen August schützte.[88]

Die Armee reagierte umgehend. In Belgrad berief Jović eine außerordentliche Präsidiumssitzung ein. Er verlangte einen Vierpunkteplan zur Entspannung der Situation in Plitvice:

1. einen vollständigen, bedingungslosen Waffenstillstand,

2. die Kontrolle des Waffenstillstands durch die JVA,

3. den Rückzug aller Polizeieinheiten, die nicht aus der Region stammten,
4. die Erhöhung der Kampfbereitschaft in bestimmten Einheiten der Jugoslawischen Volksarmee.

Zum zweiten Mal in zwei Monaten war die Armee auf den Straßen Kroatiens. Am folgenden Morgen, dem 1. April, waren an allen wichtigen Brücken, öffentlichen Gebäuden und Straßenkreuzungen in der Region bewaffnete JVA-Einheiten positioniert.

Aber die JVA bot noch immer nicht die Art von Hilfe an, die die serbischen Rebellen erwarteten und schließlich später dann auch bekamen. Der Bürgermeister von Korenica, Božanić, hatte in den frühen Morgenstunden des 31. März ein dringendes Telex nach Belgrad gesandt, das den Ernst der Lage in einer für SDS-Politiker bezeichnenden Weise übertrieb: „Wir sind völlig eingekesselt. Ergreifen Sie dringend Maßnahmen, oder wir werden alle umkommen." Er beklagte bitter, daß die Armee erst acht Stunden nach Beginn der Schießerei eingetroffen sei. Als die kroatischen Truppen die Region unter ihre Kontrolle brachten, war er telefonisch mit den Mittagsnachrichten von Radio Belgrad verbunden. Er erklärte:

Die Armee ist jetzt zwar da, aber wir sind keineswegs zufrieden. Solch eine Verzögerung ist unserer Meinung nach in einer so kritischen Situation nicht akzeptabel. Zwei unserer Leute sind tot, viele verwundet. Wir fühlen uns schutzlos und äußerst bedroht, und wir rufen das gesamte demokratische Jugoslawien auf, seine Stimme gegen den beispiellosen Terror der kroatischen Polizei zu erheben.[89]

Diesmal waren es in der Tat die Kroaten, die die Unterstützung der Armee lobten. Die einzige Rolle, die die JVA in dem Konflikt gespielt hatte, war der Transport der Verwundeten zum Krankenhaus per Hubschrauber. Ansonsten überließ man der kroatischen Polizei die Aufgabe, die sie auszuführen hatte. Neunundzwanzig serbische Rebellen wurden gefangengenommen, von denen dem kroatischen Innenministerium zufolge acht die Uniform der serbischen Spezialeinheiten trugen, die übrigen waren Zivilisten im Kampfanzug.

Am 1. April wies Tudjman den Befehl des Staatspräsidiums vom Vortag mit der Begründung zurück, daß eine Polizeiwache in Plitvice eingerichtet würde, bewaffnet „mit allem, was zur Erhaltung von Frieden und Ordnung notwendig ist". Es folgte eine weitere Runde im Spiel mit dem Feuer zwischen der kroatischen und der jugoslawischen

Regierung, die nun zum ersten Mal in einen Konflikt zwischen bewaffneten Einheiten mündete – der JVA auf der einen Seite und der kroatischen Polizei auf der anderen. Kadijević bat das Staatspräsidium, der Armee die Autorität zum Handeln zu erteilen, wenn die kroatische Polizei bis 13 Uhr Ortszeit nicht abgezogen sei. In dieser Nacht wurden zwar die kroatischen Spezialeinheiten abgezogen, aber sie wurden durch neunzig reguläre Polizeibeamte aus der nahegelegenen Stadt Gospić ersetzt.

Die ganze Krajina stand auf Messers Schneide. In dem fünfundzwanzig Kilometer entfernten Dorf Kijevo wohnten ausschließlich Kroaten. Aber Kijevo war auf allen Seiten von serbischen Dörfern umgeben, eine Enklave in einer Enklave. Am 1. April wurden die Dorfbewohner nervös. In der Nähe des Dorfes war in den frühen Morgenstunden eine Bombe explodiert, die zwar weder Sachschaden noch Verletzungen verursacht hatte, aber den Bewohnern mit einem Schlag die prekäre Lage, in der sie waren, vor Augen führte. Sie errichteten Barrikaden an den Zufahrtswegen zum Dorf.

In Knin begann die serbische Führung, Listen von wehrfähigen Männern zusammenzustellen, die zum Kampf bereit waren. Sie prahlten damit, daß sich nach den Ereignissen von Plitvice Scharen von jungen Serben freiwillig zum Kampf gemeldet hätten. Milan Martić erklärte auf einer Kundgebung, daß „der Präsident Serbiens versprochen hat, Waffen zu schicken".[90] Falls die JVA nicht gegen die neue kroatische Polizeistation in Plitvice eingreife, erklärte er, werde die Krajina die Kroaten „in der Weise, die sie für geeignet hält, vertreiben". Dreißigtausend Männer hätten sich freiwillig bereit erklärt, die Krajina-Serben zu verteidigen, sagte er. Nur Stunden später, mitten in der Nacht, zerstörte eine Reihe von Explosionen in Knin eine Bäckerei und ein Café, beide im Besitz von Kroaten.

Die Ereignisse von Plitvice versetzten ganz Jugoslawien in Alarmzustand. Sie brachten vor allem Slowenien der Abspaltung beträchtlich näher. Das Eingreifen der JVA machte auf gefährliche Weise deutlich, was noch zu erwarten war. Für Präsident Kučan war das der Beweis, daß die JVA versuchte, Jugoslawiens innere Grenzen neu zu ziehen. Er kündigte an, daß er sofort die slowenische Nationalversammlung zusammenrufen werde, damit sie eine Unabhängigkeitserklärung abgebe, weil sie, wie er es formulierte, im Falle eines Putsches der JVA möglicherweise nicht mehr in der Lage wäre, Erklärungen abzugeben.

Am nächsten Tag, dem 2. April, schloß sich Franjo Tudjman diesem

Schritt an. Er redete vor einer kroatischen Jugendversammlung und erklärte, er trete für eine Neugliederung Jugoslawiens als Konföderation unabhängiger Republiken ein, jede mit ihrer eigenen Armee. Wenn allerdings Slowenien sich einseitig abspalte, dann werde es Kroatien „nicht einen Tag länger" geben. Und er werde nicht zulassen, daß der Republik auch nur ein Quadratzentimeter kroatischen Territoriums weggenommen werde.[91]

Es war ein ereignisreiches und unheilschwangeres Osterwochenende gewesen. Über Kroatien brauten sich Kriegswolken zusammen, und für einen kurzen Moment war das erste Unwetter ausgebrochen. Es gab die ersten Kriegsopfer auf dem europäischen Festland seit 1948.[92] Die Positionen hatten sich auf beiden Seiten verhärtet. Jugoslawien schlitterte immer weiter und schneller – und von einigen Protagonisten durchaus beabsichtigt – in den Krieg. Und zweihundert verwirrte und verängstigte italienische Touristen, wohl die ersten Westeuropäer, die der beginnenden Tragödie ins Auge sahen, hatten vierundzwanzig Stunden inmitten einer sich zuspitzenden Schlacht verbracht. Erst um 8 Uhr morgens konnten sie aus der plötzlich entstandenen Kampfzone wieder zurück in die Ferienorte an der dalmatinischen Küste chauffiert werden. Die Feriensaison 1991 hatte soeben erst begonnen. Die Tourismusindustrie sollte allerdings ihr schlechtestes Jahr seit drei Jahrzehnten verzeichnen. Die ausländischen Feriengäste nahmen zwar noch kaum wahr, was im Hinterland passierte. Aber das herannahende Unheil wurde in Kroatien immer deutlicher spürbar. Es schien auf beängstigende Weise unvermeidbar zu sein. Bis zum Ausbruch des offenen Kriegs sollte es allerdings noch drei Monate dauern.

* * *

Einer der Männer, die in Plitvice verhaftet und später wieder freigelassen worden waren, war der Sekretär der Zweigstelle der SDS in Vukovar, Goran Hadžić. Sein Name war zu der Zeit noch nicht bekannt. Das sollte sich aber bald ändern. Babićs Aufstand breitete sich weit über die Grenzen seiner *Kninska Krajina* aus. In den Ebenen des östlichen Slawonien, dieser flachen, verletzlichen, fruchtbaren Region, die östlich zum Donautal hin abfällt und deren Kornfelder seit Generationen die Brotkörbe Mitteleuropas gefüllt hatten, entstand unter dem Drängen des serbischen und kroatischen Nationalismus nun allmählich

Bewegung. Dieses Land war seit Jahrhunderten von einer Vielzahl von Volksgruppen bestellt worden. Kroaten, Serben, Tschechen, Slowaken, Ruthenen, Italiener, Ungarn und, bis 1945, Deutsche hatten an diesem südlichen Rand des Habsburgerreiches zusammengelebt. Ungeachtet der Friktionen der österreichisch-ungarischen Monarchie im Norden und dem Osmanischen Reich im Süden blickte Slawonien auf eine jahrhundertelange Tradition friedlicher Koexistenz zurück.

Aber im 20. Jahrhundert waren Risse in diesem feingewebten multinationalen Flickenteppich entstanden. Neue Spannungen schlugen sich in ethnischen Konflikten nieder. Die wirkliche Trennungslinie in Slawonien verlief zwischen Serben und Kroaten, zwischen den alten Siedlern und den neuen. Die *starosedioci* (Alteingesessenen) aller Nationalitäten konnten ihre Anwesenheit in dieser Region bis ins 15. oder 16. Jahrhundert zurückverfolgen. Nach der Gründung Jugoslawiens 1918 wurden sie durch zwei Einwanderungswellen aus anderen Teilen des neuen Staates aufgerüttelt, zuerst nach 1918 und dann nach 1945. Die *starosedioci* sprachen schlecht von ihren neuen Nachbarn, den *došljaci* (Neuankömmlingen), Flüchtlingen aus dem Süden, welche sich in den Häusern von deutschen oder ungarischen Familien niederließen, die nach den Weltkriegen entweder getötet oder vertrieben worden waren. Slawonien hatte sich als den südlichen Ausläufer Mitteleuropas betrachtet, da es unter dem zivilisierenden Einfluß der Wiener Vorherrschaft stand. Jene, die weiter aus dem Süden kamen, stammten aus Gegenden, die jahrhundertelang unter dem Joch der osmanischen Türken gelebt hatten. Welcher Nationalität sie auch angehörten, die *došljaci* waren in den Augen der alteingesessenen Einwohner Barbaren.

Die Ereignisse in Plitvice beunruhigten Slawonien zutiefst. Die SDS verlangte, daß die ganze Region umgehend an Serbien angegliedert werde. Überall in der großen Ebene wurden in serbischen Dörfern und Städten Barrikaden errichtet und wieder abgebaut, je nachdem, wie groß das Mißtrauen und die Angst waren, die sich nun ausbreiteten, geschürt von der paranoiden Rhetorik der SDS-Funktionäre. Bewaffnete Dorfpatrouillen wurden gebildet, so wie sie in den von Kroaten bewohnten Gebieten schon existierten. Es wurde gefährlich und an einigen Orten sogar unmöglich, lange Strecken zu reisen – besonders nachts und abseits der Hauptstraßen –, aus Angst davor, von einer illegalen Patrouille bewaffneter und oft maskierter Männer angehalten zu werden.

Radikale HDZ-Aktivisten unternahmen alles, um Konflikte zu provozieren. Mitte April stattete eine Gruppe hochgestellter HDZ-Mitglieder dem Polizeichef Ostslawoniens, Josip Rejhl-Kir, einen Besuch ab. Geführt wurde die Gruppe von Gojko Šušak, einem der engsten Berater Präsident Tudjmans, dessen persönlicher Reichtum, den er mit einer Pizzafirma in Ottawa erworben hatte, bei der Finanzierung von Tudjmans Wahlkampf 1990 geholfen hatte. Obwohl Kir deutsch-slowenischer Abstammung war, betrachtete er sich selbst als Kroaten. Er war ein Gemäßigter, der auf beiden Seiten der sich schnell bildenden Fronten unermüdlich dafür arbeitete, Barrikaden abzubauen und gegenseitiges Vertrauen wiederherzustellen. Jetzt befahl ihm Šušak, ihn durch die Kornfelder auf den Feldwegen, die Slawonien durchziehen, an den Ortsrand von Borovo Selo, einem von Serben bewohnten Dorf in der Nähe von Vukovar an der Donau, zu führen.

Kir war gegen den Ausflug; er wußte, daß das die Serben in der Gegend provozieren würde. Aber nachdem man ihn eingeschüchtert hatte, erklärte er sich bereit.

Von außerhalb des Dorfes schossen Šušak und seine Begleiter drei von der Schulter gefeuerte Panzerabwehr-Raketen ins Dorf. „Sie sind verrückt", meinte Kir später voller Abscheu und Unglauben zu einem Kollegen.[93] Eine der Raketen traf ein Haus; eine zweite landete in einem Kartoffelacker und explodierte nicht. Sie wurde später im Belgrader Fernsehen als Beweis für die kroatische Aggression gezeigt. Petar Gračanin, der Innenminister, nahm den Blindgänger zu einem Treffen des Staatspräsidiums mit, hielt ihn dem kroatischen Vertreter Stipe Mesić buchstäblich unter die Nase und verlangte eine Erklärung. Mesić hatte nichts zu seiner Rechtfertigung vorzubringen. Es handelte sich unzweifelhaft um einen unprovozierten Akt der Aggression seitens der Extremisten aus Mesićs Partei, der dazu dienen sollte, den ethnischen Konflikt zu schüren.[94]

Die drei Raketen in Borovo Selo hatten keine Opfer gefordert. Aber sie dienten den serbischen Dorfbewohnern zum Anlaß, ihre Verteidigungseinrichtungen zu verstärken. Kir setzte seine mühsamen Versuche zur Vertrauensbildung zwischen Serben und Kroaten fort.

Es folgten zwei Wochen verstärkter Spannungen. Kir verwandelte sein Zuhause in ein befestigtes Polizeihauptquartier. Er wußte, daß sein erklärtes Ziel, mit den Serben zu verhandeln und zu versuchen, Spannungen abzubauen, wo immer neue Barrikaden auftauchten, sein Leben in Gefahr gebracht hatte. In seinem Haus hatte er jetzt rund um die Uhr

Polizeischutz stationiert. Er begann, Nacht für Nacht in Uniform und Stiefeln zu schlafen.

Šušaks nächtlicher Ausflug hatte eine langsam abbrennende Lunte gezündet. In der Nacht auf den 1. Mai passierte schließlich das, was Kroatien vielleicht mehr als jedes andere Ereignis direkt in den offenen Krieg führte. Vier kroatische Polizisten aus Osijek hatten in Erfahrung gebracht, daß ein Feldweg nach Borovo Selo unbewacht war. Eine einzige Barrikade befand sich auf der Straße – ein paar landwirtschaftliche Fahrzeuge, die den Weg blockierten –, aber sie war nicht bemannt.

Der 1. Mai war der traditionelle Tag der Arbeit. Die Einwohner Borovo Selos hatten Fahnen aufgezogen, jugoslawische Fahnen, die den kommunistischen fünfzackigen Stern trugen. Die vier Polizisten aus Osijek fuhren tief in der Nacht in das Dorf hinein, an der unbemannten Barrikade vorbei, mit dem Ziel, die jugoslawische Flagge im Zentrum Borovo Selos einzuholen und durch eine kroatische zu ersetzen, die jenes Symbol trug, welches die Serben so sehr verabscheuten – das rot-weiße Schachbrett, die Šahovnica.

Aber das Vorhaben scheiterte. Die Serben in Borovo Selo hatten das Dorf in der Nacht nicht unbewacht gelassen. Die kroatischen Polizisten wurden von einem Hagel von Gewehrfeuer empfangen. Zwei wurden verwundet, die anderen beiden konnten entkommen. Die verwundeten Männer wurden gefangengenommen.

In Tudjmans Polizei war die Disziplin zusammengebrochen. Der Zustrom so vieler junger Kroaten, die in Ämter eingesetzt wurden, die weder ihrem Alter noch ihrer Erfahrung entsprachen, hatte die Kette von Befehl und Verantwortlichkeit geschwächt. In Osijek, Kroatiens drittgrößter Stadt und Hauptstadt Ostslawoniens, war Kir die Kontrolle über seine eigene Truppe entglitten. Kompromißlose HDZ-Vertreter hatten das Sagen sowohl bei der Polizei als auch in der zivilen Verwaltung. Wer nun genau den Befehl zu dem gab, was sich am Morgen des 2. Mai abspielte und tragisch enden sollte, ist nie wirklich geklärt worden.

Die zwei Polizisten, die entkommen konnten, kehrten nach Osijek zurück und berichteten ihren Kollegen, was geschehen war. Am Morgen versammelte sich eine Busladung kroatischer Polizisten in Vinkovci und machte sich nach Borovo Selo auf, in der Absicht, die verwundeten Männer zu retten. Sie fuhren geradewegs in ihr Verderben. Der Angriff der vorherigen Nacht hatte das gesamte Dorf in Alarmzustand versetzt, und die Serben legten einen Hinterhalt, um weitere unwillkommene Besucher abzufangen. Eine große Anzahl serbischer Milizsoldaten erwartete die kroatischen Polizisten. Sie waren über das ganze Dorf verteilt, bewachten die Kreuzungen und sicherten die Hauptstraßen von den Hausdächern aus. Zwischen 10 und 11 Uhr vormittags, als der kroatische Polizeibus ins Dorf fuhr, eröffneten die wartenden serbischen Milizsoldaten das Feuer. Zwölf Kroaten wurden getötet und mehr als zwanzig verletzt.[95]

Die Ereignisse in Borovo Selo bewirkten einen Umbruch in der kroatischen öffentlichen Meinung. Der serbische „Feind im Inneren" wurde nun über alles vernünftige Maß hinaus dämonisiert. Die kroatischen Medien starteten eine Kampagne, die den schlimmsten Exzessen kroatischer „Serbophobie" Vorschub leistete. Der kroatische Rundfunk begann damit, die Serben Slawoniens regelmäßig als „Tschetniks" oder häufig auch als „Terroristen" zu bezeichnen. Das Zagreber Fernsehen zeigte Fotografien der Leichen der zwölf Männer und behauptete, Autopsieergebnisse hätten erbracht, daß sie zu Tode gefoltert und anschließend verstümmelt worden wären. Auch die Zeitungen gingen mit dem Vokabular des Grauens nicht sparsam um; sie schrieben, die Polizisten seien von den „bestialischen Händen" der Tschetniks umgebracht worden. Es seien ihnen die Augen ausgestochen und die Kehlen durchschnitten worden, bevor sie starben. Eine Zagreber Tageszeitung berichtete absurderweise, es sei „ziemlich klar, daß die kroatischen Polizisten Opfer von Rumäniens berüchtigter Geheimpolizei sind. Die zahlreichen Agenten der *Securitate*, die aus ihrem eigenen Land geflohen waren, um der Bestrafung zu entgehen, überquerten die Donau und fanden Unterschlupf bei der serbischen staatlichen Geheimpolizei. Dreißig von ihnen wurden in Borovo Selo getötet. Es handelte sich um professionelle Söldner; ihre Leichen wurden zur Donau gebracht und in den Fluß geworfen."[96]

Der extreme Nationalist Vojislav Šešelj brüstete sich im Belgrader Fernsehen damit, seine „Tschetniks" hätten an den Ereignissen in Borovo Selo teilgenommen. Der SPS-Parlamentsabgeordnete Radmilo Bogdanović, ein enger Verbündeter Miloševićs und bis März 1991 serbischer Innenminister, gab später zu, daß die Serben in Borovo Selo von Serbien bewaffnet worden waren. Die serbische Opposition aufstachelnd, fragte er: „Wo war denn da die Opposition? Wenn wir die Serben nicht bewaffnet hätten, wer weiß, wie es ihnen bei dem Angriff der kroatischen Nationalgarde auf Borovo Selo ergangen wäre!"

In Zagreb versammelten sich Tudjmans geschockte Minister zu

einer Krisensitzung des Kabinetts. Keiner von ihnen war auf eine derartige Eskalation gefaßt gewesen. Ihre Stimmung spiegelte die öffentliche Meinung wider. Viele begannen nun, von Tudjman die sofortige Ausrufung der Souveränität durch das kroatische Parlament zu fordern, was dieser ablehnte. Aber die Idee, an die sich Tudjman seit Monaten geklammert hatte, nämlich Jugoslawien als eine Konföderation souveräner Staaten wiederherzustellen, erschien nun seinen eigenen Ministern nicht mehr erstrebenswert. Diese glaubten nun, daß Serbien – und nicht einfach nur die Serben in Kroatien – entschlossen war, Kroatiens Entwicklung auf seine volle Souveränität hin zu blokkieren, wenn nötig auch mit Blutvergießen.

In den frühen Morgenstunden des 3. Mai gab Tudjman eine öffentliche Erklärung ab, die vom kroatischen Radio übertragen wurde. Sie war ernst und aufrüttelnd zugleich. Zum ersten Mal bereitete er sein Volk auf die Möglichkeit des Krieges vor:

Wir haben den tragischsten Tag in der kurzen Geschichte der neuen demokratischen Amtsgewalt erlebt, ein Jahr nach dem Sieg einer jungen Demokratie in Kroatien. Wir stehen am Beginn des offenen Krieges gegen die Republik Kroatien.

Er identifizierte den Feind: Dogmatische Kommunisten in der JVA hätten sich mit den großserbischen Imperialisten vereinigt, um die Demokratie zu besiegen und ein „Serboslawien" zu gründen. Er warf der serbischen Regierung vor, ihre Beamten nach Kroatien zu senden, um die serbische Minderheit der Republik zu bewaffnen und auf einen militärischen Aufstand vorzubereiten. Er mahnte zur Vorsicht, indem er die kroatische Bevölkerung dazu aufforderte, „geduldig zu sein und die Aufrufe derer [der extremistischen Kroaten] zu mißachten, die spontanen Widerstand forderten". Aber er reagierte auf die radikalisierende Wirkung, die Borovo Selo auf die öffentliche Meinung gehabt hatte, indem er mit einem Ruf zu den Waffen schloß. Falls alle anderen Wege, Kroatiens Freiheit zu sichern, fehlschlagen sollten, dann würde Kroatien mobilisieren, um „jeden Quadratzentimeter" seines Gebietes zu verteidigen:

Sollte es nötig werden, die Freiheit und Souveränität der Republik von Kroatien mit Waffengewalt zu verteidigen, dann werden wir nicht zögern. Wir werden nur zu den Waffen greifen, wenn uns jeder andere Weg versperrt ist. Aber wir werden vor den nötigen Opfern nicht zurückschrecken. Sie können gewiß sein, daß die kroatische Regierung, das kroatische Parlament und ich persönlich alle nöti-

gen Maßnahmen ergreifen werden, um die Freiheit, Demokratie, Integrität und Souveränität der Republik Kroatien zu verteidigen.

Nach den Ereignissen von Pakrac und Plitvice marschierte die Armee nun auch in Borovo Selo ein. Am Nachmittag des 3. Mai zog sie einen Ring um das Dorf und sicherte vor allem die Zufahrtsstraße aus Vukovar.

Die serbische Regierung reagierte kurz und entschlossen auf Tudjmans offene Anschuldigung, daß sie den Aufstand schüre und Krieg vorbereite. „Alle Verantwortung für das Blutvergießen in Borovo Selo liegt bei den zuständigen Behörden der Republik Kroatien, insbesondere dem kroatischen Innenministerium, welches ohne jeden Anlaß einen organisierten Angriff auf Borovo Selo geführt hat." Die kroatische Regierung habe nicht nur einzelne Personen angegriffen, fügte sie düster hinzu, sondern „die gesamte serbische Nation". Die serbische Führung stand den Bundesbehörden zunehmend kritisch gegenüber – besonders der Armee, weil sie es unterlassen hatte, die Serben außerhalb Serbiens zu verteidigen.

Unter dem Druck zahlreicher Reden im serbischen Parlament und Fernsehen trat am 4. Mai das Staatspräsidium, das formelle Oberkommando der Armee, zusammen. Es erteilte der JVA die Vollmacht zu intervenieren, um in Disputen zwischen Serben und Kroaten die beiden Seiten zu trennen. Und es gab viele solche Konflikte. Während des ganzen Monats Mai verging kaum ein Tag, an dem es nicht weitere Anzeichen für den Krieg gab, der im nächsten Monat in Slawonien ausbrechen sollte: Eine Bombe zerstörte die Fassade eines Hauses in Lipik; ein Cafébesitzer aus Vinkovci wurde von nicht identifizierten maskierten Männern an einer Straßensperre erschossen; eine Gruppe von vierzig Männern griff ein Polizeiverwaltungsgebäude in Erdut in der Nähe von Osijek an.

Stimmen, die zur Mäßigung aufriefen, wurden von anderen erstickt, die den Untergang prophezeiten und zur militärischen Bereitschaft rieten. Rejhl-Kir, der seit Monaten versuchte, das Vertrauen zwischen Serben und Kroaten wiederherzustellen, sah ein, daß sein Vorhaben hoffnungslos war. Er wußte, daß sein Leben in Gefahr war, und bat Innenminister Boljkovac um seine Versetzung nach Zagreb. Er flehte Boljkovac an: „Bitte, retten Sie mich. Ich kenne die Situation hier sehr gut. Ich bin meines Lebens nicht mehr sicher. Wir verlieren hier heraußen die Kontrolle." Kompromißlose Aktivisten der HDZ hätten die Macht übernommen, unter anderen Gojko Šušak, teilte Kir Boljkovac mit. Sie hatten jegliche Vermittlungsversuche konsequent untergraben. Boljkovac antwortete Kir zuerst, er solle nicht „kindisch“ sein; dann, in den letzten Junitagen, erkannte er endlich die lebensbedrohliche Situation Kirs und erklärte sich bereit, ihn in die Hauptstadt zu versetzen. Aber es war zu spät. Kir wurde am 1. Juli von HDZ-Extremisten ermordet, einen Tag, bevor er Slawonien verlassen sollte. Es war symbolhaft für die Richtung, in die sich Kroatien während dieser entscheidenden Wochen bewegte und die zum Ausbruch des offenen Krieges führte, daß Kirs Mäßigung und seine versöhnlichen Vermittlungsversuche ihn das Leben kosteten, während Šušaks provokante und Spannungen erzeugende Aktivitäten ihm dabei halfen, eine der prominentesten Positionen in Tudjmans Regierung zu erringen. Als Verteidigungsminister entwickelte er sich zu einer der mächtigsten Persönlichkeiten der Republik.

Die Ereignisse des Frühlings 1991 waren der Wendepunkt. Nach Miloševićs geheimem Treffen mit Tudjman in Karadjordjevo kamen beide zu der Überzeugung, daß Jugoslawien nicht mehr zu retten sei und daß drei oder mehr Nachfolgestaaten entstehen würden. Der serbische und der kroatische Präsident waren jedoch verschiedener Meinung, welche Gebiete an welche neuen Staaten fallen sollten. In Kroatiens Unabhängigkeitskrieg, der dann folgte, ging es nicht um das Recht der Kroaten zur Sezession: Das hatte Milošević schon anerkannt. Es ging darum, welche Gebiete Kroatien von Jugoslawien abtrennen durfte. Der Krieg von 1991 war ein Kampf um Land zwischen zwei Staaten, die sich stillschweigend gegenseitig anerkannt hatten.

Beide Präsidenten spielten ein Doppelspiel: Sie taten genau das Gegenteil dessen, was sie in der Öffentlichkeit, vor allem auf internationaler Ebene, verlauten ließen. Tudjman betonte wiederholt die Unverletzlichkeit der Grenzen der Republik und forderte die Anerkennung der kroatischen Souveränität innerhalb der bestehenden Grenzen; aber insgeheim hintertrieb er die ganze Zeit das gleiche Recht für Bosnien-Herzegowina. Milošević argumentierte ähnlich, daß nämlich seine Republik die territoriale Integrität Jugoslawiens als eines Ganzen zu verteidigen suchte; dabei verfolgte er schon den Plan, die Kroaten und Slowenen gehen zu lassen, an den kroatischen Gebieten mit serbischer Mehrheit aber innerhalb Jugoslawiens festzuhalten – und wenn nötig mit Gewalt. Bereits im März war Milošević nicht mehr pro Jugoslawien, sondern pro Großserbien, wie sein Verbündeter im Staatspräsidium, Borisav Jović, später zugab:

Milošević und ich entschieden, daß wir nur dort in Kroatien militärisch eingreifen würden, wo die Serben bei uns bleiben wollten. Wir würden sie vor den kroatischen Autoritäten und paramilitärischen Einheiten beschützen. Wir wußten, daß wir die Armee aus solchen Gebieten abziehen mußten, die offensichtlich nicht weiterhin zu Jugoslawien gehören konnten, und daß wir die Bewaffnung der Serben stillschweigend hinnehmen mußten.

Aber die Ereignisse in Plitvice markierten eine Art Wendepunkt, den die kroatische Führung noch immer nicht sah – oder nicht wahrhaben wollte. Jović sagte dazu folgendes:

Die Armee änderte langsam ihre Meinung. Sie verstand, daß ihre einzige Rolle zu diesem Zeitpunkt darin bestand, den Teil Jugoslawiens zu beschützen, in dem die Einwohner sie als ihre eigene Armee betrachteten, so daß sie nicht gegen die Bevölkerung kämpfen mußten. Prinzipiell ist das die Grenze der serbischen Gebiete in Kroatien. Von da an fingen wir an, die Entscheidung [des Staatspräsidiums] vorzubereiten, die im Mai fallen sollte – die Entscheidung, die Armee zum Schutz der Serben in der Krajina einzusetzen, damit sie als Puffer zwischen der kroatischen und der serbischen Seite agiere.

In Knin, der Wiege des Aufstands, war die Intervention der Armee endlich ein Zeichen dafür, daß die Serben den nötigen Beistand aus Belgrad erhalten würden. Milan Martić war nun in der Lage, den Krieg vorzubereiten, denn er wußte, daß die JVA unter dem Vorwand, Jugoslawien zu verteidigen oder die kämpfenden nationalen Fraktionen zu trennen, die aufständischen Gebiete vor den legal eingesetzten Behörden der Kroatischen Republik beschützen werde. Das Mißtrauen, das zwischen den Krajina-Rebellen und der JVA bestanden hatte, begann sich aufzulösen. Martić gab nach den Ereignissen von Plitvice zu, daß sich sein Verhältnis zur JVA geändert habe.

Es bestanden zu der Zeit Kontakte mit der JVA, aber ich persönlich war daran nicht beteiligt. Die JVA stand den Ereignissen gleichgültig gegenüber, abgesehen von einigen serbischen Patrioten unter den JVA-Offizieren. [Aber] als Milošević sah, daß Kroatien sich der Krajina gegenüber aggressiv verhielt, erhob er seine Stimme und gab uns in gewisser Weise Unterstützung, Waffen für unsere Verteidigung. Ich sah es kommen ... JVA-Angehörige, die auf unserer Seite waren, und Leute aus Polizeikreisen erhielten Zeichen, den Krieg vorzubereiten. Das hieß, wir würden Waffen und andere logistische und materielle Hilfe bekommen. Sie kam von in der Nähe gelegenen JVA-Garnisonen, von Offizieren, die entweder jugoslawische oder serbische Patrioten waren. Die Hilfe, von der ich spreche, kam aus JVA-Kasernen in der Nähe, nicht aus Serbien, wie viele es gerne darstellen würden. Es gab viele Lagerhäuser in der Nähe.

Es war ein gängiger Witz unter den Auslandskorrespondenten in Belgrad, daß es zu wenige Möglichkeiten gebe, den Ausdruck „vom Rande des Abgrunds gerettet" wiederzugeben. Es schien, als habe Jugoslawien sich mehr als ein Jahr immer wieder auf den Abgrund zu- und dann wieder von ihm wegbewegt. Der Ausdruck war so oft in Nachrichten aus Jugoslawien gefallen, daß die Redakteure in den Pressebüros auf der ganzen Welt langsam den Verdacht bekamen, ihre Korrespondenten vor Ort würden blinden Alarm schlagen. Aber Ende Mai, als die volle Sommerhitze sich im Land ausbreitete, gab es kaum noch Anlaß zum Witzemachen. Und bald sollte es auch kein Zurück mehr geben.

11. Kapitel

Gespräche der Gehörlosen

Die letzte Chance vertan

Mai 1991 - Juni 1991

Den ganzen Frühling und Sommer hindurch hielten führende Politiker Jugoslawiens eine Reihe von Treffen ab, um doch noch zu einem Einvernehmen über die Zukunft des Landes zu kommen. Ein Wanderzirkus von Gipfeltreffen machte sich auf den Weg. Das Staatspräsidium hielt erweiterte Sitzungen ab – die Präsidenten der Republiken, die Außen- und Verteidigungsminister waren ebenso zugegen wie die acht *ex officio*-Mitglieder. Bei mindestens einem halben Dutzend Gelegenheiten trafen alle führenden Entscheidungsträger im selben Raum zusammen. Die Schlüsselfiguren nutzten diese Gelegenheiten, um ihre Klagen vorzubringen und ihre Positionen zu stärken. Verhandlungen im eigentlichen Sinne fanden nicht statt; keine Verständigung, kein Fortschritt. Kroatiens Präsident, Franjo Tudjman, bezeichnete diese Treffen abfällig als „Gespräche der Gehörlosen". Die letzte Gelegenheit, den Krieg zu vermeiden, wurde verspielt.

Der Fels, an dem die Diskussionen immer wieder zerschellten, war der krasse Widerspruch, der rasch zwischen den beiden Hauptartikeln der Schlußakte von Helsinki auftauchte: dem Recht der Nationen auf Selbstbestimmung und dem Prinzip der Unverletzlichkeit der Grenzen. Die Einheit ist der Heilige Gral des modernen serbischen Nationalismus: alle Serben in einem einzigen Staat. Milošević machte den Kroaten oder Slowenen nicht das Recht zur Abspaltung streitig. Aber er bestand darauf, daß im Gegenzug die Serben dasselbe Recht haben müßten, sich von Kroatien abzuspalten[97], und daß die Spaltung Jugoslawiens eine Neufestlegung der Grenzen nötig machen würde.[98] Die Grenzen innerhalb Jugoslawiens waren 1954 gezogen worden.

Obwohl es dem Präsidium nicht gelungen war, sich auf irgend etwas zu einigen, stärkte Slowenien, eng gefolgt von Kroatien, seine Verhandlungsposition, indem es mit Unabhängigkeitsvorbereitungen voranpreschte. In einem Referendum im Dezember 1990 hatte sich die überwältigende Mehrheit der Bevölkerung für die Unabhängigkeit ausgesprochen. Am 19. Mai 1991, in der emotional aufgeladenen Atmosphäre, die nach den Ereignissen von Borovo Selo herrschte, hielt Kroatien sein Referendum ab. Das Ergebnis hatte von vornherein festgestanden – mehr als neunzig Prozent stimmten für etwas, das auf eine regelrechte Abspaltung hinauslief.[99]

Aber Kroatien hatte Probleme, die es in Slowenien nicht gab, Probleme, die es zwangen, behutsamer und weniger hastig in die Unabhängigkeit zu gehen: Die Krajina-Serben boykottierten das Referendum; in den Gebieten, die unter ihrer Kontrolle waren, gab es keine Wahllokale.[100] Während die serbischen und kroatischen Politiker den Frühling und die frühen Sommermonate 1991 damit verbrachten, einander unvereinbare Visionen von Jugoslawiens Zukunft vorzustellen, war den Politikern der anderen Nationalitäten klar, daß sie, falls Slowenien und Kroatien sich abspalteten, zu Randvölkern in einem Restjugoslawien würden, in dem die Serben zahlenmäßig eine überwältigende Mehrheit wären. Im Sommer 1991 hauchten der bosnische Präsident Alija Izetbegović und der mazedonische Präsident Kiro Gligorov den erlahmenden Präsidentengipfeln vorübergehend neues Leben ein. Ihr Modellvorschlag für die Verfassung des Landes wurde als „asymmetrische Föderation" bekannt. Diese Formel sah Serbien und Montenegro als Herz der jugoslawischen Föderation (oder Konföderation), Bosnien und Mazedonien als halb-unabhängige, aber zu Jugoslawien gehörende Republiken; Kroatien und Slowenien wären innerhalb der Konföderation so souverän und autonom, wie sie es für richtig hielten. Izetbegović und Gligorov glaubten, daß auf diese Weise dem serbischen Wunsch nach einem unabhängigen Staat und dem kroatischen und slowenischen Bestreben nach Souveränität entsprochen werden könne. Als der reisende Präsidentengipfel Anfang Juni schließlich nach Sarajevo kam, fand dieser Vorschlag vorübergehend die Zustimmung von Milošević und Tudjman.

Aber seine Bedingungen waren sehr verschieden auszulegen. Es war ein Verfassungsvorschlag, der für jede Republik das war, was sie darin sah. Das war sein Reiz und gleichzeitig sein Verderben. Die Slowenen waren nicht unbeteiligt am Scheitern des Plans: Das Parlament in Ljubljana erklärte am 12. Juni, weniger als eine Woche, nachdem der Izetbegović-Gligorov-Plan einen Hoffnungsschimmer hatte aufkommen lassen, daß eine Lösung in der Verfassungsdebatte gefunden werden könne und daß ihre Unabhängigkeitsvorbereitungen Ende des Monats abgeschlossen sein würden. Tudjman hatte bereits erklärt, daß Kroatien im Falle einer Abspaltung Sloweniens „nicht einen Tag länger" zu Jugoslawien gehören wolle.

Am selben Tag, dem 12. Juni, trafen sich die Präsidenten von Serbien, Kroatien und Bosnien in Kroatiens zweitgrößter Stadt, der alten Hafenstadt Split an der dalmatinischen Küste. Das Treffen hätte eigentlich in Sarajevo sein sollen, und auf der Tagesordnung stand der Izetbegović-Gligorov-Plan. Aber als das Treffen dann stattfand, wollte keiner der beiden mächtigen Nachbarn von Izetbegović über diesen Vorschlag diskutieren. Genau wie die Slowenen waren auch Tudjman und Milošević schon weit mit den Plänen fortgeschritten, die sie für das eigene Land erdacht hatten. In einem offiziellen *Tanjug*-Bericht über das Treffen hieß es zwar, „ein hoher Grad von Offenheit und gutem Willen ... war in den Gesprächen zu sehen", aber Izetbegović gab später zu, daß er „die anderen beiden zwingen mußte, sich dem asymmetrischen Konföderationsplan zuzuwenden", denn Tudjman und Milošević hätten die ganze Zeit eigentlich nur über die Kantonisierung Bosniens reden wollen. Izetbegović kehrte niedergeschlagen nach Sarajevo zurück, ohne ganz begriffen zu haben, was vorgefallen war. Er sagte, das Wort „Kanton" sei nicht gefallen, zumindest nicht in seiner Gegenwart, aber er gab zu, daß die ethnische Teilung seiner Republik „zwischen den Zeilen" spürbar gewesen sei. Natürlich hatten die Delegationen Miloševićs und Tudjmans darüber diskutiert, aber hinter seinem Rücken.

Während die reisende Präsidentenkarawane gegenüber der Öffentlichkeit die vergeblichen Versuche einer konstitutionellen Lösung der Zukunft Jugoslawiens repräsentierte, trafen sich abseits der Öffentlichkeit Kroaten und Slowenen für private Gespräche, um ihren gemeinsamen Austritt aus der Föderation zu koordinieren. Diese Gespräche hatten 1990 begonnen. Im Anfangsstadium hatte sich Kroatien für Umsicht und Vorsicht ausgesprochen. Tudjmans Berater Dušan Bilandžić, der später Kroatiens stellvertretender Repräsentant in Belgrad wurde, erinnerte sich an ein solches Treffen. Er hatte Kučan von der Notwendigkeit, abzuwarten, zu überzeugen versucht. „Wartet ein wenig", sagte Bilandžić zu Kučan. „Wenn ihr es vorsichtig angeht, Schritt für Schritt, dann kann der Rest von uns folgen – Bosnien und Mazedonien ebenso wie Kroatien. Wartet auf eine Anti-Milošević-Koalition." Aber für die Slowenen lag die Sache zu einfach. Sie hatten keine serbische Bevölkerung, und Milošević hatte klargemacht, daß er nicht für den Verbleib

Sloweniens in Jugoslawien kämpfen würde. Im April unterzeichneten Slowenien und Kroatien einen gemeinsamen Verteidigungspakt, der gegenseitige Unterstützung und den Austausch von nachrichtendienstlichen Informationen vorsah.[101] Als die JVA durch sein Gebiet nach Slowenien einmarschierte, sollte Tudjman das Abkommen ignorieren.

Die Slowenen hatten die Kroaten nun in fast allen Aspekten weit hinter sich gelassen. Nach der Volksabstimmung vom Dezember begann die slowenische Regierung mit einem Sechsmonateplan, der die Gesetzgebung und die Verwaltung des Landes auf die volle Unabhängigkeit vorbereiten sollte. Als Termin war der Sommer 1991 angesetzt; im Juni war man auch tatsächlich soweit. Am 15. Juni, drei Tage nach dem Treffen Tudjmans, Miloševićs und Izetbegovićs in Split, trafen sich die politischen Spitzen Sloweniens und Kroatiens. Das Treffen machte den Slowenen deutlich, wie wenig bereit die Kroaten waren. Sloweniens Innenminister Bavčar sah es so:

Das Treffen war dazu bestimmt, unsere Schritte zu koordinieren, und zwar für den 26. Juni. Damals entschieden wir uns für den 25. oder 26. Juni. Wir kamen nach Banski Dvori, wo wir Tudjman und seine Minister trafen. Wir teilten ihnen unsere Pläne für den Zoll, die Ordnungskräfte, die Flughäfen und die Grenzsicherung mit. Sie waren über unseren Stand der Vorbereitungen ziemlich geschockt.

Die Kroaten, deren Volksabstimmung erst im vorangegangenen Monat stattgefunden hatte, hatten mit ihren Vorbereitungen für die volle staatliche Unabhängigkeit noch nicht einmal angefangen. Tudjman, dem die Ungleichzeitigkeit sichtlich peinlich war, versuchte die mangelnde Vorbereitung seiner Republik mit großen Worten zu vertuschen. Der slowenische Außenminister Dimitri Rupel erinnerte sich, wie Tudjman selbst zu diesem späten Zeitpunkt sich bluffend durch die Sitzung mogelte.

Wir erklärten Tudjman, daß wir unsere neuen Gesetze unter Dach und Fach hätten und daß wir jetzt die Daten für die Unabhängigkeitserklärungen abstimmen sollten, da Tudjman ja immer gesagt hatte, er wolle diesen Schritt mit uns gemeinsam tun. Das war mehr oder weniger ein Geheimabkommen. Der letzte vorgesehene Termin war der 26. Juni. Wir entschieden uns dann für den 25. Juni, und Tudjman sagte, wir sollten es am selben Tag und zur selben Zeit machen. Die slowenische Delegation war nicht wenig überrascht darüber, daß die kroatische Regierung noch so gut wie nichts vorbereitet hatte. Das wurde in einer Szene deutlich, die beinahe zu einem handfesten Konflikt zwischen Tudjman und einem seiner Minister, Franjo Greguric, führte. Tudjman sagte: „Wir haben auch schon alles fertig, die Gesetzgebung und so weiter, alles ist vorbereitet." Und Gregurić sagte: „Nein, Herr Präsident, das stimmt nicht."

Die beiden Seiten einigten sich auf eine Koordinierung ihrer Unabhängigkeitserklärungen. Aber die Slowenen verließen das Treffen mit der Überzeugung, daß man den Kroaten nicht trauen konnte. Slowenien würde also im Alleingang die Unabhängigkeit vorantreiben, ohne Rücksicht auf Kroatiens Bereitschaft und vor allem ohne Rücksicht auf die Folgen ihrer Abspaltung für den Rest Jugoslawiens.

* * *

Am 21. Juni, vier Tage bevor Kroatien und Slowenien ihre Unabhängigkeit erklären sollten, kam US-Außenminister James Baker – ansonsten voll beschäftigt, sein Versprechen einzulösen, dem Nahen Osten nach der Operation „Wüstensturm" den Frieden zu bringen – nach Belgrad. Der Golfkrieg hatte, wie es der damalige Präsident George Bush ausdrückte, die Vereinigten Staaten zum „geachteten und unangefochtenen Anführer der westlichen Welt" gemacht. Alle am Jugoslawienkonflikt Beteiligten erhofften sich viel von Bakers Besuch. Alle wollten sich mit ihm treffen. Baker hielt elf verschiedene Treffen im Verlauf eines einzigen Tages ab: jeweils eines mit dem Präsidenten jeder Republik und eine Reihe von Treffen mit Mitgliedern der Bundesregierung, in die die übrige Welt noch immer große Hoffnungen setzte. In Übereinstimmung mit den Regierungen Westeuropas lautete die Politik der Vereinigten Staaten, daß die Einheit und der Zusammenhalt Jugoslawiens erhalten bleiben sollten.

Der Inhalt von Bakers Treffen ist bis heute Gegenstand großer historiographischer Kontroversen. Welche Signale gab er, welche Schritte würden die USA tolerieren und welche nicht? Seinen eigenen Angaben zufolge rechneten die USA schon damals nicht mehr ernsthaft damit, einen Krieg verhindern zu können.

Die Frage war, ob ich versuchen sollte, ein Zeichen zu setzen, wenn man so will, was denn nun zu passieren habe, wenn das Auseinandergehen sich nicht friedlich gestalten sollte. Wir waren nicht naiv, aber wir fürchteten, wenn wir nicht den Versuch machten, würden wir beschuldigt werden, es nicht einmal gewollt zu haben. Also versuchten wir es, im vollen Bewußtsein, daß wir höchstens geringe Erfolgschancen haben würden.

Baker traf den slowenischen Präsidenten Kučan in Belgrad und fragte ihn, ob Slowenien bereit sei, die Idee der Unabhängigkeit aufzugeben. Er erläuterte warnend, daß gemäß der Schlußakte von Helsinki nur friedliche Selbstbestimmung anerkannt würde, nicht aber gewaltsame Loslösung. Er sagte, die Vereinigten Staaten seien nicht bereit, einseitige Unabhängigkeitserklärungen anzuerkennen. Kučan erwiderte offen, daß die Dinge schon zu lange ihren Lauf genommen hätten und daß eine Beibehaltung des jugoslawischen Status quo unmöglich geworden sei.

Bei seinem Treffen mit der serbischen Führung sagte er, die USA würden Slowenien und Kroatien weiterhin drängen, nicht in Richtung Unabhängigkeit zu streben, aber auch, daß die USA keine Gewaltanwendung bei der Verhinderung von Unabhängigkeitserklärungen dulden würde. Das waren genau dieselben gemischten Signale, die schon der US-Botschafter in Jugoslawien, Warren Zimmermann, seit Monaten ausgegeben hatte. Die Politik der Vereinigten Staaten bezüglich der Unabhängigkeitsbestrebungen blieb während der entscheidenden Monate, die zum Kriegsausbruch führten, unentschieden: Unterstützung der Einheit Jugoslawiens, ja; Gewaltanwendung zu deren Erhalt, nein. Und zu den Slowenen und Kroaten: Unterstützung der Selbstbestimmung, ja; einseitige Unabhängigkeitserklärungen im Falle eines Scheiterns der Verhandlungen, nein.

Sein Treffen mit dem montenegrinischen Präsidenten Momir Bulatović muß bei Baker Sehnsüchte nach den klar unterscheidbaren Konturen des Nahostkonflikts hervorgerufen haben. Bulatovićs Angaben zufolge war Baker zu Beginn des Treffens offensichtlich verwirrt und sich unklar darüber, mit wem er sprach und warum.

Als ich mit Baker zusammentraf, sagte ich: „Sagen Sie mir, was Sie von mir wollen." Er war verwirrt und wußte nicht, wie er das Gespräch beginnen sollte. Man brachte ihm sein Notizbuch. Ich war neugierig, was da über Montenegro stand. Ich riskierte einen Blick und sah dort ganze zwei Zeilen:

– die kleinste Republik Jugoslawiens,

– möglicherweise eine fünfte Stimme für Mesić.

Die Statthalter von Milošević im Staatspräsidium hatten das automatische Nachrücken von Kroatiens Vertreter in die Position des Präsidenten des achtköpfigen kollektiven Staatsoberhauptes verhindert.

Nach der Verfassung hätte Mesić seit 15. Mai in dieser Funktion sein sollen. Als Baker zu Besuch kam, war das Land seit sechs Wochen faktisch ohne Präsidenten. Baker dachte, die Regelung von Mesićs Amtsantritt könnte die Krise irgendwie entspannen. Das zeigt, daß Baker keine Ahnung hatte, wie weit der Zerfallsprozeß schon gediehen war. Bulatović setzte fort:

Ich sagte, ich hätte nichts dagegen, wenn Mesić gewählt würde, aber daß ich nicht für ihn stimmen könnte. Baker sagte, wenn wir nicht für Mesić stimmen würden, gäbe es eine große Krise und einen Krieg. Ich stimmte ihm zu, daß es Krieg geben würde, sagte aber, daß ich nicht glaubte, Mesićs Wahl könnte das verhindern.

Am schwierigsten einzuordnen bleibt bis heute Bakers Treffen mit dem jugoslawischen Ministerpräsidenten Ante Marković. Dem ehemaligen Verteidigungsminister Admiral Branko Mamula zufolge, Veljko Kadijevićs engstem Berater während der gesamten Krise, riet Baker Marković, „den Slowenen sanft auf die Finger zu klopfen". Marković hat sich bisher über seine Rolle im Vorlauf des slowenischen Zehntagekriegs ausgeschwiegen; weder er noch Baker haben dieses Zitat je bestätigt.

Bakers Besuch fand fünf Tage vor Ausbruch des Krieges statt. An diesem Tag entdeckten zwei von Tudjmans engsten Ministern durch persönliche Kontakte in Belgrad, die sie niemals preisgaben, daß die Bundesarmee sich zu einer militärischen Reaktion auf die Unabhängigkeitserklärung Sloweniens entschlossen hatte. Dušan Bilandžić blieb nach dem Treffen mit Baker in Belgrad. Ein alter Freund, dessen Identität Bilandžić geheimhielt, warnte ihn vor der bevorstehenden Invasion. Bilandžić kehrte umgehend nach Zagreb zurück und weckte Tudjman kurz nach Mitternacht am Morgen des 22. Juni. Bilandžić zufolge informierte er Tudjman darüber, daß die Armee einen Angriff auf Slowenien binnen fünf Tagen plante. Tudjman, so Bilandžić, erwiderte lachend: „Mach dir keine Sorgen, Duško. Ich habe eine Abmachung mit Kadijević und Milošević. Sie werden sie nicht brechen. Das ist unmöglich. Kadijević hat mir versprochen, daß sich die Armee nicht in die Politik einmischen wird." Dann gab Bilandžić Tudjman gegenüber seine Quelle an, einen „sehr hohen" Offizier der JVA. Auch das überzeugte Tudjman nicht. Stipe Mesić, der während des gesamten Gesprächs anwesend war, stand wie versteinert da. Tudjmans Selbstgefälligkeit hatte ihm die Sprache verschlagen.

Tudjmans Verteidigungsminister Martin Špegelj, der sein Leben lang in der JVA gedient hatte, verfügte ebenfalls über geheime Kontakte in Belgrad. Auch er erfuhr von den Plänen der Armee am Tag von Bakers Besuch.

Ich wußte fünf Tage vor der Unabhängigkeitserklärung, daß die JVA angreifen würde. Ich hatte meine geheimdienstlichen Quellen in Belgrad, einige davon Serben. Ich verständigte die Slowenen, und Kučan rief daraufhin Tudjman an und fragte ihn: „Werdet ihr uns helfen, uns zu verteidigen?" Tudjman sagte: „Nein." Die volle Antwort lautete: „Es ist nicht im kroatischen Interesse, in einen Krieg zwischen Slowenien und Serbien einzugreifen."

Kučan war außer sich. Das Abkommen, das beide Präsidenten erst zwei Monate zuvor unterzeichnet hatten und das bei ihrem Treffen vor weniger als einer Woche im *Banski Dvori,* dem Zagreber Regierungspalast, noch einmal bekräftigt worden war, war Tudjman offenbar nicht mehr das Papier wert, auf dem es geschrieben stand. „Ich sagte ihm, daß das ausgesprochen kurzsichtig von ihm wäre." Später meinte Kučan:

Früher oder später würde sich die JVA auch gegen Kroatien wenden. Aber Tudjman entgegnete, wenn sich Kroatien an einem bewaffneten Konflikt beteiligte, würde das ein Übergreifen dieses bewaffneten Konflikts auf sein eigenes Gebiet bedeuten. Er sagte, man sei noch nicht gerüstet für einen Krieg und habe noch nicht genug Waffen – was ja alles stimmte. Aber ich sagte ihm, daß Slowenien zu helfen gleichbedeutend sei damit, Kroatien zu verteidigen.

Am unmittelbaren Vorabend des Krieges schenkte Tudjman den Warnungen seines Verteidigungsministers Špegelj immer noch kein Gehör. Der daraus resultierende Streit sollte bald zum Rücktritt des verbitterten Špegelj führen, in dessen Augen der Präsident sein Volk blind in einen Krieg führte, ohne sich auch nur im geringsten auf eine Verteidigung vorzubereiten.

Dritter Teil:
Die Explosion

12. Kapitel

„Die Stunde Europas ist angebrochen"

Sloweniens Scheinkrieg

Juni 1991 - Juli 1991

Slowenien erklärte sich am Abend des 25. Juni 1991 durch ein nahezu einstimmiges Parlamentsvotum für unabhängig. Damit nahm es einseitig die ersten Veränderungen an den internationalen Grenzen Europas seit Jalta vor.[102] Kroatien erklärte am selben Tag ebenfalls seine Unabhängigkeit.

Im Gegensatz zu den Kroaten hatten sich die Slowenen sorgfältig auf die Abspaltung vorbereitet.[103] Sie hatten Vorkehrungen zur Unterstützung der Unabhängigkeitsgesetzgebung getroffen: Sie hatten die unabhängigen Organe eingerichtet und mit Personal besetzt, die am 26. Juni die Kontrolle über die Grenzen, den Luftverkehr und die Hafenbehörden übernehmen würden. An den Grenzen zu Italien, Österreich und Ungarn entfernten sie die jugoslawischen Symbole und ersetzten sie durch das Wappen der neuen unabhängigen Republik Slowenien. Sie befahlen den Polizei- und Zollbeamten des Bundes, die Anlagen zu verlassen. Sie begannen auch damit, Grenzposten an der 600 km langen Grenze zum benachbarten Kroatien aufzustellen, was die Bundesregierung noch am Vortag für illegal erklärt hatte.

Bei den offiziellen Feierlichkeiten am nächsten Tag war Oberst Milan Aksentijević[104] seinem eigenen Bericht zufolge „nicht in der Stimmung, Champagner zu trinken". Bemerkenswerterweise war er einer der ganz wenigen Parlamentsabgeordneten[105] gewesen, die gegen die Erklärung gestimmt hatten, und obwohl die anderen Abgeordneten ihm volle Gläser reichten und slowenische Fernsehreporter versuchten, ihn bei einem heimlichen Schluck zu ertappen, blieb er der einzige Abgeordnete, der nicht feierte. Es war Jugoslawiens letzter Friedenstag. Aksentijević wußte ebenso wie die slowenische Führung, daß sich die Armee in Alarmbereitschaft befand.

Belgrad kam Laibach zuvor. Am selben Tag, an dem Ljubljana seine Unabhängigkeit erklärte, traf sich das Bundesparlament und einigte sich darauf, Sloweniens Abspaltung nicht anzuerkennen.[106] Milošević spielte ein Doppelspiel. Einerseits ermutigte er Slowenien zur Abspaltung, andererseits beschuldigte Belgrad es des einseitigen Austritts. Die Bundesregierung unter der Führung von Ministerpräsident Ante Marković trat ebenfalls zusammen und erließ eine Anweisung, deren Bedeutung seither heftig umstritten ist. Die Bundesarmee hatte keinen Oberkommandierenden, und der Staat war ohne Präsident, weil Serbien die turnusmäßige Rotation des kroatischen Vertreters Stipe Mesić an die Spitze des kollektiven Staatspräsidiums blockiert hatte.

Die Bedingungen des Erlasses waren eindeutig: Er erteilte dem Verteidigungs- und dem Innenminister die Befugnis, „Grenztruppen der JVA einzusetzen, um die Staatsgrenzen an den Grenzübergängen zu sichern ...“[107] Weniger klar ist, was Marković mit diesem Erlaß beabsichtigte. Beinahe unmittelbar nach Ausbruch der Kampfhandlungen versicherte er, der Erlaß sei niemals darauf ausgerichtet gewesen, der Bundesarmee den Gebrauch von Gewalt gegenüber den Slowenen zu gestatten. Aber was immer Markovićs Motivation gewesen sein mag – er handelte vor allem auf Druck der Armee –, zwei seiner ranghöchsten Minister benutzten den Erlaß als Verfassungsvollmacht, auf deren Grundlage sie Panzer einsetzen konnten.

Der Bundesinnenminister Petar Gračanin richtete ein Gesuch an den Fünften Armeebezirk der JVA in Zagreb.[108] Er bat den Kommandanten dort, General Konrad Kolšek (der Slowene war), Truppen und Transportmittel zur Verfügung zu stellen, um die Bundespolizeitruppen zu den Kasernen in Slowenien und von dort zu den Grenzposten, denen sie zugeteilt waren, zu begleiten. General Kolšek und sein Stellvertreter, General Andrija Rašeta, waren bis in die Nacht hinein damit beschäftigt, einen detaillierten Plan zu erarbeiten, um fünfunddreißig[109] Landgrenzübergänge, einen Flughafen (Brnik bei Ljubljana) und einen Seehafen (Koper) wieder unter jugoslawische Kontrolle zu bringen.

Belgrad verhielt sich von Anfang an entschieden legalistisch zur slowenischen Krise. Seit sechs Monaten befürwortete der Bundesverteidigungsminister Veljko Kadijević ein Eingreifen der JVA, um Jugoslawien zusammenzuhalten. Aber er wollte vermeiden, daß man die JVA eines Militärputsches bezichtigte. Er hatte Zurückhaltung geübt, weil er die Verfassung nicht verletzen wollte. Er handelte nun in Übereinstimmung mit diesen Überlegungen und sah sich immer noch auf dem Boden der Verfassung. Er glaubte sich im Besitz der nötigen Verfassungsvollmacht für eine begrenzte militärische Intervention in

Slowenien. Die Befehle und Erlässe, die von Belgrad am 25. Juni erteilt worden waren, trugen die Unterschrift des Ministerpräsidenten. Der Verfassung gemäß wurden sie durch Abdruck im *Staatsanzeiger der Sozialistischen Föderativen Republik Jugoslawien* der Öffentlichkeit zugänglich gemacht. Sie sollten einen Tag nach ihrer Veröffentlichung in Kraft treten. Die Slowenen wußten also mindestens 24 Stunden im voraus, daß ein Interventionsbefehl an die JVA ergangen war.

Tatsächlich besaßen sie noch sehr viel genauere Informationen. Während der zehn Tage, die die slowenische Führung später zu ihrem Unabhängigkeitskrieg erklärte, befand sie sich in ununterbrochenem Telefonkontakt mit den JVA-Befehlshabern, gegen die sie kämpften. Igor Bavčar bezeugte:

So merkwürdig das klingen mag, während der zehn Tage, die der Krieg dauerte, verständigten wir uns täglich oder sogar stündlich mit der Armee. Der Stab, der die Kampfhandlungen kommandierte, war in ständigem Kontakt mit uns. Wir stellten einander regelmäßig Ultimaten und sprachen über die Einsätze, während sie stattfanden.

Anfangs sahen die Generäle diese Einsätze nicht als Krieg an. Sie betrachteten sie als eine begrenzte Polizeiaktion und statteten sie demgemäß aus. Und so informierten sie auch die slowenischen Autoritäten im voraus über ihre Pläne, einschließlich der Wege, die die Armee-Einheiten nehmen würden. Eine Truppe, die bereit ist, „in ein benachbartes Land einzumarschieren und es zu besetzen", wie die Slowenen es darstellten, gibt seine Invasionspläne nicht am Tag vor der Offensive bekannt. Das war Plan A, der Plan, der in diesem Fall durchgeführt wurde. Die JVA besaß aber auch einen Plan B: Der gesamte Fünfte Armeebezirk würde mobilisiert und gegen Slowenien ins Feld geschickt werden. Die Elitetruppe der 63. Luftwaffenbrigade aus Niš in Südserbien war auf dem slowenischen Luftwaffenstützpunkt Cerklje zusammen mit einem Bataillon Militärpolizei stationiert; sie hatten genaue Pläne über einzunehmende Stellungen und zu verhaftende Personen. Sie wußten, daß die slowenische Territorialverteidigung (TO) gut ausgerüstet, wohl organisiert und groß war. Plan B sah die Invasion Sloweniens, den militärischen Sieg über die slowenische TO, die Verhaftung und Inhaftierung slowenischer Politiker und die Ausrufung des Kriegsrechts in der Republik vor. Plan B sollte niemals zur Ausführung gelangen.

Während die Unabhängigkeitsfeierlichkeiten begannen, sprach Präsident Kučan mit General Kolšek in Zagreb und bat ihn, an diesem Tag in Slowenien keine JVA-Operationen zu unternehmen. Kučan befürchtete, sie würden die Bevölkerung auf der Höhe ihrer Feierlichkeiten aufbringen. Kolšek konnte ihm versichern, daß an dem Tag keine Aktion stattfinden würde. Tatsächlich war vorgesehen, die Grenzübergänge und den Flughafen in den frühen Morgenstunden des folgenden Tages wieder unter Kontrolle zu bringen.

Am 25. und 26. Juni wurde mit der Durchführung von Plan A begonnen. Eine Gruppe von 400 Bundespolizisten und 270 Bundeszollbeamten wurde zum Luftwaffenstützpunkt Cerklje in Slowenien gebracht und von dort mit Hubschraubern zu den verschiedenen Kasernen in Slowenien und Kroatien geflogen, von denen aus sie eingesetzt werden sollten. Weniger als 2000 Mann der JVA-Truppen wurden eingesetzt, um sie zu begleiten. Es handelte sich schwerlich um den Einsatz einer Invasionsstreitmacht.[110]

Am frühen Morgen des 27. Juni begann die JVA mit den Einsätzen, welche die Slowenen später als die Invasion ihres gerade unabhängig gewordenen Landes darstellen sollten. Die JVA-Befehlshaber glaubten, alles werde in ein paar Stunden vorüber sein. Sie erwarteten nicht, daß die slowenische territoriale Verteidigung versuchen würde, Widerstand zu leisten; und sie waren nicht darauf eingerichtet oder genügend gerüstet, einen Krieg gegen die Slowenen zu führen.

Eine Luftabwehr-Einheit aus Karlovac in Nordkroatien verließ ihre Kasernen um 1.30 Uhr mit dem Auftrag, die slowenische Grenze um 3 Uhr zu erreichen. Ihr Vormarsch wurde von der kroatischen Polizei beobachtet, die ihre Kollegen in Slowenien informierte.

Präsident Kučan schickte sich an, ins Bett zu gehen, als er erfuhr, daß JVA-Truppen im Anmarsch waren. Er hatte bis spät in die Nacht an einem Redetext gearbeitet.

Ich duschte gerade, als das Telefon klingelte. Am Apparat war mein Kabinettschef. Er teilte mir mit, daß Panzer die Vrhnika-Kaserne in Slowenien verlassen hätten und der Krieg begonnen habe. Ich rief sofort General Kolšek in Zagreb an, konnte ihn aber nicht erreichen. Ich verlangte, mit irgend jemandem vom Zagreber Führungsstab zu sprechen, doch ohne Erfolg. Ich rief Ante Marković in Belgrad an, weckte ihn auf, informierte ihn, worum es ging, und sagte ihm, er sei verantwortlich für den Befehl, der von General Kadijević gegeben worden war.

Marković zeigte sich überrascht und schien nicht zu wissen, was vorging, obwohl seine eigene Regierung am selben Tag die Dekrete erlassen hatte, auf deren Grundlage nun Kadijević und Gračanin als Verteidigungs- und Innenminister handelten. Marković setzte sich mit dem Fünften Militärkommando in Zagreb in Verbindung und wies sie an, mit Kučan zu sprechen. Der stellvertretende Kommandant Andrija Rašeta rief den slowenischen Präsidenten an. „Warum regen Sie sich so auf?“ fragte er Kučan. „Die Truppen, die die Kasernen verlassen haben, sind nicht einmal bewaffnet. Beruhigen Sie sich und gehen Sie wieder schlafen.“[111] Kučan wurde wütend. Er schrie ins Telefon, daß er die Intervention der JVA als eine Kriegserklärung gegen Slowenien betrachte. Rašeta versuchte, Kučan zu beschwichtigen: Die Armee habe nur einen begrenzten Auftrag – nämlich die Grenzübergänge und den Flughafen zu sichern, weiter nichts. Wenn die JVA vorhabe, gegen Slowenien in den Krieg zu ziehen, gab er Kučan zu bedenken, hätte sie ganz anders gehandelt – nämlich alle Einheiten in Kroatien und Slowenien mobilisiert.

Kučan ging in sein Büro. Er berief das slowenische Kabinett ein, und um 5 Uhr früh trat eine Sitzung zusammen, die zu den entscheidendsten und mit Sicherheit wortkargsten der politischen Geschichte Jugoslawiens gezählt werden muß. Er bat Janša, den Verteidigungsminister, einen Abriß der Ereignisse zu geben. Janšas Bericht war kurz. Er sprach in knappen, dramatischen Sätzen. Das 13. (Rijeka-)Korps der JVA sei auf dem Weg, sagte Janša. Die slowenische TO habe Barrikaden errichtet – größtenteils landwirtschaftliche Fahrzeuge und requirierte Lastwagen und Anhänger –, habe aber noch nicht den Befehl erhalten, diese zu verteidigen. In einigen Gebieten hätten die gepanzerten Fahrzeuge der JVA diese Barrikaden einfach beiseite geschoben und seien weitergefahren. Panzer hätten die Vrhnika-Kaserne in Ljubljana verlassen; man könne hören, daß sie sich in Richtung Flughafen bewegten. Janša sagte, er habe schon mit dem stellvertretenden Kommandanten der Vrhnika-Kaserne, General Vidmar, gesprochen. „General Vidmar schwieg eine Zeitlang, dann sagte er, daß er darüber keine Kontrolle habe“, berichtete Janša. „Ich fragte ihn, wohin die Panzer unterwegs seien, und nach einer Pause antwortete er: *Brnik* (Flughafen).“ Janša sagte dann, seiner eigenen Darstellung zufolge, daß das slowenische Präsidium den bewaffneten Widerstand gegen „diese Aggression“ befehlen solle.[112]

Den Hauptbeteiligten, denen die Tragweite der Entscheidung bewußt war, muß die Sitzung wie eine Ewigkeit vorgekommen sein. Tatsächlich dauerte sie nur wenige Minuten, in denen die slowenische

Führung einfach schweigend dasaß. Janša schloß seinen kurzen Bericht mit der Bemerkung, daß es zwei Alternativen gebe: entweder nachzugeben und damit die historische Chance der Unabhängigkeit zu opfern, oder Widerstand zu leisten. „Dies sind die zwei Optionen", sagte er, „jetzt liegt es an Ihnen (dem slowenischen Präsidium) zu entscheiden, weil Sie den Oberbefehl haben." Darauf folgte Schweigen. Kučan zufolge geschah dann folgendes:

Ich glaube, daß jedem bewußt war, wie wichtig die Entscheidung war, jeder dachte an die Opfer, die ein Krieg fordern würde, weil zu diesem Zeitpunkt niemand wußte, um was für einen Krieg es sich handeln und wie lange er dauern würde. Jeder war mit seinen eigenen Gedanken beschäftigt. Es war ein langes Schweigen, das ich mit den Worten unterbrach: „Möchte jemand etwas sagen?" Wieder herrschte Schweigen. Daraufhin sagte ich: „Dann werde ich sprechen. Ich schlage vor, wir sehen der Tatsache ins Auge, daß wir uns im Kriegszustand befinden."

Wieder Schweigen. „Kann ich Ihr Schweigen so interpretieren", fragte Kučan, „daß wir uns darüber einig sind?" Dabei blieb es. Der Befehl, den Widerstand gegen die JVA zu beginnen, ging an die territorialen Verteidigungseinheiten der einzelnen Gebiete. Kučan erschien im Fernsehen und verkündete, daß seine Republik „diesen aggressiven Akt mit allen Mitteln beantworten" werde. Die territorialen Verteidigungseinheiten, sagte er, hätten den Befehl erhalten, „ihre Waffen zu gebrauchen, um die Souveränität Sloweniens zu verteidigen".

Nach fast einem Jahr des Schwankens am Rande des Abgrunds stürzte Jugoslawien schließlich kopfüber in den Krieg.

Die slowenischen Kräfte setzten sich in Bewegung, um die Stützpunkte der JVA in Slowenien zu umzingeln. Die Elektrizitäts- und Wasserversorgung wurde abgeschnitten, der Telefonverkehr unterbrochen. Der Innenminister Igor Bavčar rief General Rašeta in Zagreb an und warnte ihn vor dem Versuch, die Kasernen mit Hilfe von Hubschraubern zu versorgen. Rašeta nahm diese Warnung nicht ernst. Am Nachmittag des 27. Juni schossen slowenische Kräfte einen Helikopter über dem Zentrum von Ljubljana ab.[113] Der Pilot und ein Mechaniker an Bord wurden getötet. Aksentijević, der mit seinen Truppen in den Kasernen eingeschlossen war, war von der Eskalation überrascht:

Ich stellte fest, daß es sich nicht um einen Aufstand oder eine politische Demonstration handelte, sondern um Krieg. Ich glaube, das war der Moment, in dem wir innerlich zusammenbrachen. Wir sahen, daß sie uns töten wollten, daß es Jugoslawien und ein Leben mit ihnen zusammen nicht mehr gab.

Der Abschuß des Hubschraubers bedeutete auch einen Wendepunkt für die öffentliche Meinung in Slowenien. Das war der Moment, in dem die meisten Slowenen die Tragweite der Regierungsbeschlüsse erkannten. Es gab kein Zurück mehr. Slowenien erklärte der JVA den Krieg, nicht umgekehrt. Das slowenische Fernsehen nutzte den Konflikt bis auf den letzten Blutstropfen für seine Propagandazwecke aus. Während des ganzen ersten Tages übertrug es dramatische Bilder der sowjetischen Invasion der Tschechoslowakei 1968, um Kučans ausdrücklichen Ruf zu den Waffen zu ergänzen. Bavčar und Rašeta führten ein wütendes Telefongespräch; Rašeta, den Tränen nahe, schrie Bavčar an, er könne es nicht fassen, daß die Slowenen es gewagt hätten, auf ein so exponiertes und harmloses Objekt wie einen tieffliegenden und unbewaffneten Hubschrauber zu schießen. Rašeta war angewidert von Bavčars, wie der General es ausdrückte, „triumphierendem" Verhalten.

* * *

Nach James Bakers halbherzigen Versuchen in Belgrad in der vorhergehenden Woche stellten die USA klar, daß sie Jugoslawien als europäisches Problem betrachteten. Europa stellte sich der Herausforderung nur zu gern. Das Jahr 1991 war ein glänzendes, selbstbewußtes Jahr: Die zwölf Länder der Europäischen Gemeinschaft sollten bald zur Europäischen Union werden. Der einheitliche europäische Markt, der größte einzelne unbeschränkte Handelsblock der Welt, sollte im darauffolgenden Jahr in Kraft treten. Integrationisten sprachen sich positiv für eine gemeinsame Außen- und Sicherheitspolitik aus. Die britische Premierministerin Margaret Thatcher, die schärfste Gegnerin weitergehender europäischer Integration, war weniger als ein Jahr zuvor abgesetzt worden; ihr Sturz war das direkte Resultat ihrer Haltung gewesen. Jugoslawien, der erste bewaffnete Konflikt nach dem Ende des kalten Krieges, stellte eine historische Herausforderung dar, die Europa gerne annahm, um die Aufrichtigkeit seiner Absichten zu beweisen. In einem Satz, der ihn noch verfolgen sollte, verkündete der luxemburgische Außenminister Jacques Poos: „Das Zeitalter Europas ist angebrochen."

Die Europäische Gemeinschaft hatte ihre Position eine Woche vorher verkündet. Ein Treffen der EG-Außenminister hatte am 23. Juni beschlossen, die einseitigen Unabhängigkeitserklärungen nicht anzuerkennen. Am Tag nach Beginn der Kampfhandlungen bekräftigte der britische Premierminister John Major diese Sichtweise. „Das erste Ziel ist, die Föderation in Jugoslawien zusammenzuhalten“, sagte er. Die Zwölf gaben dann eine weitere Erklärung ab, in der sie die Wiederherstellung der verfassungsmäßigen Ordnung und des Respekts vor der territorialen Integrität des Landes forderten. Die JVA hatte natürlich ihre Panzer von ihrer eigenen Perspektive aus gesehen genau aus diesen beiden Gründen eingesetzt. Die Einheit der Zwölf begann auseinanderzubrechen. Einige der europäischen Politiker sahen nun ein, daß sie in ihrer Unterstützung der jugoslawischen Einheit den jugoslawischen Generälen unbeabsichtigterweise grünes Licht für den Einsatz von Gewalt gegeben hatten.

Jacques Poos war eines der drei Mitglieder der EG-Troika, der Gruppe von Außenministern, die aus Vertretern des letzten, des gegenwärtigen und des nächsten Präsidenten der Gemeinschaft besteht.[114] Er und sein niederländischer und italienischer Kollege, Hans van den Broek und Gianni de Michelis, gerieten einen Tag nach Kriegsausbruch in den jugoslawischen Strudel. Von Anfang an verhielten sich die internationalen Vermittler so, als sei der Krieg durch keine zugrundeliegenden strukturellen Ursachen begründet – und dies war ein Muster, nach dem mit wenigen Ausnahmen viele Monate lang alle ihre Bemühungen ablaufen sollten. In den Worten vieler nachfolgender Vermittler kamen sie, um mit der Faust auf den Tisch zu hauen, als sei die Ursache des Konflikts lediglich ein zwar schwer zu definierendes, aber oft zitiertes Balkantemperament, ein südslawischer Hang – entweder kulturell oder genetisch bestimmt – zum Brudermord. Sie benahmen sich, als ob ihre einzige Aufgabe darin bestehe, die gegnerischen Parteien von der Dummheit des Krieges zu überzeugen. Sie erkannten nicht, daß der Krieg unter gewissen Umständen auch ein Mittel zum Zweck sein konnte. Für Präsident Kučans Regierung war er in der verhängnisvollen Nacht ein zutiefst rationales und in der Tat das einzige Mittel, um das zu erreichen, was sie wollten.

Die Troika kam am 28. Juni in Belgrad an. Ihre erste instinktive Reaktion war, den Status quo zu erhalten: Slowenien sollte seine Unabhängigkeitserklärung zurückziehen, und Belgrad sollte die JVA abziehen. Die Serben sollten auch überredet werden, Mesićs Anspruch auf das Amt des Präsidenten des Staatspräsidiums anzuerkennen.

Als die Troika in Zagreb ankam, um sich mit der kroatischen und slowenischen Führung zu treffen, war es bereits später Abend. Präsident Kučan war über Seitenstraßen und Waldwege angereist, da die Hauptstraßen zum Großteil von seinen eigenen Truppen abgeriegelt waren. Das Abendessen wurde um 3 Uhr morgens in Tudjmans Präsidentenpalast, *Banski Dvori*, serviert. Vasil Tupurkovski, Mazedoniens Vertreter im Staatspräsidium, der den größten Teil des Tages in Slowenien zugebracht hatte, um die Bedingungen für einen Waffenstillstand herzustellen, kam nach Mitternacht an und traf auf etwa zwanzig bis dreißig Kroaten, Slowenen und EG-Funktionäre. Es gab keine strukturierte Diskussion, keine Tagesordnung. Die Troika verlangte von Kučan und Janša, die Unabhängigkeitserklärung rückgängig zu machen. Die Slowenen, die das Gefühl hatten, daß der „Krieg" günstig für sie verlaufe, weigerten sich.

Die Troika fuhr am nächsten Morgen in dem Glauben ab, ein 3-Punkte-Waffenstillstandsabkommen gesichert zu haben: Die Slowenen und Kroaten sollten ihre Unabhängigkeit drei Monate lang zurückstellen; die JVA würde in ihre Kasernen zurückkehren; und Mesić könnte sein Amt als neuer Präsident des Staatspräsidiums antreten, womit die Armee einen Oberbefehlshaber und das Land einen Präsidenten bekäme. Aber die Slowenen hatten nicht wirklich zugestimmt und waren sicherlich nicht bereit aufzugeben, gerade als sie fühlten, daß die Umstände sich zu ihren Gunsten entwickelten. Das Abkommen ließ auf jeden Fall die Kernfrage des Konfliktes ungelöst: Wer nämlich sollte die Grenzübergänge und den Flughafen kontrollieren? Janša sagte, die Ergebnisse der ersten Troika-Intervention seien so enttäuschend gewesen, daß sie in Slowenien nicht publik gemacht wurden, aus Angst, sie könnten die öffentliche Moral untergraben, weil die Bevölkerung ihr gesamtes Vertrauen in die Idee von Europa gesetzt hatte.

Die Troika forderte, daß wir alle Maßnahmen zur Unabhängigkeit neunzig Tage lang zurückstellen und die Unabhängigkeitserklärung annullieren sollten. Das war für uns nicht akzeptabel, weil wir zu dem Zeitpunkt den Krieg praktisch gewonnen hatten. Wenn wir akzeptiert hätten, hätten wir alle Waffen zurückgeben müssen, die wir von der JVA konfisziert hatten, außerdem den Flughafen und alles andere, was wir übernommen hatten.

Die Troika lernte ihre erste bittere Lektion über Realitäten auf dem Balkan: Abkommen sind nicht das, als was sie erscheinen. Die Kampfhandlungen gingen weiter.

Am Wochenende schlug die öffentliche Meinung um. Fernsehbilder, die um die Welt gingen, zeigten eine beherzte kleine Nation – in der Tradition der Tschechoslowakei –, die zum Westen neigte, demokratische Strömungen beherbergte und dafür kämpfte, sich von dem reaktionären, noch nicht umstrukturierten kommunistischen Monolithen zu befreien, der zwei Jahre nach dem Fall der Berliner Mauer immer noch mit Gewalt versuchte, seinen Willen durchzusetzen.

Marković distanzierte sich jetzt von der Intervention der Armee in Slowenien. „Niemand in der Regierung erwartete, daß Gewalt angewendet würde", sagte er. „Die Entwicklung der Ereignisse geht weit über die Entscheidungen der Bundesregierung bezüglich der Regelung der Grenzsituation hinaus." Implizit sagte Marković, daß die Armee, da es an einer funktionierenden Präsidentschaft fehle, auf der Basis ihrer eigenen Vollmacht handle. Am 29. Juni forderte General Marko Negovanović, ein Mitglied des Generalstabs der JVA, Slowenien auf, die Feindseligkeiten einzustellen oder „einer entscheidenden militärischen Aktion" ins Auge zu sehen. Das Land stand, ihm zufolge, „am Anfang eines Bürgerkriegs". Seine Bemerkungen verstärkten den wachsenden Eindruck, daß die Armeeführung außer Kontrolle geraten war. Am nächsten Tag sah sich sogar der britische Außenminister Douglas Hurd, einer der vorsichtigsten europäischen Staatsmänner, dazu gezwungen, die Aktionen des Bundes in Slowenien zu verdammen. „Die Zeiten sind vorbei", bemerkte er vor dem Unterhaus, „in denen man einen Staat dadurch zusammenhalten konnte, daß man seine Bürger erschoß."

Am 30. Juni, dem dritten Tag des slowenischen Zehntagekriegs, zog Serbien schließlich seine Unterstützung der JVA-Aktion in Slowenien zurück. Auf einer Sitzung des Rates für die Verteidigung der Verfassung entzog Borisav Jović im Auftrag von Milošević den jugoslawischen Generälen die Unterstützung. General Kadijević teilte der Versammlung mit, daß Plan A (eine begrenzte Aktion, um die Grenzübergänge zurückzugewinnen) fehlgeschlagen sei. Es gebe nun zwei Optionen – den Rückzug und damit die Anerkennung der slowenischen Sezession; oder Plan B, die volle Invasion und Niederschlagung des slowenischen Aufstands. Jović legte zum Erstaunen von Kadijević ein Veto gegen Plan B ein. Jović erinnerte sich:

Ich erinnere mich sehr gut daran, denn es war der Tag, an dem ich unsere neue Politik ankündigte. Mir war völlig klar, daß Slowenien sich abgespalten hatte und daß es nutzlos sein würde, dort Krieg zu führen. Das einzige, was wir meiner Meinung nach machen sollten, war, die serbisch bevölkerten Gebiete in Kroatien zu verteidigen, weil sie bei Jugoslawien bleiben wollten. In bezug auf Slowenien betonte ich, daß wir nicht den Weg des Krieges einschlagen könnten.

Ich sagte, wir sollten Slowenien erlauben, sich von Jugoslawien loszulösen, und die JVA abziehen. Ich schlug vor, die Bundesversammlung solle die slowenische Abspaltung anerkennen und der Aufteilung des Besitzes und der territorialen Abgrenzung zustimmen.

Es gab keine Diskussion über meinen Vorschlag, weil alle völlig verwirrt und vor den Kopf geschlagen waren. Es war ihnen völlig unbegreiflich, wie ein Mitglied des Staatspräsidiums über die Auflösung von Jugoslawien sprechen konnte.

Milošević wußte, daß die Armee wieder unter zivile Kontrolle gebracht werden mußte, wenn sie aus Slowenien abziehen sollte. Das Staatspräsidium, das seit dem 15. Mai nicht mehr bestand, mußte wiederhergestellt werden. Milošević befahl Jović, er solle aufhören, die Wahl Mesićs zum Präsidenten des Staatspräsidiums zu blockieren. Als die EG-Troika später am selben Tag nach Belgrad zurückkehrte, konnte Milošević, der Meistertaktiker, dies als wichtiges Zugeständnis herausstellen. Er wies Jović an, „einige Bedingungen zu stellen ..., so daß es nicht so aussah, als akzeptierten wir dies so leicht".

Später am Abend saß die Troika mit Milošević im Staatspräsidium und versuchte mit Mühe, ihm ein „Zugeständnis" abzuringen, das er ohnehin zu geben bereit war. Währenddessen trafen sich die Mitglieder des Staatspräsidiums ein paar Zimmer weiter im selben Gebäude und bereiteten die längst fällig gewesene Wahl Mesićs zum Präsidenten vor. Mesić selber war unter der Voraussetzung nach Belgrad gekommen, daß seine Wahl nun stattfinden würde. Kurz vor Mitternacht trat das Staatspräsidium schließlich in Gegenwart der drei EG-Außenminister formell zusammen. Jović machte kein Hehl aus seiner Opposition zu der Wahl von Mesić. „Wie können Sie uns zwingen, einen Mann zu wählen, der offen zugegeben hat, daß er das Auseinanderbrechen von Jugoslawien befürwortet?" fragte er. Er bat um die formale Garantie, daß Europa die territoriale Unverletzlichkeit Jugoslawiens respektieren würde, und verlangte, daß die Troika Druck auf Mesić ausübe, die verfassungsmäßige Ordnung wiederherzustellen und die slowenischen Grenzübergänge an die jugoslawischen Bundesautoritäten zurückzugeben. Seine Position hätte nicht unaufrichtiger sein können. Nur Stunden zuvor hatte er in der geschlossenen Sitzung des Rates für die Verteidigung der Verfassung verkündet, daß Serbien nun für die slowenische Sezession sei. Jeder Jugoslawe im Raum wußte das. Nur die Troika hatte keine Ahnung, was vor sich ging.

Um Mitternacht wurde die Präsidentschaft der Europäischen Gemeinschaft von Jacques Poos an Hans van den Broek übergeben. „Sehen Sie", sagte der auftrumpfende van den Broek, während er den offensichtlich zögernden Milošević zwang, mit ihm anzustoßen, „so funktioniert das in einer Demokratie! Ich werde jetzt den Vorsitz führen, weil ich das Amt des Präsidenten übernommen habe. Genauso sollten Sie Mesić wählen." Dafür versprach er: „... und ich werde eine öffentliche Erklärung abgeben, daß Europa die Einheit Jugoslawiens unterstützt." Mit scheinbar großem Widerwillen erklärten sich die serbischen Mitglieder einverstanden. In den frühen Morgenstunden des 1. Juli wurde Mesić endlich zum Staatsoberhaupt eines Landes gewählt, das in den Augen derer, die ihn wählten, schon nicht mehr existierte. Eine vollständig ausmanövrierte, aber entschieden optimistische EG-Troika erklärte, daß weitere Fortschritte gemacht worden seien.

Die JVA unternahm einen letzten Versuch, Slowenien unter ihre Kontrolle zu bringen, ehe der Wille des neu konstituierten Staatspräsidiums durchgesetzt werden konnte. Am 2. Juli, vierundzwanzig Stunden nach der Wahl Mesićs, versuchte eine JVA-Panzereinheit, die im Wald von Kokovski nahe der slowenischen Grenze zu Kroatien bereitgestanden hatte, ihre Position kurz vor Sonnenaufgang zu verlassen. Sie wurde aus dem Hinterhalt mit Raketen slowenischer TO-Einheiten beschossen. Die JVA schickte zur Unterstützung eine gepanzerte Kolonne aus dem nahen Kroatien. Sobald sie die Grenze überschritt, wurde sie von einem Feuerhagel empfangen. Die JVA befahl Luftangriffe gegen die slowenischen Kräfte, die daraufhin flohen. Ein Unteroffizier ließ später mehrere Chargen antreten, die sich geweigert hatten, gegen die Slowenen zu kämpfen, und riß ihnen angeekelt die Abzeichen von ihren Uniformen.[115]

Aber die Feindseligkeiten waren erneut aufgeflammt. General Blagoje Adžić, der JVA-Stabschef, setzte sich einfach über seinen Vorgesetzten, den Verteidigungsminister Veljko Kadijević, als Kommandant von Jugoslawiens bewaffneter Intervention in Slowenien hinweg. Er erschien im Belgrader Fernsehen und sagte, die JVA werde Krieg führen, bis sie die Kontrolle über das Land wiedererlangt habe.

Er kritisierte die Bundesautoritäten für den Versuch, die Truppen zurückzuhalten, und sagte: „Wir werden sicherstellen, daß der Krieg, der uns aufgezwungen worden ist, so kurz wie möglich sein wird." Eine Kolonne von 180 Panzern und anderen gepanzerten Fahrzeugen verließ Belgrad und bewegte sich nordwärts, bejubelt von den Bewohnern der serbischen Dörfer, an denen sie vorbeikamen. Der Konvoi kam nie bis Slowenien und sollte das auch nicht. Sein wirklicher Auftrag war es, für den herannahenden Krieg gegen Kroatien nahe der kroatischen Grenze zu Serbien Stellung zu beziehen.

Die JVA verlor die internationale Public-Relations-Kampagne. Auch der deutsche Außenminister Hans-Dietrich Genscher hatte an diesem Tag beschlossen, die slowenische Hauptstadt zu besuchen; Kučan und er hatten in regelmäßigem Telefonkontakt gestanden. Er stieg in Graz in einen Zug. Nachrichten von den Kämpfen erreichten ihn, als er die Grenze überquerte. Bavčar zufolge

... war Genschers Besuch von allerhöchster Bedeutung im Sinne der moralischen Unterstützung, weil jeder Kontakt mit einem wichtigen Politiker eines anderen Landes Anerkennung bedeutete, die uns Legitimität gab. In bezug auf Genscher gab es einen Zwischenfall, als sie durch den Karawankentunnel fuhren. Ein Alarm wurde ausgelöst, und der Zug fuhr zur österreichischen Seite zurück.

Um Genschers Begleitmannschaft zu beruhigen, zeigte man ihm das Arsenal von Luftabwehrraketen im Zug. Das genügte ihnen, um die Rückkehr des Zuges nach Österreich anzuordnen.

Genscher beschuldigte die JVA, in Slowenien „Amok zu laufen". Sie habe jede politische Kontrolle abgeschüttelt, sagte er, um an ihrer Machtposition festzuhalten und alte Strukturen zu erhalten. Douglas Hurd schloß sich dieser Einschätzung an. Er sagte im britischen Parlament, die JVA beschleunige die Desintegration Jugoslawiens. Italien verkündete, es werde „in Solidarität" (was immer das hieß) mit Kroatien und Slowenien handeln, wenn die JVA den Waffenstillstand nicht respektiere. Präsident Kučan spielte diesem internationalen Publikum etwas vor, indem er die kleine Nation, an deren Spitze er stand, bewußt als eine darstellte, die von einem militaristischen kommunistischen Monolithen erdrückt werde. Er appellierte mit den Worten an die internationale Gemeinschaft, er erwarte „jederzeit einen brutalen Angriff". In den Vereinigten Staaten beschwor der Vorsitzende des Komitees für außenpolitische Beziehungen des Senats, Claiborne Pell, Präsident Bush, die slowenische und kroatische Unabhängigkeit zu unterstützen, wenn Jugoslawiens „abtrünnige Armee ihre mutwillige Aggression nicht beende“. Der Vorsitzende der Republikaner, Bob Dole, ging noch weiter, indem er Bush aufforderte, Belgrad zu „zwingen, seine gewaltsame Niederschlagung von Demokratie und Menschenrechten zu stoppen“.

Innerhalb von zwei Tagen hatte das Staatspräsidium die Kontrolle über die gedemütigte JVA wiederhergestellt. Am 4. Juli ging der Befehl an Slowenien, als Teil eines Waffenstillstandspaktes die Kontrolle über die Grenzübergänge an die JVA zurückzugeben und die slowenischen Kräfte abzuziehen. Es war, was die EG-Troika gewollt hatte – die Wiederherstellung der verfassungsmäßigen Autorität innerhalb ganz Jugoslawiens. Aber die jugoslawische Föderation existierte nicht mehr. Die Slowenen befolgten keinen der beiden Befehle. Sie benutzten den Waffenstillstand, um ihre Barrikaden zu verstärken. In Ljubljana wurden die Busse und Lastwagen, die als vorübergehende Verteidigungssperren gedient hatten, durch Panzerfallen ersetzt, die aus überkreuzten Eisenträgern bestanden und von Stacheldraht umgeben waren. Es blieb ohne Folgen. Die Slowenen wußten, daß sie die internationale öffentliche Meinung auf ihrer Seite hatten. Und was noch wichtiger war, sie wußten, daß Miloševićs Männer im Staatspräsidium nun jede weitere Intervention der JVA verhindern würden. Tatsächlich hatte Miloševićs Partei, die SPS, am selben Tag formal das Recht Sloweniens auf eine friedliche Abspaltung anerkannt. Bedrohlicherweise für Zagreb bezog sich dieses Recht natürlich nicht auf Kroatien.

Die Abspaltung Sloweniens gewann am 8. Juli auf einem Gipfeltreffen auf der Insel Brioni, Titos idyllischem Zufluchtsort in der Adria, im wesentlichen ihre endgültige Form. Als die Delegierten sich am Morgen versammelten, wurde das Bündnis, das die serbische und die slowenische Führung am 24. Januar geschlossen hatten, als Milošević und Kučan sich auf das Recht der Nationen zur Sezession einigten, bekräftigt. Es war nicht schwierig für van den Broek, der dem Treffen vorstand, eine Formel zu finden, auf die sich die Hauptakteure einigen konnten. Zur Mittagszeit sandte er den Slowenen eine handgeschriebene Notiz, welche die gemeinsame Kontrolle der Grenzübergänge, den Rückzug der Truppen und eine dreimonatige Beruhigungsperiode vorschlug. Die drei Parteien waren nun die EG, Jugoslawien und Slowenien. Für Kučan bedeutete das Papier die stillschweigende Anerkennung Sloweniens. Es gefiel ihm, daß das erste geschichtemachende internationale Dokument, das sein neu entstandenes Land erreichte, eine handgeschriebene Notiz des niederländischen Außenministers war.

Van den Broek berief eine Sitzung aller Delegierten für 8 Uhr abends ein. Er präsentierte einen Vierpunkteplan und schloß: „Dies ist, was die EG unterstützt. Nehmen Sie es an oder lassen Sie es sein.“[116] Ante Marković, der klar erkannte, daß der Vorschlag das Ende Jugoslawiens und seiner eigenen Bemühungen, das Land zusammenzuhalten, bedeutete, lehnte ihn ab. Van den Broek legte verärgert eine Pause ein. Er brachte Marković und Kučan zusammen. Marković erläuterte seine Einwände gegen den Plan. Van den Broek fragte Kučan, ob Markovićs Ideen für die Slowenen akzeptabel seien. Kučan sagte, daß sie es nicht seien. „Also gut“, sagte van den Broek, „wir kehren zum ursprünglichen Vorschlag zurück.“ Als Marković wieder ablehnte, stürmte van den Broek aus dem Zimmer und murmelte, Kučan zufolge, auf englisch: „Was für ein Volk! Was für ein Land!“

Van den Broek handelte daraufhin eine Übereinkunft zwischen den Slowenen und dem Staatspräsidium aus, durch welche der slowenischen Polizei das Recht gegeben wurde, die Grenzübergänge zu kontrollieren, solange alle Zolleinnahmen an den jugoslawischen Bundesschatz abgeführt würden; die JVA sollte abgezogen, die slowenischen Kräfte „deaktiviert“ und zu den Stützpunkten zurückgezogen werden. Das Abkommen verhängte ein dreimonatiges Moratorium über die Einführung der slowenischen (und kroatischen) Unabhängigkeit, aber nicht über die Unabhängigkeitserklärungen selbst. Marković war isoliert. Er hatte keine andere Wahl, als das Abkommen zu akzeptieren, auf die dreimonatige Beruhigungsperiode und auf die laut Abkommen am 1. August beginnenden Verhandlungen zu vertrauen, in denen die noch offenen Angelegenheiten zwischen Slowenien und dem Bund geklärt werden sollten. Marković war von dem stillschweigenden Bündnis zwischen Milošević und Kučan ausmanövriert worden, demzufolge Slowenien die Erlaubnis haben sollte, sich vom Bund abzulösen, so daß die JVA sich auf ihre Bemühungen in Kroatien und später in Bosnien konzentrieren könnte.

Während der Verhandlungen in Brioni trat Janez Drnovšek, Sloweniens Vertreter im Staatspräsidium, an Borisav Jović, seinen serbischen Kollegen, heran und schlug informell den vollständigen Abzug der JVA aus Slowenien vor. Jović stand dem aufgeschlossen gegenüber. Keiner der beiden Männer sprach diese Frage während der formalen Sitzungen an. Sie wußten, daß der Vorschlag niemals die

Zustimmung der Bundesregierung erlangen würde, da er auf die vollständige Sezession hinauslief und auf dieser schwierigen Stufe der Verhandlungen die ganze Brioni-Abmachung hätte ruinieren können. Drnovšek und Jović einigten sich darauf, das Problem des Abzuges der JVA zu vertagen.

Das Staatspräsidium trat zehn Tage später, am 18. Juli, wieder zusammen und einigte sich darauf, daß die Armee innerhalb der nächsten drei Monate abgezogen werden sollte. Die vier Mitglieder, die unter Miloševićs Einfluß standen, würden mit Sicherheit dafür stimmen. Drnovšek erklärte sich bereit, seinen Platz im Staatspräsidium wieder einzunehmen, um die entscheidende fünfte Stimme zu garantieren. Sie war aber gar nicht nötig. Weder der bosnische noch der mazedonische Vertreter erhoben Einwände gegen den Abzug, nachdem das Wort „temporär" in die Resolution eingefügt worden war. Aber alle wußten, daß es sich nicht um einen nur vorübergehenden Abzug handelte, daß der Abzug der JVA die Sezession Sloweniens von Jugoslawien bedeutete und – was Kroatien beunruhigte – daß Slowenien allein ausgetreten war. Innerhalb eines Tages zog die JVA die Truppen, die sie während des zehntägigen Konfliktes nach Slowenien geschickt hatte, wieder ab. Eine vollständige Demobilisierung der JVA folgte. Slowenien stand es schließlich frei, die Föderation zu verlassen. Präsident Kučan war sich dieses Ausgangs einigermaßen sicher gewesen.

In Kroatien standen die Dinge anders. Das einzige Mitglied des Staatspräsidiums, das gegen den Abzug der JVA aus Slowenien gestimmt hatte, war Stipe Mesić. Er erkannte die Folgen für sein eigenes Land für den Fall, daß die Slowenen ihre Unabhängigkeit errungen hatten, die Kroaten aber nicht. Der Umstand, daß die Kroaten ihre Unabhängigkeitserklärung durchpeitschten, bevor sie ausreichend vorbereitet waren, sie auch praktisch durchzuführen, erklärte sich aus ihrer Furcht, hinterherzuhinken. Das Brioni-Abkommen versetzte Kroatiens Bündnis mit Slowenien den Todesstoß und zerstörte die guten Beziehungen. Die Slowenen sagten, die Kroaten verdienten es nicht besser, da sie es versäumt hätten, in den Krieg einzutreten, als die JVA zwei Wochen zuvor Truppen nach Slowenien geschickt hatte. Dimitri Rupel zufolge gab es zwei Theorien über die Verbindungen zwischen den ehemaligen jugoslawischen Republiken:

Eine besagte, daß Slowenien und Kroatien siamesische Zwillinge seien, daß sie zusammengehörten. Ich glaube, das war die Ansicht des Vatikans und der Deutschen. Wir widersprachen dieser Ansicht

nicht, weil wir wußten, daß wir allein nicht die kritische Masse aufbringen konnten, um uns selber abzulösen. Aber mit Kroatien zusammen bildeten wir fast die Hälfte des Landes.
Aber die andere Theorie, die, glaube ich, der Wahrheit näher kommt, ist, daß Kroatien und Serbien die siamesischen Zwillinge sind. Sie sprachen dieselbe Sprache, und sie besaßen dasselbe Herz, Bosnien-Herzegowina. Sie sind verbunden durch Bosnien.

Das Brioni-Abkommen wurde als Triumph der europäischen Diplomatie gefeiert. Doch es war nichts dergleichen. Es ließ in Erwartung der dreimonatigen Beruhigungsphase wichtige strittige Punkte ungelöst; es erwähnte weder die Frage der slowenischen Souveränität noch die der Zukunft der JVA in Slowenien; es schob einfach alles auf. Der diplomatische Triumph war der von Milošević und Kučan, die Sloweniens Austritt aus dem Bund während einer Reihe von Treffen, die vermutlich am 24. Januar in Belgrad begannen und mit der Sitzung des Staatspräsidiums am 18. Juli endeten, gemeinsam beschlossen hatten. Die entscheidenden Angelegenheiten wurden ohne internationale Vermittlung von den Beteiligten selber geregelt. Zusammen hatten Milošević und Kučan das föderative Jugoslawien ausmanövriert und effektiv zerstört.

Vierundvierzig JVA-Soldaten, in der Mehrzahl wehrdienstpflichtige Jugendliche, wurden während des zehntägigen Konfliktes getötet. Die Mehrzahl der mehreren tausend Gefangenen, die die Slowenen zum Schluß in ihrer Gewalt hatten, war entweder desertiert oder hatte sich kampflos ergeben. 187 Angehörige der JVA waren verwundet worden. Auf slowenischer Seite gab es weniger als zehn Todesopfer. Die meisten waren ausländische Lastwagenfahrer, die sich auf der Durchfahrt befunden hatten und ahnungslos ins Kreuzfeuer geraten waren.

Sloweniens Krieg – wenn es denn ein Krieg war – unterschied sich in wesentlicher Weise von den beiden folgenden in Kroatien und in Bosnien. Es handelte sich nicht um einen Krieg zwischen Serben und Slowenen, sondern um einen Krieg zwischen den Slowenen und einem föderativen System, dessen Schicksal schon besiegelt war. Die Föderation war Opfer des Nationalismus geworden, der zuerst Serbien und – viel später – Kroatien und Slowenien ergriffen hatte. Der serbische und der slowenische Präsident waren sich Ende Juni 1991 oder sogar schon früher über ihre Hauptziele und ihre Opposition gegen die föderativen Strukturen einig, von denen sie sich beide eingeschränkt fühlten. Kučan und Milošević steckten auf eine entscheidende Weise in gewissem Sinne unter einer Decke, während die Generäle der jugoslawischen Bundesarmee davon keine Ahnung hatten. Sie glaubten, sie verteidigten die territoriale Integrität Jugoslawiens. Sie wußten nicht, daß diese Integrität von dem Mann, der sich weiterhin öffentlich als ihr Hauptverteidiger darstellte, längst verraten worden war. Die slowenische Erfahrung ging der JVA an die Nieren. Sie ging aus dem zehntägigen Konflikt erniedrigt hervor, sowohl zu Hause als auch im Ausland, geschmäht von der ganzen demokratischen Welt. Als die JVA in den folgenden Wochen in den Krieg in Kroatien zog, konnte sie das nach dem Rückzug aus Slowenien nicht mehr in der Überzeugung oder auch nur unter dem Vorwand tun, die Integrität Jugoslawiens zu verteidigen. Geschwind vollzog sich die Verwandlung der JVA in eine serbische Armee.

Jugoslawien traf auch direkt ins Herz des stolzen, selbstsicheren, neuen Europa. Zwei Wochen, nachdem die EG ihre Unterstützung der territorialen Integrität Jugoslawiens erklärt und vor dem Einsatz von Gewalt gewarnt hatte, mußte die Gemeinschaft eine Kehrtwendung machen. Als Kučans Präsidium sich in den frühen Morgenstunden des 27. Juni für den Krieg entschied, spekulierte es darauf, daß die alte jugoslawische Föderation keine Kraft zum Kämpfen mehr besitze. Der Einsatz lohnte sich. Slowenien entschied sich für die Gewalt und gewann einen großen Preis. Europa lernte eine Lektion, die die späteren Friedensvermittler kein einziges Mal beherzigten – daß Krieg auch ein vernünftiger Weg ist, wenn man weiß, daß man ihn gewinnen kann, besonders wenn er der einzige Weg ist, um das zu bekommen, was man will. Trotz dieser Tatsache verschlossen die Friedensvermittler weiterhin ihre Augen vor dem Kräfteverhältnis im ehemaligen Jugoslawien und benahmen sich, als ob man, um den Frieden wiederherzustellen, die Kriegführenden nur von der Idiotie eines Krieges überzeugen müsse. Die Slowenen hatten demonstriert, daß Krieg unter gewissen Umständen der verhältnismäßig günstigste Weg ans Ziel sein kann. Belgrad dachte über Kroatien und Bosnien ganz genauso.

13. Kapitel

Ein schmutziger, unerklärter Krieg

Die JVA in Kroatien

Juli 1991 - Dezember 1991

Auf der Präsidiumssitzung am 19. Juli, als der Abzug der JVA aus Slowenien beschlossen wurde, hatte der Repräsentant Kroatiens, Stipe Mesić, eine böse Vorahnung von der Katastrophe, die seiner Republik nun drohte. Dieser Beschluß beseitigte den letzten Anschein, der JVA ginge es um die Verteidigung Jugoslawiens. Spätestens jetzt war klar, daß sie statt dessen offen und skrupellos um Gebiete für die Serben außerhalb Serbiens kämpfen würde.

In Zagreb betrachtete man den sogenannten Krieg um Slowenien als das, was er in Wirklichkeit war: als einen serbisch-slowenischen Pakt, um die slowenische Unabhängigkeit zu bewerkstelligen, als Mittel zur Demütigung der JVA – und als Mittel, das, was von Markovićs Bundesregierung noch übrig war, endgültig zu beseitigen. In allen drei Aspekten war man erfolgreich gewesen. Nunmehr war die JVA, die aufgehört hatte, eine echte Bundesarmee zu sein, frei für den Einsatz in Kroatien, wo die Spannungen immer mehr zunahmen. Außerdem brauchte sie nach dem Fiasko in Slowenien ein Erfolgserlebnis.

Der Einsatz der JVA in Slowenien hatte zu einem letzten Konflikt zwischen dem kroatischen Präsidenten Franjo Tudjman und seinem zunehmend unzufriedenen Verteidigungsminister Martin Špegelj geführt. Špegelj drängte Tudjman erneut, der JVA den Krieg zu erklären. Während einer Kabinettsitzung am Tag, als der Krieg in Slowenien ausbrach, forderte Špegelj Tudjman auf, der kroatischen Nationalgarde zu befehlen, die Kasernen der Bundesarmee zu umstellen und die führenden Offiziere zu verhaften. Dieses Mal waren Tudjmans Minister auf der Seite Špegeljs.

Alles war vorbereitet. Ich wartete nur auf das Zeichen. Auf der Kabinettsitzung sprach Tudjman 95 Minuten lang und warf mir vor, gefährliche Pläne zu hegen. Mesić stellte sich voll hinter mich. Er wußte über alles Bescheid, weil er in Belgrad wohnte. Er sah den

Krieg kommen. Etwa zehn weitere Minister ergriffen noch das Wort, entweder um mich zu unterstützen oder um zu gestehen, keine Meinung zur Frage zu haben, weil sie keine Experten seien. Ein einziger unterstützte Tudjman. Um 5 Uhr morgens hatte Tudjman genug. Er packte seine Sachen und schickte sich an zu gehen, ohne eine Entscheidung getroffen zu haben. Er hatte Angst davor, den Plan abzulehnen, und noch größere, ihn anzunehmen. Er wollte allein und im geheimen entscheiden. Ich wollte die Sitzung nicht so enden lassen und bot meinen Rücktritt an.

Stunden später trat Špegelj zurück. Im kroatischen Rundfunk hieß es, er scheide aus gesundheitlichen Gründen aus dem Amt. Der kerngesunde Špegelj bezeichnete das als „guten alten Kommunistentrick", dazu bestimmt, politische Uneinigkeit zu übertünchen.

Tudjmans Rechnung zufolge war Kroatien nicht in der Lage, es mit der JVA militärisch aufzunehmen. Er setzte, wie er es von Anfang an getan hatte, nicht auf militärische Bereitschaft, sondern auf die Unterstützung der internationalen Gemeinschaft. Er war der Ansicht, Kroatien werde seine Unabhängigkeit durch internationale Anerkennung erreichen. Selbst als der Krieg unvermeidbar wurde, wollte er der Welt zeigen, daß dies nicht die Wahl Kroatiens gewesen war. Während des Sommers 1991 setzte er noch einmal alles daran, einen ausgewachsenen Krieg zu vermeiden.

In den Augen seiner Kritiker auf dem rechten Flügel seiner Partei sah das angesichts serbischer Stärke und Entschlossenheit nach Schwäche aus. Im Verlauf der Monate Juli und August konnten die Truppen der Krajina-Serben unter Milan Martić ihre Geländegewinne zügig ausbauen. Während dieses unerklärten Krieges zwischen Serbien und Kroatien geriet ein Dorf nach dem anderen unter die Kontrolle der Martićevci (wie diese Milizen genannt wurden): Dalj, Glina, Kostajnica, Okučani. Und jedesmal stand die JVA hinter den serbischen Milizen, allzeit bereit, einzugreifen und „die kriegerischen Parteien zu trennen". Die Badeorte an der dalmatinischen Küste begannen sich mit Flüchtlingen zu füllen: Kroaten, die entweder mit Gewalt aus ihren Häusern vertrieben worden oder vor dem serbischen Vormarsch geflüchtet waren. Ganze Gemeinden setzten sich mit dem, was sie tragen konnten, in Marsch und überließen den Rest der Plünderung und Zerstörung. Martićs Offiziere eigneten sich die schönsten und besten der hinterlassenen Immobilien an. Die Zeichen dieser Besatzung konnte man an den Türrahmen der verlassenen kroatischen Häuser ausmachen.

Dort ritzten die Offiziere ihren Namen ein: als handschriftlichen Anspruch auf das Erbeutete.

Die kroatischen Streitkräfte waren dem nicht gewachsen. Die kroatische Nationalgarde, von Tudjman aus den Reihen seiner Polizeireservisten im Mai gegründet, war schlecht organisiert und ebenso schlecht ausgerüstet. Zwischen den Panzerwagen und schweren Waffen, die den Serben in wachsendem Maße zur Verfügung standen, nahmen sich die Truppen Tudjmans, in Kleintransportern und requirierten Reisebussen auf den Gefechtsschauplätzen umherfahrend, hoffnungslos unterlegen aus.

Am 1. August versuchten seine Kritiker in den eigenen Reihen, Tudjman zu stürzen. Rechtsgerichtete Abgeordnete seiner Partei beantragten im Parlament die Kriegserklärung. Tudjman hielt dagegen, daß Kroatiens Zukunft nicht von einem militärischen Sieg über Serbien abhänge, sondern von internationaler Anerkennung; eine offizielle Kriegserklärung würde nicht nur bei der demokratischen Welt auf Ablehnung stoßen, sondern auch den Selbstmord seines jungen Staats bedeuten.

Er bemühte sich um Unterstützung bei der Opposition, die sich auch, aus Angst vor einem Putsch rechtsnationaler Kräfte, dazu bereit fand. Hastig wurde eine Koalition aus Liberalen, Sozialdemokraten und ehemaligen Kommunisten gegründet, und Tudjman vereidigte eine Regierung der nationalen Einheit unter Ministerpräsident Franjo Gregurić, der dem liberalen Flügel von Tudjmans HDZ angehörte. Die nationalistische Rechte war somit isoliert und vorerst – im Parlament wohl deutlicher als an der Front – kaltgestellt.

Aber ob er wollte oder nicht, die Krajina-Serben und die JVA sollten Tudjman in den Krieg zwingen. Die JVA begann mit Truppenbewegungen durch Bosnien-Herzegowina, um den Angriff auf diejenigen Gebiete vorzubereiten, die von der serbischen Führung als rechtmäßig serbisch betrachtet wurden. Einen Tag später, am Tag des mißlungenen Putschs gegen Michail Gorbatschow[117], gab Milan Martić ein Ultimatum an die kroatische Polizei von Kijevo bei Knin aus: Verlaßt das Gebiet innerhalb von 48 Stunden, oder wir greifen an! Die Kroaten verweigerten den Abzug.

Kijevo war ein kroatisches Dorf inmitten von serbisch kontrolliertem Gebiet. Seit dem 1. März, dem Tag der Schlacht von Plitvice, hatten sich die Bewohner von Kijevo hinter Barrikaden verschanzt. Für Martić bedeutete Kijevo eine beunruhigende Anomalie – ein kroatisches Dorf innerhalb der „Serbischen Republik Krajina". Außerdem war das Dorf ein Sicherheitsrisiko. Die Kommunikation zwischen Knin und den serbischen Dörfern hinter Kijevo gestaltete sich schwierig, manchmal war sie unmöglich. Das bedeutete, daß diese Dörfer nicht angemessen vor dem bevorstehenden Krieg mit Kroatien geschützt waren. Also mußte Kijevo von der Landkarte verschwinden. Heute kommt Kijevo die traurige Bedeutung zu, das erste Opfer eines Prozesses gewesen zu sein, der alle Kriege in Jugoslawien auszeichnen sollte: *čiščenje terena,* die „Säuberung" von Gebieten.

Kijevo wurde aber auch ein Symbol des Widerstands. Zehntausende Kroaten hatten bereits ihr Zuhause verloren; was Kijevo so besonders machte, war die Art und Weise, wie die Übernahme geplant und durchgeführt wurde. Am 20. August, dem Tag, als Martićs 48-Stunden-Ultimatum an die Polizei von Kijevo ablief, gab Milan Babić bekannt, daß die Martićevci nunmehr einen integralen Teil der Bundesarmee Jugoslawiens darstellten. Martić selbst teilte der Belgrader Tageszeitung *Borba* mit, seine Männer arbeiteten von nun an voll mit der JVA zusammen. Selbstbewußt kündigte er die Absicht an, die kroatische Hafenstadt Zadar einnehmen zu wollen. „Die Interessen der Armee und der Serben treffen sich", so Martić, „wir brauchen beide einen Hafen".[118]

Zum entscheidenden Mann in dieser neuen Einheit der Interessen wurde ein Oberstleutnant, der erst vor kurzem in Knin eingetroffen war: Ratko Mladić, ein Serbe aus dem Dorf Božinovići in Südostbosnien. Im Frühsommer 1991 war er von Priština aus nach Knin versetzt worden, wo er den Posten des Stabschefs des Knin-Korps der JVA übernahm. Unmittelbar nach seiner Ankunft nahm er Kontakt mit den Führern der Krajina-Serben auf. Mladić machte auf die Martićevci unmittelbar einen so guten Eindruck, daß der Rest an Mißtrauen zwischen Martić und der JVA-Garnison in Knin verflog. Ratko Mladić verstand die Krajina-Serben nur zu gut. Er war stets ein linientreuer Kommunist gewesen, der seine Loyalität nun von der Verteidigung Jugoslawiens auf den Schutz der Serben vor einem wiedererstandenen kroatischen Faschismus verlegt hatte. Wie so viele seiner Generation war er durch den Zweiten Weltkrieg geprägt. Im Alter von zwei Jahren verlor er seinen Vater, der bei einem Einsatz während eines Partisanenangriffs auf das Dorf Bradina, übrigens der Heimatort des Ustascha-Führers Ante Pavelić, fiel. Sohn Ratko, noch alles andere als ein geläufiger Name außerhalb der militärischen Zirkel, in denen er sich bewegte, sollte später als Kommandant der serbischen Armee in Bosnien international in Verruf geraten und vom Haager Tribunal zum Kriegsverbrecher erklärt werden. Seine Führungsstärke lag zweifellos in seiner außergewöhnlichen Fähigkeit, unter seinen Untergebenen eine Atmosphäre absoluter Loyalität herzustellen. So enthusiastisch nahm er sich der Sache der Krajina-Serben an, daß er in kürzester Zeit deren Vertrauen, ja ihre Bewunderung und Verehrung erreichte.

Am 26. August, eine Woche nach Ablauf von Martićs Ultimatum an die Polizei von Kijevo, schlugen er und Mladić in einer gemeinsamen Aktion zu. Kijevo wurde während eines zwölfstündigen Bombardements dem Erdboden gleichgemacht. Ein Fernsehteam aus Belgrad zeigte Martić, der nach vollbrachter Tat am Dorfeingang triumphierend das Kommando über das Gebiet übernahm, während im Hintergrund seine Truppen Wegweiser – in lateinischer Schrift – niederrissen. Martićs Bericht über die „Säuberung" von Kijevo erschreckt in seiner klinischen Direktheit.

Es handelte sich um eine gemeinsame Aktion zwischen der Polizei und der Armee, durch die wir Kijevo innerhalb von zwei Tagen befreien konnten. Die Armee stellte dabei die schweren Waffen zur Verfügung, während wir die Infanterie stellten. Seit Oberst Mladić in Knin ist, wissen wir, daß wir der Armee trauen können. Und seitdem raten wir auch den Freiwilligen, sich bei der Armee und nicht mehr bei der Polizei zu melden. Diese Absprache galt dann für die gesamte Kriegsdauer.

Um ganz ehrlich zu sein: wir schienen doch den Kroaten überlegen zu sein. Sie liefen davon. Wir haben auf Opfer keine Rücksicht genommen. Wir wollten unsere abgeschnittenen Dörfer befreien. Natürlich brannten ein paar Häuser, wie das so ist, wenn Artillerie eingesetzt wird. Wir dachten, es würde nicht lange dauern, und wir hatten recht damit.

Die Aktion hatte die volle Unterstützung Belgrads. Da die kroatischen und slowenischen Repräsentanten nicht mehr zu den Sitzungen der Bundesregierung erschienen, war das kollektive jugoslawische Staatsoberhaupt ganz unter Miloševićs Kontrolle. In Abwesenheit von Mesić übernahm der Vizepräsident den Vorsitz. Der Vertreter Montenegros, Branko Kostić, wurde zum amtierenden Staatsoberhaupt Jugoslawiens und Oberbefehlshaber der JVA ernannt.

In Knin, mit dem Knin-Korps, hatten wir eine der stärksten und bestausgerüsteten Armee-Einheiten. Es ist sicher nicht übertrieben, zu behaupten, daß die Präsenz der JVA in den ersten Tagen des Krieges die Serben vor ihrer physischen Vernichtung bewahrt und eine Massenflucht verhindert hat.

Objektiv gesprochen, wenn wir dieses Korps in Knin nicht eingerichtet hätten, hätte die kroatische Polizei, mit ihren Waffen und allem, die Stadt ohne Probleme einnehmen können.

Kijevo wurde zur Musteraktion für den übrigen Krieg in Kroatien: eine teils aus Berufssoldaten und teils aus örtlichen serbischen Freiwilligen rekrutierte Infanterie, unterstützt von der Artillerie der JVA. Das war genau die Allianz, vor der Tudjman in seiner nächtlichen Rede an die Nation nach Borovo Selo gewarnt hatte: kommunistischer Militarismus und großserbisches Vormachtstreben, wie er es nannte. Aber er hoffte immer noch, einen Krieg mit der JVA vermeiden zu können; einen Krieg, von dem er wußte, daß er ihn nicht gewinnen konnte. Das alles spielte allerdings jetzt keine Rolle mehr. Durch ihre Mitwirkung bei der Säuberung Kijevos hatte ihm die JVA unmißverständlich den Krieg erklärt.

Franjo Gregurić berief eine Nachtsitzung der Regierung ein. Der Druck war zu groß, es mußte gehandelt werden. Tudjmans Position, einen offenen Krieg zu vermeiden, war unhaltbar geworden. Am Tag der Säuberung Kijevos gab die kroatische Regierung die Generalmobilmachung bekannt und verkündete einen „Krieg der Befreiung".

Obwohl nur Kijevo in die Schlagzeilen kam, hatte zur gleichen Zeit im Osten der Provinz Slawonien auch ein anderer Angriff stattgefunden. An der kroatisch-serbischen Grenze war die Stadt Vukovar erstmals unter serbischen Artillerie- und Granatwerferbeschuß geraten.[119] Der Krisenstab Vukovars, der sich zu Beginn des Monats im zentralen Stadtkrankenhaus eingerichtet hatte, zog sich zusammen mit den meisten Kranken und Verwundeten in die Kellergeschosse zurück.

Die Vorbereitungen für die kroatische Gegenoffensive dauerten zwölf Wochen. Am 14. September belagerte die kroatische Nationalgarde alle JVA-Kasernen und -einrichtungen der Republik. Sie unterbrach deren Strom- und Wasserversorgung, die Lebensmittelzufuhr sowie die Telefonleitungen. Die Zagreber Stadtverwaltung rief alle Bürger zur Verteidigung der Hauptstadt auf. Auf den Kreuzungen der Hauptstraßen wurden Panzerfallen aus Eisenstangen und Stacheldraht verlegt, die Brücken über die Save vermint. Bis auf jeweils eine Spur wurden die Hauptstraßen mit Barrikaden versperrt. Vor den Fenstern wurden Sandsäcke verlegt. Währenddessen überflogen Kampfflugzeuge der JVA bedrohlich tief die Stadt. Nächtliche Verdunkelung wurde angeordnet. In der Bevölkerung brach geradezu Paranoia aus. Überall wurden Agenten der fünften Kolonne vermutet und Heckenschützen befürchtet. Obwohl es im gesamten Zagreber Stadtgebiet kein einziges Opfer durch Heckenschützen gab, gingen die 900.000 Einwohner der Stadt nur noch unter Todesangst auf die Straße. Nach Monaten des schwelenden Konflikts befand sich nun doch die gesamte Republik Kroatien im Kriegszustand.

Die Kämpfe entflammten entlang eines breiten Bogens von Gospić im Süden bis nach Karlovac im Norden, unweit der Hauptstadt selbst gelegen, und dann in östlicher Richtung bis nach Pakrac, Okučani und schließlich nach Vukovar in Ostslawonien. Wenn sich dort Fronten in diesen frühen Tagen des Krieges bereits erkennen ließen, so verliefen sie genau entlang der Linie, die Milošević und Jović bereits im Mai angegeben hatten, als sie das Staatspräsidium dazu brachten, der JVA den Befehl zur Verteidigung der Serben in Kroatien zu erteilen. Die JVA war jetzt also offen dabei, neue Grenzen für ein Restjugoslawien ohne Kroaten zu schaffen.

Serbische Einheiten und JVA kontrollierten bereits zwischen einem Viertel und einem Drittel des Territoriums der Republik Kroatien. Die Front, die sich ab dem 14. September abzeichnete, gab den Serben drei disparate Gebiete, verbunden lediglich durch bosnisches Territorium: Das erste und am stärksten befestigte Gebiet war die Gegend um Knin; das zweite befand sich in Zentralkroatien um die Stadt Glina, aus der die Kroaten im Juli vertrieben worden waren; und das dritte war in Ostslawonien bei Beli Manastir, östlich der kroatischen Hochburg Osijek.

Hinter den serbischen Linien konnte sich die JVA den jeweiligen Bedürfnissen des Kampfes entsprechend frei gruppieren, hinter den kroatischen Linien dagegen saß sie fest. In allen wichtigen kroatischen Städten war die JVA in ihren Kasernen von der kroatischen Nationalgarde umstellt: die Waffen der JVA nach außen, die der Nationalgarde hinein gerichtet. Wochenlang herrschte eine äußerst explosive Stimmung. Bald explodierte das Pulverfaß im südkroatischen Gospić und endete in einer Schlacht, die fast die ganze Stadt zerstörte. Die JVA-Garnison versuchte einen Ausfall, unterstützt von Artilleriefeuer von Positionen außerhalb der Stadt. Drei Tage lang dauerten die Kämpfe. Dann fiel die Garnison; so gut wie alle Gebäude in der Stadt waren unbewohnbar geworden. Zweihundert Soldaten der JVA, überwiegend

Rekruten, wurden gefangengenommen, ihr Kommandant getötet. Laut örtlichen Nationalgardisten soll er sich vor den Augen seiner Männer im Vorhof des städtischen Krankenhauses erschossen haben; Radio Belgrad berichtete etwas überzeugender, er sei ermordet worden.

Die Einnahme von Gospić war ein strategisch bedeutender Schlag gegen die Ambitionen der Krajina-Serben, deren Vormarsch in westlicher Richtung damit gestoppt war. Sie wären gerne weiter nach Westen vorgedrungen, um bei Karlobag die Küste zu erreichen, doch Martićs selbstbewußte Ankündigung, die Hafenstadt Zadar an der Adria einzunehmen, die in den Augen vieler serbischer Nationalisten den westlichsten Ort Serbiens und seinen Zugang zum Meer darstellt, erfüllte sich nicht. Für die Kroaten bedeutete Gospić einen unschätzbaren moralischen Auftrieb. Und der Name der Stadt mußte jeden belagerten JVA-Offizier in Kroatien in Angst versetzen und ihm die Frage aufdrängen, ob auch er nicht bald das glücklose Schicksal des Generals von Gospić werde teilen müssen.

Die Kroaten schlugen zurück. In mehreren Städten setzten sie regelrechte Terrorkampagnen in Gang, als der Krieg sie immer mehr bedrängte. Eines Nachts gegen Ende September ermordeten kroatische Milizen in Gospić zweiundzwanzig Serben, darunter Richter und Professoren. Sie alle waren loyale Serben, die sich entschlossen hatten, weiter in Kroatien zu leben. Ähnliche Vorfälle gab es auch in Zagreb, Sisak und Karlovac.

Etliche Kasernenkommandanten handelten auch Kompromisse aus. Im ostslawonischen Osijek wartete die JVA nicht auf den Fall der Garnison, sondern zog sich auf weiter südlich und östlich gelegene Positionen zurück, von wo aus sie in den folgenden drei Monaten eine entscheidende Rolle bei der Bombardierung der Stadt spielte. Der Kommandant von Vinkovci folgte diesem Beispiel eine Woche später. In Jastrebarsko, südwestlich von Zagreb gelegen, wo die JVA eine ihrer größten Panzereinheiten stationiert hatte, einigten sich der JVA-General und der Bürgermeister der Stadt über den Abzug. JVA-Kommandant Radovan Tašić gab dem Bürgermeister zu verstehen: „Es wäre doch eine Schande, wenn Sie die Zerstörung ihrer schönen Stadt zu verantworten hätten.“ Seine Warnung stieß auch bei den belagernden Nationalgardisten auf offene Ohren. Nach wochenlangen Verhandlungen durfte Tašić samt sechshundert Soldaten (überwiegend Rekruten) und den schweren Waffen abziehen.[120] Die Einheimischen sahen mißmutig zu, wie sich eine endlose Kolonne von 160 Panzern, Dutzenden von gepanzerten Fahrzeugen, Boden-Luft-Raketen und Flug- und Panzerabwehrbatterien aus der Kaserne wälzte und südwärts in Richtung Bosnien-Herzegowina verschwand: Ihnen dämmerte, daß diese *hardware* bald gegen einen anderen Teil Kroatiens planmäßig zum Einsatz kommen würde.

Tiefer in kroatisch kontrolliertem Gebiet war die Situation noch komplizierter. Djordje Trifunović, der JVA-Kommandant in Varaždin nahe der ungarischen Grenze, forderte Hilfe aus Belgrad an, bekam aber keine. Die Kroaten waren fest entschlossen, ihn nicht mitsamt der Ausrüstung und Bewaffnung ziehen zu lassen. Von den serbischen Linien war er zu weit entfernt, um Hilfe erwarten zu können. Er ergab sich. Seine zweihundert Mann wurden um ihre JVA-Uniformen erleichtert und in Zivilkleidung nach Hause geschickt. Durch die Übergabe Dutzender Panzer und Schützenwagen an die Kroaten vermied Trifunović einen Kampf, den zweifellos die meisten seiner Männer nicht überlebt hätten. Nach seiner Rückkehr nach Belgrad wurde Trifunović wegen Hochverrats vor ein Kriegsgericht gestellt und nach einem langwierigen Berufungsverfahren im Januar 1995 zu zwölf Jahren Haft verurteilt. Das Urteil erschütterte die Belgrader Liberalen. Aber im Sommer 1991 suchte das Belgrader Regime dringend nach einem Vorwand für die militärische Intervention. Belgrad hatte Trifunović und seine Garnison für die Rolle der heldenhaften Märtyrer für die serbische Sache ausersehen, deren Tod einen massiven Einsatz der JVA gegen Kroatien rechtfertigen sollte. Er wurde bestraft für die Weigerung, seine Soldaten als Opferlämmer zur Schlachtbank zu führen.

Aber die Belagerung der Kasernen lieferte der JVA trotzdem jeden nötigen Vorwand. Belgrad befahl eine deutliche Verschärfung der militärischen Aktionen. Die offiziell geäußerte Absicht war die Befreiung der eingeschlossenen JVA-Einheiten. Das übergreifende Ziel war jedoch die Sicherung des serbischen Territoriums innerhalb von Kroatien. Am 19. September verließen zwei Panzerkolonnen Belgrad auf der Autobahn „Brüderlichkeit und Einigkeit“ in Richtung kroatischer Grenze. Ausländische Journalisten, vom Lärm der Kolonne geweckt, berichteten von einem Zug von über zehn Kilometern Länge, in dem sich mindestens einhundert Panzer, überwiegend sowjetische T-55 und M-84, sowie gepanzerte Truppentransporter und schwere Lkw mit Artillerie im Schlepp befanden.[121] Tausende Serben säumten den Weg, beklatschten den Truppentransport mit lautem Hallo und warfen den Soldaten zu deren Freude und Erstaunen Lebensmittel und Zigaretten zu.[122]

Serbische Milizen hatten bereits ein Gebietsdreieck unter ihre Kontrolle gebracht, das sich von der Baranja in der erdölreichen, fruchtbaren Nordostecke Kroatiens nach Westen bis in die Vororte von Osijek und nach Süden bis Borovo Selo, einen Vorort Vukovars, erstreckte. Damit standen die Städte Vukovar und das benachbarte Vinkovci dem weiteren Vormarsch in Richtung Ostslawonien im Wege. Diese beiden Städte – und nicht etwa die belagerten JVA-Garnisonen – waren Ziel dieses jüngsten eindrucksvollen Truppeneinsatzes. Die JVA umstellte Vukovar und begann ein Bombardement, das zwei Monate lang anhalten und die hübsche, an der Donau gelegene Barockstadt in das Symbol des Freiheitswillens der kroatischen Nation verwandeln sollte: Stipe Mesić nannte Vukovar „das Stalingrad Kroatiens".

Diejenigen Serben aus Vukovar, die den SDS-Rebellen verbunden waren, hatten bereits im Frühjahr mit einer Art „Eigensäuberung" begonnen. Der serbische Bürgermeister von Vukovar, Slavko Dokmanović, war schon lange vor Ausbruch des Krieges aus der Stadt verschwunden, weil er, wie er sagte, um sein Leben fürchtete. Die Bewohner serbischer Dörfer am Rande der Stadt hatten bereits Monate zuvor Barrikaden errichtet. Die ersten Granatwerferangriffe auf den Vorort Borovo Naselje hatten Anfang Juli begonnen; das Stadtzentrum war seit Anfang August gelegentlichem Beschuß ausgesetzt. Ende August war die Bevölkerung Vukovars von ursprünglich etwa 50.000 auf 15.000 geschrumpft. Unter den Verbliebenen erhielt sich jedoch die ethnische Vielfalt, die die Stadt schon vor dem Krieg ausgezeichnet hatte. Unter dem Bombardement, das nun folgte, hatten Serben und Kroaten gleichermaßen zu leiden.[123]

Am 14. September, als Tudjmans Regierung die Belagerung der JVA-Garnisonen durch die kroatische Nationalgarde beschloß, griffen serbische Milizen Vukovar vom Südwesten, von Negoslavci aus an. Zweitausend Bewohner flüchteten aus dieser Gegend in die Innenstadt. Sie berichteten, daß etwa achtzig Zivilisten getötet worden waren, deren Leichen auf den Straßen verstreut lagen. Die vorrückenden serbischen Einheiten hätten dann die Leichen aufgesammelt und in einem Massengrab auf einer Wiese bei Negoslavci verscharrt. Solche Greuelgeschichten hatte man in Kroatien bisher noch nicht vernommen. Der Krieg war offenbar in eine neue Phase getreten. An jedem der folgenden fünfzehn Tage des Bombardements wurden zwischen sechzehn und achtzig Verwundete ins Krankenhaus gebracht. Durchschnittlich drei Viertel von ihnen waren Zivilisten.[124]

Der 4. Oktober brachte den bis dato schwersten Angriff. Neben Artillerie- und Granatwerferbeschuß kamen auch Kampfbomber zum Einsatz. Zwei Bomben wurden gezielt auf das Krankenhaus abgeworfen: Eine zerstörte die chirurgische Abteilung und den Operationssaal, allerdings hatte man bereits zuvor die meisten Geräte von dort in den Keller gebracht. Die zweite Bombe durchschlug mehrere Stockwerke und landete, ohne zu detonieren, auf dem Fußende eines belegten Krankenbetts. Der Mann kam mit dem Schrecken davon. An diesem Tag allein wurden 92 Verwundete in das Krankenhaus eingeliefert.

Die gemeinsame Offensive der JVA und der Serbenmilizen brachte einigen Geländegewinn. Die Straße von Vukovar nach dem Dorf Bogdanovci fiel. Einheiten der JVA bezogen entlang der Route Stellung. Damit war die Stadt ihrer letzten Landverbindung nach draußen beraubt. Der Belagerungsring wurde bis auf einen gefährlichen Fußweg, der teilweise unterhalb von serbischen Stellungen in einem nahegelegenen Wald verlief, völlig zugezogen. Nach Angaben des Vukovarer Krisenstabs sind mindestens dreißig Menschen auf ihrer Flucht aus der Stadt auf diesem Weg von Heckenschützen ermordet worden.

Ab Anfang Oktober lebte die Bevölkerung Vukovars zunehmend in öffentlichen Bunkern, von denen einige bis zu 700 Menschen aufnehmen konnten. Der Krisenstab organisierte von einem unterirdischen Atombunker unterhalb des Krankenhauses aus die Verteilung von Nahrungsmitteln, Wasser und Medikamenten und konnte damit die Anzahl der Menschen auf der Straße zu jeder Tages- und Nachtzeit erfolgreich minimieren. Jedem Bunker waren, soweit möglich, mindestens ein Arzt und eine Schwester sowie eine Einheit der kroatischen Nationalgarde zugeteilt.

Die Angreifer gingen nach demselben Muster wie in Kijevo vor, nur mit größerem Aufwand. Die JVA stellte schwere Waffen und Logistik für die Infanterie zur Verfügung, die überwiegend aus einheimischen Serben und Freiwilligen aus Serbien selbst bestand. Trotz aller Anstrengungen und überlegener Feuerkraft machte die Armee keine Geländegewinne. Der Angriff auf Vukovar machte deutlich, wie sehr und wie rasch diese einst stolze Armee durch die Auflösung Jugoslawiens heruntergekommen war. Unter den nicht-serbischen Offizieren und Rekruten war Desertion an der Tagesordnung. Ein ebenso großes Problem stellten die Befehlsverweigerungen seitens der Berufssoldaten dar. JVA-Offiziere beklagten die hartnäckige Weigerung vieler ihrer Männer, die Truppentransporter zu verlassen. Die Kampfmoral sank zusehends: Europas viertgrößte Armee war nicht in der Lage, eine Kleinstadt, die von einer Handvoll schlecht ausgerüsteter Kroaten verteidigt wurde, zu besiegen und einzunehmen.

Nachdem die Slawonien-Offensive der JVA durch die überraschende Hartnäckigkeit des Widerstandes in Vukovar bereits hoffnungslos hinter den Zeitplan zurückgefallen war, beschloß der amtierende Verteidigungsminister Blagoje Adžić im Oktober, die oberste Befehlsgewalt vor Vukovar an General Života Panić zu übergeben. Panić, Kommandant des Ersten Armeebezirks, sollte also das lang überfällige Werk vollenden. Er und Adžić fuhren zunächst gemeinsam nach Vukovar, um sich die festgefahrene Operation vor Ort anzusehen und die Gründe für ihr bisheriges Scheitern zu erkunden. Sie waren von dem Anblick, der sich ihnen bot, entsetzt. Es gab keine klare Befehlsstruktur und keine genaue Aufgabenverteilung innerhalb der verschiedenen Einheiten. Es herrschte, in Panićs Worten, „Chaos". Viele Soldaten wußten nicht, wer ihr vorgesetzter Offizier war, Desertion war insbesondere innerhalb der Mannschaften verbreitet, vor allem unter Reservisten, die mobilisiert worden waren, ohne zu wissen, was dann an der Front ihre eigentliche Aufgabe sein würde.

Zehntausende Serben waren mittlerweile für einen Krieg mobilisiert worden, den niemand offiziell erklärt hatte. In der gesamten Republik, aber vor allem in Belgrad, tauchten junge Männer unter oder flüchteten außer Landes. Ein Reservist konnte sich nicht entscheiden, ob er sich einer Gruppe Deserteure anschließen oder bei der Truppe bleiben sollte – und erschoß sich in seiner Not. Ein anderer fuhr mit seinem Panzer von der Front geradewegs vor das Belgrader Parlamentsgebäude.

Als General Panić das Oberkommando der Operation übernahm, integrierte er zunächst die Milizen in die Befehlsstruktur der JVA. Freiwillige wurden rekrutiert, die diejenigen Soldaten ersetzten, die gegen ihren Willen mobilisiert worden waren. Eine übergreifende Befehlsstruktur wurde eingerichtet. Wer sich ihr nicht unterordnen wollte, wurde nach Hause geschickt.

Am 3. November verkündete das Oberkommando der Ersten Motorisierten Wachbrigade der JVA den Beginn der „finalen Operation". Ihr Ziel: die endgültige Vertreibung der Kroaten aus Vukovar. Am nächsten Tag flog die Bundesluftwaffe 65 Einsätze gegen kroatische Positionen in Vukovar und anderen Orten.[125] Bodentruppen näherten sich derweil dem Stadtzentrum bis auf wenige hundert Meter.

Am selben Tag schlugen fünfzehn Artilleriesalven in der serbischen Stadt Šid nahe der serbisch-kroatischen Grenze ein, von wo aus Teile der JVA-Artillerie nach Vukovar entsandt worden waren. Es gab keine Toten oder Verletzten. Trotzdem fühlte sich der serbische Verteidigungsminister General Tomislav Simović bemüßigt, den Angriff gegenüber der internationalen Öffentlichkeit als unerhörten Skandal darzustellen. Als ob er nichts vom Treiben der JVA in Vukovar wüßte, hielt er vor dem serbischen Parlament ein empörte Rede:

Dieser Angriff ist Teil der Politik der Faschisten. Aber das ist die Haltung der kroatischen Truppen: Wenn wir vom Frieden reden, verhalten sie sich am schlimmsten ... Wahrscheinlich werden sie heute in Den Haag wieder einen Erpressungsversuch starten wegen der Blockade von Vukovar und Dubrovnik durch die Jugoslawische Volksarmee. Wahrscheinlich werden sie sogar den weiteren Verlauf der Verhandlungen vom Rückzug der Truppen um diese beiden Städte abhängig machen.

Dann schwor er feierlich, sich den internationalen Erpressungsversuchen nicht zu beugen.

Währenddessen wurde die Situation für die Belagerten in Vukovar durch die nunmehr diszipliniert durchgeführte Operation unter Leitung von General Panić immer auswegloser. Verbittert über mangelnde Unterstützung, kritisierten die Verteidiger der Stadt ihre eigenen Leute. Zagreb, so klagten sie, liefere Vukovar bewußt aus, um die Sympathie der internationalen Gemeinschaft zu erlangen. Der Kommandant der Stadt, Mile Dedaković, schlug sich durch die feindlichen Linien nach Zagreb durch, um persönlich bei Präsident Tudjman vorzusprechen. Er warf ihm vor, daß wegen der kroatischen Zustimmung zu den international ausgehandelten Waffenruhen Kroatien in Vukovar den Krieg verlieren würde. Tudjman bekam einen Wutanfall und wies Dedaković in seine Schranken: Ob er nicht wisse, wer hier Präsident des Landes sei! „Ich führe diesen Krieg“, soll er gesagt haben, „und wenn ich befehle, daß die militärischen Operationen um Vukovar stillstehen sollen, dann werden Sie sie auch nicht einen Millimeter weit bewegen.“[126] Tudjman war dringend auf internationale Anerkennung aus; diplomatische Erwägungen waren zeitweise wichtiger als das militärisch Naheliegendste.

In Vukovar selbst folgten nun zwei Wochen erbitterter Straßen- und

Häuserkampf. Am 10. November nahm die JVA den zentralen Bezirk Milovo Brdo ein. Die Kroaten zogen sich Hals über Kopf zurück. Der seit langem vorhergesagte Fall Vukovars stand nun unmittelbar bevor. Am 16. November nahm die JVA den Vorort Borovo Naselje ein. Das bedeutete das Ende des letzten Verbindungswegs nach außen. Nun war auch der Fußweg durch die Felder unpassierbar geworden. In panischer Angst verließen 700 Zivilisten ihre Bunker und flüchteten zum städtischen Krankenhaus. Während Vukovar Straße um Straße „befreit" wurde, ging die Stadt vollkommen in Trümmer. Am 17. November befand sich die gesamte Stadt, mit Ausnahme weniger Widerstandsnester, darunter vor allem des Krankenhauses, in der Hand der Serben und der JVA. Am nächsten Tag, als Kroatiens dreizehnter international verhandelter Waffenstillstand verkündet wurde, fiel Vukovar. Diejenigen kroatischen Nationalgardisten, die sich bis dahin nicht aus der Stadt geschmuggelt hatten, saßen nun in der Falle. Ihnen blieb eine einzige Nacht Zeit, einen todesverachtenden Ausfall durch die serbischen Linien, quer durch die Getreidefelder, zum Nachbarort Vinkovci zu versuchen. Viele schafften es und kamen am nächsten Morgen in kleinen, erschöpften Haufen zusammen, verbittert über Zagreb und die internationale Gemeinschaft, die stur mit Belgrad über eine „Verhandlungslösung" debattiert hatten, während ihre Stadt dem Erdboden gleichgemacht wurde. Etwas von der Stimmung dieser Kämpfer übertrug sich auf die gesamte kroatische Bevölkerung.

Die Verteidiger Vukovars mußten sich geschlagen geben. Der Vertreter der JVA in Zagreb erklärte sich zu Kapitulationsverhandlungen bereit. Beide Seiten einigten sich auf die Evakuierung der zivilen Bevölkerung sowie der 700 Kranken und Verwundeten aus dem Krankenhaus. Die Evakuierung sollte unter der Aufsicht von Beobachtern der EG und Mitarbeitern des Roten Kreuzes stattfinden.

In den drei Monaten der Belagerung und des Bombardements, die am 20. November ihr Ende fanden, waren im Krankenhaus insgesamt 1850 Verletzte behandelt worden, die meisten von ihnen Zivilisten. Diese Zahl berücksichtigt allerdings lediglich die Schwerverletzten und ist daher insgesamt wohl zu niedrig angesetzt. Denjenigen mit weniger schweren Verletzungen wurde oft abgeraten, den gefährlichen Weg zum Krankenhaus zu versuchen, und statt dessen geraten, nach Möglichkeit zu Hause zu bleiben. Im selben Zeitraum registrierte die Polizei von Vukovar insgesamt 520 Tote für den Transport zur einzigen Begräbnisstätte der Stadt. Darunter befanden sich 156 Nationalgardisten und 24 Polizisten. Der Rest waren Zivilisten, darunter acht Kinder. Diese Zahlen berücksichtigen allerdings nicht die Hunderten Leichen, die während der Belagerung nicht aufgesammelt werden konnten, nachdem die Intensität des Bombardements und die Nähe der vorrükkenden serbischen und JVA-Truppen keinerlei Bewegung auf den Straßen mehr erlaubten. In den drei Monaten, seit die JVA ihren Angriff auf Vukovar ernsthaft begonnen hatte, erreichte ein einziger Konvoi mit Hilfsgütern Vukovar. Die Belagerer gestatteten ihm die Belieferung des Krankenhauses mit Medikamenten und die Evakuierung von 114 Verletzten.

Am 19. November um 11 Uhr vormittags – der Vukovarer Krisenstab bemühte sich vergeblich um einen Funkkontakt mit der Außenwelt – betraten JVA-Einheiten das städtische Krankenhaus, die letzte Bastion des Widerstands. Die dort Eingeschlossenen mußten erschreckt feststellen, daß sie allein und nicht in Begleitung des versprochenen internationalen Beobachterstabs gekommen waren. Der Lastwagen des Internationalen Roten Kreuzes, beladen mit Medikamenten, traf erst gegen 6 Uhr abends ein. Bis dahin hatte die JVA mit der Evakuierung bereits in vollem Umfang begonnen – ohne internationale Aufsicht, entgegen den Abmachungen vom Vortag. Ein Vertreter des Roten Kreuzes, der sich darüber beschwerte, bekam von einem JVA-Offizier unmißverständlich zu hören, dies sei Jugoslawien, *sein* Land, und wenn das dem Roten Kreuz nicht gefiele, könne er ja wieder verschwinden. Die unbeaufsichtigte Evakuierung wurde fortgesetzt. Mittlerweile zogen schwerbewaffnete serbische Milizionäre, viele von ihnen Tschetnik-Abzeichen tragend und direkt vom Schlachtfeld kommend, ungehindert durch die Straßen Vukovars, während aschfahle, weinende Gestalten mit tiefen Ringen unter den Augen aus den Bunkern krochen. Die meisten von ihnen hatten drei Monate unter der Erde verbracht, während über ihren Köpfen die Schlacht tobte. Nun bot sich ihren Blicken ein anderes Vukovar. Auf den Straßen stapelten sich die Leichen von Menschen und Tieren. Einige Ruinen brannten noch, kaum ein Quadratmeter schien verschont geblieben zu sein. Die serbischen Freiwilligen fuhren lärmend und die Taschen prall gefüllt mit Geplündertem durch die Straßen. Eine Gruppe griff sich einen Kroaten und schlug seinen Kopf gegen eine Wand. Sie beschuldigten ihn, für den Feind gekämpft zu haben. Schreiend entgegnete der Mann, er habe überhaupt nicht gekämpft. Die JVA begann damit, Frauen und Kinder von den Männern zu trennen. Erstere fragte man, wohin sie evakuiert werden wollten, nach Serbien oder nach Kroatien. Die sich für Serbien entschieden, durften sofort gehen, Transportmöglichkeiten wurden bereitgestellt. Wer sich für Kroatien entschied, wurde per Bus in die Vojvodina gebracht, wo sie für die Nacht in Schulen und Turnhallen untergebracht wurden. Am nächsten Tag übergab man sie den kroatischen Behörden.

Die Männer hingegen wurden festgehalten. Viele von ihnen sind bis heute – vier Jahre danach – noch immer nicht wiederaufgetaucht und gelten mittlerweile als tot. Bis heute weigern sich die serbischen Behörden, eine als Massengrab verdächtigte Stelle von unabhängigen Fachleuten untersuchen zu lassen. Unter den Verschollenen befand sich Siniša Glavašević, ein einunddreißigjähriger Reporter des Studios Vukovar vom kroatischen Radio. Seine Stimme war während der Belagerung zur Stimme Vukovars geworden. Täglich hatte er über die Zerstörung seiner Heimatstadt und von der zunehmend ausweglosen und höllischen Situation mit immer matter werdender Stimme berichtet. Es gibt kaum Zweifel daran, daß der Status, den er in Kroatien erlangte – und der entsprechende Haß der Belagerer Vukovars – ihn das Leben gekostet haben.

Jene Männer, die nicht für die Exekution aussortiert worden waren, wurden in ein Gefangenenlager in Sremska Mitrovica in der Vojvodina gebracht. Bei ihrer Ankunft wurden sie bis auf die nackte Haut ausgezogen und aller ihrer Habseligkeiten beraubt. Viele wurden systematisch verprügelt. Dann trieb man sie in überfüllte Gefängniszellen, wo sie in den folgenden Wochen auf dem Holzboden zu schlafen hatten. Viele wurden wiederholt verhört. Anderen wurden Begünstigungen versprochen, wenn sie bereit wären, über Dritte auszusagen. Im Januar 1992 wurden sie entlassen.

Die Chefärztin des städtischen Krankenhauses, Dr. Vesna Bosanac, deren mutiges Beispiel so viel zur Aufrechterhaltung des Krankenhausbetriebs während der Belagerung beigetragen hatte, wurde in Kroatien als Heldin gefeiert. Im Bewußtsein der kriegsgeprüften Kroaten wurde sie als „Engel von Vukovar“ zum Symbol der Stadt und ihres Widerstands. Folglich mußte sie von den Serben verteufelt werden. Das Belgrader Fernsehen nannte sie „Jugoslawiens Dr. Mengele“ und beschuldigte sie, verwundete Serben nicht behandelt und statt dessen medizinische Experimente an ihnen durchgeführt zu haben. Nach dem Fall Vukovars fürchtete halb Kroatien um ihr Leben. Eine Woche lang gab es kein Lebenszeichen von ihr. Im Konvoi der Frauen und Kinder,

der Kroatien nach dem Fall der Stadt erreichte, war sie nicht dabei. Das Internationale Rote Kreuz richtete ihretwegen dringende Gesuche an Belgrad. Aber der verhaßten Ärztin blieb das Schicksal des Reporters Siniša Glavašević erspart: Nach einem Monat Haft kam sie wieder frei.

Die EU-Beobachter brauchten drei Tage, um die Evakuierung der Verwundeten zu organisieren. Mehrmals waren sie bereits in Krankenwagen der JVA gelegt worden, nur um dann zu erfahren, daß die kroatischen Behörden aufgrund fortgesetzten Kampfgeschehens auf den Ausfallstraßen den Übergabetermin verschoben hatten. Schließlich trafen sich zwei Konvois mit Kranken und Verletzten, einer von der JVA, der andere von der kroatischen Regierung, in Nordostbosnien. Fünfhundert Verletzte, viele von ihnen kaum bei Bewußtsein, wurden am Ort der Übergabe aus den JVA-Krankenwagen gehoben und in die Ambulanzfahrzeuge der kroatischen Regierung getragen. Eine Menge aufgebrachter Serben aus der Nachbarschaft war am Ort des Geschehens erschienen und skandierte lauthals „Ustascha-Mörder", während die Verwundeten an ihnen vorbeigetragen wurden.

Die serbischen Gemüter waren durch eine außergewöhnlich ungeschickte Meldung einer ansonsten angesehenen Nachrichtenagentur erhitzt worden. An dem Tag, an dem Vukovar fiel, berichtete das Belgrader Büro von *Reuters*, kroatische Nationalgardisten hätten aus Rache für den Fall der Stadt auf ihrer Flucht 41 serbische Kinder ermordet. Die Nachricht verbreitete sich wie ein Lauffeuer in den von Serben bewohnten Gebieten Kroatiens und Bosniens. Westliche Nachrichtenredaktionen, erfreut darüber, endlich einmal auch von einer Greueltat der anderen Seite (und nicht immer nur der Serben) berichten zu können, nahmen die Meldung dankbar auf. Die Nachricht erwies sich als bösartige Ente. Verbreitet wurde die Desinformation von einem Belgrader Pressefotografen von dubiosem Ruf, der als Quelle einen ungenannt gebliebenen Hauptmann der JVA angab. 24 Stunden später zog *Reuters* die Meldung zurück. Aber der Schaden war angerichtet. Hier in Nordostbosnien, unter den verbitterten Serben der bosnischen Krajina, wurde einmal mehr deutlich, daß schlechter Journalismus das Leben Unschuldiger kosten kann. Hunderte aufgebrachter Serben schrien nach dem Blut der Verwundeten von Vukovar. Deren Übergabe war ein einziges Gruselstück. Ein Kordon von JVA-Offizieren hielt die Menge zurück. Das war für die JVA eine willkommene Gelegenheit, sich vor laufenden Fernsehkameras als unparteiische Größe darzustellen, die lediglich die „verfeindeten Lager" auseinanderhält.

Vukovars Tote waren fast noch warm, da organisierte die JVA für die Belgrader Presse einen, wie man wohl annahm, großartigen Triumph ihrer Öffentlichkeitsarbeit. Am 21. November wurden zwei Reisebusse mit Reportern, offiziell geladenen Gästen der JVA, in die befreite Stadt gefahren. „Wir werden Ihnen das Mittagessen gleich hier servieren", scherzte Oberst Milan Gvero, JVA-Sprecher und zukünftiger Vize-Kommandant der serbischen Truppen Bosniens, als er durch die zerbombten Überreste des Hotels *Dunav* schritt. Und tatsächlich sollte die JVA kein Auge trocken lassen. Marc Champion von der britischen Tageszeitung *The Independent* faßte die Absurdität des Geschehens in seinem Korrespondentenbericht so zusammen:

„Massakrierte Zivilisten hier entlang!", sprach der Armeeoffizier und schwenkte den Arm in Richtung eines Innenhofs gegenüber von Vukovars zerschossenem Krankenhaus. Dort standen bereits Dutzende Journalisten zusammengekauert im Hofeingang und blickten auf das Ausstellungsstück Nummer 2 dieser Besichtigungsreise der Bundesarmee, die wohl den teils grotesk und teils obszön zu nennenden Versuch darstellen sollte, ihre Sicht der Belagerung von Vukovar zu bieten.

„Ich frage mich, wieso hier nichts über die Halsketten gesagt wird, die man aus den Fingern von Kindern herstellt; oder von den vierzig Kindern, die hier ganz in der Nähe ermordet wurden."

[So Oberst Gvero]

Im Innenhof ... lagen 33 Leichen. Nebenan lagen über 50, in Reihen gelegt und dem strömenden Regen ausgesetzt. „Das sind Serben, die in den Straßen massakriert wurden", sagte Oberst Miodrag Starčević bestimmt. Viele der Leichen hatten Zettel an ihren Füßen befestigt, die sie als Patienten des Krankenhauses auswiesen, die auch dort gestorben waren. Gefragt, woher er denn so genau wisse, daß es sich um Serben handelt, zuckte der Oberst nur stumm mit den Schultern.[127]

Zum Abschied wurden den Journalisten JVA-Kugelschreiber als Andenken an ihren Besuch überreicht.

* * *

Der erste Angriff der JVA auf Dubrovnik ereignete sich am 1. Oktober von Montenegro aus. Niemand hatte damit gerechnet. Keine der Vorwände, die die JVA für Aktionen anderswo in Kroatien benutzte –

der Schutz serbischer Bevölkerungsteile oder die Befreiung umstellter JVA-Garnisonen –, traf auf Dubrovnik zu. Hier lebten nur wenige Serben[128], und die Stadt besaß keine JVA-Garnison. Aber Dubrovnik war ein leichtes Ziel. An der äußersten Spitze des dünnen Küstenstreifens am südlichen Ende Kroatiens gelegen, lag die Stadt wie auf einem Präsentierteller. Das Hinterland Dubrovniks liegt bereits überwiegend in Bosnien-Herzegowina und Montenegro.

Die Armee verhängte eine Landblockade von Montenegro bis zum Hafen von Neum, der an dem kleinen Küstenstreifen gelegen ist, der Bosnien-Herzegowinas einziger Zugang zum Meer war. Am nächsten Morgen verkündete Radio Belgrad, „die Kapitulation feindlicher Verbände ist das Ziel der heutigen Kämpfe um Dubrovnik". Am 2. und 3. Oktober mußten die kroatischen Verteidiger schwere Verluste angesichts der überwältigenden Offensivmacht der JVA hinnehmen. Die Handvoll kroatischer Nationalgardisten, die das Hinterland von Dubrovnik verteidigen sollten, ergriff umgehend die Flucht. Sie hatten keine andere Wahl. Bei ihrem Durchmarsch durch die fruchtbare Konavle-Region zerstörte die Armee so gut wie alles, was ihr zu Gesicht kam. In buchstäblich jedem Dorf auf dem Weg wurden ausnahmslos alle Häuser zunächst geplündert und dann in Brand gesteckt.

Am 15. Oktober erreichte die Bundesarmee den Badeort Cavtat südlich von Dubrovnik. Sie stießen auf keinerlei Widerstand. Die Bevölkerung von Cavtat ergab sich. Hier gestattete die JVA ihren montenegrinischen Reservisten keine solchen Exzesse, wie sie noch auf dem Anmarsch dorthin stattgefunden hatten. Cavtat blieb von Plünderung und Verwüstung verschont.

Die folgenden zwei Wochen verbrachte die Armee mit der Vorbereitung ihres Angriffs auf Dubrovnik selbst. Weil niemand mit einem Angriff gerechnet hatte, war die Stadt so gut wie ohne Verteidigung. Ein paar Dutzend Nationalgardisten, ausgestattet mit einer Handvoll leichter Feldhaubitzen und Granatwerfern, sahen sich plötzlich in der Rolle der Verteidiger der alten Stadt an der Adria. Dubrovnik war allerdings von jeher gegen Belagerungen gerüstet. Jetzt wurden die jahrhundertealten Befestigungen wieder in Betrieb genommen. Sie waren aber auch beinahe alles, was die Bürger der Stadt an Verteidigung vorzuweisen hatten.

Nach einem sechstägigen Bombardement brachte die JVA ihre Waffen am Stadtrand von Dubrovnik in Stellung. Wie um die eingeschlossenen Bewohner unterhalb zu ärgern, wurde auf dem Berg

Žarkovica, nur wenige hundert Meter entfernt vom Hotel *Argentina*, wo sich EU-Beobachter und Journalisten aus aller Welt allabendlich im Restaurant und in der Kellerbar trafen, deutlich sichtbar die jugoslawische Bundesfahne gehißt. Das Hotel *Argentina* etablierte sich rasch als eines jener außergewöhnlichen Häuser, dessen Belegschaft mit viel Mut und viel Stolz alles daransetzte, einen hotelgemäßen, zivilisierten Betrieb aufrechtzuerhalten, auch wenn vor der Eingangshalle jegliche Normalität längst zusammengebrochen war. Von der dem Meer zugewandten Terrasse des Hotels, vor serbischen Heckenschützen durch das Hotel selbst geschützt und lediglich den gelegentlich lautlos vorbeigleitenden JVA-Schnellbooten ausgesetzt, konnten Journalisten und EU-Beobachter in ihren weißen Uniformen den Flug jedes einzelnen Artilleriegeschosses verfolgen. Vom Žarkovica aus abgeschossen, überflogen sie kreischend das Hotel, um dann in einem niedrigen Bogen über die roten Dächer der Altstadt im Hafengebiet einzuschlagen. Vor allem nachts war das ein schaurig-schönes Spektakel, wenn sich die Geschosse in feurig glühendem Orange vom Nachthimmel abhoben. Die EU-Beobachter, die im Hotel festsaßen, verbrachten viel Zeit damit, den Journalisten die feinen Unterschiede der einzelnen Geschoßtypen beizubringen – Marineartillerie, Abschuß, diese Richtung; 80-Millimeter-Granatwerfer, Einschlag, dort.[129]

General Pavle Strugar, der Befehlshaber der belagernden Armee-Einheiten, stellte den Verteidigern Dubrovniks schließlich ein Ultimatum: Er verlangte die Übergabe aller Waffen sowie den Abzug aller kroatischen Truppen aus der Stadt. Als Gegenleistung sicherte er freien Abzug zu und fügte hinzu, daß er bis 8 Uhr abends desselben Tages eine Antwort erwarte.

Die JVA hatte Dubrovnik in der Hand. In Zagreb brach Panik aus. Der Fall Dubrovniks schien unabwendbar, obwohl sich beide Seiten bewußt waren, daß ein Angriff auf die Stadt die Berge hinab, die Dubrovnik von allen Seiten umgeben, auf jeden Fall kostspielig sein würde. Stipe Mesić rief alle Bootsbesitzer an der dalmatinischen Küste auf, sich mit ihm einem Konvoi anzuschließen, der die Seeblockade der JVA durchbrechen sollte. Die Idee war als Spektakel zweifellos mutig und einfallsreich, war aber eben ein Spektakel. Zwei Tage lang sah die Weltöffentlichkeit zu, wie Stipe Mesić an Bord der Autofähre *Slavija I* einen Konvoi von kleinen und kleinsten Booten anführte und in südlicher Richtung von Split aus die dalmatinische Küste entlangschipperte. Schließlich wurde die Flottille im Mljet-Kanal von JVA-

Schnellbooten angehalten und zur Rückkehr aufgefordert. Von der Brücke der *Slavija I* aus versuchte Mesić, mit der JVA in Funkkontakt zu treten. Die Geschütze der Schnellboote richteten sich auf ihn. Die *Slavija I* war voll mit kroatischen Honoratioren, darunter der Ministerpräsident, die Gattin des Außenministers und eine populäre Schlagersängerin namens Tereza Kesovija, eine Art kroatischer Nana Mouskouri, deren Haus in Konavle beim Vormarsch der JVA zerstört worden war, die also mit einem gewissen Recht einen Anspruch auf Solidarität mit den Vertriebenen und Entrechteten erheben konnte. Mesić teilte dem Marinekommandanten der JVA mit, er habe vor, nach Dubrovnik weiterzufahren. Der Kommandant entgegnete, daß er Befehl habe, keinerlei Schiffe und Boote durchzulassen, und daß er, sollte die Flottille sich doch in seine Richtung bewegen, dies als feindlichen Akt begreifen und dementsprechend handeln würde. Mit anderen Worten, die *Slavija I* würde versenkt. Mesić erhöhte den Einsatz. Er war ja immerhin noch Vorsitzender des jugoslawischen Staatspräsidiums und daher auch Oberkommandierender der Streitkräfte – obwohl er oft genug öffentlich wiederholt hatte, daß er über die jugoslawische Armee ebensoviel Kontrolle habe wie über die finnische – nämlich keine. „Ich bin Ihr oberster Vorgesetzter“, funkte Mesić zurück, „und verbiete Ihnen, mein Schiff zu versenken.“ Die an Bord befindlichen Honoratioren, ermutigt durch den stundenlangen Aufenthalt an der Bar, klatschten und jubelten. Der Kapitän der *Slavija I*, verantwortlich für die Sicherheit seiner Passagiere und Crew, rollte mit den Augen, unsicher, wer denn nun das Kommando auf der Fähre hatte. Als er gefragt wurde, wer hier denn nun das Sagen habe, entgegnete er matt: „Das weiß nur der liebe Gott.“

Schließlich konnte Mesić Funkkontakt mit Admiral Stane Brovet, dem stellvertretenden Verteidigungsminister, herstellen. Brovet befahl der JVA, alle Schiffe und Boote zu durchsuchen, und wenn feststand, daß keine Waffen nach Dubrovnik geschmuggelt würden, die Flottille passieren zu lassen. Am 30. Oktober, nach 30 Stunden auf See, brach die *Slavija I* die Seeblockade und lief in den Hafen von Dubrovnik ein. Im Laderaum befand sich wenig mehr als guter Wille. Zwölf Stunden später verließ Mesić Dubrovnik wieder, ohne daß sich etwas am Schicksal der Stadt geändert hätte.

Dennoch machte Mesićs Aktion Sinn. Die Aufmerksamkeit der Weltöffentlichkeit für das Schicksal Dubrovniks wirkte sich fatal auf das internationale Ansehen der JVA aus. Was auch immer der ursprüngliche Grund des JVA-Oberkommandos für ihre Offensive auf Dubrovnik gewesen sein mag, es konnte nun kein Zweifel mehr daran bestehen, daß in der Praxis purer böser Wille die Hauptrolle spielte, jedenfalls was die Motivation der Truppe angeht. Von den Hügeln aus feuerten die Männer Tag für Tag Artillerie- und Panzergeschützsalven auf die vornehmen Touristenhotels entlang Dubrovniks modernem Badestrand. Granaten landeten auf den Parkplätzen der Hotels, und die Schützen beobachteten genußvoll, wie sich das Feuer von Auto zu Auto weiterfraß und ein Bild der Verwüstung aus verbogenem Metall und Glassplittern hinterließ. Die Flüchtlinge, die sich aus den Vororten nach Dubrovnik hinein gerettet hatten und in Kellern hockten, mußten nach der Zerbombung ihrer Häuser und Wohnungen nun auch die ihrer Zufluchtsstätten erleben. Dabei schien die Bombardierung Dubrovniks keinem strategischen Ziel zu dienen. Es war schlicht und ergreifend die Rache der armen Jungs aus den Bergen an einem der wohlhabendsten und am Westen orientierten Teil des ehemaligen Jugoslawien. Diese Racheorgie fand im November mit der systematischen Zerstörung aller im Hafen der Altstadt ankernden Yachten durch Leitsystemraketen ihren Höhepunkt.[130] Die Stadt, die Lord Byron als Perle der Adria beschrieb, war der am besten geeignete Ort für einen solchen Exzeß. Die konservative britische Tageszeitung *Daily Telegraph* – normalerweise die zurückhaltendste aller seriösen britischen Tagesblätter – brachte auf der Titelseite die dramatische Schlagzeile: *Wie einst die Barbarenhorden bei ihrem Vormarsch auf Rom, haben auch die Truppen der Bundesarmee jegliche Zurückhaltung fahren lassen.*[131] General Milan Gvero, der JVA-Sprecher, der auch schon die bizarre Pressetour ins „befreite" Vukovar organisiert hatte, dementierte alle Berichte über die Zerstörung Dubrovniks. Die Kroaten setzten Autoreifenstapel in Brand, ließ er behaupten. Und in absurder Verleugnung aller reichlich vorhandenen Beweise des Gegenteils: „Nicht ein einziges serbisches Staubkorn ist auf Dubrovnik gefallen."[132]

Die Bundesarmee konnte jedoch die Kapitulation Dubrovniks nicht erzwingen. Nach dem Zerstörungsrausch vom November verfiel die Belagerung in den Zustand eines offenbar endlosen Scharmützels mit unverrückbarem Frontverlauf. Die Verhandlungsergebnisse in Den Haag und Belgrad überholten die Ambitionen der Montenegriner, und im Mai 1992 einigten sich die Kroaten und die JVA auf einen Rückzug.

Der Rückzug der JVA aus dem Hinterland von Dubrovnik stand aber bereits im Schatten des Kriegsausbruchs in Bosnien-Herzegowina.

Warum sich die Armee zurückzog, ist bis heute unklar. Allerdings hatten sich zu diesem Zeitpunkt die kriegerischen Gefühle zwischen Serben und Kroaten bereits wieder etwas beruhigt. Das Abkommen über den vollständigen Truppenabzug von der kroatischen Küste wurde von Tudjman und Dobrica Ćosić, dem Präsidenten Restjugoslawiens, am 30. September 1992 ausgehandelt. Im Bosnienkrieg harmonierten die Interessen der früheren Feinde. Führende Politiker und Militärs beider Seiten trafen sich im geheimen, um die Aufteilung Bosnien-Herzegowinas zu verhandeln. So wurde der Rückzug der JVA von der Belagerungsfront um Dubrovnik von vielen Beobachtern als Teil eines serbisch-kroatischen *quid-pro-quo* betrachtet, dessen kroatische Leistung der Abzug aller kroatischen Truppen aus Bosanski Brod in Nordbosnien gewesen sei – so daß die Stadt vor den Serben kapitulieren mußte. Mit Sicherheit war Brod von ungleich größerer strategischer Bedeutung für die Serben als das Hinterland von Dubrovnik. Denn Brod wacht sozusagen über den entscheidenden Ost-West-Korridor, der die serbisch kontrollierten Gebiete in Westbosnien und die Kniner Krajina mit Serbien verbindet. Gleichermaßen waren die Kroaten viel mehr daran interessiert, Dubrovnik wieder frei zu bekommen und die umliegenden kroatischen Gebiete zu befreien, als Bosanski Brod zu halten. Das ist bis heute die plausibelste Erklärung für die endgültige Befreiung Dubrovniks nach sechs Monaten Belagerung und regelmäßigem Bombardement. Sie war aber auch ein früher Hinweis auf das Wesen des Krieges in Bosnien, eines Krieges, in dem Serben und Kroaten gegen einen gemeinsamen Feind zusammenarbeiteten: gegen ein ungeteiltes multi-ethnisches Bosnien-Herzegowina.

* * *

Der Fall Vukovars hatte ganz Ostslawonien verletzbar gemacht. Nach nur einer Woche setzte die Armee den Vormarsch fort. Die Dörfer Ernestinovo und Laslovo fielen, überwältigt von der Walze, die auch Vukovar beiseite gefegt hatte. Danach begannen serbische und Bundeseinheiten mit einer intensiven Bombardierung des Dorfs Tenjski Antunovac. Die Stadt Osijek war einem täglichen Beschuß von JVA-Artillerie und Granatwerfern ausgesetzt.

Dieses Vorgehen ließ nur einen Schluß zu. Laslovo lag an der Straße von Osijek in die nahegelegene kroatische Stadt Djakovo. Das war eine wichtige Verbindungslinie für Osijeks belagerte Bevölkerung. Osijek war die drittgrößte Stadt Kroatiens und die Hauptstadt Ostslawoniens. Auch ihr schien das Schicksal Vukovars bestimmt zu sein. Zehntausende Bewohner verließen nun fluchtartig die Stadt, ihre vollbepackten Autos verstopften die einzige übriggebliebene Straße gegen Westen. Sie wollten ihre Heimatstadt noch vor der unvermeidbar scheinenden Einkesselung verlassen.

Zur gleichen Zeit beugte sich Präsident Tudjman dem internationalen diplomatischen Druck und ordnete die Aufhebung der Blockade der „Marschall-Tito-Garnison“ der JVA in Zagreb an. Tudjmans Kritiker waren außer sich. Sie beschuldigten ihn, dem Feind in die Hände zu arbeiten, nur um des internationalen Ansehens willen. Während die Bundesarmee immer tiefer nach Ostslawonien vorstieß, übergab Tudjman Hunderte von Panzern, gepanzerten Fahrzeugen und Artillerieausrüstung, die in kroatischen Händen zur Verteidigung kroatischen Territoriums hätten dienen können. Erneut sah sich Tudjman einer Bedrohung durch die Rechte gegenüber. Kroatien brodelte von Putschgerüchten.

Tudjman ließ zwei seiner prominentesten Gegner verhaften und ohne Verfahren internieren: Mile Dedaković, den Kommandanten Vukovars, und Dobroslav Paraga, den Vorsitzenden der extremen nationalistischen Kroatischen Rechtspartei. Paraga hatte, wenig überzeugend, damit geprahlt, in seiner HOS-Miliz 10.000 Mann unter Waffen stehen zu haben, die für den Löwenanteil der Verteidigung Kroatiens verantwortlich gewesen seien. Keine der beiden Behauptungen entsprach der Wahrheit. Als seine Partei zu einer Protestkundgebung gegen Paragas Verhaftung in Zagreb aufrief, brachte diese Demonstration, die „Tudjman hinwegfegen“ sollte, lediglich ein paar hundert Aktivisten auf die Straße. Paraga genoß zu keinem Zeitpunkt die massenhafte Unterstützung, die sein Gegenpart in Serbien, Vojislav Šešelj, genoß.

Serbische Milizen und Armee-Einheiten drangen in die Vororte von Osijek ein. Arkan, der gefürchtete Anführer der „Tiger“ und Polizeiagent, wagte sich bis in die Stadt hinein und drohte nach seiner Rückkehr lautstark mit deren Eroberung. Panić war immer noch Kommandant der Operation und hatte Befehl von seinem Stabschef, General Blagoje Adžić, den Vormarsch voranzutreiben. Panić beschrieb den Tag folgendermaßen:

In dem Moment, als Vukovar fiel, hatte Kroatien den Krieg verloren. Wir hätten ohne Probleme bis nach Zagreb marschieren können.

Osijek war aufgegeben. Wir marschierten in Osijek ein. Wir hatten den Befehl, Osijek und Županja zu nehmen, nachdem Vukovar gefallen war, und dann weiter in zwei Kolonnen nach Zagreb vorzustoßen, entlang der Flüsse Drau und Save. Und wir hätten das auch in zwei Tagen erreichen können. Aber dann kam der Befehl zum Rückzug. Ich sprach mit Jović und Kostić. Und ich sprach auch mit Präsident Milošević. Es war seine Entscheidung, Miloševićs Entscheidung, abgesegnet vom Rumpf-Staatspräsidium. Er sagte nur: „Wir haben in kroatisch bevölkertem Gebiet nichts zu suchen. Wir müssen die serbische Bevölkerung auf ihrem Gebiet schützen." Das war die Formel. Ich sagte ihm, wenn wir Jugoslawien schützen wollten, müßten wir weitergehen. Es wäre ganz einfach gewesen. Die Kroaten waren aus Vinkovci, Županja und Osijek geflohen. Als Vukovar fiel, fiel auch Kroatien. Wir hätten problemlos weitermarschieren können. Aber Präsident Milošević sagte unter anderem, daß wir aufhören sollten. So lautete dann auch der Befehl des Verteidigungsministers, und dem fügte ich mich. Wir befestigten dann die serbischen Gebiete, und deshalb ist die Lage heute so, wie sie ist.

Adžić, der jugoslawische General, der sich für einen großangelegten Einsatz zur Beibehaltung Sloweniens im Bundesstaat stark gemacht hatte, war immer noch bemüht, etwas, das dem ehemaligen Jugoslawien wenigstens ähnelte, zusammenzuhalten. Erneut wurden seine Pläne von Milošević durchkreuzt, der nun das Rumpfpräsidium fest in seiner Hand hatte. Mittlerweile bestand das kollektive Staatsoberhaupt nur noch aus der Hälfte seiner ursprünglichen Mitglieder: drei aus Serbien und der vierte aus Montenegro.[133]

Am 24. November, eine Woche nach dem Fall Vukovars, wandte sich Tudjman in einer Fernsehansprache an die angsterfüllte kroatische Nation. Er sagte, Kroatien habe den Konflikt erfolgreich „internationalisiert", und der Krieg sei entgegen den Behauptungen derer, die an einer Verschwörung gegen die kroatische Regierung arbeiteten, keinesfalls verloren. Kroatien, so Tudjman weiter, habe einen Krieg mit der größten kommunistischen Armee Europas mit praktisch leeren Händen begonnen und habe trotzdem eine starke Verteidigung aufgebaut und zugleich erfolgreiche diplomatische Verhandlungen geführt.

In der Tat waren zwei entscheidende Dinge während der langen Belagerung Vukovars passiert. Zum einen hatte Kroatien tatsächlich eine Armee zusammengestellt. Im August hatte Tudjman General

Anton Tus zum Chef der Armee gemacht. Der Kroate Tus hatte im Mai seine Funktion als Chef der jugoslawischen Luftwaffe zurückgelegt. Innerhalb von drei Monaten hatte er es geschafft, aus einem chaotisch zusammengewürfelten Haufen aus Freiwilligen und Polizeireservisten eine einigermaßen disziplinierte Kampftruppe zu machen. Als er begonnen hatte, bestanden die kroatischen Streitkräfte aus vier Brigaden der Nationalgarde und einer großen Anzahl Polizeireservisten. Im Oktober hatte Tus alle zur Verfügung stehenden Kräfte in einem System von 35 Brigaden organisiert und jede einzelne mit einer spezifischen militärischen Aufgabe betraut. Im Dezember ließ er verkünden, er habe nun 250.000 Mann unter Waffen, republikweit organisiert in 60 Brigaden.

Zur gleichen Zeit trug die Taktik von Tudjmans ehemaligem Verteidigungsminister Martin Špegelj, die JVA-Garnisonen zu blockieren, ihre Früchte. Im September verschaffte die Kapitulation der Garnison in Varaždin Tus das Material zur Schaffung seiner ersten Panzerbrigade. Bald darauf fielen die JVA-Garnisonen wie Dominosteine in die Hände der Kroaten. Ende September ließ Tudjman verlauten, daß insgesamt 70 Einrichtungen der JVA – von ausgewachsenen Garnisonen über Material- und Munitionslager – von den kroatischen Streitkräften übernommen worden seien. Der Zeitpunkt, zu dem Milošević den Krieg mit Kroatien stoppte, spricht deutlich für die Annahme – entgegen Panićs vollmundigen Worten, er hätte in 48 Stunden in Zagreb sein können –, daß die Serben und die JVA bis dahin alles gewonnen hatten, was sie ohne verlustreiche und langwierige Konflikte hatten gewinnen können.

Aber auch die JVA konnte wichtige Siege verbuchen, die einem möglichen serbischen Staat in Kroatien territorialen Zusammenhang verschafften. Im September nahm die JVA Petrinja, eine Stadt, die vor dem Krieg zur Hälfte von Kroaten und zur Hälfte von Serben bewohnt gewesen war. Der Fall Petrinjas verschaffte der serbischen Krajina einen neuen, natürlichen Grenzverlauf entlang des Flusses Kupa, nur etwa 50 Kilometer von Zagreb entfernt (danach versuchten serbische Einheiten den größeren Nachbarort Sisak zu nehmen, allerdings ohne Erfolg. Die Kroaten hielten Sisak bis zum Ende des Krieges). Und im Schatten des Falls von Vukovar stieß die JVA bis nach Slunj vor und schaffte damit eine entscheidende Landverbindung zwischen den beiden größten serbischen Enklaven in Kroatien: der Kniner Krajina einerseits und dem Gebiet um Glina in Mittelkroatien andererseits.

Zum anderen stimmte Tudjmans Behauptung, den Krieg internationalisiert zu haben. Ende November erklärte sich Milošević mit der Stationierung von internationalen Friedenstruppen in Kroatien einverstanden. Allerdings tat er das vornehmlich, weil die Stationierung seinen Vorstellungen entsprach. Eine von der UNO kontrollierte Aufteilung Kroatiens in getrennte kroatische und serbische Gebiete würde eine spätere Korrektur des Grenzverlaufs zwischen Restjugoslawien und Kroatien und eine Eingliederung der serbischen Gebiete in Restjugoslawien/Großserbien wesentlich erleichtern. Am Ende des Krieges hatte Tudjman die Unabhängigkeit seines Staates erlangt, doch fast ein Drittel seines Territoriums blieb in den Händen der serbischen Besatzer.

14. Kapitel

Jugoslawien à la carte

Lord Carrington und der Haager Friedensplan
September 1991 - Januar 1992

Als Lord Carrington die Aufgabe übernahm, Frieden in Jugoslawien zu schaffen, gab ihm Hans van den Broek, der Vorsitzende des EG-Rats der Außenminister, als Ziel vor, ein umfassendes Friedensabkommen „innerhalb von zwei Monaten" anzupeilen. Carrington nahm den Job unter diesen Bedingungen an. Er sagte jedoch später, van den Broeks Vorstellung, daß die Probleme der Desintegration Jugoslawiens in derart kurzer Zeit gelöst werden könnten, war „absolut lachhaft" und ein Zeichen dafür, daß „wir alle furchtbar ahnungslos waren, was für Schwierigkeiten da auf uns zukommen".

Carrington war ein sympathischer und weltmännischer englischer Aristokrat, der eine hervorragende diplomatische Karriere hinter sich hatte. Das klassenbewußte Großbritannien fand es ganz natürlich, ihn mit dem Attribut „Staatsmann" zu versehen. Er war Margaret Thatchers erster Außenminister und hatte sich die größten Verdienste erworben, als er die ehemalige britische Kolonie Rhodesien im Jahr 1980 aus dem Bürgerkrieg herausführte und unter dem Namen Simbabwe in die Unabhängigkeit entließ. Zwei Jahre danach übernahm er persönlich die Verantwortung dafür, die argentinische Invasion der Falkland-Inseln nicht verhindert zu haben. Sein Rücktritt aus jenem Amt, auf das er zeit seines Lebens hingearbeitet hatte, war für ihn eine Sache des Prinzips. Die damaligen politischen Nachrufe bezeichneten ihn als einen Mann von unantastbarer Integrität. Er war eine Amtsperiode lang NATO-Generalsekretär gewesen und hatte sich inzwischen als Vorsitzender des Londoner Auktionshauses Christie's schon teilweise aus dem öffentlichen Leben zurückgezogen. Carrington wirkte in der Jugoslawien-Krise von Anfang an wie ein Teilzeitamateur. Seinen Hauptberuf führte er weiter. Ganz in Einklang mit Hans van den Broeks naiver Überzeugung, daß die verfassungsmäßige Zukunft Jugoslawiens noch während des sechsmonatigen EG-Vorsitzes der Holländer ausgearbeitet werden könne, verbrachte Carrington seine Zeit zwischen der holländischen Hauptstadt und der vergoldeten Opulenz der Auktionssäle im Londoner West End.

Carrington setzte seine erste Sitzung in Den Haag für den 7. September an. Es war eine unerfreuliche Zusammenkunft. Er erkannte im ersten Gespräch mit Tudjman und Milošević, daß die beiden stärksten Republiken ihre Lösungsvorstellungen dem Rest von Jugoslawien gewaltsam aufzwingen würden, solange es keine international vermittelte Verfassungsübereinkunft gab:

Als ich das erste Mal mit Tudjman und Milošević sprach, war mir klar, daß sie eine Lösung parat hatten, die sie beide zufriedenstellte ... Sie wollten sich Bosnien untereinander aufteilen. Die serbischen (Gebiete) sollten an Serbien gehen, die kroatischen (Gebiete) an Kroatien. Und keiner von beiden machte sich viele Gedanken darüber, was mit den Moslems geschehen solle. Und Slowenien war ihnen eher egal.

Slowenien war *de facto* schon unabhängig, doch weder die Serben noch die Kroaten waren an den Konsequenzen übermäßig interessiert. Carrington wußte, was das hieß: Jugoslawien jetzt wieder zusammenzusetzen bedeutete inzwischen, das Stalltor zu schließen, nachdem das Pferd schon durchgegangen war. Deshalb ging er von der Annahme aus, daß Jugoslawien schon auseinandergebrochen sei. Aber er erkannte auch sehr früh die Implikationen einer sofortigen Anerkennung Sloweniens und Kroatiens. Er forderte, ihre Unabhängigkeit nicht anzuerkennen, ehe nicht eine für ganz Jugoslawien gültige Verfassungsregelung gefunden sei, die von allen Republiken akzeptiert werde. Auch wenn Carrington leicht abgehoben und nicht übermäßig engagiert wirkte: in diesem einen Punkt kam er einer Rahmenverfassung, die eine friedliche – oder weniger blutige – Auflösung Jugoslawiens ermöglicht hätte, näher als jeder seiner Nachfolger.

Carrington setzte dort fort, wo der gescheiterte Izetbegović-Gligorov-Plan aufgehört hatte: Er betrachtete die sechs Republiken als konstituierende Teile der ehemaligen Föderation und räumte jeder von ihnen so viel Souveränität ein, wie sie wünschte. Carrington bezeichnete es einmal als den Versuch, eine „Speisekarte" republiksübergreifender Institutionen zu erstellen – für Außenpolitik, wirtschaftliche Angelegenheiten, eine gemeinsame Währung, Verteidigung und so weiter. Jede Republik sollte wählen können, an welchen Institutionen sie teilnehmen möchte.

Mir schien es die richtige Lösung, daß jene, die unabhängig sein wollten, auch unabhängig sein sollten und daß sie sich an zentralen Institutionen beteiligen konnten, soweit sie wollten. Diejenigen, die nicht unabhängig sein wollten, nun, die konnten ja innerhalb des ehemaligen Jugoslawien bleiben. In anderen Worten, sie konnten es sozusagen à la carte auswählen.

Doch dieser „Haager Plan" scheiterte aus demselben Grund, aus dem schon der Izetbegović-Gligorov-Plan gescheitert war: Milošević war dagegen.

Am 4. Oktober glaubte Carrington, einen Durchbruch erzielt zu haben. Er brachte Tudjman, Milošević und den jugoslawischen Verteidigungsminister Veljko Kadijević zusammen. Sie kamen überein, die Friedenskonferenz in zwei Arbeitsgruppen zu teilen. Die erste und wichtigere der beiden sollte an der verfassungsmäßigen Zukunft des Landes arbeiten; die zweite sollte sich auf eine Beendigung der Kämpfe in Kroatien konzentrieren, die seit dem 7. September dramatisch zugenommen hatten. Bei dieser Unterredung einigten sie sich auch auf drei prinzipielle Punkte, von denen die Friedenskonferenz ausgehen sollte. Das waren:

a) Ein loser Zusammenschluß oder Bund souveräner oder unabhängiger Republiken.

b) Vorkehrungen zum Schutz der Minderheiten, Menschenrechtsgarantien und möglicherweise ein Sonderstatus für bestimmte Regionen.

c) Keine einseitigen Änderungen der Grenzen.

Es sah so aus, als hätte Milošević unter internationalem Druck schließlich eingewilligt, die Republiken und nicht die Nationalitäten als konstituierende Einheiten der jugoslawischen Föderation zu akzeptieren. Vier Tage später setzten sich die Arbeitsgruppen zusammen. Die Gruppe, die für die übergreifenden Institutionen zuständig war, sollte gemeinsame Interessengebiete eruieren, um die herum gesamtjugoslawische Institutionen errichtet werden könnten. Die Diskussion fiel sofort auf das Niveau der fruchtlosen Wortwechsel zurück, die die Gipfelgespräche der Republikspräsidenten im Frühling und Sommer bestimmt hatten. „Die slowenische Grundposition war, nur ein Minimum an gemeinsamen Institutionen zu akzeptieren", notierte das Sitzungsprotokoll. Kroatien war bereit, in vielen Bereichen zusammenzuarbeiten, doch nur auf der Ebene von Regierungsgesprächen – das hieß, nur wenn die Zusammenarbeit die Unabhängigkeit nicht einschränkte.

Beide Positionen wurden ohne Kompromißbereitschaft vorgetragen. Grundsätzlich widersprachen sie nicht Lord Carringtons Idee einer Lösung *à la carte*. Zur serbischen Position steht im Protokoll vermerkt:

Serbien konnte nicht akzeptieren, daß die Arbeitsgruppe von der Basis des kleinsten gemeinsamen Nenners (der identifizierten Interessen und institutionellen Rahmenbedingungen) ausgeht. Die Konferenz sollte versuchen, die echten gemeinsamen Interessen zu finden, die in einem gemeinsamen Staat verteidigt werden sollten. Für die Serben ist es unverzichtbar, in einem Staat zu leben und nicht in einer Anzahl von Kleinstaaten, die durch wenig mehr als zwischenstaatliche Beziehungen miteinander verbunden sind. Wenn das von den anderen Republiken nicht akzeptiert würde, wäre der richtige Weg, jene Republiken anzuerkennen, die das (die Unabhängigkeit) wünschen, nachdem die Frage der Rechtsnachfolge Jugoslawiens geklärt ist und Grenzänderungen vereinbart worden sind.

Serbien wollte, anders ausgedrückt, also nicht nur jene Teile Kroatiens (und folglich auch Bosnien-Herzegowinas) annektieren, in denen Serben die Mehrheit stellten, Serbien wollte auch als einziger legitimer Nachfolgestaat der alten Jugoslawischen Föderativen Republik anerkannt werden. Eine willkürliche Auflösung Jugoslawiens würde beide Ambitionen zunichte machen.

Carrington blieb dennoch beharrlich. Um Mitte Oktober wurde in Kroatien an allen Fronten gekämpft. Carrington geriet immer stärker unter Kritik, weil er versuchte, eine gemeinsame Basis mit jenen zu finden, die ganz offensichtlich die Zerstörung Vukovars und das Bombardement Dubrovniks angeordnet hatten. Am 16. Oktober verschickte Carrington ein ausführliches siebenseitiges Vorschlagspapier mit dem Titel *Arrangements for a General Settlement* an die Republikspräsidenten. Der Carrington-Plan geriet in Vergessenheit, weil er von den Ereignissen in Bosnien und der Intervention der Vereinten Nationen überschattet wurde. Aber für das, was er zu erreichen versuchte, gebührte ihm größere Anerkennung. Er bezeugt, wie weit der Westen und die anderen Republiken bereit waren, den serbischen Wünschen und Ängsten entgegenzukommen. Der Plan garantierte den Serben außerhalb Serbiens eine breite Skala von individuellen, kulturellen und politischen Rechten. In jenen Gebieten Kroatiens und Bosniens, in denen die Serben in der Mehrzahl waren, garantierte ihnen der Haager Plan die Verwendung ihrer eigenen Fahnen und Nationalsymbole, das Recht auf Doppelstaatsbürgerschaft (die serbische und die der Wohnsitzrepublik) und ein Erziehungssystem, das serbische „Werte und Bedürfnisse respektiert". Schließlich sollten sie ein eigenes Parlament, eine selbständige Verwaltung mit einer regionalen Polizeitruppe und ihre eigene Richterschaft erhalten.[134]

Milošević war damit nicht zufrieden. Als die Präsidenten aller Republiken am 18. Oktober wieder in Den Haag zusammentrafen, begann Carrington mit der Frage an jeden einzelnen von ihnen, ob er Absatz 1 des *Arrangement for a General Settlement* akzeptiere. Milošević sagte nein. Lord Carrington fragte nach, ob das bedeute, daß Serbien seine Position geändert habe seit dem Treffen vor zwei Wochen, bei dem Milošević den drei Grundsatzpunkten zugestimmt hatte. Milošević wiederholte lediglich, daß Serbien den ersten und entscheidenden Absatz des Haager Plans ablehne.

Was war passiert zwischen dem 4. und dem 18. Oktober, daß Milošević seine Meinung geändert hatte? Ein guter Hinweis, wie Milošević funktionierte, kam vom slowenischen Außenminister Dimitri Rupel. Dieser hatte herausgefunden, daß die größte Sorge der serbischen Delegierten gar nicht den Serben in Kroatien galt, sondern den nationalen Minderheiten innerhalb Serbiens selbst, vor allem dem Status der Albaner im Kosovo. Der Haager Plan galt für ganz Jugoslawien. Die weitreichende Autonomie, die er den Serben in Kroatien einräumte, sollte also auch für die Albaner im Kosovo gelten. Während einer Arbeitsgruppensitzung, an der alle Außenminister teilnahmen, brachte Rupel, der provozieren wollte, denn Slowenien hatte damit nichts mehr zu tun, die Kosovo-Frage aufs Tapet:

> *Das einzige, was die Serben in Den Haag wirklich interessierte, war die Kosovo-Frage. In einer Sitzung kam das Problem der serbischen Minderheit in Kroatien zur Sprache – damals sprachen wir nur über Kroatien – und wie schmerzlich es für die Serben ist, unter kroatischer Herrschaft zu leben. Darauf sagte ich, wir sollten gleiche Rechte für alle Minderheiten in unser Abkommen schreiben, auch für die Albaner. Jovanović (der serbische Außenminister) wurde wirklich zornig. Das hätte ich besser nicht sagen sollen, denn das war das Ende unserer Freundschaft.*

Milošević war an die Macht gelangt, indem er die Not der Serben im Kosovo ausschlachtete. Er hatte sich an der Macht gehalten, indem er den Staat zentralisierte und die Autonomie abschaffte, die der Provinz Kosovo durch die Verfassung von 1974 eingeräumt worden war. Indem der Carrington-Plan den Kosovo-Albanern dieselben Minderheitenrechte einräumen wollte wie den Serben in Kroatien, rüttelte er an den Fundamenten von Miloševićs Machtgefüge. Das konnte er nicht akzeptieren, und wohl wissend, daß seiner Republik dadurch zunehmende internationale Isolation drohte, widersetzte er sich als einziger Lord Carringtons Entwurf.

Er hatte allerdings nicht damit gerechnet, der einzige zu sein. Er hatte sich auf die sklavische Gefolgschaft von Serbiens Verbündetem Montenegro verlassen. Die eigentliche Überraschung der Sitzung am 18. Oktober war die Position von Momir Bulatović, dem Präsidenten von Montenegro. Die Sitzung begann mit einstündiger Verspätung, weil Bulatović zu spät nach Den Haag kam: Er hatte noch an einer Nachtsitzung des montenegrinischen Parlaments teilgenommen, in der man den Carrington-Plan diskutierte. Das Parlament hatte beschlossen, keine Stellungnahme zum Plan abzugeben und die Entscheidung Präsident Bulatović persönlich zu überlassen. Als er schließlich am Wort war, gingen alle – auch Carrington und Milošević – davon aus, daß Bulatović die serbische Linie vertreten würde: Montenegro war kaum mehr als ein Satellit Serbiens, seit Milošević mit seiner „antibürokratischen Revolution" Bulatović und sein belgradfreundliches Regime installiert hatte. Statt dessen ließ Bulatović eine politische Bombe hochgehen. Er sagte schlicht: „Ich akzeptiere den ersten Teil des Haager Entwurfs."

Der Anspruch von Milošević, daß die Serben den legitimen Nachfolgestaat Ex-Jugoslawiens bildeten, beruhte auf der Annahme, daß ein Rumpfjugoslawien die Abspaltung jener Republiken, die lieber unabhängig sein wollten, überleben könne. Die Frage der Loyalität Montenegros hatte sich ihm nicht gestellt, weil die dortige öffentliche Meinung bekanntermaßen stark pro Milošević war. Ohne Montenegro konnte Serbien aber seinen Anspruch nicht aufrechterhalten, einziger legitimer Nachfolgestaat zu sein; es konnte kein Rumpfjugoslawien geben, wenn nicht mindestens eine zweite Republik daran teilnahm. Die Rebellion des jungen Präsidenten Bulatović trieb Milošević in die Isolation. Er war fassungslos und wütend auf Bulatović; die anderen Präsidenten rund um den Verhandlungstisch waren angenehm überrascht. Bulatović sagte, der Carrington-Plan biete die besten Aussichten auf ein Ende des Krieges und auf die Wiederherstellung des ramponierten internationalen Rufs seiner Republik:

Wir hielten den Plan für ausreichend. Wir sahen unsere eigenen Interessen vertreten und diejenigen der anderen ebenso. Er bot eine gute Möglichkeit, den Krieg zu beenden, den wir in Montenegro stark spürten, da zehn Prozent unserer Bevölkerung mobilisiert worden waren. Ich stand unter enormem Druck. Während eines Besuchs in den Vereinigten Staaten hatte man mich wie einen Wilden behandelt – wer ist dieser Mensch, dessen Staatsbürger Dubrovnik angreifen und zerstören? Wir haben Dubrovnik nie gebraucht, und wir durften wirklich nicht länger zulassen, daß unsere Leute sinnlos sterben, daß Montenegro international zum Außenseiter wird und daß wir gleichzeitig in ein militärisches Fiasko laufen.

Tatsächlich war Bulatović durch die Zusage von EG-Geldern von Belgrad weggeködert worden. Der italienische Außenminister Gianni de Michelis hatte den kroatischen Vertreter im jugoslawischen Staatspräsidium, Stipe Mesić, einmal gefragt, wie man Montenegro aus seiner Loyalität zu Belgrad herauslocken könne. „Kauft sie! Kauft sie!", begeisterte sich Mesić. „Sie werden nicht viel kosten – sie haben ja nichts dort unten." De Michelis hatte daraufhin mit Bulatović ein Entwicklungspaket der Europäischen Gemeinschaft in der Höhe von mehreren Millionen Dollar diskutiert. Beim gemeinsamen Mittagessen am 18. Oktober saß De Michelis zwischen Milošević und Bulatović. Milošević spricht ausgezeichnet englisch. Aber Bulatović spricht italienisch. De Michelis erzählte:

Vor Konferenzbeginn bat ich Bulatović um eine kurze Unterredung. Wir unterhielten uns, und ich bestand darauf, daß Montenegro eine eigenständige Position beziehen muß. Bulatović sagte, er habe Interesse und werde das tun. So geschah es dann auch. Er sagte, Montenegro sei am Frieden interessiert ... und darüber hinaus war er sehr interessiert am Aufbau von Wirtschaftsbeziehungen mit der EG. Er sah Italien als Montenegros natürlichen Weg nach Europa. Zu dieser Zeit gab es Verhandlungen über ein Kooperationsprogramm zwischen Italien und Montenegro. Es ging um 30 bis 40 Milliarden Lire in verschiedenen Projekten. Für Montenegro mit seinen 600.000 Einwohnern ist das ein wichtiges Programm.

Carrington wurde von mehreren Seiten gewarnt, keinen allzu großen Wert auf Bulatovićs Rebellion gegen Milošević zu legen. „Dafür werden sie ihm die Kehle durchschneiden", kommentierte jemand in der Halle. Henri Wijnaendts, der niederländische Botschafter in Frankreich, der als Berater Carringtons fungierte, berichtete später, er habe mit Milošević ein Gespräch auf der Herrentoilette gehabt. Milošević habe Bulatovićs Aufstand verächtlich abgetan. „Bulatović", sagte er zu Wijnaendts, „wird nicht lange Präsident von Montenegro bleiben."[135]

Am nächsten Tag geriet Bulatović unter schwere politische Artillerie. Die Presse in Belgrad bezichtigte ihn des Verrats – eine Warnung, daß Milošević auch seinen montenegrinischen Brüdern gegenüber erbarmungslos war. Die öffentliche Meinung in Montenegro, soweit sie sich erheben ließ, schien sich drastisch gegen Bulatović zu kehren. In Podgorica (Hauptstadt; ehemals Titograd) kam es zu Demonstrationen. Milošević zog wieder an den Fäden seiner „antibürokratischen Revolution". Bulatović wurde nach Belgrad zitiert. In einer Reihe von Gesprächen sollte sein Widerstandsgeist gebrochen werden.

Eine Welle von enormen Attacken brach über mich herein, nachdem ich dem Haager Plan zugestimmt hatte. Es gab eine Reihe unangenehmer Sitzungen in Belgrad. Die gesamte Belgrader Presse stempelte mich zum Verräter. Und einige (Verbündete von Milošević) fragten mich geradeheraus, ob ich ein Spion sei, ob ich von einer ausländischen Macht Geld angenommen hätte. Die nächsten Tage waren explosiv. Die Medien sagten, ich hätte Milošević den Dolch in den Rücken gestoßen.

Bulatović wurde schließlich gezwungen, eine Volksabstimmung zum Thema abzuhalten. Er wußte, daß er verlieren würde. Der Druck Serbiens hätte ihn sicher den Job, vielleicht sogar das Leben gekostet, wenn er sich weiter widersetzt hätte. Montenegro brachte zusammen mit Serbien einen Änderungsantrag zum Haager Dokument ein, laut dem jene Gebiete, die sich nicht für unabhängig erklärten, den legitimen Nachfolgestaat Jugoslawiens bilden sollten. Am 30. Oktober schickten Serbien und Montenegro diesen Antrag nach Den Haag und bestanden darauf, daß eine Klausel in den ersten Absatz des Dokuments aufgenommen werden müsse, nach der die Föderative Republik Jugoslawien weiter existiert und sich aus jenen Gebieten zusammensetzt, die keine Sezession anstreben. Der serbisch-montenegrinische Änderungsantrag war nicht weniger als eine Ablehnung, die noch verstärkt wurde durch das Ergebnis der Volksabstimmung in Montenegro Ende Oktober. Auf die Frage, ob Montenegro bei Jugoslawien bleiben sollte, hatte die überwiegende Mehrheit mit Ja gestimmt.

Carrington bezeichnete den Änderungsantrag als völlig unakzeptabel. Er erkannte darin den kaum verhohlenen Wunsch von Milošević, sich die serbisch besiedelten Gebiete in Kroatien und Bosnien einzuverleiben.

Ich glaube, der Kern war wie üblich der, daß Milošević entschieden hatte, Großserbien sei das Wichtigste, und wenn er Absatz eins in seiner damaligen Form zugestimmt hätte, wäre nicht nur Kroatien unabhängig geworden, sondern auch Bosnien, falls es dies gewünscht hätte. Deshalb lehnte er ab. Sonst kann ich keinen Grund erkennen, denn seine Argumente zur Beibehaltung Jugoslawiens ergaben alle keinen Sinn.

Der Friedensprozeß kam nie über diesen fundamentalen Stolperstein hinaus. Allmählich wandte sich die internationale öffentliche Meinung gegen Serbien. Obwohl Milošević noch nicht als Anstifter und Lenker des Krieges betrachtet wurde, sah man in ihm doch das Haupthindernis für den Frieden. Am 8. November empfahl ein EG-Gipfel in Rom, ein Öl- und Handelsembargo gegen Serbien zu verhängen. Die Außenminister versuchten, wie üblich, gerecht zu sein: Die Sanktionen sollten gegen das ganze Land und alle Konfliktparteien verhängt werden. Sie wurden aber für alle Republiken mit Ausnahme Serbiens und Montenegros bald wieder aufgehoben. Um Ende November herum fand der Friedensprozeß – ausgelöst durch die internationale Unzufriedenheit mit Lord Carringtons Verhandlungsfortschritten – bereits auf mehreren Ebenen statt. Milošević konnte das nur recht sein: Cyrus Vance kam als Friedensvermittler im Auftrag der UNO in die Arena. Generalsekretär Boutros Boutros-Ghali, der seine Ungeduld und Verärgerung über die EG-Vermittlungen nicht länger verbergen konnte, hatte ihn persönlich ernannt. Der frühere US-Außenminister Vance sagte zu, parallel zu Carrington und nicht gegen ihn zu arbeiten. Aber Vance verfügte über etwas, das Carrington nicht anzubieten hatte – UNO-Friedenstruppen.

Kroatien hatte fast von Anfang an um die Stationierung internationaler Truppen ersucht und hätte die Blauhelme gerne entlang der Grenze zu Serbien und Bosnien stationiert gehabt. Serbien spielte, wie immer, ein doppeltes Spiel. Nach außen hin lehnten Milošević und seine Getreuen jede ausländische Einmischung in jugoslawische innere Angelegenheiten, wie sie sagten, ab. Privat erkannten sie, daß eine Stationierung internationaler Truppenkontingente zu ihrem Vorteil sein könnte. Es kam nur auf den richtigen Augenblick an. Sie hießen Cyrus Vance jedenfalls in Belgrad willkommen, und im November wechselte das Schwergewicht der internationalen Friedensbemühungen von der EG zur UNO.

Ende November war der richtige Augenblick gekommen. Das

Kalkül von Milošević beruhte auf zwei Annahmen: Die Jugoslawische Volksarmee hatte die meisten militärischen Ziele in Kroatien erreicht, und die internationale Anerkennung Kroatiens schien nur noch eine Frage von Wochen zu sein. Borisav Jović bestätigt dies:

Zu diesem Zeitpunkt hatten wir den Krieg in Kroatien unter Kontrolle. Das heißt, wir hatten alle serbischen Territorien unter Kontrolle, mit Ausnahme von Mittelslawonien. Slobodan und ich beschlossen nach vielen Gesprächen, jetzt ist die Zeit, die UNO-Truppen nach Kroatien zu holen, um die Serben zu schützen. Wir erkannten die Gefahr: Wenn Kroatien erst einmal anerkannt ist – uns war klar, daß das geschehen wird –, würde die Volksarmee als fremde Invasionsarmee in einem Nachbarstaat betrachtet werden. Daher mußten wir die UNO-Truppen rechtzeitig bekommen, um die Serben zu schützen.

Die internationalen Vermittlungen verliefen nun in drei entscheidende Richtungen: Lord Carringtons Haager Konferenz, an der formell immer noch alle Republiken teilnahmen und die sich um eine umfassende Lösung für alle Landesteile bemühte; Cyrus Vance und sein Plan der Truppenstationierung in Kroatien, der eine von der UNO vermittelte Lösung für Kroatien allein vorsah und die anderen Republiken nicht beinhaltete; und die dritte Richtung, die von einem neuen und zunehmend selbstbewußten Spieler auf der internationalen Bühne vorgegeben wurde – dem unlängst wiedervereinigten Deutschland unter Bundeskanzler Helmut Kohl. Das war, um Lord Carringtons Metapher zu leihen, internationale Vermittlung *à la carte*. Jede Konfliktpartei konnte nun aus einer „Speisekarte" der Friedensprozesse wählen. Bosnien und Mazedonien vertrauten weiterhin auf Lord Carrington, Serbien setzte auf Cyrus Vance, und Kroatien wandte sich an den alten Verbündeten Deutschland.

Im Dezember beschleunigte sich der Lauf der Dinge. Tudjman reiste nach Bonn und kam mit Bundeskanzler Kohl und dem deutschen Außenminister Hans-Dietrich Genscher zusammen. Die öffentliche Meinung in Deutschland war von Anfang an prononciert antiserbisch gewesen. In den deutschen Medien beherrschte der Jugoslawien-Konflikt die Schlagzeilen. Deutschland betrachtete sich als jenes europäische Land mit den stärksten Beziehungen zu Jugoslawien. Es gab eine große Zahl von Gastarbeitern, und die kroatischen Interessenverbände waren besonders in Süddeutschland sehr stark. Als Tudjman nach Zagreb zurückkehrte, war er überzeugt, daß Deutschland Kroatiens Retter sein würde. Im kroatischen Fernsehen sagte er, daß Deutschland „entschlossen zu seiner Entscheidung steht, Kroatiens Unabhängigkeit anzuerkennen".[136]

Zwei Tage später trug die Arbeit von Cyrus Vance in Belgrad erste Früchte. Er verlautbarte, daß die Kriegsparteien eine grundsätzliche Einigung über die Stationierung von UNO-Truppen erreicht hätten. Bestärkt durch die Zusicherung baldiger Anerkennung hatte Kroatien auf die Forderung verzichtet, daß die UNO-Truppen entlang der Republiksgrenzen stationiert werden müßten; Serbien hatte seinen „Widerstand" gegen ausländische Intervention aufgegeben. Beide Seiten hatten sich mit Vances Konzept der „Tintenklecks"-Stationierung einverstanden erklärt – die Truppen noch zu bestimmende, umstrittene Gebiete kontrollieren zu lassen. Milošević rechnete damit, daß ein von der UNO vermittelter Waffenstillstand die bestehenden Konfrontationslinien festfrieren würde, die sich im Laufe der Zeit *de facto* zu neuen internationalen Grenzen entwickeln würden. Vorher mußte er allerdings noch die Serben in Kroatien davon überzeugen.

* * *

Deutschland hatte seit der Haager Konferenz gezielt auf die Anerkennung Sloweniens und Kroatiens hingearbeitet. Das schürte serbische Ängste über neue Ambitionen Deutschlands in der Region. Veljko Kadijević, Branko Kostić und Borisav Jović redeten alle drohend von der Auferstehung eines Vierten Reichs und einem neuen deutschen „Drang nach Osten". Es gibt allerdings keine Hinweise, daß der leidenschaftslose und berechnendere Milošević diese Ängste teilte. Aber er wußte sie zu benutzen, wenn es seinen Zielen förderlich war.

Ende November hatten die Zerstörung von Vukovar, die Vertreibung einer halben Million Kroaten und 230.000 Serben aus ihren Häusern und Wohnungen, die Besetzung eines knappen Drittels kroatischen Bodens durch serbische Freischärler und die Volksarmee sowie die sinnlose Belagerung und das unerbittliche Bombardement von Dubrovnik die öffentliche Meinung in Deutschland zum Überkochen gebracht. Bonn betrachtete Lord Carringtons Friedensbemühungen, die wegen der Unnachgiebigkeit von Milošević über einen Monat lang nicht vom Fleck kamen, bloß noch als Vorwand für weitere Inaktivität. Das Waffenembargo, das der UNO-Sicherheitsrat (in einer Resolution vom 26. September 1991) gegen alle jugoslawischen Republiken verhängt hatte, half den Serben, ihr ungeheures militärisches Übergewicht zu bewahren. (Bosnien litt unter den Auswirkungen dieser Resolution noch stärker als Kroatien.) Während andere Länder, besonders Großbritannien und die Vereinigten Staaten, argumentierten, daß eine frühzeitige Anerkennung den Friedensprozeß zum Scheitern bringen werde, vertrat Bonn den Standpunkt, daß die Verhandlungen – durch Belgrad – bereits zum Scheitern gebracht worden waren. Genscher war überzeugt, daß die Anerkennung Belgrads militärischen Vormarsch in Kroatien stoppen würde und daß Milošević an den Friedensverhandlungen nur teilnahm, um Zeit zur Beendigung seiner militärischen Vorhaben zu gewinnen. Genscher stand auch drei Jahre danach dazu:

Da war von Anfang an der deutliche Eindruck, daß man die Verhandlungen eigentlich nur benutzen wollte, um durch den Krieg weitere Positionen auszubauen. Sehr bald entstand der Eindruck, daß die Serben auf Zeitgewinn arbeiteten ... die serbische Führung war es, die auf Zeitgewinn arbeitete, um den Krieg fortsetzen zu können und ihre Kriegsziele zu erreichen. Es wurde immer klarer, daß ein weiteres Hinausschieben der Anerkennung die Fortsetzung des Krieges bedeutet hätte.

Deutschland beschloß, die Angelegenheit bei der nächsten Tagung der EG-Außenminister, die am 15. und 16. Dezember 1991 in Brüssel stattfand, durchzuziehen. Genscher machte klar, daß Deutschland vorpreschen und einseitig anerkennen würde, wenn die restlichen EG-Länder nicht mitziehen. Das war nicht ganz im Geist von Maastricht. Großbritannien widersetzte sich der Anerkennung entschieden. Der Niederländer Hans van den Broek hatte während seiner Amtszeit als Vorsitzender des Ministerrats einen guten Einblick in die Komplexitäten des jugoslawischen Konflikts gewonnen. Auch er glaubte, eine Anerkennung würde schlimme Folgen haben. Aber weder Großbritannien noch die Niederlande hielten den Friedensprozeß für wichtiger als die Einheit innerhalb der EG. Sich gegen Deutschland zu stellen hätte die zarten Hoffnungen zunichte gemacht, die die EG in den Aufbau einer gemeinsamen Sicherheits-, Verteidigungs- und Außenpolitik setzte. Sehr zu Lord Carringtons Verwunderung und Verärgerung entsandte Großbritannien nicht einmal seinen Außenminister Douglas Hurd zu der Tagung. Statt ihm kam sein Stellvertreter Douglas Hogg, ein Zeichen, daß Großbritannien bestenfalls zu symbolischem Widerstand bereit war.

Lord Carrington nahm auch an der Außenministertagung teil. Er warnte, daß eine Anerkennung zu diesem Zeitpunkt den Friedensprozeß „torpedieren" werde. Absatz eins seines Entwurfs für ein *General Settlement* stellte jeder Republik, die dies wünschte, Unabhängigkeit und Anerkennung in Aussicht, aber erst nachdem eine umfassende Lösung gefunden war, erst nachdem die abtrünnigen Republiken ihr Verhältnis zu den verbleibenden Republiken geklärt hatten. Carrington erläuterte den Außenministern, daß im Fall der Anerkennung eine Fortsetzung der Friedensverhandlungen unmöglich sei.

Ich sagte sehr deutlich, daß meiner Meinung nach der Zeitpunkt falsch gewählt war. Ich hob hervor, daß frühzeitige Anerkennung die Konferenz torpedieren würde. Die Konferenz dann noch fortzusetzen sei ausgeschlossen, weil es sinnlos wäre. (Ich sagte), wenn sie Slowenien und Kroatien anerkannt hätten, dann müßten sie auch alle anderen fragen, ob sie unabhängig sein wollten. Und wenn sie die Bosnier fragen, ob sie unabhängig sein wollten, müßten diese unweigerlich mit Ja antworten, und das würde Bürgerkrieg (in Bosnien) bedeuten. Ich habe das in aller Deutlichkeit gesagt.

Die Sitzung, auf der Deutschland die anderen elf mehr oder weniger willigen EG-Mitglieder zur Anerkennung drängte, dauerte fast die ganze Nacht. Am Ende kam ein Kompromiß zustande, der Lord Carringtons Friedensinitiative und die sorgfältig ausgearbeiteten juristischen EG-Pläne für einen Anerkennungsprozeß zunichte machte. In den frühen Morgenstunden des 17. Dezember beugten sich die elf dem deutschen Quasi-Ultimatum und forderten alle jugoslawischen Republiken, die eine Anerkennung wünschten, auf, dies während der darauffolgenden Woche kundzutun. Die Anträge hatten bis zum 24. Dezember eingebracht zu sein und sollten dann von einer fünfköpfigen Schiedskommission, deren Vorsitzender der französische Richter Robert Badinter war, beurteilt werden. Die Badinter-Kommission war schon im November eingesetzt worden, um die EG-Richtlinien für eine Anerkennung auszuarbeiten. Die Ergebnisse der Kommission sollten am 15. Januar 1992 bekanntgegeben werden.

Selbst dieser Kompromiß war Genscher nicht ausreichend. Es war keineswegs sicher, daß Kroatien die Kriterien der Badinter-Kommission, zu denen adäquater Schutz der Minderheiten und Kontrolle über die eigenen Grenzen zählten, würde erfüllen können. Genscher machte klar, daß sich Deutschland durch die Ergebnisse der Badinter-Kommission nicht als gebunden betrachtete und ungeachtet des Resultats einseitig anerkennen würde. Er wollte die Unabhängigkeit Kroatiens bis

Weihnachten zum *fait accompli* machen. Um das zu erreichen, fuhr er mit dem Stellwagen durch Carringtons Friedensprozeß, und die Erwägungen der Badinter-Kommission hatten für ihn kaum mehr als einen akademischen Wert. In Kroatien eroberte ein Schlager mit dem Titel *„Danke, Deutschland"* die Hitparade, in der dalmatinischen Hafenstadt Split änderte ein beliebtes Kaffeehaus an der alten Hafenpromenade seinen Namen in *Café Genscher.* Kanzler Kohl erklärte die Anerkennung zu einem „großen außenpolitischen Triumph" Deutschlands. Und Lord Carrington war wütend:

Mir schien, daß es danach keinen Sinn mehr machte, die Konferenz noch fortzusetzen. Wenn bereits zwei Republiken unabhängig waren, hatten sie kein Interesse mehr an der Weiterführung, und ich glaube, die Serben waren auch nicht besonders interessiert. Unser einziges Zuckerbrot, irgend jemanden zu irgend etwas zu bewegen, war letztlich die Anerkennung ihrer Unabhängigkeit. Einen anderen Anreiz gab es nicht. Dieses Zuckerbrot wurde einfach weggeworfen.

Zwei Tage nach seiner Niederlage machte sich Carrington wieder auf den Weg und besuchte die wichtigsten Republikhauptstädte. Bosnien hatte beharrlich vor der frühzeitigen Anerkennung Sloweniens und Kroatiens gewarnt und befand sich jetzt in der Situation, die es am allerwenigsten wollte. Bosnien konnte sich jetzt entweder Slowenien und Kroatien auf dem Weg in die Unabhängigkeit anschließen und damit einen Bürgerkrieg mit seiner eigenen serbischen Volksgruppe provozieren, oder es konnte innerhalb eines serbisch dominierten Rumpfjugoslawien bleiben und schlußendlich dasselbe Schicksal erleiden wie Kosovo, Vojvodina und Montenegro, die unter der totalen Kontrolle Belgrads standen.

Vier Republiken stellten den Antrag – Slowenien, Kroatien, Mazedonien und Bosnien-Herzegowina. Als die Badinter-Kommission im neuen Jahr ihren Bericht vorlegte, konnte Kroatien die geforderten Bedingungen nicht erfüllen. Die Kommission empfahl, nur Slowenien und Mazedonien anzuerkennen. Die EG ignorierte diese Empfehlung. Kroatien erhielt seine Unabhängigkeit, Mazedonien nicht. Griechenland hatte ein Veto gegen die Anerkennung seiner Nachbarrepublik mit der Begründung eingelegt, der Name Mazedonien impliziere Gebietsansprüche auf die nördlichste griechische Provinz, die denselben Namen trägt. So endete das erste stolze Experiment einer gemeinsamen EG-Außenpolitik in völligem Durcheinander. Die sorgfältig formulierten juristischen und diplomatischen Feinheiten der Gemeinschaft wurden in althergebrachter Weise dem politischen Kalkül geopfert.

Die Vereinigten Staaten schlossen sich der Anerkennungsinitiative der EG nicht an. Die beiden wichtigsten außenpolitischen Strategen von Präsident Bush, Brent Scowcroft und Lawrence Eagleburger, bedauerten später, Deutschland nicht gebremst zu haben. Doch nach seiner ergebnislosen Mission nach Belgrad ein halbes Jahr zuvor hatte Außenminister James Baker die Sache zu einer Angelegenheit der Europäer erklärt, die sich dieser Herausforderung ohnehin mit Enthusiasmus und naivem Optimismus stellten. Scowcroft erzählt:

Eagleburger und ich machten uns hier die meisten Sorgen über Jugoslawien. Der Präsident und Baker standen am weitesten auf der anderen Seite. Baker sagte öfter: „Wir haben keinen Kampfhund in dieser Arena." Der Präsident fragte mich etwa einmal pro Woche: „Erklär mir noch einmal, was dort eigentlich los ist" ... Wir taten unser Bestes, um die Anerkennung von Kroatien und Slowenien zu verhindern. Die Briten und die Franzosen waren auch dagegen, aber die Deutschen setzten sich zum ersten Mal wirklich durch innerhalb der Gemeinschaft. Die Franzosen unterstützten uns sehr, aber am Ende stand der Zusammenhalt der Gemeinschaft im Vordergrund.

* * *

Milošević war mit der Stationierung von UNO-Truppen in Kroatien einverstanden, weil ihm das bei der Konsolidierung seiner militärischen Gewinne in Kroatien nützlich war. Jetzt stand er plötzlich vor einer unerwarteten Schwierigkeit – die Führung der Krajina-Serben rebellierte dagegen. Er selbst hatte diese Führungscrew aufgebaut und unterstützt, und nun, als es das erste Mal darauf ankam, verweigerte sie ihm die Gefolgschaft.

Der Vance-Plan, der während der letzten paar Wochen des Jahres 1991 enthüllt wurde, sah die Gründung von drei sogenannten UNO-Schutzzonen – UNPAs (United Nations Protected Areas) – vor. Diese sollten sich in etwa mit jenen Gebieten decken, welche die Serben und/oder die Volksarmee besetzt hielten. Mehr als zehntausend Soldaten sollten in den UNPAs stationiert werden, um die dort ansässige Bevölkerung zu schützen. Im Gegenzug sollte sich die Volksarmee vollständig aus Kroatien zurückziehen, die serbischen Freischärlerverbände sollten aufgelöst und entwaffnet werden. Die Krajina-Serben sollten ihre Waffen entweder an die Volksarmee abliefern oder, falls sie das bevorzugten, der UNO-Truppe zur intakten Aufbewahrung innerhalb der UNPAs übergeben. Beide Seiten sollten einen Waffenstillstand unterzeichnen, der in der Praxis die bestehenden Frontlinien festfrieren würde. Die UNO-Schutztruppe – UNPROFOR (United Nations Protection Force) genannt – sollte demnach eine „dünne blaue Linie" bilden, welche die serbisch besetzten Gebiete vom Rest Kroatiens trennte. Der Plan sah auch die Rückkehr aller Flüchtlinge in ihre Wohnungen und Häuser vor.

Milan Babić, der Anführer der Krajina-Serben, war von Anfang an dagegen. Das brachte ihn in offenen Konflikt mit Milošević. Für Babić hatte der ganze Krieg stattgefunden, um den Krajina-Serben zu ermöglichen, weiterhin bei Jugoslawien zu bleiben. Die Volksarmee war das einzige sichtbare Symbol und ein mächtiger Garant der jugoslawischen Souveränität in der Krajina. Ein Abzug der Volksarmee kam ihm einer Preisgabe seines wichtigsten Kriegsziels gleich. In den Gehirnen der serbischen Nationalisten hatte sich die Idee festgesetzt, das historische Schicksal des serbischen Kriegervolkes sei es, „den Krieg zu gewinnen und den Frieden zu verlieren" (nach dem Nationalschriftsteller und späteren Präsidenten Rumpfjugoslawiens Dobrica Ćosić). Babić lamentierte, daß Milošević den Krajina-Serben eine Wiederholung dieses Musters aufzwingen wolle.

Ende Januar beschloß Milošević, Babić zu brechen. Babić wurde zu einer Sitzung nach Belgrad zitiert, bei der er mit dem jugoslawischen Staatspräsidium (inzwischen nur noch aus treuen Milošević-Anhängern zusammengesetzt), dem Oberkommando der Volksarmee und der Führung der bosnischen Serben zusammentraf. Zuerst versuchten sie ihm Vertrauen einzuflößen. Borisav Jović, der Vertreter Serbiens im rumpfjugoslawischen Staatspräsidium, gab Babić die Garantie, daß die Volksarmee im Falle eines kroatischen Angriffs sofort wieder ihre Stellungen in der Krajina beziehen werde. Das Staatspräsidium verabschiedete den dazu nötigen Beschluß.

Babić ließ sich nicht umstimmen. Er wandte ein, daß die Krajina-Serben keinen direkten Landweg nach Serbien mehr besäßen, wenn Bosnien-Herzegowina die Unabhängigkeit erklärte, wie die bosnische Regierung kurz zuvor angekündigt hatte. Unter diesen Umständen sei die Garantie des Schutzes durch die Volksarmee wertlos, wenn die Armee nicht in der Krajina stationiert bleibe. An diesem Tag tauchte zum ersten Mal die Frage des Nordkorridors auf, der später im Bosnien-Krieg die strategische Planung und häufig auch das Kampfgeschehen dominieren sollte. Jović dazu:

Die Krajina-Serben fürchteten die Unabhängigkeit Bosnien-Herzegowinas, weil sie dann von Jugoslawien völlig abgeschnitten wären und die Kroaten sie neuerlich angreifen könnten. Aber wir sagten ihnen, die bosnischen Serben hätten dieselben Pläne wie sie. Deshalb würden sie nie abgeschnitten werden, und es würde immer einen Korridor geben.

Zwei Anführer der bosnischen Serben, Radovan Karadžić und Biljana Plavšić, wurden herbeigeholt, um Babić zu versichern, daß sie nicht beabsichtigten, das, was sie ihre serbischen Territorien in Bosnien nannten, aus Jugoslawien austreten zu lassen. Wenn Bosnien die Unabhängigkeit erklärt, würden sie dem Beispiel von Babić folgen und einen Krieg beginnen, um Bosniens Grenzen neu zu ziehen. Die Serben waren die stärkste Volksgruppe in der nordbosnischen Stadt Banja Luka. Sie waren vom Korridor ebenso abhängig wie die Krajina-Serben. Die Rolle der bosnischen Serbenführer beim Umdrehen von Babić beweist jedenfalls, daß Bosnien zu diesem Zeitpunkt bereits einen festen Platz im strategischen Denken Belgrads hatte, das neue Grenzziehungen für ein größeres Serbien vorsah.

Die Sitzung schleppte sich über siebzig Stunden, und Babić mußte ohne Pause und fast die meiste Zeit anwesend sein. Seine Gefolgsleute bezichtigten die Milošević-Leute, die alte Technik des Schlafentzugs anzuwenden, um Babić weichzuklopfen. Nach einer kurzen Unterbrechung ließ Babić einmal die mächtigsten Männer Serbiens zwei Stunden auf sich warten. Als er schließlich zurückkam, hatte der Chef des Stabes der Volksarmee, General Blagoje Adžić, einen Wutausbruch. Die Nerven begannen langsam auszufransen. Branko Kostić, der Präsident Rumpfjugoslawiens, leitete die Sitzung. Er beschrieb die Szene so:

Der Religionsminister von Babić – ich erinnere mich nicht an seinen Namen, aber er hatte einen langen Bart – sagte zu Adžić (der ihn aus irgendeinem Grund nicht ausstehen konnte): „Halten Sie den Mund! Herr Babić ist ein Präsident und kann kommen, wann es ihm paßt.“ Adžić ist zwei Meter groß und wiegt gut hundert Kilogramm. Er fuhr aus seinem Stuhl hoch und sagte zu dem kleinen Religionsminister, der nur aus seinem Bart zu bestehen schien: „Halt das Maul, oder ich erwürge dich!“ Der Religionsminister antwortete: „Gut, kommen Sie und erwürgen Sie mich.“ Adžić wollte sich auf ihn stürzen und mußte zurückgehalten werden. An diesem Punkt dachte ich, es wäre klug, eine Sitzungsunterbrechung zu verordnen.

Als nächstes versuchte es Jović mit Einschüchterung. Er sagte zu Babić: „Wenn du nicht einwilligst, sind wir gezwungen, dich loszuwerden." Babić wußte, daß der jugoslawische Geheimdienst über einen gelegentlichen taktischen Mord nicht erhaben war. Der Gedanke durchfuhr ihn – mit gutem Grund –, daß ihn seine Aufsässigkeit gegen Milošević das Leben kosten könnte. „Wie meint ihr das?" fragte der – laut Jović – bleich gewordene Babić. „Ach, mach dir keine Sorgen", gab Jović zurück, „wir werden das legal erledigen – durch das Parlament."

Wo Überzeugung und Einschüchterung nichts mehr ausrichteten, führte die Kombination aus politischer Hinterlist und offenem Zwang doch noch zum Erfolg. Die Gruppe von Milošević arbeitete an der Spaltung der Krajina-Serben. Babić hatte nur seine loyalsten Minister nach Belgrad mitgebracht. Milan Martić – der Polizeichef und Oberkommandierende der Krajina-Streitmacht – war für sein Naheverhältnis zur Volksarmee bekannt. Auch Mile Paspalj, der Sprecher des Krajina-Parlaments, war loyal gegenüber Belgrad. Hinter dem Rücken von Babić sagte er zu Jović, daß er den Plan unterstütze. Mitte Februar erhielt er den Auftrag, eine Parlamentssitzung einzuberufen. Entscheidend war, die Sitzung nicht in Knin, der Hochburg von Babić, zu versammeln, sondern in Glina. Einheiten der Volksarmee riegelten die Zufahrtsstraßen zur Stadt ab. Babić weigerte sich, die Legitimität dieser Sitzung anzuerkennen, und erschien nicht. Das Parlament beschloß, Milan Babić abzusetzen, und wählte an seiner Stelle Goran Hadžić, den SDS-Sekretär des Bezirks Vukovar. Das Parlament nahm auch den Vance-Plan an.

Babić erklärte die Sitzung für ungültig. Aber es war zu spät. Er war erfolgreich ausgebootet worden und hatte die Unterstützung seines mächtigen Mentors in Belgrad vorübergehend verloren. Milošević prangerte Babić in einem offenen Brief an, den er im Massenblatt *Večernji Novosti* abdrucken ließ. Es war eine schneidende Attacke gegen seinen früheren Verbündeten und die erste von vielen Gelegenheiten, bei denen Milošević das Mittel der öffentlichen Verurteilung dazu benutzte, Kontrahenten fertigzumachen, die es gewagt hatten, ihn herauszufordern.

Als alle Hindernisse aus dem Weg waren, empfahl Cyrus Vance dem UNO-Generalsekretär am 12. Februar, 12.000 Soldaten zur

Friedenserhaltung zu stationieren. Zwei Tage später bekräftigte die Resolution Nr. 743 des UNO-Sicherheitsrates den Beschluß, die zweitgrößte Friedenstruppe, die jemals aufgestellt worden war, für vorerst ein Jahr zu entsenden. Der Auftrag lautete, den Waffenstillstand zu beaufsichtigen, mit der Entwaffnung der serbischen Milizen zu beginnen und den Abzug der Volksarmee zu kontrollieren. Am 8. März begann die Stationierung von Soldaten aus mehr als dreißig Ländern in vier Sektoren Kroatiens. General Satish Nambiar aus Indien hatte das Oberkommando. Aus Gründen, die damals schon haarsträubend schienen, richtete er sein operatives Hauptquartier mitten im Auge des nächsten Taifuns ein – in Sarajevo. Innerhalb weniger als eines Monats brach der Sturm in Bosnien los.

Vierter Teil: Bosnien

15. Kapitel

Vor der Sintflut

Juli 1990 – März 1992

Bosnien-Herzegowinas Weg in den Krieg war eine langsame Prozession der Verlorenen, die schneller wurde, als der Krieg im benachbarten Kroatien ausbrach, und die nach Kroatiens Anerkennung durch die Europäische Gemeinschaft im Januar 1992 nicht mehr zu stoppen war. Präsident Alija Izetbegović stand vor einer unangenehmen Wahl – entweder die Unabhängigkeit oder der Verbleib in einem serbisch dominierten Restjugoslawien. Die EG und die USA traten die Flucht nach vorne an und redeten sich ein, die Anerkennung würde (wie im Fall Kroatiens) einen relativen Frieden bewirken. Für die bosnischen Serben bewirkte sie den Krieg. Deren Anführer, Radovan Karadžić, hatte gedroht, wenn Bosnien als unabhängiger Staat anerkannt wird, würde er eine Totgeburt sein und keinen einzigen Tag überleben. Die Serben machten Ernst, der Krieg brach aus, die düstersten Prophezeiungen erfüllten sich.

Ihre Blicke stachen aus den Augenlöchern der schwarzen Schimützen und Strümpfe, die sie sich über die plattgedrückten Gesichter gezogen hatten. Die serbischen Pistoleros sahen zerzaust und planlos aus, aber die Barrikaden, die Sarajevo von der Außenwelt abschnitten, errichteten sie mit generalstabsmäßiger Präzision. Einen halben Tag später hatten sich die Moslems innerhalb der Stadt ebenfalls verbarrikadiert. „Wir werden die Tschetnik-Barrikaden in die Zange nehmen, denn wir sind in der Überzahl", sagte Sefer Halilović, der ehemalige Volksarmee-Offizier, der mittlerweile zum ersten Oberbefehlshaber der bosnischen Armee avanciert war. Er beklagte, daß seine Regierung den Gegenbarrikaden nur halbherzig zugestimmt hatte.

Straßen waren gesperrt und Nachbarbezirke voneinander abgeschnitten worden. Im Morgengrauen des 2. März 1992 war Sarajevo ein bedrohliches Labyrinth. Die Serbenführer beteuerten, die Barrikaden seien die spontane Reaktion auf den mafiaartigen Überfall auf eine serbische Hochzeit gewesen. Bei der Schießerei waren der Schwiegervater des Bräutigams getötet und ein orthodoxer Priester verwundet worden. „Diese Schüsse", sagte Momčilo Krajišnik, Serbe und Sprecher des bosnischen Parlaments, „waren ein großes, gegen das serbische Volk gerichtetes Unrecht." Die Moslems warfen den Hochzeitsgästen vor, aus ihrer Feier eine politische Provokation gemacht zu haben, indem sie – serbische Fahnen schwingend – mehrmals Autorunden durch die Baščaršija, den alten türkischen Basar von Sarajevo, drehten.

Die Serbenführer benutzten die Schießerei als Rechtfertigung für die Barrikaden. Tatsächlich aber waren sie ein böses Vorzeichen. Es geschah am Ende jenes Wochenendes, an dem Moslems und Kroaten eine Volksabstimmung über die Unabhängigkeit von Bosnien-Herzegowina abhielten. Die Serben boykottierten die Volksabstimmung wie erwartet. Sie hatten ihr eigenes Referendum schon vier Monate vorher abgehalten. Das Resultat bestätigte, was jeder wußte: Zwischen den Volksgemeinschaften Bosniens tat sich eine unüberwindbare Kluft auf. Die Volksabstimmung über die Unabhängigkeit war eine der Bedingungen der Badinter-Kommission für die diplomatische Anerkennung Bosniens. Es ging nicht darum, auf demokratischem Weg die Spannungen zu reduzieren, sondern die Anerkennung zu legitimieren.

General Kukanjac war Befehlshaber der in Sarajevo stationierten Einheiten der Jugoslawischen Volksarmee. In seinem Hauptquartier in der Bistrik-Kaserne nahe dem Stadtzentrum liefen die Telefone heiß. Er versuchte, Izetbegović und Karadžić an einen Tisch zu bringen, um das Schlimmste zu verhindern. Karadžić weigerte sich, zu Izetbegović in das Präsidium zu kommen. Izetbegović weigerte sich, Karadžić in dessen Hauptquartier im Hotel *Holiday Inn* aufzusuchen. Sie einigten sich schließlich auf eine Zusammenkunft in der Fernsehstation. Jeder der beiden Männer brachte etwa zwanzig bewaffnete Leibwächter zu dem Treffen. Es war reine Zeitverschwendung. Kukanjac beschrieb ihr hitziges Wortgefecht:

Ich sagte ihnen ungefähr folgendes: daß sie mit Menschenleben spielten, daß sie sich zusammensetzen sollten und miteinander reden und daß wir genug hätten von diesem nationalistischen Unfug. Niedersetzen, reden, eine Übereinkunft finden. Wenn das schon nicht in ihrem Interesse war, dann jedenfalls im Interesse der Menschen.

Sie schüttelten die geballten Fäuste gegeneinander. „Du hast dies getan! Du hast jenes gemacht!" – bis ich einschreiten mußte. Izetbegović gab Karadžić die Schuld an den Barrikaden vom 1. März und sagte, die Serben wollten Sarajevo übernehmen. Er behauptete auch, daß es Truppenbewegungen von Pale nach Sarajevo gegeben habe. Karadžić bezichtigte Izetbegović eines Komplotts, das während dieser Nacht in Sarajevo stattfinden hätte sollen. Sie beschuldigten einander, wer wen, wann und wie hinters Licht geführt hätte. Andere Leute waren auch noch im Raum. Dicker Zigarettenrauch hing in der Luft, und die Argumente wurden wirklich hitzig.

Während die etwa vierzig Leibwächter, die einander zum Teil von früher kannten, aber nun auf verschiedenen Seiten standen, angespannt auf dem Gang warteten, kam es doch noch zu einer Einigung. Gemeinsame Patrouillen, bestehend aus bosnischen Polizisten und Soldaten der Volksarmee, wurden aufgestellt. Präsident Izetbegović drohte noch, Bergarbeiter aus Mittelbosnien zu holen, um die Straßensperren beseitigen zu lassen, wenn es die Serben nicht selbst machten. Danach bauten Serben und Moslems die Barrikaden wieder ab. Die unmittelbare Krise war abgewendet, doch sie war letztlich nur die Generalprobe für viel Schlimmeres. „Es schien so", sagte Izetbegović über die Serbenführer, „als seien ihre Kriegsvorbereitungen noch nicht beendet gewesen."

* * *

Am 9. November 1990 fanden in Bosnien die ersten freien Wahlen statt. Moslems, Serben und Kroaten hatten jeweils eine eigene Partei gegründet. Der Sieg der nationalen Interessen in Kroatien und Slowenien im vorangegangenen Frühjahr hatte in der bosnischen Kommunistischen Partei die Alarmglocken schrillen lassen. Die bosnischen Kommunisten warnten, daß jedes Herumspielen mit den Grenzen Jugoslawiens in einen Bürgerkrieg führen könne. Sie bezichtigten die Führungen in Serbien und Kroatien, den Bewohnern Bosniens Angst einzujagen.[137] Dahinter steckte mehr als bloße Panikmache zur Erhaltung der eigenen Macht. Während des kommenden Jahres sollte das Gleichgewicht der Angst jenen Krieg noch verhindern können, von dem die Führer aller Volksgruppen sagten, die Republik werde in Strömen von Blut untergehen.

Die Moslems waren die ersten. Sie gründeten am 26. Mai 1990 in Sarajevo die Partei der Demokratischen Aktion (SDA) als eine „politische Allianz von Bürgern Jugoslawiens, die … der kulturellen und historischen Tradition des Islam angehören".[138] Alija Izetbegović, ein Rechtsanwalt und prominenter moslemischer Intellektueller mit klaren blauen Augen und einem sympathischen, onkelhaften Äußeren, wurde erster Vorsitzender der Partei. Izetbegović war von allen sechs Republikspräsidenten, die bei freien Wahlen an die Macht gelangten, der einzige, der nie ein Kommunist gewesen war. Die Kommunisten hatten vielmehr ihr Bestes getan, um ihn zum Märtyrer zu machen. Nach dem Zweiten Weltkrieg gingen Titos Partisanen mit äußerster Härte gegen religiöse und nationale Gruppierungen vor. Izetbegović wurde wegen seiner Mitgliedschaft in der elitären Vereinigung *Mladi Muslimani* (Junge Moslems) festgenommen. Er verschwand für drei Jahre im Gefängnis, eine leichte Strafe im Vergleich zu den Todesurteilen, die ein Jahr später verhängt wurden, als die *Mladi Muslimani* aus Sarajevo versuchten, sich mit ihren Gesinnungsbrüdern aus Mostar zusammenzuschließen. Die Vereinigung wurde aufgelöst, und Izetbegović stand während der nächsten vierzig Jahre unter ständiger Polizeiüberwachung.

1983 wurde Izetbegović zusammen mit zwölf anderen Moslems neuerlich verhaftet. Dieses Mal wurden ihm umstürzlerische Aktivitäten vorgeworfen. Elf Sicherheitsbeamte holten ihn in seiner Wohnung ab und beschlagnahmten Massen von Büchern, Briefen und Fotografien, die, wie es hieß, seine Rolle in der Verschwörung bewiesen.[139] Während des Prozesses machte Izetbegović großen Eindruck. Sein scharfer Intellekt flößte Respekt ein. Es wurde regelmäßig still im Saal, wenn er am Wort war. Dennoch wurde er wegen konterrevolutionärer Aktivitäten und dem Versuch, einen islamischen Staat zu gründen, zu vierzehn Jahren Haft verurteilt. Der angesehene jugoslawische Verteidiger Rajko Danilović, der zwei der angeklagten Moslems vertrat, nannte das Verfahren den Höhepunkt der politischen Schauprozesse in Jugoslawien. Die Behörden hätten Beweismaterial gefälscht, sagte er, und die Geständnisse durch körperliche und seelische Folter erzwungen.

Bosnien genoß seit langem den Ruf, unter dem repressivsten kommunistischen Regime in Jugoslawien zu leiden. Die Behörden gingen rigoros und reihum gegen die drei Nationalitäten vor. Auf einen Prozeß gegen Moslems folgte häufig ein Prozeß, in dem Serben und Kroaten angeklagt waren. In Bosnien wurde der Wahlspruch „Brüderlichkeit und Einigkeit" wesentlich rigider interpretiert als anderswo in Jugoslawien. Alle Institutionen und Funktionen in Bosnien wurden streng nach dem „ključ" besetzt – dem Schlüssel der Nationalitätenrotation. Nach Titos Tod und der daraus resultierenden Unsicherheit stieg die Zahl der politischen Prozesse noch weiter an, weil das angeschlagene bosnische Regime seine Stärke in der Härte zu finden suchte.

Izetbegović saß nur fünf seiner vierzehn Jahre ab. Im November 1988 wurde er freigelassen, und zwei Jahre darauf war er Vorsitzender der SDA. Als Politiker beeindruckte er vor allem durch die Klarheit seiner Vision. Doch als der Krieg nahte, verlor er rasch und sichtbar an Statur. Nach weniger als einem Jahr schien er nur noch müde und den Konflikten kaum noch gewachsen zu sein, die von allen Seiten auf ihn hereinbrachen. Sein rapider Verfall spiegelte die Demontage des bosnischen Ideals.

Serben und Kroaten zitieren immer wieder die *Islamische Deklaration,* eine esoterische Schrift aus dem Jahr 1973, als Beweis dafür, daß Izetbegović die Gründung eines islamischen Staates plante. In Wahrheit war es eine wissenschaftliche Abhandlung, die nichts mit Politik zu tun hatte, sondern den philosophischen Diskurs unter den Moslems fördern sollte. Er schloß darin „den Einsatz von Gewalt zur Gründung eines islamischen Staates (aus), weil sie die Schönheit des Namens des Islam befleckt".[140] Seine politischen Anschauungen werden aus seinem Buch *Islam zwischen Osten und Westen* deutlich, das 1984 in den USA und vier Jahre später, nach seiner Entlassung aus dem Gefängnis, auch in Jugoslawien erschienen ist. Darin legte er seine Vision eines islamischen Staates in der modernen Welt nieder.[141] Er zeichnete einen Kurs zwischen islamischen Werten und materiellem Fortschritt und argumentierte, daß die Segnungen der westlichen Zivilisation bedeutungslos sind, wenn sie nicht von geistlichen Werten, wie man sie überwiegend in islamischen Gesellschaften vorfindet, begleitet sind.

Serbische und kroatische Nationalisten machten sich die weitverbreitete Überzeugung zunutze, daß die Moslems als eigene ethnische Gruppe gar nicht existierten, sondern daß sie einfach Serben oder Kroaten seien, die während der fünfhundertjährigen türkischen Fremdherrschaft entweder Druck oder Versuchung erlegen waren und zum Islam übergetreten sind. Sie betrachteten sie als Serben oder Kroaten, die ihre wahre Identität aufgegeben und die Riten einer völlig fremden Kultur angenommen hatten. Das bewirkte eine Herablassung gegenüber den Moslems, die sich häufig auch in serbische und kroatische Gebietsansprüche verwandelte.

Titos Verfassung aus dem Jahr 1974 gewährte den Moslems, der drittstärksten Volksgruppe in Jugoslawien, den Status einer eigenständigen Nationalität. Ihr einziges Unglück war, die einzige Volksgruppe ohne klaren Anspruch auf eine eigene Republik zu sein.[142] Izetbegović betrachtet Bosnien als Heimatland der Moslems, in dem auch Serben und Kroaten leben. Zwei Jahre vor Kriegsausbruch sagte er, die Moslems hätten noch keine ausreichend große Mehrheit, um aus Bosnien einen islamischen Staat zu machen.

Wir sind nicht auf dem Weg in einen Nationalstaat. Unser einzig möglicher Weg führt in eine freie Gemeinschaft aller Staatsbürger. Einige Leute wünschen das (Bosnien als Moslemstaat), aber es ist kein realistischer Wunsch. Obwohl die Moslems in der Republik die Mehrheit der Bevölkerung stellen, sind es dennoch zu wenige. Dazu müßten sie ungefähr 70 Prozent der Bevölkerung ausmachen.[143]

Die nationalen Träumereien – der Aufschwung nationaler Parteien und ihrer Führer – waren jedoch nicht das Ergebnis von altem Haß, wie im frustrierten Westen, der diesen Krieg nicht verstand, später gerne behauptet wurde. Es steckte mehr dahinter. Die Popularität der Nationalparteien wies deutlich auf die Schwächen des alten Systems hin, mit den verschiedenen nationalen Identitäten umzugehen. Diese Parteien waren auch ein Ausdruck der bosnischen Tradition, nach der die verschiedenen Gemeinschaften wohl Seite an Seite lebten, aber dennoch – zumindest teilweise – ihre eigenständige Identität bewahren konnten. Der gravierendste Unterschied zwischen den einzelnen Völkern lag in der jeweiligen kollektiven Perzeption der geschichtlichen Erfahrungen. Für die Serben war die Zeit unter dem Osmanischen Reich eine Zeit der Besatzung. Für die Moslems war es die Zeit, in der sich ihre eigene Elite herausbildete und zu Einfluß und Reichtum kam. Jahrzehntelang konnten diese unterschiedlichen Auffassungen nebeneinander existieren. Doch ab 1990 verwandelte der serbische Nationalismus diese Geschichte in einen Quell des Hasses.

Etwa zwei Monate nach der moslemischen SDA gründeten die Serben ihre Serbische Demokratische Partei (SDS). Sie war ursprünglich ein Ableger der Serbenpartei in Knin, die der charismatische Jovan Rašković gegründet hatte. Ein Psychiater-Kollege, der grobknochige Radovan Karadžić mit seinem wild zerzausten Haarschopf wurde zum Präsidenten der SDS gewählt. Karadžić schrieb in seiner Freizeit Gedichte und war seit langem ein Favorit von Dobrica Ćosić, dem Vater des zeitgenössischen serbischen Nationalismus. Doch anders als

Izetbegović gehörte Karadžić nicht der urbanen Elite von Sarajevo an. Er war in Montenegro geboren und aufgewachsen, war erst im Teenageralter nach Sarajevo gekommen und dort immer ein Außenseiter geblieben. Er sah sich selbst auch nicht als Führertyp, bis Ćosić ihn dazu animierte, in die Politik zu gehen. Bei der Gründungssitzung der SDS sagte Karadžić seinen Zuhörern, unter denen sich als Ehrengäste auch Rašković und Izetbegović befanden, daß die Serben in Bosnien kulturell, religiös und wirtschaftlich gleichberechtigt sein müssen. Er sagte, daß den Serben zugefügter Schaden wiedergutgemacht werden muß, und versprach, freie politische Meinungsbildung, Wahlen und eine gerechte Verteilung der Macht zu respektieren.[144] Zwei Jahre später vertrieben seine Parteimilizen Hunderttausende Menschen und zerstörten Moscheen und Kulturgüter, um möglichst alles auszulöschen, was auf die Existenz von Moslems in Bosnien hinwies.

Bald nach der Gründung der SDS waren die Kroaten am Zug und formierten den bosnischen Ast der HDZ. Die Kroaten waren ebenso wütend wie die Serben, als Izetbegović im September 1990 ankündigte, daß die SDA gegen das Prinzip der nationalen Parität sei und daß bei den nächsten Parlamentswahlen jede Stimme gleich viel zählen sollte. Izetbegović versuchte in Bosnien dasselbe Spiel, das Milošević auf Jugoslawien anwenden wollte. Ein Mehrheitswahlrecht würde den Serben die Herrschaft über das ganze Land sichern, wenn Menschenrechte und Bürgerrechte nicht durch Institutionen garantiert würden. Dasselbe Prinzip würde den Moslems, der größten Volksgruppe in Bosnien mit 44 Prozent Anteil an den 4,35 Millionen Einwohnern, die Vorherrschaft einräumen.

Trotz dieser grundlegenden Differenzen trafen sich die Vertreter der drei Nationalparteien in Sarajevo hinter verschlossenen Türen, um eine geeinte Front gegen ihren Hauptgegner zu bilden – die Kommunisten. Die Kommunistische Partei ihrerseits versuchte – ohne viel Erfolg – das nationalistische Fieber zu kühlen. Sie warnte vor dem Überschwappen der Spannungen in Kroatien auf die benachbarten Regionen und Bosnien und verurteilte die Gründung bewaffneter Milizen in serbischen Dörfern.

Es gab immer noch die Hoffnung, daß das Wahlergebnis in Bosnien das jahrhundertelange Zusammenleben der wichtigsten Volksgruppen reflektieren würde. Der Versuch von Premierminister Ante Marković, seine eigene Partei zu gründen, die allen Nationalitäten offen stand und den Einfluß der Nationalisten schmälern sollte, schien eine gute Idee zu sein. Der unermüdliche, ewig lächelnde Premierminister war ungeheuer beliebt, obwohl ihn die Regierungen Serbiens, Kroatiens und Sloweniens behinderten, wo sie nur konnten. Nach Meinungsumfragen würden die meisten Jugoslawen seine Regierung wählen, die damals bereits die Hyperinflation beseitigt und den Dinar konvertierbar gemacht hatte. Aber sein erfolgreiches Wirtschaftsprogramm und sein ansteckender Optimismus entwickelten sich nie zu einer politischen Vision. Der Versuch seiner Partei, an den Wahlen in Bosnien und Serbien teilzunehmen, verärgerte die Serben jedoch nur, die sagten, an den Wahlen in Slowenien und Kroatien habe er auch nicht teilgenommen und dadurch erst den Sieg der Nationalisten möglich gemacht. Gleichzeitig verhinderten die widerspenstigen Republiken die Abhaltung von gesamtjugoslawischen Wahlen. Am 30. Juli 1990 verkündete Marković bei einer politischen Versammlung in den Kozara-Bergen, einer projugoslawischen Region in Nordwestbosnien, wo die Ustascha während des Zweiten Weltkriegs Tausende Serben hingemetzelt hatte, die Gründung „einer Allianz von Reformkräften, die ein neues und wohlhabendes Jugoslawien aufbauen" wird. Zehntausende waren gekommen, um Ante zuzujubeln. An demselben Ort haben zwei Jahre danach serbische Soldaten unaussprechliche Verbrechen an ihren moslemischen Landsleuten verübt. Drei der berüchtigtsten Konzentrationslager befanden sich in der Region Kozara. Die Moslems wurden zusammengetrieben und ihre Häuser zerstört.

Die Wahlen wurden zu einem Testfall nicht nur für Ante Marković, sondern auch für die Zukunft Bosnien-Herzegowinas. Beide bestanden den Test nicht. Trotz der stimmkräftigen Unterstützung von populären bosnischen Musikern, Autoren und Schauspielern erlitt Marković eine Schlappe. Von den 240 Sitzen des Zweikammerparlaments gewann seine Liga der Reformkräfte nur magere 13 Sitze. Seine einzigen Verbündeten, die Reformkommunisten unter Nijaz Duraković, erreichten weitere 18 Sitze. Der größte Teil der Wähler tat so, als ob es sich um eine Volkszählung handelte: die Moslems wählten SDA, die Serben mit 31 Prozent der Bevölkerung wählten *en bloc* SDS, und die 17 Prozent Kroaten versammelten sich hinter der bosnischen HDZ. In zwei Wahldurchgängen erreichte die SDA 87 Sitze, die SDS 71 und die HDZ 24. Die wahren Sieger waren die Nationalisten, die 90 Prozent aller Stimmen bekamen. Sie waren besonders auf dem Land sehr stark, während die Reformkräfte und die Exkommunisten hauptsächlich in den Städten gewählt wurden. Trotz ihrer Rivalitäten in der Öffentlichkeit wollten sich die Führer der Nationalparteien im Fall einer Stichwahl gegen die Kommunisten zusammentun.[145] Im geheimen waren sie auch übereingekommen, eine Koalitionsregierung zu bilden. Das Ausmaß ihres Sieges überraschte sie jedoch selbst. Mit dieser klaren Entscheidung der Wähler für die nationale Option und gegen die sogenannte Bürgeroption war eine der Grundlagen des Krieges geschaffen.

Das bosnische Präsidium war dem funktionsuntüchtigen Rotationsprinzip des jugoslawischen Staatspräsidiums nachempfunden und bestand aus je zwei Moslems, Serben und Kroaten und einem Jugoslawen. Die SDA-Kandidaten hatten die meisten Stimmen erhalten. Fikret Abdić, ein Lokalkaiser aus der Nähe von Bihać in der nordwestlichsten Ecke Bosniens, konnte 1,010.618 Stimmen auf sich vereinen, während Izetbegović im Vergleich nur 847.386 Stimmen erhielt. Für die Moslems in der dicht besiedelten Region Cazinska Krajina war der kleine, rundliche Abdić ein Held. Die Region hatte von ihm stark profitiert, als er noch Vorsitzender des riesigen, staatlichen agroindustriellen Kombinats *Agrokomerc* war. 1987 verließ ihn vorübergehend das Glück, und er wanderte ins Gefängnis, weil er ungedeckte Wechsel im Wert von etwa 300 Millionen Dollar ausgestellt hatte.[146] Seine Gefolgsleute behaupteten, er sei damals als politischer Sündenbock von Rivalen innerhalb der Partei geopfert worden, die dadurch die Macht kommunistischer Moslems, vor allem des Pozderac-Clans, beschneiden wollten. Als er kurz vor den Wahlen der SDA beitrat, erlebte die Partei einen gehörigen Aufschwung. Kritiker bezeichneten ihn als Jugoslawiens unverschämtesten Wirtschaftskriminellen, doch selbst der Gefängnisaufenthalt konnte seiner Popularität bei allen drei Volksgruppen nichts anhaben. Izetbegović hingegen hatte wenig Anziehungskraft auf Serben und Kroaten. Durch einen bis heute unklaren Handel verzichtete Abdić, der zwar die meisten Wählerstimmen, aber nur wenig Halt in der SDA hatte, zugunsten von Izetbegović auf seine rechtmäßige Position als Vorsitzender des bosnischen Präsidiums. Abdić begnügte sich mit dem zweiten Platz im Präsidium, und als Gegengeschäft wurde sein Vertrauter Alija Delimustafić zum Innenminister gemacht. Abdić sollte später zum erbitterten Gegner von Izetbegović werden und seine Region Cazinska Krajina für unabhängig erklären.

Ejup Ganić kam auf dem jugoslawischen Ticket ins Präsidium, obwohl er moslemischer Nationalist und SDA-Mitglied war. Biljana

Plavšić und Nikola Koljević von der SDS wurden die serbischen Präsidiumsmitglieder, Stjepan Kljuić und Franjo Boras erhielten die kroatischen Sitze. Obwohl beide der HDZ angehörten, vertrat Kljuić den bosnischen Gesamtstaat, während Boras von einem Großkroatien träumte.[147]

Izetbegović wurde Präsident. Der Serbe Momčilo Krajišnik wurde zum Parlamentssprecher und der Kroate Jure Pelivan zum Premierminister ernannt. Diese unbehagliche Koalition sollte nur etwas länger als ein Jahr halten.

* * *

In Kroatien und Serbien wurde fleißig das nationalistische Feuer geschürt, und bald sprang der Funke auch auf Bosnien über. Niemand bemühte sich mehr um Kompromisse. Die Serben pochten auf ihr Recht, bei Jugoslawien zu bleiben, die Kroaten beharrten darauf, die Föderation zu verlassen, und die Moslems verlangten Souveränität für Bosnien. Am 27. Februar 1991 sagte Izetbegović vor dem Parlament, für Bosniens Souveränität sei er auch bereit zu kämpfen. „Ich würde den Frieden für ein souveränes Bosnien-Herzegowina opfern, aber für diesen Frieden in Bosnien-Herzegowina würde ich nicht seine Souveränität opfern." In serbischen Ohren klang das wie ein Schlachtruf. Die serbischen Abgeordneten weigerten sich während dieser Parlamentssitzung, eine bosnische Unabhängigkeitserklärung, die von SDA und HDZ beantragt worden war, auch nur zu diskutieren.

Als Jugoslawien im Frühjahr 1991 langsam in den Abgrund schlitterte, starteten Präsident Izetbegović und sein gewiefter mazedonischer Amtskollege Kiro Gligorov, dessen politisches Überleben während vier Jahrzehnten Kommunismus ihm den Spitznamen „der Fuchs" eingebracht hatte, einen Rettungsversuch in letzter Minute. Sie entwarfen ein Modell für eine zukünftige jugoslawische Föderation, das alle befriedigen sollte. Doch nach Tudjmans Treffen mit Milošević am 21. März in Karadjordjevo waren die Aussichten auf einen Erfolg ihres Planes geschwunden. Izetbegović war gerüchteweise zu Ohren gekommen, daß die beiden in Titos ehemaligem Jagdschloß etwas ausgeheckt hatten. Er wußte aber nicht, was. So fühlte er bei der kroatischen Regierung vor, was das für seine Republik bedeuten könne. Stipe Mesić, Kroatiens Vertreter im jugoslawischen Staatspräsidium, lachte und sagte: „Was sie genau besprochen haben, weiß ich nicht, aber ich weiß, welche Melodie sie gesungen haben. Es war das alte bosnische Volkslied *Nema te više Alija* (Es gibt keinen Alija mehr)."

Danach häuften sich die bewaffneten Zwischenfälle in Kroatien, und die SDA sowie die bosnische HDZ erklärten, Zagreb im Kampf gegen die serbischen Rebellen zu unterstützen. Gleichzeitig begann die SDS, kroatische Angriffe gegen die abtrünnigen Serben zu verurteilen. In ganz Bosnien begannen die Bewohner serbischer Dörfer bei Nacht Kontrollposten aufzustellen, die mit Jagdflinten und anderen alten Waffen ausgerüstet waren.

Die HDZ in der überwiegend kroatischen Westherzegowina begann, Männer in den Kampf nach Kroatien zu schicken. Die kroatische Fahne mit dem rot-weißen Schachbrettmuster war dort jetzt immer häufiger zu sehen, bosnische Fahnen wurden verbrannt. In dieser Gegend hatte es nie Zweifel über die Loyalität der Bevölkerung gegeben. Seit Jahrzehnten galten die Herzegowiner als die extremsten kroatischen Nationalisten. Nach dem Zweiten Weltkrieg sagten die Serben: „In der westlichen Herzegowina wächst nichts außer Steinen, Schlangen und Ustaschen." Die drei Volksgruppen erhöhten reihum ihren Einsatz und trieben sich gegenseitig an den Rand des Abgrunds. „Während des ganzen Jahres 1991 und auch noch Anfang 1992 glaubte jede Seite, die andere würde es nicht wagen. Es war ein ungeheuer spannungsgeladenes politisches Spiel. Bis wir an dem Punkt waren, an dem es kein Zurück mehr gab", sagte Nikola Koljević, der grauhaarige Professor für englische Literatur, dessen Schwäche, Shakespeare in Oxford-Englisch zu zitieren, in krassem Gegensatz zur primitiven und gewalttätigen Politik der Regierung stand, der er angehörte. Es ist jedenfalls bemerkenswert, daß in diesem schwärzesten Kapitel der europäischen politischen Geschichte am Ende des zwanzigsten Jahrhunderts ein Psychiater und zwei Universitätsprofessoren die Feder führten.

Die SDS begann, die Regierungsinstitutionen zu unterminieren, und boykottierte das Parlament. Die Parteiführung erklärte mehrfach, Izetbegović sei für die Serben als Präsident nicht akzeptabel, weil Bosnien-Herzegowina unter seiner Führung Slowenien und Kroatien im Krieg gegen Jugoslawien unterstützte. Diese Politik splittere die Serben auf mehrere Staaten auf, und in einer Stellungnahme am 11. Juli bezeichnete die Partei die Serben als ein von der Ausrottung bedrohtes Volk. Die SDS-Abgeordneten erklärten, Entscheidungen des Parlaments, in dem nach ihrem Boykott nur noch zwei Volksgruppen vertreten waren, nicht mehr anzuerkennen.

Ein weiterer Stein des Anstoßes waren die blühenden Beziehungen, die Izetbegović mit der islamischen Welt knüpfte. Als er im Juli 1991 die Türkei besuchte – der Krieg in Slowenien war vorbei, und in Kroatien wurde es gerade ernst –, beantragte Izetbegović die Aufnahme in die Organisation Islamischer Länder. Er muß sich darüber im klaren gewesen sein, daß ein solcher Schritt die Serben nur herausfordern konnte. Die Antwort kam sofort und war vorhersehbar. Radovan Karadžić verkündete in Belgrad, das sei der Beweis, daß „unsere düstersten Prophezeiungen, daß Izetbegović Bosnien-Herzegowina zu einer islamischen Republik macht, in Erfüllung gehen". Trotz der moslemischen Sezessionsbestrebungen, warnte er, würden die Serben auf ihr Recht, bei Jugoslawien zu bleiben, nicht verzichten.[148]

Der serbische Widerstand schien das Bündnis zwischen Moslems und Kroaten zu stärken. Doch es war nur eine taktische Allianz, ihre Ziele waren grundverschieden. Izetbegović wurde den Verdacht nicht los, daß Belgrad und Zagreb hinter seinem Rücken konspirierten. Als Tudjman nicht mehr länger still sein konnte und öffentlich verkündete, daß er und Milošević übereingekommen waren, daß eine Zweiteilung Bosniens der beste Weg aus der Krise wäre, gab es einen Skandal. Das bosnische Präsidium warnte, daß das der direkte Weg in den Bürgerkrieg sei, und wandte sich an die Volksarmee um Schutz. Andernfalls, so hieß es, müßte sich Bosnien selbst schützen und seine Polizeikräfte wesentlich ausbauen.

Nach außen hin schienen die Bündnisse festzustehen, hinter dem Rücken konspirierte jeder mit jedem, um herauszufinden, ob irgendwo ein besserer Deal möglich wäre. Serben und Kroaten diskutierten die Teilung Bosniens, während sich ihre Soldaten in Kroatien bekämpften. Belgrad versuchte zur selben Zeit, auch mit den Moslems ins Geschäft zu kommen. Im Sommer 1991 startete Belgrad eine überraschende Initiative, um Bosnien in einem neuen Jugoslawien ohne Slowenien und Kroatien zu halten. Man argumentierte, daß diese Belgrader Initiative die einzige Möglichkeit sei, einen Krieg in Bosnien zu verhindern, denn wenn die Moslems in die Unabhängigkeit wollten, würde die Republik geteilt werden. Serben und Moslems lebten so stark miteinander verflochten, daß die Teilung Krieg bedeuten würde. Izetbegović deutete an, er werde darüber nachdenken. Doch er beklagte sich bald, daß Milošević mit diesem Vorschlag lediglich die Spaltung der moslemischen Führung bezweckt habe, um Bosnien unter seine Kontrolle zu bekommen. Außerdem warf er den Serben vor, diktieren zu wollen, wer die Moslems regieren soll. Tatsächlich gab es unter den Moslems einflußreiche Kreise, denen der Preis einer Loslösung von Belgrad zu hoch schien. In einem nächsten Schritt wandte sich Milošević an Adil Zulfikarpašić, einen wohlhabenden moslemischen Geschäftsmann, den er für eine Alternative zu Izetbegović hielt. Zulfikarpašić hatte sein Vermögen nach dem Zweiten Weltkrieg in der Schweiz gemacht und war zu den ersten freien Wahlen nach Bosnien zurückgekommen. Er finanzierte die SDA, bis er nach einem Zerwürfnis mit Izetbegović seine eigene kleine Splitterpartei gründete, die Moslemische Bošnjaken-Partei (MBO). Serbien begleitete die „Belgrader Initiative" mit viel Tamtam. Führungspersönlichkeiten der Moslems und der bosnischen Serben bekamen eine Stunde im serbischen Staatsfernsehen. Schlagzeilen in Balkenlettern verkündeten, daß die Gespräche mit Zulfikarpašić ein großer Sieg seien und daß Bosnien bei Jugoslawien bleibe. Die Krise sei abgewendet. Aber der Geschäftsmann war kein Ersatz für Izetbegović. Er war ein Außenseiter ohne Unterstützung in der Bevölkerung. Darüber konnte auch der Medienwirbel nicht hinwegtäuschen, und Milošević mußte sich schließlich eingestehen, daß sein Plan nicht funktioniert hatte. Die Belgrader Initiative hätte den Krieg wahrscheinlich auch nur verzögern, aber nicht verhindern können, denn letztlich wären die Moslems dadurch zu Bürgern zweiter Klasse unter einem nationalistischen, serbischen Regime geworden, und das wäre auch nicht lange gutgegangen.

Das war gleichzeitig der letzte offene Versuch Belgrads, die politische Initiative zu ergreifen. Ab nun wurden die Kriegsvorbereitungen mit jedem Tag entschlossener getroffen. Die bosnischen Serben begannen, ihre sogenannten Serbischen Autonomen Regionen (SAO) innerhalb Bosniens auszurufen. Anfänglich schienen diese SAOs noch lächerlich. Es schien wie eine verrückte Idee, in der Romanija, dem schönen Gebirgsland östlich von Sarajevo, einen Miniaturstaat auszurufen. Witze kursierten über die SAOs. Doch als die Serben bewaffnete Kontrollposten aufzogen und die Romanija für Außenseiter zunehmend unbetretbar wurde, merkte man, wie ernst es ihnen damit war. Die serbische Führung bestand auf einer Aufgliederung Bosnien-Herzegowinas in ethnisch einheitliche Regionen. Das sei der einzige Weg, einen Religions- und Bürgerkrieg zu vermeiden, hieß es. Die Absurdität dieses Vorschlags war offensichtlich – jeder Versuch, die verzahnten Völker Bosniens auseinanderzureißen, mußte unweigerlich im Krieg enden.

Im September beschuldigte die SDA die Serben, das Koalitionsabkommen durch die Ausrufung der Autonomen Serbischen Regionen verletzt zu haben. „Die Schaffung von serbischen autonomen Gebieten in Bosnien-Herzegowina verhindert das Funktionieren der Regierung und stellt eine schwere Beeinträchtigung der gemeinsamen Machtausübung dar", stand in einem SDA-Kommuniqué. Die SDA insistierte, daß die SDS entweder die „spontanen" Barrikaden und die autonomen Gebiete verurteilt oder zugibt, daß es sich dabei um die offizielle Parteilinie handelt. Izetbegović ließ seine Partei erstmals andeuten, die Moslems könnten sich zur Wehr setzen.

* * *

Der Krieg der Worte eskalierte. Am 14. Oktober 1991 kündigten die Serben den zerbrechlichen Konsens auf, der das Parlament bis dahin noch irgendwie hatte weiterfunktionieren lassen. Während einer stürmischen Sitzung, die die ganze Nacht dauerte, wetterten die serbischen Abgeordneten gegen die Vorschläge von SDA und HDZ, die sich mit Bosniens Unabhängigkeit und seiner Stellung in Jugoslawien befaßten. Es tauchte sogar das Gerücht auf, im Parlamentsgebäude sei eine Bombe versteckt.

„Ich habe viele Einzelheiten vergessen, aber diese Nacht werde ich nie vergessen", erzählt Izetbegović, „die Nacht zwischen dem 14. und 15. Oktober 1991, als Karadžić das Todesurteil für das moslemische Volk ausstellte." Der Serbenführer forderte von den Moslems, „den Willen des serbischen Volkes, bei Jugoslawien zu bleiben, ernst zu nehmen":

Sie wollen Bosnien-Herzegowina auf demselben Weg, den Slowenien und Kroatien gegangen sind, in die Hölle und ins Leid führen. Vertrauen Sie nicht darauf, daß Sie Bosnien vielleicht nicht in die Hölle führen und daß Sie das moslemische Volk nicht in die Auslöschung führen, denn die Moslems können sich nicht verteidigen, wenn es zu einem Krieg kommt ... Wie werden Sie verhindern, daß dann jeder in Bosnien-Herzegowina getötet wird?

Izetbegović war nach diesen Worten schockiert. „In diesem Moment hatte ich das Gefühl, die Tore der Hölle haben sich geöffnet, und wir werden alle verbrannt von den Flammen des Infernos." Izetbegović wandte sich an die versammelten Abgeordneten:

Seine Worte und sein Benehmen illustrieren, warum andere sich weigern, in diesem Jugoslawien zu bleiben. Niemand sonst will noch ein solches Jugoslawien, wie Herr Karadžić es möchte. Niemand, außer vielleicht den Serben. Ein solches Jugoslawien und ein Benehmen wie das von Karadžić sind bei den Völkern Jugoslawiens verhaßt: bei den Slowenen, Kroaten, Mazedoniern, Moslems, Albanern, Ungarn, auch in Europa und der ganzen Welt.
Ich möchte den Bürgern Bosnien-Herzegowinas sagen, sie brauchen sich nicht zu ängstigen. Es wird keinen Krieg geben ... Also, schlafen Sie friedlich.
Als Vorsitzender des Präsidiums von Bosnien-Herzegowina tut es mir leid, daß ich in einer solchen Situation für die Moslems sprechen muß. Ich erkläre feierlich, daß die Moslems niemanden angreifen werden. Ich erkläre jedoch ebenso feierlich, daß sich die Moslems mit Entschlossenheit verteidigen und als Volk überleben werden. Sie werden nicht verschwinden, wie Karadžić sagte. Sie können nicht verschwinden.

Diese scharfe Verurteilung der Serben durch Izetbegović war gleichzeitig ein taktisches Manöver. Er lobte den „stabilisierenden Effekt“ der ständigen Einheiten der Volksarmee in Bosnien. Die Armee verwandelte sich rapide in eine rein serbische Streitmacht, weil junge Moslems und Kroaten ihre Einberufungsbefehle ignorierten. Aber er beschuldigte die Volksarmee-Reservisten, immer wieder für Aufruhr in seiner Republik zu sorgen. Es kam immer wieder zu Zwischenfällen. Reservisten aus Montenegro belagerten das nahe Dubrovnik. Zehn Tage nach dem Zusammenstoß im Parlament beschädigte eine Bombe die Moschee von Trebinje im Hinterland von Dubrovnik.

Um 2 Uhr früh am 15. Oktober entschied Momčilo Krajišnik, die Sitzung zu beenden. Die Serben verließen den Saal, während Moslems und Kroaten noch weiterdebattierten. Sie stimmten für die Souveränität Bosniens und lehnten die von der SDS mitgetragene Belgrader Initiative ab. Doch nach Karadžićs drohenden Äußerungen war das nur noch ein Scheinsieg. Am nächsten Tag tauchte der jugoslawische Verteidigungsminister Veljko Kadijević in Sarajevo auf und handelte mit der bosnischen Regierung aus, daß bosnische Polizei und jugoslawische Armee gemeinsam und in der ganzen Republik die Polizeiaufgaben übernehmen sollten. Als er sich verabschiedete, sagte Izetbegović zu ihm: „Ich lege Ihnen Bosnien an Ihr Herz und Ihre Seele.“

Zehn Tage danach riefen die Serben ihr eigenes Parlament ins Leben und beschlossen, Teil Jugoslawiens bleiben zu wollen. Damit war auch der letzte Hoffnungsschimmer auf einen Fortbestand der Koalition geschwunden.

* * *

Die Kriegsgefahr in Bosnien nahm nun stetig zu. Am 9. und 10. November hielten die Serben ihre eigene Volksabstimmung ab. Izetbegović warf ihnen vor, Bosnien noch weiter zu destabilisieren, weil sie ein Referendum für alle Bürger der Republik ablehnten: „Das war ein Einparteienplebiszit. Natürlich war das Ergebnis triumphal – sie erhielten über hundert Prozent der Stimmen ... ich kann mir das nur als Wahl nach bolschewistischer Art vorstellen.“

Am 30. November wurde Izetbegović auf einem SDA-Kongreß als Parteivorsitzender bestätigt. Die Partei bedrängte die internationale Gemeinschaft, alle sechs jugoslawischen Republiken anzuerkennen, und beharrte darauf, daß Bosnien nicht bei einem serbisch dominierten Jugoslawien bleiben werde. Um die Sicherheit Bosniens zu gewährleisten, forderte die SDA die Entsendung von Friedenstruppen, die in jenen Gebieten stationiert werden sollten, in denen die serbischen Paramilitärs herrschten. In seiner Schlußrede sagte Izetbegović, er und seine Führungsmannschaft hätten den Geist des moslemischen Volkes wiederentdeckt, der durch Toleranz gegenüber allen Menschen und Dingen charakterisiert sei.

Im Dezember bot die Europäische Gemeinschaft, die dem Druck Deutschlands nachgegeben hatte, jeder der sechs Republiken die Anerkennung an, wenn sie die EG-Kriterien für neue Staaten erfüllten. Das abschreckende Beispiel Kroatiens vor Augen, versuchte Izetbegović, irgendwo ein Schutzversprechen zu bekommen. Die Volksarmee war ihm nicht mehr geheuer, aber er schien zu glauben, die USA würden bei der Verteidigung Bosniens helfen (obwohl Washington dementierte, jemals solche Garantien gegeben zu haben). Nachdem Kroatien kurz vor der Anerkennung stand, war es für eine Neuordnung der jugoslawischen Föderation zu spät. Izetbegović hatte keine andere Wahl, als in die Unabhängigkeit zu gehen. Die bosnischen Serben hatten wiederholt klargemacht, ihren eigenen Staat zu gründen, wenn sie nicht in Jugoslawien bleiben könnten. Izetbegović war besorgt. Er sagte, er wolle versuchen, den deutschen Außenminister Hans-Dietrich Genscher von einer frühzeitigen Anerkennung Sloweniens und Kroatiens abzubringen. Seine Argumente waren mit dem deutschen Botschafter in Belgrad durchgesprochen. Als Izetbegović dann im November Genscher von Angesicht zu Angesicht gegenübersaß, brachte er das Thema nicht einmal zur Sprache. Seine Zurückhaltung beseitigte möglicherweise das letzte Hindernis für eine Anerkennung.[149]

Nachdem Izetbegović auch noch mit den beiden Vertretern der EG, Lord Carrington und Botschafter José Cutilheiro (Portugal hatte die EG-Präsidentschaft inne) zusammengekommen war, suchte er General Vojislav Djurdjevac auf, den Volksarmee-Kommandanten für den Sektor Sarajevo, und teilte ihm mit, daß er sich für den Weg der Unabhängigkeit entschlossen habe. Der grauhaarige General sah Izetbegović entgeistert an und fragte, ob er einen Bürgerkrieg erklären wolle. Für Djurdjevac war eine Unabhängigkeitserklärung gleichbedeutend mit Krieg. Die Volksarmee schien anzunehmen, daß Izetbegović seine Meinung zuletzt doch noch ändern würde. Mehrmals suchten ihn Generäle der Armeeführung auf, um ihn durch Drohungen oder Überredungskunststücke zum Verbleib Bosniens in Jugoslawien zu bewegen. Noch lange nach dem Treffen mit Djurdjevac hegte Izetbegović immer noch die Hoffnung, daß die Volksarmee oder zumindest Teile von ihr zur Verteidigung Bosniens bereit wären.

Am nächsten Tag entschied das bosnische Präsidium, bei der EG um Anerkennung anzusuchen. Die beiden serbischen Vertreter stimmten gegen diesen Beschluß. Via Fernsehen erklärte Izetbegović den Leuten, warum Bosnien keine andere Wahl habe, als in die Unabhängigkeit zu gehen. Entweder das, sagte er, oder als Teil Großserbiens leben, denn Jugoslawien existiere nicht mehr. Er setzte kaum Hoffnungen in den Bestand eines vereinigten Bosnien, weil durch die demographische Aufteilung große Bevölkerungsteile außerhalb jener Kantone leben müßten, die ihrer Volksgruppe zugeteilt wären. In den Hauptnachrichten sagte Izetbegović an die Adresse der Serben gerichtet, daß abgesehen vom Zweiten Weltkrieg die Volksgruppen in Bosnien jahrhundertelang in Frieden zusammengelebt hätten. Die Gleichberechtigung der Nationalitäten sei weiterhin vorrangig.

* * *

Der große Vorteil, den die Serben in Bosnien gegenüber den Moslems und Kroaten hatten, war die Volksarmee. Anfang 1992 war die Armee aus Kroatien abgezogen und hatte das Schwergewicht in Bosnien stationiert, wo die wichtigsten Betriebe der Rüstungsindustrie beheimatet waren. Durch diesen Abzug war Bosnien zu einem gigantischen Heerlager mit Unmengen an Waffen und Gerät geworden. Munitionsdepots und Waffenschmieden waren seit Titos Bruch mit Stalin, als die Volksarmee ihre Verteidigungsdoktrin gegen eine fremde Invasion entwickelte, in das gebirgige und teilweise schwer zugängliche Bosnien verlegt worden, das so etwas wie eine „Balkanfestung" bilden sollte.

Karadžić fuhr nach Belgrad und forderte, daß alle bosnischen Serben, die in der Volksarmee über ganz Jugoslawien verteilt dienten, nach Bosnien versetzt werden sollten, um die dortige Territorialverteidigung in eine Armee umzuwandeln. Borisav Jović, Miloševićs rechte Hand, sagte, die Armee bleibe, wie sie ist, bis eine politische Lösung gefunden sei. Karadžić erzählte uns dazu:

Die gesamte serbische Bevölkerung stand hinter der Armee und erwartete, daß diese Armee Jugoslawien verteidigt.

Das serbische Regime führte dann einen Geheimplan aus, in dem die Anerkennung der bosnischen Unabhängigkeit schon vorweggenommen wurde. Im Januar 1992 gab Milošević den Befehl, alle Offiziere der Volksarmee, die in Bosnien geboren waren, in ihre Heimatrepublik zurückzuversetzen. Als dann im Mai 1992 die Volksarmee offiziell aus Bosnien abzog, bestand die überwiegende Mehrheit der zurückbleibenden Offiziere aus bosnischen Serben. Sie galten seit der Anerkennung Bosnien-Herzegowinas nicht mehr als jugoslawische Staatsbürger. Belgrad hatte sich gut auf den Moment vorbereitet, in dem Bosnien anerkannt wurde, erzählte Jović:

Milošević und ich sprachen darüber, und wir besprachen es mit niemand anderem. Wir beauftragten den Generalstab mit einer Umgruppierung: Alle gebürtigen Bosnier sollten in Bosnien stationiert werden, alle Serben und Montenegriner in Serbien und Montenegro.

Zehn Tage später teilten sie uns mit, daß alles sehr zügig abgewickelt worden ist, aber daß die Armee ein paar Bedenken hatte, internationale Konventionen zu verletzen. Aber wir warteten erst gar nicht auf die Unabhängigkeit Bosniens. Als Bosnien dann anerkannt wurde, waren von den 90.000 dort stationierten Soldaten etwa 85 Prozent Bosnier.

Die bosnisch-serbischen Politiker waren sich der Unterstützung durch die Armee ganz sicher, als sie am 9. Januar die Serbische Republik Bosnien-Herzegowina ausriefen und als Teil der jugoslawischen

Föderation erklärten. Die Serbenführer bezeichneten diesen Schritt als einzig mögliche Verteidigung gegen die Moslems. Diese Republik beanspruchte nicht nur die sogenannten Autonomen Regionen, sondern alle Gebiete, in denen Serben lebten, selbst wenn sie in der Minderheit waren. Karadžić wurde nicht müde, zu erklären, daß die Serben mit Leichtigkeit 60 Prozent des bosnischen Territoriums erobern könnten, wenn sie wollten.

Mir war fortwährend bewußt, daß es zum Krieg kommen würde, weil die Serben nicht bereit waren, Jugoslawien zu verlassen. Niemand konnte sie dazu zwingen. Die Gebietsverteilung mußte neu definiert werden. Nachdem das niemand ernst nahm, war ein Konflikt unausweichlich.

Als mit der Anerkennung schon zu rechnen war, wurden die bosnischen Serben immer lauter und warnten, daß Bosnien im Blut ertrinken würde. Milošević hingegen nahm die Anerkennung nicht sehr ernst. Er witzelte mit Karadžić über den wahnsinnigen römischen Kaiser Caligula, der sein Pferd zum Senator ernannte. Das Pferd hat die Funktion aber nie ausgeübt, und genauso sei es mit Izetbegović: der sei zwar international anerkannt, habe aber keinen Staat. Milošević argumentierte später oft, daß die Anerkennung bedeutungslos sei. Er war richtig gelegen in seiner Annahme, daß die internationale Gemeinschaft den Staat, den sie anerkannt hatte, nicht verteidigen würde.

* * *

Als die Gespräche von Lissabon eröffnet wurden, die eine Neuverteilung der Macht in Bosnien zu konstruieren versuchten, wurde das Wörtchen „Kanton" zum neuen Schlagwort. Jeder serbische und kroatische Politiker in Bosnien schien eine Ausgabe der Eidgenössischen Verfassung in seinem Büro zu haben. Die Gespräche wurden eine Woche vor dem Referendum fortgesetzt. Die Führer aller Volksgruppen – auch die der Serben, die heftig dagegen waren – wußten, daß die Mehrheit für die bosnische Unabhängigkeit stimmen wird. Das bedeutete, daß die internationale Anerkennung nicht lange auf sich warten lassen würde. Jede Seite warnte vor dem bevorstehenden Untergang – und machte nicht den leisesten Kompromißversuch.

Auf Druck der EG-Vermittler kamen die drei Führer überein, die bestehenden Außengrenzen Bosniens anzuerkennen. Sie unterstützten weiters die Bildung nationaler territorialer Einheiten innerhalb Bosniens. Der erste Punkt war ein Kompromiß zwischen Serben und Kroaten und legte sie auf den Weiterbestand eines bosnischen Staates fest. Punkt zwei war bemerkenswert. Er bedeutete eine 180-Grad-Wendung von Izetbegović, der bis dahin strikt gegen jede Aufteilung nach ethnischen Richtlinien gewesen war. Karadžić und sein kroatisches Gegenstück Mate Boban nahmen dieses Entgegenkommen von Izetbegović begeistert auf.

Kaum hatte er zugestimmt, änderte Izetbegović seine Meinung neuerlich. Als er nach Sarajevo zurückkehrte, versuchte sich der bosnische Präsident aus dem Abkommen wieder herauszuwinden. Er wollte die Basis von rein ethnischen Richtlinien auch auf geographische und wirtschaftliche Kriterien ausdehnen. Die SDA-Mächtigen lehnten das Abkommen von Lissabon ab, weil es die Aufteilung Bosniens bedeutete. Auch Izetbegović war trotz seines Ja weiterhin prinzipiell gegen ein Teilung seiner Republik.

Kein anderer Vermittlungsversuch ist ähnlich falsch dargestellt und mißinterpretiert worden wie das Abkommen von Lissabon. Enttäuschte internationale Vermittler und serbische und kroatische Nationalisten betrachteten es als den Wendepunkt, an dem Izetbegović und die Moslems die letzte Chance auf Frieden vertan hätten. Doch sämtliche Beteuerungen der Nationalisten, eine Teilung hätte ohne Blutvergießen stattfinden können, sind illusionär. Über eine genaue Aufteilung der Gebiete war noch kein Wort gesprochen worden. Wie die jahrelangen späteren Gebietsverhandlungen zeigten, führte der Anspruch einer Volksgruppe auf ein bestimmtes Territorium sofort zu Gegenforderungen der anderen Seite. Es ist unwahrscheinlich, daß dies kampflos abgegangen wäre.

Sofort begannen Gerüchte zu schwirren, warum der bosnische Präsident seine Meinung geändert habe. Dieser Stil, vielleicht durch jahrelangen Gefängnisaufenthalt geprägt, war aber typisch für Izetbegović: Er war durch Argumente ebenso leicht zu überzeugen wie durch Gegenargumente. Später gab es dann Gerüchte, nach denen Warren Zimmermann, der Botschafter der USA in Jugoslawien, ihn zu diesem Rückzieher überredete haben soll. Doch Zimmermann, der als überzeugter Verteidiger der Menschenrechte galt, hatte Instruktionen, jedes Abkommen, auf das sich die drei Parteien einigen konnten, zu unterstützen. Er sagte, sein Rat an den bosnischen Präsidenten habe gelautet, sich an die Vereinbarungen zu halten. Zimmermann, der Jugoslawien drei Monate danach verließ, weil die westlichen Regierungen ihre Botschafter abzogen, reichte später – teilweise aus Protest gegen die amerikanische Bosnienpolitik – seinen Rücktritt ein.

Zwei Tage nach dem Abkommen von Lissabon beugten sich Serben und Kroaten gemeinsam über die Landkarte von Bosnien. Am 26. Februar 1992 hielten sie in Graz das erste von mehreren Geheimtreffen ab. Beide Seiten dementierten später jeden Vorwurf einer Verschwörung gegen die Moslems und erklärten, daß die EG-Vermittler bilaterale Gespräche angeregt hätten. Karadžić erklärte Josip Manolić, einem der damals engsten Vertrauten Tudjmans, daß die Serben einen Landkorridor durch Nordbosnien haben müßten. „Ohne diesen Korridor gibt es keine Lösung." Manolić, der bei diesem Treffen die bosnischen Kroaten vertrat, redete seinerseits ausführlich von Bevölkerungstransfers. „Er schlug vor, in Serbien lebende Kroaten nach Kroatien zu transferieren. Serben aus Rijeka, Zagreb und der Krajina sollten nach Serbien gehen. Er sagte, daß auch Druck ausgeübt werden könne, um sie dazu zu bringen", erzählte Karadžić.

Die Verhandlungen von Lissabon waren in der Aufregung über die Barrikaden in Sarajevo und über die Volksabstimmung bald wieder vergessen. „Die Serben sind fast zu hundert Prozent für einen Verbleib bei Jugoslawien. Die Kroaten und Moslems sind fast zu hundert Prozent für die Unabhängigkeit. Es war klar, daß Bosnien nicht überleben konnte", sagte Karadžić bereits im Bewußtsein, daß es bald losgehen wird. Ein aufgeregter serbischer Abgeordneter wehklagte im neugeformten serbischen Parlament: „Wir müssen zusehen, wie auf dem Land unserer Großväter ein moslemischer Bastard geboren wird."

Im Norden Bosniens brachen noch im März die ersten schweren, bewaffneten Kämpfe aus. Schon während des Krieges in Kroatien hatte die JVA aus Bosanski Brod angegriffen, um ihre belagerte Kaserne in Slavonski Brod, der Zwillingsstadt auf der kroatischen Seite des Save-Flusses, zu verteidigen. Nunmehr, nach der Volksabstimmung, versuchten die Serben zu verhindern, daß Waffen und Verstärkung aus Kroatien über die Save-Brücke zu den Moslems und Kroaten in Bosanski Brod gelangten. „Das war die letzte Brücke in unserer Hand", sagte Armin Pohara, ein Journalist, der damals den Krisenstab zur Verteidigung von Brod aufgestellt hatte. „Die Brücken von Brčko und Šamac waren bereits zerstört, die Brücken in Gradiška und Novi waren in serbischer Hand. Die Serben rückten jeden Tag näher. Einen Tag, bevor die Kämpfe ausbrachen, hatten wir entschieden, daß wir das

Feuer eröffnen, wenn sie ihre Barrikaden noch näher an die Brücke heranschieben."

Pohara wandte sich an die kroatische Armee in Slavonski Brod und verlangte Waffen zur Verteidigung von Bosanski Brod. „Ich sagte, Krieg sei unausweichlich, wir haben nur 300 Gewehre, und ich verlangte mehr. Sie überließen uns 50 Gewehre, 200 Handgranaten und ein paar tausend Schuß Munition. Für uns war das viel. Der bosnische Krieg begann in Bosanski Brod, und ich bin sicher, die Historiker sehen das auch so."

16. Kapitel

Das Tor zur Hölle

Kriegsausbruch in Bosnien

1.–10. April 1992

Das Gesicht des Polizeichefs von Zvornik war faltig vor Erschöpfung. Eine Nachtwache um die andere, alle in Erwartung eines unsichtbaren Feindes, hatten ihren Preis. Vor knapp zwei Wochen hatten vierzig seiner Kollegen – alle Serben – Waffen, Fahrzeuge und Funkgeräte an sich genommen, waren aus der Polizeistation hinausgegangen und hatten Zvornik verlassen. Es hatte keine Warnung gegeben, erzählte er, und keine Erklärungen. Eines Tages sind sie einfach gegangen. Und nun würden sie ganz sicher bald zurückkehren.

In der Zelle der Polizeistation saßen vier Milizionäre aus der Republik Serbien und warteten, wie es mit ihnen weitergehen solle. Sie waren um 2 Uhr in der Früh verhaftet worden, als sie in der Stadt umherschlichen. Sie hatten automatische Waffen, Messer und Metallschlingen zum lautlosen Erwürgen bei sich gehabt. Der Polizeichef wollte sie so bald wie möglich sicher aus der Stadt haben. Er hatte die JVA-Spionageabwehr angerufen, um sie loszuwerden. Er fürchtete, ihre Anwesenheit in Zvornik könnte den serbischen Freischärlern den gewünschten Vorwand liefern, die Stadt anzugreifen. Es war der 8. April, zwei Tage nachdem die Europäische Gemeinschaft Bosniens Unabhängigkeit anerkannt hatte.

Ein Polizeispäher kam aufgeregt auf das Revier. Zweitausend bewaffnete Serben hätten sich vor der Stadt formiert und seien jetzt auf dem Weg hierher, berichtete er atemlos. „Die Zukunft von Zvornik wird von woanders aus entschieden“, resignierte der Polizeichef. Am nächsten Tag begann die Vertreibung der Moslems, die mit 60 Prozent der Einwohner hier die zahlenstärkste Volksgruppe waren.

Die serbischen Paramilitärs und die Einheiten der Volksarmee, die vor Zvornik in Bereitstellung gegangen waren, brauchten keinen Vorwand. Am 8. April begann die Artillerie von der anderen Flußseite – aus der Republik Serbien – herüberzuschießen. Tausende Menschen liefen davon, zweitausend allein über die Brücke nach Mali Zvornik. Am nächsten Tag stellte der Freischärlerführer Arkan, dessen Männer sich die „Tiger“ nannten, den Moslems von Zvornik ein Ultimatum zur Kapitulation. Als sich nach Ablauf des Ultimatums niemand ergeben hatte, griffen die „Tiger“ an. Zvornik fiel am 10. April.

José Maria Mendiluce, der höchste UNHCR-Vertreter im ehemaligen Jugoslawien, besuchte Milošević in Belgrad.

Milošević sagte mir, und er sollte das während des gesamten Konflikts behaupten, daß er keine Kontrolle über die bosnischen Serben habe, daß er aber seine moralische Autorität einsetzen wolle ... Offiziell verkündete er, daß die Volksarmee aus Bosnien abzieht, wenn die Republik unabhängig wird ... Was er mir natürlich nicht erzählte, war, daß der größte Teil davon als bosnische Armee weiterhin in Bosnien bleiben wird. Zum damaligen Zeitpunkt war das nicht so klar wie im Rückblick.

Als Mendiluce Belgrad verließ, hatte er die Zusage von Milošević, daß dieser alles in seiner Macht Stehende unternehmen werde (was sich natürlich auf den moralischen Einfluß beschränkte), die UNHCR-Mission in Bosnien zu unterstützen. Auf dem Rückweg nach Sarajevo mußte Mendiluce durch Zvornik. Er hatte den falschen Tag ausgesucht.

Als ich zur Brücke (über die Drina, die Serbien von Bosnien trennt) kam, hörte ich die dumpfen Explosionen von Artillerie- und Granatwerferfeuer. Auf der serbischen Seite herrschte große Aufregung. Etwa einen Kilometer von der Brücke entfernt wimmelte es von Armeesoldaten und Freischärlern. Das ganze Gebiet war militarisiert. Ich verlangte, die Brücke zu überqueren. Sie ließen mich auf eigenes Risiko passieren. Ich fuhr auf die bosnische Seite. Dort gab es ein großes Bombardement durch die Artillerie von der serbischen Seite der Drina. Ich sah sogar den Rauch aus den Mündungen der Kanonen auf der serbischen Seite.

Serbische Milizionäre und Soldaten der Volksarmee, die schon jenseits der Brücke waren, fingen Mendiluce ab. Sie waren wütend darüber, daß ein Fremder Zeuge geworden war, wie sie die Stadt stürmten.

Ich wurde zwei Stunden lang festgehalten. Das Risiko war mir bewußt. Ich sah Lastwagenladungen voll mit Toten. Ich konnte die Freischärler beobachten, wie sie die Leichen von Frauen, Kindern und Alten aus den Häusern zerrten und auf Lastwagen warfen. Ich habe mindestens fünf oder sechs Lastwagen voller Leichen gesehen. Als ich ankam, war die Säuberung beendet. Ich sah keine Men-

schen, niemand war auf der Straße. Es war alles schon vorüber. Sie plünderten und beseitigten die Spuren des Massakers. Ich war überzeugt, daß sie mich umbringen würden.

Sie töteten ihn nicht. Sie ließen ihn weiterfahren. Er überquerte die Frontlinie in bosnisch kontrolliertes Gebiet mit 140 Stundenkilometern. Dort begegnete er den Opfern dieser Säuberungsaktion. Etwa fünftausend Menschen versuchten, in einem schmalen Tal Unterschlupf zu finden.

Als ich hinkam, drängten sich tausend Leute um mein Auto. Sie flehten mich an: „Retten Sie uns! Retten Sie uns!" Sie waren dermaßen verzweifelt, daß ich eine Stunde blieb und versuchte, sie zu beruhigen. Auch dort gab es viele Tote, geschockte, verwundete Kinder lagen auf dem Boden. Sie standen völlig unter Schock, und das Mörserfeuer rückte immer näher.

Mendiluces Augenzeugenbericht, daß serbische Freischärler den Angriff auf Zvornik gemeinsam mit regulären Armee-Einheiten durchgeführt hatten, wurde durch den ultranationalistischen Tschetnikführer Vojislav Šešelj bestätigt. Šešelj traf kurz nach der „Befreiung", wie er es nannte, in Zvornik ein. „Die Operation Zvornik wurde in Belgrad geplant", sagte er.

Bosnisch-serbische Streitkräfte nahmen auch daran teil. Aber die Spezialkommandos und die besten Kampfeinheiten kamen von dieser Seite (Serbien). Das waren Polizeitruppen, die sogenannten Roten Barette, Sondereinheiten des serbischen Innenministeriums in Belgrad. Die Armee machte in einem geringeren Ausmaß mit – sie gab Artillerieunterstützung, wo immer das gebraucht wurde. Die Operation war lange geplant gewesen. Es gab keinerlei Nervosität bei der Durchführung. Alles war gut organisiert und umgesetzt.

Arkans „Tiger" hatten ihre Feuertaufe im Jahr zuvor in Ostslawonien erhalten. Dort hatten sie ihre Technik der ethnischen Säuberungen durch Terrorisieren der Zivilbevölkerung perfektioniert. Am 1. April standen sie vor Bijeljina in Nordostbosnien. Bijeljina und Zvornik waren wichtige strategische Schlüsselpositionen zur Erreichung der serbischen Kriegsziele. Beide zusammen bildeten eine Landbrücke, welche die beiden großen, von den Serben beanspruchten Abschnitte verband: die bosnische Krajina im Raum Banja Luka im Nordwesten; im Osten das Westufer der Drina und von dort südöstlich um Sarajevo bis in die Ostherzegowina. Ostbosnien war für Belgrad besonders wichtig, weil es an Serbien grenzte.

Arkan ordnete eine Terrorkampagne gegen die Bevölkerung Bijeljinas an. Seine „Tiger“ bezogen Heckenschützenstellungen an verschiedenen Punkten der Stadt, patrouillierten durch die Straßen und feuerten Maschinengewehrsalven in die Luft. Sie forschten die Anführer der Moslems aus und exekutierten sie im Schnellverfahren. Der symbolische Widerstand war rasch gebrochen. Mindestens zwei Dutzend Moslems kamen bei sporadischen Straßenkämpfen ums Leben. Als Bilder davon Sarajevo erreichten, begriff Izetbegović zum ersten Mal das Ausmaß und die Art der Katastrophe, die über sein Land hereinzubrechen drohte:

Es war fast nicht zu glauben. Getötete Zivilisten. Auf den Fotos waren Frauenleichen auf der Straße zu sehen. Ich hielt es zuerst für eine Fotomontage. Ich traute meinen Augen nicht, ich konnte nicht glauben, daß so etwas möglich war.

Izetbegović kam unter Druck, zu handeln. Er wandte sich an die Generäle um Hilfe, als ob er nicht registriert hätte, welche Rolle die Volksarmee in Kroatien gespielt hatte. Es war, als wollte er den Bock zum Gärtner machen, gab er später zu. Am 3. April um 3 Uhr nachmittags marschierte die JVA mit der Billigung von Izetbegović in Bijeljina ein und besetzte die Stadt. Der Terror der Freischärler ging weiter – in voller Komplizenschaft mit der Volksarmee. Fast die gesamte nichtserbische Bevölkerung floh. Wieder einmal hatte die Armee unter dem Vorwand, die „kriegführenden ethnischen Gruppen“ zu trennen, ein beträchtliches Stück Land besetzt, das nun, militärisch abgesichert, einem bosnisch-serbischen Staat einverleibt werden konnte.

Izetbegović entsandte eine paritätisch besetzte Delegation nach Bijeljina, um die angeblichen Verbrechen untersuchen zu lassen. Die Präsidiumsmitglieder Fikret Abdić und Biljana Plavšić kamen als Vertreter der Moslems und der Serben, der bosnische Verteidigungsminister Jerko Doko repräsentierte die Kroaten. Ihre Erkundung führte zu gar nichts. Fikret Abdić sagte dazu:

Bijeljina war praktisch leer. Ich ging zu den örtlichen Behörden, und sie erzählten, was passiert war. Es war aber kein einziger Moslem unter ihnen, daher konnten wir das Problem nicht in seiner Gesamtheit diskutieren. Die Moslems waren unserem Aufruf nicht gefolgt. Sie hatten zu viel Angst, herauszukommen, und sie hatten noch mehr Angst, darüber zu reden.

Frau Plavšić hielt mit ihrer Interpretation der Ereignisse nicht hinter dem Berg: Sie begrüßte Arkan mit einem Kuß.

Am 4. April gab Izetbegović dem vereinten Druck der kroatischen Präsidiumsmitglieder und von Ejup Ganić, der sich immer mehr zu Izetbegovićs *de facto*-Stellvertreter mauserte, nach. Die Schreckensmeldungen aus Nordostbosnien hatten alle Nicht-Serben gehörig alarmiert, und der Präsident ordnete die Generalmobilmachung der bosnischen Territorialverteidigung an. „Es war klar, daß wir damals etwas unternehmen mußten“, sagte Ganić später. „Die Volksarmee war überall und war bereits in eine Tschetnik-Armee transformiert worden. Der Exodus aus Ostbosnien hatte begonnen, Menschen wurden massakriert, und wir entschieden, uns mit den uns zur Verfügung stehenden Mitteln zu verteidigen.“

Diese Entscheidung paßte den Führern der bosnischen Serben nicht. Ihnen war klar, daß nur Moslems und Kroaten diesem Aufruf nachkommen würden. Sie interpretierten ihn als offene Kriegserklärung, und Karadžić wandte sich direkt an den Moslemführer:

Als wir hörten, daß Izetbegović die Generalmobilmachung angeordnet hatte, war das ein großer Schock für uns, und wir wußten, daß das in den Krieg führte. Ich rief Izetbegović an und sagte: „Bitte, machen Sie den Mobilmachungsbefehl wieder rückgängig. Sie wissen, daß die Serben ihn nicht befolgen werden.“ Er sagte, das sei nicht mehr möglich, da der Aufruf schon veröffentlicht wäre. Ich wendete ein, daß er irgendeine Formel für den Widerruf finden solle und daß es nie zu spät sei. Er ging nicht darauf ein.

Auch Krajišnik, mit dem sich Izetbegović persönlich gut verstanden hatte, meldete sich bei ihm.

Ich fragte ihn, ob er sich klar sei, was das bedeutet. Die Serben dienten immer noch in der Armee, die Moslems und Kroaten nicht mehr. Jetzt wollte er die Territorialverteidigung aufstellen. Wer, glaubte er, wird sich zur Territorialverteidigung melden? Gegen wen? Gegen die Serben. Ich bat ihn eindringlich, die Entscheidung für ungültig zu erklären. Ich sagte, das bringt Krieg. Izetbegović sagte, es tue ihm leid, aber er könne nichts tun. Ich hatte den Eindruck, daß er unter großem Druck stand.

Koljević und Plavšić traten sofort von ihren Präsidiumsfunktionen zurück und erklärten das Rumpfpräsidium für illegitim. Als Karadžić in dieser Nacht aus seinem Hauptquartier im *Holiday Inn* im Stadtzentrum von Sarajevo aus dem Fenster blickte, wußte er, daß er mit dieser Stadt im Krieg war. Er fühlte sich wie in einer Falle.

In Sarajevo herrschte eine Atmosphäre des Schreckens. Die Straßen waren wie leergefegt, und von unseren Bürofenstern im Holiday Inn aus konnten wir beobachten, wie Scharfschützen der moslemischen Grünen Barette auf den Dächern der hohen Gebäude in Stellung gingen. Wir warteten bis in der Früh, um zu sehen, was passieren würde.

Am nächsten Morgen griffen serbische Freischärler die Polizeiakademie an, die am südlichen Stadtrand von Sarajevo lag. Die Anlage thronte hoch über der Stadt und hatte eine gute strategische Lage. Außerdem waren dort Waffen und Munition aufbewahrt. Die militärische Priorität der Serben bei Sarajevo war, aus ihren Stellungen auf dem Berg Vraca herunterzustoßen, von Süden in die Stadt vorzudringen, in der Nähe des Parlamentsgebäudes den Fluß Miljacka zu überschreiten und Sarajevo an der schmalsten Stelle in zwei Teile zu schneiden. Die Polizeiakademie mußte vorher ausgeschaltet werden, sonst hätten sie eine stark bewaffnete bosnische Streitmacht während dieses Angriffs in ihrem Rücken gehabt. Hier kam es zu den ersten Kampfhandlungen in Sarajevo.

Bis zum 5. April hatten sich die meisten Einwohner Sarajevos – Moslems, Serben, Kroaten, Juden ebenso wie Jugoslawen – an die selbstgefällige Vorstellung geklammert, in ihrer Stadt könne es keinen Krieg geben. Sie taten die unheilvollen Aussprüche von Karadžić als Gefasel eines bedeutungslosen Geistesgestörten ab. Diese Geringschätzung hatte starke Züge urbaner Versnobtheit. Viele Sarajlis (Einwohner von Sarajevo) erinnerten einander gerne daran, daß Karadžić nicht einer der Ihren war; er war nicht einmal Bosnier. Er war ein verstädterter Bauer aus Montenegro, der erste in seiner Familie, der eine Ausbildung erhalten hatte. Manche, die ihn von Anfang an gekannt hatten, erinnerten sich an einen linkischen jungen Mann, von dem sie sagten, daß er noch Opanken (das traditionelle Schuhwerk der Dorfbevölkerung) getragen hätte, als er in der Stadt auftauchte. Am 5. April 1992 begannen sie ihn ernst zu nehmen.

Der Mobilisierungsaufruf vom Vortag hatte Sarajevo aus seiner Selbstzufriedenheit aufgeschreckt. Ein kleiner Menschenzug versammelte sich im Westen der Stadt und begann, die Hauptstraße entlang in Richtung Stadtzentrum zu marschieren. Sie wurden immer mehr. Tausende Sarajlis aller Nationalitäten schlossen sich dem Zug an, um gegen den Wahnsinn der ethnischen Teilung zu protestieren. Die Stadt war stolz darauf, jahrhundertelang ein Modell des Zusammenlebens und der gegenseitigen Toleranz gewesen zu sein. Serben, Kroaten und Moslems schwangen jugoslawische Fahnen und trugen Bilder von Marschall Tito. Samir Korić, ein 27jähriger Buchhalter, war auch dabei. Zwei Jahre später, inzwischen arbeitete er als Journalist für *Reuters*, erinnerte er sich an die Atmosphäre dieses Tages zurück:

Wir waren dabei, weil wir glaubten, daß sich in den Köpfen der Leute noch etwas ändern könnte, daß Sarajevo und Bosnien gerettet werden könnten als ein Ort, an dem Moslems, Serben und Kroaten gemeinsam leben können, so wie sie es 500 Jahre lang getan hatten. Am späten Vormittag machten sich mehrere tausend Demonstranten auf den Weg zu einer der Barrikaden auf der anderen Seite der Vrbanja-Brücke hinter dem Parlamentsgebäude. Die Absicht war, die Brücke Richtung Grbavica zu überqueren und zu zeigen, daß die Stadt noch immer den Menschen gehörte – und zwar allen Menschen.

Als die Anführer des Demonstrationszuges sich auf dem Vorplatz des Parlaments versammelten und ein „Nationales Rettungskomitee" ins Leben riefen, bogen die Demonstranten nach rechts über die Brücke Richtung Grbavica ab. Arglos bewegte sich der Zug auf die etwas weiter bergauf gelegene Polizeiakademie zu und lief direkt in das serbische Feuer. Schüsse krachten. Ein Mann in der ersten Reihe der Demonstranten wurde ins Bein getroffen. Die Menge marschierte weiter. Die Vordersten von ihnen konnten uniformierte Männer ausmachen, die sich hinter den ersten Bäumen bewegten. Sie sahen serbische Freischärler von Haus zu Haus rennen. Noch mehr Schüsse fielen; jemand warf eine Handgranate. Dann zerstob die Menge, von Panik erfaßt. Kaum jemand bemerkte, daß Sarajevo sein erstes Kriegsopfer zu beklagen hatte.

Suada Dilberović, eine 21jährige Medizinstudentin aus Dubrovnik, war die erste Tote. Sie wurde von einer Kugel in den Brustkorb getroffen, als sie die Vrbanja-Brücke überquerte. Bei ihrer Einlieferung ins Spital war sie bereits tot. Samir Korić war zu Beginn der Demonstration mit ihr zusammen gewesen, hatte sie aber auf dem Weg nach Grbavica aus den Augen verloren. Seine Erinnerungen an diesen Tag verdienen, in voller Länge zitiert zu werden. Sie zeigen, wie unvorbereitet Sarajevo, wo die Nationalparteien keine guten Ergebnisse erzielt hatten, von seinem Schicksal getroffen wurde, und sie widerlegen jene, die behaupten, der Krieg sei aus „uralten ethnischen Streitigkeiten" entstanden.

Viele Leute werden Ihnen heute erzählen, daß sie den Krieg damals kommen gesehen haben, aber ich glaube, weder sie noch Suada hätten sich das vorstellen können. Suada war Moslem aus dem schönen Dubrovnik ...

Ihre Eltern saßen dort seit Oktober 1991 fest, als die Serben während des Krieges in Kroatien die Stadt belagerten. Das anhaltende serbische Bombardement hatte sie zu Flüchtlingen in ihrer eigenen Stadt gemacht, ihr Haus war zerstört, und sie lebten in einem Hotel. Suada studierte Medizin und hatte im Mai ihre Abschlußprüfungen. Sie hätte nicht auf dieser Demonstration sein müssen. Sie war nicht aus Sarajevo. Sie war nicht einmal Bosnierin. Aber sie war empört über die geplante Teilung einer Stadt, die sie während fünf Studienjahren kennen- und lieben gelernt hatte. Und ihre Familie hatte schon einen gewissen Preis bezahlt für jenen ethnischen Haß, der auf der anderen Seite der Barrikaden regierte.

Die Demonstration war ziemlich friedfertig. Ich erinnere mich an Suada, wie sie an diesem Morgen dastand mit ihren blonden Haaren und blauen Augen, wie sie lachte. Die meisten Leute um uns herum waren jung und guter Dinge. Sie wollten friedlich ihre Meinung kundtun.

Ich war ungefähr 50 Meter von der Brücke entfernt, als die Schüsse fielen – vielleicht fünf oder sechs. Alle begannen zu laufen.

Als wir Deckung hinter einer Hausmauer gefunden hatten, stieg ohnmächtiger Zorn in mir auf. Ich hätte es nie für möglich gehalten, daß jemand Feuer auf eine Gruppe unbewaffneter Demonstranten eröffnet.

Seltsamerweise schien der Krieg noch immer vermeidbar. Erst einige Tage später kam uns zu Bewußtsein, daß es kein Zurück mehr gab, und wir begannen Suada als das erste Opfer des bosnischen Krieges zu bezeichnen.

Was nach einem willkürlichen Gewaltakt und nach einer persönlichen Tragödie ausgesehen hatte, nahm in unseren Köpfen langsam Gestalt an als erster Akt in einem viel größeren Drama: Europas schlimmstem Krieg seit fünfzig Jahren.[150]

Vor dem Parlament sprachen die Vertreter des „Nationalen Rettungskomitees“ noch immer zu jenen Demonstranten, die sich von den Schüssen der Heckenschützen in Vraca nicht hatten vertreiben lassen. Die Sprecher forderten den Abbau der Barrikaden. Sie verlangten den Rücktritt der Führer aller drei Parteien und forderten Neuwahlen. Das

Fernsehen von Sarajevo übertrug die Demonstration bis spät in die Nacht.

General Lewis MacKenzie, der vor einem knappen Monat als Kommandant der UNO-Truppen in Sarajevo angekommen war, sah auf seinem Heimweg die Blutflecken, die die ersten Opfer auf dem Asphalt hinterlassen hatten. In dieser Nacht eroberte die Volksarmee im Schutz der Dunkelheit und ihres Artilleriefeuers den Flughafen von Sarajevo. Vor den Abfertigungshallen und auf den Zufahrtsstraßen gingen gepanzerte Fahrzeuge in Stellung.

Karadžić hatte gewarnt, daß Bosnien-Herzegowina im Fall der Anerkennung keinen einzigen Tag überleben würde. Eine Totgeburt, wie er sagte. Am Nachmittag des 6. April wurde Bosnien von der EG anerkannt. (Die USA folgten am nächsten Tag.) Karadžić hielt sein Wort. Er rief die unabhängige „Serbische Republik von Bosnien und Herzegowina" aus, die später in *Republika Srpska* umbenannt wurde. Der neue Staat bestehe ab Mitternacht, verkündete Karadžić, die Hauptstadt sei Sarajevo (momentan unter feindlicher Besatzung) und er selbst das Staatsoberhaupt. Bosnien, sagte er, habe einen Tag vor seiner Anerkennung zu bestehen aufgehört.

Das sogenannte Volksparlament und das Nationale Rettungskomitee befanden sich immer noch vor dem Parlamentsgebäude. Serbische Scharfschützen eröffneten von oberen Stockwerken des *Holiday Inn* aus das Feuer auf die Menge. Mindestens sechs Personen kamen ums Leben, Dutzende wurden verletzt. Bosnische Milizionäre stürmten das Gebäude. Verängstigt gingen Hotelpersonal und Gäste in Deckung, als Querschläger durch die Hotelhalle surrten. Sechs Männer wurden verhaftet und in eine ungewisse Zukunft verschleppt. Aber Karadžić, seine Tochter Sonja und das Personal seines Hauptquartiers waren längst nicht mehr da.

Hat der Mobilisierungsaufruf von Izetbegović den Krieg ausgelöst, wie die Serbenführer behaupten? Keineswegs. Karadžić und Krajišnik hatten nie ein Hehl daraus gemacht, daß sie keinesfalls in einem unabhängigen Bosnien leben wollten. Sie hatten die Unterstützung des Belgrader Regimes und der serbisierten Jugoslawischen Volksarmee. Sie wußten auch, daß sie eine Teilung mit Gewalt herbeiführen konnten, wenn es nicht gelang, sie herbeizuverhandeln. Sie stellten Izetbegović vor dieselbe Wahl, die Milošević allen seinen Feinden gewährte: Du kannst in Frieden leben, aber unter unseren Bedingungen.

Wenige Tage später riskierte Momčilo Krajišnik, der inzwischen

Parlamentspräsident der selbsternannten serbischen Republik geworden war, sein Leben, indem er zu einem letzten Gespräch mit Izetbegović in die Stadt fuhr. Sie trafen sich in Krajišniks altem Büro im Parlamentsgebäude, vor dem das Massaker an friedlichen, unbewaffneten Demonstranten geschehen war. Es war spät am Abend und schon finster. Die Luft dröhnte vom Echo des Artilleriefeuers in den umliegenden Bergen. Das Bombardement von Sarajevo hatte begonnen.

Krajišnik kam zuerst an. Das Gebäude war versperrt. Er wartete in seinem Wagen. Die Straßen waren menschenleer. Schließlich kam Izetbegović mit seinen Leibwächtern, die automatische Waffen mit Schalldämpfern trugen.

„Wir waren irgendwie befreundet", erinnert sich Izetbegović. „Wir hatten nach den Wahlen im Jahr 1990 gemeinsam im Parlament gearbeitet."

Krajišnik war sich bewußt, daß er sich in Feindesland befand und daß seine Seite kein Verständnis für ein solches Treffen haben würde. Er bat Izetbegović um Geheimhaltung ihrer Zusammenkunft. Izetbegović stimmte zu. Dann erläuterte Krajišnik, wie Izetbegović den Krieg verhindern könne, wenn er auf ein Geschäft mit Sarajevo eingehe.

Wir trugen uns immer mit dem Gedanken einer Teilung von Sarajevo – die Moslems sollten ihren Teil haben und die Serben den ihren. Das ist kein Geheimnis. Wir wollten Sarajevo in zwei Städte aufgliedern – in Zwillinge. Ich sagte Izetbegović, der Krieg würde aufhören, wenn wir uns über Sarajevo einigen könnten.

Izetbegović lehnte ab. Krajišnik überließ dem Präsidenten noch eine Füllfeder als Souvenir und als Geste des guten Willens. Izetbegović nahm sie an. Krajišnik sperrte seine Bürotür ab und ging, ohne seinen Schreibtisch zu räumen. Als sie sich verabschiedeten, vereinbarten sie ein weiteres Treffen ein bis zwei Tage später. Izetbegović fuhr um den verdunkelten Häuserblock in das Präsidium zurück. Krajišnik verließ die Stadt Richtung Westen und fuhr in den serbisch besetzten Vorort Ilidža. Eine Salve aus einem Maschinengewehr verfehlte seinen Wagen nur knapp. Er beschloß, erst nach dem Krieg wieder nach Sarajevo zurückzukehren. Die beiden Männer sahen einander erst wieder, als Lord Owen sie in Genf acht Monate später am selben Verhandlungstisch zusammensetzte. Inzwischen waren sie erbitterte Feinde geworden.

17. Kapitel

Die Entführung des Präsidenten

2.–3. Mai 1992

Eine niedrige Wolkendecke hing über Bosnien. Präsident Alija Izetbegović konnte sein Land nicht sehen, als er aus dem Fenster der zweimotorigen *Cessna* blickte, die ihn nach drei Tagen fruchtloser Verhandlungen in Lissabon nach Hause brachte. Er wartete schon nervös auf die Ankunft. Das Flugzeug war vorher noch in Rom zwischengelandet, um aufzutanken. Eineinhalb Stunden lang hatten seine Tochter Sabina und sein Vizepremierminister Zlatko Lagumdžija versucht, das Präsidiumsgebäude in Sarajevo telefonisch zu erreichen. Aber alle Telefonleitungen in der Stadt waren tot. Izetbegović wußte nicht, daß seit diesem Morgen der bisher schwerste Artillerieangriff gegen Sarajevo im Gange war. Die Regierungsgebäude hatten etliche Treffer abbekommen, und das Hauptpostamt samt Telefonzentrale war durch Sabotage von innen zerstört worden. Vierzigtausend Telefonleitungen waren außer Betrieb, darunter jene für das Stadtzentrum, wo sich alle Regierungsgebäude befanden. Es war der 2. Mai 1992. Ahnungslos flog der Präsident in das Auge eines Taifuns. Er sollte an diesem Tag nicht mehr an seinen Amtssitz zurückkehren. Er fiel in die Hände seiner Feinde.

Wenige Minuten nach dem Start hatte der Kapitän verlautbart, daß er wegen heftiger Kämpfe keine Landeerlaubnis für Sarajevo erhalten habe. Das Flugzeug müsse nach Belgrad, Zagreb oder Graz umgeleitet werden. Der Kapitän fragte den Präsidenten, wohin er fliegen wolle. Belgrad kam nicht in Frage. Graz war zu weit. Er wählte Zagreb. Das Flugzeug ging in eine steile Linkskurve und setzte dann den Weg nach Norden fort.

Dann erhielt das Cockpit neue Instruktionen. Die Lotsen hatten die Landung in Sarajevo freigegeben. Es wurde immer noch schwer gekämpft. Aber der Präsident konnte auf eigenes Risiko dort landen. Der Pilot gab die Nachricht an Izetbegović weiter und fragte ihn noch einmal, wohin er fliegen wolle.

Selbst seine Freunde sagen, daß Izetbegović sich während seiner Jahre als politischer Gefangener angewöhnt hatte, in schwierigen Fragen niemanden außer Gott zu konsultieren. Das tat er auch jetzt wieder. Mehrere Minuten lang verharrte er, allein mit seinen Gedanken und in nervöses Schweigen gehüllt. Er besprach sich weder mit seiner Tochter noch mit Lagumdžija, noch mit der Flugzeugbesatzung. Schließlich sagte er: „Sarajevo."

Der Flughafen von Sarajevo stand unter der Kontrolle der ehemaligen Volksarmee. Obwohl seit vier Wochen in der Stadt gekämpft wurde, hatten sich noch immer keine klaren Konfrontationslinien herausgebildet. Naiverweise hielt Izetbegović die Volksarmee noch immer für eine neutrale Kraft, die sich zwischen die serbischen Freischärler und ihre moslemischen Säuberungsopfer stellte. Am 2. Mai verlor er diese Illusion.

General MacKenzie hatte einen UNO-Schützenpanzer zum Flughafen geschickt, um den Präsidenten und seine kleine Entourage ins Präsidium zu geleiten. Der schwedische Fahrzeugkommandant wartete eineinhalb Stunden lang bis über die planmäßige Ankunftszeit hinaus und kehrte dann unerklärlicherweise zum UNPROFOR-Hauptquartier in der Stadt zurück. General MacKenzie gab selber zu, daß niemand in der UNPROFOR wußte, wo sich der Präsident aufhielt oder ob er überhaupt an diesem Tag zurückkam. Als das Flugzeug gelandet war, hielt Izetbegović nach einem der unverwechselbaren weißlackierten UNO-Fahrzeuge Ausschau. Er sah nur die unverwechselbar grünen Fahrzeuge der Volksarmee. Er fühlte Panik in sich aufsteigen. Es ging nicht nur um seine eigene Sicherheit, sondern auch um die seiner Tochter, seines Vizepremiers und seines Leibwächters Nurudin Imamović. Als die vier ihre Füße auf das Rollfeld gesetzt hatten, sahen sie sich von etwa dreißig Männern umstellt, die die Abzeichen der Volksarmee trugen. Imamović griff instinktiv nach seiner Pistole und wurde sofort entwaffnet. Dann wurde die Gruppe in das Abfertigungsgebäude gebracht.

* * *

Am 2. Mai waren die Kämpfe nicht nur in Sarajevo, sondern auch anderswo in Bosnien dramatisch eskaliert. An diesem Tag festigten die Serben ihre Kontrolle über Brčko und Doboj in Nordbosnien und vertrieben den größten Teil der dort ansässigen Moslems. Der wichtige Ost-West-Korridor zwischen der Republik Serbien und den serbisch kontrollierten Landstrichen in Bosnien und Kroatien war dadurch vorerst abgesichert. Am selben Tag versuchten die Streitkräfte von Karadžić auch, ihren Plan der Trennung Sarajevos in einen moslemischen und einen serbischen Teil umzusetzen.

Karadžić hatte seine Teilungsabsichten nie verheimlicht. Seine Vision einer Stadt mit einem moslemischen, einem kroatischen und einem serbischen Sektor stand in krassem Gegensatz zur jahrhundertelangen Tradition des friedlichen Mit- und Nebeneinander der verschiedenen Volksgruppen in Sarajevo. Ohne sich zu genieren, hatte er gegenüber Journalisten und Diplomaten gleichermaßen von der Notwendigkeit gesprochen, eine Mauer durch die Stadt zu ziehen. Er wünschte sich eine Art Berliner Mauer in einer Stadt, in der jeder Bezirk, jedes Viertel, ja jeder Wohnblock ethnisch gemischt war.[151] In seinem Hauptquartier im Bergdorf Pale breitete Karadžić vor jedem, der Interesse zeigte, seine Stadtpläne aus und erläuterte den geplanten Verlauf seiner Mauer. Der äußerste Osten der Stadt, das waren die gewundenen Gäßchen der türkischen Altstadt, sowie der Nachbarbezirk mit seinen breiten Boulevards, den die Habsburger gegen Ende des 19. Jahrhunderts erbaut hatten, sollte den Moslems und Kroaten gehören. Alle westlich des Marijindvor (prominentes k. u. k.-Gebäude am Westrand des Stadtzentrums) gelegenen Stadtteile, das war praktisch die gesamte moderne, industrielle und kommerzielle Infrastruktur und fast die gesamte Wohnkapazität von Sarajevo, sollten ausschließlich den Serben gehören. Das wurde aufgrund des grotesken Arguments gefordert, daß das Ackerland und die Dörfer, die dem modernen Sarajevo weichen mußten, in früheren Zeiten hauptsächlich serbischen Bauern gehört hätten. Karadžić hatte keine Skrupel, diesen Plan zu präsentieren, der bedeutete, daß der weitaus größte Teil der Stadtbevölkerung in den kleinsten, am dichtesten bewohnten Stadtteil hineingestopft werden sollte. „Die Moslems sind es gewohnt, so zu leben", lautete die unvergeßliche Erklärung seiner Stellvertreterin Biljana Plavšić. „Sie leben gerne auf- und übereinander. Das ist ihre Kultur. Wir Serben brauchen Platz."

Am 2. Mai, als Izetbegović aus Lissabon zurückkehrte, versuchten die Serben, die Stadt in zwei Teile zu trennen. Wochenlang hatten sie schon ihre Stellungen in den Hügeln, die Sarajevo umgeben, ausgebaut und die Stadt eingekreist. Jetzt griffen sie die Stadt aus ihren überlegenen Positionen heraus an. Aus dem Süden stießen sie von den Bergen Trebević und Vraca herab auf den Stadtteil Grbavica im Zentrum vor.

Eine Kolonne gepanzerter Fahrzeuge überquerte die schmale Brücke in Skenderija und kam bis auf 100 Meter an das Präsidiumsgebäude heran. Der Vorstoß wurde durch Artillerie- und Mörserfeuer von den Hügeln unterstützt. Artillerie und Panzergranaten demolierten die rote Ziegelfassade der Stadtverwaltung. Von Westen her näherte sich eine zweite Panzerkolonne, aus den serbischen Territorien in der Nähe des Flughafens kommend, dem Fernsehzentrum und den beiden Redaktionshochhäusern der Tageszeitung *Oslobodjenje*.

In Kroatien hatte sich gezeigt, daß die serbischen Freischärler und die JVA praktisch außerstande waren, Stadtgebiete einzunehmen, ohne sie vorher zu Pulver zu schießen. Sie hatten eine hohe Feuerüberlegenheit, aber sie hatten nicht die Infanterie, die einem Häuserkampf gewachsen war. Dieses Muster wiederholte sich nun auch in Sarajevo. Beide Panzerkolonnen wurden von relativ kleinen Gruppen bosnischer Soldaten und Mitgliedern der Patriotischen Liga[152], des kurz zuvor gegründeten bewaffneten Flügels der SDA, mit leichten Panzerabwehrrohren aufgehalten. In Skenderija blockierte das erste Fahrzeug, nachdem es außer Gefecht gesetzt worden war, die schmale Straße. Der Rest der Kolonne drehte um. Auch die Panzerkolonne, die aus dem Westen angriff, trat nach den ersten Anzeichen von Widerstand einen ungeordneten Rückzug an.

Obwohl das Angriffsziel nicht erreicht wurde, waren die Serben doch erfolgreich. Die Frontlinie war zum ersten Mal bis in das Stadtzentrum vorangetrieben worden. Karadžić kontrollierte jetzt die beiden Stadtteile Grbavica und Hrasno. Weiter im Westen hatten die Serben die Vororte Nedžarici und Mojmilo und eine Siedlung nahe des Flughafens erobert. Dobrinja, einer der wohlhabendsten Bezirke Sarajevos, der eigens für die Olympischen Winterspiele von 1984 erbaut worden war und wo sich eine junge, beruflich erfolgreiche Mittelklasse angesiedelt hatte, war von serbischen Einheiten völlig umzingelt und vom Rest der Stadt abgeschnitten – eine Belagerung innerhalb des Belagerungsrings. Die Frontlinien, die nach diesem verpatzten serbischen Angriff am 2. Mai das Stadtzentrum teilten, hielten für den Rest des Krieges und bildeten die Basis der *de facto*-Teilung Sarajevos: Grbavica und Nedžarici wurden Teil der „Serbischen Republik von Bosnien und Herzegowina“ und waren vom regierungskontrollierten Teil der Stadt durch eine an Beirut erinnernde Art grüne Linie getrennt, an der sich die rivalisierenden Armeen (und ehemaligen Nachbarn) in einem oft tödlichen Patt gegenüberstanden. Diese Linie riß zusammengewachsene Gemeinschaften auseinander, trennte Kinder von ihren Eltern und wurde faktisch über Nacht zu einer künstlichen und willkürlichen neuen Grenze zwischen verfeindeten Staaten.

Der serbische Versuch, die Stadt in zwei Teile zu trennen, war auch noch aus einem anderen Grund fehlgeschlagen. Die Volksarmee in Bosnien stand immer noch nicht zu 100 Prozent auf der serbischen Seite. Viele der alten jugoslawisch orientierten Offiziere lehnten den serbischen Nationalismus aus Überzeugung ab und weigerten sich, die Befehle von Karadžić auszuführen. Der unsicherste Kantonist aus der Sicht von Karadžić war General Milutin Kukanjac, der Kommandant des Zweiten Korps der Jugoslawischen Volksarmee und ranghöchster Offizier in Bosnien. Im April hatte Karadžić Kukanjac aufgefordert, seine Soldaten dem Kommando der bosnischen Serben zu unterstellen und die Stadt zweizuteilen.

Gegen Ende April bestand ich darauf, daß Kukanjac alle Serben aus der Armee entläßt, und falls nicht, daß er Sarajevo in zwei Teile trenne, um Kämpfe in der Stadt zu verhindern. Kukanjac sagte, bei einer solchen militärischen Operation mache er nicht mit, denn das widerspreche seiner Auffassung von der Aufgabe der Volksarmee als Puffer zwischen den Serben und den Moslems.

In den meisten anderen Landesteilen ging die Überleitung der Volksarmee in eine Serbische Armee reibungslos vonstatten. Diese Entwicklungen waren aber am glücklosen Kukanjac vorübergegangen. Er kannte weder das Drehbuch, noch wußte er, welche Rolle er darin spielte. Er saß zusammen mit etwa 400 Soldaten in seinem Hauptquartier mitten in Sarajevo plötzlich in der Falle. Sefer Halilović, der Kommandant der bosnischen Territorialverteidigung, befahl, das Hauptquartier von Kukanjac, den Klub der Offiziere der JVA und das Militärkrankenhaus beim Marijindvor zu belagern. Kukanjac hatte seit Wochen einen stufenweisen Abzug seiner Truppen aus Sarajevo auszuhandeln versucht. Halilović war entschlossen, sie nur abziehen zu lassen, wenn sie alle ihre Waffen zurückließen.

In den Straßen im Stadtzentrum herrschte Chaos. Granaten schlugen häufig und ohne erkennbares System ein. Das Rathaus, das Hotel *Europa*, das Hauptpostamt und nahegelegene Wohnhäuser standen in Flammen. Serbische Kampfflugzeuge bombardierten den Fernsehsender auf dem Berg Hum. Der serbische Angriff hatte die Mitglieder der Grünen Barette, der Patriotischen Liga und der Territorialverteidigung mobilisiert. Sarajevo stand unter der Kontrolle mehrerer unabhängiger bosnischer Milizen, die keine einheitliche Kommandostruktur hatten. Es gab gut ausgerüstete und gut organisierte Paramilitärs, es gab aber auch bewaffnete Banden, angeführt von polizeibekannten Unterweltlern.

General Lewis MacKenzie saß im Hauptquartier der UNPROFOR im äußersten Westen der Stadt und hatte keine Ahnung, was im Stadtzentrum vor sich ging. Am 2. Mai 1992 schrieb er in sein Tagebuch: „Ein relativ ruhiger Tag, nur ein paar hundert Feuerstöße aus schweren Maschinengewehren im Raum Altstadt. Doch das Feuer ging den ganzen Abend weiter. Daher konnte ich nicht zur Wohnung eines Freundes fahren, um mir dort den spanischen Formel-I-Grand-Prix im Fernsehen anzuschauen. Das war auch gut so – Teile der Wohnung wurden am Nachmittag durch Artilleriefeuer zerstört." MacKenzie erwartete ein Paket aus Kanada und hatte erfahren, daß es an diesem Tag am Postamt ankommen würde. Er hatte einen Untergebenen in die Stadt geschickt, um es abzuholen. Als der junge Offizier wieder zurückkam, sagte er seinem Kommandanten: „Ich habe gute und schlechte Nachrichten." – „Was ist die gute Nachricht?" fragte der General. „Ich habe das Postamt gefunden." – „Und die schlechte?" – „Es wurde in die Luft gejagt."

Das Flugzeug des Präsidenten landete inmitten dieses Chaos, und General Kukanjac ergriff die günstige Gelegenheit, die sich ihm hier bot. Aus seiner belagerten Kaserne heraus wies er den Kommandanten des Flughafens, General Djurdjevac an, den Präsidenten „zu dessen eigener Sicherheit" festzuhalten.

Der Präsident und seine Begleiter standen inzwischen – von bewaffneten Soldaten bewacht – im Büro des Flughafendirektors. Izetbegović verlangte, in die Stadt gebracht zu werden. Djurdjevac lehnte ab. Er sagte dem Präsidenten, seine Befehle lauteten, ihn und seine Begleitung in die JVA-Kaserne in Lukavica zu bringen, einem serbisch kontrollierten Dorf etwa zehn Minuten vom Flughafen entfernt. Djurdjevac sagte, General Kukanjac wolle dort mit dem Präsidenten zusammentreffen. Izetbegović lehnte ab: „Ich habe ihnen gesagt, wir könnten uns treffen, aber nur im Präsidium. Sie antworteten: Nein, Kukanjac möchte das Treffen in Lukavica haben. Ich sagte, ich denke nicht daran, zu Gesprächen nach Lukavica zu fahren. Sie sagten, ich muß nach Lukavica fahren. Ich fragte, ob ich ihre Geisel bin, und sagte, ich bin nicht bereit, nach Lukavica zu fahren, außer sie zwingen mich dazu. Dann sagte er: Sie müssen nach Lukavica mitkommen."

Izetbegović wollte das Präsidium anrufen und seinen Leuten mitteilen, wo er war. Djurdjevac sagte, das sei nicht möglich, die Telefone seien defekt. Kurz darauf läutete das Telefon auf dem Schreibtisch des Flughafendirektors. Eine Frau war am Apparat, die sich erkundigen wollte, ob die Maschine, auf der ihre Tochter am Vormittag gebucht war, auch wirklich gestartet sei. Sie hatte rein zufällig die direkte Durchwahl des Direktors erwischt. Izetbegović stand auf, durchquerte den Raum zum Schreibtisch des Direktors und sagte: „Geben Sie mir den Hörer!" Lagumdžija beschrieb das Gespräch so:

Der Präsident nahm das Telefon und sagte: „Guten Abend, gnädige Frau, hier spricht Alija Izetbegović, der Präsident von Bosnien." Stille am anderen Ende der Leitung. Sie war verwirrt. Er bekräftigte: „Ja. Ja. Das ist richtig. Alija Izetbegović, der Präsident von Bosnien. Wären Sie bitte so nett, ich bin hier auf dem Flughafen, ich sitze im Büro des Direktors, und die Armee läßt uns nicht gehen. Wir werden festgehalten. Könnten Sie bitte das Präsidium anrufen und sagen, daß Sie mit mir gesprochen haben, daß ich hier am Flughafen bin. Und wenn Sie das Präsidium nicht erreichen können, rufen Sie bitte Radio und Fernsehen an und informieren Sie sie. Man fordert von mir, mit General Kukanjac in Lukavica zusammenzutreffen. Ja, General Kukanjac, ja." Die Frau traute ihren Ohren nicht. Der Präsident sagte: „Ich danke Ihnen vielmals, ja, ja, vielen Dank, ja, danke, gnädige Frau."

Die Frau hielt Wort. Sie rief beim Fernsehen in Sarajevo an und erzählte ihre seltsame Geschichte. So erfuhren die Menschen in Sarajevo, daß ihr Präsident festgenommen worden war. Kukanjac telefonierte währenddessen mit Belgrad. Er meldete dem Chef des Stabes der Armee, General Blagoje Adžić, daß seine Leute Izetbegović auf dem Flughafen festhielten, und bat um weitere Anweisungen. Adžić rief den Präsidenten des jugoslawischen Rumpfpräsidiums, Branko Kostić, an. Kostić war sauer, daß Adžić auf einer öffentlichen Telefonleitung frei erzählte, die Armee habe das legale Staatsoberhaupt festgenommen.

Ich reagierte instinktiv und sagte: „Blagoje, du weißt, sie haben ihn nicht festgenommen, sie garantieren nur seine persönliche Sicherheit." Aber Adžić sagte: „Nein, nein, sie haben ihn verhaftet!" ... Er war ein bißchen langsam von Begriff und verstand nicht, was ich ihm sagen wollte ... Ich sagte zu Adžić: „Paßt gut auf ihn auf, aber benutzt diese Gelegenheit, um die Blockade der Kasernen aufzuheben."

Branko Kostić, das formelle Staatsoberhaupt von Rumpfjugoslawien, war Milošević sklavisch ergeben. Er genehmigte, den bosnischen Präsidenten als Faustpfand im Poker um die Freilassung der belagerten Volksarmeesoldaten einzusetzen.

Am Flughafen mußten der Präsident und seine Tochter in einen Wagen und Lagumdžija und der Leibwächter Imamović in einen zweiten Wagen steigen. Ein Panzer fuhr vor ihnen her, ein zweiter kam hinter ihnen nach, als sie nach Lukavica gebracht wurden. Präsident Izetbegović, der sich ab diesem Moment als Geisel betrachtete, protestierte.

* * *

Senad Hadžifejzović, der Nachrichtenpräsentator von TV Sarajevo, wiederholte am Ende seiner Sendung noch einmal die wichtigsten Themen des Tages, als der Regisseur in seinen Ohrhörer bellte, daß die Sendung verlängert werden muß. „Präsident Izetbegović ist in der Leitung“, sagte er, „du mußt ihn interviewen!“

Als die Nachricht vom Schicksal des Präsidenten im Fernsehen eingelangt war, begann eine hektische Telefonrecherche, um herauszufinden, was mit ihm los war. Das Fernsehgebäude ist im äußersten Westen der Stadt gelegen, und die dortigen Telefonleitungen waren durch die Zerstörung der Hauptpost nicht betroffen. Es gab auch eine Direktleitung ins Präsidium, die nicht durch das Postgebäude verlegt war. Die Leitung zum Fernsehgebäude war die einzige Verbindung des bosnischen Präsidiums mit der Außenwelt. Die einzige Möglichkeit für Izetbegović, mit seinen Regierungsmitgliedern und mit der Außenwelt zu kommunizieren, war über eine Live-Sendung im Fernsehen. Der folgende Fernsehabend sollte als eines der außergewöhnlichsten Beispiele politischer Berichterstattung in die Geschichte des elektronischen Mediums eingehen.

Während der ersten paar Minuten hatte Hadžifejzović keine Ahnung, was eigentlich los war. Er stellte dem Präsidenten ein paar Eröffnungsfragen, während er seine Gedanken ordnete – Fragen über den Fortgang der Gespräche in Lissabon und über das Tagesgeschehen in der Stadt. Dann fragte er: „Herr Präsident, wo sind Sie?“

„Ich bin in Lukavica.“

Hadžifejzović war wie elektrisiert. Jedermann wußte, daß Lukavica eine Hochburg der Serben war, einer ihrer Hauptstützpunkte für die Angriffe auf die Stadt.

„Und was ist Ihr Status in Lukavica?"

„Ich glaube, ich bin entführt worden."

Ejup Ganić wurde von Panik erfaßt, als man ihn im Präsidium ans Telefon holte und für ein Gespräch mit Izetbegović zum Fernsehstudio durchstellte. Zuallererst ernannte ihn der Präsident für die Dauer seiner Abwesenheit zu seinem Stellvertreter. Hadžifejzović war zufällig mit General Djurdjevac bekannt. Er hatte seinen Wehrdienst als Journalist geleistet und für die Armeezeitung geschrieben. „Er war ein Arschloch von einem Offizier, der russische Typ, wissen Sie, brüllte immerzu herum. Aber ich kannte ihn und wußte, daß er mich mochte. Da sah ich meine Chance", erzählte Hadžifejzović später. Er bat den Präsidenten, General Djurdjevac an den Apparat zu holen, und dann begann der Moderator, die Freilassung des Präsidenten zu verhandeln.

Während dieser Gespräche hat Djurdjevac Ganić einfach ignoriert. Er sagte immer wieder: „Ich rede nicht mit Ihnen. Ich rede mit Hadžifejzović." Ich wollte ihm entgegenkommen, deshalb sagte ich, er sei als ehrenhafter Soldat bekannt. Und ich bat ihn, die Sicherheit des Präsidenten zu garantieren. Er sagte zu und versprach, sich auch um das Wohl der Tochter des Präsidenten sowie Lagumdžijas und des Leibwächters zu kümmern.

Hadžifejzović war überrascht, als plötzlich ein unerwarteter Gast im Fernsehstudio auftauchte. Fikret Abdić, das moslemische Präsidiumsmitglied aus der Cazinska Krajina in der nordwestlichsten Ecke Bosniens, war an diesem Tag mit dem Wagen von Split über Mittelbosnien nach Zenica und von dort nach Sarajevo gekommen. Niemand konnte verstehen, wie er das geschafft hatte: Er mußte durch serbische, kroatische und moslemische Straßensperren. Es war bekannt, daß Abdić den bosnischen Serben, ihren kroatischen Gegenspielern und der JVA nahestand und von einem unabhängigen Bosnien nicht viel hielt. Ganić und der Vertreter der HDZ im bosnischen Präsidium, Stjepan Kljuić, waren durch das unerklärliche Auftauchen von Abdić alarmiert. Sie kamen zu dem Schluß, es könnte sich um einen Staatsstreich handeln und Abdić wäre zurückgekommen, um Izetbegović abzusetzen, ein Quisling-Regime zu installieren und Bosnien zurück nach Jugoslawien zu führen. Ganić berief sofort eine Sitzung aller im Präsidium anwesenden Minister ein. Der Innenminister Alija Delimustafić sprach sich für einen Führungswechsel aus. Das Schicksal eines einzelnen Mannes dürfe Bosnien nicht in einen Krieg gegen die Volksarmee treiben. Rusmir Mahmutčehajić, der während der vergangenen acht oder neun

Monate eine Schlüsselfigur bei der Aufstellung der paramilitärischen Patriotischen Liga gewesen war, explodierte vor Zorn. Er klagte Delimustafić des versuchten Staatsstreichs, ja des Hochverrats an. Mahmutčehajić hatte Delimustafić schon seit langem für einen Agenten des KOS, der jugoslawischen militärischen Spionageabwehr, gehalten. Daß dieser sich jetzt gegen Izetbegović wandte und daß Abdić wundersamerweise sämtliche serbischen Straßensperren passieren konnte, festigte im Kopf von Mahmutčehajić die Überzeugung, das ganze sei von Anfang an in Belgrad geplant worden.

Das ist eine attraktive Verschwörungstheorie, die in Regierungskreisen in Sarajevo noch immer sehr populär ist. Izetbegović wurde entführt und sollte gegen Kukanjac ausgetauscht werden; beide sollten bei einem „verpatzten" Gefangenenaustausch liquidiert werden. Damit hätten die serbischen Streitkräfte und die Volksarmee den Vorwand, Sarajevo anzugreifen und die Stadt zu teilen. Abdić erhielt die Vollmacht, alle serbischen Kontrollposten zu passieren, obwohl er ein führendes Mitglied der SDA war, und wurde nach Sarajevo geschickt. Dort sollte er sich im Fernsehgebäude bereithalten und, wenn es soweit war, verkünden, daß er die Funktionen des Präsidenten übernehme. Alija Delimustafić sollte inzwischen eine neue Regierung aufstellen. Nach Angaben einiger Regierungsmitglieder hatte er seine engsten Mitarbeiter den ganzen Vormittag lang auf einen Führungswechsel vorbereitet.

Auch Izetbegović selbst dachte, er sei gestürzt worden. Das erklärt, warum er Ganić sofort zu seinem Stellvertreter machte. Er wollte verhindern, daß Abdić an die Macht kam. Der Verteidigungsminister Jerko Doko, ein bosnischer Kroate, wurde mit dem Auftrag zum Fernsehgebäude geschickt, eine öffentliche Stellungnahme von Abdić zu verhindern und dabei jedes Mittel einzusetzen, das dazu nötig wäre. Abdić dementierte später, daß er die Absicht gehabt hätte, das Präsidentenamt an sich zu reißen. Aber er war wütend, daß der Präsident Ganić, der offiziell gar kein Mitglied der Regierungspartei war, zu seinem Stellvertreter gemacht hatte. Abdić brachte den ganzen Abend im Fernsehgebäude zu, hatte aber keinen öffentlichen Auftritt. Falls dies ein versuchter *coup d'etat* war, scheiterte er aus einer Reihe von Gründen: Izetbegović mischte sich im Büro des Flughafendirektors in einen rein zufälligen Telefonanruf ein; die Panzerkolonnen scheiterten bei ihrem Versuch, die Stadt zu teilen; Kukanjac war entschlossen, seine Haut zu retten, und dachte nicht daran, sich als Opferlamm schlachten zu lassen; Mahmutčehajić vereitelte die Pläne von Delimustafić durch seinen Wutausbruch im Ministerrat.[153]

* * *

Der Präsident fand keinen Schlaf in dieser Nacht. Er befand sich in einem kahlen Raum in der Kaserne von Lukavica. Auch Ganić im Präsidium blieb schlaflos. Am nächsten Morgen machte er sich aufgeregt und verängstigt entlang der sogenannten „Heckenschützenallee" auf den Weg zur UNPROFOR, um General MacKenzie in seinem Quartier aufzusuchen. Er bat den UNO-Kommandanten, zu intervenieren. Er sagte, einzig Izetbegović habe die moralische Autorität, die verschiedenen bewaffneten Milizen in der Stadt zu kontrollieren. Die Kasernen der Volksarmee seien umstellt, und ohne eine starke Führung sei die Lage nicht mehr zu kontrollieren.

MacKenzie fuhr nach Lukavica. Der EG-Vertreter in Sarajevo, der irische Major Colm Doyle, kam mit. Vor dem Kasernentor wurden sie von einer aufgebrachten Menschenmenge gestoppt, die nach Izetbegović verlangte. Die nächsten Minuten illustrierten, wie wenig MacKenzie von dem Konflikt wußte, den er hier schlichten helfen sollte. Nachdem er in der Menge jemanden ausfindig gemacht hatte, der Englisch verstand, stieg er auf die Motorhaube seines Fahrzeugs und ließ sich seine kurze Ansprache übersetzen. Er glaubte, zu aufgebrachten Moslems zu sprechen, die ihren Präsidenten wiederhaben wollten. Er versprach ihnen, den Präsidenten herauszuholen. Die verblüffte Menge ließ ihn durch. Als sich das Kasernentor hinter MacKenzie geschlossen hatte, klärte ihn sein Adjutant auf, daß das wütende Serben waren, die Izetbegović gelyncht hätten, wenn sie seiner habhaft geworden wären.

Djurdjevac ließ MacKenzie zwei Stunden lang warten und verweigerte jede Antwort auf dessen Fragen nach dem Aufenthaltsort und der Verfassung des Präsidenten. Schließlich stand MacKenzie genervt auf und wollte wieder gehen. Djurdjevac gab nach und führte den UNO-Kommandanten in ein Nebenzimmer. Dort saß Präsident Izetbegović, übernächtig und unrasiert, und telefonierte. Er hatte Kukanjac am Apparat, der ebenso wie der Präsident hinter den feindlichen Linien gefangen war. Die Lösung schien klar zu sein. Izetbegović legte auf und sagte, er und Kukanjac hätten sich auf einen Austausch geeinigt – Präsident gegen General.

Izetbegović hatte kaum ausgesprochen, als Kukanjac wieder anrief und neue Bedingungen stellte. Izetbegović und seine Begleitung sollten gegen die ganze Kaserne ausgetauscht werden – 400 Mann, Fahrzeuge, Waffen und Gerät. MacKenzie machte den Präsidenten aufmerksam, daß es für die UNO, die ein paar Fahrzeuge und eine Handvoll Offiziere in der Stadt hatte, unmöglich sei, einen Konvoi dieser Größe abzuwickeln und dessen Sicherheit zu garantieren. Izetbegović sagte, er übernehme die volle Verantwortung und werde seinen Milizen in der Stadt befehlen, dem Konvoi freies Geleit aus der Stadt zu gewähren.

MacKenzie war einverstanden. Colm Doyle und der Leibwächter blieben als Faustpfand in Lukavica zurück, alle anderen stiegen in ihre Fahrzeuge und fuhren in den Bezirk Bistrik, wo Kukanjac in seiner Kaserne gefangen saß. Erst auf dieser Fahrt wurde MacKenzie klar, wie sehr die Kämpfe am Vortag eskaliert waren:

Ich war erst vor wenigen Tagen dort, aber inzwischen waren die Stadt und die Straßen blockiert. Da standen brennende Panzer herum, aus einem Fahrzeug hatte es den Motor herausgefetzt. Er lag jetzt mitten auf der Straße. Leichen lagen verstreut, einige sahen wirklich so aus, als ob sie sich sonnten. Da waren Leute, die hatte man auf den Rücken gelegt, ihnen die Hände gefaltet und wie Brennholz am Straßenrand aufgeschlichtet. Also, es war infernalisch und surrealistisch inmitten der schwarzen Rauchwolken brennenden Öls und der herabhängenden Drähte, die auf der Straße Funken sprühten. Alles schwamm in Benzin und Öl. Es war ein schreckliches Bild.

Die Präsidiumsmitglieder, vor allem aber die Milizionäre, die Kukanjac in seiner Kaserne belagerten, wußten nichts von dieser neuerlichen Abmachung. Ganić glaubte, es handle sich um einen Austausch Mann gegen Mann – Kukanjac gegen Izetbegović. Ganić, der erst am Vorabend mit der Stellvertretung des Präsidenten beauftragt worden war, hatte der Evakuierung des gesamten Armeehauptquartiers sicher nicht zugestimmt. Er war auch nicht darüber informiert, daß der Präsident zugestimmt hatte.

Als MacKenzie mit einigen Armeelastfahrzeugen in seinem Konvoi in die Kaserne zu Kukanjac hineinfuhr, durchfuhr es die Belagerer, daß sie möglicherweise ausgetrickst worden seien. Die bosnische Territorialverteidigung war erbärmlich ausgerüstet. Die Männer, die den Verteidigungsring um die Stadt besetzt hielten, teilten sich oft eine Kalaschnikow zu dritt. Bosnische Freiwillige klagten häufig, daß sie erst warten mußten, bis ein Kamerad gefallen war, ehe sie eine Waffe in die Hände bekamen. Sie würden keinesfalls ruhig zusehen, wie eine ansehnliche Ladung von Gewehren und Munition seelenruhig aus der Stadt gebracht würde, nur um kurz darauf wieder gegen Sarajevo eingesetzt zu werden.

Der Präsident, seine Tochter und Lagumdžija befanden sich in MacKenzies Konvoi, als sie bei der Kaserne von Kukanjac eintrafen. MacKenzie fand den General in einem Büro im ersten Stockwerk beim Kaffee mit Jusuf Pušina, einem stellvertretenden Minister aus dem Kabinett von Izetbegović. Pušina war für die Polizei zuständig, und MacKenzie, der dachte, daß die beiden Seiten hier zusammenarbeiten, war beruhigt. Kukanjac sagte MacKenzie, er brauche drei Stunden, um die Lastfahrzeuge zu beladen. MacKenzie gab ihm eine Stunde. Sie hatten folgenden Plan: Der Konvoi, der nunmehr aus siebzig Fahrzeugen bestand, sollte die Kaserne verlassen und an die Frontlinie im Stadtzentrum, nahe der Skenderija-Brücke, fahren. Izetbegović und Kukanjac sollten im selben UNO-Schützenpanzer sitzen. Dahinter sollten die Armeelastwagen mit 400 Soldaten, Waffen, Gerät und Munition folgen. Vor Überschreiten der serbischen Front sollte sich der Konvoi teilen. Izetbegović und Begleitung sollten in ein anderes Fahrzeug umsteigen und zum Präsidium gebracht werden. Kukanjac und seine siebzig Fahrzeuge sollten nach Lukavica und damit auf sicheres serbisches Gebiet weiterfahren.

Nachdem die Stunde vorüber war, gingen MacKenzie, Kukanjac und Izetbegović hinaus auf den Kasernenhof. Der Boden war übersät mit Ausrüstungsgegenständen, für die auf den Lastautos kein Platz mehr war. Waffenstarrende Soldaten kletterten auf die Ladeflächen. Die Fahrzeuge fädelten sich eines hinter dem anderen auf, und der Konvoi war fast abmarschbereit. Plötzlich begann MacKenzies Funkgerät zu krächzen. Sein Büro im UNPROFOR-Hauptquartier teilte ihm mit, daß sie soeben eine Nachricht von Vizepräsident Ganić erhalten hätten: Die Abmachung gelte nicht mehr. Nur Kukanjac und der Präsident dürften ausgetauscht werden. Alles andere – die 400 Mann, ihre Lkw, Waffen, Munition und Ausrüstung – müsse zurückbleiben und als separate Evakuierung verhandelt werden.

MacKenzie ging über den Kasernenhof auf den Präsidenten zu. Izetbegović widerrief den Befehl von Ganić und bestand auf seiner Abmachung. Pušina, der Polizeiminister, garantierte freies Geleit. MacKenzie ließ sich überzeugen. Er funkte an sein Hauptquartier zurück und ordnete an, Ganić zu kontaktieren und ihm zu sagen, daß der Präsident wieder das Kommando übernommen und grünes Licht für den Austausch der Geiseln gegeben habe.

Langsam und vorsichtig setzte sich der Konvoi in Bewegung, kroch durch das Kasernentor ins Freie und begann sich durch die schmalen Gassen Richtung Skenderija zu schlängeln. MacKenzies kleines Panzerfahrzeug bildete die Spitze, gleich hinter ihm saßen Izetbegović und Kukanjac im weißen Schützenpanzer. Sie hatten ca. 500 Meter zurückgelegt, als die ersten Schüsse fielen.

MacKenzie hielt den Konvoi an und rannte zurück, bis er in den Hinterhalt hineinsehen konnte. Die bosnischen Milizionäre hatten gewartet, bis das Fahrzeug des Präsidenten außer Sichtweite war, und dann die Fahrzeugkolonne unterbrochen. Das letzte Drittel steckte noch in der Kaserne. Die Paramilitärs plünderten die Lastwagen. MacKenzie registrierte kurz die Lage: brennende Fahrzeuge, einige herumliegende Tote, ein VW Golf, der unter der Last von Hunderten Kalaschnikows bis zum Anschlag in die Federung sank. Dann fand er einen Offizier der Territorialverteidigung, der Englisch konnte, und sagte, der Präsident hätte diesen Konvoi genehmigt. Der Offizier antwortete: „Mein Präsident kann überhaupt nichts genehmigen, denn er ist entweder entführt oder tot."

MacKenzie rannte zum Fahrzeug des Präsidenten zurück. Ein Kameramann aus Sarajevo nahm das Chaos auf. Jovan Divjak, der stellvertretende Kommandant der bosnischen Territorialverteidigung, erschien plötzlich zu Fuß und versuchte festzustellen, ob der Präsident überhaupt anwesend war. Der Präsident befahl, den Hinterhalt zu stoppen und den Konvoi weiterfahren zu lassen. Aber Divjak war machtlos. Er brüllte durch sein Funkgerät mit irgendwelchen Unterkommandanten. Geisterhafte, zusammenhanglose Stimmen antworteten irgend etwas. Izetbegović insistierte: „Sag ihnen, sie müssen den Konvoi durchlassen. Morgen gibt es weitere Verhandlungen." – „Sag dem Präsidenten, daß morgige Verhandlungen nicht in Frage kommen", kam die blecherne, anonyme Stimme zurück. „Wer zum Teufel ist das?" wollte der Präsident wissen.

MacKenzie sagte Izetbegović, er solle sich seinen Leuten zeigen, um ihnen zu beweisen, daß er in Sicherheit war. Er öffnete die Dachluke des Schützenpanzers, und der Kopf von Izetbegović tauchte auf. „Es ist vielleicht keine gute Analogie", erzählte MacKenzie später, „aber es ähnelte der Wiederkehr des Messias. Es wirkte äußerst beruhigend. Bosnische Milizionäre kletterten auf das Fahrzeug, um ihren Präsidenten zu berühren und zu begrüßen. Sie hatten keine Ahnung, daß Kukanjac auch noch drinnen saß."

Nach wenigen Minuten war alles vorbei. Sechs Armeesoldaten waren getötet und etliche verwundet worden. Die Bosnier hatten sich mit Gewehren und Munition aus dem Staub gemacht. Mehr als hundert Soldaten saßen noch in der Kaserne fest, ihre Freilassung mußte separat verhandelt werden. Nach vierundzwanzig Stunden in Feindeshand war Izetbegović wieder frei, in Sicherheit und wütend. Er stürmte ins Präsidium und weigerte sich, Ganić, den er selbst zu seinem Stellvertreter ernannt hatte, die Hand zu schütteln. „War es das wirklich wert, wegen vierzig Gewehren mein Leben zu riskieren?" bebte er.

Wer hatte den Angriffsbefehl erteilt? Die Volksarmee tippte auf Ganić, den sie bereits vorher als moslemischen Extremisten identifiziert hatte. Beweise gibt es dafür keine. Es ist viel wahrscheinlicher, daß der Befehl von Sefer Halilović gegeben wurde, der mit ziemlicher Sicherheit eine der nicht identifizierten Stimmen am anderen Ende von Divjaks Walkie-talkie war. Diese Frage ist aber letztlich akademisch. Wenn man das Ausmaß der Kämpfe, der Verunsicherung und der Spannung in Betracht zieht, die die Stadt während der vergangenen vierundzwanzig Stunden erfaßt hatten, waren die Chancen, daß der Konvoi durchkommt, nahezu Null. MacKenzie hatte erst zu spät mitbekommen, mit welcher Wucht die Ereignisse vom Vortag die Stadt getroffen hatten und wie sich das auf die Stimmung der eingeschlossenen Milizionäre ausgewirkt hatte.

Dieser Zwischenfall verdarb die Beziehungen zwischen der bosnischen Regierung und MacKenzie, der für den 3. Mai in sein Tagebuch schrieb: „Das war der schlimmste Tag meines Lebens." Ein Austausch, für den er die Verantwortung übernommen hatte, hätte beinahe einen Staatspräsidenten und einen Korpskommandanten der JVA das Leben gekostet. Sechs junge Offiziere starben. MacKenzie beschuldigte das bosnische Präsidium, den Konvoi absichtlich sabotiert zu haben. Das konnte er der bosnischen Führung nie verzeihen.

Am 3. Mai begriff schließlich auch Izetbegović, mit welcher Art von Feind er es zu tun hatte. Das war das Ende seiner Illusion, daß die Volksarmee in Bosnien als neutrale Kraft operierte. Kukanjac, der unter derselben Illusion gelitten hatte, wurde innerhalb weniger Tage aus der Armee entlassen und durch Offiziere ersetzt, denen klar war, auf wessen Seite sie standen. Branko Kostić drückte es unelegant so aus:

Es war Montag. Ich war in Belgrad, General Adžić (Chef des Stabes) rief mich am Nachmittag an, und ich konnte schon am Tonfall erkennen ... er sagte, das Arschloch in Sarajevo hat alles verschissen. Alija ist entkommen, der Konvoi wurde zerrissen, und wir hatten Verluste ... Wir feuerten Kukanjac, um das Vertrauen der Bevölkerung in die Armee wiederherzustellen. Den Menschen in Jugoslawien muß klar sein, daß sie ihre Söhne Leuten anvertrauen, die ihr Geschäft verstehen.

Kukanjac war nicht das einzige Opfer. Am 8. Mai fielen die letzten überzeugten Jugoslawen unter den Generälen – 38 an der Zahl – einer Säuberung zum Opfer, die einen Prozeß abschloß, der schon vor Monaten begonnen hatte. Unter großem internationalen Druck befahl Belgrad noch im selben Monat den Abzug der JVA aus Bosnien. Das war eine rein kosmetische Operation, denn die meisten in Bosnien stationierten Soldaten waren inzwischen Einheimische, die blieben. Diese neue Bosnische Armee war etwa 80.000 Mann stark. Sie übernahm Waffen, Munition und Gerät, die die JVA bei ihrem „Rückzug" hinterlassen hatte. Die JVA hatte Schlüsselbetriebe der Rüstungsindustrie (wie die SOKO-Flugzeugwerke in Mostar) rechtzeitig abgebaut und nach Serbien gebracht, damit sie nicht unter kroatische oder moslemische Kontrolle fielen. Kukanjac wurde durch einen General ersetzt, der schon in Kroatien gezeigt hatte, aus welchem Holz er geschnitzt war: Ratko Mladić.

18. Kapitel

Die ethnischen Säuberungen

Sommer 1992

Sie kamen zu Tausenden in Kroatien an, und die Welt konnte ihre Schilderungen kaum glauben. Die Horrorgeschichten über Schikanen und Folter, Massenmorde und Deportationen, über das Niederbrennen von Dörfern und Städten, über willkürliche, sadistische, grundlose Brutalität waren so niederträchtig, daß die Flüchtlinge anfänglich verdächtigt wurden, die Dinge erfunden zu haben, um den Feind zu diskreditieren. Doch im Mai fand ein neues Wort Zugang ins internationale politische Vokabular. Der Terminus *etničko čiščenje*, ethnische Säuberung, ist das lexikologische Vermächtnis des Kriegs in Jugoslawien.

Die endlosen Kolonnen von Flüchtlingen, die sich im April und Mai 1992 nach Kroatien ergossen, kamen nicht aus den Kriegsgebieten. Sie wurden wegen ihrer Nationalität aus ihren Wohngegenden verjagt. Sie waren nicht das tragische Nebenprodukt einer kriegerischen Auseinandersetzung, sondern der eigentliche Grund für diesen Krieg war es, sie zu vertreiben.

Im Frühjahr und im Sommer streiften serbische paramilitärische Killerkommandos durch Nord- und Ostbosnien. In einer systematischen Kampagne – Dorf um Dorf – rissen sie die Kontrolle über die gesamte Region an sich. Nur selten trafen sie auf nennenswerten militärischen Widerstand.

Gelegentlich verliefen die Säuberungen auch geordnet und ohne offenen Konflikt ab, wie zum Beispiel im Dorf Orašac, ein Stück südlich von Bihać in Nordwestbosnien gelegen. Serbische Freischärler umstellten das Dorf und griffen an. Ein halbes Dutzend bewaffneter Moslems leistete eher symbolischen Widerstand. Fünf von ihnen wurden im Feuerkampf getötet, das Dorf ergab sich in weniger als 24 Stunden. Zweihundert serbische Freischärler marschierten im Dorf ein und riegelten die Zufahrtswege ab. Haus für Haus wurden alle Einwohner auf die Hauptstraße getrieben. Die Männer wurden ausgesondert, dann durften Frauen und Kinder zu Fuß nach Norden, Richtung Bihać, ziehen. Vorher wurden ihnen noch Bargeld und Schmuck abgenommen. Ihre Wohnhäuser wurden geplündert, sodann gesprengt oder angezündet. Die Männer, hundertachtzig an der Zahl, wurden für zwei Tage in die Volksschule gepfercht. Am zweiten Tag erschien ein serbischer Offizier, den keiner aus dem Dorf kannte, mit einer Namensliste. Ein Mann – Dubravko Handžić – wurde willkürlich herausgeholt, und man gab ihm die Liste mit den Namen der moslemischen Dorfhonoratioren. Handžić mußte sie identifizieren. Sie mußten vortreten und eine eigene Gruppe bilden. Ihr weiteres Schicksal ist unbekannt.

Ein Grundzug der Säuberungsaktionen war das systematische Ausschalten von einflußreichen Moslems – Prominente, Intellektuelle, SDA-Mitglieder oder wer viel Geld hatte, sie alle kamen auf die Listen. Schon die bloße Existenz solcher Listen war ein Instrument der Säuberung und des Terrors. Sobald die Nachricht über solche Vorgänge eine Nachbargemeinde erreichte, machte sich Panik breit. Wer fürchten mußte, auf einer solchen Liste zu stehen, setzte sich häufig schon vor dem Angriff ab. Damit wurde jede sprachmächtige Opposition von vornherein abgewürgt und jede Chance auf einen politischen Handel eliminiert. Ohne Anführer und Integrationsfiguren war meist auch der weitere Zusammenhalt einer Gemeinschaft zerstört.

Die Männer von Orašac wurden nach diesen zwei Tagen in kleinere Gruppen aufgeteilt. Etwa 70 wurden in einer aufgelassenen Traktorwerkstatt im Nachbardorf Ripač interniert. Sie wurden in Lagerhallen aus Wellblech untergebracht, die nach einer Seite offen waren, und sie schliefen auf dem blanken Betonboden. Sie mußten jederzeit damit rechnen, von den Wärtern, unter denen sich gelegentlich auch ehemalige Nachbarn befanden, herausgegriffen und verprügelt zu werden. In den Hallen wurden sie so lange festgehalten, bis sie sicher in eines der großen Anhaltelager transportiert werden konnten, deren Existenz schließlich Anfang August von einem Kamerateam der Fernsehgesellschaft ITN aufgedeckt werden konnte.

Anderswo wurde mit Gewalt gesäubert, und es kam zu Massenhinrichtungen. Am 20. Juli war das Dorf Biščani zur Säuberung an der Reihe. Als die Freischärler eindrangen, kam es zu einer Blutorgie mit Dutzenden Toten. Gut hundert Überlebende wurden außerhalb des Dorfes zusammengetrieben. Die Bewaffneten stritten, ob sie sie töten oder festsetzen sollten. Zwei Männer wurden kaltblütig niedergeschossen. Auf die anderen wurde mit Gewehrkolben eingedroschen, ehe man sie ins Konzentrationslager Trnopolje verfrachtete.

Psychische Grausamkeit, Terror und Demütigung kamen beinahe überall zur Anwendung. Gefangenen wurde mitgeteilt, daß sie am nächsten Tag hingerichtet würden. Im Morgengrauen holte man sie heraus, ließ sie im Glauben an die bevorstehende Hinrichtung – und karrte sie dann doch nur in ein anderes Straflager. Zur Unterhaltung ihrer johlenden Bewacher und um Prügel zu vermeiden, mußten sie serbische, nationalistische Lieder singen. Den Gefangenen wurde gesagt, daß ihre Frauen vergewaltigt und ermordet oder daß ihre Kinder getötet worden seien. Häufig wurden sie unter Todesdrohung gezwungen, sich gegenseitig Grausamkeiten anzutun. Verstümmelungen der Gliedmaßen oder der Sexualorgane wurden angeordnet, oft mußten sie andere Gefangene umbringen. Dann wurden sie gezwungen, Massengräber auszuheben und die Leichen von Familienmitgliedern oder Nachbarn hinzuschleppen und zu verscharren. Manchmal wurden sie dann selbst erschossen und auf die Leichen geworfen, die sie gerade angeliefert hatten. Diese Techniken hatten einen politischen Zweck, der sehr viel weiter reichte als die sadistische Befriedigung der Folterer, ja weiter, als Hunderttausende bloß in die Flucht zu jagen. Sie dienten dazu, ganze Landstriche ethnisch zu vereinheitlichen, und damit sollte sichergestellt werden, daß Haß und Angst tief genug gehen, so daß Serben und Moslems nie mehr miteinander leben können.

Karadžić hatte seinen neuen unabhängigen Staat am 6. April um Mitternacht ausgerufen. Die ethnischen Säuberungen definierten die geographische Ausdehnung seines Staates. Die Kampagne konzentrierte sich vor allem auf zwei Gebiete: auf Nordwestbosnien, die Region um Banja Luka, und das Tal des Flusses Drina. In Nordbosnien lebten siebenhunderttausend Moslems; im Drinatal bildeten sie fast überall die Bevölkerungsmehrheit. Diese Säuberungen ließen sich logischerweise nicht über Nacht bewältigen.

Die Säuberungen der Dörfer und Städte Nordbosniens verlangten nach einem anderen Muster als die Säuberungen auf dem Land. Dort ließen sich ganze Ansiedlungen nicht so ohne weiteres räumen, weil alle drei Nationalitäten miteinander lebten, ähnlich wie in Sarajevo. In diesen Gebieten wurde den Nicht-Serben das Leben so unerträglich wie möglich gemacht. Sie verloren ihre Arbeitsplätze, sie wurden öffentlich beschimpft. Ihre Häuser wurden überfallen und ihre Geschäfte nächtens in die Luft gejagt. In manchen Gegenden wurde die Bewegungsfreiheit von Nicht-Serben in einer Weise eingeschränkt, die bedrückende Erinnerungen an die ersten Nazi-Schikanen an Juden wachrufen. In Čelinac bei Prijedor verbot das Büro des Bürgermeisters den Moslems, mit dem Auto zu fahren oder auch nur mitzufahren. Telefonieren durften sie nur noch auf dem Postamt. Jede Versammlung von mehr als drei Personen wurde verboten[154], und niemand durfte ohne Erlaubnis aus der Stadt.

In jedem größeren Ballungsraum entwickelten sich so zwei Stadtteile – jener, in dem die Serben ihr normales Leben weiterführten, wenn man von den Härten der Kriegswirtschaft einmal absieht; und jener von Moslems und Kroaten bewohnte Teil, wo ein Terrorregime eingesetzt wurde, das jeden Widerstand im Keim ersticken sollte, und wo die Menschen schließlich darum bettelten, verschwinden zu dürfen. Im August begannen moslemische Haushalte weiße Fahnen auszuhängen: ein Zeichen, daß sie mürbe waren und ohne jedes Aufsehen gehen wollten.

Großangelegte Raubzüge waren planmäßiger Bestandteil der ethnischen Säuberung. In jeder größeren Ansiedlung wurde ein „Büro für Bevölkerungsaustausch" eingerichtet. Abreisewillige Moslems und Kroaten durften nicht gehen, ehe sie nicht ein Dokument unterfertigt hatten, mit dem sie ihren gesamten Besitz abtraten. Hunderttausende Menschen ließen ihre Häuser, Autos, Geschäfte, ihr Bargeld und ihre Luxusgegenstände zurück, um der ethnischen Tyrannei der serbischen Behörden und der unberechenbaren Brutalität der Freischärler zu entgehen. Die serbischen Rot-Kreuz-Komitees in Prijedor, Banja Luka, Bijeljina und Sanski Most hatten Verbindungen mit Miliz und Polizei. Diese kassierten, als letzte Schikane, noch ein Fahrtgeld, als sie die ausgeraubten Leute aus der Stadt fuhren und ins Exil nach Kroatien oder in die regierungskontrollierten Teile Bosniens schickten.

Es gab zwei große Fluchtrouten, die erste führte ins benachbarte Kroatien. Zehntausende Vertriebene aus Foča und Višegrad brauchten oft tagelang, um die Berge zu überqueren, bis sie schließlich in Sicherheit waren. Andere kamen in Konvois von requirierten Reisebussen. Ein solcher Konvoi, der Sarajevo im Mai verließ, wurde von Arkans „Tigern" 48 Stunden im serbisch kontrollierten Vorort Ilidža festgehalten und ausgeraubt. Als die Insassen, Frauen und Kinder, nach einer zwölfstündigen Fahrt über kurvenreiche Bergstraßen müde und verunsichert in der kroatischen Hafenstadt Split einlangten, wurden sie auf Turnhallen, Klassenzimmer und Zeltlager aufgeteilt. UNHCR, die Flüchtlingshilfsorganisation der UNO, war von dem plötzlichen Exodus überrascht worden. Im Mai 1992 gab es in Split nur zwei Beamte

– einen Österreicher und einen Äthiopier –, die sich ein Fax und ein Telefon in einem winzigen Büro im alten Hafenviertel teilten.

In Nordbosnien wurden viele Flüchtlinge in der Eisenbahnerstadt Doboj verladen und in versiegelten Waggons in die kroatische Hauptstadt Zagreb transportiert. Dort mußten sie erfahren, daß es keinen Platz für sie gab, weil Kroatien aus dem Krieg von 1991 etwa eine halbe Million eigener Vertriebener hatte. Ende Juli teilte Mate Granić, der kroatische Vizepremierminister, mit, daß sein Land keine weiteren Flüchtlinge aufnehmen könne. Kroatien hatte sich in ein Flüchtlingslager enormen Ausmaßes verwandelt: zu knapp 5 Millionen Einwohnern kamen fast eine Million Vertriebene hinzu. Granić appellierte an den Westen, mehr Menschen aufzunehmen. Unter britischem Vorsitz hielten die zwölf EG-Staaten eine eintägige Konferenz in Genf ab, um die Finanzierung zu klären. Deutschland, das bereits 200.000 Flüchtlinge aus dem ehemaligen Jugoslawien aufgenommen hatte, argumentierte für eine Quotenregelung, wonach die Zahl der Flüchtlinge, die jedes Land aufnehmen sollte, nach dessen Größe und Unterbringungsmöglichkeiten bemessen werden sollte. Die britische Baroness Chalker führte die Gegner dieser Idee an und gewann die Unterstützung der anderen zehn Staaten. Sie sagte, daß die Flüchtlinge so nahe wie möglich bei ihrem Herkunftsort untergebracht werden sollten, damit sich ihre Rückkehr nach dem Ende der Kämpfe einfacher gestaltet. Sie behauptete, nicht im Interesse der britischen oder der EG-Steuerzahler zu sprechen, sondern im ureigensten Interesse der Flüchtlinge selbst. Die Annahme allerdings, daß die Flüchtlinge wieder in ihre Heimatgebiete zurückkehren würden, bewies nur, daß sie den politischen Sinn hinter den Auseinandersetzungen nicht kapiert hatte: Es ging ja gerade darum, sicherzustellen, daß die Leute nie wieder zurückkehren würden. Baroness Chalker wich dieser Frage in Genf aus und sagte, dafür sei die Londoner Jugoslawienkonferenz zuständig, die der britische Außenminister Douglas Hurd für den darauffolgenden Monat angesetzt hatte. Bis dahin stand die Welt allerdings vor einer humanitären, keiner politischen Krise, für die sie humanitäre, keine politischen Lösungen finden mußte.

Die internationalen Hilfsorganisationen wurden unbewußt zu Vollzugsgehilfen der ethnischen Säuberungen. Im Juli begleiteten UNPROFOR-Truppen und UNHCR-Helfer siebentausend „Gesäuberte“ aus Nordwestbosnien durch die serbisch kontrollierte UNO-Schutzzone in die kroatische Frontstadt Karlovac. Die bosnisch-serbischen Behörden hatten versichert, daß alle siebentausend aus freien Stücken fortgingen und ihre Familienmitglieder treffen wollten. Erst nach der Ankunft in Karlovac, als die Flüchtlinge ihr ängstliches Schweigen brachen, wurde den Helfern klar, in was sie sich hineinziehen hatten lassen. Alle waren zur Ausreise gezwungen worden und hatten Dokumente unterschrieben, in denen sie ihr Hab und Gut den Serben übereigneten. Die UNO-Leute waren wütend. „Wir sind zu Kollaborateuren geworden", machte einer seinem Ärger Luft. „Das ist Erpressung. Entweder wir beteiligen uns an der ethnischen Säuberung, oder wir lassen Zehntausende Menschen weiter in diesem Alptraum hängen."

Im August wurden die Forderungen der bosnisch-serbischen Behörden immer frecher. Die Bürgermeister von Bosanski Novi, Sanski Most, Bosanska Krupa und Bosanska Kostajnica erstellten eine Liste mit mehr als zwanzigtausend kroatischen und moslemischen Namen, brachten die Liste nach Topusko im serbisch besetzten Teil Kroatiens, überreichten sie dem UNO-Verantwortlichen für Zivilangelegenheiten und verlangten von der UNO eine Flotte von Autobussen, um die zwanzigtausend abzutransportieren. Die Leute wurden aufgefordert, sich täglich am Hauptplatz einzufinden und auf den Abtransport zu warten. Sie warteten bereits seit dem Moment, als die Liste übergeben wurde. Der UNO-Mann war der Verzweiflung nahe: „Ich kenne diese Männer persönlich. Ich arbeite jeden Tag mit ihnen. Ich habe versucht, ihnen klarzumachen, daß sie ein Verbrechen gegen die Menschlichkeit begehen, ein Kriegsverbrechen. Aber das dringt nicht durch. Sie können völlig ungestraft so handeln."

Als Kroatien die Tür zuschlug, verschlimmerte sich die Situation der Moslems in Nordbosnien weiter. Die letzten noch offenen Fluchtwege führten nun nach Süden, nach Mittelbosnien, das von der Regierung in Sarajevo kontrolliert war. In endlosen Schlangen wanderten sie über die Bergstraßen. Wer noch einen Wagen besaß, war nach den serbischen Kontrollposten ebenfalls zu Fuß unterwegs. Unter Schimpf und Schande marschierten sie gegen Süden, viele schleppten soviel sie eben tragen konnten. Sie wurden verprügelt, unter Feuer genommen, einige wurden getötet. Als sie in der Nähe von Turbe, nördlich von Travnik, Regierungsgebiet erreichten, waren die meisten von ihnen schon tagelang zu Fuß unterwegs. Dort schlossen sie sich den Tausenden an, die vor ihnen gekommen waren. Travnik war früher Regierungssitz der türkischen Herrscher von Bosnien. Als bosnische Modellstadt war sie Heimat aller drei Nationalitäten. Im Sommer 1992 wurde aus der schönen, alten Stadt ein gigantisches Flüchtlingslager. Das feingesponnene ethnische und soziale Gefüge seiner Einwohner wurde durch den Zustrom der Enteigneten und den allmählichen Exodus der Serben und Kroaten zerrissen.[155]

Das bisher Gesagte galt für Alte, Frauen und Kinder. Die Männer hatten es weniger gut. Wochenlang waren Gerüchte im Umlauf, daß die Serben im Norden Bosniens Massenanhaltelager errichtet hätten. Die Weltmedien waren mit der Belagerung und dem Bombardement von Sarajevo beschäftigt. Am 9. Juli rief der Journalist Roy Gutman von der New Yorker Tageszeitung *Newsday* einen Moslemführer an, den er im Jahr zuvor in Banja Luka kennengelernt hatte. „Bitte versuchen Sie zu kommen", beschwor ihn der Mann, „hier wird viel getötet. Sie bringen die Moslems in Viehwagen durch Banja Luka. Letzte Nacht hatten wir 25 Eisenbahnwaggons voll mit Frauen, Alten und Kindern. Sie hatten unbeschreibliche Angst. Sie streckten ihre Hände durch die Öffnungen. Wir durften nicht in die Nähe gehen. Können Sie sich das vorstellen? Es ist wie bei den Juden, die nach Auschwitz gebracht wurden. Kommen Sie bitte im Namen der Menschlichkeit."[156]

Banja Luka war fast während des ganzen Krieges unzugänglich für Ausländer. Die Serben hatten aber kurz zuvor einen Ost-West-Landkorridor[157] freigekämpft, der Banja Luka mit Serbien verband. Gutman war der erste Journalist, der diesen neuen Weg benutzte. *Newsday* hatte seine Berichte über die Deportationen, die auf Interviews mit Überlebenden fußten, schon gedruckt. Die erste Geschichte wurde am 3. Juli veröffentlicht. Seine detaillierten und gewissenhaften Interviews führten Gutman nun in eine Richtung, die das westliche Verständnis des Krieges in Bosnien nachhaltig verändern sollte. Am 29. Juli druckte *Newsday* Gutmans erste Story über die Lager. Er hatte die Erlaubnis bekommen, Manjača zu besuchen.

> *Mit gesenktem Haupt, die Arme hinter dem Rücken verschränkt, traten moslemische Gefangene vor ihren serbischen Peinigern an. Einer nach dem anderen nahm auf dem Metallstuhl Platz und kniete nieder, um sich den Kopf kahlrasieren zu lassen.*
>
> *Der Befehl, der sie gruppenweise und unverzüglich wieder in die Schuppen dirigierte, wo sie in fast völliger Dunkelheit hausten, war in 200 Metern Entfernung nicht zu vernehmen. Die Wachen am Eingang schwangen ihre Gummiknüppel gleichsam in Vorfreude auf kommende Prügeleien.*

Gutman durfte die Schuppen nicht betreten, doch er interviewte einige Moslems, die im Rahmen eines Gefangenenaustausches freigekommen waren. Sie berichteten ihm von den willkürlichen Schlägen und Mißhandlungen, die sie durchgemacht hatten, und von den Toten, die dabei manchmal zu beklagen waren. Die bosnisch-serbische Armee nannte Manjača ein Kriegsgefangenenlager. Doch Gutman sagte, schon aus den Aussagen der acht Gefangenen, die ihm vorgeführt wurden, gehe klar hervor, daß auch viele Zivilisten unter ihnen waren. Etliche sagten, sie hätten niemals eine Waffe in der Hand gehabt. Andere gaben zu, Waffen besessen zu haben, sie hätten sie aber registrieren lassen und abgegeben, als die serbischen Freischärler in ihr Gebiet einfielen und ihre Kapitulation forderten.

Gutmans Artikel bewirkte einen Aufruhr in der Medienwelt. Koljević und Karadžić befanden sich zufällig am selben Tag zu EG-vermittelten Gesprächen in London (Großbritannien hatte im zweiten Halbjahr 1992 den Vorsitz inne). Damals war ihr Grundsatz noch, sich bei jeder Gelegenheit den Medien zu stellen (inzwischen haben ihre Medienzauberer eine andere Politik eingeführt). Auf einer Pressekonferenz stritten sie die Existenz von Konzentrationslagern verärgert ab. Sie bezeichneten sie als Lager für Kriegsgefangene, die in jedem Krieg etwas ganz Normales seien. In wenigstens vier Fernseh- und Radiointerviews forderte Karadžić, der fließend Englisch spricht, die Journalisten dazu auf, doch nach Bosnien zu kommen und sich vor Ort selbst davon zu überzeugen, daß es auf serbischem Boden keine Konzentrationslager gäbe. Er lud jeden interessierten Journalisten ein, die Lager zu besuchen. Es war wohl rhetorisch gemeint, aber ITN und der *Guardian* nahmen ihn beim Wort und servierten der Weltöffentlichkeit einen Knüller.

Roy Gutman erhöhte inzwischen seinen Einsatz. Am 2. August stand auf der Titelseite von *Newsday* in 5-Zentimeter-Balken zu lesen: DIE TODESLAGER IN BOSNIEN. Erstmals wurde den Serben nicht nur das massenhafte Festsetzen, sondern auch die organisierte Vernichtung von Menschen vorgeworfen.

Die serbischen Eroberer in Nordbosnien betreiben zwei Konzentrationslager, in denen mehr als tausend Zivilisten hingerichtet wurden oder verhungert sind. Tausende werden weiter bis zu ihrem sicheren Tod dort festgehalten, erzählen zwei unlängst freigekommene Insassen im Gespräch mit Newsday.

Die Aussagen der beiden Überlebenden sind, wie internationale

Menschenrechtsorganisationen befürchten, offensichtlich die ersten Augenzeugenberichte von systematischem Massenmord.[158]

Gutman beschrieb im folgenden die Zustände in Omarska. Er berief sich dabei auf die Aussagen eines 63jährigen Mannes, den er einfach „Meho" nannte. Gutman schrieb, daß mehr als tausend moslemische und kroatische Insassen in Metallkäfigen ohne sanitäre Einrichtung, ohne Bewegungsmöglichkeit und ohne ausreichende Nahrung festgehalten würden. Die gesamte kulturelle und politische Elite von Prijedor, östlich von Banja Luka gelegen, war dabei. Das Lager befand sich in einem stillgelegten Bergwerk. „Meho" war eine Woche lang „auf einem Erzlader in einem Förderkorb von kaum 100 Quadratmetern mit 300 anderen Männern zusammengepfercht worden". Vier solcher Förderkörbe, nur durch Drahtroste getrennt, waren übereinandergestapelt. „Es gab keine Toiletten, und die Häftlinge lebten in ihrem eigenen Kot, der durch die Roste troff." Das Internationale Rote Kreuz hatte sich seit zwei Wochen um Zugang zum Lager Omarska bemüht. Die bosnisch-serbischen Behörden lehnten kategorisch ab.

Vier Tage danach, am 6. August, lieferte Penny Marshall von ITN die wahrscheinlich erinnerungswürdigste journalistische Einzelleistung des gesamten Konflikts. Sie war mit einigen britischen Kollegen nach Omarska gefahren. Ed Vulliamy vom *Guardian*, der auch dabei war, schrieb:

Die Männer befinden sich in unterschiedlichen Stadien körperlichen Leidens und Zerfalls. Die Ellbogen- und Handgelenksknochen stehen wie körnige Steine aus den bleistiftdünnen Stielen, auf die sich ihre Arme zurückgebildet haben. Ihre Haut zersetzt sich, ihr Teint ist wie zerfressen ... Nichts ist vergleichbar mit dem Anblick eines Gefangenen, der verzweifelt reden will, um eine schreckliche Wahrheit mitzuteilen, die nah und gleichzeitig fern ist, und er es doch nicht wagt. Ihre Blicke brennen, sie teilen sich durch ihr furchtsames Schweigen mit, in ihren Augen artikuliert sich nackte, trostlose Angst ohne Hoffnung.[159]

Vier große Konzentrationslager erlangten traurige internationale Berühmtheit. Trnopolje und Manjača waren Zwischenlager, in denen die Insassen unter schrecklichen Bedingungen vegetierten und den sadistischen Launen ihrer Bewacher ausgeliefert waren. Aber in Omarska und Keraterm (eine ehemalige Keramikmanufaktur am Stadtrand von Prijedor) wurden die Gefangenen nach den Verhören in verschiedene Gruppen aufgeteilt. Sie wurden gezwungen, gegeneinander auszusagen. Dann unterteilte man sie in die Kategorien A, B oder C. Unter A fielen regionale Moslemführer und Freiwillige der bosnischen Milizen und der Territorialverteidigung. Die meisten von ihnen wurden umgebracht. Zur Gruppe B gehörten alle, die zur Territorialverteidigung eingezogen worden waren. Der Rest fiel unter C. Diese wurden nach Trnopolje oder anderswohin verschleppt und festgehalten, bis sie gegen serbische Gefangene, die die Regierung in Sarajevo gemacht hatte, „ausgetauscht“ werden konnten.

Zusätzlich gab es noch eine ganze Anzahl kleinerer, temporärer Anhaltelager, wie das in Ripač. Die Gesamtzahl der Gefangenen wird wohl für immer unbekannt bleiben. Es ist wenig wahrscheinlich, daß die Führung der bosnischen Serben über alle kleineren Lager informiert war, von der Zahl der Insassen und der Ermordeten ganz zu schweigen.

Am 18. August erhielt das Außenpolitische Komitee des US-Senats einen internen Bericht, der andeutete, daß westliche Regierungen und die Vereinten Nationen schon lange vor Marshalls und Vulliamys Exklusivbericht detaillierte Informationen gehabt hatten. Der wichtigste Punkt war, daß die ethnischen Säuberungen ihr Ziel offensichtlich erreicht hatten – die an Serbien angrenzenden Gebiete waren nun ausschließlich von Serben besiedelt, das gesamte serbisch beherrschte Gebiet umfaßte 70 Prozent Bosniens. Begleitend war es zu umfassenden Gewalttaten, zu „willkürlichen und geplanten Morden … und organisierten Massakern“ gekommen. „Wir sind der Ansicht, daß die Todesrate im Zusammenhang mit der gewaltsamen Vertreibung der moslemischen Bevölkerung die Toten durch das Bombardieren der Städte bei weitem übersteigt.“ Die organisierten Morde in den Lagern waren „ein sadistisches Freizeitvergnügen“. Der Bericht schloß mit einem vernichtenden Urteil:

> *Die Vereinten Nationen haben nicht rechtzeitig auf die ersten Berichte über die Brutalitäten in den Gefangenenlagern reagiert. Auch das US-Außenministerium hatte früh Zugang zu Unterlagen über gewaltsamen Bevölkerungstransfer, ging der Sache aber nicht weiter nach. Dieses Versagen beweist, daß sowohl in der internationalen Gemeinschaft als auch in den USA systematische Mängel in der Überwachung von Menschenrechtsverletzungen bestehen. Wenn sich die Weltöffentlichkeit dieser Grausamkeiten in Bosnien-Herzegowina früher angenommen hätte, wären viele Menschenleben zu retten gewesen.*

Seit wann wußte die internationale Gemeinschaft Bescheid über Art und Ausmaß der Verbrechen? Bereits im Mai 1992 sammelte „Save Humanity", eine Unterorganisation der bosnischen Regierung, die Zeugenaussagen von Flüchtlingen aus den gesäuberten Regionen. Zlatko Hurtić, ein Rechtsanwalt aus Sarajevo, sammelte praktisch vom ersten Tag an Beweise. Im Juni verteilte er Dossiers mit Augenzeugenberichten an Journalisten, Hilfsorganisationen und Diplomaten und jeden, der bereit war, zuzuhören. Der bosnische UNO-Botschafter Mohammed Sacirbey gibt an, er habe Boutros Boutros-Ghali bereits Mitte Mai persönlich auf die Existenz der Lager aufmerksam gemacht.

Ende April informierten wir erstmals die UNO und Boutros Boutros-Ghali über die Konzentrationslager. Am 15. Mai kam es zu einem Treffen mit dem Generalsekretär. Uns war zu Beginn nicht ganz wohl dabei, weil wir befürchteten, sie würden uns Panikmache vorwerfen. Wir hatten lediglich Augenzeugenberichte. Wir selbst hatten keine Ahnung, wie schlimm es in den Lagern wirklich war. Aber Boutros Boutros-Ghali und die anderen nahmen uns zu diesem Zeitpunkt einfach nicht ernst. Im Juli übergaben wir eine genauere Liste mit Ortsangaben über die Lager.

Am 3. Juli schickte UNHCR (UN-Hochkommissariat für Flüchtlinge) ein Rundschreiben an das Internationale Komitee vom Roten Kreuz, UNPROFOR und die EG-Beobachter über den Mißbrauch in vier Lagern. Am 27. Juli verteilte man einen Bericht über Omarska. George Kenny, ein Beamter des US-Außenministeriums, der aus Protest über die amerikanische Bosnienpolitik seinen Rücktritt einreichte, bezichtigte die USA später der Vertuschung. Er beschrieb die Politik des State Department so: „Laßt uns so tun, als ob nichts wäre."

Dieses Thema ist wichtig, denn es enthüllt ein Phänomen, das immer wieder erkennbar wird, wenn westliche Staaten Bosnienpolitik machen: sie reagieren im wesentlichen auf die TV-Berichterstattung. Die frühen Warnungen von Zlatko Hurtić, Präsident Izetbegović, Mohammed Sacirbey, der UNHCR und Roy Gutman, egal, wie gut sie recherchiert waren, hatten nicht einen Bruchteil jener Wirkung, die die verstörenden Fernsehbilder erzielten.

Unter internationalem Druck erklärte sich Karadžić bereit, die Insassen unter Aufsicht des Internationalen Roten Kreuzes freizulassen, allerdings unter der Bedingung, daß sie aus der Kampfzone evakuiert würden. Das brachte ihm doppelten Vorteil: Einerseits hatte er damit ein wichtiges internationales Zugeständnis gemacht und konnte sich als kooperativer Führer präsentieren, dem es ein Anliegen ist, die wüstesten Exzesse seiner radikaleren Handlanger auszubügeln; andererseits kam er mit der Beseitigung dieser Moslems aus den serbisch beanspruchten Gebieten dem Hauptziel seines Krieges wieder einen Schritt näher.

Ende April 1992 gab es 286.000 bosnische Flüchtlinge, die meisten von ihnen in Kroatien. Anfang Juni war diese Zahl auf eine dreiviertel Million emporgeschnellt. Mitte Juli waren es 1,1 Millionen. Bis Ende des Jahres hatten knapp zwei Millionen Bosnier – fast die Hälfte der gesamten Bevölkerung Bosniens – ihre Häuser und Wohnungen verloren.[160]

* * *

Vor dem Krieg gab es in Bosnien ein Sprichwort, das auf die etwas abgehobene Isolation von Sarajevo in Beziehung auf das umliegende Berg- und Bauernland anspielte. Sarajevo ist auf allen Seiten von Bergen eingefaßt, und das schuf vielleicht einen nach innen gewandten, abgeschlossenen, auf sich selbst bezogenen Charakterzug. Die Bosnier sagten: „Auf Wiedersehen, Bosnien, ich fahre nach Sarajevo." Diese eigentümliche Losgelöstheit Sarajevos vom Rest der Republik verwandelte sich jetzt in einen akuten Nachteil: Denn im Sommer 1992, während sich alle bisher in diesem Kapitel beschriebenen Dinge zutrugen, konzentrierten sich die Weltmedien fast ausschließlich auf die Belagerung und das Bombardement Sarajevos, während die wirklich entscheidenden Kämpfe und Gefechte anderswo stattfanden. Das Problem lag teilweise in den Schwierigkeiten der Anreise, teilweise am Mangel an Information. Den Serbenführern kam das sehr zupaß. Nikola Koljević gab einmal gegenüber einer Journalistengruppe zu, daß die Konzentration der internationalen Aufmerksamkeit auf die Hauptstadt „uns erlaubte, unsere Pläne in Nordbosnien durchzuziehen".

Am 23. April kam Lord Carrington nach Sarajevo und traf den Präsidenten Izetbegović. Der Kommandant der UN-Truppen, General MacKenzie, wies ihn in die Lage ein. Der General mußte aber selbst zugeben – und es traf ihn keine Schuld daran –, daß er von der Lage außerhalb Sarajevos keine blasse Ahnung hatte. Er hatte nur seinen kleinen Mikrokosmos und die immer wieder gescheiterten Waffenstillstandsabkommen im Blickfeld. Er war über beide Konfliktparteien schon ziemlich verärgert und betrachtete in weiterer Folge – aber noch nicht zum Zeitpunkt des Carrington-Besuchs – die Serben als die flexibleren Verhandlungspartner. Er offerierte folgende Einschätzung:[161]

Ich sagte Carrington, wir (die UNPROFOR-Kommandanten) sind der Auffassung, die bosnische Regierung versucht, die internationale Staatengemeinschaft in eine Militärintervention hineinzudrängen, und ist deshalb nicht an einem funktionierenden Waffenstillstand interessiert ... Wir empfahlen Carrington, dem bosnischen Präsidenten klarzumachen, daß er keine Militärintervention bekommt und deshalb über eine Lösung mit Dr. Karadžić und den bosnischen Serben verhandeln sollte.

Carrington nahm sich denn auch kein Blatt vor den Mund. Der bedrängte Izetbegović erinnert sich an dieses Gespräch mit dem Friedensvermittler:

Carrington riet mir, zu verhandeln, noch während die serbischen Streitkräfte uns attackierten. Ich sagte ihm, das ist unmöglich. Ihre Forderung, ihr Ziel war ja, Bosnien als Land zu zerstören. Er fragte: „Was werden Sie tun?" Ich sagte, wir werden uns wehren. Carrington schwieg einen Augenblick lang. Dann schaute er mir in die Augen und sagte: „Wie kommen Sie auf die Idee, daß Sie sich wehren können? Wissen Sie, wovon Sie sprechen, Herr Izetbegović? Wissen Sie, gegen wen Sie da kämpfen? Wissen Sie, über welche Waffen die verfügen?" Ich sagte, wir hätten keine andere Chance, als uns zur Wehr zu setzen oder uns zu ergeben. Wenn wir uns ergeben, sind wir entweder Gefangene, oder sie bringen uns um. Wir haben keine andere Wahl. Er sagte: „Herr Izetbegović, Sie haben keine Ahnung, mit wem Sie es hier zu tun haben." Ich begleitete ihn zum Abschied noch die Treppe hinunter. Er winkte und sagte goodbye.

MacKenzies wichtigste Schlußfolgerung stimmte. Die Strategie von Izetbegović war, eine internationale Militärintervention zu erzwingen. MacKenzie erkannte jedoch nicht, daß die logische Konsequenz der serbischen und kroatischen Gebietsansprüche in Bosnien bedeutete, daß Bosnien von der Landkarte verschwinden würde und daß die zwei Millionen Moslems die Wahl hätten, sich entweder in Serben oder Kroaten zu verwandeln, oder als Gläubige des Islam in den neuen ethnisch definierten Staaten als Bürger zweiter Klasse zu leben. Im Spätsommer forderte Izetbegović eine internationale Politik, die als „lift and strike" bekannt wurde – die Aufhebung des Waffenembargos gegen sein Land, verbunden mit dem Einsatz von NATO-Luftstreitkräften – und die das serbische militärische Übergewicht (Feuerkraft und Befestigung der Stellungen) kompensieren sollte.

Keines der wichtigen Länder empfand das als wünschenswert. Westliche Politiker benebelten sich an Schlagworten wie „uralter Völkerhaß“, „Schlachthaus Balkan“ oder „Bürgerkrieg“. „Jede Seite ist schuld“ – so erklärte man die gebrochenen Waffenstillstandsabkommen. Das stimmte schon. Aber darum ging es kaum. In diesem Kontext half jeder Waffenstillstand in Sarajevo den Karadžić-Serben bei der Umsetzung ihrer in diesem Kapitel beschriebenen Vorhaben, denn damit wäre die Bosnien-Story nicht mehr aktuell genug für den Bildschirm.

Serbische und westliche Interessen konvergierten auch in der Frage des Flughafens von Sarajevo. Die großen westlichen Regierungen kamen überein, daß den Enteigneten und Vertriebenen das Schicksal durch massive humanitäre Hilfe gelindert werden muß. Im April wurde klar, daß viele Menschen verhungern würden, wenn Sarajevo nicht bald geholfen würde. Es gab zwar Lebensmittel in der Stadt, doch ein Schwarzmarktkartell kontrollierte Einkauf und Verkauf und drückte die Preise künstlich hoch. Am 8. Juni verabschiedete der UNO-Sicherheitsrat einen Plan, den Flughafen von Sarajevo unter Kontrolle zu bekommen und eine Luftbrücke für humanitäre Hilfe zu errichten. General MacKenzie wurde auf seine eigene Initiative hin von seinem Posten als Stabschef der UNPROFOR (Kroatien) entbunden und übernahm seine neue Funktion als Kommandant des Sektors Sarajevo mit großem Enthusiasmus. Sein Auftrag war, den bosnischen Serben die Kontrolle über den Flughafen zu entwinden.

Die Führung der bosnischen Serben protestierte anfangs heftig. Zu viele Männer seien bei der Verteidigung des Flughafens ums Leben gekommen, es sei souveränes serbisches Territorium, wurde argumentiert. Ein Bataillon „Blauhelme“ sei keine hinreichende Verteidigung gegen eine Eroberung durch die „Moslems“. Das käme nicht in Frage. Im privaten Kreis aber standen Karadžić und Koljević einem Flughafenabkommen positiv gegenüber und waren bei den Verhandlungen überraschenderweise wesentlich kooperativer als die bosnische Regierung. MacKenzie sagt, Karadžić selbst habe die Idee gehabt, den Flughafen zu übergeben. „Ich hörte, daß Dr. Karadžić in New York vorgeschlagen hatte, die Serben würden den Flughafen öffnen und die UNO solle die Kontrolle über die ganze Stadt übernehmen, die durch eine ‚grüne Linie‘ in der Mitte zweigeteilt werden solle.“[162] Karadžić wollte eine Hungersnot in Sarajevo auf jeden Fall vermeiden: sie hätte prominente westliche Politiker wie Margaret Thatcher oder Bob Dole zu weiteren Rufen nach einer Militärintervention veranlaßt. Würde die Welt wirklich tatenlos zusehen, wie eine europäische Hauptstadt ausgehungert wird? Karadžić gab den Flughafen gerne ab, tat so, als ob ihm ein riesiges Zugeständnis abgerungen worden sei, und schob die Verantwortung für eventuelle Zwischenfälle wieder der bosnischen Regierung zu.

MacKenzies Versuche, den Flughafen zu öffnen, scheiterten vorerst daran, daß kein Waffenstillstand, den er vermittelte, länger als nur ein paar Stunden hielt. Am Abend des 27. Juni erhielt er einen grotesken Anruf. Der Präsident von Frankreich, François Mitterrand, wollte noch am selben Abend auf dem Flughafen von Sarajevo landen und hatte eine UNO-Eskorte für den Weg in die Stadt verlangt.

Es war Wahnsinn. Das Rollfeld war nach allen Seiten ungeschützt. Seit Wochen war kein Flugzeug mehr in Sarajevo gelandet. Das Flugfeld war unbeleuchtet, der Kontrollturm war nicht mehr funktionstüchtig. Die Landebahn war mit scharfkantigen Schrapnells übersät – die Flugzeugreifen würden nach dem Aufsetzen zerfetzt werden, falls die Maschine nicht schon früher von einer der beiden Seiten abgeschossen würde, im Glauben, es komme Nachschub für die andere Seite. Die Flughafenstraße war damals die gefährlichste Straße der Welt, jeder nannte sie „Heckenschützenallee". Eine Fahrt bei Tag war lebensgefährlich, eine Fahrt in der Dunkelheit aktiv selbstmörderisch. MacKenzie empfahl, einen anderen Flughafen anzufliegen, zu übernachten und am nächsten Tag zu kommen. Sein Rat wurde angenommen.

Der 28. Juni ist *Vidovdan* (St.-Veits-Tag), der wichtigste Tag im Kalender der serbischen Nationalisten – Jahrestag der Niederlage gegen die Türken in der Schlacht am Amselfeld im Jahr 1389 und Beginn der fünfhundertjährigen Fremdherrschaft. 1914 kam der österreichische Thronfolger Franz Ferdinand just am selben Tag nach Sarajevo: Deutlicher hätte er sich nicht über die Forderungen der bosnischen Serben hinwegsetzen können, die Bosnien aus der österreichisch-ungarischen Monarchie herauslösen und sich mit den Serben in Serbien zusammenschließen wollten. Das Echo der Geschichte war laut und deutlich. Franz Ferdinand zahlte den allerhöchsten Preis für diese Beleidigung der Serben an ihrem heiligsten Tag.

Mitterrand wollte nur das Staatsoberhaupt treffen. MacKenzie war fassungslos. „Ich hatte nicht im Traum gedacht, daß der Präsident

Frankreichs nach Sarajevo kommt, um dann nur mit einer Seite des Konflikts zu reden." MacKenzie versuchte, Mitterrand zu überzeugen, wie wichtig es wäre, auch die Serbenführer zu treffen. „Die Reaktion der Serben konnte ich mir ausmalen", schrieb er in sein Tagebuch. „Sie würden ihre Wut am einzigen permanenten internationalen Vermittler in Sarajevo auslassen – an mir." Mitterrand erklärte sich bereit, vor seiner Abreise Karadžić am Flughafen noch die Hand zu schütteln. MacKenzie informierte Pale. Zur vereinbarten Stunde erschienen Karadžić und Koljević gemeinsam und sprachen den französischen Präsidenten auf dem Vorfeld an. Mitterrands Gesichtsausdruck blieb wie immer unverändert. Seine Augen verrieten weder Interesse noch Wiedererkennen. Er vermittelte den Eindruck, kaum zu wissen, wer die beiden waren. In diesem Moment wurde das Feuer eröffnet, genau wie MacKenzie es vorhergesagt hatte. Ein Panzer am östlichen Ende des Rollfelds feuerte Granate um Granate in den bereits schwer beschädigten Stadtteil Dobrinja, den die bosnische Regierung kontrollierte. Drei verwundete serbische Soldaten tauchten plötzlich auf, die offensichtlich leichte Verletzungen am Bein hatten. MacKenzie tat die Show verärgert als Schmierenkomödie ab. Jemand brachte eine übergroße Kugelweste und stülpte sie über Mitterrands kleine Statur. Er zeigte keine Reaktion, aber zum ersten Mal an diesem Tag sah man ihm sein Alter an. Ihn interessierte nur noch seine Abreise, und das hastige Treffen mit Karadžić ließ ihn unbeeindruckt. Im Schutz des Abfertigungsgebäudes wartete er stoisch auf das Ende der Schießerei. Nach wenigen Minuten war der Spuk vorbei, und er bestieg sein Flugzeug und war weg. Seine mutige, nicht völlig uneigennützige Mission war insofern erfolgreich, als sie der Welt vorführte, daß keine Militärintervention nötig sei, um das Chaos in Bosnien in den Griff zu bekommen.

Mitterrands Besuch brachte den Stein ins Rollen, auf den MacKenzie gewartet hatte. Ganz nach Abmachung reihten die Serben am nächsten Tag ihre Tanks und Panzerfahrzeuge am Rollfeld auf und verließen den Flughafen. MacKenzie hißte die Flagge der Vereinten Nationen. Innerhalb der nächsten Tage traf ein kanadisches Bataillon aus Kroatien ein und begann, den Flughafen zu sichern. Die Luftbrücke startete, und bald langten täglich 150 Tonnen Lebensmittel und Medikamente in Sarajevo ein. Ein kollektives Aufatmen ging durch die internationale Gemeinschaft, und die Welt wollte glauben, die Krise in Sarajevo sei gemeistert.

Die Öffnung des Flughafens von Sarajevo war ein weiteres wichtiges Charakteristikum der westlichen Politik in Bosnien. Der Krieg wurde fast von Anfang an als humanitäre Krise behandelt. Die westlichen Regierungen reagierten, als ob es sich um eine Überschwemmung oder ein Erdbeben handelte, und wandten sich mit Enthusiasmus der Behandlung der Symptome zu, ohne sich wirklich mit den Ursachen auseinanderzusetzen. Mitterrands Besuch und sein Treffen mit einem dankbaren und schmeichlerischen Karadžić waren ein Schlüsselmoment.

Am Abend des 28. Juni wurden mehr als zweihundert Moslems im Lager Keraterm in Prijedor, wenige Autostunden von Sarajevo entfernt, in einen winzigen Raum gepfercht. Sie wurden stundenlang geschlagen. Ihre Mitgefangenen hörten die Schreie bis spät in die Nacht. Dann wurden sie mit einem Maschinengewehr niedergemäht. Am nächsten Morgen lagen die Verwundeten unter den Toten. Die anderen Gefangenen mußten die Leichen entsorgen. Nach ihren Schätzungen waren mindestens hundertfünfzig Moslems getötet worden. Es sollte Monate dauern, bis Nachricht davon an die Außenwelt drang. Bis dahin war es zu spät.

* * *

Am Ende dieses schicksalsschweren Sommers hatten die Serben zwei Drittel Bosniens unter ihrer Kontrolle und ihre Ziele damit fast erreicht. Die mörderischsten Schlachten wurden im Norden um den wichtigen Ost-West-Korridor geschlagen, der Serbien mit Banja Luka (und dadurch mit serbischen Gebieten in Westbosnien und Kroatien) verbindet. Der Korridor führt durch die Region Posavina, wo viele Kroaten wohnten. Zweimal waren die Kroaten nach Süden vorgestoßen, tief in ein Territorium, das die Serben brauchten. Der Korridor war eine strategische Notwendigkeit. Ohne den Korridor wären die serbischen Territorien nicht mehr miteinander verbunden. „Der Korridor ist wie die Luft, die wir atmen. Er bedeutet das Leben unserer Nation", sagten die Serben in Banja Luka. Sie warfen ihre besten Einheiten in die Kämpfe. Bei Brčko ist der Korridor nur fünf Kilometer breit. Dort ist die Achillesferse des serbischen Staates in Bosnien.

Das zweite große Konfliktgebiet lag im Südwesten, in der Region Mostar. Das ursprüngliche Ziel von Karadžić war, seinen Staat bis an die Neretva und dann den Fluß entlang zur Küste auszudehnen. Die radikalsten Nationalisten machten sich stark dafür, unter diesem Plan auch Dubrovnik in den serbischen Staat einzuverleiben. Die Grenze sollte entlang des Flusses mitten durch Mostar verlaufen: Ostmostar sollte Teil der *Republika Srpska* werden, Westmostar sollten sich Kroaten und Moslems aufteilen, falls sie zu einer Einigung imstande wären. Doch hier erwies sich der militärische Druck als so stark, daß Karadžić Kompromisse eingehen mußte. Am 17. Juni warfen kroatische Kräfte die Serben aus ihren Stellungen im Ostteil der Stadt und fügten ihnen ihre bis dahin größte Niederlage zu. Die Serben mußten einen größeren Landstrich in der Herzegowina preisgeben, doch nicht ohne ihn vorher noch zu verwüsten. Die Schlacht um Mostar enthüllte eine fundamentale Dynamik dieses Krieges: Wo immer die Serben auf einen militärisch ebenbürtigen Gegner trafen, eskalierten die Kämpfe nicht, wie die Verteidiger des Waffenembargos immer behaupteten, sondern sie hörten auf. Die einzige Ausnahme war der Posavina-Korridor.

Es gab noch vier weitere wichtige Regionen, in denen die frühen serbischen Vorstöße am unerwartet heftigen Widerstand der bosnischen Verteidiger gescheitert waren. In Ostbosnien blieben Žepa, Goražde und Srebrenica in den Händen der Moslems. Sie lagen isoliert tief im Land, das die Serben als ihres deklarierten. Als der Winter hereinbrach und die Frontlinien für einige Monate festfroren, war klar, daß diese drei „Enklaven" Ziel der nächsten Frühjahrsoffensive sein würden. Als störende Flecken und militärische Bedrohung in ansonsten rein serbischem Gebiet sollten sie neutralisiert und gesäubert werden. Die vierte wichtige Region war Sarajevo selbst. Karadžić war fest entschlossen, die Stadt zu teilen. Wenn möglich, auf dem Verhandlungsweg, wenn nötig, mit militärischer Gewalt. Aber das konnte noch bis zum Schluß warten.

Izetbegović steckte nunmehr in einem tiefen Dilemma. Die einzige Alternative zur Niederlage gegen die Serben schien eine „Befreiung" durch die Kroaten zu sein. Er hegte bereits profundes Mißtrauen gegen seinen „Verbündeten" in Zagreb – und das mit gutem Grund.

19. Kapitel

„Wir sind die Sieger"

Die Londoner Konferenz

Mai 1992 – Dezember 1992

Die Londoner Konferenz wurde von der britischen Regierung und den Vereinten Nationen veranstaltet und war das ehrgeizigste internationale Gipfeltreffen zum Thema Bosnien. Mehr als dreißig Staaten und Organisationen beteiligten sich an den Bestrebungen, die ethnische Säuberung rückgängig zu machen und gewaltsam besetztes Land zurückzugeben. Da die Konferenz unmittelbar nach den Enthüllungen über serbische Konzentrationslager stattfand, verurteilten die meisten Redner die serbische Aggression. Die Teilnehmer setzten hohe moralische Standards an, weil sie teilweise noch in der Illusion lebten, die internationale Staatengemeinschaft werde Bosnien retten. Westliche Regierungen priesen die Konferenz als Durchbruch. Ein Rahmenplan zur Lösung der jugoslawischen Krise war ausgearbeitet worden. Der Krieg hatte eine Wende genommen, und der Westen war zuversichtlich, sich durchsetzen zu können. Doch trotz der neuen internationalen Entschlossenheit war auch die serbische Führung der Ansicht, in London einen Sieg errungen zu haben.

Die Führung in Belgrad wußte von vornherein, daß sie sich auf ein Sperrfeuer der Kritik gefaßt machen mußte. Dobrica Ćosić, ein nationalistischer serbischer Schriftsteller, der seit vier Monaten als Präsident von Restjugoslawien agierte, hatte von einem britischen Minister erfahren, daß Milošević zur Rechenschaft gezogen werden sollte.

Doch auf dem Flug nach London war Milošević jovial. Er wandte sich an seinen Informationsminister und fragte: „Wissen Sie, warum wir nach London fahren? Weil wir die Sieger sind." Der Minister verstand nicht recht. „Aber wir haben Sanktionen, Benzin ist rationiert, und die Wirtschaft ist kaputt." – „Vergessen Sie die Schlangen vor den Geschäften. Wir sind die Sieger", sagte er und wandte sich wieder seinem Gespräch mit Momir Bulatović, dem Präsidenten Montenegros, zu.

In London schien es, als wäre Milošević die Abrechnung mit seinem Premierminister Milan Panić wichtiger als die Konferenz selbst. Sie stritten öffentlich und hinter verschlossenen Türen, Milošević drohte ihm sogar mit Faustschlägen. Panić, der in Belgrad geborene Millionär aus Kalifornien, und Ćosić, der als geistiger Vater der Serben gilt, waren beide von Milošević persönlich ausgesucht worden. Er wollte, daß das ungleiche Paar so lange den Kurs vorgibt, bis sich der Sturm gelegt hat. Bereits im Frühjahr hatte er sich an Ćosić gewandt, die graue Eminenz der serbischen Nationalisten, und ihn ersucht, sich an die Spitze des nicht anerkannten Jugoslawien zu stellen. „Gemeinsam können wir die Nation retten", hatte Milošević zu Ćosić gesagt. Dieser konnte einem solchen Angebot nicht widerstehen. In einem zerbeulten Taxi fuhr Ćosić im Juni bei seiner eigenen Inaugurationsfeier vor. Sein sehnlichster Wunsch war die Einheit des serbischen Volks und ein Platz in der serbischen Geschichte. Er wollte sich in seiner Amtsführung über die Niederungen der Politik erheben. Er wagte es nicht, Milošević direkt herauszufordern.

Serbien und Montenegro drohte die zunehmende Isolation. Am 30. Mai hatte der UNO-Sicherheitsrat als Reaktion auf serbische Greueltaten drakonische wirtschaftliche und politische Sanktionen verhängt. Milošević war daraufhin unter großen Druck gekommen. Zum ersten Mal hatten sich serbische Institutionen, darunter die orthodoxe Kirche, Universitäten und sogar Fabriken, gegen ihn gewandt.

Panić war als Geburtshelfer des neuen Jugoslawien ausgewählt worden, das sich aus der Asche des Balkans erheben sollte. Seine Verbindungen mit der politischen Klasse in Washington sollten Jugoslawien aus der internationalen Quarantäne führen. Sollte Milošević in Panić einen Befehlsempfänger gesehen haben, hatte er sich allerdings getäuscht. Panić umgab sich mit einem Team amerikanischer Berater und versuchte, Jugoslawien auf dieselbe Weise zu managen wie seinen pharmazeutischen Konzern in Kalifornien. Es gab einen Punkt, an dem Milošević ernsthaft überlegte, ob er nicht das Angebot von Panić annehmen sollte, einen Job in den USA zu suchen und aus der Politik auszusteigen. Daß er überhaupt an ein Leben in den USA dachte, ist umso bemerkenswerter, als dieses Land ihn damals bereits zum Kriegsverbrecher erklärt hatte. Er verwarf die Idee bald, und die brodelnde Fehde zwischen dem übersprudelnden Millionär und dem arroganten Politiker kam in London öffentlich zum Ausbruch.

Panić, der signierte Coca-Cola-Gläser verteilte, wirkte wie ein frischer Wind im Gegensatz zu den düsteren, autoritären serbischen Politikergestalten. Sein Kabinett war eine seltsame Mischung. Panić hatte dem Druck nachgegeben und eine Reihe von Milošević-Getreuen ernannt, dem serbischen Präsidenten waren es aber zu wenige. Auch Ćosić durfte ein paar Kandidaten nominieren, der Rest waren unabhängige und – für sensiblere Bereiche wie Justiz und Minderheitenrechte – einige qualifizierte Minister.

Panić hatte den Job eines Premierministers in dem unerschütterlichen Glauben angenommen, er könne die monumentale Aufgabe bewältigen, den Krieg zu beenden. Ausländische Würdenträger waren angetan, als er sich für das Zusammenleben der Völker in Bosnien aussprach – gleichzeitig wurde klar, daß er nur wenig Ahnung davon hatte, was in Bosnien wirklich geschah. Am 13. Juli hielt er sich in seiner Wohnung in Belgrad auf, als er erfuhr, daß die Angriffe auf Goražde trotz seiner gegenteiligen Zusicherungen fortgesetzt wurden. Er verlangte, sofort telefonisch mit Goražde verbunden zu werden, und hatte keine Ahnung, daß die serbische Belagerung dort schon drei Monate anhielt und die Stadt völlig von der Außenwelt abgeschnitten war. Als er über Militärfunk Verbindung bekam, stellte er sich höflich vor. Er fragte einen serbischen Kommandanten vor Ort, ob er Hilfe benötige. „Nur Männer", antwortete die Stimme aus dem Äther. Panić schien nicht zu registrieren, daß Jugoslawien den bosnischen Serben nach wie vor mit Truppen und Nachschub beistand.

* * *

Premierminister John Major eröffnete die Londoner Konferenz und zeichnete ein düsteres Bild einer serbischen Zukunft unter dem UN-Embargo. Wenn die Serben weiter vorrückten, würden sie sich in die totale Isolation manövrieren.

Wenn wir keine Zusammenarbeit erreichen, wird der Druck unerbittlich gesteigert werden. Verurteilung, Isolation. Jene Gruppen, die einer Lösung im Wege stehen, müssen mit Verschärfung der Sanktionen und rigoroseren Kontrollen rechnen. Kein Handel, keine Unterstützung. Keine internationale Anerkennung oder Rolle. Wirtschaftliche, kulturelle, politische und diplomatische Isolation.

Panić machte starken Eindruck auf der Konferenz. Ein sprunghafter Clown, der sich der Beendigung des Kriegs verschrieben hatte. Als sich Milošević einmal zu Wort meldete, kritzelte Panić etwas auf ein Blatt

Papier und hielt es dem serbischen Präsidenten vors Gesicht. Darauf stand *„shut up"* in Englisch. Dann zeigte er den Zettel dem stellvertretenden amerikanischen Außenminister Lawrence Eagleburger, der früher US-Botschafter in Belgrad und damals mit Milošević befreundet gewesen war. Panić ging sogar noch einen Schritt weiter. In dick akzentuiertem Englisch – sein Serbisch war ebenfalls nicht das frischeste – verkündete er der Konferenz, daß Milošević nicht autorisiert sei, zu reden.

Am zweiten Tag unterbreitete die EG auf einen Antrag der Holländer einen Resolutionsentwurf, der die Serben in Grund und Boden stampfte. Die Serben sahen den Entwurf und drohten, die Konferenz zu verlassen. Die Briten sorgten sich, daß die Bosnier und Holländer ihrerseits die Konferenz verlassen, wenn das Dokument nicht eingebracht wird. Der russische Außenminister Andrej Kosyrew und sein Stellvertreter Vitali Tschurkin, dessen perfektes Englisch und seine entspannte Art ihn zu einem Liebling der Medien hatten werden lassen, versuchten, die Serben zu beruhigen und weiter bei der Konferenz zu halten. Die Serben zogen sich in ihre separaten Räumlichkeiten im *Queen Elizabeth II Conference Centre* zurück.

Es gab eine fürchterliche Auseinandersetzung. Milošević wollte gehen. Panić wollte bleiben. Schließlich erklärte sich Milošević bereit, zu bleiben, aber nur, wenn Panić den Mund hält. Panić blieb hart: „Vielleicht ist es am besten, wenn einige von uns zur Konferenz zurückgehen und andere eben nicht", sagte er. Niemand hatte während des Streits bemerkt, daß Kosyrew den Raum betreten hatte, um einen Kompromiß anzubieten: Major würde das Dokument zwar verlesen, die Konferenz würde aber ohne Debatte darüber zu Ende gehen. Widerwillig stimmten die Serben zu.

Major hob hervor, daß die Konferenz den ersten umfassenden Rahmenplan seit Ausbruch des Konflikts erarbeitet hatte. „Wir wissen jetzt, was wir zu tun haben", sagte er, „wie es zu tun ist und wer es zu tun hat." Die Teilnehmer hatten beschlossen, die Sanktionen gegen Belgrad fester zu ziehen und Beobachter entlang von Serbiens internationalen Grenzen und auf der Donau zu postieren. Die serbische Grenze nach Bosnien, die auf beiden Seiten von Serben kontrolliert wurde, blieb von dieser Regelung ausgenommen.

Lawrence Eagleburger verlautbarte ein Abkommen mit Radovan Karadžić, dem Führer der bosnischen Serben, welches der UNO erlauben sollte, innerhalb einer Woche alle schweren Waffen rund um

Sarajevo, Bihać, Goražde und Jajce zu beobachten. Außerdem hatten die bosnischen Serben erklärt, sich aus „einem substantiellen", aber noch undefinierten Gebiet wieder zurückzuziehen.

UNO-Generalsekretär Boutros Boutros-Ghali kündigte an, Tausende zusätzliche Blauhelme zum Schutz der Hilfskonvois für bosnische Zivilisten zu entsenden. Der erste Kriegswinter nahte, und das Überleben von mehr als 1,3 Millionen Menschen hing davon ab, daß Hilfe von außen ihnen Lebensmittel, warme Kleidung und ein Dach über dem Kopf zur Verfügung stellte. Der UNO-Sicherheitsrat wurde ermächtigt, eine friedenserhaltende Truppe aufzustellen, die die Einhaltung des Waffenstillstands und die militärischen Bewegungen kontrollieren sollte. Am 14. September erteilte die Resolution 776 das Mandat, Blauhelme nach Bosnien zu entsenden. Frankreich stellte das größte Kontingent und übernahm das Oberkommando von UNPROFOR II, wie die Mission genannt wurde. Großbritannien hatte den zweitgrößten Anteil an Soldaten und erhielt den Posten des Stabschefs. Im Oktober verhängte die UNO ein Flugverbot über den gesamten bosnischen Luftraum.

Die Kriegsparteien waren übereingekommen, daß ein Abkommen die Anerkennung von Bosnien-Herzegowina durch alle anderen jugoslawischen Republiken beinhalten müsse, daß die Grenzen respektiert werden müßten und Grenzänderungen nur in gegenseitigem Einverständnis vorgenommen werden dürften. Die Erklärung rief die Parteien auf:

- *die „abscheulichen" Anhaltelager zu schließen und internationalen Organisationen sofortigen Zugang zu gewähren;*
- *die Vertreibung von Zivilisten aus ihren Wohngebieten mit dem Ziel, die ethnische Zusammensetzung zu verändern, als unmenschlich und illegal zu verurteilen;*
- *Kompensationszahlungen zu leisten und das Rückkehrrecht zu gewährleisten;*
- *einen Rahmen für Friedensverhandlungen in Genf auszuarbeiten, Arbeitsgruppen (zu Themen wie Rechtsnachfolge im ehemaligen Jugoslawien) zu bilden und den Vorschlag zur Gründung eines Kriegsverbrechertribunals zu prüfen;*
- *alle internationalen Abkommen und Verträge einzuhalten;*
- *Handelsbeziehungen und andere Verbindungen zu den Nachbarländern aufzunehmen;*

– *Menschenrechtsbeobachter in den Kosovo (die mehrheitlich von Albanern bewohnte serbische Südprovinz), in die Vojvodina (die ethnisch vielfältige Nordprovinz, in der 346.000 Ungarn leben) und den Sandžak (eine mehrheitlich moslemische Region zwischen Serbien und Montenegro) zu entsenden.*

Milošević lehnte internationale Vermittler, die den zukünftigen Status der Albaner im Kosovo verhandeln sollten, als Einmischung in innere serbische Angelegenheiten ab. Panić unterstützte die Entsendung von KSZE-Beobachtern und Menschenrechtsexperten in den Kosovo. Ein Jahr später ließ Milošević sie ausweisen.

In der Schlußdeklaration legten die Konferenzteilnehmer den Kriegsparteien nahe, die Waffen niederzulegen, wenn sie nicht die dauernde Isolation riskieren wollten.

Wenn ... Serbien und Montenegro die eingegangenen Verpflichtungen in Wort und Tat erfüllen, werden sie wieder eine respektierte Stellung in der internationalen Gemeinschaft einnehmen ...

Wenn sie sich nicht daran halten, wird der Sicherheitsrat aufgefordert, einschneidende Sanktionen zu beschließen, die zur völligen internationalen Isolation führen.

Das waren harte Worte. Die Weltmächte drohten, Serbien völlig von der Außenwelt abzuschneiden. Für den serbischen Präsidenten war das Ergebnis dennoch besser, als er erwartet hatte. Der Einsatz militärischer Mittel, um die Kriegsparteien zu bestrafen, wurde nicht erwähnt. Das war eine wichtige Auslassung und ein Sieg für die Serben. Scharfe Worte allein konnten ihnen nichts anhaben.

Die bosnischen Serben, im besonderen Radovan Karadžić, benutzten die Londoner Konferenz dazu, sich von den Rockzipfeln ihres Mentors in Belgrad zu lösen. Milošević konnte das nur recht sein. Bis zu diesem Moment war er die alleinige Zielscheibe westlichen Zorns. Als Karadžić sich immer wohliger im Scheinwerferlicht der Weltpresse sonnte, wechselte die Last der Verantwortung fast unbemerkt auf seine breiten Schultern über. Dušan Mitević, der enge Verbündete von Milošević, erinnerte sich:

Zynisch betrachtet hat die Londoner Konferenz die bisherigen Auswirkungen des Krieges gebilligt ... Bis zu diesem Zeitpunkt waren Jugoslawien und Serbien geächtet ... Plötzlich saß Ćosić als Präsident von Jugoslawien am Verhandlungstisch ... und Panić war als Premierminister dabei. Man darf nicht vergessen, daß John

Major die Konferenz mit den Worten beendete: „Gott helfe uns und Herrn Panić bei der friedlichen Lösung des Problems ...“ Milošević war auch dabei – und hatte alle Trümpfe in seiner Hand. Und es war der erste Auftritt der bosnischen Serben mit Karadžić. Sie waren zwar nicht offizielle Teilnehmer der Konferenz, aber sie waren einfach da.

Ganz zum Schluß der Tagung wurde Lord David Owen, der ehemalige Außenminister der Labour-Partei und Führer der SPD (von Labour abgespaltene Sozialdemokraten), zum Nachfolger von Lord Carrington ernannt. Anfangs waren die Serben verärgert. Owen hatte im Sommer Luftangriffe gefordert, um die serbische Aggression zu stoppen. Im Lauf der Zeit baute er jedoch ein außerordentlich herzliches Verhältnis zu Milošević auf und gewann sein uneingeschränktes Vertrauen.

Milošević war außer sich vor Zorn, als die Konferenz vorüber war. Vor allem die Clownerien von Panić hatten ihn auf die Palme gebracht. Panić hatte die Stirn besessen, Beobachter zur Überwachung der Grenze zwischen Serbien und Bosnien zu fordern. Zwei Jahre später akzeptierte Milošević – Karadžić war ihm inzwischen lästig geworden – diese Beobachter im Gegenzug für eine Lockerung der Sanktionen. Niemand aus Miloševićs Zirkel konnte glauben, daß Panić es gewagt hatte, der Konferenz einen 12-Punkte-Friedensplan vorzulegen, der die gegenseitige Anerkennung von Kroatien und Jugoslawien vorsah. (Der Plan enthielt auch die Anerkennung aller jugoslawischen Republiken innerhalb der alten Grenzen sowie die Aufnahme von Gesprächen mit den Führern der Kosovo-Albaner.)

Milošević fuhr sofort zum Flughafen, nahm die Maschine von Karadžić und flog nach Belgrad zurück. Die Delegation der bosnischen Serben mußte Panić am nächsten Tag um eine Mitfluggelegenheit nach Serbien anbetteln. Auf die Frage, ob Karadžić und seine Leute mitkommen dürften, drehte sich Panić zu einem Mitarbeiter und fragte: „Wer sind die?“ Er ließ sich schließlich erweichen, sie mitzunehmen, zwang sie aber, hinten im Flugzeug Platz zu nehmen, während er und sein Team erster Klasse reisten.

* * *

Nach der Londoner Konferenz bereiteten Miloševićs Gefolgsleute den Sturz von Panić vor. Sie konnten nicht ausstehen, daß er heraussprudelte, was ihm gerade durch den Kopf ging. Drei Tage nach der

Rückkehr von London brachten sie einen Mißtrauensantrag ein. Der Milošević ergebene Parlamentsabgeordnete Brana Crnčević machte im Belgrader Bundesparlament Stimmung: „Wir haben uns auf eine Eskapade mit einem unverantwortlichen Mann eingelassen. Wenn wir ihm weiter das Vertrauen aussprechen, lassen wir uns auf eine noch viel größere Eskapade ein.“

In den Wahlkampfwochen vor dem 20. Dezember feuerte Miloševićs wichtigste Waffe, das Belgrader Fernsehen, ein Propagandasperrfeuer gegen Panić und die gesamte Opposition ab. Lobhudeleien für Milošević gepaart mit scharfen Angriffen gegen Panić festigten die Position des serbischen Präsidenten, während der jugoslawische Premierminister als CIA-Agent, dessen Auftrag die Verschärfung der Sanktionen und die Preisgabe des Kosovo sei, vernadert wurde. In einem seiner raren Fernsehinterviews sagte Milošević, der „Steuermann“ von Panić sitze in Washington. Wahlmanipulation und Medienmißbrauch verschafften dem serbischen Präsidenten schließlich 56 Prozent der Stimmen, während Panić mit seinem Slogan „Jetzt oder nie“ auf 34 Prozent kam.[163]

Die Verleumdungskampagne, die sich nicht nur gegen Panić, sondern auch gegen den Westen richtete, fiel in der verzerrten und isolierten politischen Landschaft Serbiens auf fruchtbaren Boden. Im Dezember gab es in Serbien fast keinen Menschen mehr, der nicht wütend darüber war, daß der Westen Sanktionen verhängt hatte, und der nicht Angst davor hatte, was er als nächstes tun würde. Die Serben glaubten, daß ihre Verwandten in Bosnien für das Überleben der Nation kämpften, von Eroberung war nie die Rede. Das Belgrader Fernsehen faselte vom Aggressionskrieg „moslemischer Fundamentalisten“ und „kroatischer Faschisten“. Nie wurden Bilder über die Vertreibung der Moslems aus ihren angestammten Wohngebieten gezeigt. Es war einfach, die kollektive Erinnerung an das Leiden der Serben unter dem faschistischen Ustascha-Regime im Zweiten Weltkrieg wachzurufen.

Erst später, als Blutvergießen und Zerstörung die Aussichten auf einen multi-ethnischen bosnischen Staat endgültig zunichte gemacht hatten, erfüllte sich diese düstere Prophezeiung Belgrads.

20. Kapitel

Die heißeste Ecke

Der Fall von Srebrenica und die UN-Sicherheitszonen

April 1993

In einem Seitentrakt des bosnischen Präsidiumsgebäudes im Zentrum von Sarajevo klettert Murat Efendić drei Stockwerke hoch und betritt ein vollgeräumtes Dachzimmer. Dort erweckt er ein kaum hörbares Kurzwellen-Funkgerät zum Leben und springt von Wellenband zu Wellenband, während er seine Kennung durchgibt: „Sara eins, Sara eins." Irgendwann antwortet plötzlich die Stimme von Ibrahim Bećirević, dem Funker von Srebrenica, auf seinen Ruf. Seit mehr als einem halben Jahr unterhalten sich die beiden Männer zweimal täglich, um 9 Uhr und um 15 Uhr, auf diese Weise. Ibrahim verschickt verschlüsselte Meldungen über die verzweifelte militärische Lage aus seinem Bunker in Srebrenica. Seit mehr als einem Jahr ist die Stadt von einer serbischen Übermacht eingekesselt. Seit Monaten kämpfen die Bewohner einen aussichtslosen Kampf gegen die vorrückenden Streitkräfte der bosnischen Serben, die die Schlinge um die Stadt immer enger ziehen. Es ist Mitte März, und die Militärführer von Srebrenica informieren Sarajevo auf diesem Weg, daß sie keine Munition mehr haben. Sie können dem Druck nicht mehr standhalten. Das ist der Beginn einer verheerenden Kette von Ereignissen, die die UNO-Blauhelme demütigen, den Vance-Owen-Friedensplan ruinieren, die Glaubwürdigkeit des Sicherheitsrats unterminieren und die NATO an den Rand der Spaltung bringen wird.

* * *

In besseren Tagen lag Srebrenica[164] nur etwa zwei Autostunden von Sarajevo entfernt. Es liegt am Westufer der Drina und ist, wie viele bosnische Städte, rundherum von Anhöhen umgeben. Der Ort entwickelte sich um eine Silbermine[165] – die Römer hatten es Argentium genannt. Als im April 1992 der Krieg ausbrach, versuchten die

Moslemführer, zu einem Arrangement mit den Serben zu gelangen. Anfänglich ging das auch gut. Die Verhandlungen wurden erst gestört, als serbische Freischärler aus Serbien in der Gegend auftauchten – jene Männer, die Bijeljina und Zvornik „gesäubert“ hatten und die jetzt weiter flußaufwärts gezogen waren. Naser Orić, ein junger Polizist und ehemaliger Leibwächter von Slobodan Milošević, gründete seine eigene Miliz und zettelte Ende April einen Aufstand an. Nach nur drei Wochen warf er die serbischen Besetzer aus Srebrenica hinaus. Das war eine der wenigen serbischen Niederlagen in den ersten Wochen des Kriegs. Der Kampf kostete Hunderte Menschenleben und sicherte der bosnischen Territorialverteidigung die Kontrolle über eine Insel mitten in der selbsternannten „Serbischen Republik“. Diese und zwei andere Enklaven sollten für die Serben noch zu einem militärischen Alptraum werden.

Am 7. Januar (orthodoxe Weihnacht) überfiel Orić überraschend die serbischen Stellungen im Norden der Stadt, tötete dabei serbische Zivilisten und zerstörte ihre Dörfer. Die Serben kreisten Srebrenica ein, räumten die beiden bosnisch kontrollierten Dörfer Cerska und Konjević Polje aus und zogen den Ring um die Stadt enger. Tausende Moslems, viele von ihnen waren bereits Vertriebene, flohen aus den umliegenden Dörfern vor dem serbischen Vormarsch und strömten nach Srebrenica. Binnen kurzem war die Stadt so überfüllt, daß die Neuankömmlinge im Freien übernachten mußten.

Gleichzeitig stoppten die Serben die ohnehin selten gewordenen Hilfslieferungen für die Enklave. Im März öffneten sie die Front an mehreren Stellen und ließen Kolonnen von Menschen durchschlüpfen, die ins nördlich gelegene Tuzla flüchteten, das unter Regierungskontrolle stand. Sie berichteten von Hunger und großer Not. Die UNHCR nannte es „ethnische Säuberung durch Aushungern“.

Im Februar schlug sich eine Gruppe von Bürgern aus Srebrenica nach Sarajevo durch. Sie waren durch die serbischen Linien gesickert und hatten sich im Schutz der Nacht und in ständiger Lebensgefahr durch die verschneiten Berge bis in die eingeschlossene Hauptstadt vorgearbeitet. Ihre Bitterkeit schockierte den stellvertretenden Premierminister Zlatko Lagumdžija. Sie klagten, daß sich die ganze Aufmerksamkeit auf Sarajevo richtete, während die östlichen Enklaven, in denen die Lage viel schlimmer sei, ignoriert würden. Sie verlangten, daß für jeden getöteten Moslem in Ostbosnien ein Serbe in Sarajevo festgenommen und exekutiert werden solle. Lagumdžija war kein

Nationalist. Er war Verfechter eines multi-ethnischen Bosnien. Er tadelte sie wegen ihrer Forderung, unschuldige Menschen für die Verbrechen anderer zu bestrafen, aber er versprach eine energischere Unterstützung der zweihunderttausend Moslems, die in den Enklaven gefangen waren.

Lagumdžija versuchte, das Schicksal Sarajevos mit dem der Enklaven zu verknüpfen, indem er verkündete, daß keine Hilfslieferungen mehr nach Sarajevo gelangen würden, ehe nicht jede Enklave zumindest eine Lieferung erhalten hätte. Die Luftbrücke wurde unterbrochen, Hilfskonvois zurückgewiesen. Er zwang buchstäblich die gesamte Stadt in einen Hungerstreik, um auf das Elend in Ostbosnien aufmerksam zu machen.

Im März erfuhr Sefer Halilović, der damalige Oberkommandierende der bosnischen Streitkräfte, daß die Verteidiger von Srebrenica keine Munition mehr hatten. Er warnte Philippe Morillon, den Befehlshaber der UNO-Truppen, daß eine serbische Invasion unmittelbar bevorstehe und daß sich die eingeschlossenen Moslems nicht mehr verteidigen könnten. Die französische Hilfsorganisation *Médecins Sans Frontiers,* die einen ihrer Ärzte zu Fuß über die Berge in die Enklave geschickt hatte, informierte General Morillon etwa zur selben Zeit, daß Tausende im Freien lebten und daß die Schwächsten bereits vor Hunger starben. Morillon traf einen Entschluß, der seine Vorgesetzten in New York erst besorgt und später wütend machte: Er entschied, selbst nach Srebrenica zu fahren.

Am 11. März führte er einen Konvoi mit drei Fahrzeugen auf Waldwegen über die Berge bis hinter die serbischen Linien bei Bratunac.

„Wir arbeiteten uns langsam zwischen den Bäumen vor; nach mehreren Stunden stieg ich in das gepanzerte Fahrzeug mit der UNO-Flagge um, damit die Bosnier nicht mißverstanden, wer wir waren“, schrieb er später in seinen Erinnerungen an den Krieg. „Als wir einen kleinen Hügel erreichten, der das Tal abschloß, tauchten drei Bosnier auf, verwundert über unsere Gegenwart. ‚Wie seid ihr durchgekommen? Ich habe den Weg persönlich vermint. Wir haben euch aus einer anderen Richtung erwartet.‘ In diesem Moment verkündete eine kräftige Explosion, daß der Lastwagen auf eine Mine gefahren und in den Graben gekippt war.“

Es war mitten in der Nacht, als Morillon und seine Männer in Srebrenica einlangten. Sie fanden Hunderte von Menschen vor, die im Freien kampierten, Dutzende neue Flüchtlinge trafen gleichzeitig ein.

Es war kalt. In der Stadt gab es kein Holz mehr. Die Menschen verbrannten Plastikflaschen, um sich etwas zu wärmen, und der Geruch davon hing in der kalten Nachtluft.

Morillon traf Orić am nächsten Morgen. Er versprach jede Unterstützung bei den Waffenstillstandsverhandlungen und sagte humanitäre Hilfe zu. Dann stieg er in seinen Wagen und wollte die Stadt wieder verlassen. Doch Orić hatte andere Pläne mit ihm. Efendić hatte Orić aus Sarajevo eine verschlüsselte Nachricht geschickt: „Was immer geschieht, halte Morillon in Srebrenica fest, bis er die Sicherheit unserer Leute garantieren kann. Mach es auf zivilisierte Art. Setze die Frauen und Kinder ein!"

Plötzlich sah sich Morillon Hunderten Frauen und Kindern gegenüber, die ihm den Weg versperrten. Er saß jetzt ebenso in der Falle wie sie. Er versuchte, sich den Weg freizureden. Orić blieb hart. Schließlich versuchte Morillon, das Vertrauen der Leute draußen auf der Straße zu gewinnen, stellte sich auf den Balkon und gab ein öffentliches Versprechen ab, das ihn während der nächsten Wochen verfolgen sollte: „Ich werde euch nie im Stich lassen." Ein Mitglied seiner Gruppe, Muriel Cornelis, die damals für *Médecins Sans Frontiers* arbeitete, erinnert sich:

> *Wir waren im Krankenhaus und hörten das Krachen und Knacken eines Lautsprechers. Vom Fenster aus sahen wir Morillon: „Sie sind ab jetzt unter dem Schutz der Vereinten Nationen." Wir mußten einfach lachen. Es war so absurd, wie er dort stand und die Leute zu ihm hinaufstarrten ... Dann wurde die UN-Fahne gehißt. Eric, unser Arzt, sagte nur: „Das war's dann wohl. Jetzt sitzen wir schön in der Scheiße."*

Morillon ging zu Bett und verlangte, um 2 Uhr früh geweckt zu werden. Er wollte sich davonstehlen. Zu Fuß und ohne jemanden zu treffen, verließ er die Stadt und kam zum ausgemachten Treffpunkt, wo ihn sein Fahrzeug abholen sollte. Doch er war gesehen worden. Die Fahrzeuge kamen nicht. Um 4 Uhr in der Früh ging er in die Stadt zurück und sah wieder mehrere hundert Menschen, die sich im Zentrum versammelt hatten. Die Geschichte wurde langsam zur Farce. Am 13. März wurde ihm schließlich gestattet, zu fahren. Er mußte versprechen, von Belgrad ein Ende der serbischen Angriffe zu fordern.

Es gelang Morillon, die Serben zu überreden, einen Hilfskonvoi passieren zu lassen. Die Fahrer waren allerdings nicht auf das vorbereitet, was sie erwartete. Als die Lebensmittel und Medikamente abgeladen waren, brach plötzlich die Hölle los. Hunderte verzweifelte Frauen und Kinder stürzten sich auf die Lkw und zwängten sich, mehr übereinander als nebeneinander, auf die Ladeflächen, um aus der Stadt zu gelangen. Sechs Menschen starben den Erstickungstod auf der Fahrt nach Tuzla. Die UNO beobachtete sich wieder einmal dabei, den Serben das Geschäft der ethnischen Säuberung abzunehmen. Die Bombenangriffe auf Srebrenica ließen nicht nach.

Anfang April forderten die Serben die Kapitulation der bosnischen Armee in Srebrenica innerhalb von 48 Stunden. Der ranghöchste UNHCR-Beamte, José Maria Mendiluce, kam zu Gesprächen nach Bratunac, von wo aus der serbische Angriff befehligt wurde. „Entweder die Moslems geben auf und Sie bringen sie alle aus der Stadt", teilte ihm Ilić, der serbische Kommandant, mit, „oder wir erobern die Stadt binnen zwei Tagen." Mendiluce begann, die Evakuierung von 60.000 Menschen zu planen. Das war die größte einzelne Säuberungsaktion seit Beginn des Krieges, und die UN sollten sie durchführen. Mendiluce gab sich keine Mühe, seinen Abscheu vor der Aufgabe zu verbergen, die hier von ihm erwartet wurde. „Wir verurteilen ethnische Säuberung, egal, wo sie stattfindet", sagte er. „Aber wenn Sie es mit Tausenden Frauen und Kindern zu tun haben, die alle verzweifelt evakuiert werden wollen, habe ich die Verantwortung, ihnen das Leben zu retten. Ich kann in diesem Moment keine philosophische oder ethische Debatte darüber führen. Wir müssen sie einfach retten." Mendiluce plante, zwanzig meist unbeladene Lkw pro Tag zu schicken. Damit könnte er pro Fahrt tausend bis tausendfünfhundert Personen evakuieren. Morillon, der in den Augen seiner Mitarbeiter vom Schicksal Srebrenicas und von seinem eigenen Versprechen wie besessen war, machte sich zwei Tage später wieder auf den Weg.

Die Berichte über die andauernden Granatenangriffe bereiteten ihm Sorgen. Er ließ verlauten, er mache sich mit einem Konvoi aus fünf Fahrzeugen auf den Weg nach Srebrenica, egal, ob die Serben zustimmen oder nicht. Laut Vorschrift dürfen UNO-Friedenstruppen aber nur mit der Einwilligung aller am Konflikt beteiligten Parteien handeln. Morillon setzte sich darüber hinweg. Damit begann das bis zu diesem Zeitpunkt grandioseste Scheitern der UNO an der Intransigenz der Serben.

Morillon verließ sein Hauptquartier und kam genau 40 Kilometer weit. In Sokolac hielten ihn die örtlichen Kommandanten sieben Stunden lang fest. Drei seiner Fahrzeuge wurden zurückgeschickt. Mit den beiden übrigen stieß er weiter vor. In Zvornik wurde er wieder aufgehalten – wieder verstellten ihm Hunderte Frauen und Kinder den Weg. Sie kletterten auf die beiden weißen UN-Fahrzeuge und rissen Antennen und Benzinkanister ab. Sie besprühten die Fahrzeuge mit Farbsprays. Gedemütigt kehrte er ins regierungskontrollierte Tuzla zurück – ein Don Quichotte mit blauem Helm. Mitarbeiter von Hilfsorganisationen, die Srebrenica kannten, beschrieben ihn als geknickten Menschen. Seine engsten Mitarbeiter begannen sich um seinen Gemütszustand zu sorgen.

Die UNO-Leute in New York und Belgrad begannen ebenfalls, sich Sorgen zu machen. Morillon hatte ihnen eine Verantwortung aufgehalst, die sie nicht wollten und mit der sie nicht umgehen konnten. Die Niederlage von Srebrenica war unvermeidbar. UNPROFOR hatte sich trotz Morillons gutgemeinten Aktionen als Papiertiger erwiesen. Nun stand die UNO in offenem Konflikt mit wichtigen Segmenten der öffentlichen Meinung, vor allem aber mit dem US State Department. UNPROFOR hatte der serbischen Offensive nichts entgegenzusetzen; daher begannen die Offiziere eine PR-Kampagne, um den internationalen Sturm der Entrüstung abzuschwächen. Während der serbische Vormarsch weiterging, wurde General Mladić zu „Waffenstillstandsgesprächen“ mit Morillon nach Belgrad geladen. Der ranghöchste zivile UN-Vertreter, Cedric Thornberry, war auch dabei. Thornberry ist ein angesehener und hervorragender irischer Rechtsanwalt, der sich in den Bürgerrechtsprozessen im Belfast der sechziger und siebziger Jahre einen Namen gemacht hatte. Er war begnadet im Entdecken von „Fortschritten“ und „Hoffnungsschimmern“, wo es keine gab. Der UNO-Sicherheitsrat hatte als Antwort auf die internationale Empörung wegen Srebrenica UNPROFOR beauftragt, eine Kompanie kanadischer Blauhelme, etwa 120 Mann, nach Srebrenica zu schicken, um die Hilfslieferungen zu sichern. General Mladić ließ sie nicht durch. Zu Thornberrys großer Verlegenheit machte er auch kein Hehl aus seinen Absichten: Die Kanadier dürften erst dann nach Srebrenica, wenn die serbische Armee ihren militärischen Auftrag dort erledigt habe. Das amerikanische Außenministerium machte sich gleichzeitig wieder für eine Aufhebung des Waffenembargos stark. Thornberry kam zunehmend unter Druck, irgendwelche „Fortschritte“ aufzuweisen. Seine Pressesprecherin Shannon Boyd erklärte den Reportern in Belgrad, daß General Mladić „seine Unterstützung“ und „Zusammenarbeit“ bei der Stationierung der kanadischen Kompanie in Srebrenica angekündigt hätte. Nur Minuten danach sprach Mladić zu denselben Reportern. Er sagte, die Kanadier würden nur „über meine Leiche und die Leichen meiner Familie“ nach Srebrenica gelangen.

Am 12. April erreichte die Nachricht Sarajevo, daß bei einem schweren Artillerieangriff sechsundfünfzig Menschen in weniger als einer Stunde getötet worden waren. Einige von ihnen waren Schulkinder auf dem Fußballplatz. Louis Gentile war an diesem Tag der einzige UNHCR-Vertreter in Srebrenica. Er schickte ein Telex an seine Vorgesetzten in Belgrad:

Im Schulhof fand man vierzehn Leichen. Am Schulzaun hingen Körperteile und Fleischfetzen. Der Erdboden war buchstäblich mit Blut vollgesogen. Einem ungefähr sechsjährigen Kind wurde der Kopf abgerissen. Ich habe zwei Ochsenkarren voll mit Leichen gesehen. Ich fürchte mich schon davor, heute abend die Augen zu schließen und dann das ganze noch einmal sehen zu müssen. Diesen Horror kann ich niemandem erklären.

Mit Gentile waren insgesamt sechzehn Ausländer in der Stadt, die alle mit Morillons erster Fahrt mitgekommen waren. Es war an sich geplant, sie alle vierzehn Tage auszutauschen, damit der Streß durch das Arbeiten unter Dauerbombardement nicht zu groß wurde. Doch General Mladić hatte angeordnet, keine anderen Ausländer in die Stadt zu lassen. Wer schon da war, blieb freiwillig. Es war klar, daß es keinen Ersatz geben würde, wenn einer die Stadt verlassen wollte. Während des vierzigminütigen schweren Angriffs hatten sie ihre Fahrzeuge als Rettungswagen eingesetzt. In Gentiles Telex ist ihr Verhalten in größter Gefahr als „inspirierend“ beschrieben.

Larry Hollingworth war ein britischer UNHCR-Beamter, dessen rauschender Bart und langes weißes Haar in Bosnien schon zum Markenzeichen geworden waren. Er war bekannt dafür, die gefährlichsten Konvoirouten als erster auszuprobieren. Auch in großer Bedrängnis verlor er seinen freundlichen, guten Humor nicht. In diesem Fall kam ihm jedoch die UNO-Sprache der Symmetrie und Nicht-Schuldzuweisung abhanden. UNO-Mitarbeiter geben gewöhnlich so lange niemandem die Schuld, bis sie alle Seiten gleichermaßen für schuldig erklären können. In vorsichtig gesetzten Worten, von denen er wußte, daß sie heute in die ganze Welt ausgestrahlt und morgen in allen Zeitungen auf Seite eins stehen werden, sagte er:

Meine ersten Gedanken gehörten dem Kommandanten dieses Angriffs. Ich hoffe, er wird im heißesten Winkel der Hölle schmoren.

Mein zweiter Gedanke galt den Soldaten, die die Kanonen abgefeuert haben. Ich hoffe, ihr Schlaf wird für immer von den Schreien der Kinder und vom Wimmern ihrer Mütter zerrissen sein. Mein dritter Gedanke galt Karadžić, dem Doktor der Medizin, Koljević, dem Professor der Literatur, der Biologin Plavšić und dem Geologen Professor Lukić. Ich frage mich, ob sie diese Barbarei verurteilen werden. Oder werden sie Verrat an ihrer Ausbildung begehen und diesen Angriff billigen? Und ich dachte an die vielen Serben, die ich in diesem Land kenne, und ich fragte mich: Wollen sie wirklich, daß auch dieses Kapitel in der serbischen Geschichte steht? Ein Kapitel, in dem ihre Armee unschuldige Menschen von Dorf zu Dorf vor sich her treibt, bis sie schließlich in Srebrenica in einer Ecke gefangen sind, aus der es kein Entrinnen gibt, außer abtransportiert zu werden wie Vieh oder geschlachtet zu werden wie Vieh?

Solche Dinge wollte UNPROFOR nicht hören. Denn das war Wasser auf die Mühlen jener Mitglieder der Regierung Clinton, die den neuen Präsidenten zu einer Militärintervention in Bosnien überreden wollten. UNPROFOR war strikt dagegen.

Am 14. April holten die Behörden in Srebrenica Louis Gentile zu sich und baten ihn, ein Schreiben an das UNPROFOR-Hauptquartier in Belgrad aus der Stadt zu schmuggeln.

Der Kommandant erklärte mir, sie hätten beschlossen, zu kapitulieren. Er sagte, es seien nicht nur die Granaten im Zentrum der Stadt, sondern die Verteidigungslinien seien zusammengebrochen. Sie waren verzweifelt und am Ende.

Das Kapitulationsangebot war zu sensibel für den Funkverkehr. Die Serben hätten den Funkspruch abhören und der Stadt den endgültigen Todesstoß versetzen können. Gentile brachte den Brief nach Belgrad.

In dieser Nacht durchbrachen die Serben die bosnischen Linien im Süden und im Osten der Stadt. Sie erstürmten das Dorf Zeleni Jadar am südlichen Stadtrand. Die bosnische Verteidigung brach zusammen. Die Serben zogen den stählernen Ring um die Stadt enger. Von ihren Stellungen in den Hügeln aus konnten sie fast jede Straße einsehen. Ibrahim Bećirević funkte die verschlüsselte Meldung nach Sarajevo, daß der Zusammenbruch nur noch eine Frage von Stunden sei. Im Funkraum im Präsidiumsgebäude in Sarajevo trat bedrücktes Schweigen ein. Bećirević war dreißig Jahre alt und Vater von zwei Kindern. Seine Stimme klang wie die eines unschuldig Gefangenen, der den

Henker kommen hört. Efendić fragte Bećirević: „Was ist mit den sechzehn kanadischen Soldaten?“ – „Ich weiß es nicht. Wir sind alle im Unterstand“, antwortete die metallisch krachende Stimme. Und dann fiel ihm noch etwas zu den Kanadiern ein: „Was immer hier geschieht, paßt auf, daß ihnen nichts zustößt.“ Das war ein Augenblick unaufgeforderter, außergewöhnlicher Großzügigkeit von einem Mann, der wußte, daß seine eigenen Überlebenschancen stündlich sanken.

UNPROFOR hatte seit Tagen versucht, einen Waffenstillstand herbeizureden, obwohl General Mladić nicht den geringsten Hinweis gegeben hatte, seinen Vormarsch zu stoppen, ehe Srebrenica als potentielle militärische Bedrohung nicht ausgeschaltet war. Das Kapitulationsangebot kam höchst überraschend und brachte die UNPROFOR-Beamten in Belgrad und in Sarajevo gehörig ins Trudeln. Keiner wußte, was zu tun war.

UNPROFOR steckte in einem akuten Dilemma. Die politischen Auswirkungen einer Kapitulation waren aus zwei Gründen bedeutsam: Erstens wegen des Friedensprozesses, den UNPROFOR unterstützte: Bosnier und Kroaten hatten dem Vance-Owen-Plan als der *„only show in town“* zugestimmt, die Serben hatten ihn jedoch abgelehnt; laut Vance-Owen sollten Srebrenica und Umgebung als moslemischer Kanton der bosnischen Regierung zugeschlagen werden. Wie sollte die UNO jetzt vor Ort eine Kapitulation abwickeln, die das Gebiet den Serben übergab, selbst wenn die Stadt weiterhin von Moslems bewohnt wäre? Und zweitens: Wie sollte UNPROFOR die Entwaffnung der Moslems von Srebrenica rechtfertigen, während in der ganzen Welt die Aufrüstung der Moslems diskutiert wurde und die Amerikaner eine UN-Debatte über die Aufhebung des Waffenembargos forderten? Innerhalb der UNPROFOR machte sich die Sorge breit, daß als nächster Schritt eine Militärintervention verlangt werden würde. Die Beamten suchten unverzüglich nach einem Weg aus der Misere.

Vorerst stimmten sie nur in einem Punkt überein: Die Presse darf keinen Wind davon bekommen. Am selben Abend saß ein britischer Mitarbeiter einer Hilfsorganisation, der einen Monat zuvor Srebrenica besucht hatte und der inzwischen in Sarajevo stationiert war, mit einer Gruppe Journalisten beim Abendessen. Kurz vor 22 Uhr rief er sein Büro an und teilte mit, daß er sich für diese Nacht ein Zimmer im *Holiday Inn*, dem Pressehotel, nehmen werde, um nicht gegen die Ausgangssperre zu verstoßen. Als er wieder an den Tisch zurückkehrte, sagte er beiläufig: „Die rotieren alle dort oben. Srebrenica hat kapituliert. Niemand weiß, was tun." Nach einigen Augenblicken ungläubigen Schweigens stürzten die Reporter an ihre Satellitentelefone. Die Meldung war draußen.

Auch im Hauptquartier der UNO in New York war hektische Aktivität. Die Zauberlehrlinge der UNPROFOR brauchten einen Tag, um eine neue Formel zu finden. Diese letzten, ungünstigen Entwicklungen sollten der Welt nicht als Kapitulation, sondern als „Entwaffnungsabkommen" präsentiert werden.

General Mladić hatte, was er wollte. Am 16. April gab er schließlich grünes Licht für die kanadische Kompanie, die längst in Srebrenica hätte sein sollen. Die Kanadier setzten sich am nächsten Tag in Marsch und stießen auf keine Schwierigkeiten, da sie ja letztlich die Geschäfte von Mladić erledigten. Ihre Aufgabe war nicht, die Sicherheit von Hilfskonvois zu gewährleisten, sondern mit dem Einsammeln der bosnischen Waffen zu beginnen und, wie Barry Frewer, der Sprecher der UNPROFOR in Sarajevo, verlautbarte, „bei der Evakuierung zu helfen und das Rollfeld zu sichern, damit die Verwundetentransporte starten können".

Am selben Tag beriefen Cedric Thornberry und General Morillon Gespräche am Flughafen von Sarajevo ein. General Mladić traf mit Sefer Halilović, dem bosnischen Militärkommandanten, persönlich zusammen. Beide Männer sprachen, ebenso wie die offiziellen Radiosender auf beiden Seiten, offen von einer Kapitulation. Nur die UNO hielt das Märchen aufrecht, es handle sich um einen „Durchbruch" in Richtung einer „Entwaffnung". Mladić kam um eine halbe Stunde zu spät. Er teilte Morillon sofort mit, daß es nichts zu verhandeln gäbe, außer den Bedingungen der Kapitulation, die er jetzt sofort diktieren werde. Weil die bosnisch-serbische Armee ein zutiefst menschlicher Kampfverband sei, wie er sagte, dürften alle Zivilisten – das heißt Alte, Frauen und Kinder – Srebrenica verlassen und auf „moslemisches Territorium" wechseln. Die etwa fünfhundert Schwerverwundeten dürften per Helikopter evakuiert werden. Alle Männer im kampffähigen Alter wären jedoch Kombattanten und würden als Kriegsgefangene behandelt. Ihr Schicksal sollte separat verhandelt werden. Das seien seine Bedingungen, erklärte er, sonst gäbe es wenig zu besprechen.

Morillon riet Halilović, die Bedingungen anzunehmen, da die Lage „hoffnungslos" sei und mit den Evakuierungen so rasch wie möglich begonnen werden müsse. Doch während der vorangegangenen Nacht hatte der UNO-Sicherheitsrat Srebrenica zur „UN-Sicherheitszone" erklärt. Obwohl niemand in Sarajevo wußte, was das genau sein sollte, bedeutete es doch, daß UNPROFOR unmöglich ein Abkommen vermitteln konnte, das den Abtransport der moslemischen Zivilbevölkerung aus Srebrenica vorsah. Die Gespräche zogen sich von Mittag an bis 2 Uhr am nächsten Morgen hin. Das Resultat war ein 10-Punkte-Abkommen zur „Entwaffnung". Punkt eins sah vor, die bestehenden Frontlinien einzufrieren: Die Serben brauchten sich nicht von den bisher erreichten Linien zurückziehen. Um 5 Uhr früh desselben Tages sollte eine Feuerpause in Kraft treten. Die bosnischen Regierungstruppen sollten ihre Waffen abgeben, und 140 kanadische Blauhelme würden stationiert, um die Waffen einzusammeln. Das sollte innerhalb von 72 Stunden nach ihrem Eintreffen geschehen und von bosnisch-serbischen Verbindungsoffizieren überwacht werden. Die Serben hatten sich mit der Hubschrauber-Evakuierung von fünfhundert Verletzten einverstanden erklärt. Aber diese sollten von UNPROFOR im Beisein eines Arztes von jeder Seite ausgewählt werden, um zu verhindern, daß „Kriegsverbrecher", wie Mladić sie nannte – in anderen Worten, Männer im wehrfähigen Alter –, den Verwundetentransport als Fluchtweg benutzen konnten. Jeder Helikopter sollte, unabhängig vom Gesundheitszustand der Evakuierten, für eine nochmalige Kontrolle in der serbisch besetzten Stadt Zvornik zwischenlanden.

Thornberry und Morillon hatten das Pressekorps in Sarajevo für die Berichterstattung vom vorangegangenen Tag scharf kritisiert. Vor allem die Fixierung auf das Wort „Kapitulation" hatte ihr Mißfallen erregt. Der Presseoffizier Barry Frewer, ein intelligenter und sympathischer Kanadier, war abgemahnt worden, weil er die Worte „Abrüstung" und „Waffenstillstand" nicht erfolgreich genug „rübergebracht" hatte. Frewer war jedoch selbst irritiert, daß die Journalisten so hartnäckig von einer Kapitulation berichteten. Thornberry und Morillon gestatteten sich daraufhin ein eigenes, meisterhaftes Beispiel von *news management.*

Als die Flughafenverhandlungen zu Ende gingen, war es 2 Uhr früh – 8 Uhr in New York. Die Journalisten in Sarajevo saßen wegen der Ausgangssperre im Hotel fest und erfuhren das Ergebnis erst kurz nach 5 – zu spät, um die Meldung noch in die letzten Ausgaben der *Washington Post* und der *New York Times* hineinzuquetschen. Das Pressekorps der UNO erhielt jedoch schon während des Abends laufend Berichte über den Fortgang der Verhandlungen. General Morillon funkte den gesamten Verlauf von seinem Panzerfahrzeug am Flughafen in das UNO-Hauptquartier in Sarajevo, das die Nachrichten umgehend an die UNO in New York weiterleitete. Als die Korrespondenten in Sarajevo schließlich ihre Büros anriefen, hatten die Redakteure in New York ihre Geschichten über den bemerkenswerten Durchbruch der UNPROFOR in Bosnien bereits geschrieben und abgeliefert. Das unselige Wort „Kapitulation“ war nicht mehr wichtig; es kam nämlich gar nicht mehr vor.

* * *

Trotz aller Bemühungen der UNPROFOR reagierte die internationale öffentliche Meinung empört. Diese Empörung verstärkte sich noch, als die Evakuierung während der nächsten Tage ihren Lauf nahm. Die Mitarbeiter von Hilfsorganisationen beschrieben, wie die Menschen, außer sich vor Verzweiflung, über die Rettungshubschrauber herfielen, um einen Platz zu ergattern. Ein UNHCR-Beamter beschrieb, wie sich die Menschenmauer von Amputierten den Hügel hinunterschob zum Sportplatz, wo die Hubschrauber landeten. Dort mußte er, über mehrere Rollen Stacheldraht hinweg auf wildfremde Personen deutend, willkürlich auswählen, wer mitdurfte und wer nicht. Ein Mann, erzählte er, der ein Auge verloren hatte, bot ihm an, sich das zweite Auge herauszureißen, wenn er dafür evakuiert würde. Derlei Szenen wurden von den Medien um die Welt verbreitet. Die Amerikaner hielten ihren politischen Druck aufrecht.

Am 16. April, einen Tag nachdem Srebrenica kapituliert hatte, trat der Sicherheitsrat zu einer außerordentlichen Sitzung zusammen und verabschiedete eine Panikresolution, die er bald bereuen sollte. In einer Atmosphäre der Anspannung und Hektik erklärte der Sicherheitsrat der Vereinten Nationen mit Resolution 819 sechs Gebiete in Bosnien als *„safe areas“* (Sicherheitszonen). Nach dem Scheitern des Vance-Owen-Plans wurde dieser Status auf fünf weitere Gebiete ausgedehnt. Was eine Sicherheitszone auszeichnete, blieb vage. Der Terminus *„safe haven“* (sicherer Zufluchtsort) wurde in der hastig zurechtgezimmerten Resolution gewissenhaft vermieden, da er völkerrechtlich genau definiert war und Schutz vor Angriff für jeden, der dort Zuflucht suchte, bedeutete. UNO-Beamte erkannten auch bald die Gefahren, die sich für ihre Organisation, die beharrlich unparteiisch bleiben wollte, in der Resolution 819 verbargen. Der UN-Untersekretär für Friedensmissionen Shashi Tharoor bemerkte dazu:

Das Problem mit dem Konzept der Sicherheitszonen zu diesem Zeitpunkt in Bosnien war, daß nur eine Seite im Konflikt Vorteile daraus gezogen hätte und – das ist ein sehr wichtiger Punkt – daß dazu Mittel nötig wären, die friedenserhaltenden Truppen nicht zur Verfügung stehen. Die Resolution über die Sicherheitszonen war also mit dem Risiko der Undurchsetzbarkeit behaftet.

Die „Sicherheitszonen" Sarajevo, Srebrenica, Tuzla, Goražde, Bihać und Žepa waren nie auch nur annähernd sicher, denn dazu hätte die UNO ihre Neutralität aufgeben müssen. In Wahrheit waren sie die unsichersten Gebiete der Welt.

21. Kapitel

Café „Zur letzten Chance“

Aufstieg und Fall des Vance-Owen-Plans
Januar 1993 – Mai 1993

Als Lord Owen am 23. April wieder nach Belgrad kam, wußte er, daß ihm die Vorfälle von Srebrenica neue Munition geliefert hatten für seine Kampagne, die Serben zur Annahme des Vance-Owen-Plans zu bewegen. Nach dem Debakel von Srebrenica hatte der UNO-Sicherheitsrat eine Resolution verabschiedet, die die bereits bestehenden Sanktionen gegen Restjugoslawien noch verschärfte. Belgrads Auslandsguthaben wurden eingefroren und der Warenumschlag durch Serbien und Montenegro verboten – es waren die umfassendsten Sanktionen in der Geschichte der Vereinten Nationen.

Der Plan, Bosnien aufzuteilen – Lord Owen zog vor, von Umbau oder Rekonstruktion zu sprechen –, wurde erstmals im Januar 1993 in Genf vorgeschlagen. Vance und Owen hatten vier Monate daran gearbeitet, ehe sie ihn den drei Konfliktparteien präsentierten. Er sah ein Bosnien innerhalb der bestehenden Grenzen vor, trat aber umfassende Machtbefugnisse an die zehn Provinzen ab, die nach ethnischen Gesichtspunkten definiert waren: drei Provinzen waren mehrheitlich serbisch, zwei mehrheitlich kroatisch, drei moslemisch und eine moslemisch-kroatisch gemischt. Sarajevo, die zehnte Provinz, sollte von allen drei Volksgruppen verwaltet werden. Die Republik würde eine Zentralregierung behalten. Deren Befugnisse wären allerdings minimal.

Die Serben lehnten den Plan wegen der Gebietsverteilung ab. Er sah die Rückgabe großer Landstriche vor, die sie in den ersten Kriegsmonaten erobert hatten und aus denen die moslemische Bevölkerung „gesäubert“ worden war. Der Großteil des Drinatales und weite Teile Nordwestbosniens sollten nach diesem Plan wieder moslemischer Souveränität unterstellt werden. Er verweigerte den Serben die große, zusammenhängende Landmasse, für die sie diesen Krieg geführt hatten. Sie argumentierten, daß die Serben nach diesem Plan in isolierten

Enklaven ohne Verbindungen untereinander oder mit dem serbischen Mutterland leben müßten. Vance und Owen argumentierten, daß das der beste Weg wäre, die Serben in einem multi-ethnischen Staat zu behalten, nachdem der ganze Plan auf gegenseitiger Abhängigkeit der drei Nationalitäten beruhte.

Die bosnische Regierung lehnte den Plan anfänglich ebenfalls ab, weil die Zentralregierung mit so geringen Befugnissen ausgestattet war, daß sich die ethnischen Provinzen in Wirklichkeit selbst regieren würden. Für sie kam das der ethnischen Aufteilung des Landes gleich. Sie sagten, der Plan sanktioniere die ethnischen Säuberungen – ein Vorwurf, den Lord Owen bitter tadelte. Im März änderte Izetbegović unter starkem diplomatischen und militärischen Druck seine Haltung und nahm den Plan an. Teilweise wollte er sich dadurch gegenüber der internationalen Gemeinschaft kooperativ zeigen, teilweise war er, wie er selbst zugab, überzeugt, daß die Serben den Plan nicht akzeptieren würden und daß er daher auch nicht umgesetzt werden könne.

Die Kroaten fanden den Plan großartig. Mate Boban, der Führer der bosnischen Kroaten, konnte seine Freude kaum verbergen, als er die Landkarten zu Gesicht bekam. Die Kroaten sollten genau das erhalten, was sie immer gefordert hatten: Ihre Provinzen bildeten ein großes, zusammenhängendes, an Kroatien grenzendes Stück Land, das bis nach Mittelbosnien hineinreichte. Sie unterzeichneten den Plan umgehend. Sie waren plötzlich so begeistert von den Genfer Friedensverhandlungen, daß der Witz kursierte, die Abkürzung HVO stünde nun für: „Hvala, Vance-Owen – Danke, Vance-Owen!"

Als der April da war, mußten nur noch die Serben überzeugt werden. Owen traf mit Milošević, Bulatović und Ćosić in einer Staatsvilla in der Botićeva-Straße in einem Belgrader Grünbezirk ganz in der Nähe von Titos Mausoleum zusammen. Bulatović beschrieb das Treffen folgendermaßen:

Lord Owen stellte den Plan vor. Er wußte, was wir wollten, was unsere Interessen waren, und er zeigte uns, daß der Plan nicht mit unseren Interessen kollidierte. Nach ein paar Stunden sagte Milošević: „Okay, ich bin für diesen Plan. Sie haben uns überzeugt. Wir werden die bosnischen Serben einladen, damit sie auch Ihre Erläuterungen hören können."

Was hatte diesen radikalen Meinungsumschwung bewirkt?

Lord Owen war überzeugt, daß Milošević auf die internationale Koalition, die sich gegen ihn formierte, zu reagieren begann. Er wußte, wie ruinös eine weitere Verschärfung der Sanktionen für seine Wirtschaft sein würde, die den größten Teil der Kriegskosten zu tragen hatte und diese bisher schon durch inflationstreibendes Gelddrucken finanziert hatte. „Das war eine eindeutig wirtschaftliche Entscheidung", sagte Owen später. „Er wollte finanzielle Sanktionen vermeiden. Wir hätten finanzielle Sanktionen Monate, wenn nicht schon Jahre früher verhängen sollen."

Milošević hatte bisher darauf vertraut, daß die Russen im UNO-Sicherheitsrat ihr Veto gegen eine Resolution über Finanzsanktionen einlegen würden. Rußland hatte die Amerikaner ersucht, dieses Thema erst nach dem Referendum über die neue russische Verfassung am 27. April im Sicherheitsrat zu behandeln, weil jeder Anschein einer antiserbischen Maßnahme die nationalistischen Gegner Boris Jelzins gestärkt hätte. Das US-Außenministerium war äußerst interessiert daran, daß Jelzin eine möglichst breite Basis erreichte, und versprach, das Thema bis dahin ruhen zu lassen, falls in der Zwischenzeit nicht Srebrenica fiele oder sehr gefährdet wäre. Am 16. April rief Owen Milošević an und sagte: „Hören Sie, Sie müssen einfach sicherstellen, daß Srebrenica nicht erobert wird." Milošević antwortete Owen, daß er den dortigen moslemischen Kommandanten kenne (Orić war vor dem Krieg Leibwächter von Milošević gewesen) und daß er wisse, daß die dortigen Serben eine Riesenwut auf Orić hätten, weil sie in den Kämpfen des Vorjahres Hunderte Todesopfer hatten. Milošević erzählte Owen, daß es ein Gemetzel gäbe, wenn die Serben Srebrenica einnähmen. „Ich habe keine Zweifel, daß er bei Mladić intervenierte, um die Eroberung Srebrenicas zu verhindern", sagte Owen.

Es steht ebenfalls außer Zweifel, daß die Finanzsanktionen starke Auswirkungen hatten. Der jugoslawische Präsident Dobrica Ćosić sagte, daß sie Restjugoslawien „in ein Konzentrationslager (verwandelten), dessen Grenzen von der Luftwaffe und Flotte der NATO und von einer internationalen Polizei bewacht" würden.[166]

Es gab noch einen zweiten Grund, warum Milošević den Vance-Owen-Plan unterstützte. Milošević hatte Owen bei ihrem Gespräch am 24. April um eine „Klarstellung" bezüglich der Schlüsselzonen des Plans gebeten. Das wichtigste war der Status des Nordkorridors, der die bosnisch-serbischen Territorien im Nordwesten der Republik mit dem serbischen Mutterland verbindet. Owen bestätigte, daß ein Teil dieses Korridors laut Plan durch die mehrheitlich kroatisch besiedelte Region Posavina verlaufen würde. Milošević erkundigte sich, wie dieser Teil des Korridors geschützt werden sollte. Owen versicherte, daß UNO-Truppen von ernstzunehmender Stärke stationiert werden sollten. (Owen erhielt später die Zusicherung der Russen, daß russische Einheiten entlang des Korridors stationiert werden könnten. Damit war Milošević zufrieden.)

Die zweite „Klarstellung“ betraf die Verfassung. Die Interimsverfassung des Vance-Owen-Plans sah ein kollektives Staatsoberhaupt und ein vielköpfiges Präsidium mit Vertretern aller drei Volksgruppen vor. Milošević wollte wissen, ob die Entscheidungen mehrheitlich oder durch Konsens getroffen werden sollten. Ein Mehrheitssystem würde es einer kroatisch-moslemischen Koalition ermöglichen, die Serben in allen wichtigen Fragen zu überstimmen. Das „Konsensprinzip“ hingegen würde jeder Volksgruppe ein Vetorecht einräumen. Die Serben hätten dann die Möglichkeit, diese Körperschaft arbeitsunfähig zu machen. Owen versicherte Milošević, daß Entscheidungen nur im „Konsens“ getroffen werden könnten. Nachdem Cyrus Vance nicht anwesend war, wollte Milošević wissen, ob beide Vermittler dieser Ansicht wären. Herb Okun, die rechte Hand von Cyrus Vance, rief Vance an und ließ sich bestätigen, daß beide Friedensvermittler derselben Meinung waren: Entscheidungen des Präsidiums könnten nur per Konsens getroffen werden. „Es ging eigentlich nur darum, sicherzustellen, daß ihnen (den Serben) während der Interimsverfassung nichts aufgezwungen werden kann, das nicht ihre Zustimmung besitzt“, erklärte Owen später. „Sie hatten effektiv ein Veto – eine ziemlich schwierige Regierungsform, muß ich zugeben. Aber das war die angebotene Struktur.“

Der dritte offene Punkt waren die von den Serben eroberten Gebiete, aus denen sie Moslems und Kroaten vertrieben hatten und die gemäß dem Plan wieder der Kontrolle der bosnisch-moslemischen Regierung unterstellt werden sollten: das machte immerhin ein Drittel der serbisch kontrollierten Gebiete aus.[167] Laut Milošević gab Owen die Zusicherung, daß weder kroatische noch moslemische Truppen in diesen Gebieten Polizeiaufgaben wahrnehmen dürften; „nur UN-Kräfte, die die persönliche Sicherheit, den Schutz des Eigentums und die Sicherheit der Bürger garantierten, sollten stationiert werden dürfen“, sagte er.[168]

Milošević war also überzeugt, daß der Vance-Owen-Plan sein zentrales Kriegsziel garantieren würde – die Schaffung eines lebensfähigen serbischen Staates auf bosnischem Territorium. Es schien sogar, als würden die Serben, zumindest in der Praxis, einen zusammenhängenden Staat behalten können, auch wenn er auf dem Papier in drei deutlich voneinander abgesetzte Gebiete aufgeteilt war, die durch UN-geschützte Routen miteinander verbunden waren. Milošević kalkulierte damit, den Plan zuerst anzunehmen und seine spätere Umsetzung zu verhindern, so wie er es ein Jahr zuvor in Kroatien gemacht hatte.

Owen blieb in der Villa und wartete auf den Anruf. Er hoffte, Milošević würde ihm sagen können, er habe die bosnischen Serben zur Annahme des Planes überredet. Dann könnte Owen in New York anrufen und sagen, die Finanzsanktionen sollten ausgesetzt werden.

Milošević berief Karadžić, Krajišnik und Koljević zu sich. Er teilte ihnen mit, daß Owen die nötigen „Klarstellungen" gegeben hätte, die brutal gesagt bedeuteten, daß sie den Plan unterschreiben könnten, ohne ihn implementieren zu müssen. Die bosnischen Serben waren verärgert und enttäuscht, daß Milošević sie unter Druck setzte, den Plan zu unterschreiben. „Sein Hauptargument war", sagte Karadžić später, „daß es unmöglich sei, den Plan zu implementieren. Aber das war uns zu riskant, und ich konnte es nicht akzeptieren, weil ich wußte, daß die internationale Gemeinschaft nur 10.000 Soldaten in Zvornik und im Posavina-Korridor brauchte, um unsere Streitkräfte zu neutralisieren." Auch Koljević mißtraute der Beurteilung von Milošević, daß die internationale Gemeinschaft nach der Unterzeichnung des Planes nicht doch ausreichend großen Druck auf dessen Durchführung ausüben werde. Milošević

> *... zählte darauf, daß der Vance-Owen-Plan nicht in der vorgesehenen Weise implementiert werden könne und daß die Serben genügend politische Aussichten auf mehr Autonomie und auf eine weitere Entwicklung dieses Prozesses hätten. Er betrachtete den Vance-Owen-Plan eher als positiven ersten Schritt denn als endgültige Lösung. Und natürlich wollte er so rasch wie möglich die Sanktionen loswerden.*[169]

Owen war über die Bedeutung der „Klarstellungen", die er Milošević gegeben hatte, ehrlich: „Ich glaube, Milošević war zu dem Schluß gekommen, daß die serbischen Interessen in Bosnien-Herzegowina wahrgenommen werden. Es würde eine *Republika Srpska* geben. Sie läge zwar in Bosnien, aber wäre gänzlich serbisch." Das war natürlich nicht der Plan, den die bosnische Regierung unterzeichnet zu haben glaubte. Der Vance-Owen-Plan war für radikal voneinander abweichende – ja widersprüchliche – Interpretationen offen. Er ließ viele

Konfliktpunkte absichtlich unbehandelt; diese sollten von den drei Seiten in Angriff genommen werden, sobald Frieden hergestellt wäre und die UNO-Truppen stationiert wären.

Milošević versuchte fast den ganzen Tag lang, Karadžić und Koljević zur Annahme des Plans zu bewegen. Die bosnischen Serben weigerten sich. Um 6 Uhr am Abend schienen sie doch weich zu werden. Als ihre Unterredung zu Ende ging, beharrten sie darauf, daß das bosnisch-serbische Parlament, das am selben Abend in Bijeljina, etwa zwei Autostunden von Belgrad entfernt, zusammentrat, den Beschluß fassen müsse. Milošević, Ćosić und Bulatović trafen sich in derselben Staatsvilla in der Botićeva-Straße und konzipierten einen fast zweitausend Worte langen, dicht argumentierten Brief, der das Parlament der bosnischen Serben zur Annahme des Planes bewegen sollte. Das Hauptargument lautete, daß der Vance-Owen-Plan mit dem wichtigsten serbischen Kriegsziel, der Schaffung eines eigenen Staates, in Einklang war. Daraus ergab sich von selbst, daß jene Teile des Planes, die das serbische Gebiet in mehrere Teile trennten, nie implementiert werden müßten. Der Brief war in Eile verfaßt worden, und Ćosić bedauerte später den selbstherrlichen Ton. Es hieß dort:

Jetzt ist nicht der richtige Zeitpunkt, in Fragen des Patriotismus zu konkurrieren. Es ist der Zeitpunkt für eine mutige, wohlüberlegte und weitreichende Entscheidung. Sie haben kein Recht, zehn Millionen Bürger von Jugoslawien wegen offengebliebener Fragen, die viel weniger wichtig sind als die bisher erzielten Resultate, zu gefährden und internationalen Sanktionen auszusetzen. Wir wollen Ihnen einfach mitteilen, daß Sie in Ihren Forderungen mäßig sein sollen.

Während unserer Gespräche (mit Lord Owen) haben wir sehr wichtige Erklärungen und Definitionen erhalten:

Wir haben die Garantien, daß keine kroatischen oder moslemischen Streitkräfte in Gebieten außerhalb der serbischen Provinzen stationiert werden dürfen, in denen Serben leben. Nur UNO-Kräfte, die die Sicherheit von Personen und Eigentum garantieren, werden dort stationiert. Es ist erwiesen, daß die Gefahr einer Teilung und Spaltung des serbischen Volkes ausgeräumt ist …

Wir fühlen uns ebenso berechtigt wie Sie, Entscheidungen zu treffen, die für die gesamte serbische Nation bedeutsam sind, und wir verlangen, daß Sie unseren kategorischen Standpunkt beherzigen und den Plan annehmen.

Das ist eine Frage von Krieg und Frieden, und wir sind für den Frieden – einen ehrenhaften Frieden mit Garantien für Gleichheit und Freiheit. Die Alternative dazu ist ein unnötiger Krieg, der nun, da Serbien seine Freiheit und Gleichheit und die Aussicht, die meisten seiner Territorien zu behalten, erlangt hat, zu nichts als Feindschaft, Leiden und Gewalt Ihnen und anderen gegenüber führen wird.

Milošević ließ seinen Außenminister Jovanović aufwecken und beauftragte ihn, nach Bijeljina zu fahren und diesen Brief der Versammlung der bosnischen Serben vorzulesen.

Jovanović wurde in feindseliger Atmosphäre empfangen. Den bosnischen Serben gefiel es gar nicht, zur Annahme eines Plans gezwungen zu werden, den sie ihren eigenen Leuten seit Monaten als gleichbedeutend mit dem Tod der serbischen Nation in Bosnien präsentiert hatten. Biljana Plavšić übernahm die Führung. „Wer ist dieser Jovanović?" donnerte sie. „Wer ist dieser Milošević, dieser Bulatović, dieser Ćosić? Hat diese Nation sie gewählt? Nein, sie hat sie nicht gewählt. Präsident Karadžić, Sie sind von diesem Parlament zum Präsidenten gewählt worden. Nicht einmal Sie können das entscheiden. Laut unserer Verfassung entscheidet das Parlament in diesen Fragen."

Das „Parlament" wies den Antrag in den frühen Morgenstunden zurück. Karadžić sagte dem serbischen Radio: „Die Abgeordneten haben gesagt, sie könnten nicht in ihre Wahlkreise zurückkehren, wenn sie den Vance-Owen-Plan in seiner gegenwärtigen Form akzeptierten. Wir hoffen, daß die gesamte serbische Nation all ihre Kräfte für den Überlebenskampf mobilisiert."

Zum ersten Mal erkannte Lord Owen, daß Milošević die Kontrolle über den Krieg in Bosnien verloren hatte. Der Vance-Owen-Plan hatte, gemeinsam mit den Finanzsanktionen, die Serben gespalten.

Auch international kam wieder Bewegung in die Vermittlungsbemühungen. Vance hatte einige Tage vorher dem griechischen Premierminister Konstantin Mitsotakis vorgeschlagen, ein Gipfeltreffen zu veranstalten, das die bosnischen Serben zur Unterschrift bewegen sollte. Mitsotakis rief jetzt Milošević an und lud ihn zu diesem Treffen ein. Die Konferenz sollte während des Wochenendes am 1. und 2. Mai 1993 stattfinden. Lord Owen und Cyrus Vance klammerten sich an die Hoffnung, das „Parlament" der bosnischen Serben habe den Plan abgelehnt, weil er für sie zu früh und zu schnell gekommen war. Die bosnischen Serben waren einer konstanten Propaganda gegen den Plan ausgesetzt gewesen. Sogar die Absetzung von Owen war gefordert worden. Owen war der Auffassung, daß das bosnisch-serbische Parlament den Anweisungen von Milošević wesentlich einfacher hätte folgen können, wenn sie die öffentliche Meinung – auch nur wenige Tage lang – darauf vorbereitet hätten. Owen und Vance sagten zu Tudjman und Izetbegović, daß sie von der Flexibilität der Serben überzeugt seien; alle waren sie bereit, zum Gipfel nach Athen zu kommen.

Als die Führung der bosnischen Serben in Athen ankam, erwarteten sie lediglich eine weitere Gesprächsrunde. Sie fanden bald heraus, daß sie – nach den Worten von Koljević – in eine Falle gelockt worden waren. Alle Anwesenden hatten den Vance-Owen-Plan unterschrieben – außer ihnen. Der wirkliche Zweck des Gipfels wurde rasch klar: Sie sollten gezwungen werden, den Plan gegen die Anweisungen ihres Parlaments zu unterzeichnen.

Die bosnischen Serben gerieten quasi in einen Druckkochtopf. Zuerst wurden sie in die Suite von Dobrica Ćosić bestellt (alle Teilnehmer befanden sich im selben Hotel). Dort fanden sie sich mit Milošević, Ćosić und Bulatović konfrontiert, während Vance und Owen sich im Hintergrund hielten und Mitsotakis den ganzen Abend lang kam und ging. Von 6 Uhr abends an hielt Milošević den bosnischen Serben Predigten. Er sagte, er habe Geheimdienstberichte erhalten, denenzufolge die NATO serbische Stellungen in Bosnien und in Serbien bombardieren werde, wenn Karadžić nicht unterzeichnet, und daß das bereits wenige Stunden nach Ende des Zusammentreffens geschehen werde. Er wiederholte sein Argument, daß der Plan nie umgesetzt werden wird. Er wies darauf hin, daß die jüngst zwischen Moslems und Kroaten ausgebrochenen Kämpfe den Vance-Owen-Plan noch unrealistischer werden ließen. Karadžić erzählte, daß der Druck so unerträglich war, daß sogar die Kellner, die eine Runde Kaffee nach der anderen hereinbrachten, den bosnischen Serben zur Unterzeichnung des Planes rieten.

Karadžić argumentierte, daß mit einer Unterzeichnung des Planes die Legitimität des Staates Bosnien anerkannt wäre. Die Serben hatten bisher jeden derartigen Schritt vermieden. Sie hatten ihre eigene Unabhängigkeit ausgerufen, zwölf Stunden ehe Bosnien zu einem unabhängigen Staat wurde. Momčilo Krajišnik war noch härter als Koljević und Karadžić. Der unnachgiebige Druck von Milošević und Ćosić, den er immer verehrt und geschätzt hatte, löste ihn vorübergehend in Tränen auf. An einem Punkt dieses Abends standen er und Ćosić auf dem

Balkon. Krajišnik sagte zu Ćosić: „Herr Präsident, Sie wissen, wie sehr ich Sie schätze, aber ich muß aufrichtig zu Ihnen sein. Ich würde eher hier vom fünften Stock auf den Steinboden springen, als den Plan anzunehmen.“

Die Sitzung zog sich bis 4 Uhr in der Früh. Ćosić, der über siebzig Jahre alt war und bereits zwei Bypass-Operationen hinter sich hatte, begann zu erlahmen. Sie einigten sich auf eine Fortsetzung der Gespräche zeitig am nächsten Morgen. Die Plenarsitzung – mit Izetbegović, Tudjman und Mate Boban – sollte um 10 Uhr vormittag beginnen.

Jeder schlief ein paar Stunden. Den nächsten Morgen schilderte Herb Okun so: „Vance erklärte ihnen geradeheraus, daß dies nun das Café ‚Zur letzten Chance‘ sei und daß die US-Airforce bereit sei, Bosnien und Serbien in einen Trümmerhaufen zu verwandeln.“ Die drei bosnischen Serben zogen sich in eine Ecke der Suite zurück. Dort gelangten sie zur Auffassung, daß es ihnen nicht gestattet sein würde, Athen zu verlassen, ohne das Dokument unterzeichnet zu haben. Sie beschlossen, daß Karadžić, falls nötig, den Plan unter der Bedingung unterfertigt, daß Mitsotakis, Vance und Owen zustimmen, daß seine Unterschrift nur dann Gültigkeit habe, wenn auch das bosnisch-serbische „Parlament“ ihn nachträglich noch ratifiziert.

Die Uhr tickte. Die Plenarsitzung war bereits verschoben worden. Tudjman und Izetbegović hatten angekündigt, daß sie Athen verlassen und in ihre Hauptstädte zurückkehren würden, falls die serbische Delegation nicht bis 1 Uhr mittag auftauchte.

Schließlich gingen Milošević und Bulatović zu den bosnischen Serben hinüber und erklärten, die Zeit sei um. Karadžić sagte, er werde unterzeichnen. Bulatović beschrieb, was dann geschah:

In diesem Moment taucht Mitsotakis aus dem Nichts auf, zieht seine Füllfeder heraus und holt einen Fotografen, der schon die ganze Zeit auf die Unterzeichnung gewartet hatte, aus einem anderen Zimmer, damit er aufnimmt, wie Karadžić den Plan unterschreibt. Unmittelbar danach riefen wir Owen herein, der kaum glauben konnte, was geschehen war.

Es stellte sich heraus, daß Milošević so besorgt war, daß Karadžić auf dem Weg zur Plenarsitzung seine Meinung noch einmal ändern könnte, daß er für alle Fälle eine Kopie des Plans und einen Fotografen in ständiger Bereitschaft gehalten hatte. Owen betrat den Raum und traf auf „einen schwer gezeichneten Karadžić“, der offensichtlich „gehörig in die Mangel“ genommen worden war. Die Plenarsitzung wurde eilig einberufen, und Karadžić unterzeichnete den Plan in Gegenwart seiner Feinde ein zweites Mal.

Kurz vor 1 Uhr informierte ein aufgeregter Mitsotakis die wartenden Journalisten. Owen erklärte, dieser Tag sei „ein strahlender, sonniger Tag auf dem Balkan". (Er sollte nur im buchstäblichen Sinne recht behalten.) Karadžićs Plan, einen Staat im Staat zu errichten, sei „tot und begraben", sagte er. Karadžić verließ Athen zerknittert und erschöpft, aber trotzig und erklärte, sein Staat sei nicht tot, sondern lediglich aufgeschoben. Owen triumphierte in den Fernseh- und Radiointerviews, die er an diesem Nachmittag gab. Als er darauf hingewiesen wurde, daß ja noch die Billigung des „Parlaments" der bosnischen Serben fehle, tat er diesen Einwand geringschätzig ab. „Sie mögen diese Körperschaft vielleicht mit dem Titel ‚Parlament' ehren", sagte er, „ich aber nicht ... Ich sage Ihnen", fuhr er fort, „und glauben Sie mir, ich war lange in der Politik, das einzige, was zählt, ist, daß wir Milošević an Bord haben."

Cyrus Vance nahm an diesem Tag seinen Abschied. Er hatte schon vorher angekündigt, sich von seinem Posten als UNO-Gesandter zurückzuziehen. Sein Stellvertreter, der frühere norwegische Außenminister Thorvald Stoltenberg, war bereits ernannt worden. Owen war erfreut, daß sein Freund an einem für sie guten Tag ging. „Es ist gar kein Zweifel, daß wir in prächtiger Stimmung waren ..."

Ich habe es, ungeschickterweise, als einen glücklichen Tag bezeichnet. Es war aber auch ein glücklicher Tag. Wir hatten uns für diese Einigung förmlich zerrissen. Und ich war einfach sehr zufrieden. Und ich blickte zurück, um noch einmal zum Abschied zu winken, und Cy saß am Swimmingpool und wirkte um Jahre jünger, und ich dachte mir, was für ein großartiger Rücktritt. Und irgendwie ist uns die Sache während der nächsten paar Wochen entglitten.

***

Die nächste Station war das bosnisch-serbische Regierungsdorf Pale. Eine lange Wagenkolonne glänzender Mercedes-Limousinen raste von Belgrad aus dorthin. Die Stimmung war optimistisch. Präsident Milošević und sein engster ausländischer Verbündeter, Mitsotakis aus Griechenland, waren überzeugt, ihre bloße Gegenwart würde die Abstimmung in der Versammlung der bosnischen Serben zu ihren Gunsten ausgehen lassen. Und wenn das nicht ausreichte, würden sie die bosnischen Serben leicht zu einem Ja überreden können und sie von ihrem Plan, eine Volksabstimmung abzuhalten, wieder abbringen. Präsident Bulatović von Montenegro nahm ebenfalls an der großen Pilgerfahrt nach Pale teil:

Auf dem Weg nach Pale mußten wir durch einen großen Teil Serbiens. Viele Menschen säumten die Straße und winkten uns zu. Seit Titos Zeiten hat es solche Szenen nicht mehr gegeben. Ich sah, die Menschen wollten, daß dieser Plan unterzeichnet wird.

Die Wagen fuhren sogar noch schneller, nachdem sie den Fluß Drina nach Ostbosnien überquert hatten. Keiner dieser Politiker hatte zuvor die Verheerungen dieses Krieges mit eigenen Augen gesehen. „Alles war wie ausgestorben und verwüstet", erinnerte sich Bulatović. „Es war klar, daß im serbisch kontrollierten Gebiet jedes zerstörte Dorf ein moslemisches Dorf gewesen ist."

Als sich der schimmernde Blechwurm den Berg Jahorina hinaufschlängelte, stand Radovan Karadžić, flankiert vom Rest der bosnisch-serbischen Führung, hoch über dem Schidorf Pale auf der Terrasse des Hotels *Himmlisches Tal.* Milošević und Mitsotakis gingen auf die Wartenden zu. Biljana Plavšić ignorierte die ausgestreckte Hand des serbischen Präsidenten.

Der erste Besuch eines ausländischen Premierministers in diesem Paria-Staat war von komödienhafter Formalität. Selbst wenn Milošević allein angereist wäre, um sie vom verhaßten Vance-Owen-Plan zu überzeugen, hätte die Führung der bosnischen Serben diesen Besuch zu einem Akt der Anerkennung ihres Ministaates aufgebauscht. Die Gäste, darunter Ćosić, der Präsident von Rumpfjugoslawien, und eine stattliche Anzahl hochrangiger Serben, schritten die Ehrengarde ab. Die Garde sang ein Widerstandslied aus der Türkenzeit, das zu einer Melodie, wie sie im amerikanischen Kasernenhofdrill verwendet wird, neu arrangiert worden war. Ein amerikanisches F-16-Kampfflugzeug stieß bis knapp über den Berg herab, wie um die bosnischen Serben daran zu erinnern, was ihnen blühte, wenn sie sich dem Westen widersetzten. Nur wenige Kilometer jenseits des Berges stand die serbische Artillerie, die Sarajevo bereits ein ganzes Jahr in Schach gehalten hatte.

Bald nach Beginn der Debatte verflüchtigte sich jegliche Zuversicht, die die angereisten Würdenträger über ihre Mission gehabt haben mochten. Die Führung in Pale hatte eine Stimmung der Aufsässigkeit geschürt, ein Kinderspiel angesichts der tatsächlichen serbischen Ängste vor dem Vance-Owen-Plan. In einer Volksabstimmung hätte der

Plan keine Chance gehabt. Am Vorabend des Treffens in Pale war Risto Djogo, der bekannteste bosnisch-serbische Journalist, auf dem Bildschirm erschienen, um die Fernsehnachrichten zu verlesen. Er starrte auf ein leeres Blatt Papier, unterschrieb es, zog eine Pistole und erschoß sich. Während er sich das falsche Blut wieder von der Stirn wischte, sagte er, das serbische Volk werde nicht Selbstmord begehen. Die Botschaft war klar.[170]

Obwohl Karadžić in Athen den Plan unter extremem Druck paraphiert hatte, war seine Empfehlung weniger als halbherzig. Er nannte den Vorschlag katastrophal, aber warnte vor den möglichen Konsequenzen im Fall einer Ablehnung. Für die meisten Abgeordneten waren die Drohungen des Westens ein kleineres Übel als der Plan. Das Parlament war eine zusammengewürfelte Versammlung von Abgeordneten aus dem alten bosnischen Parlament, Priestern in langen, schwarzen Gewändern und Offizieren im Tarndreß, garniert mit einigen Kriegsgewinnlern in halbseiden schimmernden Anzügen.

In seiner ersten Rede vor der Versammlung sagte Milošević zuversichtlich, daß dies eine „Entscheidung für den Frieden im Interesse der bosnischen Serben und im Interesse der gesamten serbischen Nation ist". Er verkündete, daß der Plan den Serben Gleichheit und Freiheit beschere. Seine Rede weckte Erinnerungen an den Ton der alten Zeit, als die Autorität der kommunistischen Parteigranden unanfechtbar und unwidersprochen war. Als sich die Debatten in die Länge zogen, streifte Milošević die Glacéhandschuhe ab. Er wurde wütend und deutete an, er könne die bosnischen Serben isolieren.

Seine Drohungen blieben folgenlos. Die Abgeordneten prahlten, daß die NATO-Jets ihre Ziele ohnehin nicht finden könnten, wenn der Nebel sich über ihre Bergrepublik legt. Sie machten sich über Milošević lustig, den Mann, der mit dem Anspruch an die Macht gekommen war, alle Serben zu verteidigen, der aber jetzt nur noch versuchte, eine Verschärfung der Wirtschaftssanktionen zu verhindern. Miloševićs Besorgnis wegen der Sanktionen sei verachtenswert, sagten sie und versicherten einander, den Kampf gegen die ganze Welt aufzunehmen, wenn es denn sein müßte.

General Ratko Mladić, der Kommandant der bosnisch-serbischen Armee, gab den Ausschlag. In einer aufbrausenden Rede kommentierte er eine Reihe von Landkarten, mit denen er zeigte, wieviel Land den moslemischen Feinden wieder zurückgegeben werden müsse. Als der stämmige General seine Karten auspackte, sahen Milošević und

Bulatović ihre Felle langsam davonschwimmen. Mladić war kein Politiker, aber Bulatović konnte erkennen, daß seine zwingende militärische Logik großen Einfluß hatte. Eine Karte zeigte die aktuelle militärische Lage. Eine andere veranschaulichte die demographische Verteilung der Serben. Aber die Krönung war eine Folie mit den Provinzen des Vance-Owen-Plans, die Mladić über die Karte mit den Frontlinien legte. Die bosnischen Serben würden nicht nur große Gebiete zurückgeben müssen, auch ein Teil der serbischen Bevölkerung würde dadurch isoliert und verwundbar werden. Nachdem er die Gefahren des Vance-Owen-Plans aufgedeckt hatte, prahlte Mladić, daß seine Männer vor einer Intervention des Westens keine Angst hätten.

Die Sitzung dauerte bis tief in die Nacht. Immer wieder wurde nationaler Selbstmord beschworen, sowohl von den Gegnern als auch von den Befürwortern des Plans. Milošević bediente sich aller denkbaren Argumente, um seine Statthalter zu überreden. Die Serben könnten es sich nicht leisten, alles zu riskieren, nur um es dann „wie ein besoffener Pokerspieler zu verlieren“. Er bezog sich offenbar auf Karadžić, dessen Leidenschaft für Roulette bekannt war.

Ćosić, der Bosnien als „monströse Kreatur“ bezeichnet hatte, versuchte die Volksversammlung zu beschwichtigen, indem er sagte, die Serben hätten gewonnen. Er plädierte fortwährend für etwas, das er die „Neukomposition des Balkans“ nannte – das Recht auf absolute ethnische Selbstbestimmung. Das bedeutete ein Großserbien, ein Großkroatien und ein Großalbanien. Alija Izetbegović würde seinen Moslemstaat nie bekommen. Vance-Owen sei unwichtig, beschwichtigte er, das Vielvölker-Bosnien sei zerstört.

Das gesamte Projekt mit den Provinzen und mit Bosnien-Herzegowina ist historisch nur vorübergehend. Brüder und Schwestern, Alijas Staat existiert nicht. Es gibt keinen islamischen Staat mehr. Vorbei. Das müssen wir begreifen. Wir werden eine Föderation haben, die jetzt noch nicht gerecht aufgeteilt ist, aber sie wird kommen. Wo es serbische Häuser und serbisches Land gibt, wo serbisch gesprochen wird, dort wird es einen serbischen Staat geben.

In Wahrheit riet Ćosić den bosnischen Serben, einen Plan anzuerkennen, von dem er wie Milošević wußte, daß er nie umgesetzt werden konnte.

Ein einziges Mal schien Milošević die Oberhand gewonnen zu haben. „Man kann alles für seine Nation opfern, nur nicht die Nation selbst. Wenn ihr den Vance-Owen-Plan nicht annehmt, werdet ihr euer Volk opfern.“ Der serbische Präsident saß neben Karadžić und bedrängte ihn, die Volksversammlung doch stärker zu ermutigen.

In diesem Augenblick spürte der Parlamentspräsident Momčilo Krajišnik, ein Hardliner mit dem Spitznamen *Mr. No*, daß die Abgeordneten unsicher wurden. Er ließ die Sitzung unterbrechen.

Die ganze Zeit über verspürte ich einen großen Schmerz in mir, weil wir wußten, daß dieser Plan die Zerstörung unseres Volks bedeutete. Deshalb war das Parlament entschlossen, den Plan nicht zu ratifizieren. Wir wußten, er würde keine Probleme lösen.

Die Abgeordneten der bosnischen Serben zogen sich in ihren Clubraum zurück und verwehrten ihren Gästen den Zutritt mit der Begründung, daß nur Mitglieder der Serbischen Demokratischen Partei hinein dürften. Das kam wie eine Ohrfeige. Milošević mußte stundenlang warten, während seine früheren Protegés den Abgeordneten einhämmerten, nicht weich zu werden.

Die Führung versuchte zumindest so zu tun, als ob sie den Plan empfehle, doch jede Rede endete mit dem Ruf nach hartnäckigem Widerstand. Nikola Koljević erinnerte die Abgeordneten an den serbischen epischen Helden Miloš Obilić, den tapfersten Kämpfer in der Schlacht auf dem Amselfeld im Jahr 1389. Obilić hatte gesagt, es gäbe keine Chance, die Türken zu besiegen – sie wären einfach zu zahlreich. „Wenn alle von uns in Salz verwandelt würden, so wäre das nicht genug, ein türkisches Mahl zu würzen“, sagte Obilić seinen Gefährten, ehe sie in den Kampf zogen. Koljević zog eine Parallele dazu. „Es wäre auch für Clintons Boys nicht genug. Wir sollten keinen Verzweiflungskampf gegen die stärkste Supermacht führen.“

Von den 65 abgegebenen Stimmen votierten 51 Abgeordnete für eine Volksabstimmung über den Plan.

Ein aufgeregter Ćosić informierte die Versammlung, er habe Berichte erhalten, daß der Westen noch in derselben Nacht mit Luftangriffen beginne. Er war aschfahl im Gesicht und erschöpft und bezeichnete die Entscheidung als katastrophal. „Ich weiß nicht, was der nächste Tag und die nächste Nacht diesem Land bringen werden.“

Er wandte sich an Plavšić und wollte wissen, wie die drohende Katastrophe abzuwenden sei. Sie war eine Biologieprofessorin mit einem eisernen Willen. Die Soldaten bewunderten sie, weil ihr der Druck des Westens nichts anzuhaben schien. Sie blickte Ćosić kühl ins Gesicht.

„Von welcher Tragödie sprechen wir? Es wäre eine Tragödie, den Plan anzunehmen." Und dann sagte er: „Sie werden die Brücken bombardieren". Und ich antwortete: „Sollen sie doch die Brücken bombardieren. Die Serben können sie mit ihren Bomben nicht kaputtmachen."

Milošević war sichtlich erregt. „Er war außer sich. Das konnte man an seinem Gesicht und an seinen Händen erkennen", sagte Plavšić. Der serbische Präsident duldete niemals Opposition. Gegner waren da, um beseitigt, umgangen oder sonstwie überwunden zu werden. „Später gab es noch laute Buhrufe in der Volksversammlung. Er wußte nicht, wie er sich im Parlament verhalten sollte, weil er selbst nie zu Parlamentssitzungen geht."

Finster und wortlos, einen erschöpften Mitsotakis im Schlepp, stieg Milošević in seinen Wagen und machte sich auf die lange Heimreise.

Er reagierte prompt. Belgrad verkündete, mit Ausnahme von Nahrungsmitteln und Medikamenten jeglichen Nachschub in die *Republika Srpska* einzustellen. Auch seine Brüskierung durch Plavšić vergaß er nicht. Sie wurde nicht mehr über die Grenze nach Serbien gelassen. Das Embargo war zwar nur von kurzer Dauer, doch der Damm war gebrochen. Das Treffen in Pale war die erste öffentliche Niederlage von Milošević, seit er zum unbestrittenen Führer aller Serben geworden war. Zum ersten Mal war es ihm nicht gelungen, seine politischen Herausforderer auszumanövrieren.

* * *

Zeitgleich mit der Abstimmung in Pale versuchte US-Außenminister Warren Christopher, den europäischen Regierungen Washingtons Politik des „lift and strike" anzudienen – und scheiterte. In seinen Gesprächen mit den Führern von zehn NATO-Ländern und Rußland wurde der Plan, den schlecht gerüsteten Moslems Waffen zu liefern und gleichzeitig strategische Luftangriffe gegen bosnisch-serbische Ziele zu fliegen, äußerst reserviert aufgenommen. Frankreich und Großbritannien waren dagegen, weil sie ihre in Bosnien stationierten Truppen keinen Vergeltungsschlägen aussetzen wollten. Christopher schien selbst kaum von den Erfolgsaussichten überzeugt. Doch er war Anwalt, und sein Klient, Bill Clinton, wollte diese Politik. Clintons Regierung schien allerdings mit dem Widerstand der Europäer nicht gerechnet zu haben. Diese versuchten, eine Intervention mit allen Mitteln zu verhindern, und hofften immer noch, die Serben würden den Vance-Owen-Plan akzeptieren.

Nach Christophers Rückkehr versuchte Washington, die transatlantischen Differenzen zu übertünchen. Ein weiteres Schlüsselmoment für den Wechsel in der Bosnienpolitik der USA war, als Hillary und Präsident Clinton jene Teile des Buchs *Balkan Ghosts* von Robert Kaplan lasen, die die kriegerische Vergangenheit der Region beschreiben. Aus irgendeinem Grund hatte das Buch großen Einfluß auf Clinton und nährte seine Überzeugung, daß die Bewohner des Balkans zu Krieg und Gewalt gleichsam verurteilt wären.[171] Innerhalb weniger Tage verwarf die Regierung Clinton zwei einander widersprechende Pläne. Vance-Owen und „lift and strike" verschwanden in der Versenkung.

Es hat nie einen umfassenderen Plan als Vance-Owen gegeben, der im Gegensatz zu seinem schlechten Ruf ein multi-ethnisches Bosnien innerhalb der international anerkannten Grenzen bewahrt hätte. Sobald die Serben Vance-Owen abgelehnt hatten, konnten sich auch die USA nicht schnell genug davon trennen. Nach außen geschah dies vor allem wegen der Beschwerden der Moslems, aber man fürchtete auch, er werde nicht durchsetzbar sein. Die Tatsache, daß mindestens 50.000 Mann Bodentruppen dafür nötig gewesen wären – von denen die USA die Hälfte zugesagt hatten –, war vermutlich der Hauptgrund.

Ein zu Recht verärgerter Lord Owen bezeichnete die Vorstellung, den Krieg durch Luftangriffe zu beenden, als Illusion. „In 10.000 Fuß Höhe werden Sie das Problem nicht lösen", sagte er. Eine echte Hilfe hingegen wäre, wenn die USA Soldaten zur Aufstockung der UNO-Kontingente schickten statt zu bombardieren.

Doch aus dem Vance-Owen-Plan war der Wind draußen, und Christopher segelte bereits einen anderen Kurs. Er wollte noch größeren Schaden vermeiden und Bosnien so schnell und nachhaltig wie möglich unter den Teppich kehren. In einer Anhörung vor dem Kongreß sagte Christopher, das Töten in Bosnien sei „ein Problem aus der Hölle". Er deutete an, daß die USA kein Interesse hätten, durch einseitige Durchführung von „lift and strike" ihre NATO-Partner zu verärgern. „Wir werden in Ex-Jugoslawien keine Alleingänge unternehmen."

Er ging noch weiter. Am 18. Mai erklärte er, es sei Angelegenheit der Europäer, mit dem „uralten Haß" dieses „Problems aus der Hölle" fertigzuwerden. So redet niemand, der sich dringend einmischen will. Dann präsentierte er die Idee der „Eindämmung". „Zusammen mit unseren Freunden und Verbündeten werden wir alles in unserer Macht

Stehende unternehmen, der Gewalt entgegenzutreten und den Konflikt einzudämmen." Und er fügte hinzu, daß die USA sich nicht völlig zurückzögen, sondern immer noch glaubten, daß die Aufhebung des Waffenembargos gegen die Moslems und „ausgleichende Aktionen aus der Luft" den Moslems erlauben würden, die Serben „auf einem waagrechten Spielfeld" zu bekämpfen.

In diesem wichtigen Moment kam ihm unbewußt sein russischer Amtskollege Andrej Kosyrew zu Hilfe, der ein Außenministertreffen des UNO-Sicherheitsrats verlangte, um über Truppen zum Schutz der neugeschaffenen Sicherheitszonen zu beraten. Der US-Außenminister lenkte vom Zustand der Washingtoner Bosnienpolitik ab, indem er der russischen Initiative eine Abfuhr erteilte. Danach verkündete er, dieses Treffen sei vertagt worden, weil die einzige Möglichkeit, den Vance-Owen-Plan zu implementieren, die Entsendung von Kampftruppen gegen die bosnischen Serben sei. Er wiederholte, daß die USA bereit seien, Truppen zu schicken, sobald sich die Parteien auf einen Friedensplan geeinigt hätten. Er sprach sich auch gegen jede einseitige Parteinahme aus und sagte: „Jede Seite begeht Greueltaten."

Am 22. Mai veröffentlichten die USA, Rußland, Frankreich, Großbritannien und Spanien den Gemeinsamen Aktionsplan *(Joint Action Plan)*. Er war als Rezept zur Konfliktbegrenzung gedacht, gleichzeitig näherten sich die USA damit erstmals einer Anerkennung der laufenden Entwicklungen in Bosnien an. Die Zeremonie erinnerte an des Kaisers neue Kleider, denn es war keine „Aktion" in dem Plan. Die US-Regierung kündigte die Entsendung von Truppen nach Mazedonien an und verfolgte damit dieselbe Linie wie Präsident Bush, der gewarnt hatte, daß die USA einen Krieg im Kosovo nicht tolerieren würden. Sie betonte, daß sich dort nicht der Angelpunkt eines neuen Konflikts bilden dürfe, der Albanien und aller Wahrscheinlichkeit nach auch die NATO-Partner Griechenland und Türkei hineinziehen würde.

Der Plan verlangte, die Grenzen nach Bosnien dichtzumachen, um Truppenbewegungen oder Waffenlieferungen aus Serbien und Kroatien zu verhindern, und sah die Einrichtung von sechs „Sicherheitszonen" vor. Ein ultranationalistischer serbischer Politiker bezeichnete das Abkommen als die „erste nüchterne öffentliche Stellungnahme des Westens". Der Gemeinsame Aktionsplan war der endgültige Todesstoß für Vance-Owen. In embryonaler Form war darin bereits die nächste Episode der Friedensgespräche enthalten: die Dreiteilung Bosniens, deren Bedingungen von Serben und Kroaten diktiert wurden und die von Lord Owen und Thorvald Stoltenberg, dem norwegischen Nachfolger des UN-Gesandten Vance, vermittelt wurde.

Am Wochenende hatte Clinton seine 180-Grad-Wendung vollendet. Sein verzweifeltes Händeringen über das Leiden der bosnischen Moslems und die Rettung ihres Staates war vorüber. Er wollte jetzt eine Lösung mit „angemessenem Land für die Moslems".

Karadžić lobte, daß Clinton endlich zur Besinnung gekommen sei. Izetbegović geißelte die USA, weil sie Bosnien-Herzegowina der Aufspaltung preisgegeben hätten. „Die Welt hat uns kaum noch Chancen gelassen", beklagte er und warnte, er werde keine weitere Zeit mit aussichtslosen Verhandlungen verschwenden. Der bedrängte bosnische Präsident erkannte, daß damit die Bühne frei war für eine neuerliche Verhandlungsrunde, in der Serben und Kroaten die Bedingungen diktieren konnten.

Während sich die USA vom Bekenntnis zu einem vereinten Bosnien-Herzegowina verabschiedeten, lief die Regierung in Sarajevo Gefahr, alles zu verlieren. Sie mußte ihre Optionen jetzt sorgfältig abwägen. Clinton hatte (zumindest für den Augenblick) klargemacht, daß es für die Bosnier keine Rettung gibt. „Meine erste Wahl war ein bosnischer Vielvölkerstaat. Aber wenn die Beteiligten selbst, unter Einschluß der bosnischen Regierung ... ehrlich und aufrichtig zu einer anderen Lösung gelangen, dann müssen die Vereinigten Staaten das sehr ernsthaft prüfen."

22. Kapitel

„Hüte dich hundertfach vor deinem Freund“

Der moslemisch-kroatische Krieg
1992–1994

Wo der Neretvafluß die schöne Stadt Mostar erreicht, steigen seine breiten, flachen Ufer an und werden steiler, bis das Wasser eine schmale, felsige Schlucht durch das Herz der mittelalterlichen türkischen Stadt schneidet. 1566 hatte der Sultan befohlen, an der schmalsten Stelle eine Brücke zu bauen – einen schön geschwungenen, einfachen Bogen aus glattem weißen Stein. „Es ist eine der schönsten Brücken in der Welt“, schrieb die angloirische Romanautorin Rebecca West. „Ein schlanker Bogen zwischen zwei runden Türmen, die Brüstung in der Mitte leicht gewölbt. Ich kenne kein Land – nicht einmal Italien oder Spanien –, das so beständigen Geschmack und so gefällige Arbeiten aufweist.“

Die Brückenwärter wurden unter dem Namen *mostari* bekannt – das serbokroatische Wort für Brücke heißt *most.* Von ihnen leitete die Stadt, die sich um die Brücke bildete, ihren Namen ab. Die Brücke – und Mostar selbst – wurde zum Symbol für den innersten Geist von Bosnien-Herzegowina als Ort, an dem Katholiken, Moslems und Orthodoxe klar voneinander unterscheidbar, doch gemeinsam und in gegenseitiger Toleranz lebten. Vielen kroatischen Nationalisten (nicht aber den Kroaten aus Mostar) war die Brücke jedoch als Symbol fortdauernden türkischen Einflusses in christlichem Land verhaßt. Sie überdauerte den Niedergang des Osmanischen Reichs. Sie überstand zwei Weltkriege. Doch am 9. November 1993 (auf den Tag genau vier Jahre nach dem Fall der Berliner Mauer) wurde der elegante Bogen durch massiven Artilleriebeschuß der bosnisch-kroatischen Streitkräfte zerstört und versank im tiefen, türkisgrünen Wasser des felsigen Flußbeckens. In einem Krieg, in dem der Gedanke des Zusammenlebens der Völker selbst zum Feindbild wurde, symbolisierte die Zerstörung der Brücke die Zerstörung Bosniens selbst. Die Essenz des alten Bosnien war das Errichten von Brücken – zwischen Ansiedlungen,

Nationalitäten und Glaubensgemeinschaften. Für die Bosnier war die Brücke das Sinnbild des Landes, das sie aufbauen wollten. Die bosnische Regierung ordnete einen Tag der Staatstrauer an.

* * *

Die Vorzeichen eines Konflikts zwischen Moslems und Kroaten in Bosnien waren klar erkennbar, schon bevor beide am 6. April 1992 von den Serben angegriffen wurden. Als Kroatien 1991 unter die Panzerketten der Jugoslawischen Volksarmee geriet, ließ Präsident Tudjman durch die kroatischen Mitglieder in der bosnischen Regierung vorfühlen, ob Izetbegović bereit sei, mit seiner Territorialverteidigung in den Krieg einzutreten und eine zweite Front gegen die Serben zu eröffnen. Im September 1991 beantragte der bosnische Verteidigungsminister Jerko Doko, ein Kroate, die Mobilisierung der bosnischen Territorialverteidigung. Wenige Tage zuvor hatte die Kroatische Nationalgarde in ganz Kroatien mit der Belagerung der Kasernen der Volksarmee begonnen.

Doch der bosnische Innenminister, der Moslem Alija Delimustafić, dessen belgradfreundliche Orientierung bekannt war, hatte die Territorialstreitkräfte bereits auf entgegengesetzten Kurs gebracht. Er hatte zugestimmt, daß die Jugoslawische Volksarmee in Nord- und Westbosnien Stützpunkte einrichtete, von denen aus sie den Krieg gegen die Kroatische Nationalgarde kommandierte und nachschubmäßig unterstützte. Oberst Aleksandar Vasiljević, der Chef der militärischen Spionageabwehr, erinnert sich:

Er (Delimustafić) war mit der Aufstellung gemeinsamer, aus bosnischer Polizei und Armeesoldaten bestehender Patrouillen und Kontrollposten einverstanden. Sie sollten den Eisenbahn- und Straßenverkehr kontrollieren, Bewegungen bewaffneter Paramilitärs verhindern und Bewegungen der Volksarmee erleichtern. Die Armee mußte ja aus Serbien und Montenegro zu den Kämpfen nach Knin durchkommen. Der Aufmarsch durch Bosnien mußte funktionieren, sonst hätten wir nie kämpfen können. Bosnien war unser Korridor in die Krajina.

Tudjman durchwanderte alle Stadien: Als Slowenien ihn im Juni 1991 um militärischen Beistand ersuchte, um einen Armeeangriff auf Ljubljana zu verhindern, lehnte er es ab, seine Republik in die Auseinandersetzungen hineinziehen zu lassen. Jetzt appellierte er an Izetbegović, Bosnien solle in den Krieg eintreten, um Kroatien zu verteidigen. Izetbegović lehnte gleichermaßen ab. Wenn alle drei westlichen Republiken den Weitblick gehabt hätten, sich zusammenzuschließen, hätte der Krieg einen anderen Verlauf genommen. So aber konnte sich die Volksarmee eine nach der anderen vorknöpfen.

Die Kroaten hegten tiefes Mißtrauen gegen die Rolle der bosnischen Moslems während des Krieges in Kroatien. Viele moslemische Offiziere blieben bis Anfang 1992 in der Volksarmee. Die kroatische Propaganda beschuldigte Sefer Halilović, den Kommandanten der bosnischen Territorialverteidigung, an der Zerstörung von Vukovar wesentlich beteiligt gewesen zu sein.[172]

Tudjman hatte ohnehin nie an die Lebensfähigkeit eines bosnischen Staates geglaubt. Er hielt nicht hinter dem Berg mit seiner Ansicht, daß Bosnien eine künstliche Schöpfung der jugoslawischen Föderation war und keine historische Legitimität besaß. Von Anfang an förderte er bei den bosnischen Kroaten, was er „Staatsbildung" nannte. Die Kroaten stellten 17 Prozent der Einwohner Bosnien-Herzegowinas. Am 6. April 1992, am selben Morgen, als der Krieg in Bosnien offen ausbrach, sagte Tudjman auf einer Pressekonferenz in Zagreb:

Wir haben in dieser Angelegenheit Konsequenz gezeigt. Wir unterstützen ein souveränes und unabhängiges Bosnien-Herzegowina, wenn die Kroaten dort als konstitutive Nationalität anerkannt werden. (Izetbegović) geht vom Gedanken aus, daß sich die Serben beschwichtigen lassen ... andererseits stellt er sich den Rest von Bosnien, das heißt, ein moslemisches Bosnien, als einheitlichen Staat vor. Die Vertreter der bosnischen Kroaten lehnen dies ab, weil sie wissen, daß sie als Minderheit der Herrschaft der Mehrheit unterworfen werden ... Die Vertreter der kroatischen Bevölkerung in Bosnien-Herzegowina verlangen, daß den Kroaten in Bosnien-Herzegowina der Status einer staatsbildenden Nationalität garantiert wird.[173]

Tudjman war bezeichnenderweise inkonsequent. Während er die internationale Anerkennung Kroatiens innerhalb der bestehenden Grenzen forderte, intrigierte er, um die territoriale Integrität Bosniens zu unterminieren. Und während die Verfassung seiner eigenen Republik der serbischen Minderheit den Status einer „konstitutiven Nationalität" verweigerte, verlangte er ihn gleichwohl für die Kroaten in Bosnien.

Die bosnischen Kroaten teilen sich geographisch und politisch in zwei große Gruppen. Ein Drittel von ihnen lebt in der Westherzegowina. Diese Region ist eine Brutstätte des rechtsextremen Nationalismus. Die Kroaten stellen dort – zumindest auf dem Land – fast hundert Prozent der Bevölkerung.[174] Viele Herzegowiner hatten im kroatischen Krieg gekämpft und kehrten 1992 in ihre Heimat zurück. Die Kriegserfahrung hatte sie verroht, und sie waren bereit, den Kampf auch in Bosnien aufzunehmen. Die Mehrheit der Kroaten lebte allerdings in Zentralbosnien, in Städten und Gemeinden, in denen alle drei Nationalitäten beheimatet waren. Diese zentralbosnischen Kroaten waren durch ihre Tradition viel weniger nationalistisch und viel eher bereit, in einem bosnischen Vielvölkerstaat zu leben, als die Aufsplitterung in ethnisch reine Einheiten zu betreiben.

Von den zwei kroatischen Abgeordneten im bosnischen Präsidium gehörte der eine, Franjo Boras, zur herzegowinischen Tradition, während Stjepan Kljuić der pro-bosnischen Richtung zuzurechnen war. Tudjman unterstützte von Anbeginn an die Herzegowiner.

Als der Krieg ausbrach, waren die Kroaten in der Herzegowina militärisch bereits durchorganisiert. Der Nachschub kam aus Kroatien. In der Herzegowina stieß der Moloch Serben/JVA erstmals auf nennenswerten militärischen Widerstand. Drei Monate lang bekämpften Serben und Kroaten einander über die Neretva. Die Serben saßen am Ostufer, die Kroaten im Westen, und so teilten sie die Stadt Mostar. Die Neretva war in der strategischen Planung der JVA immer als natürliche Grenze des serbisch dominierten Rumpfjugoslawien angesehen worden. Die ambitionierteren serbischen Nationalisten hatten sich sogar Dubrovnik als die natürliche zukünftige Hauptstadt einer vergrößerten serbischen Republik Montenegro-Herzegowina vorgestellt, obwohl 95 Prozent der Einwohner Kroaten waren.

Am 17. Juni warf die HVO, die Armee der bosnischen Kroaten, die Serben aus ihren Stellungen in Ostmostar und kämpfte, nach dem Teilrückzug der JVA, eine ganze Schneise entlang des Ostufers der Neretva frei. Das war die erste große Niederlage der Serben seit Ausbruch des Krieges.

Danach befestigte die HVO ihre Gebietsgewinne. Der herzegowinische Arm der HDZ organisierte die Verteilung von Waffen und Versorgungsgütern aus Zagreb. Unter den Fittichen Tudjmans entwickelte sich Mate Boban, vormals Filialleiter in der Bekleidungsbranche, zum neuen Führer der bosnischen Kroaten. Der Einfluß der gewählten Vertreter Boras und Kljuić schwand rapide.

Boban gründete seinen eigenen Staat in der Westherzegowina. Er hieß „Kroatische Gemeinschaft Herceg-Bosna“ und besaß eine eigene Fahne und eine eigene Armee. Er führte eine Regionalregierung nach kroatischem Vorbild und das kroatische Schulsystem ein, der kroatische Dinar ersetzte bereits im Jahr 1991 die jugoslawische Währung (Bosnien, das im Spätsommer 1992 nur noch ein Leopardenfell voneinander isolierter Gebiete war, hatte noch immer keine eigene Währung), und „Kroatisch“ wurde zur „offiziellen Sprache“. Herceg-Bosna wurde ein Spiegelbild der Serbischen Republik Bosnien-Herzegowina, mit der wichtigen Ausnahme, daß die Moslems und Kroaten ein formales Militärbündnis eingegangen waren, das Tudjman und Izetbegović im Juni unterschrieben hatten.

Am Ostufer der Neretva, im Zentrum des alten Mostar, stand das Türkische Haus, das Museum eines typischen, historischen, osmanisch-moslemischen Wohnhauses. Im großen Wohnzimmer hing ein fein gearbeiteter Druck mit einer Inschrift an der Wand, die eine Sure des Korans auf Arabisch und Serbokroatisch wiedergab. Dort war zu lesen:

Hüte Dich vor Deinem Feind, vor Deinem Freund jedoch hüte Dich hundertfach. Denn wenn Dein Freund Dein Feind wird, kann er Dir umso mehr Schmerz zufügen, denn er kennt auch die geheimen Wege, die zu Deinem Herzen führen.

Im Spätsommer wurden die Moslems ihren kroatischen „Freunden“ gegenüber mißtrauisch. Nach der Einnahme von Mostar machte die HVO keinerlei Anstalten, der bosnischen Armee bei der Befreiung von Sarajevo zu helfen, wie vielfach erwartet worden war. Statt dessen entfernte Boban fast alle Moslems aus wichtigen öffentlichen Funktionen und ersetzte sie durch Parteigänger der HDZ. „Herceg-Bosna“ wurde zum ethnisch reinen Einparteienstaat. Das Studio Mostar des bosnischen Rundfunks, der loyal zu Sarajevo war, wurde häufig von der kroatischen Polizei bedroht und immer wieder zugesperrt. Bobans Polizei errichtete Straßensperren rund um die Stadt. Die Moslems entdeckten bald, daß sie nicht mehr frei kommen und gehen durften.

Über die Grenzen seines Staates blieb Boban immer unklar. Dario Kordić, sein Stellvertreter in Zentralbosnien, ein aufgeblasener, junger, zum Krieger mutierter Journalist, nach dessen unerschütterlicher Überzeugung ganz Bosnien zu Kroatien gehörte, drückte sich schon klarer aus. Er richtete sein Hauptquartier in Novi Travnik ein. Die mittelbosnischen Städte Travnik, Vitez, Jablanica und Konjic gehörten alle zu Herceg-Bosna, sagte Kordić. In dreien dieser Gebiete lebten mehrheitlich Moslems. Nach Kordić waren sie aber gar keine Moslems, sondern Kroaten, die zum Islam gewechselt hatten.

Im Herbst 1992 standen auf ein und demselben Gebiet zwei Parallelarmeen, die HVO und die Armee von Bosnien-Herzegowina. Ein enormer Zustrom moslemischer Flüchtlinge, die von den Serben „gesäubert" worden waren, erhöhte die Spannung nur noch. Boban begann ein Spiel mit der Angst, daß die kroatischen Gebiete von den beraubten Moslems „überschwemmt" werden könnten.

Der Konflikt, der dem Krieg gegen die Serben an Bitterkeit um nichts nachstand, begann am 25. Oktober 1992 in der mittelbosnischen Stadt Prozor. Alles fing mit einem Streit rivalisierender Mafiosi an, die sich nicht einigen konnten, wer von ihnen die Benzinration für die Stadt in Empfang nehmen durfte. Die Fehde im Halbweltmilieu wuchs sich rasch zu einem „ethnischen" Disput aus, als die beiden Armeen den Ihren zu Hilfe eilten. Moslemische Männer wurden aus Prozor vertrieben und flohen in die Hügel. Die meisten kehrten allerdings nach wenigen Tagen, als die Spannungen nachgelassen hatten, wieder zurück. Der Konflikt hatte jedoch alle Anzeichen eines offenen Krieges gezeigt – Feuergefechte in den Straßen und Granaten von außerhalb der Stadt. Nach wenigen Tagen lag das Stadtzentrum von Prozor in Schutt und Asche. Nur die kroatischen Geschäfte hatten noch geöffnet. Auch in Novi Travnik, ein Stück nördlich davon, brachen kleinere Kämpfe aus. Aber Radio Sarajevo, das loyal gegenüber Izetbegović war, berichtete von nun an, daß der kroatische Faschismus Bosnien zuerst durch das *prozor* (Fenster) erreicht hätte.

Das darauffolgende Patt führte zum Zusammenbruch der Militärallianz zwischen der HVO und der bosnischen Armee und zu einem ungeheuren gegenseitigen Mißtrauen. Das wiederum führte zu einem militärischen Desaster, weil sich beide aus ihren Stellungen um die Stadt Jajce, nordwestlich von Travnik, zurückzogen. Jajce war seit Kriegsausbruch von serbischen Kräften belagert und hatte einige Granatenangriffe durchgemacht. Bis Ende Oktober hatte es allerdings nicht die geringsten Anzeichen gegeben, daß die Stadt fallen würde. Dennoch eroberten die Serben Jajce am 29. Oktober, aber nicht, weil ihre Offensive so massiv gewesen wäre, sondern wegen des Chaos in der kroatischen und moslemischen Verteidigung. Die Serben marschierten fast ohne Widerstand nach Jajce hinein, während sich ein Strom von 40.000 Flüchtlingen die Straße hinunter nach Travnik ergoß.

Zwei Monate vorher hatten die bosnischen Serben auf der Londoner

Konferenz zugestimmt, ihre schweren Waffen vor vier Städten zu sammeln und in die Kontrolle der Vereinten Nationen zu übergeben. Jajce war eine dieser vier Städte. Als die Serben einmarschierten, waren noch keine Waffen konzentriert und noch keine UNO-Beobachter stationiert. Die wenigsten konnten per Fahrzeug aus Jajce fliehen, da die Benzinversorgung nur sporadisch funktioniert hatte. Der Exodus am 30. Oktober und am 1. November gemahnte denn auch an Szenen aus dem Mittelalter: Ein Zug müder Menschen, soweit das Auge reichte, bis sich die Straße im Norden in den bewaldeten Hügeln verlor, schleppte sich teilweise zu Fuß und holperte teilweise auf Ochsenkarren durch die feuchtkalte Herbstluft. Die meisten brauchten zwei bis drei Tage, um Travnik zu erreichen, das siebzig Kilometer südwärts lag. Während sie sich in Sicherheit zu bringen suchten, ging der serbische Vormarsch weiter, bis die Spitzen der bosnisch-serbischen Armee von höher gelegenem Terrain aus auf die Fliehenden hinuntersehen konnten. Alles, was einem Militärfahrzeug ähnelte, wurde angegriffen. Die Flüchtlinge mußten Granatensperrfeuer und Maschinengewehrsalven über sich ergehen lassen. Das war das erste Beispiel dafür, wie die kroatisch-moslemische Feindschaft den Serben nutzte. General Mladić kommentierte später: „Zuerst werde ich zusehen, wie sie sich gegenseitig fertigmachen, und dann werde ich sie beide ins Meer stoßen." Die Serben konnten ihre Schadenfreude nicht verbergen.

Der erste Kriegswinter in Bosnien fror auch die Frontlinien fest. Die bosnisch-serbische und die bosnisch-kroatische Armee hatten im ganzen Land keine Gebietsstreitigkeiten mehr. Beide hatten jedoch offene Rechnungen mit der bosnischen Armee. Ein informelles Bündnis formierte sich stillschweigend. In Kiseljak, einer kroatischen Kleinstadt am Westrand von Sarajevo, übernahmen nationalistische Ultras, Gefolgsleute der Herzegowiner, die Kontrolle über die Stadtverwaltung und die HVO. Sie betrieben Handel sowohl mit den serbischen Belagerern als auch mit den moslemischen Schwarzhändlern in Sarajevo. Während der kommenden Monate entwickelte sich Kiseljak zu einer Insel des Friedens, zu einer Art bosnischem Casablanca. Die Kroaten verstanden es, ihre Lage „zwischen" Serben und Moslems kommerziell zu nutzen. Die Kroaten kauften von den Serben und verkauften an die moslemischen Profiteure, die inzwischen ein Kartell betrieben, das die Preise in Sarajevo künstlich in der Höhe hielt. Das Resultat war ein Netto-Export von harter Währung aus der eingeschlossenen Stadt, von Geld, das sich die Durchschnittsbürger von Sarajevo in jahrelanger

Arbeit verdient und erspart hatten. Moslemische Gangster, kroatische Mittelsmänner und serbische Lieferanten machten alle ihren Schnitt bei diesem systematischen Wucher, der quer durch die Frontlinien verlief und bei dem die Kroaten aus Kiseljak die zentrale Rolle spielten.

Zum Unglück für Sarajevo lag Kiseljak an der Westeinfahrt zur Stadt, wo der serbische Belagerungsring am schwächsten war. Jeder Versuch, die Belagerung zu durchbrechen, konnte nur aus dieser Richtung kommen. Im Winter 1992/93 hatten die Kroaten gewichtige finanzielle und zynische politische Gründe, dafür zu sorgen, daß die Belagerung fortgesetzt wurde. Die Kroaten, die formell noch immer ein Militärbündnis mit der bosnischen Regierung hatten, wurden zu Partnern der Serben bei der Verlängerung der Belagerung von Sarajevo.

* * *

Nach der Winterkampfpause brach im April 1993 offener Krieg zwischen Moslems und Kroaten aus. Die Nachricht über die Kapitulation von Srebrenica brachte die Gerüchteküche in Mittelbosnien zum Brodeln. Man rechnete mit der Ankunft Zehntausender moslemischer Flüchtlinge innerhalb weniger Tage. In Kiseljak und Vitez, zwei kroatisch bewohnten Gebieten im Westen und im Norden von Sarajevo, begannen die kroatischen Milizionäre mit vorbeugenden Maßnahmen. Sie stürmten das von kroatischen Ansiedlungen umgebene Dorf Ahmići und massakrierten Dutzende Zivilisten, darunter Alte, Frauen und Kinder. Dann steckten sie deren Häuser in Brand.

Am 19. April, einen Tag nach der Unterzeichnung des Kapitulationsübereinkommens von Srebrenica, wurde das Massaker von britischen UNPROFOR-Soldaten und humanitären Helfern entdeckt. Es hatte sich weniger als zwei Kilometer vom britischen Stützpunkt entfernt zugetragen. Oberst Bob Stewart, der Kommandant der Briten, vergaß vor Zorn und Frustration, daß er nichts davon erfahren hatte, während die Sache im Gang war, auf seine militärische *stiff upper lip*. Er verlangte Zugang zu dem Dorf. Vor den Fernsehkameras der Welt brüllte er einen Stützpunktkommandanten der HVO, der wissen wollte, ob er die Genehmigung für den Besuch des Dorfes habe, nieder: „Ich brauche keine Genehmigung von der Scheiß-HVO. Ich bin hier die Vereinten Nationen. Ich sage Ihnen, das ist eine absolute Schande. Ganze Familien sind abgeschlachtet worden. Wer ist dafür verantwortlich?“ Der Milizionär der HVO fuhr einfach davon.

Eine Welle von gewaltsamen Vertreibungen, Morden und Vergewaltigungen folgte. Die Moslems mußten aus Vitez flüchten und versuchten, sich nach Travnik oder Zenica durchzuschlagen. Sie erzählten, die kroatischen Soldaten hätten ihnen drei Stunden Zeit gegeben, zu verschwinden, andernfalls sie getötet würden. Die Leichen zweier moslemischer Ärzte, die von Zenica nach Vitez durchwollten, wurden im Straßengraben gefunden. Beide wiesen Kopfschüsse aus kurzer Distanz auf.

In Travnik verlangte die HVO die Entwaffnung und Auflösung der bosnischen Armee-Einheiten. Sie argumentierten, der Vance-Owen-Plan, den inzwischen beide Seiten unterzeichnet hatten, schlage Travnik einer kroatischen Provinz zu. Alle nicht-kroatischen Streitkräfte hätten daher aus dieser Provinz zu verschwinden. Der Vance-Owen-Plan war aber nicht der Auslöser der Kämpfe in Mittelbosnien; der Konflikt war schon vor seiner Veröffentlichung ausgebrochen. Aber im Frühjahr 1993 verlieh der Plan den Gebietsansprüchen der bosnischen Kroaten eine Legitimität, die sie andernfalls nie hätten beanspruchen können.[175]

Doch Travnik war inzwischen eine überwiegend moslemische Stadt geworden. Sie war überschwemmt von Flüchtlingen, deren angestammte Wohngebiete in Nordbosnien durch Serbenmilizen „gesäubert" worden waren. Viele dieser Männer waren in den Konzentrationslagern eingesessen, die im vorangegangenen Sommer die Welt schockiert hatten. Diese Erfahrungen hatten sie verbittert und radikalisiert, und sie waren nicht bereit, sich dasselbe von den Kroaten noch einmal gefallen zu lassen. Innerhalb weniger Tage hatten sie alle HVO-Einheiten aus Travnik vertrieben. Obwohl Tausende kroatische Zivilisten weiterhin in Travnik lebten, blieben sie von den Raubzügen „ethnischer Säuberungen" verschont, denen die moslemische Minderheit in kroatischen Gebieten bald zum Opfer fiel. Zenica besaß die stärkste Basis der bosnischen Armee und war eine Hochburg der SDA, der Moslempartei von Izetbegović. Vermittlungsgespräche zwischen dem moslemischen Bürgermeister und dem lokalen HVO-Kommandanten, die die Ruhe wiederherstellen wollten, scheiterten, als HVO-Einheiten aus den umliegenden Hügeln das Stadtzentrum unter Granatenbeschuß nahmen. Ebenso wie aus Travnik wurde die HVO auch aus Zenica vertrieben.

Das moslemische Mittelbosnien war nun auf allen Seiten von Feindesland umgeben und von der Außenwelt und der Hauptstadt Sarajevo abgeschnitten. Zusätzlich gab es drei kroatisch besetzte Enklaven innerhalb dieses Gebiets: Novi Travnik, Vitez und Kiseljak – Belagerungen innerhalb der Belagerung. Vitez verursachte die meisten Probleme, weil es genau an der Straße zwischen Zenica und Travnik lag. Das von Izetbegović kontrollierte Gebiet war inzwischen auf einige Flecken im bosnischen Leopardenfell zusammengeschrumpft – die isolierten Enklaven um Travnik, Zenica, Tuzla, Bihać, Sarajevo und die drei östlichen Enklaven Žepa, Goražde und Srebrenica. Keine dieser Enklaven war lebensfähig ohne den Tropf der humanitären Hilfe. Serbische oder kroatische Belagerer kontrollierten die Zufahrtswege zu jeder dieser Regionen. Die militärische und strategische Realität Bosniens im Frühjahr und Sommer 1993 war, langsam und schmerzhaft von der europäischen Landkarte ausradiert zu werden. Das Schicksal des Staates, den Kroaten und Serben immer öfter das „ehemalige Bosnien-Herzegowina" nannten, schien besiegelt. Die moslemischen Enklaven sollten langsam entweder in den serbischen oder kroatischen neu entstehenden Staatsgebilden aufgehen.

* * *

Der Fall von Srebrenica, die serbische Ablehnung des Vance-Owen-Plans, das darauffolgende Scheitern der internationalen Gemeinschaft bei der Durchsetzung des Plans und schließlich der Ausbruch des moslemisch-kroatischen Krieges: das alles geschah innerhalb weniger Wochen im April und im Mai 1993. Die bosnische Regierung und die Armee mußten eine völlig neue Lage beurteilen. Die Folge war ein politischer und militärischer Gezeitenwechsel: Die Moslems begannen zurückzuschlagen.

Die Psychiaterin Liljana Oruć aus Sarajevo verlor ihren Humor während der ganzen Belagerungszeit nicht. Im Sommer 1993 bezeichnete sie ganz Sarajevo als riesige psychiatrische Versuchsanstalt. Die Bewohner Sarajevos hätten die längste Zeit unter einer kollektiven psychotischen Täuschung gelitten, sagte sie, weil sie geglaubt hatten, die Welt würde ihnen und ihrem Land zu Hilfe kommen. Diese Täuschung bestand weiterhin, erklärte sie, als alle Fakten längst dagegen sprachen. Sie bezeichnete das als eine Art invertierte Paranoia, ein beständiger Glaube, daß sich alles zum Guten wenden werde, obwohl alle Vernunft dagegen sprach. „Diese kollektive Psychose fiel im Mai 1993 von uns ab", stellte Oruć fest, „ab dann war uns klar, daß wir auf uns selbst gestellt waren."

Die ersten Gegenstöße geschahen in Mittelbosnien. Das Dritte Korps der bosnischen Armee[176] stellte zwei neue Brigaden auf. Sie bestanden in erster Linie aus Männern, die die Säuberungen in Nord- und Ostbosnien überlebt hatten. Ihre Erfahrungen in den Händen der Serben hatten viele von ihnen sehr hart werden lassen; die meisten waren durch die Konzentrationslager gegangen. In Travnik gründeten sie die 17. „Krajiška"-Brigade, die unter dem Kommando von Oberst Mehmet Alagić stand. Alagić war aus der Region Kozara „gesäubert" worden. Im moslemischen Kernland um Zenica entstand die 7. Moslemische Brigade, ein völlig neuer Kampfverband mit explizit moslemischer statt bosnischer Orientierung. Ihre Offiziere waren westlichen Ausländern gegenüber feindselig, trugen lange Bärte und islamische Insignien, und sie grüßten einander mit dem arabischen *„al-salaam aleikum"* (Der Friede sei mit dir). Ihre Familien gingen zum Koranunterricht, und ihre Frauen und Töchter trugen immer häufiger öffentlich Schleier. Zum ersten Mal manifestierte sich ein schriller, fremdenfeindlicher, moslemischer Nationalismus in Bosnien: Die Offiziere der 7. Moslemischen Brigade machten die Politik der multi-ethnischen Toleranz für das Schicksal des moslemischen Volkes verantwortlich. Es sei höchste Zeit, daß die Moslems ihre Geschicke selbst in die Hand nähmen, und zwar nicht als Bosnier, sondern als Moslems.

Dieses Aufbegehren war Wasser auf die Mühlen all jener im Westen, die gegen eine Intervention zugunsten der bosnischen Regierung waren und die die westliche Politik der Nichteinmischung häufig mit dem Argument, „alle Seiten sind gleich schuldig", gerechtfertigt hatten. Doch diese neue Flüchtlingsarmee scherte sich nicht mehr um die internationale öffentliche Meinung. Die Suche nach Sympathie im Westen hätte ihnen nichts als militärische Niederlagen, Enteignung und Solidaritätserklärungen eingebracht, argumentierten die Mannschaften und Offiziere. Die Moslems hätten erkannt, daß die Verhandlungen in Genf, Den Haag und London sie in die Katastrophe geführt hatten und daß der Sieg in diesem Krieg nicht dem Gerechten, sondern dem Stärkeren zufallen würde.

Die Idee des Vielvölkerstaats fand in den Köpfen dieser Männer keinen Platz mehr. Sie redeten nicht mehr von Serben und Kroaten, sondern von Tschetniks und Ustaschen. Von Zeit zu Zeit zogen sie durch die Straßen von Zenica und demolierten Läden, in denen Alkohol verkauft wurde, oder schlachteten Schweine und machten das Fleisch unbrauchbar. Über die Sommermonate und in den Herbst hinein gerieten sie immer häufiger in Konflikt mit der Polizei, und die Zivilbevölkerung begann sie zu fürchten.

Die Strategie des Dritten Korps war, ein etwa dreieckiges Territorium freizukämpfen, das von Tuzla im Nordosten nach Sarajevo im Südosten und bis Mostar im Südwesten reichen sollte. Die unmittelbare Priorität war das Herstellen der Kommunikationswege zwischen den Leopardenflecken. Der stark besiedelte Kessel von Vitez, wo etwa 60.000 Kroaten lebten, war jedoch ein zu gewagtes Angriffsziel. Zuallererst stürmte die bosnische Armee daher die kroatischen Dörfer in den Hügeln über dem Tal von Vitez. Sie mordeten, plünderten und brandschatzten auf ihrem Vormarsch und wendeten dieselbe Taktik an, die die Serben während der vergangenen zwölf Monate erfolgreich eingesetzt hatten. Im Frühsommer hatte die Armee einen Verkehrsweg unter ihre Kontrolle gebracht, der den Kessel von Vitez umging und Travnik mit Zenica und weiter dahinter mit Tuzla verband.[177]

Der Bruchgraben zwischen Moslems und Kroaten verlief durch die Stadt Gornji Vakuf. Die britischen UNO-Truppen hatten dort eine Kompanie stationiert, deren Camp als Haltestation und logistischer Stützpunkt der Hilfskonvois zwischen Split und Tuzla diente. Von Sommer bis Winter 1993 hatte die Stadt im Gefolge rasch wechselnder militärischer Fortüne so häufig den Besitzer gewechselt, daß zu Jahresende kaum noch ein Haus bewohnbar war.

Während des Sommers gelangten schreckliche Berichte über die Behandlung der Moslems in den kroatischen Lagern an die Öffentlichkeit. Stipe Mesić erinnerte sich, daß ihm der HDZ-Aktivist Jozo Primorac als erster von diesen Lagern erzählt hat:

Er sagte: „Hör zu, Stipe, ich bin wirklich überrascht, ich war in der Herzegowina (er hat einen Bruder dort), und sie haben Lager dort, die noch schlimmer sind als die während der Nazi-Zeit. Sie bekommen nichts zu essen und zu trinken und werden mißhandelt."

Ich fragte, wer die Leute im Lager seien, und er sagte, es sind ehemalige Nachbarn aus denselben Städten und Dörfern und daß ihre einzige Schuld war, Moslems zu sein. Eine zweite große Gruppe stellten die moslemischen Soldaten der HVO, die über Nacht entwaffnet und dorthin gebracht worden waren. Er war vor allem von ihrer schlechten Behandlung überrascht.

Ich benutzte seine Informationen und informierte Tudjman. Er antwortete, daß die anderen auch Lager hätten.

Mitte August erhielt das Internationale Rote Kreuz schließlich Zutritt zu den 6474 Gefangenen in den 51 Lagern. Die bosnischen Kroaten hielten 4400 Gefangene (die bosnische Regierung sagte, diese Zahl sei viel zu niedrig), die Moslems hielten 1400 und die Serben 674.

Moslemische Exgefangene, die in Dretelj, dem berüchtigten Lager südlich von Mostar, eingesperrt waren, berichteten, daß sie geschlagen und mitten in der Nacht aufgeweckt wurden und Lieder singen mußten, die für die Moslems und Izetbegović beleidigend waren. Sie erhielten kein Essen und Trinken. Viele erzählten, daß sie ihren eigenen Urin tranken, um nicht zu verdursten.

Eine Stellungnahme des UNO-Sicherheitsrates vom 15. September rief noch einmal die „Abscheu und Ablehnung" in Erinnerung, die die internationale Gemeinschaft verspürte, als ein Jahr zuvor die Existenz der serbischen Lager aufgedeckt wurde. Die Kroaten wurden aufgefordert, die Lager zu schließen.

* * *

In einem hübschen mittelbosnischen Tal, das zwischen Tuzla und Sarajevo von Norden nach Süden verläuft, liegt die eintönige Bergwerksstadt Vareš. Sie lag genau am Rand des moslemisch-kroatischen Kampfgebietes. Vor dem Krieg hielten sich Moslems und Kroaten etwa die Waage, die Serben bildeten die ziemlich große Minderheit. Die Serben waren zu Kriegsbeginn geflohen oder vertrieben worden. Während des ganzen Sommers 1993 bemühten sich Moslems und Kroaten, sich nicht von dem Konflikt infizieren zu lassen, der alle gemischten Gemeinden westlich von ihnen zerrissen hatte.

Doch Vareš blieb nicht immun. Ganz Mittelbosnien war so gespalten, daß der ethnische Graben trotz bester Absichten der örtlichen Führung immer tiefer wurde. Aber das Beispiel Vareš gibt aufschlußreiche Einblicke in das Wesen ethnischer Konflikte. Vareš wurde zum Mikrokosmos der großen Auseinandersetzung.

Die ersten Spannungen wurden, wie üblich, von außen hineingetragen. Das geschah mit der Ankunft von Tausenden haßerfüllten und traumatisierten Kroaten, die aus ihren Häusern in Visoko, Breza, Kakanj und Zenica vertrieben worden oder in Panik geflohen waren. Alle diese Städte hatten während einer früheren Welle Tausende von ebenso haßerfüllten und traumatisierten Moslems aufgenommen. Die Flüchtlinge brachten ein enormes aufgestautes Potential von Wut und

Angst mit, das sich gegen jene Gruppe richtete, von der sie vertrieben worden waren. Vareš wurde von den Neuankömmlingen nicht nur überschwemmt, sondern auch das prekäre ethnische Gleichgewicht schlug plötzlich nach einer Seite aus. Die Führung der einheimischen Kroaten kooperierte weiterhin mit den Moslems. Dafür wurden sie von den kroatischen Flüchtlingen geziehen, mit dem „Feind“ zu kollaborieren, der sie aus ihren Wohngebieten vertrieben hatte. Es kam zu einer Spaltung unter den Kroaten. Im Oktober kam eine bewaffnete HVO-Einheit aus Kiseljak, der moslemfeindlichen, kroatisch-nationalistischen Hochburg im Süden. Der einheimische kroatische Bürgermeister und der Polizeichef wurden eingesperrt und abgesetzt. Ein Neuankömmling wurde als Bürgermeister eingesetzt. Moslemische Männer wurden zusammengetrieben, ihre Häuser überfallen und geplündert. Innerhalb weniger Tage war fast die gesamte moslemische Bevölkerung in das südlich gelegene Dorf Dabravina geflohen. Dort warteten sie ab und planten ihre Rückkehr.

Die Kroaten konnten Vareš nicht verteidigen. Sobald sie an der Macht waren, planten sie daher die völlige Evakuierung. Es gab zwei Fluchtrouten – beide führten über serbisches Gebiet. Nachdem die Kroaten aus Kiseljak über ausgezeichnete Beziehungen zu den Serben verfügten, stellte das kein Problem dar. Das Dorf Stupni Do, knapp zwei Kilometer vom Stadtrand von Vareš entfernt, war jedoch ein Problem. Es war ein moslemisches Dorf mit zweihundertfünfzig Einwohnern und lag an der südlichen Fluchtroute. Am 23. Oktober wurde Stupni Do den ganzen Tag lang mit Granaten beschossen. Am Abend griffen kroatische Milizionäre das Dorf an. Sie trugen Gesichtsmasken oder hatten Tarnfarbe ins Gesicht geschmiert. Jedes einzelne Haus wurde entweder gesprengt oder angezündet. Alle Dorfbewohner, die nicht fliehen konnten, wurden erschossen oder bekamen die Gurgel durchgeschnitten. Einige verbrannten lebendig in ihren Häusern, andere wurden hinterrücks niedergemäht, als sie in die Wälder flüchten wollten. Einige Leichen wurden vor den Häusern, in denen sie den Tod fanden, auf Scheiterhaufen verbrannt. Als der Blutrausch nachließ, war das Dorf mit Leichen übersät, jedes einzelne Haus stand in Flammen. Die Mehrzahl der Dorfbewohner hatte sich retten können, Dutzende waren tot, mehrere Leichen konnten nicht mehr geborgen werden.

Tagelang randalierten kroatische Milizionäre durch Vareš und plünderten die Häuser der geflohenen Moslems. Einige Moslems, die immer noch eingeschlossen waren, flehten die dort stationierten schwedischen UNO-Soldaten an, sie auf bosnisches Territorium und in Sicherheit zu bringen. Doch die Blauhelme hatten keine Lastfahrzeuge. Statt dessen reihten sie ihre Schützenpanzer entlang der gesamten Hauptstraße auf, und moslemische Frauen und Kinder kampierten tage- und nächtelang direkt neben ihnen. Die Nähe der UNO-Einheit war ihr einziger Schutz. In den frühen Morgenstunden des 3. November ging der kroatische Bürgermeister mit einem Megaphon von Haus zu Haus, befahl allen kroatischen Familien, sich auf den Straßen zu sammeln und für eine Evakuierung noch vor dem Morgengrauen fertig zu machen. Die Moslemarmee, sagte er ihnen, rücke von Norden, Westen und Süden her gegen die Stadt vor.

Mehr als zehntausend Kroaten machten sich in einer einzigen Nacht auf die Flucht. Einen Tag lang war die Stadt leer. Dann marschierte die 7. Moslemische Brigade ein, ohne einen einzigen Schuß abzugeben. Die moslemischen Zivilisten kehrten in ihre Häuser und Wohnungen zurück. Die Häuser der Kroaten wurden von Moslems übernommen, die ihrerseits von den Serben vertrieben worden waren. Praktisch die gesamte Einwohnerschaft der nordbosnischen Stadt Crna Rijeka, die durch die Säuberungen vertrieben worden war, siedelte sich in den kroatischen Häusern in Vareš neu an.

Vareš veranschaulicht zwei wesentliche Elemente des bosnisch-kroatischen Krieges: zum einen die Fähigkeit radikalisierter Außenseiter, die Saat der Gewalt auch in solche Gemeinschaften hineinzutragen, in denen Moslems und Kroaten friedlich nebeneinander leben wollten, und zum anderen, daß die ethnischen Säuberungen der Serben immer mehr Menschen in immer enger werdende Gebiete drängte und daß deren Ablehnung durch die Einheimischen schließlich auch dort zu ethnischen Spannungen führte.

23. Kapitel

Die „HMS Invisible“

Gespräche auf hoher See

Sommer 1993

Fernab vom Blutvergießen kamen die drei Kriegsparteien in Genf zu Sommergesprächen zusammen. Bei Nacht schliefen ihre Anführer in den protzigsten Hotels am Ufer des Genfer Sees, bei Tag stritten sie über die zukünftigen Grenzen Bosnien-Herzegowinas. Im späten September flogen sie auf den britischen Flugzeugträger *HMS Invincible* in der Adria, um die moslemische Forderung nach einem Zugang zum Meer zu verhandeln. Es war der perfekte Rahmen für die nun geplante Dreiteilung Bosniens. Die Vermittler Lord Owen und Thorvald Stoltenberg hatten die bosnischen Protagonisten zu dieser neuerlichen Gesprächsrunde zusammengeführt. Es waren die ersten Verhandlungen seit dem Kollaps des Vance-Owen-Plans, und die Vermittler sagten, „die Zerstörung und das Leid in Bosnien ... lehrt uns beide das Schaudern angesichts der Zukunft Ihres Landes“. Der Appell war dramatisch. Die beiden Vermittler distanzierten sich von Anbeginn von dem Plan, der durch die neuen Gegebenheiten diktiert wurde.

Nachdem Washington den Gemeinsamen Aktionsplan *(Joint Action Plan)* angekündigt hatte, kamen die Moslems ins Wanken. Plötzlich wurde ihnen nahegelegt, die Karten, die ihnen ausgeteilt worden waren, anzunehmen, oder sie riskierten, alles zu verlieren. Der bissige und scharfsinnige Owen und sein freundlicher Partner Stoltenberg sollten den Moslems ein Abkommen schmackhaft machen, dessen Bedingungen von Serben und Kroaten diktiert wurden. Owen erklärte, er wolle einen „schmerzhaften Kompromiß“ und nicht die Teilung Bosniens vermitteln. Trotz der Bemühungen, die wahren Absichten hinter dem Plan zu verheimlichen, waren sich die Gegner klar darüber, daß eine Union der drei Republiken sich in dem Moment wieder verflüchtigen würde, in dem die Tinte unter dem Vertrag trocken war. Mate Boban, der Anführer der bosnischen Kroaten, nannte den Plan *the invisible* (der Unsichtbare). Es bleibt unklar, ob er den Namen des britischen

Flugzeugträgers *Invincible* (der Unbesiegbare) falsch verstanden hatte oder ob er sich auf die schwindende Idee einer Bosnischen Union bezog.

Am 30. Juli wurde der Durchbruch verkündet. Alle Kriegsparteien, auch die Moslems, hatten einen Verfassungsentwurf für eine Union der Republiken in Bosnien-Herzegowina gebilligt. Das würde eine Aufteilung des Landes nach ethnischen Richtlinien bedeuten. In überraschend ähnlichen Stellungnahmen priesen die Serben und Kroaten das Abkommen als Kompromiß, der den Krieg beenden könne. Milošević verlautbarte, daß damit „die volle Bestätigung der *Republika Srpska*" erreicht sei. Für ein Mitglied der serbisch-bosnischen Delegation war alles ganz einfach: „Die Türken (abwertende Bezeichnung für die Moslems) sind jetzt die Walnuß im serbisch-kroatischen Nußknacker", kommentierte er. Sie glaubten, der Westen habe nunmehr die Serben als Sieger akzeptiert.

Die Freude der Serben und die Qualen von Izetbegović hielten einander die Waage. „Ich komme mir vor wie ein Dürstender, den man in die Wüste schickt, um Wasser zu finden." Der bosnische Präsident stand unter ungeheurem Druck. Washington hatte ihm den Teppich unter den Beinen weggezogen. Er klammerte sich noch immer an die Idee eines vereinten Bosnien – als Heimatland der Moslems. Auf den meisten westlichen Tagesordnungen kam dieses Konzept aber nicht mehr vor. Er gab widerwillig zu, daß eine Dreiteilung Bosniens unausweichlich war.

Diese Teilung wird den Moslems einen bosnischen Staat geben. Die Idee eines Vielvölker-Bosnien ist für den Augenblick gestorben. Künftige Generationen werden auf einen solchen Staat wieder hoffen können. Aber erst, nachdem ihr Zustand der Trunkenheit der Ernüchterung gewichen ist.

Izetbegović war in die Enge getrieben worden. Frustriert von seiner Unnachgiebigkeit, hatten die Vermittler im Juni Schritte unternommen, ihn zu schwächen – in der Überzeugung, das würde den Friedensprozeß beschleunigen. Sie erweckten das alte bosnische Präsidium zu neuem Leben und stutzten Izetbegović auf seine Vorkriegsrolle als Erster unter Gleichen zurück. Auf ihre Einladung tauchte plötzlich Fikret Abdić, der schlitzohrige Überlebenskünstler, wieder aus seiner Versenkung in der nordwestbosnischen Cazinska Krajina in der Enklave Bihać auf und machte Izetbegović dessen Rolle als Moslemführer streitig. Die Vermittler vermuteten, daß Abdić auf einen Kuhhandel mit den Serben und den Kroaten eingehen würde. Sie hatten recht. Er war tatsächlich bereit dazu. Er schloß sich einer aus Vertretern aller Volksgruppen gebildeten bosnischen Präsidiumsdelegation in Genf an und begann, Gespräche über eine Teilung zu führen.

Als die bosnische Regierungsdelegation einen Monat später vor dem *Palais des Nations* vorfuhr, hinterließ sie einen gespaltenen und niedergeschlagenen Eindruck. Izetbegović saß, umringt von seinen Leibwächtern, in einem Mercedes, den die Schweizer Regierung zur Verfügung gestellt hatte, während der Rest der Delegation in einem verbeulten Honda vorfuhr. Der rundliche, grauhaarige Abdić folgte per Taxi. Das stand in auffälligem Gegensatz zu dem Eindruck koordinierter Stärke und dreisten Selbstvertrauens, den die serbische Delegation verbreitete, als sie vor das Palais raste und ihre Anführer aus den Luxuslimousinen federten.

Während die Gespräche andauerten, wurden die Kämpfe heftiger. Die Armeen versuchten, vor der endgültigen Teilung so viel wie möglich an sich zu reißen. Die Serben nahmen den Berg Igman ein, der sich im Südwesten über Sarajevo erhebt. Der Westen drohte mit Luftangriffen, nachdem die Serben, die zugesagt hatten, sich von dieser strategischen Höhe wieder zurückzuziehen, Katz und Maus spielten. Während die internationale Gemeinschaft gespannt beobachtete, ob die Serben den Berg Igman, wie versprochen, wieder freigaben, schlief sich Karadžić in Genf bis 1 Uhr mittags aus: Er hatte die ganze Nacht beim Glücksspiel durchgezockt.

Er spielte seine Karten auch besser als der Westen, oder er lieferte westlichen Politikern immerhin die Ausrede, warum eine Militärintervention nicht in Frage käme. In einer Brandrede warnte er vor Luftangriffen. „Wenn eine einzige Bombe auf eine serbische Stellung fällt, gibt es keine weiteren Verhandlungen mehr. Das würde den totalen Krieg und die Katastrophe nach sich ziehen." Karadžić spielte mit den Ängsten der NATO-Länder, die Truppen in Bosnien stationiert hatten. Er ging sogar damals schon so weit, anzudeuten, daß er im Fall von Luftangriffen die Kontrolle über seine Armee verlieren könnte und die bosnischen Serben Vergeltungsmaßnahmen gegen Blauhelme aus NATO-Staaten verüben könnten.[178] Es kam zu einer seltsamen Umorientierung – plötzlich hoffte die internationale Gemeinschaft, Karadžić möge das Kommando über seine Soldaten bloß nicht verlieren.

Ganz im Gegensatz zu den dunklen Drohungen von Karadžić rief Izetbegović offen zu einer Intervention „im Namen des Friedens" auf.

Er sagte, die Zukunft der Verhandlungen und der gesamte Friedensprozeß hingen von Luftangriffen ab.

Die internationale Gemeinschaft unternahm nichts. Es gab keine Angriffe aus der Luft. Nach weniger als einem Monat hieß es, die drei Parteien hätten sich auf die zukünftigen Grenzen ihrer Ministaaten geeinigt. Die Endversion des Plans, der auf der *HMS Invincible* in der Adria beschlossen wurde, räumte den Serben 53 Prozent (zusammenhängendes) bosnisches Territorium ein, die Kroaten erhielten zwei Gebiete, die insgesamt 17 Prozent ausmachten, und der Rest sollte den Moslems gehören.

Das Bosnien, das dieser Plan vorsah, war ein reines Binnenland. Die Moslems erhielten wohl ihren früheren Zugang zum Meer in Neum zugesprochen, das sie über spezielle Routen erreichen können sollten, doch dieser Küstenabschnitt ist nicht für einen Hafen tauglich. Auch Ploče und Metković, an der Mündung der Neretva in Dalmatien gelegen, wurden ihnen zur Mitbenützung angeboten. Außerdem sollte ihnen eine Überführung den Zugang zur Save im Norden ermöglichen. Die bosnische Regierung wollte aber, daß ihr Territorium die gesamte Republik umfaßt, und war auch nicht bereit, Ostbosnien aufzugeben, das vor dem Krieg mehrheitlich moslemisch und jetzt vollständig in serbischer Hand war. Die Serben – und Belgrad – waren nicht gewillt, den Moslems auch nur einen Teil von Ostbosnien abzutreten – dieses Gebiet beanspruchte Milošević für die Sicherheit von Serbien.

Ein Blick auf die Karte genügte, um zu erkennen, daß die Überlebenschancen dieses obskur geformten und geographisch unzusammenhängenden Staats äußerst gering waren. Sarajevo sollte für eine zweijährige Übergangszeit unter UN-Verwaltung gestellt werden, und Mostar kam vorläufig unter die Kontrolle der Europäischen Gemeinschaft.[179] Karadžić bot sogar an, einen Tunnel zu bauen, durch den die Bewohner von Sarajevo in die anderen moslemischen Landesteile gelangen könnten.

Der Beschluß verlangte auch die Demilitarisierung der Union, aber es war nicht vorgesehen, Serbien und Kroatien zu entwaffnen, deren Armeen ja direkt am Konflikt beteiligt waren. Stoltenberg forderte von der UNO in New York weitere 40.000 Blauhelme zur Aufstockung der bereits stationierten 10.000 Mann.

Nach einem Sommer der Verhandlungen und falschen Hoffnungen, daß es doch zu einer Einigung kommen könne, verwarf Izetbegović den auf der *HMS Invincible* entworfenen Plan. Owen und Stoltenberg waren enttäuscht, weil sie sich einem Verhandlungsergebnis noch nie so nahe gefühlt hatten. Nach dem Auftrieb, den er durch die internationalen Versuche, ihn wieder ins Spiel zu bringen, erfahren hatte, rief Fikret Abdić seinen eigenen Staat, die „Autonome Provinz Westbosnien" aus. Dafür wurde er aus dem bosnischen Präsidium entfernt. Eine weitere Front bildete sich, diesmal zwischen den Moslems in der Enklave Bihać.

* * *

Immer, wenn die serbischen und kroatischen Führer ihr tückisches Werben aufnahmen, klang es wie das Totengeläut für die Moslems. Ihre Verschwörung entbehrte jeder Logik, erreichte aber eine eigenartige Dynamik. Die beiden Erzfeinde brachten sich zwar gegenseitig auf dem Schlachtfeld um, ihre Führer aber tranken Whisky miteinander. Das begann im März 1991 in Karadjordjevo, wo Milošević und Tudjman die Aufteilung Bosniens zwischen Serbien und Kroatien besprachen. Sie gründeten eine aus engen Vertrauten bestehende geheime Kommission, um Jugoslawiens Grenzen neu zu ziehen. Das Problem der serbischen und kroatischen Nationalisten war nicht das Zusammenleben von Serben und Kroaten, sondern wie man die beiden Völker trennen könne. Sie einigten sich darauf, Bosnien zu teilen. Mit dem Stück, das jeder von dem Kuchen erhielt, könnten sie Großserbien und Großkroatien aufbauen.

Unter größter Geheimhaltung gab es eine ganze Reihe von Treffen. Im Dezember 1991 (der Krieg in Bosnien hatte noch nicht begonnen, und der Krieg in Kroatien war noch nicht vorüber) saß Nikola Koljević mit Franjo Boras, seinem kroatisch-nationalistischen Gegenspieler, in einem Kaffeehaus in Sarajevo. Boras lamentierte über den Krieg zwischen Serben und Kroaten und verkündete, das wäre alles gar nicht nötig. Schließlich hätten genug Serben in seine Familie eingeheiratet und sie verstünden einander bestens. Daher müßte es doch möglich sein, daß die beiden Männer den Krieg in Bosnien verhinderten, wenn die beiden Gruppen zu Gesprächen zusammenkämen. Er schlug vor, Koljević solle nach Zagreb fahren und dort Präsident Tudjman treffen.

Die Präsidenten Kroatiens und Serbiens hatten die Aufteilung Bosniens bereits besprochen. Im Dezember 1991 hielt Milošević ein wertvolles Pfand in seiner Hand – die Krajina. Milošević hing nicht an Knin. Privat sagte er sogar, Knin, die Hauptstadt der selbsternannten

Republik Krajina, habe immer zu Kroatien gehört – es gebe keine Gemeinsamkeiten mit Serbien. Milošević war aber fest überzeugt, daß er mit Knin in der Hand immer die besseren Karten haben würde: Er besaß etwas, ohne das Kroatien nicht überleben kann, nämlich ein Viertel von dessen Territorium.

Tudjman war der Auffassung, daß ein Bevölkerungsaustausch – das Loswerden der serbischen Minderheit – Kroatiens Probleme lösen würde. Karadžić war derselben Meinung. Obwohl er sich als großen serbischen Patrioten bezeichnete, war ihm das Schicksal seiner serbischen Brüder und Schwestern in Kroatien bemerkenswert gleichgültig. Die Kniner Serben sollten umgesiedelt werden, aber nicht nach Serbien, sondern in die fruchtbaren Ebenen Ostslawoniens, jenen Teil Ostkroatiens, den die Serben Tudjman abgenommen hatten. Karadžić meinte lächelnd, an Übersiedlungen seien sie ohnehin gewöhnt, da sie ja in die Krajina auch erst immigriert seien, als sie vor ein paar Jahrhunderten vor den Türken flohen. Sein Stellvertreter Koljević und Präsident Tudjman sprachen dieselbe Sprache.

Präsident Tudjman schlug Verhandlungen über eine Umsiedlung der Bevölkerung vor. Er glaubte, das würde einen ethnisch homogenen Staat schaffen. Natürlich kamen wir zu keinem vollen Abkommen. Umsiedlungen bringen auch keine endgültige Lösung, selbst wenn sie friedlich vonstatten gehen. Außerdem war das nicht das Hauptproblem. Der Kernpunkt war und ist nach wie vor Land.

Koljević und Boras hatten bereits einen Plan ausgearbeitet. Stipe Mesić, damals Vorsitzender der HDZ, war Zeuge dieses Gesprächs in Zagreb, bei dem er zum ersten Mal die Formulierung „humanitäre Bevölkerungsverschiebung" hörte.

Es ging um die Schaffung ethnisch reiner Gebiete, in anderen Worten, es ging um die Lösung des Moslemproblems, da Boras und Koljević sich über die neuen Grenzziehungen schon untereinander geeinigt hatten.

Tudjman hatte drei Ziele: Erstens wollte er die internationale Anerkennung Kroatiens und die Unterstützung durch die internationale Gemeinschaft; zweitens wollte er die Aufteilung von Bosnien-Herzegowina, das war die Leidenschaft seines Lebens; drittens mußte er mit Milošević Kontakt halten, um Ziele eins und zwei zu erreichen.

Das erste Treffen war ein Erfolg. Tudjman erzählte Mesić, er sei mit den Gesprächen sehr zufrieden gewesen. Er hatte Koljević sogar allein getroffen. „Es war offensichtlich, daß sie sehr gut miteinander konnten, obwohl sie gegeneinander im Krieg waren", sagte Mesić.

Aber Koljević wußte, daß es einige Zeit dauern würde, bis die Saat der neuen Allianz aufgeht:

Es war ausgeschlossen, zum Zeitpunkt unseres Treffens mit der Führung von Kroatien die bereits bestehende Allianz in Bosnien aufzulösen: Die Führer von Moslems und Kroaten traten zu dieser Zeit bei Veranstaltungen gemeinsam auf und verknoteten die beiden Fahnen, um zu zeigen, daß sie zusammen waren.

* * *

Während der nächsten sechs Monate traf die Führung von Kroaten und Serben in Mostar, Banja Luka und in Graz zusammen. Bei einem geheimen Treffen am 6. Mai 1992 auf dem Grazer Flughafen machte Karadžić dem Kroatenchef Boban klar, daß die Serben einen Korridor durch die nordbosnische Posavina, das Savetal, beanspruchten.

Wenn ihnen Krieg lieber war als Verhandlungen, würden wir ja sehen, was dabei herauskommt. Daher befreiten wir, außer Orašje, fast die ganze Posavina. Ich habe ihnen mehrmals erklärt, daß eine Lösung ohne einen breiten Korridor in der Posavina nicht akzeptabel ist. Wir glaubten damals und wir glauben auch heute noch, daß der Save-Fluß als natürliche Grenze die beste Grenze darstellt.

Karadžić und Boban konnten sich über einige der Landkarten einigen, aber viele Fragen blieben ungelöst. Die Kroaten verlangten Brčko, das laut Volkszählung von 1991 moslemisch, serbisch und kroatisch war. „Die Serben lehnten das ab, weil sie Brčko aufgebaut haben und weil es vollständig serbisch ist", sagte Karadžić.

In diesem Krieg geht es häufig um Flüsse. Karadžić verlangte den Neretva-Fluß, der durch die Herzegowina fließt, als Grenze. Sie verständigten sich schließlich darauf, die bestehende ethnische Zusammensetzung der Gebiete in ihre Forderungen einfließen zu lassen und – falls sie sich nicht selbst einigen könnten – für die Westregion um Kupres und für sieben Städte in der Posavina im Norden die Vermittlerdienste der Europäischen Gemeinschaft in Anspruch zu nehmen.[180]

Die Begegnung mit Boban war für Karadžić nützlich, weil er in ihm sich selbst wiedererkannte: ein Nationalistenkollege, mit dem er dieselbe Sprache reden konnte. „Er war mehr Kroate als Katholik. Er wollte die kroatische Bevölkerung in einem Teil Bosniens konzentrieren, damit sie ihre Volkszugehörigkeit schützen könnten und nicht den Katholizismus." Als Boban gefragt wurde, ob die Moslems über diese Geheimtreffen informiert waren, sagte er: „Sie haben nicht gefragt, und wir haben es ihnen nicht gesagt."

Es gab permanente Kontakte zwischen Belgrad und Zagreb. Im Januar 1994 kamen sie überein, diplomatische Vertretungen in den Hauptstädten einzurichten. Was aber wichtiger war, waren die Besuche kroatischer Minister in Serbien und sogar in Pale. Es kam zu einem Wettbewerb zwischen einer Serbisch-Kroatischen Allianz und der Moslemisch-Kroatischen Föderation. Kroatien verfolgte zwei einander widersprechende politische Linien: ihre geheimen Absprachen mit den Serben und ihr formelles Bündnis mit den Moslems. Die erste gab den beiden größten Nationen die Macht, über das Schicksal der Moslems zu verfügen, wobei die Kroaten immer der Juniorpartner in der Allianz sein würden. Die zweite Linie hatte hingegen die Unterstützung der Vereinigten Staaten. Anfang 1994 schienen diese beiden Richtungen einander auszuschließen. Doch bis zum Sommer – und nach dem Bruch zwischen Milošević und seinen bosnischen Brüdern – hatte sich der Gang der Dinge erneut gewandelt.

24. Kapitel

Die Frage der „Kontrolle“

Die Marktplatzbombe und das NATO-Ultimatum
Februar 1994

Die Menschen in Sarajevo glaubten, schon alles über Granateneinschläge zu wissen. Niemand hatte sich vorstellen können, daß eine einzige Mörsergranate so viele Menschenleben kosten könne. Der Sprengkörper, der am Samstag, dem 5. Februar, um 12.37 Uhr vom Himmel fiel, verwandelte den Marktplatz im geschäftigen Stadtzentrum nahe der katholischen Kathedrale von Sarajevo in ein Menschen-Schlachthaus. Neunundsechzig Personen wurden getötet und mehr als zweihundert verwundet.

Wie war eine derart starke Wirkung möglich? Einige Überlebende glaubten, daß die Granate auf die Plastik-Dachplane eines Marktstandes gefallen und knapp über Kopfhöhe explodiert sei, so daß Tausende rotglühende Metallfetzen den Marktplatz übersäten. Daß die Granate an einem relativ friedlichen Tag abgefeuert worden war, machte alles nur umso schlimmer. Es war eine der tragischen Ironien der Belagerung von Sarajevo, daß an den ruhigen Tagen meist mehr Menschen starben, als wenn schwere Angriffe auf die Wohnviertel niedergingen, weil die Menschen dann unbeschwerter auf die Straßen gingen. Der 5. Februar war ein schöner, sonniger Frühlingstag. Auf dem Markt herrschte einiges Gedränge. Die Granate fiel ohne Vorwarnung.

Die Reaktionen ließen nicht lange auf sich warten: Wenige Stunden später sagte Präsident Izetbegović auf einer Pressekonferenz, es war ein „schwarzer und schrecklicher Tag. Wir Bosnier fühlen uns zum Tode verurteilt. Jede Regierung, die das Waffenembargo gegen dieses Land unterstützt, macht sich mitschuldig an Verbrechen wie diesen.“ Das Büro von Premierminister Haris Silajdžić holte Peter Jennings, den bekannten Moderator der amerikanischen Fernsehstation ABC, der gerade aus Sarajevo berichtete, zu einem Exklusivinterview ins Präsidium. Izetbegović und Silajdžić, beide sichtlich schockiert vom Ausmaß des Marktplatz-Massakers, argumentierten an diesem Nachmittag, der Westen wolle Bosnien zur Annahme eines von Serben und Kroaten entworfenen „Friedensplans“ bringen, der einer vollständigen Kapitulation gleichkomme, der Bosnien teile und die zwei Millionen Moslems im Land faktisch enteigne.

Auch Radovan Karadžić verlor keine Zeit. Er wies jede Verantwortung zurück (wie immer, wenn eine größere Anzahl Zivilisten getötet wurde) und sagte, er habe seinen Truppen angeordnet, keine Hilfskonvois mehr passieren zu lassen, bis UNPROFOR die Serben öffentlich für unschuldig erklärt habe. Erst später entwickelte er dann eine Reihe von Hypothesen, zum Beispiel, daß die Bombe von „moslemischer Seite“ plaziert oder aus „moslemischen Stellungen“ abgefeuert worden sei, oder noch abstruser, daß die Leichen, die nach der Explosion vom Marktplatz zum Leichenschauhaus transportiert wurden, alte Leichen gewesen seien, die man speziell für die Fernsehkameras drapiert hätte.

Die Dementis von Karadžić trugen wie immer Früchte. General Lewis MacKenzie hatte als erster gesagt, es sei durchaus glaubwürdig, daß die bosnische Seite als Teil ihrer Strategie, eine westliche Intervention herbeizuführen, auch die eigene Bevölkerung bombardiere. Er hatte diese Ansicht erstmals im Mai 1992 geäußert, als eine Granate in der Vase-Miškina-Straße im Stadtzentrum neben einer Menschenschlange einschlug, die sich um Brot anstellte. Zweiundzwanzig Personen waren damals getötet worden. General MacKenzie, der sich zu diesem Zeitpunkt in Belgrad aufgehalten hatte, weil das UNPROFOR-Hauptquartier von Sarajevo in die serbische Hauptstadt verlegt worden war, ließ die Theorie, bosnische Regierungsagenten hätten die Bombe gelegt, ziemlich plausibel erscheinen, obwohl niemand jemals auch nur den geringsten Beweis dafür vorlegen konnte. Während des ganzen Krieges betrieben die Gegner einer Militärintervention und der Aufhebung des Waffenembargos eine Flüsterkampagne: die schlimmsten Verbrechen würden von der bosnischen Regierung an ihrer eigenen Bevölkerung begangen. Diese Anschuldigungen wurden niemals öffentlich vorgetragen, denn dann wären Beweise fällig gewesen. Falls es diese gegeben hat, wurden sie unter Verschluß gehalten. Die Kampagne säte jedoch erfolgreich Zweifel bei vielen, die ansonsten vielleicht etwas resoluter in ihrer Verurteilung des Bombardements von Sarajevo gewesen wären.

Niemand legte je Beweise vor, wer die Marktplatzgranate abgefeuert hat. Eine Krateranalyse der UNPROFOR am Ort des Aufschlags brachte keine schlüssigen Ergebnisse: Die Flugbahn des Geschosses war durch den Aufprall der Granate auf der Plane des Marktstandes abgefälscht worden; außerdem ist es so gut wie unmöglich, von einem einzigen Einschlag Rückschlüsse auf die Feuerrichtung und die Entfernung zu ziehen. Eine Kraterananalyse ist nur dann präzise, wenn mehrere Geschosse von derselben Position abgefeuert werden. Nur dann können Irrtümer durch zufällige Abweichungen minimiert werden. Die UNO verlautbarte lediglich, daß die Granate aus Richtung Nordosten kam und daß beide Seiten Stellungen in dieser Richtung hatten. Wenn eine Million oder mehr Mörser-, Artillerie- oder Panzergranaten über zweiundzwanzig Monate in eine nicht allzu große Stadt gefeuert werden (wie es die bosnischen Serben getan hatten) und viele davon willkürlich auf Wohngebiete gerichtet waren, dann meldet sich der Hausverstand mit der simplen Wahrscheinlichkeitsrechnung, daß einige dieser Granaten auch in der Nähe von Menschenansammlungen landen werden. Doch dieser naheliegende Gedanke wurde unter gegenseitigen Schuldzuweisungen begraben. Ein Spaziergang durch jedes beliebige Gäßchen in Sarajevo beweist, daß kein Ort in der Stadt vor Granaten sicher ist: die Straßen sind mit den unverwechselbaren Spritzern, die das Schrapnell bei der Explosion in den Asphalt reißt, wie mit Pockennarben übersät. Die Einheimischen nannten diese Abdrücke „Rosen von Sarajevo" – in der Farbe des Blutes. Im Herbst 1994 konnte man kaum ein paar Meter gehen, ohne an einer solchen „Rose" vorbeizukommen.

Viel interessanter als die unfruchtbare Debatte, wer diese Granate abgefeuert hat, war, wie die UNO die Kontroverse benutzte. Die Abneigung gegen Luftangriffe innerhalb der UNPROFOR war so groß, daß der neue Kommandant in Bosnien, General Sir Michael Rose, während der darauffolgenden fünfzehn Tage fast ununterbrochen an einem Abkommen arbeitete, das seiner Auffassung nach Luftangriffe unnötig machen sollte. Wenn es auch nur die leiseste Spur eines Beweises gegeben hätte, daß die Bosnier selbst das Marktplatz-Massaker begangen haben, wäre das garantiert in die ganze Welt hinausposaunt worden. Es hätte wohl kein besseres Argument gegeben, um all jene (besonders in den USA) zum Schweigen zu bringen, die als Reaktion auf den 5. Februar eine Militärintervention verlangten.

Die plausibelste Erklärung für die Marktplatzbombe ist wohl, daß, wer immer sie abfeuerte, nicht daran dachte, einen Volltreffer mitten in einer Menschenmenge zu landen. Mörser sind Steilfeuerwaffen, die nicht präzise genug sind, um mit dem ersten Schuß zu treffen. Sie müssen erst auf ihr Ziel eingeschossen werden. Der 5. Februar unterschied sich jedenfalls nur durch die Anzahl der Toten von dem, was Sarajevo seit zweiundzwanzig Monaten fast täglich mitmachen mußte. Seine Bedeutung lag in der Symbolwirkung. Bis zu diesem Tag waren knapp zehntausend Menschen zweifelsfrei serbischen Granaten zum Opfer gefallen. Die meisten waren Zivilisten, darunter viele Kinder. Der Fußballplatz, auf dem sie wegen Platzmangels in dichtgedrängten Reihen begraben wurden, entwickelte sich zum stärksten Symbol für Sarajevos Qualen und seine verlorengegangenen Verheißungen: er lag direkt neben dem prestigereichen Zetra-Stadion, das anläßlich der Winterolympiade 1984 errichtet worden war. Wer diese zehntausend getötet hatte, steht außer Zweifel. Die Marktplatzbombe bewirkte allerdings, daß der Westen schließlich „genug“ sagte.

* * *

Lord Owen war beunruhigt über die Art, in der die westlichen Regierungen ihr Unbehagen vorbrachten. In jeder westlichen Hauptstadt wurden Forderungen laut, daß die NATO-Flugzeuge, die den Himmel über Bosnien überwachten, eingesetzt werden sollten, um eine Wiederholung der Marktplatz-Tragödie zu verhindern. Die Amerikaner verlangten beharrlich nach einer NATO-Intervention. Nach ihrer Auffassung waren die rechtlichen Voraussetzungen für einen Eingriff durch die bereits vorhandenen Resolutionen des UNO-Sicherheitsrates gegeben. Owen war allerdings überrascht, daß auch die Franzosen für eine stärker interventionistische Rolle der NATO plädierten. Selbst der vorsichtige britische Außenminister Douglas Hurd, der sonst immer als erster Bremser einer internationalen Intervention auftrat, beugte sich dem scheinbar überwältigenden Druck.

Owens Sorge waren die Russen. Er glaubte, daß Außenminister Kosyrew schon äußerste Flexibilität bewiesen hatte, als er der Kontrolle des Flugverbots über Bosnien durch die NATO zustimmte. Die Russen hatten sich dazu nur deshalb bereit erklärt, weil die Operation unter UNO-Hoheit stattfand. Die NATO führte Aufträge der UNO aus und handelte nicht selbständig. Die Russen waren sogar noch einen Schritt weiter gegangen und hatten den UNO-Kommandanten in Bosnien das Recht eingeräumt, Luftnahunterstützung zu verlangen, falls die internationalen Friedenstruppen angegriffen würden. Wieder hatten die Russen dieser Rolle der NATO nur deshalb zugestimmt, weil ihnen garantiert worden war, daß die NATO nur innerhalb des Rahmens, den ihr die UNO gesteckt hatte, aktiv werden würde. Owen wußte, daß die Russen keine NATO-Aktivitäten außerhalb der Schirmherrschaft der UNO akzeptieren würden. Jelzin würde das seinen Nationalisten zu Hause nicht verkaufen können.

Es sagt etwas über ihren Pragmatismus aus, daß Jelzin, Kosyrew und Tschurkin akzeptierten, daß die NATO bei der Unterstützung der UNO eine legitime Rolle übernahm. Die Durchsetzung des Flugverbots war der Anfang. Das akzeptierten sie, solange die UNO die Kontrolle hat. Danach kam die Frage der Luftnahunterstützung, wobei der UNO-Kommandant NATO-Flugzeuge rufen kann, wenn UNO-Truppen angegriffen werden. Das haben die Russen auch noch geschluckt. Es war klar, daß wir sie auf unserer Seite haben, solange die NATO der UNO hilft. Sie würden aber nie zustimmen, daß die UNO die Kontrolle über diesen Mechanismus aufgibt.

Owen glaubte, daß unabhängige Aktionen der NATO die internationale Gemeinschaft entlang eines Ost-West-Bruchgrabens spalten würde: Die Russen sähen sich gezwungen, den Serben zu Hilfe zu kommen. Deren historische Allianz und kulturelle Verwandtschaft wird zwar oft beschworen, doch tatsächlich ging es für Moskau um die Frage seiner strategischen und politischen Interessen: Rußland würde es Washington (und zu einem geringeren Ausmaß Europa) nicht gestatten, neue Bedingungen für Konfliktlösungen zu diktieren und künftige Einflußbereiche festzulegen.

Owen fürchtete, daß sich die Welt neuerlich in eine Ost-West-Konfrontation nach Art des kalten Krieges verbeißen könnte. Viktor Andrejew, oberster UNPROFOR-Beamter für zivile Angelegenheiten in Sarajevo und Veteran des sowjetischen diplomatischen Dienstes, ging sogar noch weiter: Er war überzeugt, daß Bosnien die Sprengkraft hätte, einen neuen globalen Konflikt auszulösen. „Täuschen Sie sich nicht", sagte er, „die Großmächte stecken ihre Positionen über Bosnien ab."

Der ehemalige britische Außenminister Owen startete sofort eine Schadensbegrenzungsaktion, indem er alles bremste, was seiner Auffassung nach eine Militärintervention begünstigte. Am Tag nach dem Marktplatz-Massaker, die Toten in Sarajevo waren noch nicht begraben, flog Owen nach Rom, traf dort Thorvald Stoltenberg und flog mit ihm nach Belgrad weiter. Per Auto überquerten sie die Drina und fuhren in die zerstörte nordostbosnische Stadt Zvornik, wo sie mit Radovan Karadžić zusammenkamen. Während der Fahrt hörte Owen General Rose im BBC World Service sagen, er, Rose, wäre gar nicht auf die Idee gekommen, daß es sich beim Marktplatz-Massaker um eine bosnische Granate gehandelt haben könnte. Das war Owen in dieser Situation nicht unparteiisch genug. Er mußte den General auf die politische Großwetterlage aufmerksam machen. „Ich dachte mir: Mensch, jetzt wäre es besser, ihn ein paar Dinge wissen zu lassen! – und rief sofort das (britische) Verteidigungsministerium an ... Ich hoffe, daß er die Nachricht erhalten hat.“ – Karadžić stritt in Zvornik jegliche Verantwortung für das Massaker ab und drohte negative Reaktionen der Serben an, sollte Gewalt gegen sie eingesetzt werden. Nach dieser Unterredung war Owen überzeugt, daß jede Art von Ultimatum gegen die Serben „wie das rote Tuch auf den Stier“ wirken würde.

Am nächsten Tag flog er nach Brüssel zu einem Außenministertreffen der Europäischen Union und riet zur Vorsicht. Er versuchte die Anwesenden zu überzeugen, daß die NATO keine unabhängige Position beziehen und keine unabhängigen Ultimaten stellen, sondern ihre Dienste weiterhin den UNO-Initiativen zur Verfügung stellen sollte. Für Owen war dies der einzige Weg, die Russen im Friedensprozeß zu halten. Dennoch beschlossen die Außenminister, einen NATO-Einsatz zu fordern.

Hektische diplomatische Betriebsamkeit brach aus. John Major und Douglas Hurd fuhren nach Moskau, um den aufgebrachten Jelzin zu beruhigen. General Rose fuhr nach Belgrad und kehrte mit der Absicht nach Sarajevo zurück, die Serben und die bosnische Regierung zu einem Waffenstillstand und einem Plan zum Abzug der schweren Waffen zu bringen. Die NATO-Botschafter trafen in Brüssel zu einer Sitzung des Nordatlantischen Rats ein, der am 9. Februar zusammentreten sollte. Amerikaner und Franzosen sprachen sich vehement für ein NATO-Ultimatum gegen die Serben aus. Noch am Vorabend der Tagung versuchten die Briten, diesen Punkt von der Tagesordnung streichen zu lassen, indem sie ihre NATO-Partner informierten, General Rose arbeite an einem Entmilitarisierungsabkommen und stehe kurz vor dem Durchbruch. Die Briten argumentierten, daß ein NATO-Ultimatum dieses Abkommen zum Scheitern bringe, weil es den Widerstand der Serben provoziere.

NATO-Generalsekretär Manfred Wörner konsultierte die anderen Botschafter und sah, daß die Briten mit ihrer Ablehnung einer NATO-

Aktion isoliert waren. Ein westlicher Diplomat erinnerte sich, daß „der britische Vertreter sagte, es gäbe keinen Grund für diese Sitzung, weil General Rose ein Abkommen habe. Wir ließen das über unsere unabhängigen Kanäle überprüfen und fanden heraus, daß dem nicht so war ... Während der Sitzung selbst wurden uns konkurrierende Formulierungen (für den Entwurf eines NATO-Kommuniqués) präsentiert. Die Briten hatten eine Version parat, die den Serben nahelegte: Bitteschön, benehmt euch! – ohne jede Drohung, das auch durchzusetzen. Die Briten wollten alles der UNO überlassen."

Am 9. Februar fanden gleichzeitig zwei entscheidende Treffen statt. Am Flughafen von Sarajevo hatte General Rose die Kommandanten der beiden verfeindeten Armeen zusammengebracht; in Brüssel fand die Sitzung des Nordatlantischen Rates trotz der britischen Initiative wie geplant statt.

General Rose hatte das Treffen auf dem Flughafen seit Tagen vorbereitet. Er hatte einen Vierpunkteplan entworfen, den er den Kampfparteien als nicht weiter verhandelbaren *fait accompli* präsentieren wollte: Erstens sofortiger Waffenstillstand; zweitens Abzug aller schweren Waffen außerhalb eines Radius von mindestens 20 Kilometern von Sarajevo; drittens Stationierung von UNO-Blauhelmen zwischen den beiden Frontlinien an besonders wichtigen Positionen; viertens die Einsetzung eines gemeinsamen Komitees, das täglich zusammentreten und Details der Umsetzung des Plans aushandeln soll.

Es war nicht einfach. Zuerst lehnten die Serben den Plan ab. Bei allen Treffen, die Rose mit ihnen vor dem 9. Februar hatte, drückte Karadžić die Bereitschaft aus, seine schweren Waffen unter UNO-Inspektion, aber nicht unter UNO-Kontrolle zu stellen. Er argumentierte, daß die Bosnier zahlenmäßig überlegen seien (womit er recht hatte) und daß die Serben ihre schweren Waffen benötigten, um zu verhindern, daß die bosnische Infanterie ihre Frontlinien durchstoße. „Ich habe ihm gesagt, er solle verduften", behauptete Rose später. „Ich erklärte ihnen, daß sie nun unter völlig geänderten strategischen Bedingungen operieren und daß eine bloße Inspektion nicht genügt." Am Abend des 8. Februar traf Rose den serbischen Stabschef Manojlo Milovanović, der dem Vierpunkteplan zustimmte und versprach, am nächsten Tag zum Flugplatz zu kommen.

Später am Abend traf er General Jovan Divjak, den stellvertretenden Kommandanten der bosnischen Armee. Divjak war ein extrovertierter, beliebter Offizier. Doch er hatte nicht den Einfluß, den sein Rang glauben machte. Die bosnische Armee hatte zwei stellvertretende Kommandanten – Divjak, einen Serben, und Stjepan Šiber, einen Kroaten. Ihre Ernennungen sollten vor allem den Anschein eines aus allen Volksgruppen zusammengesetzten Oberkommandos aufrechterhalten. Divjak rollte für Rose den roten Teppich aus und war ganz versessen, ihm zu „zeigen, daß die Mitglieder der bosnischen Armee militärisch, intellektuell und kulturell auf seinem Niveau waren, denn wir wußten, daß er einer der prominentesten Offiziere des Vereinigten Königreichs war. Wir luden ihn an diesem Abend zu einem militärischen Dinner ein und hatten ein sehr entspanntes Gespräch. Ich glaube, wir tranken sogar eine Flasche Wein.“ Rose sagte Divjak, daß die Serben bereit seien, ihre schweren Waffen hinter die 20-Kilometer-Zone rund um Sarajevo zurückzuziehen. Divjak sagte zu, daß die bosnische Armee am Tag darauf ebenfalls zu dem Treffen auf dem Flughafen erscheinen werde.

Aber Divjak hatte den Mund zu voll genommen. Er hatte seine Kompetenzen überschritten. Izetbegović hatte bereits entschieden, an diesem Treffen nicht teilzunehmen. Er war der Ansicht, daß die Serben allein handeln sollten: Wozu sollte die Gegenwart der bosnischen Regierung erforderlich sein, wenn doch die ganze Last des Abzugs der schweren Waffen bei den Serben lag? Das Marktplatz-Massaker hatte ein völlig neues internationales Klima geschaffen. Die bosnische Regierung spürte, daß eine Militärintervention noch nie so wahrscheinlich war wie in diesen Tagen. Izetbegović befürchtete, daß Rose einen Plan ausheckte, der die neue Entschlossenheit der NATO unterminieren und irgendeinen Kompromiß hervorbringen würde, der Luftangriffe unnötig machte. Er hatte recht.

Rose wartete am Flughafen. Die Serben erschienen, die Bosnier nicht. Rose wurde ungeduldig. Er stand unter großem Druck, ein Abkommen zu produzieren, das den Anti-Interventionisten in der NATO die nötigen Argumente lieferte, daß die bloße Androhung von Luftangriffen ausreichend und ein Ultimatum daher unnötig sei. Die NATO-Botschafter tagten zur selben Zeit in Brüssel, und Rose wußte, daß das nun seine einzige echte Chance war, eine potentielle Katastrophe abzuwenden. Er war überzeugt, daß die Serben ihre schweren Waffen gegen seine UNO-Truppen richten würden, wenn NATO-Kampfflugzeuge serbische Stellungen bombardierten.

Rose raste in die Stadt zurück. Er ging zu Divjaks Büro und verlangte eine Erklärung, warum die bosnische Armee Divjaks Zusage vom vergangenen Abend nicht einhalte. Divjak erklärte, daß sich der Präsident über seine Zusage hinweggesetzt habe. Rose verlangte, daß Divjak ihn sofort zum Präsidenten bringe. Izetbegović war mitten in einem Fernsehinterview mit CNN, in dem er sagte: „Ich glaube, daß die Kombination aus Verhandlungen und Luftschlägen die einzige Lösung ist – Gespräche allein führen zu nichts, nein. Wir brauchen hier gleichzeitig Druck gegen den Aggressor, und dafür gibt es nur eine Form – den Einsatz von Gewalt. Nur wenn die Welt ausreichenden Druck ausübt, werden sie Land zurückgeben ...“

Rose platzte in das Interview und sagte Izetbegović, wenn er sein Armeekommando nicht umgehend in Richtung Flughafen in Bewegung setze, würde er die bosnische Regierung vor der ganzen Welt bloßstellen. Divjak erzählte später: „Er (Rose) sagte, er werde die Weltöffentlichkeit informieren, daß die bosnische Regierung und ihre Armee nicht verhandlungswillig seien und daß wir für die Fortsetzung des Konflikts verantwortlich wären, daß die serbische Seite zu Verhandlungen bereit sei und daß wir uns weigerten.“ Rose deutete noch drohend an, daß es keine Beweise dafür gebe, daß die Serben die Marktplatz-Granate abgefeuert hätten. Er sagte, die Welt würde den Bosniern nicht verzeihen, wenn sie diese Friedenschance nicht ergriffen. Ernüchtert und gedemütigt durch diesen Auftritt des britischen Generals beorderte Izetbegović seine Abordnung zum Flughafen und ließ eine unterwürfige Entschuldigung wegen dieses „Mißverständnisses“ aussenden.

Innerhalb einer Stunde hatte Rose die verbale Zusage von beiden Seiten. Nichts war niedergeschrieben und nichts war unterschrieben worden. Rose sagte, er habe gelernt, daß Unterschriften auf dem Balkan ohnehin bedeutungslos seien. Das Abkommen wurde nach Brüssel übermittelt.

Inzwischen formulierten die NATO-Botschafter ihr Ultimatum. Die britische Zögerlichkeit wurde vom Konsens der anderen Mitglieder weggefegt. Die Vereinigten Staaten und Frankreich führten den Vorstoß. Zum Abschluß ihrer Sitzung stellte die NATO den Serben ein überlanges Ultimatum: Sie müßten ihre schweren Waffen auf eine Entfernung von 20 Kilometern vom Stadtzentrum zurückziehen oder sie der Kontrolle durch die Vereinten Nationen unterstellen. Dazu wurde ihnen zehn Tage Zeit gegeben. Nach Ablauf dieser Frist würden NATO-Kampfflugzeuge alle schweren Waffen bombardieren, die nicht abgezogen worden sind. Dieses Ultimatum war mit der UNO nicht abgesprochen.

Rose begann einen Wettlauf gegen die Zeit. Er hatte zehn Tage, um den Plan umzusetzen und Luftangriffe zu verhindern. Vom ersten Tag an reagierten die Serben aufsässig auf das Ultimatum. Karadžić sagte, er würde so viele Flugzeuge wie möglich abschießen – er sprach von vierzig Prozent der ersten Welle. Tagelang wurde keine einzige Waffe abgezogen oder der UNO-Kontrolle unterstellt. Einige antike Artillerierohre wurden in die Kaserne von Lukavica gebracht, und unbewaffnete Militärbeobachter der UNO durften hingehen und sie besichtigen. Diese possenhafte Öffentlichkeitsarbeit der Serben entsprach weder den Forderungen des Ultimatums noch den vier Punkten des Flughafenabkommens. Nur der Sprecher von General Rose meldete bei seinem täglichen Auftritt, daß wieder Fortschritte erzielt worden seien. Am 12. Februar, dem zweiten Tag der Frist, stellten die Serben eine neue Forderung: Als Ausgleich für den Abzug der schweren Waffen sollte die bosnische Armee ihre Infanterie aus den Frontstellungen abziehen. Auch das hatte weder mit dem Ultimatum noch mit dem Flughafenabkommen etwas zu tun. Die Serben stellten sich Auge in Auge gegen die NATO. Trotz General Roses unerschütterlichem Optimismus schien die NATO in den ersten Kampfeinsatz ihrer Geschichte hineinzuschlittern. Sarajevo füllte sich mit Fernsehteams aus aller Welt, die wohl eine Wiederholung des *Desert Storm*-Bombardements von Bagdad im Jahr 1991 erwarteten.

Hinter den Kulissen verhandelten General Roses Mitarbeiter intensiv mit der serbischen Führung. Ihr Ziel war es, die Serben so weit zu bringen, daß sie zumindest ein paar Anstalten trafen, die die NATO zu überzeugen vermochten, daß die Bedingungen des Ultimatums erfüllt wären. Die erste Forderung von General Rose war, die schweren Waffen beider Seiten auf dem einzigen „neutralen" Territorium im Land zu konzentrieren – am Flughafen von Sarajevo, der unter der Kontrolle der UNPROFOR stand. Die Serben lehnten dies ab. General Rose schlug fünf andere Orte vor, worüber die Serben nachdachten und dann erneut ablehnten. Als das Ablaufdatum des Ultimatums immer näher rückte, durften sich die Serben schließlich selbst die Orte aussuchen, an denen sie ihre schweren Waffen konzentrieren und unter die „Kontrolle" der UNO stellen wollten. Sie wählten acht Waffensammelpunkte – drei in der Stadt und fünf außerhalb gelegene. Die bosnische Regierung war fassungslos, als sie erfuhr, daß die Serben genau jene strategischen Höhen ausgesucht hatten, von denen aus die Stadt zweiundzwanzig Monate lang bombardiert worden war. Ejup

Ganić hämmerte mit den Fäusten auf den Tisch, als er die Karten sah, auf denen die Waffensammelpunkte eingezeichnet waren. Er beschuldigte UNPROFOR, mit den Serben zusammenzuarbeiten, indem sie die Luftangriffe verhinderten, ohne die strategische Realität der Belagerung von Sarajevo zu verändern.

Die Zehntagefrist stand im Zeichen eines bitteren Disputs zwischen NATO und UNO über die Definition des Wortes „Kontrolle". Am 9. Februar schien noch völlig klar, was unter „Kontrolle" zu verstehen sei. Es bedeutete weder Aufsicht noch Beobachtung. Es bedeutete, daß die UNO-Truppen und nicht die Serben die Verfügungsgewalt über die Waffen haben. Die Serben würden ihre Finger nicht nur nicht am Abzug haben, sondern der Abzug würde von der UNO hinter Schloß und Riegel gehalten werden. Doch schon zu Beginn der Ultimatumsfrist begannen sich die Vorstellungen der UNO, was Kontrolle sei, aufzuweichen. Die Mitarbeiter von General Rose beteuerten bald, daß die UNO die Waffen nicht notwendigerweise physisch besitzen müsse, um effektive Kontrolle über sie auszuüben. „Es gibt verschiedene Arten von Kontrolle", erläuterte Oberstleutnant Simon Shadbolt vor der Presse. „Man kann sie beobachten. Man weiß, wo sie sind, man kann sofort reagieren. Wir sind zuversichtlich, daß wir sie unter Kontrolle haben werden." In den Ohren der bosnischen Regierungsmitglieder klang das nach vorsätzlicher Verwässerung des NATO-Ultimatums durch den UNO-Kommandanten vor Ort.

Zur Halbzeit hatten die Serben noch keine einzige Waffe an die UNO abgeliefert. Am 15. Februar hörte UNPROFOR mit den täglichen Fortschrittsmeldungen auf. „Wir betreiben kein Zahlenspiel mehr", sagte ihr Sprecher, „was zählt, ist der allgemeine Trend." Doch der allgemeine Trend war klar. Die Serben hatten nicht die geringste Absicht, einzulenken. Sie wollten sehen, wie weit die NATO zu gehen bereit war.

Am 17. Februar kam es zur entscheidenden Intervention. Vitali Tschurkin, der sich gerade in Zagreb aufhielt, wurde in die russische Botschaft in Belgrad gerufen. Dort erhielt er einen Anruf von Außenminister Kosyrew, der ihn autorisierte, Milošević mitzuteilen, daß russische Truppen entlang der Front stationiert würden, wenn die bosnischen Serben die Bedingungen des NATO-Ultimatums erfüllten. Tschurkin leitete diese Botschaft, die Präsident Jelzins Segen hatte, an Milošević weiter. Der Zeitpunkt dieser russischen Intervention ist interessant. Jelzin war seit der Marktplatz-Bombe mehrmals gefragt worden, ob er russische Truppen zur Entschärfung der Krise beistellen könne, und er hatte mehrmals abgelehnt. In diesem Moment, als die Einsätze höher waren als je zuvor, sagte er zu. Damit holte er maximale diplomatische Vorteile heraus und etablierte Rußland erstmals als den entscheidenden Faktor in den internationalen Bemühungen, den Krieg zu beenden.

Milošević zitierte General Mladić nach Belgrad. Karadžić insistierte, daß er als „Staatsoberhaupt" der *Republika Srpska* der Adressat sein sollte und nicht Milošević. Geduldig übermittelte Tschurkin dieselbe Botschaft noch einmal an Karadžić. Binnen Stunden setzten sich Konvois von Militärfahrzeugen im serbisch besetzten Gebiet in Marsch und gruppierten die schweren Waffen neu, die nun entweder abgezogen oder an Waffensammelpunkten konzentriert wurden, wo sie die UNO inspizieren konnte. Vierhundert russische Soldaten wurden umgehend von ihrem Stützpunkt in Ostslawonien abkommandiert, wo sie 1992 als Teil der ersten UNO-Einheiten in Kroatien stationiert worden waren. Als sie in Pale eintrafen, wurden sie von jubelnden Menschen begrüßt, als wären sie eine Befreiungsarmee.

General Rose war zur Stationierung russischer Soldaten nicht konsultiert worden. „Das sind Neuigkeiten für mich", sagte er, „aber eine gute Truppe ist mir immer willkommen, aus welchem Land sie auch kommt." Wenige Stunden vor Ablauf des Ultimatums, als seine Offiziere noch durch die bosnische Landschaft hetzten und besorgt die Stellungen inspizierten, in denen noch immer vereinzelte Panzer oder Artillerierohre standen oder „im Schnee steckten", erklärte Rose, daß er zu der Stunde, in der das Ultimatum abläuft, im Bett liegen und tief schlafen werde. Der folgende Tag, sagte er, werde „ein ganz gewöhnlicher Montag" sein.

Das NATO-Ultimatum wurde während der zehntägigen Frist gewohnheitsmäßig als Ultimatum „zur Aufhebung der Belagerung von Sarajevo" bezeichnet. In Wirklichkeit hatte es damit gar nichts zu tun. Auch als die serbischen Kanonen endlich schwiegen, blieb der Belagerungsring so fest wie eh und je. Die Stationierung von UNO-Truppen zwischen den feindlichen Linien, besonders im Stadtzentrum, war ein wesentlicher Schritt zur Teilung Sarajevos, einem wichtigen serbischen Kriegsziel. Ansätze einer „grünen Linie" bildeten sich, der entlang internationale Einheiten patrouillierten. Auf die Frage, ob die UNO Sarajevo nicht effektiv teile, wie sie Zypern vor drei Jahrzehnten geteilt hat, antwortete der UNPROFOR-Sprecher Peter MacFarlane ohne einen Anflug von Ironie: „Aber das ist nur eine vorübergehende Maßnahme, die Gesamtlösung ist noch in Schwebe.“ Ebenso war natürlich die ursprüngliche Stationierung von UNO-Truppen auf Zypern eine vorübergehende Lösung, die sich inzwischen zur Dauerlösung entwickelt hat.

Radovan Karadžić hatte trotz seiner schlechten Karten ein hervorragendes Spiel gespielt. Die internationale Gemeinschaft hatte sich selbst davon überzeugen können, daß er beim Abzug der Waffen kompromißbereit war. Seine Kanonen schwiegen, das Morden in Sarajevo hatte (zumindest vorübergehend) ein Ende. Die Teilung, die er sich so sehr wünschte, nahm Gestalt an, und er benötigte nicht einmal seine eigenen Soldaten zur Verteidigung seiner Staatsgrenze in Sarajevo – die UNO erledigte ihm dieses Geschäft. Die bosnische Regierung fühlte sich ausmanövriert und gedemütigt. So unglaublich es auch scheinen mag: Karadžić entpuppte sich schließlich als Hauptnutznießer des NATO-Ultimatums, das ursprünglich gegen ihn gerichtet war.

Die Bombardements hörten auf. Die Atmosphäre in Sarajevo lockerte sich merklich. Die Menschen hielten sich wieder im Freien auf. Die Straßenbahnen fuhren wieder. Neue Geschäfte sperrten auf. UNPROFOR öffnete eine neue „blaue Route“ über den Flughafen, so daß kleine Mengen von Handelsgütern in die Stadt kamen. Die Preise fielen. Eine Zeitlang konnte man fast meinen, das Schlimmste sei vorüber. Doch es war eine Illusion. Gordana Knežević, die Herausgeberin der Zeitung *Oslobodjenje,* faßte die verwirrte Stimmung dieser Wochen zusammen: „Es ist, als ob unser Todesurteil in lebenslänglich umgewandelt worden wäre“, sagte sie. „Es ist schwer, glücklich zu sein, aber zumindest für den Augenblick sind wir sehr erleichtert.“

25. Kapitel

Die Wiederkehr der Moral

Das Abkommen von Washington
Februar 1994

Seit Präsident Clintons Amtsübernahme war die amerikanische Bosnienpolitik ein Wechselbad von kalt und heiß. In Wahrheit konnte Washington auch nur wenig tun. Die Serben hatten sich siebzig Prozent von Bosnien einverleibt, und die Moslems und Kroaten töteten einander um den Rest. Klar war nur soviel: Die USA wollten keine Bodentruppen nach Bosnien schicken, und die NATO-Länder, die Blauhelme entsandt hatten, waren uneinig über den Einsatz von Luftangriffen. Nach dem Scheitern des Vance-Owen-Plans war jeder Versuch, den Krieg zu beenden, bestenfalls eine camouflierte Alternativversion zu den serbisch-kroatischen Teilungsplänen. Die amerikanische Initiative, das moslemisch-kroatische Bündnis zu neuem Leben zu erwecken und eine moslemisch-kroatische Föderation zu schaffen, beendete das gegenseitige Blutvergießen zwischen Kroaten und Moslems und gab der Regierung in Sarajevo wieder Aufwind. Es kam überraschend.

Die Föderation war das Resultat einer eleganten, diplomatischen Pirouette. Kaum jemand hätte sie ausgerechnet den Vereinigten Staaten zugetraut, die sich als die unbeholfensten aller Plattfüße, die im Balkanmorast mittanzten, profiliert hatten. Wenn dieses zerbrechliche Bündnis Bestand haben würde – die Chancen dafür waren eher gering –, bekämen die Moslems wieder eine überlebenswichtige Verbindung zur Außenwelt. Die Hilfslieferungen in abgeschlossene Moslemregionen wären wieder möglich, und vielleicht kämen sogar Waffen ins Land – ein attraktiver Gedanke für die Regierung in Sarajevo und die Interventionisten in Washington. Die Kroaten könnten sich nicht länger die Hälfte jeder Waffenlieferung unter den Nagel reißen, die sie nach Bosnien passieren ließen, und die bosnischen Kroaten könnten den Rest nicht noch ein zweites Mal „besteuern“. Die bosnische Armee könnte sich dem serbischen Feind widmen, ohne daß ihr die Kroaten dabei in den Rücken fielen. Das Abkommen folgte direkt auf einen gescheiterten Aktionsplan der EU, der Zugang der Moslems zum Meer wurde – wenigstens theoretisch – gelöst, und die Moslems erhielten einen normaleren, weniger zerstückelten Staat.

Schon Monate vor der formellen Inauguration des Abkommens am 2. März 1994 im Weißen Haus arbeiteten bosnische, kroatische und amerikanische Diplomaten an dem Vertrag. Ivo Komšić, ein bosnisch-kroatischer Politiker und Befürworter eines vereinten Bosnien, spielte eine Hauptrolle beim Aushandeln der Übereinkunft zwischen Zagreb und Sarajevo. Die Idee wurde im August 1993 geboren, als Clintons Sonderbeauftragter Charles Redman zwischen dem bosnischen Außenminister Haris Silajdžić und dessen kroatischem Amtskollegen Mate Granić in Zagreb beim Abendessen saß. Redman stellte verwundert fest, daß beide Seiten an einem Abkommen interessiert waren. Keiner der beiden wollte jedoch die nötigen harten Schritte setzen.

Während der nächsten sechs Monate blieben alle Bemühungen erfolglos. Die Kämpfe zwischen Moslems und Kroaten wurden immer härter, und beide Seiten gruben sich fest. „Gute Ausreden fanden sich immer. Es gab viele Provokationen und viele gebrochene Versprechen", erinnerte sich Redman.

Washington begann Druck auf Zagreb auszuüben, die Kampfhandlungen gegen die Moslems in Bosnien einzustellen. Redman und der US-Botschafter in Kroatien, Peter Galbraith, machten Präsident Tudjman in mehreren Gesprächen klar, daß die Vereinigten Staaten die Unabhängigkeit und die territoriale Integrität Kroatiens unterstützten. Sie betonten, daß territoriale Unversehrtheit ein universales Konzept sei, das für alle Republiken im ehemaligen Jugoslawien gleichermaßen Geltung habe. Wenn Zagreb sich einen Anteil an Bosnien schnappen wolle, dann müsse es bei dem Versuch, die Kontrolle über das serbisch besetzte Drittel Kroatiens wiederherzustellen, auf die Unterstützung Washingtons verzichten. Galbraith besuchte die serbisch besetzten Gebiete Kroatiens, um zu „zeigen, daß wir das Ausmaß des Leidens des kroatischen Volkes verstehen".

Im Januar kam der Wendepunkt. Redman aß mit einem „hochrangigen Kroaten" zu Mittag, der ihm erklärte, wie Tudjman seine Rolle in der kroatischen Geschichte sah. Wenn der kroatische Präsident überzeugt werden konnte, daß ein solches Abkommen seinen Platz in der Geschichte festigen würde, dann wäre er vielleicht bereit, einen solchen Schritt zu setzen. Redman stellte die Kernfrage: Wohin geht Kroatien? Die Alternative war klar und deutlich: Kroatien hatte mit Sanktionen zu rechnen.

Die kroatische Armee hatte etwa 30.000 Soldaten in Bosnien stationiert. Redman gab zu verstehen, daß Kroatien entweder einlenken könne oder ebenso isoliert enden würde wie sein Gegenspieler Serbien. Dann begannen die Telefonanrufe.

„Es waren keineswegs hektische Telefonate oder Druck von höchster Ebene“, sagte Redman. „Es genügte, zu wissen, daß diese Initiative die Unterstützung des Präsidenten der Vereinigten Staaten und der Europäischen Union hatte. Ich konnte ein paar Anrufe oder Botschaften von wichtigen Europäern arrangieren“, fügte er hinzu und bezog sich damit offensichtlich auf Deutschland, das sich vom Beginn im Jahr 1991 an hinter Kroatien gestellt hatte.

Die US-Vertreter wandten sich entschieden gegen die Verbrechen, die von den bosnischen Kroaten – mit Zagrebs Unterstützung – laufend an den Moslems begangen wurden. Galbraith schickte jemanden im geheimen, der mehrere Anhaltelager in der Herzegowina besuchte. „Wir konnten uns ein sehr gutes Bild von den absolut unmenschlichen Umständen machen, unter denen die Gefangenen gehalten wurden. Sie bekamen nichts zu essen, hatten kein ordentliches Dach über dem Kopf, wurden geschlagen und so weiter.“ Er deutete an, daß es sich um Kriegsverbrechen handeln könnte und daß die Verantwortlichen als Kriegsverbrecher behandelt würden. Er ging mit seiner Verurteilung der Lager an die Öffentlichkeit. Die Drohung war nicht zu übersehen.

Die Bemühungen der Amerikaner, die Regierung in Zagreb umzustimmen, erhielten Unterstützung auch innerhalb Kroatiens. In Zagreb machte sich die Sorge breit, daß Verteidigungsminister Gojko Šušak und seine Handlanger das Sagen hätten – daß die westherzegowinischen Ultras die Macht übernommen hätten. Der Schock darüber, daß die Kroaten plötzlich auf derselben Stufe wie ihre Feinde, die Serben, betrachtet wurden, war echt. Galbraith erkannte, daß Zagreb nervös war.

Die kroatische Regierung begriff erstens, daß derartige Aktivitäten unmenschlich und verkehrt waren, und zweitens, daß sie Kroatien sehr teuer zu stehen kämen in Hinblick auf seinen internationalen Ruf und die Beziehungen mit Europa und den Vereinigten Staaten ... es überwiegt die Auffassung, daß Kroatien ein Opfer der ethnischen Säuberungen und ein Opfer von Kriegsverbrechen ist.

Die Vorgangsweise jener Leute in Bosnien, die von Zagreb unterstützt wurden, war sehr gefährlich für Kroatien. Es war dabei, im Gesamtkonflikt seinen moralischen Bonus zu verlieren.

Für den bosnischen Langzeitpolitiker Ivo Komšić hing ein ausgewogenes, zukünftiges Schicksal aller Kroaten in Bosnien von einer moslemisch-kroatischen Föderation ab. Die Kroaten aus der Posavina, der nordbosnischen Save-Tiefebene, und die mittelbosnischen Kroaten unterstützten seinen Plan, weil sie durch Schaffung eines separaten kroatischen Nationalstaates „Herceg-Bosna" nur verlieren würden. Mehr als fünfzig Prozent aller bosnischen Kroaten würden außerhalb dieses Ministaates in der Westherzegowina leben. Die Herzegowiner waren dagegen. Komšićs Plan sah eine gleiche Anzahl von mehrheitlich kroatischen, moslemischen und serbischen Kantonen vor. Das würde auch all jenen Kroaten wieder Hoffnung geben, die zu Beginn des Krieges vertrieben worden waren (von Serben, Moslems und sogar von Kroaten in der Westherzegowina). Die katholische Kirche unterstützte den Plan ebenfalls.

Der Plan sah einen dezentralisierten, föderativen Staat vor. Am 14. September 1993 scheiterte der erste Versuch, ein Abkommen zu treffen, das eine kroatisch-moslemische Föderation in Bosnien und danach eine Konföderation mit Kroatien zum Ziel hatte. Der kroatische Außenminister Mate Granić – den selbst seine Gegner als konstruktiv und geduldig beschreiben – und der leidenschaftliche bosnische Premierminister Silajdžić erzielten zwar eine Übereinkunft, die jedoch nicht lange hielt. Während des Herbstes beobachtete Galbraith, daß trotz ihrer fieberhaften Bemühungen das Blutvergießen, die Zerstörung und das Leiden zunahmen. Das Abkommen hatte noch nicht die Unterstützung der Mächtigen vor Ort.

Während dieser Periode, als wir versuchten, ein Abkommen zu erreichen, kam es zu immer neuen Kriegsgreueln: HVO-Einheiten oder Abtrünnige der HVO rotteten ein moslemisches Dorf aus, und sämtliche Bemühungen, eine Föderation oder Konföderation zu errichten, waren damit sofort wieder zum Scheitern verurteilt.

Aber die Regierung Clinton sah, daß Spielraum vorhanden war. Er reichte gerade aus, um die Diplomaten zu überzeugen, daß mit genügend Druck – den die USA auch auf die Moslems ausüben konnten – eine Konföderation möglich war. Der erste Schritt der kroatischen Regierung war, Mate Boban und seine Vertrauten abzusetzen. „Ich wurde im Dezember 1993 informiert", sagte Galbraith, „daß Mate Boban, wie sie es ausdrückten, bald einen langen Urlaub nehmen wird."

Die US-Diplomaten publizierten die Tatsache, daß Boban und seine

Komplizen vom Großteil der bosnischen Kroaten nicht unterstützt werden. Das bewirkte einen allmählichen Wandel in der öffentlichen Meinung. Solange Boban in Bosnien aber noch an der Macht war, versuchte Komšić, ihn zu unterminieren, indem er in vielen Gesprächen gute Beziehungen mit Tudjman aufzubauen suchte. Anfang Februar 1994 präsentierte er seinen Plan vor einem in Sarajevo abgehaltenen Sabor, einer Versammlung hochrangiger Kroaten aus der Diaspora und aus dem gesamten ehemaligen Jugoslawien. Aus Sorge über die katastrophalen Verhältnisse in Bosnien-Herzegowina (und die Tatsache, daß es bei einem Andauern des Krieges bald nirgends mehr Kroaten geben würde, außer in der Westherzegowina) nahm der Sabor den Plan an.

Während das NATO-Ultimatum lief, das die Serben – nach der Marktplatz-Bombe vom 5. Februar – zum Abzug ihrer schweren Waffen rund um Sarajevo veranlassen sollte, versuchten die Vereinigten Staaten, die Moslems und die Kroaten zusammenzuführen. Ein weiteres Ultimatum, diesmal von den Vereinten Nationen, sollte die Kroaten zum Einlenken zwingen. Am 3. Februar setzte der Sicherheitsrat Kroatien eine Frist von zwei Wochen, seine regulären Truppen aus Bosnien abzuziehen oder die Konsequenzen zu tragen. Die Drohung war, daß gegen Kroatien dieselben Sanktionen wie gegen Serbien verhängt würden.

Der scheinbare Erfolg des NATO-Ultimatums rund um Sarajevo hatte der internationalen Gemeinschaft neuen Auftrieb gegeben. Am 16. Februar versuchten Galbraith und Redman, Tudjman von seiner Idee eines kroatischen Kleinstaates in Bosnien abzubringen. Sie trugen ihm noch einmal den Plan vor, eine Föderation zu gründen und diese später in eine Konföderation umzuwandeln. Im Gegenzug versprachen die USA rasche Hilfe bei der wirtschaftlichen, politischen und militärischen Integration Kroatiens in den Westen. Sie erinnerten ihn daran, daß jede Alternative grauenvoll wäre.

Zufällig hatte Galbraith für diesen Abend schon eine öffentliche Rede geplant. Seine Botschaft war, daß Kroatien die Wahl habe, sich entweder wirtschaftlich und politisch an den Westen anzuschließen oder daß es Serbiens Schicksal teilen werde – Isolation, wirtschaftlicher Zusammenbruch und Krieg ohne Ende. Kroatien könne nicht mit internationaler Unterstützung für den „serbischen Abzug aus Kroatien" rechnen, wenn seine eigenen Truppen in Bosnien-Herzegowina blieben. Die internationale Gemeinschaft würde nicht länger die „enormen

Mittel aufbringen, Kroatiens Grenzen aufrechtzuerhalten, wenn es die Grenzen eines anderen Landes verletzt".[181]

Der kroatische Außenminister bat Galbraith umgehend zu sich. Die Führung hatte die Vorschläge von Botschafter Redman erwogen, und die Verhandlungen konnten beginnen. Das war der Durchbruch, den sie gesucht hatten.

Das gesamte Abkommen blieb noch in der Schwebe, bis die Konfliktparteien nach Washington fuhren. „Ich habe schließlich entschieden, das beste ist, alle Parteien zusammenzubringen und darauf zu konzentrieren, was auf dem Spiel steht. Die Verhandlungen wurden auf eine neue Art geführt – es war sehr intensiv", sagte Redman.

In Washington gab es kein einziges direktes Zusammentreffen zwischen den Parteien. Redman und Galbraith besprachen das Dokument mit den Kroaten und gingen in den Nebenraum, wo Victor Jackovich, der US-Botschafter in Bosnien, mit der bosnischen Delegation konferierte. Für die USA war es wichtig, sagte Galbraith, die Delegationen, nachdem sie – wenn auch in verschiedenen Räumen – schon einmal beisammen saßen, so lange dort zu behalten, bis die Arbeit erledigt war.

„Die USA siegten in ziemlich aussichtsloser Lage", sagte der bosnische Premierminister Haris Silajdžić. „Redman und seine Berater wechselten dauernd zwischen den beiden Räumen hin und her. Auf diese Art erledigten sie – sehr effizient – einen Punkt nach dem anderen. Ich war wirklich überrascht, wie schnell die amerikanische Diplomatie verstanden hatte, daß das eine gute Idee war und daß das Projekt lebensfähig war."

Während der nächsten vier Tage wurde ein Vertragsentwurf ausgehandelt, der auf Komšićs Vorschlägen der Schaffung mehrerer Kantone beruhte. Ein Federstrich brachte den moslemischen und den kroatischen Kleinstaat mehr oder weniger zum Verschwinden.

Während des folgenden Jahres übte Tudjman konsequent Druck auf seine von dem Abkommen nur mäßig begeisterten Bevollmächtigten in Bosnien aus. Dieselben Politiker, die die Aufteilung Bosniens betrieben hatten, setzten sich jetzt für einen gemeinsamen Staat mit den Moslems ein. Es klang nicht restlos überzeugend, doch solange die Sache irgendwie zusammenhielt, konnte sie ein wichtiges Element jeder größeren Lösung sein – die Moslems waren gestärkt, selbst wenn die Föderation nicht wie vorgesehen funktionierte. Als das Einjahresjubiläum in Washington gefeiert wurde – Izetbegović war auffallenderweise ferngeblieben –, waren viele Elemente der Föderation noch nicht (und keine Schritte zur Konföderation) vollzogen. Die Kämpfe zwischen den beiden Seiten hatten aber aufgehört, und es hatte einige gemeinsame militärische Aktionen gegen die Serben gegeben. Die Moslems hatten den viermonatigen Waffenstillstand, der zu Neujahr 1995 in Kraft trat, zur Beschaffung neuer Waffen benutzt. Kroatien und die bosnischen Kroaten ließen diese Waffen durch. Das Abkommen hing weiterhin von der Unterstützung durch Washington und dem anhaltenden amerikanischen Druck auf beide Seiten ab.

26. Kapitel

Die Mogadischu-Linie

Die Schlacht um Goražde

April 1994

Im Frühjahr 1994 machte sich unerwartet Hoffnung breit. Als Folge des NATO-Ultimatums, das die Waffen um Sarajevo zum Schweigen gebracht hatte, übernahmen nun die USA und Rußland die führende Rolle im Friedensprozeß – die USA von ihrem Erfolg beim Zustandebringen des Washingtoner moslemisch-kroatischen Abkommens beflügelt; und Rußland, das soeben ein Abkommen erreicht hatte, demzufolge Karadžić seine schweren Waffen in der Hauptstadt unter UNO-Kontrolle zu stellen bereit war. Lord Owen und Thorvald Stoltenberg, die seit ihren fruchtlosen Bemühungen an Bord der *HMS Invincible* ins Abseits geraten waren, fanden sich spätestens zu diesem Zeitpunkt in der zweiten Reihe wieder. Die Supermächte einer Welt, die trotz des Endes des kalten Krieges noch immer stur in zwei Lager aufgeteilt schien, hatten sich wegen Bosnien zusammengefunden. Der amerikanische Unterhändler, Botschafter Charles Redman, und sein russischer Kollege, der stellvertretende Außenminister Vitali Tschurkin, waren sich in ihrer Entscheidung einig, Bosnien nicht zur Brutstätte eines erneuten Ost-West-Konflikts in Europa werden zu lassen.

Ende März glaubten sich Redman und Tschurkin einem umfassenden Friedensabkommen zum Greifen nahe. Sie glaubten, daß das Abkommen von Sarajevo als Modell auch auf die gesamte Republik anwendbar sein müßte: also zunächst Waffenruhe; dann Stationierung von UNO-Truppen zwischen den Linien; dann Rückzug der schweren Waffen. Redman und Tschurkin waren außerdem davon überzeugt, daß sich die beiden verfeindeten Seiten aufeinander zu zu bewegen begannen. Tschurkin kehrte nach Belgrad zurück, um dort die günstige Gelegenheit für den Frieden zu nutzen, die sich nach dem Washingtoner Abkommen und dem NATO-Ultimatum ergeben hatte.

Mein großes Ziel nach meiner Rückkehr nach Belgrad Anfang April war es, nicht nur eine Waffenruhe, sondern eine vollkommene Ein-

stellung aller Kämpfe zu erreichen, in etwa dem entsprechend, was in Kroatien erreicht worden war, also die Trennung der verfeindeten Lager und die Stationierung von UN-Friedenstruppen zwischen den Fronten; und ich war wirklich davon überzeugt, daß wir eine Chance hatten. Aber sobald ich in Belgrad eintraf, fing es an, schiefzulaufen. Als ich in unserer Belgrader Botschaft ankam, war Botschafter Redman am Telefon. Er sagte mir, Goražde sei gerade bombardiert worden.

Von den drei östlichen Enklaven[182] stellte Goražde stets die am schwierigsten zu knackende Nuß für die Serben dar. Es war bei weitem die größte der Städte, und auch die Verteidiger waren dort besser bewaffnet und ausgerüstet als sonstwo. Also waren sie für die Serben eine ständige Quelle der Gefahr, mit ihren Angriffen von der Enklave aus tief hinein in serbisches Gebiet, und auch weil sie den Belagerern von Zeit zu Zeit schwere Verluste zufügten.

Außerdem war Goražde von allen dreien der strategisch wichtigste Ort, direkt an der Hauptverbindungsstraße zwischen den serbisch kontrollierten Städten des Drinatals, Višegrad und Foča, gelegen. Vor 1992 waren beide Städte mehrheitlich von Moslems bewohnt gewesen, waren dann aber gleich zu Beginn des Krieges sehr effizient und mit nur geringem militärischen Aufwand „gesäubert" worden. In Goražde dagegen hatte sich die örtliche moslemische Bevölkerung behaupten können. Diese Enklave trennte nun also zwei serbisch kontrollierte Gebiete und machte die Kommunikation zwischen ihnen schwierig und gefährlich, manchmal sogar unmöglich, wenn man nicht den Umweg über Montenegro in Kauf nehmen wollte. Überdies hatte die serbische Paranoia Goražde als den Ort identifiziert, von dem aus eine Brücke nach Sandžak, einer moslemisch bevölkerten Gegend in Südserbien und Montenegro, geschlagen werden könnte, die sich von dort aus bis in die Türkei verlängern ließe. Diese „grüne Tangentiale", wie sie von den Ideologen Großserbiens genannt wurde, ist aus ihrer Sicht die entscheidende Landverbindung, auf der die Moslems eine islamische Speerspitze in das Herz Europas rammen wollen.

Außerdem war Goražde nicht, wie die anderen Enklaven, völlig von bosnischem Regierungsgebiet abgeschnitten. In den ersten fünfzehn Monaten des Krieges war es den bosnischen Regierungstruppen – sowie Tausenden Zivilisten – möglich, sich im Schutz der Nacht über die Berge durch die serbischen Linien in die Stadt hinein und wieder zurück zu bewegen. Dieser Weg war nicht ungefährlich, wurde aber häufig benutzt. Von einem Basislager in Grepak bei Trnovo aus verkehrte 1992 und in der ersten Jahreshälfte 1993 ein regelmäßiger Maultiertransport zur Enklave und zurück. Soldaten und Zivilisten transportierten Nahrungsmittel, Medikamente, leichte Waffen und Munition entlang dieser Route und hielten so, trotz der Risiken des Weges, die Enklave am Leben.[183] Zu Beginn des serbischen Angriffs auf Goražde Anfang April spielten UNPROFOR-Mitarbeiter die Bedeutung der Offensive herunter: es handle sich lediglich um ein taktisches Manöver mit dem Ziel, die bosnischen Regierungstruppen von wichtigeren Kampfschauplätzen abzuziehen. Lord Owen dachte schon damals anders darüber.

Wir befanden uns in Paris zu privaten Gesprächen mit Krajišnik und Koljević, als das anfing – und wir machten uns keine Illusionen darüber, daß es den Serben mit einer Eroberung von Goražde sehr ernst war. Ich habe nie bezweifelt, daß die Serben es auf Goražde abgesehen hatten. Das war ja fast eine strategische Notwendigkeit für sie.

Die Schlacht um Goražde entzündete sich an einer Umgehungsstraße. Die bosnischen Serben hatten mit dem Bau einer neuen Straße begonnen, die die Kommunikation zwischen den disparaten Gebieten unter ihrer Kontrolle sicherer machen sollte. Die Bauarbeiten wurden jedoch durch Angriffe der bosnischen Regierungstruppen, die von Goražde aus operierten, erschwert. Ironischerweise war es möglicherweise die Schnelligkeit des voranschreitenden Friedensprozesses, die General Mladić zum Handeln bewegte. Er hatte sich untypischerweise vom Geschehen abgewandt, nachdem seine einzige Tochter in Belgrad Selbstmord begangen hatte. Als er nach ihrer Beerdigung nach Pale zurückkehrte, erfuhr er, daß ein umfassendes Abkommen, das die existierenden Fronten eingefroren hätte, unmittelbar bevorzustehen schien. Bevor es dazu käme, sollte das offene Problem Goražde gelöst werden.

Im Verlauf der ersten Aprilwoche gewann die serbische Offensive rasch an Intensität. Zuerst schien es, als laufe alles auf eine Wiederholung der Ereignisse von Srebrenica vor genau einem Jahr hinaus: die Serben rückten immer näher auf die Stadt zu, einen Flüchtlingsstrom von den Vororten ins Stadtzentrum auslösend. Aber es gab zwei entscheidende Unterschiede zu Srebrenica: Erstens war Goražde, anders als Srebrenica, zumindest offiziell eine UNO-Schutzzone, konnte also unter Berufung auf aufeinanderfolgende UNO-Resolutionen Schutzmaßnahmen einfordern. Und zweitens hatte Sarajevo gezeigt, wie wirksam die Drohung mit NATO-Luftangriffen sein konnte.

General Rose stellte sich gegen Luftangriffe. Er hielt sie für unvereinbar mit seiner Aufgabe als Kommandant einer Friedenstruppe. Ein häufiger Rückgriff auf Luftangriffe würde UNPROFOR von einer Friedenserhaltungstruppe zu einer Friedenserzwingungstruppe machen, so das Argument des Generals. Die Erzwingung oder Durchsetzung eines Friedens jedoch hätte die Aufgabe der Neutralität der UNPROFOR zur Folge. Ein regelmäßiger Einsatz von Luftangriffen würde die NATO faktisch zur Luftwaffe der bosnischen Regierung machen und damit die Neutralität von UNPROFOR endgültig desavouieren. „Und mit weiß angestrichenen Fahrzeugen", so eines seiner Lieblingsstatements, „kann man keinen Krieg führen." Dabei bemühte sich Rose stets klarzustellen, daß er nicht prinzipiell gegen militärisches Eingreifen sei, dazu stünde ihm als Soldat keine Meinung zu. Aber wenn die internationale Gemeinschaft sich für ein militärisches Eingreifen auf der Seite Bosniens entscheide, dann müsse sie UNPROFOR abziehen und durch Streitkräfte ersetzen, die zur Kriegführung in der Lage seien. Roses Offiziere scherzten daraufhin, die NATO habe bereits eine Ladung grüner Tarnfarbe bereitgestellt für den Tag, an dem sich sein Auftrag ändern würde.

Rose nannte den feinen Unterschied bzw. die Trennungslinie zwischen Friedenserhaltung und Friedensdurchsetzung, zwischen weißen und grünen Fahrzeugen die *Mogadischu-Linie,* nach dem katastrophalen Einsatz der Vereinigten Staaten für ein Friedensabkommen in Somalia mit militärischen Mitteln. Im April, unter enormem internationalen Druck, hätte er diese Linie beinahe überschritten.

Rose spielte die Ernsthaftigkeit des serbischen Angriffs auf Goražde herunter: „Unser Eindruck war, daß die bosnischen Serben auf einer taktischen Ebene Druck ausübten und keine ernsthaften Absichten auf eine Einnahme der Enklave hatten", sagte er später zu seiner Rechtfertigung. Sein Sprecher gab Anfang April tägliche Pressekonferenzen, die alle den Zweck verfolgten, die Meldungen der bosnischen Regierung von Dutzenden Toten und der Gefahr einer unmittelbar bevorstehenden humanitären Katastrophe abzuschwächen. Rose wollte nicht, daß ein in seinen Augen unbedeutender örtlicher Konflikt einen Friedensprozeß aus der Bahn wirft, der, wie er glaubte, näher denn je vor dem Durchbruch zu einer dauerhaften Lösung stand.

Aber dann revoltierten seine eigenen militärischen Beobachter der

UNO, gemeinsam mit ihren Kollegen vom UNO-Hochkommissariat für Flüchtlingsfragen, UNHCR. Am 7. April brachte die Veröffentlichung eines geheimen Dokuments zutage, daß die ans Hauptquartier zu Rose geschickten Berichte beider Gruppen den Verlautbarungen seiner Pressestelle drastisch widersprachen. Der US-Stabschef, General John Shalikashvili, hatte bereits öffentlich die Wiederholung eines Ultimatums nach dem Muster des NATO-Ultimatums für Sarajevo ausgeschlossen. Seine Begründung war, die Stellungen um Goražde seien nicht deutlich genug auszumachen, um Luftangriffe erfolgreich auszuführen. General Mladić benahm sich daraufhin so, als hätte er nur auf diese Worte als sein grünes Licht gewartet. Das serbische Bombardement eskalierte, der serbische Vormarsch beschleunigte sich. Die UNO-Beobachter sandten dringende Appelle nach Sarajevo: „Die Todesrate steigt, es kommt zu umfangreichen Gebietsverlusten. Wenn das nicht ‚ernsthaft' ist, wie in manchen Rundfunkberichten von UNPROFOR behauptet zu werden scheint, dann möchte ich eine ernsthafte Situation hier nicht erleben müssen", berichtete ein Beobachter. „Die heutige Lage ist wieder mehr als ernsthaft. Wir haben wiederholt gesagt, daß unserer Einschätzung nach die Situation sehr ernst ist und die stetige Lebensgefahr für die Zivilbevölkerung sehr hoch." Weiter heißt es in diesem Bericht:

Es ist sehr beunruhigend, in Rundfunkberichten internationaler Medien hören zu müssen, die Lage sei nicht ernst. In den Nachrichten des BBC World Service vom 5. April hieß es: „Einer Einschätzung der UNPROFOR zufolge handelt es sich um einen kleineren Angriff auf ein begrenztes Gebiet." Wir können erneut mit dieser Auffassung nicht übereinstimmen. Die Lage ist sehr ernst. Man muß begreifen, daß die Front zu den bosnischen Serben nur knapp drei Kilometer vom Stadtzentrum Goraždes entfernt ist. Mit Hinblick auf eine kleine Landzunge am Südwestrand von einem kleineren Angriff auf ein begrenztes Gebiet zu sprechen, ist eine mangelhafte Einschätzung, die nicht der Wahrheit entspricht und ein vollkommenes Unverständnis der Lage vor Ort erkennen läßt.

Das UN-Hochkommissariat für Flüchtlingsfragen, das ebenfalls Vertreter in der Stadt hatte, berichtete, ein zehntägiger serbischer Angriff habe 67 Menschen getötet und 325 verwundet, mehrheitlich Zivilisten.

General Rose dagegen war so unbeeindruckt von der Offensive, daß er sich am 10. April auf die Reise nach Brüssel machte, um dort auf einer NATO-Tagung zu sprechen. „Als ich in Split davon erfuhr, daß tatsächlich ein Angriff mit Panzern von drei verschiedenen Richtungen aus auf die Enklave Goražde gestartet worden war, flog ich sofort zurück."

Nachdem er die Genehmigung von Yasushi Akashi, dem Sonderbeauftragten des UNO-Generalsekretärs, erhalten hatte, warnte Rose Mladić per Telefon und Fax, den Angriff entweder abzubrechen oder andernfalls mit einem NATO-Gegenschlag rechnen zu müssen. Die Offensive ging weiter. Rose trat auf den Balkon seines Büros im ersten Stock des Delegiertenhauses in Sarajevo, unter dem sich eine Funkeinheit in einem Normcontainer befand, und rief den Funkern durch ein offenes Fenster den Befehl zu, der zum ersten Angriff gegen Bodenziele in der 47jährigen Geschichte der NATO führen sollte. Um 16.22 Uhr Weltzeit (GMT) warfen zwei F-16-Kampfflugzeuge der US-Luftwaffe drei Bomben auf einen serbischen Artilleriebefehlsstand ab. Die Offensive ging weiter, als ob nichts geschehen wäre. Am nächsten Tag befahl Rose einen zweiten Luftangriff. Um 12.24 Uhr Weltzeit, Montag, den 11. April, warfen zwei Corp F/A-18 „Hornet" der US-Marine drei weitere Bomben auf eine Gruppe von Panzern und gepanzerten Truppentransportern, die direkt nach Goražde hineingefeuert hatten. Drei Transporter und ein Lkw wurden zerstört. Beide Aktionen wurden vom Boden aus durch acht britische Militärfluglotsen koordiniert. Sie waren von Rose als UNO-Beobachter getarnt nach Goražde gesandt worden, tatsächlich aber waren sie Angehörige der britischen Spezialeinheit SAS.

Was sollte mit den Luftangriffen erreicht werden? Rose rechtfertigte die Aktion mit Hinweis auf die in der UNO-Resolution 836 vorgesehenen Maßnahmen zur Abschreckung weiterer Angriffe, nicht aber ausdrücklich mit der Verteidigung eines bestimmten Gebiets oder mit dem Schutz von dessen Einwohnern.

Der Druck seitens der internationalen Gemeinschaft, zu massiveren Luftangriffen überzugehen statt lediglich abschreckend zu verfahren, wie wir es taten, war groß. Das war aber genau etwas, gegen das ich mich entschieden wehrte, weil es uns in den Kriegszustand mit der Armee der bosnischen Serben versetzen würde. Unsere Aufgabe war aber doch, zu versuchen, die Kämpfe zu beenden und die Lage zu stabilisieren.

Aber die Luftangriffe verfehlten den Zweck der Abschreckung. Einen Moment lang schwiegen die Waffen. Die Aktionen hatten jedoch

Mladićs militärische Mittel nicht beeinträchtigt. Seine Armee war intakt, und seine Entschiedenheit, den Angriff fortzusetzen, schien eher bekräftigt worden zu sein. Mladić rief Rose an und schrie zwanzig Minuten lang in den Hörer. Er drohte damit, daß kein Angehöriger der UNO serbisches Gebiet lebend verlassen werde. Dann führte Mladić einen Plan aus, den er bereits im August ersonnen hatte, als zum ersten Mal Luftangriffe gegen serbische Einheiten bei der Einnahme des Berges Igman an der Südspitze Sarajevos angedroht worden waren. Er nahm 150 Mitarbeiter der UNO als Geiseln fest, während seine Truppen im Norden der Republik einen Vergeltungsangriff mit Artillerie und Granatwerfern auf die von Regierungstruppen kontrollierte Stadt Tuzla durchführten. Karadžić besuchte Mladić an der Front von Goražde, und während ihre Truppen sich zur Fortsetzung des Angriffs formierten, spielten die beiden Männer dreist und unbeeindruckt Schach. Wenn es Roses Absicht gewesen sein sollte, das Konzept des Einsatzes von Luftangriffen zu diskreditieren, so hätte er es nicht besser einfädeln können. Weltweit ließen sich die Stimmen derjenigen, die stets vor militärischem Eingreifen gewarnt hatten, mit der zufriedenen Bemerkung vernehmen: „Seht ihr, wir haben es euch ja immer schon gesagt."

Die Russen, mit denen man die Aktion nicht abgesprochen hatte, wollten nun erreichen, daß die NATO nicht noch einmal unabhängig agiere. Für sie bedeutete jede Art von Luftangriff, wie begrenzt auch immer, eine Gefahr der Ausweitung des Konflikts. Vitali Tschurkin reiste nach Pale.

Die Sache war hochgefährlich. Wenn die NATO dem Drängen der bosnischen Regierung nachgegeben und eine massivere Bombardierung des Gebiets um Goražde oder sonstiger Positionen der bosnischen Serben eingeleitet hätte, so hätte das einen ausgewachsenen Krieg mit der UNO und der NATO als direkt Beteiligten bedeutet. Außerdem machte ich mir wegen der Reaktionen zu Hause Sorgen. Wenn die in die falsche Richtung gelaufen wären, dann hätte uns das eine internationale Krise beschert. Zwar habe ich nie befürchtet, daß wir im vollen Wortsinn auf den Dritten Weltkrieg zusteuerten, aber es wäre doch zu schwerwiegenden Belastungen der Verhältnisse gekommen, zu einer politischen Krise mit langfristig negativen Auswirkungen.

Tschurkin befürchtete für den Fall eines Kriegseintritts der westlichen Verbündeten auf der Seite der bosnischen Regierung eine Kampagne russischer Nationalisten, den bedrohten Serben beizustehen, der zu entgegnen nicht mehr so leicht möglich gewesen wäre. Bosnien drohte nun tatsächlich, die Welt in einen neuen globalen Ost-West-Konflikt zu stürzen.

Am 15. April begannen die Serben mit ihrer entscheidenden letzten Offensive. Die bosnischen Verteidigungslinien fielen so schnell, daß sich zwei britische SAS-Leute plötzlich an der Front wiederfanden. Beide wurden verwundet, einer von ihnen schwer. Ihre Kameraden benachrichtigten Rose in Sarajevo und beantragten eine sofortige medizinische Not-Evakuierung. Rose wiederum forderte Luftnahunterstützung an, die nach der Resolution des UNO-Sicherheitsrats zum Schutz von UNO-Angehörigen möglich war. Sein Antrag mußte allerdings von Yasushi Akashi autorisiert werden, der sich gerade zu einem Treffen mit Karadžić in Pale aufhielt. Rose rief Akashi in Pale an. Akashi war gerade auf dem Weg zu einem späten Mittagessen mit Karadžić. Ihr Telefonat wurde aufgezeichnet und später veröffentlicht.

„Wir brauchen sofort Luftnahunterstützung", teilte General Rose Akashi mit.

„Wie wäre es, wenn Dr. Karadžić eine sofortige Waffenruhe anordnet, so daß sich unsere Leute umgehend zurückziehen können?" entgegnete Akashi.

„Bis diese Anordnung ankommt, sind unsere Leute tot oder in Gefangenschaft", antwortete ein atemloser Rose. „Wir haben Verwundete hier, wir müssen *Blue Sword* [Codename für Luftnahunterstützung] einsetzen, um sie rauszukriegen. Sonst werden sie alle umkommen ..."

Akashi fragte Karadžić, was denn an der Goražde-Front vorgehe. Karadžić rief auf einer anderen Leitung Mladić an. Mladić sagte, wenn die britischen Soldaten verwundet worden seien, so hätten sie sich von ihren angegebenen Positionen entfernt. „Herr Präsident", sagte Mladić, „glauben Sie nun denen, mir aber nicht? Ich sage Ihnen die Wahrheit, die anderen lügen Sie an." Karadžić, mittlerweile sichtlich erregt, wandte sich an Akashi und sagte zu ihm: „Sie waren an der Front! Was hatten sie denn dort zu suchen? Da dürfen sie doch gar nicht sein!" Daraufhin verweigerte Akashi Roses Antrag auf Luftnahunterstützung seine Zustimmung.

Die verwundeten Soldaten hatten sich nicht von ihren angegebenen Positionen entfernt. Sie waren lediglich von der Schnelligkeit des Schlachtverlaufs überrascht worden, wie Rose dann später erfuhr: „Die bosnischen Linien brachen so schnell zusammen, daß sie sich plötzlich an der Front und schließlich hinter den serbischen Linien befanden, ohne es sofort bemerkt zu haben.“

Am 16. April gaben die Serben die Einnahme der strategisch entscheidenden Hügel um Goražde bekannt. Wie schon vor einem Jahr in Srebrenica, so war nun Goražde völlig den Serben ausgeliefert. Sie standen buchstäblich an den Stadttoren und setzten ihren Angriff fort. Am Nachmittag forderte Rose erneut Luftnahunterstützung an. Diesmal stimmte Akashi zu. Die NATO-Flugzeuge starteten. Aber das Wetter war schlecht. Sie mußten mehr als einmal das Gebiet überfliegen, bis sie ihre Ziele ausmachen konnten. Ein britischer Marinebomber vom Typ *Sea Harrier* wurde von einer Boden-Luft-Rakete getroffen. Der Pilot konnte sich mit dem Schleudersitz retten, das Flugzeug stürzte brennend ab. Die Aktion wurde abgeblasen.

In Pale machte sich Tschurkin immer größere Sorgen wegen der Eskalation, die diese Geschehnisse darstellten. Karadžić war verschwunden; er war nach Banja Luka gefahren, zwölf Autostunden von Pale entfernt, und war telefonisch nicht erreichbar. Der ranghöchste serbische Politiker in Pale war Momčilo Krajišnik, der Parlamentspräsident. Tschurkin zufolge zeigte sich Krajišnik äußerst unwillig, auch nur für irgend etwas die Verantwortung zu übernehmen. Tschurkin rief in seiner Verzweiflung Milošević an. „Soll ich etwa persönlich das Amt des Präsidenten der *Republika Srpska* übernehmen?“ fragte er den serbischen Präsidenten. Tschurkin befürchtete weitere NATO-Luftangriffe als Reaktion auf die abgeschossene britische Maschine.

Nach dem Abschuß des britischen Militärflugzeugs hagelte es sofort dramatische Berichte. Ich wußte nicht, was wahr und was falsch war, aber wir hörten, daß über dreißig NATO-Kampfflugzeuge über Goražde kreisten und mit einer massiven Bombardierung beginnen würden.

Ich fragte mich, was ich tun konnte. Ich hatte einige deutliche Aussprachen mit Milošević und mit dem ranghöchsten anwesenden Politiker hier, Herrn Krajišnik. Ich rief auch Herrn Akashi in Sarajevo an, und wir einigten uns, daß die Flugzeuge von Goražde abkommandiert werden sollten und es keine Bombardierung geben würde.

Tschurkin überzeugte Akashi, von Luftangriffen Abstand zu nehmen. Als Gegenleistung versprach Krajišnik drei Dinge: das Ende des Bombardements von Goražde, den Rückzug der serbischen Einheiten bis auf eine Entfernung von drei Kilometern vom Stadtzentrum und die

Freilassung der 150 UNO-Angehörigen, die nach dem ersten Luftangriff als Geiseln festgenommen worden waren. Das Abkommen war am frühen Abend ausgehandelt worden und sollte sofort in Kraft treten. Die Verhandlungen sollten am nächsten Morgen fortgesetzt werden.

Kein einziges der Versprechen wurde gehalten. Am nächsten Morgen traf Karadžić aus Banja Luka ein. Yasushi Akashi kam aus Sarajevo nach Pale. Vitali Tschurkin fand sich in der bizarren Lage, nicht mehr zwischen den Serben und der Regierung in Sarajevo, sondern zwischen den Serben und der internationalen Gemeinschaft zu vermitteln. Zweifelsohne ein Zeichen dafür, wie sehr die Vereinten Nationen und die NATO von Karadžić mit der „moslemischen Seite" identifiziert wurden.

Karadžićs Verhalten brachte Tschurkin regelrecht auf die Palme. Er erinnerte sich später folgendermaßen:

Sie hatten mir diese drei Dinge versprochen. Aber sie hatten niemanden freigelassen, sie hatten sich auch nicht einen Zentimeter von ihren Positionen zurückgezogen, und das Bombardement ging munter weiter.

Karadžić zögerte. Nach etwa zwei oder drei Stunden wurde mir klar, daß er, aus Gründen, die er gut für sich zu behalten wußte, nicht das geringste Interesse an einem Abkommen hatte. Also wies ich ihn auf die Chancen hin, die er sich damit verdarb, einschließlich der Möglichkeit einer Aufhebung der Sanktionen, und verließ den Raum.

Akashi war demgegenüber zuvorkommender. Er wollte unbedingt an etwas festhalten, das er irgendwie als ein Zeichen des „Fortschritts" ausgeben konnte, und sei es der sprichwörtliche Strohhalm. Tschurkin in seinen Erinnerungen:

Und dann sagte Herr Akashi: „Na gut, aber könnten wir nicht vielleicht wenigstens eine medizinische Evakuierung durchführen?" Und Karadžić sehr eifrig: „Oh, doch, doch, unbedingt, das sollten wir sofort bekanntgeben!" Ihm war klar, daß wenigstens etwas Positives bekanntgegeben werden mußte, und so ging er auf die wartende Presse zu. Ich sollte auch mitkommen, aber ich wollte mich ihnen nicht zugesellen. Nach der kleinen Pressekonferenz kamen ein paar Journalisten auf mich zu und stellten auch mir ein paar Fragen. Ich wollte es eigentlich nicht sagen, habe es dann aber doch getan. Ich sagte also, daß ich sehr enttäuscht sei, weil ich an diesem Wochenende mehr gebrochene Versprechen hatte anhören müssen als in meinem ganzen Leben vorher zusammengenommen. Es hätte viel mehr erreicht werden müssen.

Das Ergebnis war ein klassischer Akashi. Gegenüber den Journalisten hörte sich das so an:

Präsident Karadžić und ich haben uns darauf geeinigt, daß sich beide Seiten um eine größtmögliche Zurückhaltung bei allen offensiven Aktivitäten bemühen sollten. In der Zwischenzeit werden wir unsere Verhandlungen fortsetzen und uns um die Unterzeichnung eines Abkommens bemühen, damit sich die Lage so schnell wie möglich stabilisiert. Präsident Karadžić hat sich bereit erklärt, eine Not-Evakuierung von Mitarbeitern der Hilfsorganisationen und von Bewohnern Goraždes durchführen zu lassen. UNPROFOR ist dazu morgen früh um 8 Uhr bereit.

An jenem Tag drangen serbische Einheiten und gepanzerte Fahrzeuge in die Stadt ein und besetzten das rechte Ufer der Drina. Der Granatwerferbeschuß ging unvermindert weiter.

General Rose gab den SAS-Leuten den geheimen Befehl, die Stadt zu verlassen – sofort, unentdeckt, im Schutze der Nacht. Die Luftangriffe hatten ihre Existenz verraten. Die bosnischen Serben wußten nun, wer sie wirklich waren, nicht zuletzt, weil die Amerikaner Videoaufnahmen von den Luftangriffen an Fernsehsender weitergeleitet hatten, auf denen auch klar und deutlich die Stimmen der militärischen Lotsen zu hören waren, wie sie in unverkennbar südenglischem Akzent die Angriffe leiteten. Die in der Stadt verbliebenen Mitarbeiter der Hilfsorganisationen wachten also am nächsten Tag auf und fanden sich, wie sie es sahen, von Roses Männern im Stich gelassen. Der Bürgermeister von Goražde, Ismet Briga, soll in Tränen ausgebrochen sein, als er hörte, daß die SAS-Leute die Stadt verlassen hatten. Alle Mitarbeiter internationaler Hilfsorganisationen wurden später, selbstverständlich mit bereiter Hilfe der bosnischen Serben, per Hubschrauber aus der Stadt evakuiert. Goražde war seinem Schicksal überlassen.

Präsident Izetbegović schrieb einen verzweifelten Brief an Boutros Boutros-Ghali, in dem er ihn persönlich für das Schicksal der Enklave verantwortlich machte:

Die sogenannte Sicherheitszone ist zum unsichersten Ort der Welt geworden. Die Organisation, der Sie vorstehen, hatte das freie Gebiet Goražde vor einem Jahr zu einer von der UNO geschützten Zone erklärt. In den Resolutionen 824 und 836 des UNO-Sicherheitsrats finden sich Bezugnahmen auf diese Schutzzone, die sich jedoch nunmehr als leere Worthülsen erwiesen haben. Weder Sie noch Ihre Mitarbeiter haben auch nur das Geringste unternommen, das Mandat durchzusetzen, das Ihnen durch diese Resolutionen an die Hand gegeben worden war, um die Bevölkerung Goraždes zu schützen und die Glaubwürdigkeit der Vereinten Nationen zu wahren. Das Ergebnis ist offensichtlich ein tragisches. Herr Generalsekretär, mein Volk macht Sie für diese Situation verantwortlich. Dieses Land blutet, und es gibt keinen Platz mehr für diplomatisches Zögern. Sollte Goražde fallen, so glaube ich, daß Ihr moralischer Verantwortungssinn Ihnen befehlen sollte, von Ihrem Posten als Generalsekretär der Vereinten Nationen zurückzutreten. Das wäre das mindeste, was Sie noch tun könnten.

Unter enormem Druck seitens der Amerikaner und des NATO-Generalsekretärs Manfred Wörner ersuchte Boutros-Ghali die NATO, mit ihren Luftstreitkräften für die Abschreckung weiterer Angriffe zu sorgen. Der NATO-Rat traf sich in Brüssel. Er war so gut wie gelähmt durch interne Meinungsverschiedenheiten. Die Amerikaner drängten auf Luftangriffe, die Briten erklärten sie für unvereinbar mit dem gegenwärtigen Auftrag von UNPROFOR. US-Diplomaten zeigten offen Verachtung für die britische Position – ein Diplomat bezeichnete die Briten privat als *really wet,* was sich vielleicht am treffendsten mit *rückgratlos* übersetzen läßt. Die Briten wiederum nahmen den Amerikanern übel, sich nicht zum Einsatz von Bodentruppen durchringen zu wollen. Das nordatlantische Bündnis, ganz zu schweigen von dem sogenannten „besonderen Verhältnis" Amerikas und Großbritanniens, war so wackelig wie nie zuvor. Der NATO-Rat gab bekannt, daß es noch „einige Tage" dauern werde, bis man zum Ersuchen Boutros-Ghalis Stellung nehmen könne.

Am 19. April stürmte eine Gruppe von etwa fünfzig bosnischen Serben ein Waffenlager der UNO, die Lukavica-Kaserne innerhalb der Schutzzone von Sarajevo. Es handelte sich um eine der im Waffenstillstandsabkommen von Sarajevo vom 9. Februar bezeichneten Lagerstätten für schwere Waffen. Sie entwendeten achtzehn Luftabwehrgeschütze – unter den hilflosen Blicken der UNO-Beobachter, unter deren „genaue" Kontrolle die Waffen entsprechend dem Abkommen von Sarajevo gestellt worden waren. Mladić schien die Mißachtung aller Abkommen und die Erniedrigung der gesamten westlichen Welt sichtlich zu genießen. Am 20. April war die Zahl der Todesopfer gemäß Angaben von Hilfsorganisationen innerhalb von weniger als drei

Wochen auf 313 gestiegen, die Zahl der Verletzten auf über eintausend; aus Quellen, die der bosnischen Regierung nahestanden, verlauteten noch deutlich höhere Zahlen. Präsident Clinton forderte erneut ein bestimmteres Handeln der NATO.

Die NATO einigte sich auf einen internen Kompromiß, der allerdings die Briten immer noch verärgerte. Man gab ein Ultimatum an die Serben aus. Wenn diese nicht drei Bedingungen erfüllten, müßten sie mit weiteren Luftangriffen rechnen: Erstens eine sofortige Waffenruhe; zweitens der Rückzug ihrer Truppen bis auf drei Kilometer Entfernung vom Stadtzentrum Goraždes bis zum Morgen des 23. April, und drittens der Rückzug aller schweren Waffen bis auf zwanzig Kilometer bis zum Abend des 26. April. Die Briten beugten sich dem Druck um der Einheit der NATO willen, bemerkten aber protestierend, das Ultimatum schaffe ein gefährliches Beispiel, das über das Vorgehen in Sarajevo im Februar noch weit hinausgehe. Zum ersten Mal war ein NATO-Ultimatum ausschließlich an die Adresse der Serben gerichtet; es zielte eindeutig gegen eine Seite. Das Sarajevo-Ultimatum, das am 9. Februar gestellt worden war, hatte von beiden Seiten gleichermaßen verlangt, die schweren Waffen unter die Kontrolle der UNPROFOR zu stellen. Die Briten, die den ganzen Krieg lang um eine gleiche Behandlung beider Seiten bemüht gewesen waren, ohne Rücksicht auf die jeweilige Rolle, die sie im Krieg spielten, sahen im neuen Ultimatum erstmals eine Identifizierung der Serben als Feinde. Die anglo-amerikanischen Beziehungen gerieten noch tiefer in die Krise.

Während die Bombardierung Goraždes ihren ununterbrochenen Verlauf nahm, machte sich Yasushi Akashi auf den Weg nach Belgrad, wieder einmal entschlossen, „etwas Positives verkünden“ zu können, um die NATO davon abzubringen, ihre Drohung wahr zu machen. In seinem Gefolge befand sich UN-Untersekretär Shashi Tharoor:

> *Wir waren uns natürlich des ungeheuren Drucks bewußt, den gewisse NATO-Staaten, und natürlich auch der NATO-Generalsekretär selbst, in Richtung Luftangriffe ausübten. Wir betrachteten es als unsere Aufgabe, eine Einschätzung zu treffen, ob dieser militärische Einsatz notwendig war oder ob es nicht doch einen friedlichen Ausweg gab.*

Am Samstag, dem 23. April, wurde Akashi vom Südeuropa-Kommandanten der NATO, Admiral Leighton Smith, kontaktiert, der ihn um die Autorisierung von Luftangriffen mit der Begründung bat, daß keine einzige ultimative Forderung bisher erfüllt worden sei – von Waffenruhe keine Spur. Akashi verweigerte seine Zustimmung mit dem Hinweis, es gebe Anzeichen dafür, daß die Serben mit der Umsetzung der Forderung Nummer 2 des Ultimatums, dem Truppenrückzug, begonnen hätten (obwohl natürlich der Zeitrahmen des Ultimatums dafür bereits überschritten war). Akashi forderte Smith auf, den Serben mehr Zeit einzuräumen. Zur selben Zeit setzte General Rose 150 ukrainische UNO-Soldaten nach Goražde in Marsch. Smith erstattete an Wörner Bericht, der über diese Kompromittierung der NATO außer sich geriet und persönlich eingriff. Er versuchte Akashi mehrmals in Belgrad telefonisch zu erreichen. Akashi, in Gespräche mit serbischen Politikern vertieft, war für Telefonate nicht abkömmlich. Am nächsten Tag verkündete er, die bosnischen Serben seien zu einem Waffenstillstand um Goražde und zu einem Rückzug ihrer Truppen bis auf drei Kilometer bereit. Die ukrainischen Soldaten hatten keine Probleme gehabt, nach Goražde zu gelangen. Ihnen sollte je ein französisches und ein britisches Bataillon folgen. Als diese sich auf dem Flughafengelände von Sarajevo zum Abflug bereit machten, erhielten die Franzosen plötzlich den Befehl zur Rückkehr in ihre Kaserne. Über den Kopf des UNO-Kommandanten hinweg hatte das französische Verteidigungsministerium, das in Paris tagte, seinen Soldaten den Abbruch der Aktion befohlen. General Rose schien noch nicht einmal über die ihm unterstellten multinationalen Truppen bestimmen zu können.

Die übriggebliebenen Ukrainer und Briten setzten ein Abkommen um, wie es ähnlich ein Jahr zuvor in Srebrenica realisiert worden war: Demilitarisierung der Enklave, Überwachung der Waffenruhe und Stellungsbezug von UNO-Einheiten zwischen den serbischen Linien und der halbzerstörten Stadt.

Es kehrte eine Art Frieden ein, aber wieder einmal erst, nachdem General Mladić im wesentlichen das erreicht hatte, was er erreichen wollte. Es bleibt fraglich, ob er die Stadt wirklich je ganz einzunehmen beabsichtigte. Die attraktive Munitionsfabrik am Ostufer der Drina blieb trotz Mladićs Bemühungen in den Händen der Moslems. Infanterie im Häuserkampf hatte sich während des jugoslawischen Krieges bisher stets als kostspielig und kompliziert erwiesen. Zum damaligen Zeitpunkt mag es durchaus ausreichend gewesen sein, die drei Enklaven umzingelt und im großen und ganzen gezähmt zu haben. So könnte er sie auch gut während zukünftiger Verhandlungen um ein umfassendes Abkommen als Tauschobjekt benutzen. Das vorläufige Ende der Goražde-Affäre ließ freilich den Disput innerhalb der NATO, der das

Bündnis an den Rand des Bruchs gebracht hatte, weiterhin ungeklärt. Von britischer und von französischer Seite hieß es, man werde seine Bodentruppen abziehen, wenn die Amerikaner weiter auf eine „lift and strike"-Politik, also auf gleichzeitige Evakuierung und Angriffe aus der Luft, drängten. Konsequenterweise verbrachten die beiden europäischen Länder die folgenden Monate damit, die Amerikaner mit detailliert ausgearbeiteten Plänen für einen Notabzug ihrer Truppen von der Ernsthaftigkeit ihrer Drohung zu überzeugen.

Aber dieses traurige Kapitel machte nicht nur die Gräben innerhalb der internationalen Gemeinschaft deutlich. Es entfremdete auch die bosnischen Serben von ihren natürlichen Verbündeten in Rußland und von ihrer Schutzmacht in Belgrad. Milošević, der sich vor der Offensive auf Goražde große Hoffnungen gemacht hatte, mit Hilfe der Russen ein Abkommen zustande bringen zu können, das endlich die internationalen Sanktionen gegen Serbien aufheben würde, sah diesen Plan vorerst vereitelt und war dementsprechend wütend auf Karadžić. Gegenüber Tschurkin sagte Milošević, Karadžić habe ihn, was Goražde betraf, stets im Halbdunkel gelassen. Lord Owen bestätigte später, daß die Krise von Goražde die beiden rivalisierenden serbischen Lager weiter denn je zuvor auseinandergetrieben habe.

Für mich war der wichtigste Aspekt von Goražde die totale Perfidie der bosnischen Serben gegenüber Tschurkin und Milošević. Ich glaube, daß sich das Verhältnis zwischen Karadžić und Milošević von Goražde nie wieder erholt hat. Sie hatten sich vor aller Welt als berechnende Lügner zu erkennen gegeben, weil sie immerzu behaupteten, es nicht auf Goražde abgesehen zu haben und es in Wahrheit doch hatten.

Ihre russische Unterstützung hatten sie damit erstmals für einige Zeit verspielt. Vollkommen verdientermaßen natürlich: Was in Goražde geschehen war, war einfach unerhört gewesen.

Die bosnische Regierung hatte ebenfalls dazugelernt. Luftangriffe, gleichsam der Heilige Gral der Kriegspolitik Sarajevos, hatten sich erstmals als praktisch einflußlos auf den Verlauf des Kriegsgeschehens erwiesen. Izetbegović hatte dadurch gelernt, daß er sich auf einen langen Krieg einstellen mußte. „Auch wir werden um alles oder nichts kämpfen", versprach er auf einer Massenkundgebung in Sarajevo während der heißesten Phase der Goražde-Krise. „Wir haben unsere Lektion gelernt. Sie lautet: Wir müssen stark sein, weil Stärke der einzige Wert ist, der in dieser Welt respektiert wird."

27. Kapitel

„Ein Dolch im Rücken“

Die serbische Spaltung

Juni 1994

Als Belgrad ein Embargo gegen die serbische Führung in Bosnien ankündigte, sah dies zunächst wie ein weiteres machiavellistisches Manöver Miloševićs aus, die internationale Gemeinschaft an der Nase herumzuführen.

Milošević hatte eingesehen, daß er kaum eine andere Wahl hatte, als einem neuen internationalen Friedensplan zuzustimmen. Nach zwei Jahren der Isolation und wachsender wirtschaftlicher Entbehrungen hatte Serbien den Preis für seine Unterstützung der Kriege in Kroatien und Bosnien zu zahlen. Die Annahme des Plans bot ihm außerdem einen perfekten Vorwand, sich seines Rivalen Radovan Karadžić zu entledigen.

Seit Karadžić vor einem Jahr den Vance-Owen-Plan abgelehnt hatte, hatte Milošević in aller Stille die Fundamente für eine Abspaltung von seinen Brüdern in Bosnien gelegt. Unter Miloševićs strenger Kontrolle begannen die serbischen Medien, Karadžić in ein schlechtes Licht zu rücken. Er wurde immer seltener als der serbische Patriot dargestellt, statt dessen wurden Anspielungen auf Geldwäscherei und Kriegsgewinnlertum gemacht.

Milošević nahm Abstand von der nationalistischen Rhetorik, die ihn zum mächtigsten Politiker des früheren Jugoslawien gemacht hatte. Die serbische Führung in Bosnien stand nun für all das, wofür Milošević nicht mehr stand – die serbisch-orthodoxe Kirche, die Tschetniks und die anderen Symbole des serbischen Nationalismus. Serbien begann vergessene kommunistische Feiertage zu begehen, während die *Republika Srpska* die traditionellen feierte.

Milošević versuchte, sich seines potentiellen Rivalen zu entledigen, da er einen Sündenbock brauchte, den er für Mord und Zerstörung, Armut und Unsicherheit verantwortlich machen konnte. Er verstand, daß seine Tage an der Macht gezählt sein könnten, wenn ihm dies nicht gelänge.

Das Ultimatum zur Billigung des Friedensplans, das die Kontaktgruppe (die aus Großbritannien, Rußland, Frankreich, Deutschland und den Vereinigten Staaten bestand) den Kriegsparteien gestellt hatte, kam ein wenig zu früh für Milošević. Er mußte schließlich überstürzt handeln; viel lieber hätte er Karadžićs Fall langsam hinter den Kulissen arrangiert. Er wollte von den Serben nicht als Henker ihres Helden Radovan Karadžić angesehen werden, sondern Karadžić als machthungrige, blutrünstige Spielernatur darstellen und ihn dann von der politischen Bühne verschwinden lassen. In einem Land, das so an seiner Vergangenheit hing, wollte Milošević nicht als Verräter in die serbischen Volksepen eingehen.

Diesmal verliefen die Dinge grundlegend anders als im Mai 1993, als Milošević die Embargodrohung, die er ausgesprochen hatte, nachdem es ihm nicht gelungen war, der serbischen Führung in Bosnien ein Einverständnis zum Vance-Owen-Plan abzuringen, schon nach wenigen Tagen wieder zurücknahm. Die erste öffentliche Warnung kam am 7. Juni 1994 vom jugoslawischen Präsidenten Zoran Lilić, dessen Stellungnahme von Gewicht war, weil er seine Anweisungen direkt von Milošević erhielt. Es war nur ein Vorgeschmack auf das, was die Serben in Bosnien noch erwartete. Bezugnehmend auf den serbischen „Staat" in Bosnien und seine Entsprechung in Kroatien sagte er: „Zehn Millionen jugoslawische Bürger können nicht als Geiseln eines führenden Politikers gehalten werden – weder aus dem Gebiet Jugoslawiens noch aus der *Republika Srpska,* noch aus der serbischen Republik Krajina." Mit anderen Worten, Karadžić hatte überhaupt nichts zu sagen – nur Milošević.

Der serbische Präsident war davon überzeugt, daß die bosnischen Serben in wenigen Tagen zur Vernunft kommen würden. Er verkündete westlichen Diplomaten gegenüber stolz: „Diejenigen, die auf Konfrontationskurs gegen mich gegangen sind, haben nicht lange überlebt." Sie überlebten allerdings sehr wohl, und so heizte Belgrad tagelang die Stimmung an. Während Milošević praktisch keinen Einfluß mehr auf die bosnisch-serbische Führung hatte, blieb seine Verbindung zum Militär eng, zumindest solange die höheren Offiziere weiterhin aus Serbien ihren Sold bezogen. Obwohl Karadžićs Regime immer paranoider wurde und immer isolierter dastand, war er ein Jahr später immer noch an der Macht: der erste Opponent Miloševićs, der solches geschafft hatte.

In den Nachwehen der Goražde-Krise wurden die internationalen

Friedensbemühungen nach mehr als einem Jahr wiederbelebt und traten im neuen Gewand der sogenannten Kontaktgruppe auf. Owen, der Vermittler der Europäischen Union, erklärte, die Neuformation sei notwendig, um alle beteiligten ausländischen Parteien – insbesondere Rußland und die Vereinigten Staaten – direkt miteinzubeziehen. Auf andere Weise sei es unmöglich, ein Übereinkommen zu erreichen, geschweige denn in die Tat umzusetzen. „Wir mußten einen Weg finden, die Amerikaner am Verhandlungsalltag zu beteiligen, damit auch sie sich für eine Übereinkunft, die sie zu unterstützen gedachten, die Hände schmutzig machten." Er hatte recht. Die Hauptprotagonisten hatten die Meinungsverschiedenheiten in der „internationalen Gemeinschaft" schlau zu nutzen gewußt – die Serben spielten die russische Karte aus oder verließen sich auf die Zurückhaltung Großbritanniens zum Waffenembargo, während die moslemisch geführte bosnische Regierung auf eine bessere Regelung wartete, in der Überzeugung, daß es nur eine Frage der Zeit sei, vor allem, weil die Amerikaner sie unterstützten.

Die Kontaktgruppe war eine Reminiszenz der Großmachtpolitik des 19. Jahrhunderts. Die fünf Nationen versammelten sich, um die Zukunft des früheren Jugoslawien zu diktieren – offenbar in dem Glauben, daß der vom Krieg zerrissene Staat weit entfernt von ihren eigenen Grenzen sei, und sie verhehlten nicht, daß sie sich wünschten, das Problem möge sich einfach in Luft auflösen. Die zögernde Vorgehensweise der Gruppe machte das politische Vakuum nach dem kalten Krieg – den Mangel an Führungskraft und politischer Weitsicht – nur zu offensichtlich. In den Gesprächen über Bosnien ging es den Beteiligten eher darum, die Beziehungen zwischen den Mitgliedern der Kontaktgruppe ins rechte Lot zu bringen und den eigenen Platz in der neuen politischen Ordnung zu definieren, als um eine Lösung für die Region oder ihre Bewohner.

Zu einer Zeit der Uneinigkeit war es ein Versuch, divergierende Ansichten zu koordinieren und den kriegführenden Parteien dann in internationaler Einigkeit gegenüberzutreten. Das erwies sich als schwierig, manchmal sogar unmöglich. In den Monaten nach der Erarbeitung des Plans gingen die Meinungen in der Gruppe so weit auseinander, daß die angekündigten Schritte, die als neue Initiative präsentiert wurden, normalerweise nicht mehr als den kleinsten gemeinsamen Nenner darstellten. Treffen für Treffen gab die Kontaktgruppe Stellungnahmen ab, in denen sie stolz verkündete, die Einheit sei gewahrt. Bosniens Hauptprotagonisten beklagten sich alle über diese zweitrangige Neuschöpfung. Die bosnischen Serben fragten sich laut, warum sie niederen Bürokraten zuhören oder sich dem Willen dieser „weltweiten Mafia" beugen sollten. Ejup Ganić, ein Mitglied der bosnischen Regierung, äußerte Betroffenheit über die Unwissenheit in der Gruppe:

Wir saßen mit den neuen Leuten von der Kontaktgruppe da und schauten uns die Landkarte an. Einige von ihnen versuchten, Banja Luka in Rumänien zu finden. Sie mußten alles von Grund auf lernen, da sie überhaupt nichts wußten. Sie wußten nicht, wer wo lebte. Zuerst sprachen wir mit den Außenministern, dann mit ihren Assistenten und schließlich mit ihren Lakaien.

Aber der amerikanische Gesandte Redman und sein russischer Gegenpart Tschurkin waren alte Hasen. Sie hatten das Sagen. Die Gruppe begann umgehend damit, die neuen Einzelheiten eines Friedensplans auszuarbeiten, der Bosnien-Herzegowina innerhalb seiner international anerkannten Grenzen erhielt. Er wies 51 Prozent Bosniens der moslemisch-kroatischen Föderation und den Rest den Serben zu. Die Serben würden etwa ein Drittel der 70 Prozent des Landes, das sie im Augenblick unter ihrer Kontrolle hatten, herausgeben müssen. Die moslemisch-kroatische Föderation erlaubte es ihnen, Sarajevo vorteilhafter zu behandeln. Dieser Plan sah größere zusammenhängende Territorien unter der Kontrolle der Föderation vor.

Ende Juni waren die Karten fertiggestellt. Sie wurden allerdings streng unter Verschluß gehalten, und den kriegführenden Parteien war nicht gestattet, sie zu sehen. Karadžić, der angesichts der Bestrafung, die er von Milošević erwartete, nervös geworden war, gab bekannt, er „werde die Karten billigen, wenn sie auch nur ansatzweise akzeptierbar sind, aus Liebe zu unseren Brüdern in Serbien und Montenegro. Aber unter der Bedingung, daß die Sanktionen gegen Belgrad aufgehoben werden." Das wurde der neue serbische Refrain: Zuerst die Sanktionen, dann der Frieden. Im Gegensatz dazu bestanden die Vermittler auf Frieden als erste Bedingung – dann erst würden die Sanktionen aufgehoben werden. Am 30. Juni brachte der russische Gesandte, Aleksei Nikiforov, die Karten nach Belgrad. Zu diesem Zeitpunkt hatte Milošević sich bereits entschieden.

In Genf lüftete die Kontaktgruppe das Geheimnis und setzte den kriegführenden Parteien eine Frist von fünfzehn Tagen, „ja oder nein" zu den Karten zu sagen. Nachdem Karadžić den Vorschlag gesehen hatte, ging er grinsend zu Lord Owen. „Ich dachte, die Karten könnten ein Problem darstellen. Aber sie sind völlig unproblematisch. Keine einzige Person wird sie akzeptieren." Der Plan sah vor, daß die Serben dreizehn Städte, Kraftwerke und Fabriken herausgeben sollten, die sie während des Jahres in ihren Besitz gebracht hatten. Er nahm ihnen Teile ihres nördlichen Korridors weg, eine Route, die so wichtig geworden war, daß sie in nationalistischen Volksliedern besungen wurde. Karadžić sei „in diesen Tagen zu anmaßend" gewesen, kommentierte Owen. Er habe die Karten als „demütigend" zurückgewiesen und behauptet, sie seien „so gezeichnet, daß die Serben sie ablehnen müßten und man sie dann für die Fortsetzung des Krieges verantwortlich machen könnte".

Die Karten zeigten zwei spinnwebenartig angelegte Staaten, mit mehreren tausend Kilometer langen Grenzen. Die Frontlinien verdeckten, daß die ethnischen Gruppen trotz des Krieges auch weiterhin örtlich eng zusammenlebten. Die drei moslemischen Enklaven in Ostbosnien wären ein Teil der moslemisch-kroatischen Föderation. Zwei von ihnen – Žepa und Srebrenica – würden zusammengefaßt und durch einen engen Korridor mit Goražde verbunden werden, von wo aus eine Straße nach Sarajevo führen würde. Die bosnische Hauptstadt würde unter vorläufige UN-Administration gestellt, bis ihr Status geklärt wäre.

Der bosnische Premierminister Haris Silajdžić kritisierte die Karten, da sie seiner Ansicht nach die militärischen Zugewinne der Serben konsolidierten. „Sie belohnten Völkermord und ethnische Säuberung ... besonders die für Ostbosnien angestrebte Lösung hat ernsthafte Mängel, und einige Gebiete, in denen Genozid stattfand, wie Prijedor, werden genau unter der Kontrolle derer sein, die diese Verbrechen begingen", sagte er mit dem Hinweis auf Städte, die vor dem Krieg weitgehend moslemisch gewesen waren, aber jetzt unter serbischer Kontrolle standen und aus denen große Teile der Bevölkerung vertrieben worden waren.

Karadžić nannte die Karten mehrmals ein „amerikanisches Diktat" und versuchte, das geeinte Auftreten der Kontaktgruppe – das mit so viel Mühe aufrechterhalten wurde – ins Wanken zu bringen. Aus irgendeinem Grund fing Tschurkin, der die Interessen der Serben zu wahren versuchte (in derselben Weise, in der die USA die Moslems repräsentierten), keinen Streit an, sondern nahm es hin, daß der nordserbische Korridor buchstäblich zerstückelt wurde. Owen sagte: „Er

[Tschurkin] hätte in den Verhandlungen wirklich etwas bestimmter auftreten sollen. Aber er hatte ihr Verhalten einfach so satt, daß er sagte, er lasse sie schmoren."

Während die bosnischen Serben frohlockten, wie leicht es sei, die Karten abzulehnen, begann Milošević, sich öffentlich auf die Seite der Kontaktgruppe zu schlagen, und bildete somit ein machtvolles Gegengewicht zu den bosnischen Serben. In Belgrad sagte am 6. Juli der serbische Präsident dem russischen Außenminister, Andrej Kosyrew, gegenüber: „Es gibt keine Alternative zu einem serbischen Ja zu dem Plan."

Ein fieberhafter diplomatischer Pendelverkehr wurde eingerichtet. Der G-7-Gipfel[184] in Neapel (an dem die Industrienationen und Rußland teilnahmen) gab der Kontaktgruppe grünes Licht und sandte den britischen Außenminister Douglas Hurd und seinen französischen Kollegen Alain Juppé nach Belgrad und Pale. Trotz dieser scheinbaren Entschlossenheit gab es ernsthafte Spaltungen in der Gruppe. Europa empörte sich über Drohungen der USA, einseitig das UN-Waffenembargo aufzuheben. Hurd und Juppé ließen die Serben wissen, daß Europa gezwungen sei, den Forderungen der USA nachzugeben und den Moslems zu erlauben, sich Waffen zu verschaffen, wenn die Serben den Plan zurückwiesen. Dies traf bei Milošević auf offene Ohren. Er hatte sich ohnehin schon entschieden, mit den bosnischen Serben zu brechen – wenn sie ihm nicht gehorchten. Lilićs frühere Bemerkungen deuteten nur an, was noch kommen sollte. Aber Karadžić schien keine dieser Warnungen – weder die aus Belgrad noch die der EU – ernst zu nehmen. Statt dessen wies er fortwährend auf sechshundert Jahre Geschichte hin und zog den Zorn Hurds auf sich. Der britische Außenminister, sagte Nikola Koljević, habe versucht, ihn zu überreden, den Plan anzunehmen. „Sie können nicht *nein* sagen. Und bitte sagen Sie nicht *ja, aber*. Aber Sie können *ja, und* sagen." Und Koljević weiter: „Das war ihre elegante Formel, auf etwas zu antworten, was uns nicht gefiel."

„Wir hörten, daß man nach dem Motto *ja oder nein* verfahren wollte, oder genauer ausgedrückt: *entweder Sie nehmen an, oder Sie nehmen nicht an und werden dafür bestraft*", sagte Koljević. „Das war milde ausgedrückt ein merkwürdiges Verfahren."

Milošević zitierte seine bosnisch-serbischen Protegés, einschließlich Armee- und Polizeichefs, aus Bosnien zu einem Treffen der Spitzenpolitiker des Landes nach Dobanovci, einer militärischen

Basis in der Nähe von Belgrad. Sie machten sich daran, eine Formulierung zu entwickeln, die für die Kontaktgruppe akzeptabel wäre, aber auch ihrer Forderung, einen Teil des Planes neu zu verhandeln, Ausdruck verleihen würde. „Die wichtigste Diskussion mit Präsident Milošević in Dobanovci ging darum, wie wir der Kontaktgruppe unsere Antwort so präsentieren könnten, daß sie wie *ja, und* klänge", sagte Koljević.

„Wir redeten rund um die Uhr", erinnerte sich später der montenegrinische Präsident Bulatović.

Ich verbrachte damals mehr Zeit mit Karadžić als mit meiner Frau und meinen Kindern. Es war der entscheidende Zeitpunkt.

Wir gaben Karadžić den Rat, den Plan zu akzeptieren, zu sagen, daß dies ein entscheidender Sieg für die Serben in Bosnien sei. Aber Karadžić fuhr nach Genf und sagte, der Plan sei verheerend.

Bei allen unseren Treffen zwischen dem 27. Juni und dem 4. August, als wir uns entschieden, die Wirtschaftsbeziehungen abzubrechen, wiederholten wir immer wieder, daß wir ihnen, falls sie den Vorschlag ablehnten und dadurch der ganzen Welt den Krieg erklären, nicht erlauben würden, uns auch mit hineinzuziehen.

Der serbische Präsident und sein montenegrinischer Verbündeter wiederholten ihre Warnungen vom Vorjahr, als sie die Annahme des Vance-Owen-Plans durchdrücken wollten. Milošević, der gelobt hatte, daß Serbien sich nie wieder dem internationalen Willen beugen werde, brachte nun seine Bitten vor. Er gab den bosnischen Serben zu verstehen, er könne ihre Einwände verstehen, aber es gebe keine andere Wahl.

Milošević sagte zu Karadžić: „Ich dachte, Krajišnik sei die härteste Nuß, aber ich hatte unrecht, Sie sind viel schwerer zu knacken als er." In dieser Nacht, in der Milošević versuchte, sie umzustimmen, machte er eine beiläufige Bemerkung, deren Bedeutung Koljević erst später verstand. „Wenn Sie nicht auf diese Art reden wollen, werden wir mit Hilfe der Zeitungen miteinander reden." Koljević dachte, dies bedeute das Ende ihrer privaten nächtefüllenden Treffen. Er sollte eines Besseren belehrt werden.

Gegen 5 Uhr morgens einigten sie sich Angaben Bulatovićs zufolge darauf, der Kontaktgruppe folgendes vorzulegen: Die *Republika Srpska* werde den Plan der Kontaktgruppe als Basis für Verhandlungen über strittige Punkte wie den Austausch von Territorien, internationale Sicherung der Grenzen und die Möglichkeit konföderaler

Bindungen zu Jugoslawien akzeptieren. In strengster Geheimhaltung halfen ihnen britische und russische Diplomaten, sicherzustellen, daß der Wortlaut für die internationalen Vermittler, die ihn zu diesem Zeitpunkt immer noch einen „Ja-oder-Nein-Plan" nannten, akzeptabel war.

Krajišnik holte seinen Notizblock heraus und sagte zu seinen Belgrader Gastgebern: „Das ist unsere Übereinkunft, und wir werden die Schlußfolgerung aufschreiben." Bulatović sagte: „Als wir die Schlußfolgerung am nächsten Tag lasen, stimmte nicht ein einziger Satz mit dem überein, worauf wir uns nach den Unterredungen am Wochenende geeinigt hatten."

Als die bosnisch-serbische Führung Belgrad verließ, um zu einer weiteren Sitzung mit der Kontaktgruppe nach Pale zu fahren, trafen sich die Parlamente Bosniens und der moslemisch-kroatischen Föderation in Sarajevo, um den Landkarten zuzustimmen. Izetbegović sprach von einem „ungerechten und unfairen Friedensangebot" und gab öffentlich zu, daß sie den Plan nur akzeptierten, weil die Serben ihn sowieso ablehnen würden. „Wir sollten den Plan annehmen, weil wir mit der Ablehnung Karadžić und Milošević einen Gefallen täten." Später erklärte Izetbegović:

Aus diesem Grund akzeptierten wir diese schlechte Option, denn jede Alternative war noch schlimmer. Wir haben den Plan also keineswegs mit Freude angenommen, und wir sind auch jetzt nicht erfreut über ihn ... Uns wurde zu diesem Zeitpunkt klar, daß wir keine Zeit verlieren durften, denn der Krieg zerstört alle Aussichten auf ein multinationales Bosnien, die ein sofortiger Frieden noch retten könnte. Deshalb beschlossen wir, den Frieden zu akzeptieren, obwohl er unfair war.

In Pale bot sich inzwischen ein ähnliches Bild wie damals bei der Versammlung zur Diskussion des Vance-Owen-Plans. Karadžić stellte in den grellsten Farben dar, was die Ablehnung des Plans bedeuten könne. „Die Nation muß auf Tränen und Hunger vorbereitet werden, wenn sie den Plan zurückweist." Trotzdem sprach er sich auch diesmal keineswegs für den Plan aus, sondern wies darauf hin, was er bedeute – ein Leben in Bosnien-Herzegowina unter moslemischer Herrschaft.

Ungeachtet der Drohungen aus Belgrad schlugen die bosnischen Serben eine andere Richtung ein. Sie setzten ein Dokument auf, in dem sie anboten, die Gespräche fortzusetzen, ohne allerdings die Landkarten zu akzeptieren. Ihre Antwort – und die Augen der internationalen

Gemeinschaft waren gebannt auf Pale gerichtet – wurde in einen rosa Umschlag gesteckt. In Genf fragte die Kontaktgruppe, ob ihre Antwort „ja“ oder „nein“ sei. Die bosnischen Serben sagten, sie sei keines von beiden.

Trotz allem glaubte Milošević immer noch, daß er seine ungehorsamen Protegés überzeugen könne. Am 27. Juli trafen gewichtige Persönlichkeiten aus Rußland in Belgrad ein: der russische Verteidigungsminister, General Pawel Gratschow, und Vitali Tschurkin. Milošević sagte zu den Russen, daß er immer noch hoffe, die bosnischen Serben würden ihre Meinung bei der zweiten Sitzung ändern. Später trafen sich die Russen mit den bosnischen Serben und drängten sie, dem Plan zuzustimmen.

In den Augen der bosnischen Serben gebührte General Gratschow im Gegensatz zu Jelzin und seinen anderen Ministern, die die bosnischen Serben für schwach und für Druck aus dem Westen empfänglich hielten, erheblicher Respekt. Karadžić zufolge trieb Gratschow ihn an: „Sie müssen den Plan akzeptieren, denn wenn Sie angegriffen werden, müssen Sie sich verteidigen, und das könnte problematisch für uns werden.“ Das bedeute eine neue politische und möglicherweise militärische Konfrontation auf dem Balkan und eine gefährliche Kluft zwischen Rußland und dem Westen. Karadžić verließ eigenen Angaben zufolge das Treffen zuversichtlich, daß die „russische Armee auf unserer Seite stand. Wir wußten das schon vorher, aber nun war es klar, daß die russische Armee ein offenes Ohr für die Belange der Serben hatte.“ Bei der Sitzung am nächsten Tag war alles unverändert. Die bosnischen Serben legten wie immer eine trotzig-herausfordernde Haltung an den Tag. Milošević rüstete zum Krieg gegen die, die bis vor kurzem noch seine Statthalter gewesen waren.

Zum ersten Mal holte der serbische Präsident unverhohlen zum Schlag gegen die Führung in Pale aus: „Niemand hat das Recht, den Frieden im Namen des serbischen Volkes zurückzuweisen.“

Es verwirrte die Serben, daß diejenigen, die bis vor kurzem noch als Märtyrer und Opfer porträtiert worden waren, nun auf einmal so mit Haß überschüttet wurden. In einem Brief an das Parlament der bosnischen Serben warnte die serbische Regierung: „Wenn Sie den vorgeschlagenen Plan zurückweisen, sind Sie auf dem besten Wege, ein Verbrechen gegen Ihr eigenes Volk zu begehen. Sie haben kein Recht auf das Leben der Bürger Jugoslawiens.“

Die bosnischen Serben schienen den donnernden Verdammungen

aus Belgrad gegenüber taub zu sein. Am 3. August lehnte das Parlament den Plan der Kontaktgruppe zum drittenmal ab und berief ein Referendum in drei Wochen ein.

Die Reaktion folgte sofort. An jenem Abend aß Bulatović gerade in einem Fischrestaurant in der montenegrinischen Hafenstadt Herceg Novi, als er die Nachricht erhielt, er solle Milošević anrufen. Ihre Unterhaltung war kurz.

„Leider haben sie den Plan abgelehnt, wir müssen also die Entscheidung, die Grenze zu schließen, in Kraft setzen. Sind Sie auch dieser Meinung?" fragte Milošević. Ich sagte ja. Er antwortete, sie hätten ihren Entschluß gefaßt. „Unser Entschluß tritt morgen in Kraft."

Die Regierung gab Miloševićs Beschluß bekannt. Am 4. August wurde eine Blockade errichtet. Verkehrsverbindungen wurden abgebrochen, fast alle Telefonverbindungen unterbrochen. Die serbischen Medien überschlugen sich mit Behauptungen, die serbischen Politiker in Bosnien seien Verbrecher und Kriegsgewinnler. „Sie sind gegen den Frieden, jetzt, wo es keine Alternative zum Frieden gibt", wurde der neue Slogan der regimetreuen Journalisten, die jahrelang mit der Begründung, es gebe keine Alternative zu diesem „den Serben aufgezwungenen" Krieg, Haß gesät und die nationalistische Hysterie aufgepeitscht hatten.

Die Blockade war vollständig. Biljana Plavšić war das erste Opfer der neuen Regeln. Im Vorjahr war sie ebenfalls die erste gewesen, der man nicht erlaubt hatte, die Grenze nach Serbien zu überschreiten. Selbst die stahlharte Plavšić war auf diesen Schlag ins Gesicht seitens ihrer früheren Protektoren nicht vorbereitet.

Das einzige, das wir nicht erwarteten, war, daß wir zu unseren Lebzeiten miterleben würden, daß Serbien Sanktionen über uns verhängt. Niemand sagte das. Niemand hätte einen solchen Dolchstoß in den Rücken erwartet.

Der Dolch ging tief. Unter Milošević waren Verleumdungskampagnen zur vollendeten Kunst geworden. Seine Stellungnahme war mit scharfen Angriffen gespickt.

Sie lehnen den Frieden in einem Moment ab, in dem der Republika Srpska die Hälfte des Gebietes des früheren Bosnien-Herzegowina zugesprochen wurde und in dem sie durch Annahme des Friedensplans die Sanktionen gegen jene aufheben würden, ohne die sie nicht existieren könnten ...

Ihre Entscheidung, den Frieden abzulehnen, kann nicht in Übereinstimmung mit dem Interesse des Volkes getroffen worden sein, sondern nur zum Wohl der Kriegsgewinnler und solcher Leute, die ein schlechtes Gewissen haben. Leute, welche die Zeiten fürchten, wenn wieder Frieden herrscht und alle Verbrechen ans Tageslicht kommen werden ...

Unzählige Male gaben sie uns Grund, jede Verbindung mit ihnen abzubrechen. Sie hielten nicht ein einziges ihrer Versprechen: von Sarajevo bis Athen, von Athen bis Goražde, von Goražde zum Parlament, vom Parlament zum letzten Referendum, das sie eigenen Aussagen zufolge nicht abhalten wollten ...

Die Kampagne fand ihren Höhepunkt, als Lilić in einem Interview zu weit gestreuten Themen die bosnischen Serben für alles verantwortlich machte. Miloševićs Plan war nur zu offensichtlich. Seine früheren Protegés waren die universellen Sündenböcke geworden. Aber es war nicht so einfach, sie völlig loszuwerden.

Lilić stellte die bosnischen Serben als diejenigen hin, die den Krieg geplant hatten, und machte sie für den sinnlosen Angriff auf Goražde verantwortlich.[185]

Wie oft haben sie versprochen, keine Bomben auf Sarajevo zu werfen und die Bürger dieser Stadt nicht weiter in Angst und Schrecken zu versetzen. Wie oft haben sie versprochen, jene Banden paramilitärischer Einheiten zu verhaften, die Zivilisten terrorisieren und die Ehre der Serben in den Schmutz ziehen. – Sie gaben ihr Ehrenwort, daß sie den irrsinnigen Angriff auf Goražde stoppen würden, der viele Opfer forderte und zum NATO-Ultimatum und zum Rückzug [der Serben] auf eine Entfernung von zwanzig Kilometern führte.

Die bosnischen Serben verhielten sich, als sei das Embargo ein peinlicher Familienstreit, den man nicht besonders ernst nehmen müsse. Sie erklärten, es stecke ein geheimes Abkommen zwischen den führenden Politikern beider Seiten dahinter. Karadžić versuchte, die Spaltung zu seinem Vorteil auszunutzen; er sah davon ab, Milošević direkt anzugreifen, und stellte Mitleid zur Schau. Der arme serbische Präsident gebe angesichts der zunehmenden wirtschaftlichen Not dem Druck aus dem Westen nach. Die Botschaft war, er sei schwach und unter dem Pantoffel des Westens. Die bosnischen Serben hingegen seien stark und kompromißlos – eben die Menschen des serbischen Mythos.

Das Referendum der bosnischen Serben fand statt. Trotz der aggressiven Kampagne, die die Belgrader Medienmaschinerie in Gang gesetzt hatte, lehnte eine überwältigende Mehrheit der bosnischen Serben den Plan ab.

In Sarajevo wartete die bosnische Regierung auf eine Antwort des Westens. Es kam keine. Der bosnische Premierminister Silajdžić beklagte sich, daß die Kontaktgruppe sich in Schweigen gehüllt habe, obwohl die Serben den Plan abgelehnt hätten. „Sie hätten für den Fall, daß die bosnischen Serben den Friedensplan nicht akzeptieren, folgendes festlegen sollen: Verschärfung der Sanktionen gegen Serbien, Ausdehnung der Sicherheitszonen und Aufhebung des Waffenembargos." Aber die gespaltene Kontaktgruppe konnte sich über das weitere Vorgehen nicht einigen. Sie wählte den Weg des geringsten Widerstandes und verhängte eine vollständige Isolation über die serbische Führung in Bosnien, die von den Friedensverhandlungen ausgeschlossen werden sollte, bis sie den Plan akzeptiert habe.

Milošević leitete ebenfalls Schritte zur Sicherstellung ihrer Quarantäne ein. Er gab grünes Licht zur Errichtung einer echten Grenze zwischen Jugoslawien und Bosnien-Herzegowina; echt in dem Sinne, als sie eine klare Botschaft an die Politiker sein sollte. Denn militärische Versorgung gelangte weiterhin über die Grenze. Das zentrale Anliegen Miloševićs war es, eine politische, nicht eine militärische Niederlage herbeizuführen.

Während Belgrad seinen verbalen Blitzkrieg gegen die bosnischen Serben focht, verhandelten die internationalen Vermittler – Owen, Stoltenberg und Akashi – über die Entsendung von Überwachungstruppen entlang der serbisch-bosnischen und der serbisch-montenegrinischen Grenze. Milošević gab schließlich seine Zustimmung zu etwas, was der überschwengliche Panić zwei Jahre zuvor bei der Londoner Konferenz gefordert hatte. Als Gegenleistung wurden gewisse Sanktionen aufgehoben – der Ausschluß vom internationalen Luftverkehr, von Sport- und Kulturveranstaltungen.

Für den Westen, der zunehmend frustriert war über das Scheitern aller Friedensinitiativen, wurde Milošević ironischerweise die ausschlaggebende Person für die Erlangung von Frieden und Stabilität in der Region. Zumindest für eine gewisse Zeit, vielleicht nur um sich seiner politischen Rivalen zu entledigen, machte Milošević den serbischen *casus belli*, die Schaffung eines vereinigten serbischen Staates auf den Ruinen Jugoslawiens, zunichte.

Ohne den Leitstern eines großserbischen Staates wurden die Serben zunehmend verwirrt. Als sie in den Krieg gegen ihre Nachbarn zogen, glaubten sie, daß Milošević wisse, wohin er sie führe. Sie glaubten, ihre Opfer im Namen der serbischen Einheit seien der Preis für Miloševićs Versprechen: „alle Serben in einem Staat".

Durch den Bruch mit der serbischen Führung in Bosnien hatte Milošević den Wahlspruch verraten, den jeder Serbe kannte – *samo sloga srbina spasava* – nur Einigkeit rettet den Serben. Jetzt war von dieser Harmonie nicht mehr übrig als die vier **s**, die in roter Farbe oder Holzkohle auf ausgebrannte Häuser oder zerstörte Dörfer an der bosnischen und kroatischen Front gekritzelt waren.

SCHLUSSWORT

Im August 1995 sind in allen sechs Republiken des ehemaligen Jugoslawien noch dieselben Männer an der Macht, die während der entscheidenden Monate im Frühjahr und Sommer 1991, ehe der Krieg ausbrach, die Geschicke bestimmten. Aus den Trümmern des kommunistischen Jugoslawien sind fünf neue Staaten entstanden.

Slowenien hat von allen das beste Los gezogen. Die slowenische Führung steuerte die kleine Alpenrepublik ohne allzu große Schwierigkeiten in die Unabhängigkeit. Serbiens Präsident Milošević hatte dem slowenischen Präsidenten Kučan rechtzeitig sein Einverständnis dazu gegeben. Ministerpräsident Ante Marković und die Armeegeneräle starteten zwar eine Grenzsicherungsaktion, um die Einheit Jugoslawiens zu erhalten, der kurze Krieg fand allerdings mehr auf den Fernsehschirmen als an der Front statt. Erst nachdem die Slowenen die JVA gedemütigt hatten, ließ Milošević der Armeeführung mitteilen, daß sie ihre Truppen aus Slowenien abziehen solle, weil Serbien keinen Wert auf den weiteren Verbleib Sloweniens in Jugoslawien lege. Slowenien entwickelte sich inzwischen zu einer relativ wohlhabenden parlamentarischen Demokratie und ist einer der nächsten Kandidaten für die Mitgliedschaft in der EU.

Mazedonien, die südlichste aller Republiken, konnte den Krieg, den die Kassandrarufer voraussagten, bisher vermeiden. Ein solcher Konflikt würde Albanien, Bulgarien und mit Griechenland und der Türkei auch zwei NATO-Staaten verwickeln. Griechenland hat mit seinem Embargo gegen Mazedonien, dessen Namen es als Gebietsanspruch auf die gleichnamige griechische Nordprovinz interpretiert, jegliche EU-Politik auf dem südlichen Balkan gelähmt. So sind Serbien und Mazedonien wirtschaftlich von den mazedonischen Embargobrechern abhängig. Die Präsenz von amerikanischen UNO-Soldaten – der erste Fall einer präventiven Stationierung in der Geschichte der UNO – soll Stabilität am Rande des Abgrunds gewährleisten.

Die Föderative Republik Jugoslawien, bestehend aus Serbien und Montenegro, blieb ein international nicht anerkannter Pariastaat. Der

Juniorpartner Montenegro besitzt genausoviel Autonomie, wie Milošević jeweils einzuräumen bereit ist. Im Kosovo, dem ersten Brennpunkt auf Jugoslawiens Weg in den Abgrund, brodelt die Krise weiter. Die sichtbaren Symbole der Unterdrückung sind zwar verschwunden – 1995 gibt es keine Panzer mehr auf den Straßen –, doch die Provinz bleibt ein Polizeistaat. Die Serben im Kosovo sind nervös und unzufrieden. Obwohl sie alle wichtigen Positionen besetzen, hat Milošević sein Versprechen nicht gehalten, Kosovo den Serben zurückzugeben. Ob der Rückgang der serbischen Bevölkerung im Kosovo durch die Ansiedlung von Serben aus der Krajina wettgemacht werden kann, bleibt abzuwarten. Insgesamt besteht jedenfalls ein Drittel der gesamten Bevölkerung Rumpfjugoslawiens aus nicht-serbischen Minderheiten. Belgrad macht ihnen gegenüber nicht die geringsten Konzessionen.

Vier Jahre nach Kroatiens Unabhängigkeitserklärung war der Vance-Plan, der die Wiederherstellung der kroatischen Souveränität in den besetzten Gebieten vorsah, noch immer nicht umgesetzt. Während der Abschlußarbeiten an der deutschen Ausgabe dieses Buches griffen die Kroaten zur Selbsthilfe. Ein Blitzkrieg Präsident Tudjmans zerstörte den Traum eines Großserbien: Am 4. August 1995 gab der ehemalige JVA-General Tudjman einer Streitmacht von etwa 120.000 kroatischen Soldaten den Befehl zur Rückeroberung der abtrünnigen Krajina. Drei Tage später war der Feldzug abgeschlossen. Milan Babić und Milan Martić, die Anführer der aufständischen Krajina-Serben, hatten sich rechtzeitig abgesetzt; ihre 40.000 Kämpfer gaben nach den ersten kroatischen Artillerieangriffen auf und verließen ihre Stellungen; das war das Signal für die gesamte serbische Bevölkerung der Krajina – die UNO zählte mindestens 150.000 Menschen –, die Flucht anzutreten. Damit ersparten sie es der kroatischen Regierung und den verantwortlichen Kommandanten vermutlich, für ähnlich grausame ethnische Säuberungen geradestehen zu müssen, wie sie die Serben 1992 an den bosnischen Moslems begingen.

Serbiens Präsident Milošević unternahm nichts, um seinen „serbischen Brüdern und Schwestern“ in der Krajina zu Hilfe zu kommen. Damit hat er seine Rolle als Führer aller Serben, die ihm jahrelange uneingeschränkte Machtausübung garantierte, endgültig verloren. Dieser Prozeß begann 1994, als Belgrad die beiden serbischen Staatsgebilde in Kroatien und Bosnien zunehmend sich selbst überlassen mußte. Beide waren kaum überlebensfähig, da sie sich zu rein militärischen Gemeinwesen ohne funktionierende wirtschaftliche Infrastruktur entwickelt hatten. Jeder Mann im waffenfähigen Alter wurde zum Militärdienst gezwungen, um eine Tausende Kilometer lange, hoffnungslos überdehnte Frontlinie gegen Moslems und Kroaten zu verteidigen, die mit jedem Tag stärker wurden.

Serbien hat für die Kriege in Kroatien und Bosnien einen hohen Preis bezahlt. Milošević finanzierte seine Kampfverbände mit immer neu gedrucktem Geld, das durch keinerlei staatliche Reserven gedeckt war. Damit setzte er eine hyperinflationäre Spirale in Gang, die seinem Land den zweifelhaften Weltrekord der höchsten Inflationsrate aller Zeiten einbrachte: Mit 313 Millionen Prozent Wertverlust des Dinars pro Monat stellte er die bisherigen Rekordhalter, die Weimarer Republik und Ungarn nach dem Zweiten Weltkrieg, in den Schatten. Dieser Niedergang zerfraß die wirtschaftliche Grundlage der relativ hochentwickelten serbischen Mittelklasse und förderte den Aufschwung einer neuen Elite – der Kriegsgewinnler und der Sanktionsbrecher. Zehntausende der bestausgebildeten Serben kehrten ihrem Land, das international zunehmend kriminalisiert wurde, den Rücken, teils um der Mobilisierung zu entgehen, teils um sich anderswo neue Lebensgrundlagen zu schaffen.

Mitte 1995 – vor Tudjmans Blitzkrieg – gab es de facto bereits zwei serbische Staaten: die ex-jugoslawische Republik Serbien, deren Westgrenze, wie zu Titos Zeiten, der Fluß Drina ist, und die *Republika Srpska* in Bosnien, die sich von der Drina, die in der serbischen Mythologie das Rückgrat des serbischen Staates darstellt, weiter nach Westen erstreckt. Diese beiden Staaten werden von Männern angeführt, die innerhalb der serbischen nationalen Identität zwei völlig konträre Strömungen repräsentieren: Milošević als autoritärer, starker Mann, der den Nationalismus benutzt, wenn es ihm opportun erscheint; Karadžić war der erste Serbenführer, der Miloševićs Machtanspruch in Frage stellte und überlebte. Beide kämpfen um die Loyalität, ja um die Identität der serbischen Nation. Milošević braucht ein Friedensabkommen und ein Ende der Sanktionen, um an der Macht zu bleiben. Zu diesem Zweck hat er die politische und die militärische Führung der bosnischen Serben erfolgreich gespalten: Der belgradnahe Armeechef Ratko Mladić und seine 21 wichtigsten Generäle entscheiden inzwischen selbst, welche Befehle sie von Karadžić und seinem „Parlament“ in Pale entgegennehmen und welche nicht.

Während Karadžić, der dadurch keine Bataillone mehr hat, sich in

Bosnien mit den Krajina-Serben solidarisiert und einen hundertjährigen Krieg androht, schüchtert Serbiens Geheimpolizei die Anführer der nationalistischen Opposition in Belgrad ein, um Anti-Milošević-Demonstrationen zu verhindern. Die Belgrader Medien behandeln das Ausmaß der humanitären Katastrophe und die nationale Schmach sachlich und ohne hysterisch-nationalistische Obertöne. Die serbische Öffentlichkeit ist gespalten und verunsichert, die volle Bedeutung dieser „umfangreichsten Bevölkerungsverschiebung der gesamten serbischen Geschichte" (Radio Belgrad) ist noch nicht ganz ins Bewußtsein eingedrungen. Die Klarheit der Vision, mit der Milošević bisher alle Serben unter einem Banner zu vereinen vermochte, ist verlorengegangen. Nun wird seinen Anhängern deutlich, daß er nie ein Nationalist gewesen ist und daß er das Kriegsziel preisgegeben hat, mit dem er sie anfänglich aufpeitschte und in die Schlacht für ein vereintes Serbien führte.

Mit der Rückeroberung Westslawoniens Anfang Mai und der Krajina im August 1995 hat Zagreb zwei entscheidende militärische Siege innerhalb eines Jahres errungen. Damit bleiben lediglich Teile Ostslawoniens weiter unter serbischer Kontrolle. Beträchtliche (von Kroatien losgetretene) Truppenkonzentrationen auf beiden Seiten dieses Frontabschnitts scheinen auf eine Eskalation der Auseinandersetzungen in einen großen kroatisch-serbischen Krieg hinzuweisen. Ob Tudjman seine Soldaten nach Ostslawonien schickt, weil er die militärische Glückssträhne fortsetzen möchte oder wegen innenpolitischer Optik (Gerüchten zufolge haben Tudjman und Milošević ein *Gentlemen's Agreement* getroffen und die Krajina gegen Ostslawonien ausgetauscht), oder aus Mißtrauen gegen Miloševićs Reaktion auf seinen letzten Sieg – vorerst scheint es jedenfalls um ein Gleichgewicht der Abschreckung in dieser Region zu gehen. Die kroatische Regierung will das Gebiet zunächst zurückverhandeln, für Serbien sind diese letzten verbleibenden Gebietsgewinne aus dem Krieg von 1991 nicht verhandelbar.

Die nächsten Schritte Zagrebs werden maßgeblich davon abhängen, ob Washington weiterhin mäßigenden Druck auf Präsident Tudjman ausübt und ihn mit Zuckerbrot (rasche Integration in den Westen) und Peitsche (Sanktionen) zur Aufrechterhaltung der kroatisch-moslemischen Föderation motivieren kann. Sein messianisches Sendungsbewußtsein, das kroatische Volk in die Freiheit eines eigenen Staates zu führen, gepaart mit seiner mehrfach geäußerten Geringschätzung eines eigenständigen Bosnien und der Moslems als Volksgruppe, sowie der große Einfluß radikaler Herzegowiner in seiner Regierung lassen annehmen, daß er in der Föderation nicht viel mehr als einen taktischen Zwischenschritt auf dem Weg zur Erfüllung des Traums von Großkroatien sieht. Vorerst jedoch hat Washingtons Kalkül, die beiden Schwachen in diesem Dreiparteienkonflikt gegen den Starken zu vereinen, Erfolg gebracht.

Das Schicksal Bosnien-Herzegowinas bleibt weiterhin das tragischste von allen exjugoslawischen Republiken. Mindestens die Hälfte der Bevölkerung wurde seit 1992 aus ihren angestammten Wohngebieten vertrieben. Im Juli 1995 überrannten die bosnischen Serben die moslemischen Enklaven Srebrenica und Žepa in Ostbosnien. Sie gestatteten der UNO, Zehntausende Alte, Frauen und Kinder aus ihrer *Republika Srpska* fortzubringen. Von den Knaben und Männern fehlt seither jede Spur – wenn man von amerikanischen Satellitenaufnahmen absieht, die frische und umfangreiche Erdbewegungen zeigen, die auf Massengräber hinweisen. Während Sarajevo und Goražde weiterhin unter der längsten Belagerung im Europa des zwanzigsten Jahrhunderts leiden, konnte der serbische Ring um die moslemische Enklave Bihać im Zuge von Tudjmans Krajina-Feldzug mit kroatischer Waffenhilfe durchbrochen werden. Damit blieb es dem Westen erspart, die UNO-Sicherheitszone Bihać-Stadt doch noch, wie halbherzig versprochen, verteidigen zu müssen (Unstimmigkeiten über den Schutz der Sicherheitszonen Goražde und Bihać hatten die NATO 1994 an den Rand der Spaltung gebracht).

Am 25. Mai 1995 demütigten die isolierten und in die Ecke getriebenen Führer der bosnischen Serben die Vereinten Nationen aufs neue. Nach einem Luftangriff der NATO auf ein Munitionsdepot in der Nähe ihres Regierungsdorfes Pale nahmen sie knapp 400 UNO-Soldaten als Geiseln und fesselten sie mit Handschellen an Munitionsbunker und andere potentielle Ziele. Die UNO war wie immer auf das Formulieren scharfer Protestnoten reduziert, doch die öffentliche Meinung im Westen akzeptierte eine schärfere Gangart: Großbritannien und Frankreich reagierten mit der Entsendung einer Schnellen Eingreiftruppe und stationierten weitere 8000 Soldaten in Bosnien, die nicht in den neutralen UNO-Farben weiß und blau auftreten. Sie sichern die Versorgung Sarajevos über die gefährliche Berg-Igman-Route; sie geben Blauhelmen, die angegriffen werden, Feuerunterstützung; und falls es zu einem Abzug der UNO-Truppen unter Gefechtsbedingungen kommen sollte, kann niemand den Vorwurf erheben, der Westen wäre darauf nicht vorbereitet gewesen.

Die Vertreibung der Krajina-Serben wird das Kräftegleichgewicht in Bosnien zum Nachteil der Moslems verändern. General Mladić, der bisher über weniger Infanterie als seine moslemischen Gegner verfügte, besitzt damit ein zusätzliches Reservoir von etwa 40.000 kampferprobten Soldaten. Ein Teil der vertriebenen Zivilisten wird sich wohl in den von den Serben eroberten und ethnisch gesäuberten Gebieten Bosniens ansiedeln. Damit wird es die bosnische Regierung mit Gebietsforderungen gegen die Serben bei zukünftigen Friedensverhandlungen noch schwerer haben als bisher.

Doch Präsident Izetbegović wird seinen Befreiungskrieg mit der Unterstützung Kroatiens, dem er dadurch den Rücken freihält, weiterführen. Er hat die wichtigste Lehre gezogen, die aus den jugoslawischen Kriegen zu ziehen ist: Mit dem Ende des kalten Krieges kam auch das Ende der kollektiven Sicherheit; es gibt keine internationale Bereitschaft, den Schwachen gegen den Starken zu verteidigen, auch nicht innerhalb der kroatisch-moslemischen Föderation; die Freiheit und Sicherheit des eigenen Volkes wird nicht durch gute Argumente oder völkerrechtliche Übereinkünfte erreicht, sondern durch eine starke Armee. Nicht der Gerechte, sondern der Stärkere wird Sieger sein im ehemaligen Jugoslawien.

DANKSAGUNG

Dieses Buch begleitet eine Serie von fünf Fernsehdokumentationen, die von der BBC in Zusammenarbeit mit dem ORF und dem US-Discovery Channel hergestellt wurde. Norma Percy, Paul Mitchell und Angus Macqueen von Brian Lapping Associates in London haben während ihrer zweijährigen Arbeit viele bisher unbekannte Tatsachen über das Auseinanderbrechen Jugoslawiens entdeckt. Ihr Auge für Details und ihre minutiöse Überprüfung aller Fakten sind beispielhaft. Das Buch beruht auf Hunderten von Interviews, die Tausende Stunden dauerten, in denen all jene, die eine große oder kleine Rolle in der jugoslawischen Tragödie spielten, ihre Version der Ereignisse darlegten. Brian Lapping hat die Kunst des zeitgeschichtlichen Dokumentarfilms auf ein neues Niveau gehoben.

Unser Dank gilt auch Michael Simkin für seine unermüdliche Suche in den Archiven in London, Washington, Belgrad, Zagreb und – unter den schwierigsten Bedingungen – in Sarajevo; ohne den außergewöhnlichen Einsatz von Bonnie Boskovic und Lisa Gartside, die geduldig und beständig unsere Bemühungen koordinierten, das Manuskript zu liefern, wäre das Buch nicht erschienen; Paul Adams, Walter Erdelitsch, Selma Latifić, Azra Nuhefendić, Danja Šilović, Miloš Vasić, Nina Vlahović, Dina Hamzić und Bojan Zec haben uns unschätzbaren Rat und wertvolle Hilfe gegeben. Chris Wyld von der BBC und Quentin Peel von der Financial Times haben uns großzügig in unserer Arbeit an dem Buch und in der Berichterstattung aus dem Krieg selbst unterstützt. Beide verdienen unseren aufrichtigen Dank. Dušan Knežević und Sheena McDonald haben uns in jeder Phase des Schreibens geholfen, weil ihre Überzeugung, daß es wichtig ist, diese Geschichte zu erzählen, eine immer willkommene Aufmunterung war.

Die deutschsprachige Ausgabe dieses Buches konnte nur durch die Mitwirkung von Martina Dervis, Marcus Erbe, Edeltraud Erdelitsch, Andreas Rogal und Vanja Dragomanović termingerecht zustande kommen. Besonderes Mitgefühl verdient Claudia Neuhauser, deren sauer verdiente Ferien wieder einmal durch die Rückenansicht eines schreibenden Mannes geprägt waren.

Wer im ehemaligen Jugoslawien arbeitet, betritt eine Welt der parallelen Wahrheiten. Wo man auch hinkommt, trifft man auf dieselbe unerschütterliche Gewißheit, daß an allem, was der Region zugestoßen ist, immer jemand anderer die Schuld trägt, aber nie die eigene Seite. Der Krieg hat jeden Ansatz zur Selbstüberprüfung, den die Serben, Kroaten, Moslems und Slowenen einmal besessen haben mögen, restlos ausgelöscht. Jede Nationalität hat sich ihre separate Orthodoxie zurechtgelegt, in der sie ausschließlich das Opfer und nie der Täter ist.

Eine Darstellung des Untergangs von Jugoslawien, solange die Ereignisse noch im Fluß sind, birgt viele Stromschnellen. Wir haben diese turbulenten Gewässer ein gutes Jahrzehnt lang befahren. Mit der Zeit lernten wir die Strömungen zwar besser kennen, aber sie sind nach wie vor tückisch. Deshalb ist jede falsche Einschätzung, die sich in diesem Buch findet, selbstverständlich unsere eigene.

DIE HANDELNDEN PERSONEN

Abdić, Fikret
Anführer der abtrünnigen „Autonomen Provinz Westbosnien" in der moslemischen Enklave Bihać. Ein Rivale von Izetbegović.

Adžić, Blagoje
General, Chef des Stabes der Volksarmee (1991) und Verteidigungsminister (1992).

Akashi, Yasushi
japanischer Diplomat; als Sonderbeauftragter des UNO-Generalsekretärs für Ex-Jugoslawien ist er der ranghöchste UNO-Beamte in diesem Konflikt.

Aksentijević, Milan
JVA-General in Slowenien, in Kroatien gefangengenommen, bei Kriegsausbruch in Bosnien nach Sarajevo versetzt. Von Milošević in Pension geschickt.

Andjelković, Radmila
Beraterin von Milošević während der Zeit seines Aufstiegs.

Azemi, Husamedin
Milošević-loyaler Albaner in der Kommunistischen Partei des Kosovo.

Babić, Milan
Führer der aufständischen Krajina-Serben in Kroatien.

Badinter, Robert
Richter, Vorsitzender der EG-Schiedskommission über Jugoslawien (1991).

Bajramović, Sejdo
im März 1991 als Vertreter des Kosovo in das Staatspräsidium gewählt. Milošević treu ergeben.

Baker, James
US-Außenminister (1991).

Bavčar, Igor
Sloweniens stellvertretender Verteidigungsminister und erster Innenminister nach Erlangung der Unabhängigkeit.

Bilandžić, Dušan
1991 einer von Tudjmans engen Beratern, seit 1994 stellvertretender Leiter der kroatischen Vertretung in Belgrad.

Boban, Mate
Führer der bosnischen Kroaten; bei Gründung der moslemisch-kroatischen Föderation entmachtet.

Bogdanović, Radmilo
Innenminister von Serbien. Nach den Demonstrationen vom 9. März 1991 zurückgetreten. Einer der engsten Verbündeten von Milošević.

Bogićević, Bogić
Vertreter Bosnien-Herzegowinas im Staatspräsidium. Serbe, der während des Krieges der bosnischen Regierung gegenüber loyal blieb.

Boljkovac, Josip
erster Innenminister Kroatiens nach der Unabhängigkeit. Leitete 1990–1991 die Rekrutierung Tausender neuer kroatischer Polizisten.

Boras, Franjo
kroatischer Vertreter im bosnischen Präsidium. Kehrte nach dem Mai 1992 nie mehr nach Sarajevo zurück.

Borštner, Ivan
slowenischer Unteroffizier in der JVA. Gab Geheimdokumente an das Magazin *Mladina* weiter (1988).

Bosanac, Dr. Vesna
heroische Leiterin des Krankenhauses Vukovar während der Belagerung.

Boutros-Ghali, Boutros
Generalsekretär der Vereinten Nationen.

Brezak, Ivan
stellvertretender Innenminister Kroatiens (1991).

Brovet, Stane
JVA-Admiral, Slowene, stellvertretender Verteidigungsminister. Wurde während der ersten großen Säuberungswelle gegen jugoslawisch orientierte Offiziere im Jahr 1992 pensioniert.

Broz, Josip
TITO
Gründer der Sozialistischen Föderation Jugoslawien. Regierte von 1945 bis zu seinem Tod im Jahr 1980.

Bućin, Nenad
Vertreter Montenegros im jugoslawischen Staatspräsidium. Trat im März 1991 gemeinsam mit dem Präsidenten Borisav Jović zurück. Kehrte, anders als seine serbischen Kollegen, nicht mehr auf diesen Posten zurück.

Budimirović, Boško
serbischer Aktivist aus dem Kosovo.

Bulatović, Kosta
serbischer Aktivist aus dem Kosovo.

Bulatović, Momir
jüngster Parteichef von Montenegro. Wurde später zum Präsidenten von Montenegro gewählt. Kam im Fahrwasser von Milošević an die Macht.

Carrington, Lord Peter
erster Friedensvermittler der EG (1991–1992).

Christopher, Warren
US-Außenminister seit 1992.

Cvetković, Jovan
Bürgermeister von Svetozarevo; griff Milošević auf dem richtungweisenden Bürgermeistertreffen im März 1991 vehement an.

Čkrebić, Dušan
serbischer kommunistischer Funktionär, nationalistenfreundlich, Milošević-hörig, bekleidete alle wichtigen Ämter in Serbien.

Ćosić, Dobrica
Nationalist. Einflußreicher serbischer Schriftsteller. Präsident der Föderativen Republik Jugoslawien 1992–1993.

Dedaković, Mile
„Jastreb" (der „Adler")
Kommandant der kroatischen Verteidiger von Vukovar. Wurde verhaftet, als er Tudjman vorwarf, die Stadt im Stich gelassen zu haben, und sich dazu vorübergehend mit den extremen Rechten von Paraga verbündete.

Degoricija, Slavko
HDZ-Spitzenfunktionär; besetzte mehrere Schlüsselposten in Kroatien. Seit 1994 in Opposition zu Tudjman.

Delimustafić, Alija
bosnischer Innenminister (1990–1992), Moslem; Verbündeter von Fikret Abdić.

De Michelis, Gianni
italienischer Außenminister 1991.

Divjak, Jovan
General, Serbe; stellvertretender Kommandant der bosnischen Armee.

Dizdarević, Raif
Ex-Außenminister Jugoslawiens. Vertreter Bosniens im jugoslawischen Staatspräsidium. Wurde 1990 von Bogić Bogićević abgelöst.

Djukić, Slobodan
Bürgermeister von Valjevo. Teilnehmer am Bürgermeistertreffen vom 16. März 1991, als Milošević warnte: „Wenigstens wissen wir, wie man kämpft."

Djurdjevac, Vojislav
General; JVA-Kommandant in Sarajevo.

Doko, Jerko
Kroate, bosnischer Verteidigungsminister (1991).

Dole, Bob
Republikanerführer im US-Senat.

Drašković, Vuk
serbischer Oppositionsführer. Wandlung von kommunistisch über nationalistisch bis liberal.

Drnovšek, Janez
Sloweniens Vertreter im jugoslawischen Staatspräsidium; später Premierminister des unabhängigen Slowenien.

Duraković, Nijaz
Vorsitzender der bosnischen Reformkommunisten; blieb in Opposition zu Izetbegović.

Eagleburger, Lawrence
ehemaliger US-Botschafter in Jugoslawien; stellvertretender US-Außenminister (1992).

Galbraith, Peter
US-Botschafter in Kroatien seit 1993.

Ganić, Ejup
„jugoslawischer" Vertreter im bosnischen Präsidium, gleichzeitig Mitglied der SDA-Führung. Trat 1992 als bosnischer *de facto*-Vizepräsident hervor.

Genscher, Hans-Dietrich
ehemaliger deutscher Außenminister; manövrierte die EG 1991 in die Anerkennung Kroatiens und Sloweniens.

Gligorov, Kiro
erster Präsident des unabhängigen Mazedonien. Geschickter Politiker, der fünf Jahrzehnte in der jugoslawischen Politik überlebte.

Gračanin, Petar
JVA-General; serbischer Präsident (1988–1989); jugoslawischer Innenminister der Regierung Ante Marković.

Granić, Mate
kroatischer Außenminister seit 1993.

Gregurić, Franjo
HDZ-Funktionär. Bekleidete mehrere wichtige Posten, darunter den des Premierministers.

Gvero, Milan
Oberst, JVA-Sprecher und später stellvertretender Kommandant der bosnisch-serbischen Armee.

Hadžić, Goran
1991 Sekretär der SDS-Zweigstelle Vukovar. Wurde später Präsident der Krajina.

Hadžifejzović, Senad
Nachrichtenmoderator von TV Sarajevo.

Hafner, Vinko
alter slowenischer Kommunist; Mitglied des Zentralkomitees von Jugoslawien. Warnte Milošević davor, das Land in den Untergang zu führen.

Halilović, Sefer
erster Kommandant der bosnischen Armee.

Hurd, Douglas
britischer Außenminister (bis Juli 1995).

Izetbegović, Alija
ehemaliger moslemischer Dissident. Gründer und Vorsitzender der Partei der Demokratischen Aktion (SDA). Bei den ersten freien Wahlen 1990 zum Präsidenten von Bosnien-Herzegowina gewählt. War Präsident, als Bosnien seine Unabhängigkeit erklärte und im Krieg versank.

Jackovich, Victor
US-Botschafter in Bosnien.

Jagar, Vladimir
JVA-Oberst aus Virovitica, der General Špegelj, den kroatischen Verteidigungsminister, der die illegale Waffenbeschaffung leitete, hinterging.

Janša, Janez
slowenischer oppositioneller Journalist, der erster Verteidigungsminister des unabhängigen Slowenien wurde.

Jashari, Kaçuša
albanische Parteivorsitzende im Kosovo. Wurde zusammen mit Azem Vllasi abgesetzt.

Jokanović, Žarko
Studentenführer bei den Demonstrationen in Belgrad im März 1991. Später Parlamentsabgeordneter.

Jovanović, Vladislav
serbischer Außenminister.

Jović, Borisav
Serbiens Vertreter im jugoslawischen Staatspräsidium. Bekleidete eine Reihe der wichtigsten Posten in Serbien. Enger Vertrauter von Milošević.

Juppé, Alain
französischer Außenminister (bis 1994). Seit Anfang 1995 Premierminister.

Jurić, Perica
Kroatiens stellvertretender Innenminister (1990–1991).

Kacin, Jelko
slowenischer Informationsminister während des Krieges 1991. Lenkte die Berichterstattung der ausländischen Korrespondenten. Später Verteidigungsminister.

Kadijević, Veljko
jugoslawischer Verteidigungsminister 1988–1992.

Karadžić, Radovan
Psychiater. Seit 1990 Führer der bosnischen Serben. 1994 Trennung von Milošević. 1995 Untersuchung des Internationalen Tribunals in Den Haag wegen Kriegsverbrechen.

Kardelj, Edvard
slowenischer Kommunist, Ideologe der „Arbeiterselbstverwaltung"; Jugoslawiens Nummer zwei nach Tito. Sollte Titos Nachfolge antreten, starb aber 1979.

Kavaja, Burhan
Kosovo-Albaner. Direktor des Bergwerks in Trepča. Nach dem Streik von 1989 verhaftet.

Kertes, Mihalj
einer der Anführer der „Joghurt-Revolution". Miloševićs Verbindungsmann zur Geheimpolizei. Hauptorganisator der Bewaffnung der Serben in Kroatien.

Kljuić, Stjepan
kroatisches Mitglied des bosnischen Präsidiums. Von Boban 1992 abgesetzt, 1994 wieder eingesetzt.

Koljević, Nikola
bosnischer Serbe. „Vizepräsident". War vor dem Krieg Mitglied des bosnischen Präsidiums.

Kolšek, Konrad
General. 1991 Kommandant des Fünften Armeebezirkes.

Komšić, Ivo
kroatisches Mitglied des bosnischen Präsidiums (1993). Entwarf Plan für die moslemisch-kroatische Föderation.

Kordić, Dario
bosnisch-kroatischer Journalist; HVO Kommandant.

Koschnick, Hans
Deutscher, EU-Bürgermeister von Mostar (seit 1994).

Kostić, Branko
Montenegriner, Präsident des jugoslawischen Rumpf-Staatspräsidiums nach dem Rücktritt von Stipe Mesić.

Kostić, Jugoslav
Vertreter der Vojvodina im jugoslawischen Staatspräsidium (1991).

Kosyrew, Andrej
russischer Außenminister.

Krajišnik, Momčilo
Sprecher der bosnischen Serben. Wegen seiner Unnachgiebigkeit *Mr. No* genannt. Vor dem Krieg bosnischer Parlamentssprecher.
Kristan, Ivan
Slowene. Oberster Richter am jugoslawischen Verfassungsgerichtshof (1989).
Krunić, Boško
KP-Funktionär der Vojvodina. Durch die „Joghurt-Revolution" 1988 abgesetzt.
Kučan, Milan
Vorsitzender der slowenischen Kommunisten; wurde erster Präsident des unabhängigen Slowenien.
Kukanjac, Milutin
General, JVA-Kommandant von Sarajevo.
Lagumdžija, Zlatko
bosnischer Reformkommunist. Vizepremierminister (1992).
Lilić, Zoran
seit 1993 Präsident von Rumpfjugoslawien. Befehlsempfänger von Milošević.
Lokar, Sonja
slowenische Reformkommunistin.
MacKenzie, Lewis
Kanadier, UNO-Kommandant in Sarajevo (1992).
Mahmutćehajić, Rusmir
Mitglied der SDA-Führung. Mitbegründer der Patriotischen Liga in Bosnien. Moslemischer Hardliner.
Mamula, Branko
JVA-Admiral. Jugoslawischer Verteidigungsminister (bis 1988).
Manolić, Josip
HDZ-Führungsmitglied. Bis zum Zerwürfnis 1994 einer von Tudjmans engsten Vertrauten.
Marković, Ante
Kroate. Letzter Ministerpräsident Jugoslawiens (1989–1991). Führte erfolgreiche Wirtschaftsreformen durch.
Marković, Mirjana
Ehefrau von Slobodan Milošević. Mächtig und einflußreich. Professorin für Soziologie an der Universität Belgrad.
Martić, Milan
Polizeichef von Knin. Führer der Martićevci, seiner eigenen paramilitärischen Kampftruppe. Später „Premierminister" des selbsternannten Staates Krajina.
Mendiluce, José Maria
UNHCR-Beamter im ehemaligen Jugoslawien.

Mesić, Stipe
Vertreter Kroatiens im jugoslawischen Staatspräsidium. HDZ-Führer. Bis zum Zerwürfnis 1994 einer der engsten Berater Tudjmans.

Milošević, Slobodan
Präsident von Serbien. Von der internationalen Gemeinschaft als Hauptverantwortlicher für Jugoslawiens blutige Auflösung eingestuft. Später wieder als Friedensbringer bezeichnet.

Mitević, Dušan
Vertrauter von Milošević. Direktor des Belgrader Fernsehens.

Mladić, Ratko
General. Seit 1992 Kommandant der bosnisch-serbischen Armee. Vorher Kommandant des Knin-Korps.

Morillon, Philippe
Kommandant der UNO-Truppen in Bosnien (1993).

Morina, Rahman
Miloševićs Vorzeige-Albaner. Parteichef im Kosovo. Vorher Polizeichef.

Nambiar, Satish
General, erster Kommandant der UNO-Truppen im ehemaligen Jugoslawien.

Okun, Herbert
ehemaliger Botschafter. Rechte Hand von Cyrus Vance.

Opačić, Jovan
serbischer Unruhestifter aus Kroatien. Gründungsmitglied der SDS.

Orić, Naser
Kommandant der Verteidiger von Srebrenica (1992–1995). Ehemaliger Leibwächter von Milošević.

Oruć, Liljana
Psychiaterin in Sarajevo.

Owen, Lord David
EG-Vermittler. Kovorsitzender der Friedenskonferenz für das ehemalige Jugoslawien (1992–1995).

Panić, Milan
aus Belgrad stammender, kalifornischer Millionär. 1992 Premierminister von Rumpfjugoslawien.

Panić, Života
General. Kommandant des Ersten Armeebezirks während der Belagerung von Vukovar. Später Oberbefehlshaber der jugoslawischen Streitkräfte. 1993 abgesetzt.

Pankov, Radovan
einer der Führer der antibürokratischen Revolution. Minister in der serbischen Regierung.

Paraga, Dobroslav
Gründer der Kroatischen Partei des Rechts. Nationalistischer Langzeit-Dissident. Chef einer paramilitärischen Einheit.

Paspalj, Mile
Sprecher des Krajina-Parlaments.

Pavelić, Ante
Führer von Hitlers Marionettenregime im Unabhängigen Staat Kroatien (1941–1945).

Pavlović, Dragiša
Belgrader Parteichef. Protegé von Stambolić.

Peterle, Lojze
slowenischer Premierminister (1990–1991).

Plavšić, Biljana
„Vizepräsidentin" der selbsterklärten bosnischen *Republika Srpska.* Vor dem Krieg Mitglied des bosnischen Präsidiums.

Pohara, Armin
Journalist; Verteidiger von Bosanski Brod.

Poos, Jacques
luxemburgischer Außenminister (1991).

Praljak, Slobodan
Theaterdirektor. Kommandant der bosnisch-kroatischen Milizen (1993).

Pučnik, Jože
ehemaliger slowenischer Dissident. Führer der Oppositionskoalition DEMOS in den Wahlen von 1991.

Račan, Ivica
kroatischer Reformkommunist. Verließ zusammen mit den Slowenen den 14. Parteikongreß. Verlor die Wahlen von 1990.

Ranković Aleksandar
Innenminister und Chef der jugoslawischen Geheimpolizei unter Tito. 1966 aus der Partei ausgeschlossen. Von vielen Serben wegen seiner repressiven Methoden gegen die Kosovo-Albaner geschätzt.

Rašeta, Andrija
JVA-General. Stellvertretender Kommandant des Fünften Armeebezirks.

Rašković, Jovan
Gründer der Serbischen Demokratischen Partei in Kroatien. Gemäßigt. Von Milan Babić ausgebootet.

Ražnjatović, Zeljko
„Arkan"
Kommandant einer gefürchteten, serbischen paramilitärischen Truppe. Kurzzeitig Parlamentsabgeordneter. Arbeitete für die serbische Geheimpolizei.

Redman, Charles
Clintons Sonderbeauftragter für die Friedensverhandlungen 1993–1994.

Rejhl-Kir, Josip
Polizeichef von Osijek, der vor Kriegsausbruch die Extremisten zu beruhigen versuchte. Von HDZ-Extremisten ermordet.

Ribičić Ciril
slowenischer Reformkommunist.

Rose, Sir Michael
britischer General. Kommandant der UNO-Truppen in Bosnien (1994–1995).

Rugova, Ibrahim
Führer der Kosovo-Albaner.

Rupel, Dimitri
slowenischer Außenminister (1991).

Sacirbey, Mohammed
bosnischer UNO-Botschafter. Später bosnischer Außenminister.

Sapunxhiu, Riza
Kosovos Vertreter im jugoslawischen Staatspräsidium. 1991 abgesetzt.

Scowcroft, Brent
führender außenpolitischer Stratege der USA. Bis 1992 im Nationalen Sicherheitsrat.

Silajdžić, Haris
Premierminister von Bosnien-Herzegowina. Früher Außenminister.

Stambolić, Ivan
kommunistischer Politiker. Half seinem besten Freund Milošević an die Macht und wurde dann von diesem 1987 gestürzt.

Stanovnik, Janez
Präsident von Slowenien (1988).

Stojanović, Svetozar
serbischer Professor. Enger Berater von Dobrica Ćosić.

Stoltenberg, Thorvald
UN-Sondergesandter bei der Internationalen Friedenskonferenz. Löste 1993 Cyrus Vance ab.

Šešelj, Vojislav
ultranationalistischer Parlamentsabgeordneter in Serbien. Tschetnikführer. Milošević nannte ihn einmal seinen liebsten Politiker und half ihm, seine Partei aufzubauen. Ließ ihn später verhaften.

Šipovac, Nedeljko
einer der Anführer der antibürokratischen Revolution in der Vojvodina.

Školc, Jože
Vorsitzender der slowenischen kommunistischen Jugendorganisation (1989).

Šogorov, Milovan
Parteichef der Vojvodina, 1988 gestürzt.
Šolević, Miroslav
serbischer Aktivist aus dem Kosovo.
Špegelj, Martin
Ex-JVA-General. Kroatischer Verteidigungsminister (1990–1991).
Šuklje, Borut
slowenischer Kommunist; Mitglied des jugoslawischen Zentralkomitees.
Šušak, Gojko
kroatischer Verteidigungsminister. Seit 1990 einer der wichtigsten Verbündeten von Tudjman.
Šuvar, Stipe
kroatischer Kommunistenführer. Vorsitzender der jugoslawischen Partei 1988–1989. Von 1989 bis 1990 Vertreter Kroatiens im Staatspräsidium.
Tašić, David
Mladina-Journalist. 1988 wegen Weitergabe eines geheimen Militärdokuments verhaftet.
Tharoor, Shashi
Sonderbeauftragter des Leiters der UNO-Friedensmissionen.
Thornberry, Cedric
hoher UNPROFOR-Zivilbeamter.
Todorović, Zoran
serbischer Parteiaktivist. Protegé von Mira Marković.
Trgovčević, Ljubinka
Mitglied des serbischen Präsidiums.
Trifunović, Vlado
JVA-Garnisonskommandant. Nach dem Krieg verhaftet.
Tschurkin, Vitali
russischer Sonderbeauftragter für Jugoslawien (1993–1994).
Tudjman, Franjo
Gründungsmitglied der Kroatischen Demokratischen Union (HDZ). Erster Präsident des unabhängigen Kroatien.
Tupurkovski, Vasil
mazedonischer Politiker. Mitglied des Staatspräsidiums (1991).
Tus, Anton
kroatischer JVA-General. Übernahm 1991 das Kommando über die kroatischen Streitkräfte.
Unković, Slobodan
Präsident des serbischen Parlaments (1991).
Vance, Cyrus
UNO-Gesandter und Kovorsitzender der Friedenskonferenz für das ehemalige Jugoslawien.

Van den Broek, Hans
niederländischer Außenminister (1991).

Vasiljević, Aleksandar
Chef der militärischen Gegenspionage KOS (1991). Im Mai 1992 bei der Säuberung unter den Generälen abgesetzt.

Vico, Ratomir
enger Mitarbeiter von Milošević. Chef des Belgrader Fernsehens. Serbischer Informationsminister.

Vidmar, Tone
JVA-General. Stellvertretender Kommandant der Kaserne in Vrhnika in Slowenien (1991).

Vllasi, Azem
Albaner. Vorsitzender der KP im Kosovo. 1989 festgenommen, nachdem Milošević auf einer Massendemonstration seine Verhaftung angekündigt hatte. Im April 1990 freigelassen.

Wijnaendts, Henri
niederländischer Botschafter in Paris. Stellvertreter von Lord Carrington.

Zavrl, Franci
Chefredakteur von *Mladina*. 1988 im Prozeß der JVA gegen slowenische Dissidenten verhaftet.

Zimmermann, Warren
US-Botschafter in Jugoslawien (1989–1992).

Zulfikarpašić, Adil
bosnischer Moslem. Geschäftsmann in der Schweiz. Finanzierte die SDA und unterzeichnete 1991 mit Milošević die „Belgrader Initiative".

CHRONOLOGIE

4. Mai 1980: Marschall Tito stirbt.

März 1981: Schwere Studentenunruhen an der Universität Priština. Die Auseinandersetzungen zwischen Serben und Albanern weiten sich aus, der Kosovo wird zu einer unterdrückten Unruheprovinz.

1983: Dobrica Ćosić veröffentlicht „Stvarno i Moguče“ (Realität und Möglichkeit). Er kritisiert darin die jugoslawische Nationalitätenpolitik seit 1968 (Titos Anerkennung der Moslems als eigene Nationalität).
Zehntausende Serben kommen spontan zum Begräbnis von Aleksandar Ranković (serbischer Hardliner, Titos Innenminister bis 1966, ging brutal gegen Kosovo-Albaner vor).
Slobodan Milošević wird KP-Chef von Belgrad; Ivan Stambolić wird KP-Chef von Serbien.

1984: In Slowenien entwickeln sich neue Formen kulturellen Ausdrucks: die Bewegung *Neue Slowenische Kunst,* die Rockgruppe *Laibach* etc.

1986: Das Komitee der Serben und Montenegriner im Kosovo organisiert die ersten nationalistischen Protestkundgebungen im Kosovo.
Milan Kučan wird Parteichef der slowenischen Kommunisten.
Slobodan Milošević wird Parteichef in Serbien, Ivan Stambolić wird Präsident Serbiens.

24. und 25. September 1986: Die Serbische Akademie der Wissenschaften und Künste veröffentlicht im Massenblatt *Večernji Novosti* ein *„Memorandum über die aktuellen gesellschaftlichen Fragen in unserem Lande“.* Dieses Memorandum wird zur ideologischen Grundlage des großserbischen Nationalismus und der Politik von Slobodan Milošević.

Februar 1987: Das slowenische Monatsmagazin *Nova Revija* veröffentlicht ein *Slowenisches Nationalprogramm.* Es wird als Antwort auf das Memorandum der Serbischen Akademie der Wissenschaften interpretiert.

27. April 1987: Slobodan Milošević sagt den Kosovo-Serben nach einer inszenierten Prügelei zwischen serbischen Demonstranten und albanischen Polizisten: „Niemand soll es wagen, euch zu schlagen“, und macht die Kosovo-Frage zur Grundlage seines nationalistischen Populismus, der ihm die weiteren politischen Erfolge sichert.

Juni 1987: Serben aus dem Kosovo demonstrieren in Belgrad. Das Präsidium des Bundes der Kommunisten Jugoslawiens ist völlig verunsichert.

23. September 1987: Der nationalistische Flügel gewinnt die Oberhand in der serbischen KP. Ivan Stambolić, Freund und Förderer von Milošević, wird von diesem ausgebootet.

Frühjahr 1988: *Mladina* (Jugend), das offizielle Organ der slowenischen kommunistischen Jugendorganisation, startet eine Kampagne gegen die Jugoslawische Volksarmee und vor allem gegen Verteidigungsminister Admiral Branko Mamula. Die slowenische Parteiführung läßt die Jungjournalisten gewähren.

31. Mai 1988: Die Armee läßt den *Mladina*-Journalisten Janez Janša verhaften. Zwei weitere Journalisten und ein slowenischer Unteroffizier werden wenig später ebenfalls festgenommen. Der Prozeß gegen die vier führt zur Gründung des „Komitees zum Schutz der Menschenrechte", einer Regenbogen-Allianz verschiedenster politischer Gruppierungen, aus denen sich bald die ersten freien politischen Parteien Jugoslawiens entwickeln.

9./10. Juli 1988: Die serbisch-nationalistische „Joghurt-Revolution" (Joghurt-Becher als Wurfgeschosse) beginnt mit Demonstrationen in Novi Sad (Vojvodina).

29. Juli 1988: Das 16. Plenum des jugoslawischen Zentralkomitees ordnet der serbischen Partei an, die nationalistischen Demonstrationen zu unterbinden.

5. Oktober 1988: Unter dem Druck von serbisch-nationalistischen Protestkundgebungen tritt die bisherige Parteiführung der Autonomen Serbischen Provinz Vojvodina zurück. Milošević-Anhänger rücken an ihre Stelle.

14. Oktober 1988: Milošević-Anhänger, die für einen Zusammenschluß Montenegros mit Serbien sind, lösen nach inszenierten Massenkundgebungen die bisherige Parteiführung in Montenegro ab.

19. November 1988: Vor einer Kundgebung von einer Million Menschen fordert Milošević die „Wiederherstellung der nationalen Einheit Serbiens".

Januar/Februar/März 1989: Die Parteiführung des Kosovo wird abgesetzt. Nach Streiks der Albaner im Bergwerk von Trepča kommt es zur Einführung des Kriegsrechtes im Kosovo. Bei bewaffneten Auseinandersetzungen gibt es zahlreiche Tote.

28. Februar 1989: Gründungsversammlung der „Kroatischen Demokratischen Union" (HDZ) im kroatischen Schriftstellerklub in Zagreb. Franjo Tudjman wird zum Vorsitzenden gewählt.

28. Juni 1989: Auf dem Amselfeld (Kosovo Polje) findet die 600-Jahr-Feier der Schlacht gegen die Türken statt, durch die das mittelalterliche Serbien zerbrach. Mit der verlorenen Schlacht auf dem Amselfeld 1389 wurde der Kosovo zum nationalen Mythos der Serben hochstilisiert. Dabei scheint es ohne Bedeutung, daß nicht nur Serben, sondern auch Albaner, Ungarn,

Bulgaren und Kroaten damals gegen die Türken kämpften. Der serbische Nationalheld Miloš Obilić erdolchte später Sultan Murat I., bei dem er sich unter Demutsgesten eingeschlichen hatte. Damit beginnt wohl die einmalige serbische Königsmörder-Tradition, die sich bis in unser Jahrhundert fortsetzt. Die Obilić-Episode ist im südslawischen Nationalepos „Der Bergkranz" von Petrović Njegoš besungen.

Sommer 1989: Nationalistische Massenkundgebungen der Serben in Kroatien, die von Agitatoren aus Serbien und aus dem Kosovo verstärkt werden.

27. September 1989: Slowenien ändert seine Verfassung und erklärt sich als souverän.

1. Dezember 1989: Serbien verhängt ein Handelsembargo gegen Slowenien.

23. Januar 1990: Die slowenische Delegation verläßt aus Protest gegen Serbien den 14. Außerordentlichen Parteitag des Bundes der Kommunisten Jugoslawiens. Die Kroaten folgen ihnen. Die Kommunistische Partei Jugoslawiens zerbricht.

8. April 1990: Das Oppositionsbündnis DEMOS gewinnt die freien Wahlen in Slowenien. Die Kommunisten bringen es noch auf 17 Prozent der Stimmen.

April/Mai 1990: Die rechts-nationalistische Kroatische Demokratische Union (HDZ) von Dr. Franjo Tudjman siegt bei den Wahlen in Kroatien.

16. Mai 1990: Die JVA entwaffnet die Territorialverteidigung in Slowenien und Kroatien.

17. August 1990: In der Krajina beginnt die „Baumstamm-Revolution". Serbische Milizen blockieren die Straßen mit frisch gefällten Bäumen und überfallen Waffenlager der Polizei.

16. November 1990: Bei den ersten freien Wahlen in Bosnien-Herzegowina wählen die Mitglieder der drei großen Volksgruppen, der Moslems (43 Prozent), der Serben (32 Prozent) und der Kroaten (17 Prozent), ihre jeweiligen Nationalparteien. Die Moslems stellen den Republikspräsidenten, die Serben den Parlamentspräsidenten und die Kroaten den Regierungschef.

7. Dezember 1990: Die Sozialistische Partei Serbiens, die gewendeten Kommunisten unter der Führung von Slobodan Milošević, erhalten bei den freien Wahlen zwei Drittel der Stimmen.

23. Dezember 1990: Bei der Volksabstimmung in Slowenien stimmen 88 Prozent der Wähler für die staatliche Unabhängigkeit. Die Wahlbeteiligung beträgt 94 Prozent.

9. März 1991: Slobodan Milošević läßt Demonstrationen der serbischen Opposition von der Armee niederschlagen.

12./14./15. März 1991: Das jugoslawische Staatspräsidium lehnt den serbischen Antrag ab, das Kriegsrecht über Jugoslawien zu verhängen.

Ende März 1991: Milošević und Tudjman führen in Karadjordjevo Geheimverhandlungen über die Aufteilung von Bosnien-Herzegowina.

Anfang April 1991: Serbischer Aufstand im Gebiet der Plitvicer Seen in Kroatien. Die Kroaten beginnen mit der Aufstellung einer eigenen „Nationalgarde".

Anfang Mai 1991: Die serbischen Revolten in Kroatien dehnen sich aus. In Borovo Selo, das bei Vukovar liegt, kommt es zu bewaffneten Auseinandersetzungen.

19. Mai 1991: Bei einer Volksabstimmung in Kroatien stimmen 94 Prozent der Wähler für die Unabhängigkeit.

25. Juni 1991: Slowenien und Kroatien rufen gleichzeitig ihre Unabhängigkeit aus. In der Nacht zum 27. Juni rollen Armeepanzer in Slowenien. Bei den Kämpfen finden 67 Menschen den Tod.

27. Juni 1991: In Bosnien wird die erste Serbische Autonome Region (SAO) gegründet. Sechs weitere autonome Gebiete werden während der folgenden Monate ausgerufen.

8. Juli 1991: Auf der Adriainsel Brioni vermittelt die EG einen Waffenstillstand und eine dreimonatige Aussetzung der slowenischen und kroatischen Unabhängigkeitserklärungen.

18. Juli 1991: Das jugoslawische Staatspräsidium beschließt den Abzug der Bundesarmee aus Slowenien.

25. September 1991: Die UNO verhängt ein Waffenembargo gegen Jugoslawien.

September/Oktober 1991: Die Haager Friedenskonferenz unter Lord Carrington scheitert.

15. Oktober 1991: Das Parlament in Sarajevo erklärt mit den Stimmen der moslemischen und der kroatischen Abgeordneten die Souveränität der Republik Bosnien-Herzegowina. Die serbischen Vertreter boykottieren die Sitzung.

8. November 1991: Die Europäische Gemeinschaft verhängt Wirtschaftssanktionen gegen Jugoslawien.

18. November 1991: Vukovar fällt an die Serben.

16. Dezember 1991: Die EU beschließt die Anerkennung jener jugoslawischen Teilrepubliken, die die Kriterien der Badinter-Kommission erfüllen.

3. Januar 1992: Um 18 Uhr tritt ein vom UNO-Sonderbotschafter Cyrus Vance in Sarajevo vermittelter Waffenstillstand für Kroatien in Kraft.

9. Januar 1992: Die Serbenvertreter in Bosnien-Herzegowina rufen ihre eigene Republik aus.

15. Januar 1992: Die zwölf Staaten der Europäischen Gemeinschaft, insgesamt mehr als 30 Staaten, erkennen Slowenien und Kroatien diplomatisch an.

21. Februar 1992: In der UNO-Resolution 743 wird die Entsendung von 14.000 Blauhelmen (UNPROFOR) nach Kroatien beschlossen.

29. Februar/1. März 1992: Beim Referendum über die Unabhängigkeit von Bosnien-Herzegowina, das von der serbischen Volksgruppe boykottiert wird, stimmen zwei Drittel aller bosnischen Wahlberechtigten mit „Ja". In Sarajevo brechen erste schwere Unruhen aus.

26. März 1992: Der Kommandant der UNO-Friedenstruppen für Jugoslawien, der indische General Satish Nambiar, richtet sein Hauptquartier in Sarajevo ein.

6. April 1992: Die Europäische Gemeinschaft erkennt Bosnien-Herzegowina diplomatisch an.

7. April 1992: Die radikalen bosnischen Serbenvertreter (SDS) verlassen alle Regierungsämter. Kampf um das Hotel *Holiday Inn* in Sarajevo. Am 8. April wird der Ausnahmezustand über Bosnien-Herzegowina verhängt.

27. April 1992: Serbien und Montenegro gründen eine neue Bundesrepublik Jugoslawien.

Sommer 1992: Die Armee der bosnischen Serben „säubert" weite Teile Bosnien-Herzegowinas von der seit langem dort ansässigen moslemischen Bevölkerung.

19. Juli 1992: Erste Nachrichten über bosnisch-serbische Anhaltelager gelangen an die internationale Öffentlichkeit.

26.–28. August 1992: Die Londoner Friedenskonferenz scheitert. Lord David Owen folgt Lord Peter Carrington als EU-Vermittler für Ex-Jugoslawien.

25. Oktober 1992: In Prozor (Mittelbosnien) brechen die ersten Kämpfe zwischen Kroaten und Moslems aus.

Januar 1993: Cyrus Vance und Lord Owen präsentieren ihren Friedensplan, der eine Aufteilung Bosnien-Herzegowinas in Kantone nach ethnischen Richtlinien vorsieht.

März/April 1993: Auf Druck der bosnischen Serben vermittelt die UNO die Entwaffnung der moslemischen Enklave Srebrenica.

April 1993: Nach der Winterkampfpause verschärfen sich die Kämpfe zwischen Kroaten und Moslems in Bosnien.

Mai 1993: Serbenführer Karadžić unterzeichnet den Vance-Owen Plan in Athen. Das Parlament der bosnischen Serben lehnt den Plan wenig später ab. Der Plan wird aufgegeben.

30. Juli 1993: Die Friedensvermittler Lord Owen und Thorvald Stoltenberg versuchen, eine aus drei Republiken bestehende Bosnische Union zu verhandeln, und scheitern.

August 1993: Das Rote Kreuz befreit 7000 moslemische Gefangene aus kroatischen Anhaltelagern.

9. November 1993: Bosnisch-kroatische Einheiten zerstören die alte Brücke in Mostar.

5. Februar 1994: Eine einzelne Granate tötet 69 und verwundet über 200 Personen auf dem Marktplatz von Sarajevo.

9. Februar 1994: Die NATO stellt den bosnischen Serben unter Androhung von Bombardements das Ultimatum, ihre schweren Waffen um Sarajevo abzuziehen.

17. Februar 1994: Boris Jelzin bietet an, russische Truppen an der Frontlinie zwischen bosnischen Serben und Moslems zu stationieren, die Serben akzeptieren daraufhin das NATO-Ultimatum. Rußland bremst dadurch Alleingänge der NATO.

2. März 1994: Kroatien und die bosnischen Moslems unterzeichnen in Washington den von den USA vermittelten Vertrag einer Kroatisch-Moslemischen Föderation.

April 1994: Die bosnischen Serben greifen die moslemische Enklave Goražde an. Der UNO-Sonderbeauftragte Yasushi Akashi verhindert die geplanten massiven Luftangriffe der NATO. Diese Episode führt zu starken Verstimmungen innerhalb der westlichen Allianz, zwischen UNO und NATO und zwischen den bosnischen Serben und ihren Verbündeten in Belgrad und Moskau.

Sommer 1994: Die Kontaktgruppe (USA, Rußland, Frankreich, Großbritannien, Deutschland) entwirft einen neuen Teilungsplan für Bosnien. Die bosnischen Serben, die etwa 20 Prozent des bosnischen Territoriums zurückgeben müßten, lehnen den Plan ab.

4. August 1994: Serbien verhängt eine politische und wirtschaftliche Blockade über die bosnischen Serben. Die militärischen Verbindungen werden nicht abgebrochen. Serbien erhält dafür einige Lockerungen der internationalen Sanktionen.

November 1994: Das Fünfte Korps der bosnischen Armee versucht, die Blockade der Enklave Bihać zu durchbrechen. Die bosnisch-serbische Armee schlägt hart zurück. Die USA fordern Bombardements gegen die bosnischen Serben, Frankreich und Großbritannien sind dagegen, es kommt zu einer ernsten Zerreißprobe für die NATO, die USA lenken ein.

Mai 1995: Die kroatischen Streitkräfte erobern das serbisch besetzte Westslawonien zurück.
Nach einem NATO-Luftangriff nehmen die bosnischen Serben Hunderte UNO-Blauhelme als Geiseln. Serbiens Präsident Milošević vermittelt ihre Freilassung.

3. Juni 1995: Frankreich und Großbritannien beschließen die Entsendung einer Schnellen Eingreiftruppe zum Schutz der UNO-Soldaten.

Juli 1995: Die Armee der bosnischen Serben überrennt die moslemischen Enklaven Srebrenica und Žepa.

Anfang August 1995: Kroatien erobert die Krajina zurück. Etwa 200.000 Serben fliehen.

MÄRZ 1992: Waffenstillstand in Kroatien und Serbien

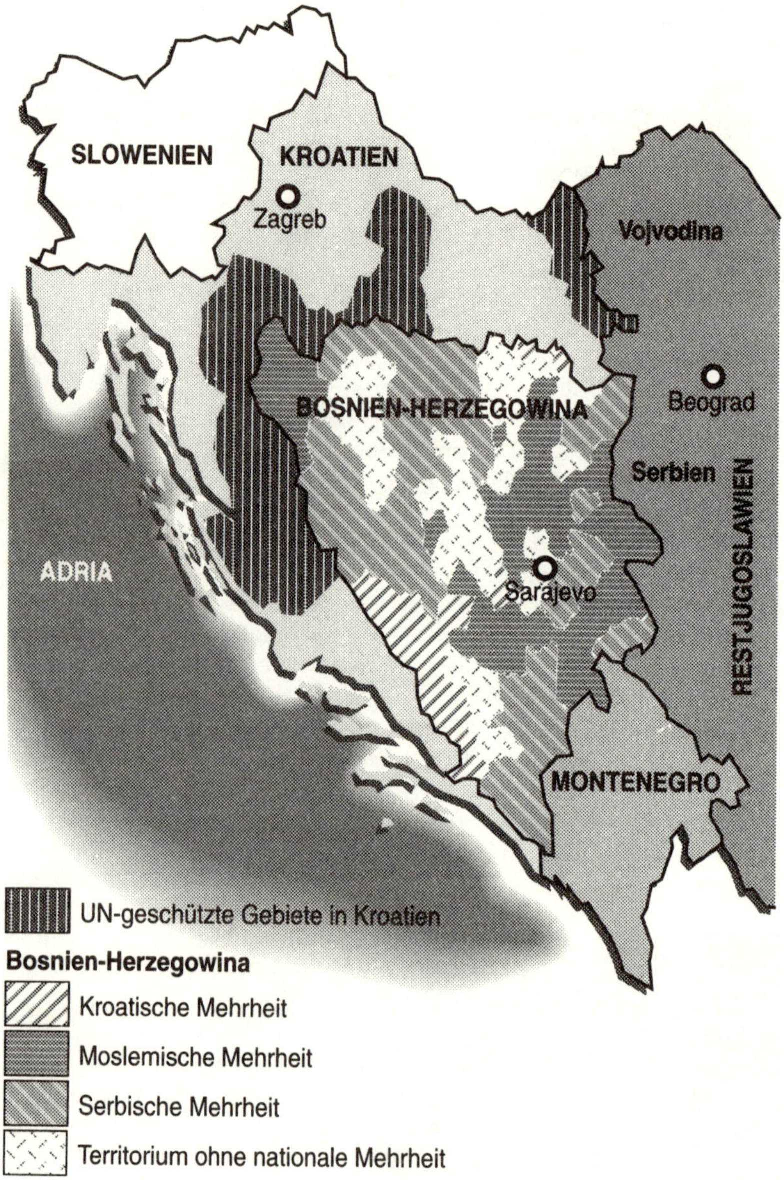

FRÜHJAHR 1993: Vance-Owen-Plan

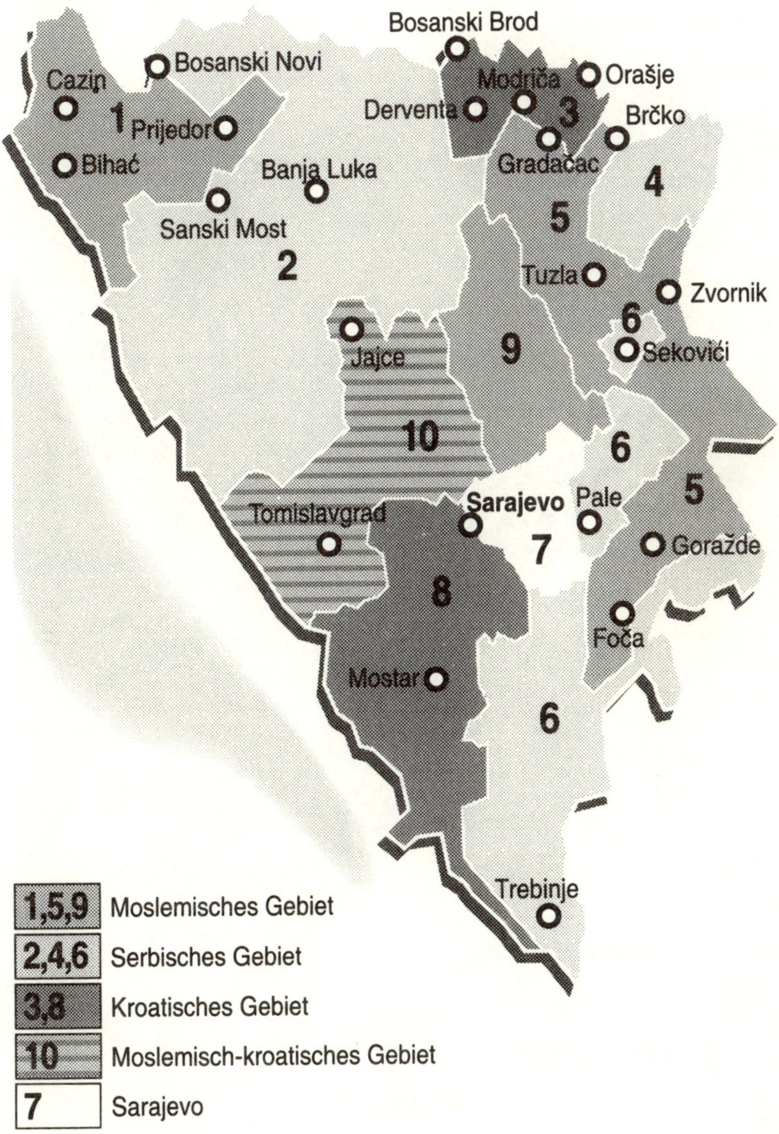

1,5,9	Moslemisches Gebiet
2,4,6	Serbisches Gebiet
3,8	Kroatisches Gebiet
10	Moslemisch-kroatisches Gebiet
7	Sarajevo

SEPTEMBER 1993: Serbisch-kroatischer Plan für die Teilung Bosniens, vermittelt von Owen und Stoltenberg

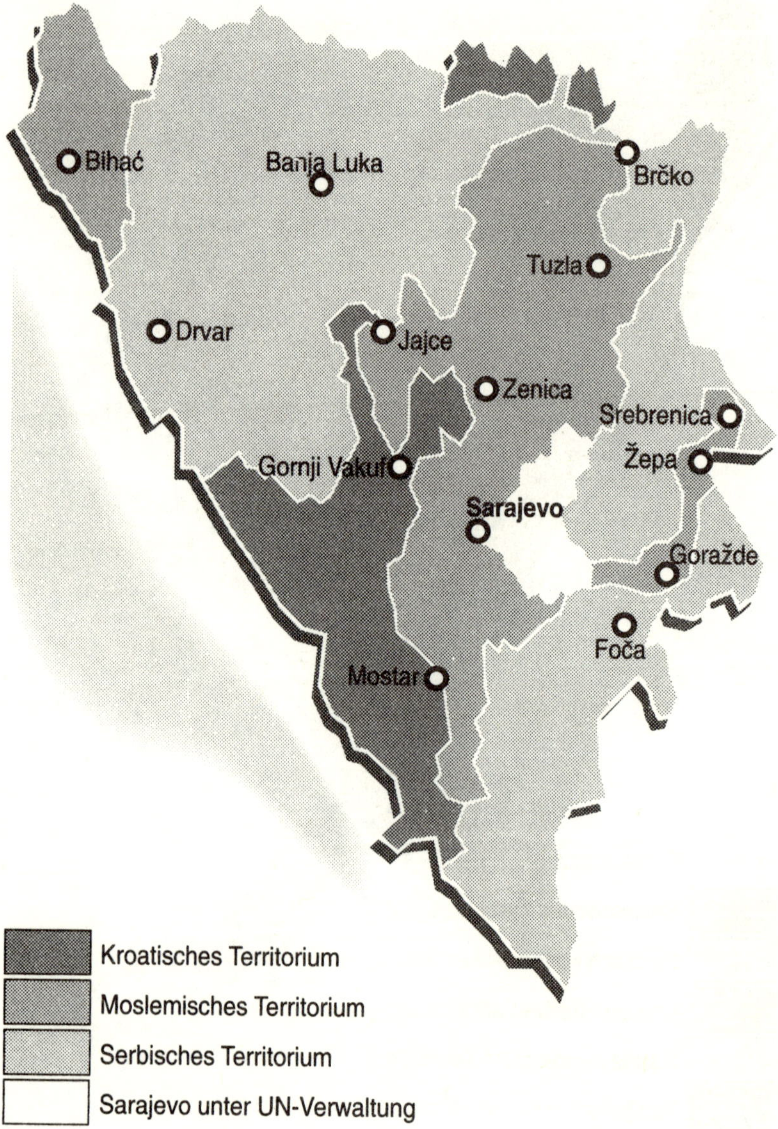

JULI 1994: Frontverlauf nach dem Plan der Kontaktgruppe

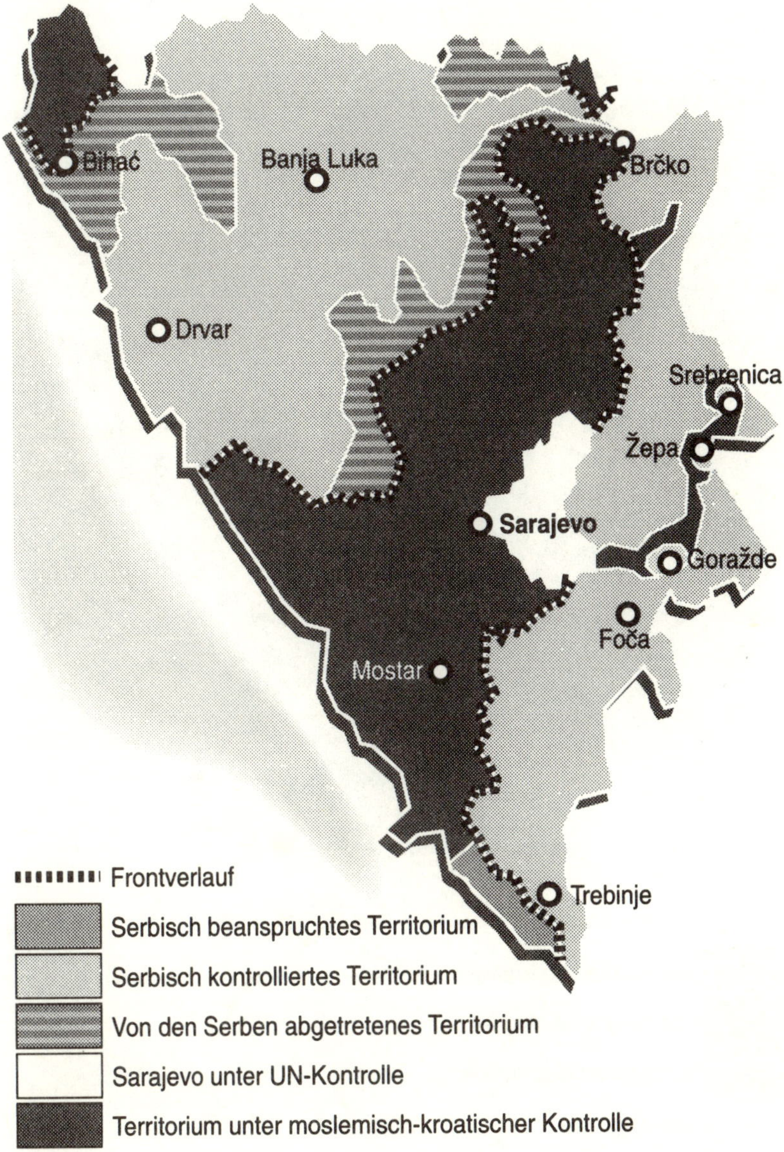

OKTOBER 1995: Kroatisch-moslemische Offensive

ABKÜRZUNGEN

DEMOS	Demokratische Oppositionskoalition Sloweniens
DEPOS	Demokratische Bewegung Serbiens (Oppositionskoalition)
HDZ	Kroatische Demokratische Union
HOS	Rechtsextreme Parteimiliz des kroatischen Neofaschisten Dobroslav Paraga (Hrvatska Obranbene Snage)
HSP	Neofaschistische Kroatische Partei des Rechts (Hrvatska Stranka Prava; Anführer: Dobroslav Paraga)
HVO	Bosnisch-kroatische Streitkräfte
IMF	Weltwährungsfonds (International Monetary Fund)
JVA	Jugoslawische Volksarmee
KOS	Spionageabwehrdienst der Jugoslawischen Volksarmee (Kontraobaveštajna Služba)
MASPOK	Massenbewegung in Kroatien 1971 (Masovni Pokret)
MBO	Moslemische Bošnjaken-Partei
MUP	Innenministerium der einzelnen Republiken bzw. deren bewaffnete Einheiten
NDH	Unabhängiger Staat Kroatien (1941)
SAO	Serbische Autonome Region
SAS	Britische Spezialeinheit (Special Air Service)
SDA	Partei der Demokratischen Aktion
SDB	Jugoslawischer Staatssicherheitsdienst (Služba Državne Bezbednosti)
SDP	Partei des Demokratischen Wandels (Reformkommunisten in Kroatien)
SDS	Serbische Demokratische Partei
SFRJ	Sozialistische Föderative Republik Jugoslawien
SKJ	Bund der Kommunisten Jugoslawiens
SPO	Serbische Erneuerungsbewegung (nationalistisch)
SPS	Sozialistische Partei Serbiens
TO	Territoriale Verteidigungskräfte
UNHCR	Hochkommissariat für Flüchtlinge (United Nations High Commission for Refugees)
UNPA	UNO-Schutzzone (United Nations Protected Area)
UNPROFOR	UNO-Schutztruppe (United Nations Protection Force)

AUSSPRACHE

im Serbischen, Kroatischen und Slowenischen

c = z (Cetinje = Zetinje)
č = tsch (Četnik = Tschetnik)
ć = (weiches) tjsch (Milošević = Miloschewitsch)
dj = wie englisches j in Joe (Tudjman = Tudschman)
š = sch (Ustaša = Ustascha)
z = stimmhaftes s wie Rose (Zagreb = Sagreb)
ž = wie französisches j in Jean (Žarko = Scharko)

ANMERKUNGEN

1 Der serbische Ökonom Kosta Mihajlović, der später einer der engsten Berater von Milošević wurde, wird allgemein für den Autor des Memorandums gehalten. Obwohl er niemals zugegeben hat, das Memorandum geschrieben zu haben, enthielten später von ihm veröffentlichte Papiere eine identische Argumentationslinie.

2 Memorandum, *Borba*, S. 64.

3 Die Arbeiter-Selbstverwaltung wurde in der sozialistischen Welt als epochale Errungenschaft gefeiert. „Soziales Eigentum" bedeutete, daß die Fabriken nicht dem Staat, sondern den Arbeitern und ihren Räten gehörten. Was wirklich wem gehörte, wurde in der Praxis nie ganz klar. Im Zuge der Privatisierung stellte sich heraus, daß viele Betriebsdirektoren das „soziale Eigentum" bereits auf eigene Rechnung versilbert hatten, noch ehe die Politiker dazukamen, neue Eigentumsansprüche zu formulieren.

4 Ćosić war im „Komitee für Redefreiheit" aktiv, das politisch Andersdenkende in ganz Jugoslawien verteidigte. Die Liste der Angeklagten liest sich wie ein *Who is Who* des Auseinanderbrechens von Jugoslawien. Der kroatische Präsident Franjo Tudjman wurde 1990 wegen kroatischen Nationalismus festgenommen; der bosnische Präsident Alija Izetbegović saß jahrelang wegen angeblichen islamischen Fundamentalismus in Haft; Vojislav Šešelj, Tschetnikführer und serbischer Abgeordneter; Dobroslav Paraga, kroatischer Extremist und Kommandant einer Privatarmee, etc.

5 Stambolić erinnerte sich, daß sogar Kardelj, der Architekt der Verfassung von 1974, bei einem Abendessen einmal zugegeben hatte, daß die Verfassung für Serbien problematisch sei. Kardelj galt bis zu seinem Tod im Jahr 1979 als Titos Kronprinz. Er riet Stambolić und seinen Genossen, auf eine Verfassungsänderung hinzuarbeiten. Als Tito 1980 starb, waren die Arbeiten nicht vom Fleck gekommen und wurden schließlich ganz *ad acta* gelegt.
Kardelj, der aus Slowenien stammende Ideologe Jugoslawiens, versicherte Stambolić gegenüber, daß das Land auch nach seinem und Titos Tod überleben werde. „Wer immer die Gleichheit der Nationen oder das föderale System in Frage stellt, wer immer den Arbeitern die Fabriken oder Jugoslawien seine Unabhängigkeit nehmen will – wir werden ihm den Hals brechen!"

6 Jugoslawien hatte nach dem Zweiten Weltkrieg drei Verfassungen: 1946, 1963 und 1974. Vor 1974 waren die Beziehungen zwischen den Republiken und Nationalitäten eines der wichtigsten Themen in Titos Jugoslawien und wurden mit einer Unzahl von Zusatzartikeln zur jeweiligen Verfassung geregelt.

7 Dobrica Ćosić und andere Mitglieder seiner nationalistischen Dissidentenclique entwarfen einen Geheimplan zur Teilung der Provinz Kosovo, der Serbien die Gebiete mit den orthodoxen Klöstern zugestanden hätte. Den Rest könnten sich die Albaner behalten, die sich dann auch mit ihrem Mutterland Albanien vereinigen könnten, wenn sie das wünschten. Ćosić ging mit diesem Plan nie an die Öffentlichkeit, weil er meinte, das Volk sei nicht bereit, auch nur eine kleinen Teil des Kosovo aufzugeben.

8 Aleksandar Ranković wurde wegen Machtmißbrauchs der Geheimpolizei am 1. Juli 1966 aus dem Bund der Kommunisten Jugoslawiens ausgeschlossen. Er hatte unter anderem Tito abhören lassen. Im Kosovo war sein Name das Synonym für Schreckensherrschaft. Für die Serben regierte er mit harter Hand, hielt so aber den albanischen Nationa-

lismus im Zaum. Als Ranković am 20. August 1983 in Belgrad begraben wurde, erschienen Zehntausende Serben beim Begräbnis, das damit zum ersten Massenprotest gegen den Status der Serben im Kosovo und in ganz Jugoslawien wurde. Ivan Stambolić, damals Parteichef von Belgrad, sagte: „Ganz Jugoslawien hat mich damals dafür kritisiert, nichts dagegen unternommen zu haben ... Hätte ich den Friedhof von Panzern umstellen lassen sollen?"

9 Die offiziellen Statistiken besagen allerdings, daß die Vergewaltigungsrate im Kosovo wesentlich niedriger war als anderswo in Jugoslawien.

10 Kosta Bulatović, ein aus Montenegro stammender serbischer Aktivist im Kosovo, erklärte, daß eigentlich gar nicht genügend Leute zu dieser Demonstration eingeladen worden seien und daß die meisten von ihnen „Takojevići" gewesen seien, ein herablassendes Wort für Leute die „tako je – so ist es" sagen. In anderen Worten, Leute, die der jeweiligen politischen Parole blind folgen.

11 Zwei der engsten Verbündeten von Milošević leiteten damals das serbische Fernsehen: Ratomir Vico und sein Stellvertreter Dušan Mitević.

12 Slavoljub Djukić: Izmedju Slave i Anateme: politička biografija Slobodana Miloševića, Beograd, Filip Visnjić, 1994, S. 68.

13 Djukić: Izmedju Slave i Anateme, S. 13–17.

14 Gerüchten zufolge war ihre Schwester, die auch Partisanin war, während des Krieges Titos Geliebte. Sie starb an Tuberkulose, und es heißt, sie sei hinter Titos Haus begraben worden. Es gab Gerüchte, daß in Wirklichkeit Tito Mirjanas Vater gewesen sei.

15 Djukić: Izmedju Slave i Anateme, S. 71.

16 Der deutsche Name Laibach tauchte schriftlich erstmals im Jahr 1144 auf. Zwei Jahre darauf wurde die Stadt auch zum ersten Mal unter ihrem slowenischen Namen Ljubljana erwähnt.

17 Kučan und Stambolić sind auch nach dessen Sturz gute Freunde geblieben.

18 Die üblicherweise unterwürfigen Mazedonier reagierten äußerst scharf auf das slowenische Dokument, weil es die nationale Identität Mazedoniens und anderer jugoslawischer Nationalitäten negierte. Die Mazedonier verehrten Tito, der ihnen nach dem Zweiten Weltkrieg eine eigene Republik innerhalb der jugoslawischen Föderation gegeben und sie als eigenständige Volksgruppe anerkannt hatte.

19 Mamula verfaßte selbst ein Buch mit dem Titel *Odbrana Malih Zemalja* (Die Verteidigung kleiner Länder). Vielleicht reagierte er deshalb so verärgert.

20 Vor 1991 verdiente Jugoslawien jährlich etwa 2 Milliarden Dollar aus Waffenverkäufen. Die Exporte gingen größtenteils in Entwicklungsländer der Blockfreienbewegung.

21 Die Benachteiligung Sloweniens war eine häufig gehörte Beschwerde. Die meisten Klagen der Slowenen waren jedoch im Zusammenhang mit wirtschaftlicher Benachteiligung zu hören: Sloweniens Produktivität finanziere den Rest von Jugoslawien. Gleichzeitig beklagte sich auch Serbien, der Rest des Landes beute den serbischen Reichtum an Rohstoffen aus.

22 Eine solche Namensliste tauchte allerdings nie auf. Ali Zerdin, ein angesehener slowenischer Journalist, bezweifelt, daß es sie überhaupt gegeben hat.

23 Durch die Jahrhunderte währende Fremdherrschaft haben die Slowenen immer wachsam darauf geachtet, ihre Kultur zu bewahren, indem sie beharrlich das Recht einforderten, ihre eigene Sprache benutzen zu dürfen. Die ersten schriftlichen Zeugnisse des Slowenischen stammen aus dem zwölften Jahrhundert.

24 *Telegraf*, 9. November 1994.

25 Die Schätzungen variieren dramatisch. Nach einigen Angaben sollen 150.000 Leute dort gewesen sein.

26 Kertes bekleidete eine Reihe wichtiger Positionen vom Chef der jugoslawischen Geheimpolizei bis zum Leiter der Zollbehörde im Jahr 1994 (in einem Land, das mit einem Handelsembargo belegt ist, in dem also jeglicher Handel Schmuggel ist, kann das ein einträglicher Posten sein). Jovica Stanišić, ein anderer Geheimpolizist, wuchs in der Nachbarschaft von Kertes auf. Auch er stieg bis zur Spitze auf und wurde einer der engsten Vertrauten von Milošević. Im Mai 1995 ernannte ihn Milošević zu seinem „Sonderbeauftragten" für die Befreiung der UNO-Geiseln.

27 Radiša Gačić war der zweite Serbe im Politbüro. Er stand bei der Achten Sitzung auf der Seite von Stambolić und schaffte das Vertrauensvotum. Milan Pančevski, ein Milošević-Gefolgsmann aus Mazedonien, wurde nur mit hauchdünner Mehrheit wiedergewählt.

28 Slobodan Milošević: Godine Raspleta, BIGZ, Belgrad 1989, S. 333.

29 Tatsächlich waren sie froh, diese Angelegenheiten Belgrad zu überlassen. Slowenien hatte sich immer über die hohen Beiträge beklagt, die es an den Bundesfonds für weniger entwickelte Regionen – Kosovo, Mazedonien und Montenegro – abliefern mußte.

30 Serbien stritt mit Kroatien und Slowenien darüber, ob die Bergarbeiter wirklich im Hungerstreik waren. Im Bergwerk waren Lebensmittel gesehen worden, und die Kumpel sollten öffentlich diskreditiert werden. 180 Kumpel, die alle krank und ausgezehrt waren, mußten ins Krankenhaus eingeliefert werden. Es ist also ziemlich irrelevant, ob einige der Streikenden gegessen haben.

31 1989 gründeten prominente serbische Intellektuelle die Serbisch-Jüdische Freundschaftsgesellschaft. Sie kritisierten Jugoslawiens blockfreie, pro-arabische und anti-israelische Haltung. Die Gruppe erhielt beträchtliche offizielle Unterstützung, als Klara Mandić, die Vorsitzende, später mit prominenten Serben, wie Radovan Karadžić oder Kapetan Dragan, der eine Freischärlertruppe in Knin (Kninjas) kommandierte, Bekanntschaft schloß.

32 Die Gerüchte, daß Milošević ungern öffentlich redet, hielten sich hartnäckig. Obwohl er von einer Welle von Demonstrationen an die Macht gespült wurde, wandte er sich nur selten an große Menschenmassen.

33 Irena Kostić / Slobodan Vuksanović: Pesma o Kosovu, savremena srpska poezija, Belgrad 1991. Vidici SKZ, Jedinstvo, S. 12.

34 Nachdem die Armee im Februar 1989 in den Kosovo gerufen worden war, betrachtete die Führung in Belgrad sie zunehmend als Mittel, Politik zu machen und durchzusetzen.

35 Das sagte Jovica Vlahović, einer der exotischeren Extremisten/Agenten im slowenischen Debakel. Er behauptete, er habe seine Hand als Kinderkurier für die Partisanen verloren. Tatsächlich zog er sich die Verletzung beim Dynamitfischen in Montenegro zu.

36 Slavoljub Djukić: Izmedju Slave i Anateme.

37 *Vreme*, Agonija SKJ, 5. November 1990.

38 *Vreme*, Agonija SKJ, 12. November 1990.

39 *Vjesnik*, 23. Januar 1990.

40 MASPOK ist eine Kurzform von *masovni pokret* = Massenbewegung.

41 Der Ausdruck wurde von Slavko Goldstein, einem liberalen kroatischen Intellektuellen und Verleger, benutzt.

42 Am selben Tag, dem 28. Februar, hatten die Belgrader Medien berichtet, daß sich eine Million Serben vor dem Bundesparlament versammelt hatte, um gegen die slowenische Demonstration im *Cankarjev Dom* zu protestieren.

[43] Darko Hudelist: Banket u Hrvatskoi: prolozi povijesti hrvatskog visestranačja 1989–1990 (Zagreb: Bibliotheka *Dnevnik*, 1991), S. 9–37.

[44] Ebenda, S. 396.

[45] Aleksa Djilas: The Contested Country. Yugoslav Unity and Communist Revolution 1919–1953, Cambridge, Harvard University Press, 1991, S. 103–127.

[46] *Feral Tribune*, 25. Januar 1994, Exzerpte aus Franjo Tudjman: *Große Ideen und kleine Nationen*, Matica Hrvatska, Zagreb 1969.

[47] *Danas*, Zagreb, 17. April 1990, S. 27–29.

[48] Ebenda, S. 90.

[49] Ebenda, S. 9.

[50] 1991 trug HOS, der militärische Arm der extrem nationalistischen Partei des Rechtes (HSP), der politischen Nachfolgerin von Pavelićs Ustascha, völlig schwarze Uniformen in bewußter Anlehnung an 1941.

[51] Der Ausdruck stammt von dem serbischen nationalistischen Dichter Matija Bečković. *Književne Novine*, Belgrad, 15. September 1989, S. 3.

[52] Die serbischen Nationalisten behaupteten, daß ihnen die lateinische Schrift aufgezwungen worden war. Doch in Knin, wo die offiziellen Hinweisschilder jetzt ausschließlich in Kyrillisch sind, sind die Graffiti an den Wänden hauptsächlich in lateinischer Schrift.

[53] Rašković starb als ein gebrochener und desillusionierter Mann im Juli 1992 in Belgrad.

[54] Degoricija besuchte auch Gebiete, die bereits unter die Kontrolle der SDS gefallen waren. Im Sommer 1990 besuchte er Lapac, wo der radikale serbische Nationalist David Rastović, einer von Babićs engsten Gefolgsleuten, Bürgermeister war. Degoricija sprach vor einer öffentlichen Versammlung. Rastović hielt dort ebenfalls eine Rede, in der er die Anerkennung des kyrillischen Alphabets, der serbischen Sprache und getrennter serbischer Schulen forderte. Degoricija erinnert sich, daß 100 Menschen bei der Versammlung waren. „An einem Punkt sagte ich: ‚Okay, wenn es euch so wichtig ist, dann können wir alle lateinischen Straßenschilder gegen kyrillische austauschen, aber wie wollen wir Leute einstellen? Was sind eure Ideen für die Wirtschaft?‘ Er sagte: ‚Wir werden Blätter und Gras essen, aber wir werden Serben bleiben.‘ Ich antwortete: ‚Das ist wirklich eine sehr starke Wirtschaftspolitik, David‘, und alle lachten" (Interview mit Degoricija, Mai 1994).

[55] Die Serben waren traditionell überrepräsentiert in der Polizei und den staatlichen Sicherheitsdiensten, ebenso im Offizierskorps der JVA in Kroatien. Historisch waren sie die ärmere, mehr ländliche der beiden nationalen Gruppen, besonders in der Krajina, wo die Serben zu dem ausdrücklichen Zweck angesiedelt wurden, die Grenze des österreichisch-ungarischen Reiches zu verteidigen und polizeilich zu verwalten. Siehe Kapitel 8: „Ihr habt den Krieg gewählt".

[56] Opačić sagte, Rašković habe sich nicht an diesen Rat gehalten.

[57] Seit Titos Tod rotierte die Präsidentschaft jährlich zwischen den Republiken. Serbiens Vertreter Borisav Jović übernahm die Präsidentschaft am 15. Mai 1990 von Janez Drnovšek. Stipe Mesić aus Kroatien wurde Vizepräsident.

[58] Es gibt Spekulationen darüber, ob Babić Milošević zu diesem Zeitpunkt persönlich getroffen hatte. Darauf gibt es keine Hinweise. Babić behauptet, den serbischen Präsidenten zum ersten Mal im Dezember 1991 getroffen zu haben. Es ist wahrscheinlich, daß Milošević, der zu dem Zeitpunkt noch Distanz zu den serbischen Rebellen hielt, den Kontakt mit ihnen eher an Jović delegiert hatte, als sich selbst mit ihnen in Verbindung zu bringen, indem er sich mit Babić traf. Es ist typisch für Milošević, daß er sich

auf nichts und niemanden wirklich einläßt (zumindest nicht öffentlich), wenn er nicht dazu genötigt ist.

59 Kroatien hatte nie die Einführung schwarzer Uniformen für seine Polizei vorgeschlagen. Martić und Babić richteten ihre Einwände in Wirklichkeit gegen etwas, was sie sich einbildeten. Tatsächlich diente das Ganze der Vorbereitung eines bewaffneten Aufstands.

60 Das Referendum hatte keine rechtliche Grundlage. Es stand nicht unter Aufsicht einer verfassungsrechtlich legitimierten Autorität. Es durften nur Serben an ihm teilnehmen. Es wurde nicht nach Wohnort qualifiziert. Alle Serben, die in der Krajina lebten oder geboren waren, konnten wählen. Schließlich wurde gar keine spezielle Frage formuliert. Auf dem Papier hieß es einfach: „Abstimmung zur Entscheidung über serbische Autonomie: Dafür / dagegen."

61 Jurić bestritt später, daß die Hubschrauber auf dem Weg nach Knin waren. Er behauptete, daß sie nur als Provokation der JVA dienen sollten, um zu zeigen, daß die JVA sich in der Auseinandersetzung auf die Seite der Krajina-Serben schlagen würde. Andere, unter ihnen Manolić, sagten, die Hubschrauber waren auf dem Weg nach Knin als Teil der Streitkräfte, die die dortige Polizeiwache stürmen sollten.

62 Streng genommen bestanden die Streitkräfte *(Oružane snage)* der Bundesrepublik aus der JVA und den TO. Sie sollten einander ergänzen. Sie waren auf allen Befehlsebenen miteinander verbunden. An der Spitze der TO standen die Verteidigungsminister der Republiken, während die JVA ihr eigenes Oberkommando hatte. Auf der Ebene des Oberkommandos waren sie miteinander verbunden. Sie waren in hohem Maße integriert. Die Offiziere waren im Laufe ihrer Karrieren austauschbar. In den TO waren nur die höchsten Offiziere Vollzeitsoldaten. Der Rest waren Reservisten. Die meisten der Armee-Einheiten waren vollaktive Einheiten. Die Ausrüstung und Bewaffnung der TO wurde über das ganze Land verteilt gelagert. Die TO-Einheiten waren oft nach dem Prinzip der Partisanenbrigaden aufgebaut. Eine Brigade hatte die Größe eines Bataillons. Jede große Fabrik oder eine Gemeinde hatte ihre eigene TO-Einheit. Die Waffen wurden oft am Arbeitsplatz gelagert. ONO i DSZ – *Opšte narodna odbrana i društvena samo zaštita* – war Titos Doktrin und bedeutete: Allgemeine öffentliche Selbstverteidigung und Zivilschutz – die Vergesellschaftung der Streitkräfte. Eine andere Doktrin lautete: *Moramo se sprematі za rat kao da će izbiti sutra, i raditi za mir kao da će trajati stotinu hiljada godina* – Wir müssen für den Krieg bereit sein, wie wenn er morgen ausbricht, und wir müssen für den Frieden arbeiten, wie wenn er hunderttausend Jahre hält.

63 Es ist unklar, auf wessen Befehl die JVA handelte. Der Befehlshaber der JVA war nach der Verfassung das achtköpfige Staatspräsidium. Der slowenische Vertreter Janez Drnovšek war der Präsident des Präsidiums bis zum 15. Mai, zwei Tage bevor die Entwaffnung der TO begann. Er wußte nichts von den Befehlen zur Entwaffnung. Später behauptete er, daß nur der serbische Vertreter Borisav Jović, der nach Drnovšek Präsident des Präsidiums wurde, etwas davon wußte. „Meine Amtszeit (als Präsident) ging am 15. Mai zu Ende. Am 17. Mai wurde diese Entwaffnung durchgeführt. Nur Jović wurde darüber informiert, und das Präsidium wurde vor vollendete Tatsachen gestellt. Es hat nie darüber abgestimmt. Ich war natürlich dagegen und forderte eine Präsidiumssitzung, um darüber zu diskutieren. Aber die anderen waren gegen mich."

64 Kučan hatte Zweifel an der Ernennung von Janša und seines Verbündeten Bavčar in so sensible Funktionen. Er hatte das auch gegenüber Premierminister Peterle zum Ausdruck gebracht, als dieser 1990 die Regierung bildete. „Warum", so fragte er Peterle, „ernennen Sie einen Mann mit einer derartig konfliktreichen Geschichte mit der JVA zum

Verteidigungsminister?" Peterle forderte Kučan auf, nicht die Autorität seiner Minister zu untergraben, indem er diese Zweifel öffentlich äußerte. Kučan akzeptierte die Ernennungen trotz seiner Zweifel.

[65] Eine unwahrscheinliche Behauptung, weil Kroatien seit August Kolonnen von gepanzerten Fahrzeugen, darunter sieben Schützenpanzer, entsandt hatte, um die Kontrolle über Knin zurückzugewinnen.

[66] Kadijević gab sein Interview in der Nacht vor Serbiens ersten freien Wahlen. Seinerzeit wurde es als von ganzem Herzen kommende Unterstützung für Miloševićs SPS verstanden.

[67] Es gibt kaum Zweifel daran, daß die Waffenschmuggeloperation hätte gestoppt werden können. Die Strategie von KOS war, das Weiterführen der Operation zu erlauben.

[68] Špegelj bestreitet dies. Er behauptet, der Film und die Tonbänder seien manipuliert worden, um den Eindruck zu erwecken, er spräche sich für gezielte Ermordungen aus. Er sagte, er habe sich niemals dafür ausgesprochen. Die Tonbänder stammten aus einem Fernsehinterview, in dem er aufgefordert worden war, hypothetische Angelegenheiten zu diskutieren.

[69] Kadijević behauptet, er habe Beweise dafür, daß Mesić Špegelj nach Budapest begleitet habe, um Waffen zu kaufen.

[70] Deren Leiter war der spätere Premierminister Franjo Gregurić.

[71] Das Belgrader Fernsehen strahlte häufig Filmszenen mit dem Ustaschaführer Ante Pavelić aus, die mit Bildern von Tudjman und seiner neugewählten Kroatischen Demokratischen Union (HDZ) zusammengeschnitten waren.

[72] Das ist eines der unzähligen Beispiele, wie Jović zusammen mit Milošević auf legalistische Weise den Mißbrauch von Gewalt zu rechtfertigen suchte.

[73] Sogar Radovan Karadžić, damals schon Präsident der Serbischen Demokratischen Partei (SDS) Bosniens, hielt eine Rede vor den Studenten. Seine offensichtlich irrelevanten Äußerungen, daß die Zeiten der Partisanen und der Tschetniks vorbei seien, gingen in Buhrufen unter. Tatsächlich erlebten diese Zeiten soeben ihre Wiederauferstehung.

[74] So wird Kadijević von Mesić in dessen Buch *Kako smo srusili Jugoslaviju* (Wie wir Jugoslawien zerstörten), Globus, Zagreb 1992, zitiert.

[75] Bajramović war auch eine tragische Figur. Er starb im Jahr 1993, nachdem die Kroaten es verabsäumt hatten, ihm die Leiche seines Sohnes, eines JVA-Offiziers, zu übergeben, der in Mostar zu einem Zeitpunkt getötet wurde, als die JVA dort angeblich gar nicht kämpfte.

[76] *Vreme*, 15. April 1991.

[77] Marković kritisierte die Armee mit der eher kurzsichtigen Äußerung, daß JVA-Einheiten in die Auseinandersetzungen zwischen Nationalitäten und Republiken eingreifen sollten. *Borba*, 10. März 1991.

[78] *Borba*, Dokument: 19. März 1991.

[79] Ebenda.

[80] Ebenda.

[81] Karadjordjevo ist 125 Kilometer von Belgrad und 330 Kilometer von Zagreb entfernt. Es ist von Wäldern, Weizen- und Zuckerrohrfeldern umgeben und hat auch einen See. Tito feierte 1980 dort sein letztes Neujahrsfest.
Trotz seiner Bewunderung für Tito muß Karadjordjevo für Tudjman ein seltsamer Begegnungsort gewesen sein, denn von dort aus startete Tito die Niederschlagung des MASPOK.

[82] Serben machten 46 Prozent der Bevölkerung aus, Kroaten 36 Prozent, andere 12,8 Prozent, Jugoslawen 4,8 Prozent (Volkszählung 1991).

83 Vasiljević war wütend und schleuderte Mesić Beschuldigungen ins Gesicht, Mesić schrie zurück. Er genoß es, endlich einmal die Oberhand zu haben. „Ich bin Ihr oberster Befehlshaber", schrie er und führte, was Vasiljević noch mehr aufbrachte, seine Mitgliedschaft im Staatspräsidium an, „und ich befehle Ihnen, sich hinzusetzen." Die beiden setzten sich und aßen ein Bohnengericht, auch der Bundesinnenminister Petar Gračanin und der kroatische Innenminister Josip Boljkovač nahmen am Essen teil. Bevor er zu essen begann, tauschte Boljkovač hastig seinen Teller gegen den von Gračanin. Als Mesić und er später zurück nach Zagreb fuhren, erklärte er: „Es wäre möglich gewesen, daß sie mich vergiften wollten!" – „Und wenn sie mich hätten vergiften wollen?" fragte Mesić ihn. Boljkovač antwortete: „Jeder Krieg fordert seine Opfer!"

84 *Financial Times*, 27. Juni 1993.

85 Die Strategie des kroatischen Innenministeriums war, sein Netzwerk von Polizeiwachen über die ganze Republik, insbesondere in die serbisch bewohnten Gebiete, auszuweiten. Diese sollten mit Polizisten besetzt werden, die man seit den Wahlen im Zuge der Kampagne Tudjmans, die kroatische Polizei zu „entserben", rekrutiert hatte. Dies erklärt, warum in den Monaten vor dem Ausbruch des Krieges Polizeiwachen im Brennpunkt so vieler Konflikte standen.

86 So der stellvertretende kroatische Innenminister Ivan Brezak im kroatischen Fernsehen, 30. März 1991.

87 Slavko Degoricija war der Nachfolger Jurićs als einer der stellvertretenden Innenminister. Jurić wurde für die Opfer von Plitvice verantwortlich gemacht und entlassen.

88 Siehe Kapitel 7 in diesem Buch: „Die Reste eines hingemetzelten Volkes".

89 Radio Belgrad, 31. März 1991.

90 Dies versetzte Milošević in großen Zorn. Er sagte später zu Babić: „Warum entlassen Sie diesen Narren [Martić] denn nicht?" Martić wurde später allerdings Miloševićs loyaler Fußsoldat bei den internen Streitigkeiten zwischen Milošević und Babić. Aber Milošević, der versuchte, die Kontrolle über Knin zu erlangen, wechselte mehrmals die Verbündeten.

91 Radio Zagreb, 2. April 1991.

92 Abgesehen von Nordirland, das nicht auf dem europäischen Festland liegt, oder dem Putsch der griechischen Generäle, der kein Krieg war, oder der sowjetischen Invasion Ungarns und der Tschechoslowakei.

93 Zlatko Kramarić, Bürgermeister von Osijek.

94 Einer von Šušaks Gefährten in dieser Nacht verkündete später stolz, Šušak habe ihm als Belohnung für seine Teilnahme eine gute, dicke Kugelweste gegeben. Šušak selbst, der seine Rolle in dieser Angelegenheit nie öffentlich zugab, besonders nachdem er Minister in Tudjmans Regierung geworden war, spielte 1992 versteckt darauf an, als er in einer Wahlkundgebung seine nationalistischen Verdienste zur Schau stellte, indem er sich rühmte, die erste Granate gegen die „Aggressoren" in Ostslawonien abgefeuert zu haben.

95 Diese Zahlen wurden von Präsident Tudjman bekanntgegeben. Die Belgrader wie die Zagreber Presse machten zunächst falsche Angaben; jede Zeitung veröffentlichte eine andere Zahl der Toten.

96 *Vjesnik*, 7. Mai 1991. Die Behauptung ist lächerlich, und es gibt keinerlei Beweise für ihre Richtigkeit. Aber in Ton und Inhalt ist sie typisch für eine Art von Berichterstattung, die die kroatischen Nachrichtenmedien zunehmend beherrschte und die die öffentliche Meinung manipulierte, indem sie den ganzen Krieg über Schreckensnachrichten unter der kroatischen Bevölkerung verbreitete.

97 Obwohl Milošević natürlich den Kosovo-Albanern oder den Moslems in der serbischen Region Sandžak niemals dasselbe Recht zur nationalen Selbstbestimmung zugestand. Milošević war an die Macht gekommen, da er sich für das serbische Recht, über Kosovo zu regieren, stark machte, obwohl mehr als 90 Prozent der Bevölkerung Albaner waren.

98 Und das, obwohl nur 200.000 Serben, ein Viertel der serbischen Volksgruppe in Kroatien, in mehrheitlich serbischen Gebieten lebten.

99 93 Prozent der Wähler stimmten dafür, Kroatien in ein „souveränes und unabhängiges" Land zu verwandeln, das „den Serben und Angehörigen anderer Nationalitäten in Kroatien" kulturelle Autonomie garantiere. Auf die zweite Frage, ob Kroatien Teil eines vereinigten Jugoslawien bleiben solle, antworteten 92 Prozent mit nein. Die Wahlbeteiligung lag bei 82 Prozent.

100 Die Krajina-Serben hatten im August 1990 ihr eigenes Referendum abgehalten, wobei den Organisatoren zufolge mehr als 99 Prozent dafür stimmten, bei Jugoslawien zu bleiben.

101 Laut Martin Špegelj, dem kroatischen Verteidigungsminister, der das Abkommen mit seinem slowenischen Kollegen Janez Janša ausgearbeitet hatte.

102 Mit Ausnahme der deutschen Wiedervereinigung. Die Erklärung faßte wenig unmittelbare Veränderungen ins Auge. Es war weder die Ausgabe neuer Pässe geplant noch die sofortige Einführung einer slowenischen Währung. Die 20.000 Angehörigen der jugoslawischen Streitkräfte, die in Slowenien stationiert waren, sollten bis Ende 1993 Zeit haben, das Gebiet der Republik zu verlassen. Die Regierung richtete eine Slowenische Zentralbank ein und übernahm die Zuständigkeit für die Zoll- und Luftverkehrskontrolle. Immobilien im Besitz der JVA sollten Ende 1993 in slowenisches Staatseigentum übergehen.

103 Weder Slowenien noch Kroatien sprachen von „Sezession". Sie bevorzugten den Ausdruck „Dissoziation", da Jugoslawien als ein freiwilliger Bund dreier Nationen gegründet worden sei.

104 Aksentijević, der später zum General befördert wurde, muß im ganzen Offizierskorps der JVA die unglücklichste Figur abgegeben haben. Er war kein Nationalist, sondern leidenschaftlicher Anhänger eines multinationalen Jugoslawien. Aber obwohl er nach der Abspaltung Sloweniens um seine Pensionierung bat, diente er sowohl in Kroatien als auch in Bosnien. Folglich war er – als entscheidendes Mitglied der Führung der JVA – bei drei verschiedenen Kriegsausbrüchen, in drei Republiken, zugegen. Das war sicherlich eine einmalige Dienstgeschichte in einer Armee, die zum Zeitpunkt, als er sie verließ, ausschließlich serbisch dominiert war und das genaue Gegenteil dessen, wofür er sich während seiner verdienstvollen Militärkarriere eingesetzt hatte. Seine Frau und Familie sind Slowenen und leben immer noch in Slowenien – in einer Republik, in der er offiziell als Kriegsverbrecher angesehen wird.

105 Aksentijević war Parlamentsabgeordneter als Repräsentant der Armee, die im Parlament jeder Republik ihren eigenen Vertreter hatte.

106 Punkt 4 seiner Schlußfolgerungen leugnete die Rechtmäßigkeit der slowenischen Sezession: „Die Bundesregierung und alle jugoslawischen Institutionen, einschließlich der Sicherheitsbehörden und der JVA, müssen fortwährend Schritte unternehmen und Maßnahmen ergreifen, die ihnen von einseitigen Handlungen aufgezwungen werden, um die Veränderung der jugoslawischen Grenzen, die gewaltsame Unterbrechung des Grenzregimes an den Grenzen der SFRJ, die Verwandlung des jugoslawischen Zolls in den von Republiken, die Beschlagnahme von Zollgebühren und jugoslawischen Eigentums zu

verhindern, und alle zur Verfügung stehenden gesetzlichen Mittel anwenden, um einseitige Entscheidungen, Optionen und Verhaltensweisen zu bekämpfen, die dazu dienen, seinen eigenen Willen den anderen Seiten aufzuzwingen."

107 *The Truth About the Armed Conflict in Slovenia*, erschienen im Verlag der JVA, Narodna Armija (Belgrad 1991), enthält den vollständigen Text der Befehle und Erlässe des Bundesparlaments und der Bundesregierung.

108 Der Fünfte Militärbezirk umfaßte ganz Slowenien, den größten Teil Kroatiens und einen Teil des nördlichen Bosnien.

109 Es gab einige Unstimmigkeit darüber, wie viele Grenzübergänge zu Lande sich auf slowenischem Gebiet befanden. Zu jener Zeit war die meistgenannte Zahl 27. Die Zahl 35 stammt aus dem nachfolgenden, offiziellen Bericht der JVA darüber, was sie als den „äußerst begrenzten Umfang" ihres Einsatzes am 27. Juni in Slowenien bezeichnete. *The Truth About ...*, a. a. O.

110 Bei diesen Zahlen handelt es sich um die von der JVA veröffentlichten, in: *The Truth About ...*, a. a. O.

111 Dies ist Kučans Darstellung des Gespräches. Sie stimmt mit Rašetas Darstellung überein, die darauf besteht, daß er die Intervention der JVA lediglich als Polizeiaktion angesehen habe. „Ich versuchte tatsächlich, ihn zu beruhigen, indem ich ihn als Präsidenten von Slowenien ansprach und zu erklären versuchte, daß der Plan einzig zum Ziel habe, die Grenze zu kontrollieren, denn wenn wir andere Pläne gehabt hätten, hätten wir alle Einheiten aus Kroatien nach Slowenien geschickt, und die Aktion wäre auf eine gänzlich andere Weise durchgeführt worden" (Rašeta).

112 Die Darstellungen dieses Treffens von Kučan, Janša und Bavčar stimmen im großen und ganzen überein, weichen aber in einem bezeichnenden Punkt voneinander ab. Kučan und Janša beanspruchen beide, als erste den bewaffneten Widerstand gefordert zu haben. Bavčar wiederum behauptet, es sei Parlamentspräsident France Bučar gewesen, der zuerst das Schweigen und die nervöse Unentschlossenheit der Versammlung durchbrochen habe.

113 Die JVA behauptete, der Hubschrauber habe Brot geladen, obwohl Rašeta später zugab, er sei zur Erkundung der Bedingungen auf der Straße zwischen der Vrhnika-Kaserne und dem Flughafen geschickt worden.

114 Die Europäische Gemeinschaft hat, wie früher Jugoslawien, ein rotierendes Präsidentenamt. Jedes Land hat das Amt sechs Monate inne; die Periode läuft entweder vom 1. Januar bis zum 30. Juni oder vom 1. Juli bis zum 31. Dezember. Das Amt rotiert alphabetisch, jedes Land erscheint in der alphabetischen Liste mit dem Namen, den es in seiner eigenen Sprache hat, was die Regeln für die Rotation undurchsichtiger macht als die für das jugoslawische Staatspräsidium.

115 Tony Smith, *Associated Press*, 2. Juli 1991.

116 Kučans Bericht über die Sitzung zufolge.

117 Die beiden Ereignisse haben in der Tat möglicherweise miteinander zu tun. Es liegen starke Indizien dafür vor, daß Kadijevićs geheimer Besuch in Moskau vom März ihn davon überzeugt hatte, es werde bei einem Ausnahmezustand in ganz Jugoslawien keine Unannehmlichkeiten geben, da sich die Putschisten in Moskau nach dem Sturz Gorbatschows gegen jegliche westliche Kritik an der JVA stellen würden.

118 *Associated Press*, 20. August 1991.

119 Zu sporadischem Granatwerferbeschuß war es in Vukovar allerdings bereits seit Juli gekommen.

120 Trotz der langwierigen und komplizierten Verhandlungen und der relativ freund-

lichen Beziehungen ging Tašić schließlich mit einem von der EU vermittelten Waffenstillstandsabkommen in der Tasche, wie es auch auf ganz Jugoslawien zutraf. Siehe dazu auch Kapitel 14 in diesem Buch: „Jugoslawien à la carte".

121 *Associated Press*, 19. September 1991.

122 Viele hatten keine Ahnung, wohin sie geschickt wurden. *Associated Press* zitierte einen Rekruten, der auf die Frage, wohin er denn gehe, erwiderte: „Ich weiß es nicht – wahrscheinlich die Kroaten schlagen."

123 Laut der Volkszählung aus dem Jahre 1991 lebten in Vukovar 43,7 Prozent Kroaten und 37,4 Prozent Serben.

124 Diese Angaben stammen aus den Aufzeichnungen der Chefärztin Vesna Bosanac. Sie sind glaubwürdig wegen der nüchternen und genauen Art der Angaben und weil sie sich, gemessen an der Intensität und Dauer des Bombardements, wahrlich bescheiden ausnehmen. Sie widersprechen außerdem deutlich den dramatischen und offensichtlich übertriebenen Angaben des kroatischen Fernsehens.

125 *Tanjug*, 5. November 1991.

126 Diese Wiedergabe der Begegnung mit Dedaković stammt von Mesić, mit dem Dedaković auch gesprochen hatte.

127 *The Independent* vom 22. November 1991.

128 Dubrovniks Bevölkerung bestand zu 82,5 Prozent aus Kroaten und zu 6,7 Prozent aus Serben.

129 Für eine anschauliche Schilderung des Alltags in Dubrovnik während der Belagerung sei verwiesen auf Alec Russell: Prejudice And Plum Brandy, Michael Joseph, London 1993.

130 Die Zerstörung des Yachthafens bot mit die drastischsten Bilder der Fernsehberichterstattung über den Krieg in Kroatien. Aufgenommen hatten sie der Korrespondent von ITN, Paul Davis, und sein Kameramann Nigel Thomson. Die Bilder trugen viel zum Wandel der öffentlichen Meinung gegenüber der jugoslawischen Armee und der serbischen Führung bei.

131 *Daily Telegraph* vom 13. November 1991.

132 Das sagte Oberst Gvero zu dem Journalisten Michael Montgomery.

133 Der Repräsentant Mazedoniens, Vasil Tupurkovski, hörte während des kroatischen Krieges auf, an den Sitzungen des Präsidialrats teilzunehmen, so auch Bogić Bogićević, der Vertreter von Bosnien-Herzegowina.

134 *Arrangements for a General Settlement*, Absatz 2.5.

135 Wijnaendts schreibt in seinem Buch, das Gespräch habe auf der Herrentoilette stattgefunden. Milošević und andere Mitglieder der serbischen Delegation bestreiten dies. Henry Wynaendts: L'Engrenages. Chroniques Yougoslaves, Juillet 1991 – Août 1992, Edition Denoël, Paris 1993.

136 *Associated Press*, 6. Dezember 1991.

137 *Associated Press*, 26. Juni 1990.

138 SDA enthält keine Volksgruppenbezeichnung wie z. B. „moslemisch", weil das zum Gründungszeitpunkt illegal war.

139 Rajko Danilović: Upotreba Neprijatelja. Politička sudjenja 1945–1991 u Jugoslaviji, Agencija Valjevac, Valjevo 1993, S. 161–171.

140 Srećko M. Džaja: Bosna i Bošnjaci u hrvatskom političkom diskursu, Erasmus, Zagreb, 1994, S. 33.

141 Ebenda, S. 33–41.

142 Die Albaner, die viertgrößte Volksgruppe Jugoslawiens, erhielten nie den Status

einer eigenen Nationalität. Es wurde immer argumentiert, daß das benachbarte Albanien ihr eigentlicher Staat sei, und sie blieben im Status einer nationalen Minderheit.

143 *Start*, 7. Juli 1990, S. 34.

144 SWB, 17. Juli 1990.

145 *Oslobodjenje*, 11. November 1990.

146 Die Praxis, ungedeckte Wechsel auszustellen, war bei Staatsbetrieben im Jugoslawien der achtziger Jahre durchaus üblich.

147 Ganić: 680.783 Stimmen; Plavšić: 557.218; Koljević: 541.212; Kljuić: 464.174 und Boras: 408.750.

148 *Tanjug*, 18. Juli 1991.

149 Warren Zimmermann, Foreign Affairs, März/April 1995, S. 16.

150 *Reuters*, 4. April 1994.

151 Sarajevo hatte im Jahr 1992 keine ausschließlich serbischen, kroatischen oder moslemischen Wohnviertel. Es gab nur eine Ausnahme: im alten Türkenviertel, der Baščaršija, wohnten fast nur Moslems. Überall sonst lebte der weitaus größte Teil der Bevölkerung, egal, welcher Nationalität, Tür an Tür.

152 Als der Krieg in Bosnien ausbrach, gab es viele verschiedene Milizen. Neben der JVA gab es die bosnische TO, die bosnisch-serbische TO (SDS), die bosnisch-serbische MUP, die Patriotische Liga, die Grünen Barette, die Einheiten des bosnischen Innenministeriums (MUP), die kroatische MUP, bosnisch-kroatische Einheiten, die kroatische Armee, serbische paramilitärische Einheiten wie Arkans „Tiger", Šešeljs Tschetniks, die Weißen Adler, die Gelben Wespen usw.

153 Delimustafić verließ Sarajevo kurz darauf, weil er sich nicht mehr sicher fühlte. Er ließ sich für den Rest des Krieges in Wien nieder und äußerte sich nie öffentlich zu den Ereignissen des 2. und 3. Mai.

154 Das Verbot öffentlicher Versammlungen war zuletzt im Jahr 1989 gegen die Albaner im Kosovo verhängt worden.

155 Die eindrucksvollste Beschreibung des Horrors und der Verzweiflung auf diesen Gewaltmärschen ins Exil findet sich in Ed Vulliamy: Seasons in Hell, Simon & Schuster, London 1994.

156 Roy Gutman: Witness to Genocide, Element Books Ltd., Shaftesbury 1993.

157 Der Kampf um die Kontrolle dieses Korridors führte zu einigen der schwersten Schlachten des Krieges, kostete Tausende Menschenleben und dominierte häufig die Gespräche bei den Genfer Friedensverhandlungen.

158 *Newsday*, 2. August 1992.

159 Vulliamy: Seasons in Hell, London 1994.

160 Zahlenmaterial zur Verfügung gestellt von UNHCR, Genf.

161 Siehe MacKenzies Memoiren *Peacekeeper* über sein wachsendes Mißtrauen gegen die bosnische Regierung im allgemeinen und seine Intimfeindschaft mit Ejup Ganić im besonderen. Lewis MacKenzie: Peacekeeper, Douglas McIntyre, Vancouver 1993.

162 MacKenzie: Peacekeeper, S. 211.

163 Die Sozialisten unter Milošević erlangten 101 der insgesamt 250 Parlamentssitze. Zusammen mit ihrem Trabanten, Šešeljs ultranationaler Serbischen Radikalen Partei, die 73 Sitze erhielt, verfügten sie über eine komfortable Mehrheit. Das Oppositionsbündnis DEPOS von Vuk Drašković kam auf 49 Sitze, die zentristische Demokratische Partei auf 7. Die restlichen Sitze verteilten sich auf Kleinparteien, Ungarn und Moslems.

164 37.000 Einwohner, 75 Prozent sind Moslems, 25 Prozent Serben.

165 *Srebren* ist das serbokroatische Wort für Silber.

[166] Radio Belgrad, 10. April 1993.

[167] Der Plan sah eine entmilitarisierte Zone um eine UNO-kontrollierte Route, den serbischen Korridor, vor. Auf dieser und zehn anderen „blauen Routen", die die ethnischen Provinzen miteinander verbinden sollten, war der Transport von Truppen und Militärmaterial verboten.
Moslemische und kroatische Truppen sollten keinen Zugang zu Provinzen haben, in denen serbische Gemeinschaften lebten. Diese sollte durch UNO-Polizei kontrolliert werden. Während Belgrad diese in letzter Minute erreichte Konzession als großen Sieg feierte, traf es lediglich auf eine moslemische Zone zu, in der die Serben die volle Kontrolle hatten: in der Provinz fünf, dem Gebiet entlang des strategisch wichtigen Flusses Drina.
Die Friedensvermittler forderten insgesamt 70.000 UNO-Soldaten an, von denen die Hälfte aus den USA und möglicherweise Rußland kommen sollte.
In jeder Provinz sollten innerhalb von 18 Monaten Wahlen abgehalten werden. Bis dahin stünden die Minderheiten unter dem Schutz der UNO-Truppen.
Sarajevo sollte entmilitarisiert werden.
Kritiker wiesen auf die Unfähigkeit der UNO hin, serbische paramilitärische Einheiten zu entwaffnen und die Rückkehr der Vertriebenen sicherzustellen. Doch der Erfolg des Plans hing von der serbischen Bereitschaft ab, die Idee der Vereinigung ihrer Gebiete innerhalb eines Großserbien aufzugeben. Auch Kroatien müßte den kroatisch dominierten Provinzen die Unabhängigkeit zusichern.
„Freie Verbindungswege" von und nach Sarajevo wären einzurichten, um den Transport ziviler Güter und humanitärer Hilfe zu gewährleisten.
Eine provisorische Zentralregierung in Sarajevo sollte aus je drei Mitgliedern von jeder der drei Volksgruppen zusammengesetzt sein. Der Vorsitz sollte im Dreimonate-rhythmus zwischen den drei Parteien rotieren.
Provisorische Provinzregierungen sollten auf der Basis der ethnischen Zusammensetzung eingerichtet werden. In jeder Provinz sollte jede Volksgruppe in der Regierung vertreten sein.

[168] Das stand in einem von Ćosić, Milošević und Bulatović unterzeichneten Brief an die bosnischen Serben.

[169] Obwohl der Vance-Plan 14.000 UNO-Soldaten nach Kroatien brachte und die Rückkehr der Vertriebenen und die Demilitarisierung der Region vorsah, wurde keines von beiden erreicht. Die Vertreibung von Kroaten aus den UNO-Schutzzonen ging auch nach der Ankunft der UNPROFOR weiter, kein einziger kroatischer Flüchtling konnte je zurückkehren, und die Demilitarisierung sah in vielen Gegenden so aus, daß die Armee der Krajina-Serben ihre Kampfanzüge gegen neue, frisch gestärkte, blaue „Polizei"-Uniformen austauschte. Militärfahrzeuge wurden nicht, wie der Plan vorsah, abgezogen, sondern sie wurden der Polizei übergeben, und die grüne Farbe wurde blau übermalt.

[170] Risto Djogo war bekannt für seinen aggressiven Humor und seine Loyalität gegenüber der serbischen Sache. Binnen Jahresfrist sollten ihn diese Eigenschaften das Leben kosten. Bald nachdem Milošević das Embargo gegen die bosnischen Serben verhängt hatte, wurde er in Zvornik bei einem Konzert des serbischen Turbo-Folk-Stars Ceca ermordet. Die Täter gehören höchstwahrscheinlich zum Kreis von Arkan, dem späteren Ehemann von Ceca. Den Befehl dazu soll die serbische Geheimpolizei gegeben haben. Djogo wußte anscheinend zu viel. Er hatte Dokumente darüber gesammelt, was er und die Führung der bosnischen Serben während des Krieges in Abstimmung mit Milošević getan hatten.

[171] Elizabeth Drew: On the Edge. The Clinton Presidency, 1994.

172 Halilović bestreitet dies.

173 SWB (Summary of World Broadcasts), BBC Monitoring, Reading, 9. April 1992.

174 Die wichtige Ausnahme ist Mostar, das die herzegowinischen Kroaten als ihre Hauptstadt betrachteten, wo aber eine für Bosnien charakteristische Mischung aus Serben, Kroaten und Moslems lebte.

175 Die kroatischen Provinzen des Vance-Owen-Plans waren bewußt groß entworfen. Das sollte sicherstellen, daß es neben der kroatischen Mehrheit noch Platz für eine serbische und moslemische Minderheit gab. Die Großräumigkeit der kroatischen Provinzen sollte diese geringfügige Machteinschränkung der Kroaten innerhalb der Provinzen kompensieren. Zagreb soufflierte der HVO jedoch, den Plan als Freibrief zur Machtübernahme in serbischen und moslemischen Städten und Gebieten zu interpretieren.

176 Die Armee von Bosnien-Herzegowina bestand zu diesem Zeitpunkt aus fünf Korps – in Sarajevo, Mostar, Tuzla, Bihać und Mittelbosnien.

177 Der moslemisch-kroatische Krieg breitete sich nie bis in den Norden nach Tuzla aus. Dort war die HVO zu schwach und zu weit von der Herzegowina entfernt, um die Vorherrschaft der bosnischen Armee zu gefährden, selbst wenn ihre Kommandanten nicht abgeneigt gewesen wären. Ihr Bündnis hielt während der gesamten Dauer des Konflikts, bis die HVO-Einheiten schließlich in die bosnische Armee eingegliedert wurden.

178 Darunter waren Frankreich, Großbritannien, die Niederlande, Dänemark, Norwegen, Spanien und Kanada.

179 Das Abkommen für Mostar wurde tatsächlich eingehalten. Hans Koschnick, der frühere Bürgermeister von Bremen, wurde 1994 erster EG-Bürgermeister der geteilten Stadt.

180 Das sagten die Teilnehmer beider Seiten. Sie kamen überein, daß die Kroaten das Westufer von Mostar und andere herzegowinische Städtchen, wie Neum, Čapljina, Ljubuški, Široki Brijeg, Posušje, Livno, Tomislavgrad und sogar Kupres, das vor dem Krieg zu 51 Prozent serbisch bewohnt war, erhalten sollen. Die Serben stellten bei diesen Gesprächen keine Ansprüche auf Kreševo, Kiseljak, Fojnica, Busovača, Vitez, Jajce (das sie im Oktober 1992 einnahmen), Travnik, Novi Travnik und Gornji Vakuf. Die Moslems wurden bei dieser Aufteilung mit keinem Wort erwähnt.

181 Es sei erlaubt, festzustellen, daß die Sicherstellung eines serbischen Abzugs aus Kroatien kein erklärtes Ziel der internationalen Gemeinschaft war und daß die UNO-Truppen ursprünglich nicht stationiert wurden, um Kroatiens Grenzen aufrechtzuerhalten.

182 Die anderen beiden, Srebrenica und Žepa, waren im vorangegangenen Jahr entwaffnet worden.

183 Nachdem Trnovo während einer serbischen Offensive im Sommer 1993 gefallen war, hörten die regelmäßigen Maultiertrecks nach Goražde auf.

184 G-7 sind die sieben wirtschaftlich stärksten Länder der Welt – die USA, Deutschland, Japan, Frankreich, Italien, Großbritannien und Kanada.

185 Lilić beschuldigte Karadžić außerdem, in einen Versuch, den Krieg auf Jugoslawien auszudehnen, in die Entführung und möglicherweise Ermordung von zwanzig Männern, neunzehn von ihnen Moslems aus Serbien, verwickelt gewesen zu sein. Bald drei Jahre, nachdem sie aus einem Zug in Štrpci gezerrt worden waren, wußten die Familien trotz der Versprechungen Miloševićs noch immer nicht, was mit ihren Angehörigen in dieser Nacht des 27. Februar 1993 geschehen war.

24. 12. 1995

VON MARIO

HANSI